북극을 꿈꾸다

북극을 꿈꾸다

우리의 삶에서
상상력이 사라졌을 때

배리 로페즈 지음
신해경 옮김

북하우스

북아메리카 북극
시베리아
브란겔섬
축치반도
세인트로렌스섬
데즈네프곶
코체부만
수어드반도
코체부
놈
노턴만
배로우
브룩스산맥
카크토빅
쿠스코큄만
알래스카주
브리스톨만
페어뱅크스
앵커리지
유콘준주
툭토야크툭반도
아문센만
프린스패트릭섬
맥클루어 해협
뱅크스섬
프린스오브웨일스 해협
프린스앨버트만
돌핀앤유니언 해협
코로네이션만
노스웨스트준주
옐로나이프
알래스카만
태평양
캐 나 다
브리티시컬럼비아주
아사바스카호수
앨버타주
서스캐처원주
미국
0
500 마일
0
500 킬로미터
180°
70° N
80° N
150° W
60° N
50° N
120° W

북극점
80° N
0°
원델해
오다크섬
피어리랜드
그린란드해
북극해
비스마르크곶
70° N
30° W
롭슨 해협
크누드라스무센랜드
얼럿
캉거 요새
액슬하이버그섬
케네디 해협
60° W
케인 해분
그 린 란 드
아문링네스 섬
90° W
유레카
엘즈미어섬
툴레
배서스트섬
멜빌만
덴마크 해협
존스만
콘월리스섬
배핀만
배로우 해협
레졸루트
랭커스터 해협
바일롯섬
서머싯섬
폰드 협만
프린스오브웨일스섬
브로지반도
보든반도
고드하운
빅토리아 해협
부시아반도
배핀섬
부시아만
데이비스 해협
컴벌랜드반도
고트호브
에어포스섬
율리아네호브
멜빌반도
폭스 해분
폭스반도
홀반도
60° N
사우샘프턴섬
폭스 해협
메타인코그니타반도
월스턴홈곶
허드슨 해협
홉스어드밴스곶
언게이바만
홉스체크드
처칠
퀘벡주
래브라도주
니토바주
50° N
아키미스키섬
온타리오주
위니펙호수
60° W
세인트로렌스강
90° W

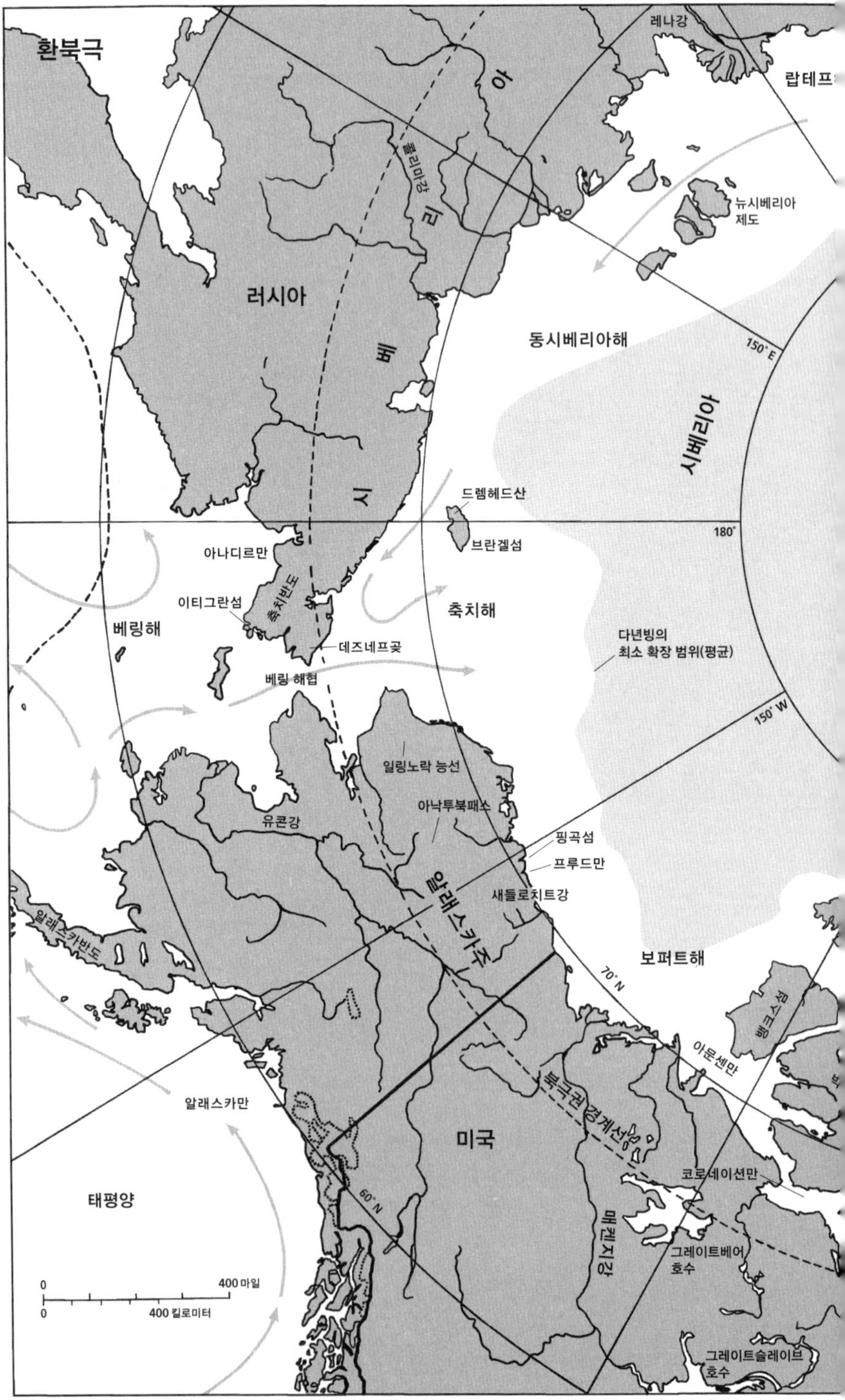

환북극
레나강
랍테프
시
베
리
아
콜리마강
뉴시베리아
제도
러시아
동시베리아해
150° E
시베리아
드렘헤드산
브란겔섬
180°
아나디르만
축치반도
이티그란섬
축치해
베링해
데즈네프곶
다년빙의
최소 확장 범위(평균)
베링 해협
150° W
일링노락 능선
아낙투북패스
유콘강
핑곡섬
프루드만
알래스카주
새들로치트강
알래스카반도
보퍼트해
70° N
뱅크스섬
아문센만
북극권 경계선
알래스카만
미국
코로네이션만
60° N
태평양
매켄지강
그레이트베어
호수
0
400 마일
0
400 킬로미터
그레이트슬레이브
호수

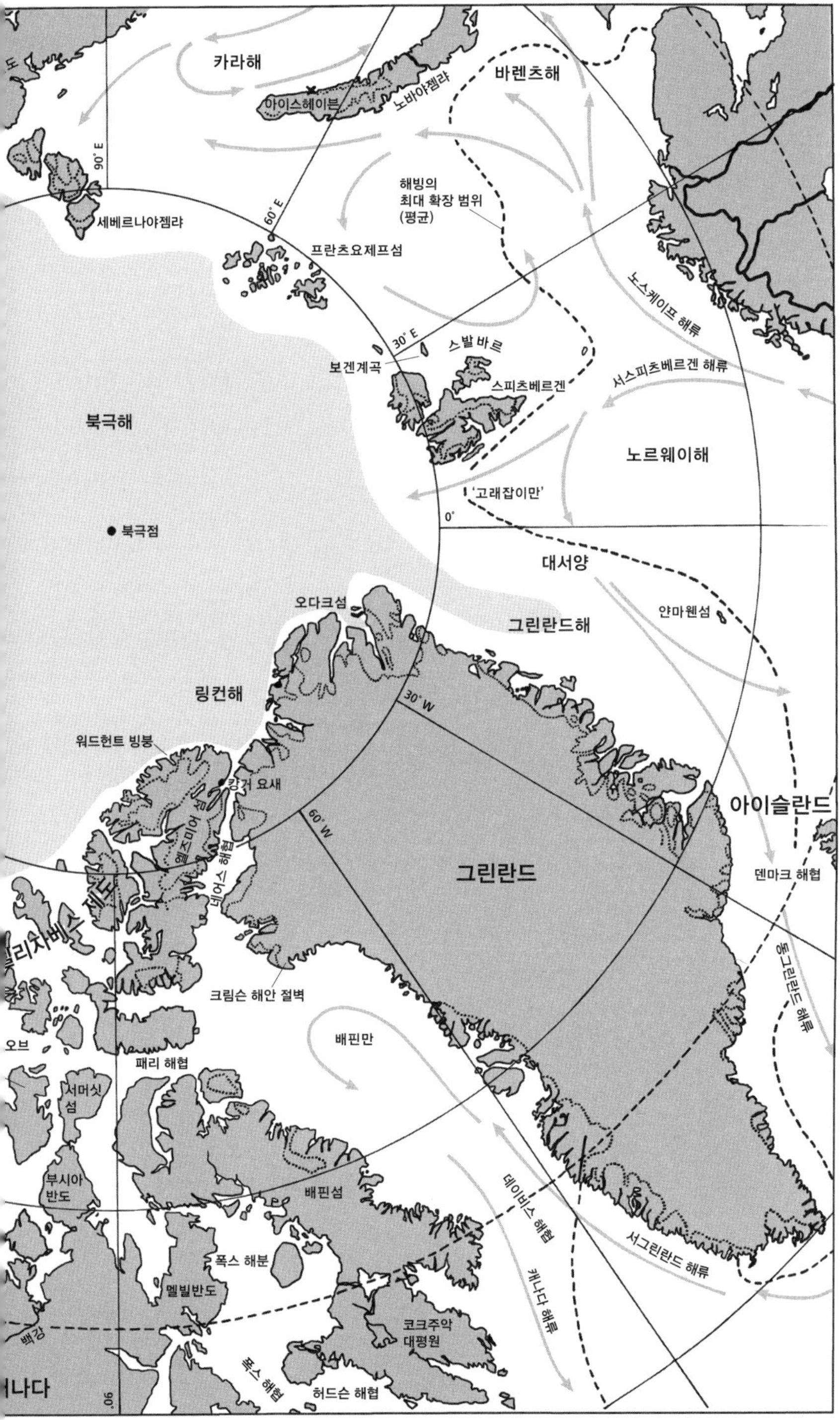
카라해
바렌츠해
아이스헤이븐
노바야젬랴
90° E
세베르나야젬랴
해빙의
최대 확장 범위
(평균)
60° E
프란츠요제프섬
노스케이프 해류
30° E
스발바르
보겐계곡
스피츠베르겐
서스피츠베르겐 해류
북극해
노르웨이해
'고래잡이만'
0°
북극점
대서양
오다크섬
얀마웬섬
그린란드해
링컨해
30° W
워드헌트 빙붕
캉거 요새
아이슬란드
60° W
엘즈미어 섬
네어스 해협
그린란드
덴마크 해협
엘리자베스 제도
동그린란드 해류
크림슨 해안 절벽
배핀만
오브
패리 해협
서머싯
섬
부시아
반도
배핀섬
데이비스 해협
폭스 해분
서그린란드 해류
멜빌반도
캐나다 해류
백강
코크주악
대평원
폭스 해협
캐나다
허드슨 해협
90°

"인간은 누구나 생에 한 번쯤 기억된 대지에 마음을 집중해야 한다.
자신이 경험한 특정한 대지에 넋을 놓아야 한다.
가능한 모든 방향에서 바라보고, 경탄하고, 곰곰이 생각해야 한다.
대지의 매 계절을 매만지고 그 안의 소리에 귀 기울이는 상상을 해야 한다.
대지의 생명들과 숨죽인 바람의 모든 움직임을 상상해야 한다.
달의 광휘와 황혼과 여명의 모든 색깔을 기억해야 한다."

-N. 스콧 모마데이

"이 땅은 완전무결한 영속을 느끼게 한다. 적대적이지 않다.
그저 있는 그대로, 고요하고 온전하게 이곳에 있을 뿐이다.
몹시 쓸쓸하지만, 아무런 인간의 흔적이 없기에
우리는 이 땅을 이해하고 그 안에 깃들 수 있다는 느낌을 받는다."

-에드먼드 카펜터

일러두기

- 서지 정보는 내용에 따라 본문과 각주, 책 뒤에 나오는 미주와 참고문헌으로 구분하여 표기했다.
- 본문에 들어 있는 지도들은 대체로 간략한 스케치들이며, 정확한 축도에 따라 그린 것이 아니다.
- 별도의 언급이 없을 경우 에스키모 용어들은 캐나다 동북극의 이눅티투트 방언에서 온 것이다.
- 영어에서도 일반적으로 사용하는 '이글루(집)', '카약' 등은 따로 설명을 달지 않았다.

서문

그 땅 자체에 대한 애정을 제외하면, 이 책은 두 가지 사소한 계기에서 출발했다.

어느 여름밤, 나는 알래스카 브룩스산맥 서쪽에서 친구와 함께 야영을 하고 있었다. 우리가 텐트를 친 산등성이에서는 서북극 카리부 무리의 번식지 남쪽으로 펼쳐진 수십 제곱킬로미터의 툰드라가 내려다보였다. 그때 우리는 원래 계획한 카리부와 늑대뿐만 아니라 울버린과 붉은여우, 땅다람쥐, 다리가 가는 중부리도요, 공격적인 도둑갈매기 등 생태가 명확하게 밝혀지지 않은 동물들을 닥치는 대로 관찰하는 중이었다. 어느 밤에는 새끼가 든 굴을 홀로 지키던 일년생 늑대가 아직 덜 자란 회색곰과 대치하는 장면을 조마조마하게 지켜보았다. 결국 곰이 포기하고 제 갈 길을 갔다. 우리는 흰올빼미와 털발말똥가리가 사냥하는 모습과 카리부들이 계곡 가득 먼지기둥을 피워 올리며 이리저리 질주하는 모습도 지켜보았다.

그날 밤, 일링노락 능선은 바람이 불고 추웠다. 그러나 북쪽 하늘에 작은 연처럼 걸린 심야의 태양이 활기를 뿜어내며 내 뺨을 달구었다. 바로 그날 밤이었다. 내가 처음으로 툰드라 새들 사이로 산책을 나간 날이. 죄다 땅에 둥지를 튼 새들은 공격에 무방비 상태였다. 나는 주먹만 한 해변종다리 한 마리를 유심히 내려다보았다. 새가 단호하게 나를 쏘아보았다. 검은가슴물떼새들이 요란스럽게 둥지를 박차고 나와 교묘하게 한쪽 날개가 부러진 시늉을 하며 풀로 엮은 둥지에 담긴 얼룩덜룩한 점박이 알에 다가가지 못하도록 나를 유인하려 애썼다. 녀석들의 알은 네덜란드 화가 페이메이르의 그림 속 창문처럼 부드럽고 순수한 빛을 발했다. 나는 광막한 평원에 놓인 그 강렬하고 응축된 아름다움에 경탄했다. 가는 곳마다 검은 눈을 번득이며 바위처럼 꼼짝도 하지 않고 둥지를 지키는 라플란드긴발톱멧새들과 마주쳤다. 그러다 흰올빼미 두 마리가 있는 둥지를 보고는 걸음을 멈췄다. 물떼새보다 훨씬 위협적인 동물이었다. 나는 움직이지 않았다. 녀석들의 눈빛에서 사나운 기색이 가셨다. 한 마리가 본능적인 경계의 빛을 띤 채 천천히 원래 자세로 돌아가 알 세 개를 품기 시작했다. 다른 놈은 내 쪽을 보고 있다가 내가 움찔거리기라도 할라치면 즉각 시선을 마주치며 제지했다.

나는 밤 산책을 하면서 절하는 것에 익숙해졌다. 이 외딴곳에서 마주친 예상치 못한 생명의 풍성함 때문에, 숨결처럼 한숨처럼 땅을 내리덮는 고요한 북극의 빛 때문에, 나는 주머니에 손을 넣은 채 새들과 둥지에 든 생명의 증거들을 향해 슬며시 고개를 숙이곤 했다.

그날 밤 본 길들지 않은 새들의 헌신적인 삶과, 순식간에 코콜릭강을 건너 북서쪽으로 향하던 작은 카리부 무리의 자유분방함을 기억한다. 카리부들은 밤 햇빛에 물벼락을 끼얹으며 야생마들처럼 껑충껑충 뛰어 물을 건넜고, 반대편 둔덕에 이르러서는 커다란 개들처럼 몸을 털어 운모 가루처럼 반짝이는 물방울들을 온통 사방에 흩뿌렸다.

얼굴에 느껴지던 빛의 감촉을 기억한다. 풀을 뜯는 카리부들 사이로 갑자기 질주하던 새끼들, 그리고 결연한 새들이 품고 있던 따스한 알의 느낌도. 그제야 나는 햇빛이 얼마나 자비로운지 알게 되었다. 내 관습적인 인식으로 보자면 말도 안 되지만, 한밤중에도 태양이 빛나고 있기 때문이었다. 얼마나 너그러운가. 수 세기 동안 이어진 겨울의 증거를 그처럼 웅변적으로 드러내는 땅에 사방으로 넘쳐흐르는 연민이라니.

일링노락에서 보낸 그 여름 내내 어두운 밤은 없었다. 어둠은 오지 않았다. 새들이 부화했다. 새들은 자라서 카리부 떼의 발자국을 따라 남쪽으로 날아갔다.

두 번째 계기는 순식간에 스쳐 지나갔다. 어느 날 저녁 누군가의 차를 타고 미시간주 칼라마주에 있는 묘지를 지날 때였다. 묘석 중에 에드워드 이스라엘의 묘를 뜻하는 표지가 있었다. 그는 1881년에 어달퍼스 그릴리 중위와 함께 북방으로 향해한 수

줍은 젊은이였다. 그릴리와 부하들은 1882년 봄 북극점에서 720킬로미터쯤 떨어진 엘즈미어섬에 탐사기지를 세우고 주변을 탐험했다. 그해 여름에 오기로 한 구조대가 도착하지 않았다. 다음 해에도 실패였다. 1884년, 절박해진 그릴리 탐사대 스물다섯 명은 구조대를 만날 희망을 안고 남쪽으로 퇴각했다. 그들은 엘즈미어섬 새빈곶에서 겨울을 났다. 열여섯 명이 굶주림과 괴혈병으로 죽고, 한 명은 자살했으며, 다른 한 명은 식량을 훔치다가 처형되었다. 탐사대 소속 천문학자였던 이스라엘은 구조를 3주 앞둔 1884년 5월 27일에 사망했다. 생존자들은 그를 친화력이 가장 뛰어났던 사람으로 기억했다.

그날 저녁 차창에 스치던 풍경들과 어둑해지는 빛 속에 서 있던 이스라엘의 묘비를 기억한다. 저 사람은 무엇을 찾으려 했던 걸까? 1881년 6월의 어느 눈부신 아침, 프로테우스호가 뉴펀들랜드섬 세인트존스에 닻을 내릴 때 그는 어떤 곳이 펼쳐지리라 기대했을까?

물론 정확히 아는 사람은 없다. 그전에 존 데이비스와 윌리엄 배핀이 그랬고, 이후에 로버트 피어리와 빌하울뮈르 스테파운손이 그랬듯이, 그도 저만의 상상이 만든 집착에 이끌렸을 것이다. 어쩌면 과학자로서 업적을 남길 생각이었는지 모른다. 다윈처럼 이 고위도 북극의 땅에서 고난을 견딘 뒤에 미시간 남부 농장지대로 돌아가 차분하고 명상적인 삶을 살고자 했는지도 모른다. 어쩌면 그저 신기한 경험에 굶주렸을지도 모른다. 우리로서는 그저 그가 자기 삶을 규정한, 모종의 은밀하고 사적인 꿈을 충족시킬 뭔가를 갈망했다고 추측할 뿐이다.

이스라엘은 대중의 애도와 애국적인 수사들 속에 묻혔다. 묘비에는 다음과 같이 적혀 있다.

진정한 신의 아들로 살다
영웅답게 죽다

북극을 여행하던 5년 동안 이 두 장면이 자주 떠올랐다. 한 장면은 시간을 초월한 듯 빛에 가득 찬 숭고한 순수성과 침해받지 않은 대지 본래의 아름다움을 일깨워주었다. 다른 장면, 엇나가버린 그 꿈은 북극이라는 단어에 서린 물질적이고 정신적인 인간의 오랜 투쟁을 상기시켰다. 북극을 여행하면서 나는 인간의 욕망과 목표도 바람이나 외톨이 동물, 환한 돌투성이 들판과 툰드라만큼이나 이 대지의 일부분임을 믿게 되었다. 그리고 대지는 이 모든 것과 동떨어져 스스로 존재한다는 사실도.

우리가 무어라고 판단하건 그 판단을 훌쩍 뛰어넘는다는 점에서 물리적 대지란 당황스러운 존재다. 대지는 마음이 움직일 때처럼 미묘하게 자신을 드러내고 우리가 파악할 수 있는 한계보다 거대하지만, 그러면서도 여전히 이해할 수 있는 어떤 존재다. 호기심과 분석으로 가득한 인간의 머리는 대지를 분해하고 그 조각들, 살랑거리는 꽃과 밤하늘의 색깔과 짐승의 툴툴거리는 소리를 다시 조합하며 대지를 측정하려고 노력한다. 그러면서도 인간의 머리는 대지 안에서 자신의 자리를 찾으려, 스스로

에게서 느껴지는 이질감을 떨쳐낼 방법을 찾으려 애쓰고 있다.

북극에서 특히 관심이 간 지역은 서쪽 베링 해협에서부터 동쪽 데이비스 해협 사이(북아메리카 대륙의 북쪽 북극)다. 여기에는 끝도 없이 펼쳐진 눈과 얼음 평원도 포함된다. 여름이면 평원은 개빙구역과 바다가 되고, 하늘 아래 갈색의 섬 툰드라가 된다. 하지만 이곳엔 놀랍고 황홀한 광경들도 있다. 캐나다 툰드라 한가운데에 있는 후드강의 윌버포스 폭포는 난데없이 50미터 남짓을 곤두박질치며 거친 계곡으로 떨어지는데, 으르렁거리는 소리가 수 킬로미터 밖에서도 들린다. 그린란드 빙상의 바다 쪽 가장자리에 80킬로미터 길이로 뻗은 거대한 훔볼트 빙하는 무자비한 기세로 쪼개져 케인 해분으로 빙산들을 밀어낸다. 멜빌섬 중앙에서 동쪽으로 조금 치우친 곳에 있는 황무지는 주황색과 옅은 노란색, 붉은색으로 침식된 사막 같은 곳으로, 유타주 남쪽에 있는 협곡과 계곡들이 떠오른다. 그리고 훨씬 더 이국적인 곳들이 있다. 이를테면 러글스강. 엘즈미어섬 헤이즌 호수에서 흘러나오는 이 강은 겨울의 지옥 같은 어둠 속으로 얼어붙은 수증기를 뿜어내며 600미터쯤 흘러가다 스스로 만든 얼음장 밑으로 사라진다. 노스웨스트준주에 있는 배서스트곶 남쪽부터 호턴강에 이르는 지역에는 역청질 이판암이 땅 밑에서 수백 년째 타고 있어 해안 전체가 이글거리는 거대한 산업폐기물 더미처럼 보인다. 코북강 중류의 남쪽에는 사방 수백 킬로미터에 달하는 움직이는 모래땅 위로 30미터 높이의 모래 언덕들이 솟아 있다. 동부 그린란드에 있는 퀸루이자랜드라는 북극 오아시스는 그린란드 만년설을 장벽처럼 두른, 풀과 여름 야생화들이 만발한 계곡이다.

전반적으로 북극은 전형적인 사막의 외형을 보여준다. 황량하고 편평하고 드넓고 조용하다. 퀸엘리자베스 제도의 마른 툰드라 평원과 그 남쪽에서 흔히 볼 수 있는 낮은 습지들은 풍화된 바위와 자갈이 흩어진 광활한 공간으로 이어진다. 사막의 환상은 한층 더 강해진다. 알래스카 북부나 배핀섬과 엘즈미어섬에는 그 속에 있어도 여전히 멀게만 느껴지는 깎아지른 듯한 북극 산맥이 있어 그렇지 않아도 곳곳에서 느껴지는 금욕적인 분위기가 정점에 이른다. 그러나 이 땅에서 뚜렷하게 드러나는 단조로움은 꾸준히 변화하는 날씨와 살아 움직이는 동물들, 특히 새들과 카리부 덕분에 느슨해진다. 그리고 거의 아무것도 숨기지 못하고 드러내는 대지와 먼지 하나 없는 공기층을 통과하는 햇빛이 보여주는 유난히 선명한 상 때문에 동물들은 마치 손에 잡힐 듯 가깝게 보인다. 동물들의 존재감은 강렬하다.

언뜻 황량해 보이는 땅들이 그렇듯 북극의 툰드라도 잘 아는 사람에게는 꽃이 꽃부리를 드러내듯 갑자기 그 속을 드러낸다. 이를테면 툰드라의 단조로운 갈색 덤불 속에서 선명한 빨강, 주황, 초록 점들이 눈에 띄기 시작한다. 늑대거미가 반짝거리는 풍뎅이를 향해 돌진한다. 연보라색 바위취꽃에 사향소 털이 걸려 있다. 그린란드 동북쪽 해안에 처음으로 발을 디딘 덴마크 박물학자 알빈 페데르손은 이렇게 썼다. "이 황량한 자갈 사막을 보고 이상한 기분을 느꼈다는 건 인정해야겠다." 그러나 그곳을 떠날 때쯤에는 제임슨랜드의 우거진 푸른 풀숲에서 머리 위로 훌쩍 자란 풀을 뜯는 사향소들과 그린란드 만년설의 홍적세적 고요를 뚫고 솟아오른 나신의 바위탑 누나탁(빙하로 완전히 둘러싸인 산)이 간직한 온전한 아름다움에 관해 쓰고 있었다. 페데르손처럼 나도 우아한 북극토끼 갈비뼈를 찍으려고 몸을 숙였다가 예기치 않게 북극 애벌레의 비단고치를 발견하곤 했다.

툰드라의 풍성한 생물학적 증거들은 그 땅이 주는 텅 빈 느낌을 여지없이 몰아낸다. 무대를 닮은 그 땅은 다가올 사건들을 암시한다. 여름 산책을 나가면 바람에 씻긴 대기 너머로 아주 먼 곳까지도 선명하게 보인다. 시간과 우리는 고립되고 분리된 생명의 증거들과 마주친다. 동물의 발자국, 올빼미의 배설물에 섞인 소화되지 않은 뇌조雷鳥의 일부분, 북극토끼들에게 잎을 거의 다 뺏긴 콩버들 군락. 따라오는 새들을 동행으로 삼을 수도 있다. (녀석들은 우리가 동물이며 조만간 뭔가 먹을거리를 내놓을 것임을 알고 있다.) 깝작도요들이 에스키모어 이름대로 투이투엑 소리를 지르며 발 앞에서 흩어진다. 결빙으로 금이 간 석회암 비탈을 엉거주춤 내려올 때는 발밑에서 유리가 쨍그랑거리는 듯한 소리가 나고, 그러면 멀리서 툰드라 회색곰이 우리를 살펴보려 뒷발로 일어선다. 접시처럼 둥그런 앞발을 가만히 늘어뜨린 그 자세가 몹시 인간적이라 적잖이 당황스럽다.

특히 캐나다 노스웨스트준주의 서북극 지역이라면 토사가 유실된 냇가 둔덕에서 매머드의 엄니가 발에 챌지도 모른다. 캐나다 동북극에서는 1,500년 전 사냥꾼이 가죽 텐트의 가장자리를 누르는 데 사용한 바위들이 둥글게 놓여 있는 것을 발견할 수도 있다. 북극 사람들이 4,000년 전부터 왕래해온 해안가에 위치한 이들 옛 도싯 문화 야영지들은 시대를 초월한 인류의 의지를 분명하게 증명한다. 드물게는 12세기 툴레 사람들이 썼던 큰 집의 으리으리한 초석을 만날 수도 있다. (북극의 춥고 건조한 대기 덕분에 800년 전에 잡은 고리무늬물범의 잔해와 심지어 그 냄새까지 그대로 있을지도 모른다.) 그러나 도싯 거주지나 툴레 거주지에서 세공한 카리부 뼈 잔해나 깎은 나무, 꼬챙이로 꿴 가죽 조각을 발견하기보다는 20세기 거주지의 폐기물들과 마주치는 경우가 월등히 많다. 이쪽이 훨씬 위화감이 크다. 이들 인공물도 천천히 분해된다. 양철 뚜껑을 눌러 닫는 빨간 담배 깡통, 무당연유 깡통과 메이플시럽 깡통. 최근까지 이용한 듯한 여러 야영지에는 사용하고 버린 손전등 전지들이 무슨 동물의 똥 더미처럼 쌓여 있고, 당혹스러울 정도로 다양한 라이플과 산탄총용 폐탄약들이 발견된다.

몇 세기의 것이든 잔해들에서 눈을 떼고 멀리 바라보라. 눈에 보이는 저 땅 전체가 하나의 조화로운 권위, 그 자연의 역사에 깃든 인내의 힘으로 둘러싸여 있다. 이 거주지들도 그 인내의 일부임이 분명하다. 그러나 최근의 거주지들은 막연한 불안감을 일으킨다. 왠지 그 거주지들은 그 땅에서 나온 것이 아닌 듯하다. 그 거주지들이 자신도 지역 자연사의 일부라고 주장하는 말은, 웬일인지 거짓말 같다.

요즘은 최근에 일어난 변화의 흔적들과 맞닥뜨리지 않고 북극을 여행하기가 힘들다. 해안을 따라 생겨난 현대의 거주지들이 알려주는 사실은 지역 주민에게 낯선 기술, 즉 새로운 도구와 새로운 삶의 방식이 갑자기 도래했다는 점이다. 처음에는 꽤 적응하기 쉬웠다. 그러나 변화의 속도는 계속 빨라지기만 했다. 지금은 정신을 차릴 수 없을 정도의 적응을 요구한다. 그리고 새로운 도구들은 그 어느 때보다 정교한 신앙체계와 함께 왔다. 세인트로렌스섬에서부터 그린란드까지 오늘날 토착 문화는 급속한 경제적 개편과 내부로부터 붕괴하는 사회적 재편을 맞고 있다. 예컨대 한 과학자는 누니박섬 주민에 관한 최근의 논문에서, 야생에서 얻는 식재료가 상점에서 구입하는 식재료로 (영양학적으로 그리고 사회적으로 상당히 복잡한 여러 문제와 함께) 대체되는 속도가 너무 빨라서 연구가 불가능하다고 썼다. 그는 "논문이 인쇄돼 나올 때쯤이면 여기 실린 많은 정보에는 역사적 의미 정도만 남게 될 것이다"라고 썼다.

1968년 알래스카주 프루도만에서 석유가 발견되면서 북극에 산업화의 변화가 밀어닥쳤다. 1,280킬로미터에 이르는 알래스카 종단 수송관에다 최근의 쿠파룩 연장 수송관, 캐나다 멜빌섬과 툭토야크툭반도에 세워진 석유 탐사기지들, 배핀섬 북부와 리틀콘윌리스섬에 생긴 대규모 납-아연 채굴 광산, 수백 킬로미터에 이르는 새 도로들, 늘어난 배와 비행기, 트럭 교통량. 대개 거칠고 예측할 수 없는 이 지역 날씨와 극도의 추위, 긴 극야極夜, 보급기지와의 엄청난 거리, 영 엉뚱하게 녹거나 이동하는 영구동토 위에 건축물을 고정하는 문제 등으로 작업 비용은 천문학적으로 치솟는다. 사실 캐나다의 경우 연방정부의 막대한 지원이 없었더라면 생각조차 하지 못했을 일들이다.

지도 위에 넓게 흩어진 점과 선만 보면 최근의 급격한 변화들도 그렇게 많아 보이지 않는다. 하지만 그 변화들이 북방 정착지와 마을에 미치는 파급효과와 그 경제적·심리적·사회적 충격은 강렬하다. 그리고 지엽적이고 때로는 인위적인 성공 사례들이 더 많은 개발 계획을 부추긴다.[1] 지역 주민들이 특히 우려

1 북극의 문제들에 대한 보다 자세한 내용은 미주 1번(641쪽)을 참조하라.

하는 점은 경제적 능력만 어마어마할 뿐 지역에 대한 지리적 감각은 형편없는 사람들의 손에 권력이 점점 더 집중되고 있다는 사실이다. 매켄지 강어귀에 있는 툭토야크툭 마을에서 온 어떤 사람이 딱 적절한 이야기를 해준 적이 있다. 그는 1950년대에 개 썰매를 타고 정기적으로 해안가를 오르내렸는데, 늘 다니던 길에 원거리조기경보DEW, Distant Early Warning 레이더망 기지가 세워지자 뭔가 싶어서 들러봤다고 한다. 군인들은 지역 주민이 아니라 무슨 북극 전설에 나오는 인물이라도 맞는 양 그를 환대했다. 개들에게도 스테이크용 날고기를 쌓아놓고 열심히 먹였다. 군인들은 그가 올 때마다 등을 두드리며 맞아들였고, 그때마다 개들에게 날고기를 잔뜩 먹였다. 군인들의 아낌없는 호의가 꺼림칙한 데다 그런 관계 자체가 너무 비현실적이라 생각한 그는 어느 날부터 그곳에 발길을 끊었다. 그러나 그 후로 몇 달 동안 근처를 지날 때마다 개들이 통제 불능 상태에 빠져 난감했다고 한다.

마을을 지날 때마다, 심지어 사람이 살지 않는 땅을 지날 때조차 이런 대변동의 증거들을 피하기란 불가능하다. 우리는 그 흔적들에 걸려 비틀거릴 수밖에 없다. 땅과 인간에게 사정없이 퍼부어지는 과다한 변화, 그 무례한 침략 때문에 발생하는 우울감은 사람을 절망으로 이끌 수 있다. 나 또한 다른 여행자들과 마찬가지로 이런 문제들을 숙고할 수밖에 없었다. 하지만 현실적인 문제들보다 그 대지의 존재, 이성 이전에 존재하는 대지의 온전한 무게에 사로잡히는 경우가 훨씬 많았다. 나는 의아했다.

무엇이 나를 해변종다리에게 고개 숙이도록 만들었는가? 사람들은 자신이 깃든 대지를 어떻게 상상하고 있는가? 대지는 품 안에 든 인간의 상상력을 어떻게 규정하는가? 어떻게 욕망, 이해하려는 욕망 자체가 지식을 빚어내는가? 시사적인 문제들을 생각할 때마다 기저에 있는 이런 질문들이 더 깊이 다가오는 것 같았다.

나는 해답을 구하기 위해 다양한 성향의 사람들과 함께 여행했다. 배핀섬 북쪽에서 일각고래를 잡고 베링해에서는 바다코끼리를 사냥하는 에스키모들, 수백 킬로미터에 이르는 해안과 근해 연구에 나선 해양생태학자들, 캐나다 군도의 풍경화가들, 강풍을 맞으며 영하 34도의 겨울 해빙 위에서 원유를 시추하는 석유채굴 인부들, 그린란드 서해안을 따라 북상해 북서항로로 진입하는 화물선의 다국적 선원들과 함께. 그들은 저마다 이 대지를 평가했다. 북해에 가물거리는 신기루처럼 뻗은 툰드라의 저 명백한 공허, 검푸른 겨울 하늘, 반짝이는 별들과 함께 숨 쉬는 차가운 아름다움, 저마다 긴 보호털을 휘날리며 언덕 꼭대기에 방어 대형으로 선 채 거대한 검은 물결처럼 회전하는 수컷 사향소 무리, 수증기 서린 갱도에서 미세한 거울 조각처럼 반짝이는 납-아연 광맥, 리틀콘월리스섬 지표 아래에 있는 중생대 암벽, 수정처럼 맑은 대기에 울려퍼지는 겨울 해빙이 뒤틀리고 깨지며 신음하고 울부짖는 소리. 이 대지의 모든 것이, 실질적 의미만이 아니라 그 상징적 의미까지, 모두 다르게 이해돼왔고, 다르게 이해되고 있다.

이렇듯 다른 시각들 덕분에 이 북방 대지에서 인간의 미래는 유동적인 것이 되었다. 그래서 이곳은 누구나 자기 희망의 투사물로서의 꿈을 만나는 곳이 되었다. 북극의 새를 보러 가는 즐거운 계획으로 친구들의 부러움을 사면 좋겠다는 지극히 사소한 소망이든, 북극에서 쥐어짜낸 과학 지식으로 공동체에 이바지하겠다는, 개인으로서는 사뭇 원대한 소망이든, 각각의 꿈에는 자기 삶이 아무 의미 없이 소모되지 않기를 바라는 개인의 희망이 담겨 있다. 그리고 그보다 훨씬 큰 꿈, 인간의 꿈 이야기를 우리는 수천 년 동안 간직해왔다. 이 이야기는 하나의 질문, '과거의 지혜가 미래를 압박한다면 어떻게 해야 할까?'라는 질문에 따르는 결단과 희망의 이야기다. 이 이야기는 영원한 대화에 관한 이야기이며, 우리끼리의 대화뿐만 아니라 우리의 의도와 희망을 둘러싼 대지와의 대화, 이를테면 평원에 내리는 뇌우나 어린 산의 깔쭉깔쭉한 선이나 외딴 호수에서 갑자기 날아오르는 오리 떼에 대한 우리의 생각과 경외감에 관한 이야기다. 우리는 4만 년 동안이나 이 대지에서 우리의 의미가 무엇인지 자문해왔다. 이 이야기의 중심에는 단순하고 변하지 않는 믿음이 하나 있다고 나는 생각한다. '이 대지 위에서 현명하게, 그리고 잘 살 수 있다'는 믿음. 그리고 대지에 깃든 모든 것을 존중하는 태도를 통해 우리를 둘러싼 답답한 무지를 깨칠 수 있으리라는 믿음.

얼어붙은 먹이를 쪼아 가슴 깃털로 녹이는 북방올빼미를 뒤로한 채 우리는 수림한계선을 넘어 북극으로 향한다. 앞에는 다채롭고 불규칙적인 이름들로 지도에 표시된 탁 트인 거친 대지가 펼쳐져 있다. 브라더존 빙하와 흰손수건곶. 해군위원회만, 테디베어섬, 얼룩말 절벽. 재간둥이 피오르, 성패트릭 협곡, 굶주림만. 아직도 에스키모들은 '성직자의아들들섬'과 '왕립천문학회섬'의 넓은 만에서 고리무늬물범을 사냥한다.

이곳은 클리블랜드시만 한 빙산들 사이로 비행기가 지나가고, 별에서 북극곰이 날아와 내리는 곳이다. 이곳은 사막처럼 상징과 어렴풋한 전조들이 널린 곳이다. 해변종다리 둥지 앞에서 허리를 굽히는 간단한 절 한 번으로 우리는 또 한 번 꿈꾸는 것에 인생을 걸어본다.

차례

들어가며

전설만큼이나 먼 땅

1823년의 어느 따뜻한 여름날, 360톤짜리 영국 포경선 컴브리안호가 북쪽으로의 짧은 항해를 마치고 물결을 가르며 배핀섬 북부의 폰즈만(지금은 폰드만)으로 들어왔다. 배가 갔던 랭커스터 해협의 수역들은 만선을 약속해주는 '새 바다'였지만, 컴브리안호는 2주간 항해하면서 고래를 한 마리도 발견하지 못했다. 선장이 보기에 상황이 더 나쁜 것이, 자기 배가 자리를 비운 사이에 폰즈만 입구에서 빈둥거리던 마흔 척가량의 다른 배들은 엄청난 성과를 올린 게 아닌가. 존슨 선장은 항해일지에 한탄을 늘어놓았다. "여러 척이 많게는 열두 마리, 한두 척은 열다섯 마리, 한 척은 배가 꽉 찰 정도로……."

하지만 컴브리안호도 오래 기다릴 필요가 없었다. 새로 발견된 배핀만 서쪽의 '서쪽 바다'에 이 사람들의 특별한 사냥감, 그린란드고래가 우글거리고 있었다. 컴브리안호는 바로 다음 날인 7월 28일에 세 마리를 잡았다. 이후 며칠 동안 열두 마리를 더 잡았고 그해의 총 실적이 스물세 마리가 됐다. 컴브리안호는 8월 20일에 그린란드 연안의 얼지 않는 바다로 나온 다음 페어웰곶을 돌아 영국으로 귀환했다. 컴브리안호에 실린 고래 지방은 대영제국의 가로등을 밝히고 섬유공장에서 양모를 가공하는 236톤의 기름이 될 예정이었다. 그 배에는 우산살과 베네치아풍 차양, 이동식 양 우리, 창살, 가구용 스프링 등이 될 4.5톤이 넘는 고래수염도 실려 있었다.

컴브리안호는 9월 26일에 부두에 늘어선 사람들의 환호를 받으며 포경 기지로 유명했던 잉글랜드 북동부의 항구도시 헐에 입항했다. 시내에서 나온 소년들이 주 돛대 위쪽 중간쯤에 걸어놓은 빛바랜 구식 리본 화환을 탐내며 배를 고정한 밧줄을 타고 기어올랐다. 배의 소유주들은 기쁨으로 빛났다. 어떤 배도 데이비스 해협의 얼음을 돌파하지 못했던 지난해에 비하면 두 배나 되는 실적이었다. 그리고 2년 전인 1821년에 컴브리안호는 궂은 소식을 가지고 귀환했었다. 헐에서 출발한 배 세 척과 다른 항구에서 출발한 최소한 네 척의 배가 빙하에 부딪혀 실종됐다는 소식이었다.

1823년 포경철은 이런 끔찍한 기억들을 말끔히 씻어주었다. 폰즈만 외곽의 서쪽 바다는 앞날을 약속해주는 듯 보였다. 그리고 컴브리안호는 서부 그린란드와 배핀섬 북부의 에스키모들로부터 사들인 바다코끼리 가죽과 상아도 실어 왔다. 일각고래 엄니도 몇 개 있었다. 고래기름과 고래수염 가격이 지금처럼만 유지된다면, 이 좋은 포경철이 몇 해만 더 지속된다면, 런던에서 포경 산업을 위한 가격 유지 제도나 보호무역 관세를 폐지하지만 않는다면…….

컴브리안호 선원들은 이런 생각을 거의 하지 않았다. 그들은 기묘한 작업 시간표에 따라 서쪽 바다에서 '물고기'가 목격될 때마다 보트를 매달아놓은 기둥으로 달려가 밤낮없이 일할 뿐이었다. 그들은 갑판 위에 널브러져 자고 불규칙하게 밥을 먹었다. 얼음 속에서 보내는 나날은 격렬하게 흘러갔고 날씨는 쾌청했다. 폰즈만에서는 술병 속의 술처럼 맑은 공기를 가로지르는 빛 때문에 먼 바일롯섬과 배핀섬이 바로 눈앞에 있는 듯 눈부시게 보였다. 이 초자연적인 광경을 본 그들은 어리둥절해하면서도 즐거워했다. 그들은 지속되는 햇빛과 힘든 일을 하는 데서 오는 약간의 만족감과 자존감으로 들뜬 기분이었다.

1823년 여름은 나폴레옹 전쟁의 종전 이후 안정적으로 지속되던 영국의 북극 포경사업이 정점을 이룬 해였다. 고래 상품 시장이 소생하던 시기에 서쪽 바다가 발견되었고, 그래서 1818년과 1824년 사이 헐과 피터헤드, 던디, 애버딘, 휘트비의 상인들과 투자자들은 씀씀이가 큰 부자가 되었다. 하지만 1825년부터 상황이 바뀌기 시작했다. 영국의 경제정책 변화와 기술 발전으로 고래기름과 고래수염에 대한 내수 및 수출 시장이 축소되고, 보험 미가입 배들의 너무 잦은 손실과 고비용 탓에 투자자본 규모가 줄어들었다. 1823년 한 해에만 2,000여 마리의 고래를 잡으면서 슬슬 과도한 포경으로 인한 문제도 드러나기 시작했다.

이 모든 소동의 대상이 된 생물을 영국은 212년 동안 상업적으로 사냥해왔다. 처음에는 스피츠베르겐의 여러 만과 드문드문 부빙이 떠 있는 그린란드해에서, 다음에는 데이비스 해협의 남쪽 입구에서, 마침내는 배핀만의 북쪽 바다와 서쪽 바다에서. 입천장에 플랑크톤을 거르는 고래수염이 커튼처럼 U자 모양으로 나 있는 검푸른색 긴 살덩이. 고래수염은 때로 4.5미터 길이에 달하기도 했다. 신장의 3분의 1을 차지하는 거대한 머리를 포함한 살진 몸체는 많게는 50센티미터 두께의 지방층으로 둘러싸여 무게당 지방의 비율이 다른 어떤 고래보다 높았다. 크기가 적당한 이 동물 한 마리에서 25톤에 이르는 기름과 무게로 치자면 1톤이 넘는 300대 이상의 고래수염을 얻을 수 있었다. 고래수염과 꼬리(아교를 만들기 위해 채취했다), 지방층이 제거된 14미터 길이의 도살된 사체는 그대로 버려져 구름 같은 바닷새들을 끌며 바다 위를 표류하는 '크랭'이 되었다.

천천히 헤엄치기 때문에, 죽으면 물 위로 떠오르기 때문에, 남다른 양의 기름과 수염이 나오기 때문에, 그 생물, 그린란드 고래는 사냥하기에 딱 적합한 고래였다. 북극고래. 그 고래. 나중에 서북극 지방에서는 이 생물의 턱선 모양을 따서 '활머리'라고 불렀다.

이 동물의 피부는 회색이 섞인 검은색 벨벳 같은데, 만지면 조직이 성긴 종이처럼 살짝 골이 진다. 피부는 아래턱 밑에서 배 쪽으로 가면서 흰색으로 바뀐다. 짙은 갈색 눈은 황소의 눈만 한데, 거대한 머리 크기에 비하면 거의 보이지 않을 정도다. 화산 모양의 숨구멍이 높이 솟아서 좁은 해빙 틈새로도 숨을 쉴 수 있다. 이 동물은 접촉에 아주 민감해서 수면에 떠서 자다가도 새 한 마리만 내려앉으면 화들짝 깨어난다. 작살에 맞았을 때의 격심한 고통이 어떠할지는 상상조차 하기 어렵다. (1856년에 트루러브호에 탄 한 작살잡이는 작살을 맞은 고래가 밧줄을 끌며 1분 30초 만에 약 1킬로미터를 미친 듯이 잠수해서 암청색 진흙 바닥에 2.5미터 깊이로 머리를 처박는 바람에 목이 꺾였다고 보고했다.)

이 생물의 힘은 대단했다. 그린란드해에서 작살을 맞은 북극고래 한 마리는 지름 5.7센티미터짜리 삼줄 두 가닥을 끊고도 (하나는 약 1.4킬로미터, 하나는 약 3킬로미터) 9킬로미터 길이의 밧줄(약 3톤)과 그 끝에 달린 8.5미터짜리 고래잡이 보트를 끌고 도망가다가 잡혔다. 1817년 5월 27일에는 다른 북극고래 한 마리가 작살을 맞고도 서른 시간째 돛을 전부 올린 배 한 척을 '보통의 상쾌한 산들바람'이 이는 시속 2노트(약 시속 3.7킬로미터) 속력으로 끌고 있었다.

이 동물에 대한 사냥에는 제약이 없었다. 1823년 랭커스터 해협에 들어가기 한 달 전, 컴브리안호는 데이비스 해협에서 17미터가 넘는 거대한 북극고래 암컷을 잡았다. 그들은 고래가 드문드문한 부빙들 사이에서 잠자고 있을 때 접근했다. 배가 다가오는 것을 눈치채고 잠을 깬 고래는 천천히 배 주위를 한 바퀴 돈 다음 조용히 배의 선수에 머리를 대고 밀기 시작했다. 넋이 나간 선원들이 마침내 작살로 대응할 때까지 고래는 2분가량 배를 뒤로 밀었다. 이 사건으로 선원들은 동요했다. 무심하게 일하다가도 이런 으스스한 사건이 생기면 선원들은 움찔하곤 했다.

당시 컴브리안호가 있던 그린란드 서북부 연안의 데이비스 해협은 그처럼 조용한 날이면 가끔 기묘한 휘파람 소리가 들린다는 바로 그 자리였다. 휘파람 소리는 고음에서 시작해서 점차 낮아지다가 아주 낮은 음이 되어 사라졌다. 그 지역에서 가장 두려운 방향, 서남쪽에서 강풍이 불 징조였다. 휘파람 소리가 클수록 바람도 강했다. 그해에는 부빙들 틈에서 일하면서 휘파람 소리를 들은 적이 없었지만, 선원들로서는 마치 돌아가라는 듯이 고래가 배를 민 사건도 그에 못지않게 불길하게 느껴졌다.

사람들은 해빙이 종잡을 수 없게 가하는 생명의 위협 때문에 금방 북극고래 잡이에 신물을 내곤 했다. 하지만 한편으로는 사냥터에서 지금까지 알았던 그 어느 것보다 가슴에 와닿는 숭고한 아름다움을 발견했다고 일기에 적기도 했다. 눈앞에서 도버해협 절벽만큼 높은 빙하가 대리석 절벽이 무너지듯 진녹색 바다로 무너져내렸다. 바람이 불면 빙산 꼭대기 연못에서 한줄기 비처럼 물이 날려 구부러진 안개를 만들었다. 배의 용골 아래로는 하얀 벨루가 몇 마리가 유령처럼 미끄러져 지나갔다. 뿔바다오리 수천 마리가 시끄러운 울음소리를 쏟아내며 배의 밧줄 사이로 솟구쳐올랐다. 바다코끼리들이 번쩍거리는 엄니와 어둠 속에서도 빛나는 수염을 드러내며 저녁 햇빛을 받아 선홍색으로 불타오르는 고요한 만을 천천히 헤엄쳐갔다. 선원들은 소박한 문구로 그 '사랑스러움과 장대함'에 압도되었음을 정직하게 기록했다.

살육은 그들이 본 풍경에 어울리지 않았다. 하지만 살육은 일인 동시에 가족의 생계 수단이었다. 사람들은 재빨리 연민과 후회를 벗어던졌다. 어느 선장은 이렇게 썼다. "이 모험의 목표인 노획물의 가치와 포획의 즐거움이 동정심 따위에 희생될 수 없다."

7월 27일, 컴브리안호는 여전히 랭커스터 해협에서 허비한 시간을 한탄하면서 다른 배들의 성과를 증명해주는 섬뜩한 사체들을 지나 바일롯섬 동쪽의 정착빙을 따라 남쪽으로 향하고 있었다. 항해일지에는 이렇게 적혀 있다. "부빙 가장자리 여기저기에 지방층을 벗겨낸 고래 수백 마리의 사체가 걸려 있다. (…) 수 킬로미터 떨어진 곳에서도 이 부패하는 덩어리들이 뿜어내는 악취를 맡을 수 있었다. 저녁으로 갈수록 사체의 숫자는 계속 늘어났고, 후각을 괴롭히는 악취는 거의 참을 수 없을 정도에 이르렀다."

북방풀머갈매기들과 흰갈매기들이 크랭들 위에서 소용돌이치며 끼룩거렸다. 풍요로운 대학살이었다.

그해 바일롯섬 남단에는 현지 에스키모인 투누니르미우트 부족이 일각고래를 사냥하기 위해 세운 야영지가 있었다. 그들은

'봄철의 사람들'이라는 뜻으로 우피르나기트라고 부르는 영국 고래잡이 선원들과 비공식적으로 거래하며 북극곰 모피와 바다코끼리 가죽 및 상아, 물개 모피 장갑을 양철 냄비와 바늘, 강철 주머니칼, 기타 생필품이나 장식품과 교환했다. 나중에 고래잡이만으로는 수지가 맞지 않게 되자 이런 교역은 선주들의 손실을 보호하는 방어막으로서 필수 과정이 되었다. 배의 선장들은 수지를 맞추기 위해 모피와 가죽, 상아, 동물원에 공급할 동물 포획에 시선을 돌렸다. 하지만 아직은 에스키모 사회가 변화하고 에스키모들에 대한 착취가 벌어지는 시기는 아니었다. 당시는 투누니르미우트 부족이 여전히 토착 수렵민이던 때로, 교역 상품들의 힘도 그들의 생활을 거의 변화시키지 못했다. 그들은 식량과 의복, 도구, 각종 용품을 구하기 위해 동물들의 이동 경로를 따라 해빙과 육지를 오가며 유목민처럼 생활했다.

누군가 이 초기의 교역 관계를 일반화한다면, 에스키모들이 짧은 시간에 깜짝 놀랄 만한 양의 고래고기를 손쉽게 생산해내고 캔버스 천이나 톱과 같은 엄청나게 유용한 물건들을 만들어내는 낯선 문화에 조심스럽고 제한적인 방식으로 적응하려 애썼다고 말할 수 있을 것이다. 유럽인들은 대체로 자신들의 목적을 상기하며 이런 우연한 만남이 주는 원시적이고 이국적인 정취를 즐겼다. 그들은 기념품과 여성들과의 성적인 접촉에 열광했으며, 교역을 통해 이윤을 얻으려 했다. 당시 날씨 좋은 여름날 오후가 되면 폰즈만 외곽의 젊은 원주민 여성들이 고래잡이 배에서 돌아와 남편들에게 해안 절벽에 사는 애기바다쇠오리아팔리아르수이트처럼 층층이 매달린 그물침대에서 사는 백인 남자들 이야기를 하곤 했다. 남편들은 뇌조 날개뼈로 손가락에 달라붙은 물범 지방을 긁어내며 아내가 뭘 가져왔는지, 혹시 담배라도 좀 있는지 보려고 이야기가 끝나기를 기다렸다. 에스키모들은 자신들이 오래 살아남았다는 기본적인 사실에 커다란 가치를 부여했다. 그들은 유럽인들이 흔히 생각하는 것만큼 선원들과 배에 마음을 빼앗기지 않았다.

고래잡이 선원들이 에스키모 앞에서 느꼈던 지적 우월감은 가짜였고 주제넘은 것이었다. 유럽인들은 에스키모들의 세계 인식에 가치를 부여하지 않았다. 그리고 상아 도구나 방수용품에서 보이는 에스키모들의 지혜가 아무리 대단하다 해도 에스키모들의 기교는 낡은 것이고 자신들에 비하면 그저 색다른 것일 뿐이라고 생각했다. 그 시기 한 배의 선장은 에스키모들을 다음과 같이 간략히 요약했다. "에스키모들은 신체와 지능, 열정 면에서 질이 떨어진다." 그들은 유순하게 대하되 혼을 내거나 이용해 먹어도 탈이 없는 어린애 같은 사람들이지, 진지하게 상대할 대상은 아니었다. 유럽인들은 에스키모들을 멍청이라는 뜻으로 '야크'라고 불렀다.

에스키모들 쪽에서 보자면 고래잡이 선원들은 손재주도 여자들도 없이 살아가는 이상한 사람들이었다. 에스키모들은 '값지고 편리한 물품과 도구'를 제공한다는 면에서는 선원들을 전폭적으로 신뢰했지만, 스스로를 먹이고 입히고 보호할 능력이 없다는 면에서는 그들을 비웃었다. 에스키모들은 지금 폰드만(폰즈만의 현재 지명)의 현대적인 마을을 방문하는 사람들이 느끼는 것과 동일한 감정들, 즉 일리라와 카피아가 교차하는 심정으로 고래잡이 선원들을 바라보았다. 일리라는 외경심을 동반하는 공포이며, 카피아는 예측할 수 없는 폭력에 직면했을 때 느끼는 공포다. 북극곰을 지켜보는 것은 일리라다. 얇은 해빙을 건너야 하는 것은 카피아다.

이 지역에 상업이 등장한 지 겨우 몇 년이 지났을 뿐인 1832년 여름, 고래잡이 선원들은 벌써 인적이 끊어진 마을들과 맞닥뜨리고 있었다. 겨우내 유럽 디프테리아와 천연두로 전 주민이 죽어버린 마을들이었다. 선원들은 시간을 잊은 듯한 북극도 실제로 바뀔 수 있음을 보았다. 그리고 수백 년간 끈질기게 그 땅에 묻고 물어서 얻어낸 에스키모들의 방대하고 특별한 지식도 슬그머니 자취를 감추기 시작했다.

폰즈만에서 북동쪽으로 한참 가면 그린란드 해안의 요크곶 서쪽에 당시 고래잡이 선원들이 붉은 절벽이라고 부르던 심상치 않은 곳이 있었다. 붉은색으로 물든 그곳의 눈을 놓고 균류가 자라서 그렇다거나 새우를 먹는 바다오리들이 붉은 똥을 싸서 그렇다는 식의 논란이 분분했다.[1] 그 절벽 동쪽에는 현지 에스키모들이 사비시빅이라 부르는 알려지지 않은 장소가 있었

1 그 색은 눈 위에 존재하는 민물 조류 종들의 세포벽에 들어 있는, 피처럼 붉은 색소에서 비롯됐다.

다. 영국인들이 1818년에야 처음 들어본 운석 더미가 그곳에 있었다. (북극 에스키모들은 운석에서 철-니켈 합금 조각을 조금씩 깎아내 작살 바늘과 주머니칼의 날을 만들거나 다른 에스키모들과 물물교환하는 용도로 썼다. 그들 사이에서 사빅은 '주머니칼'과 '철'을 동시에 의미한다.) 1823년에는 영국 고래잡이 선단의 선장들조차 운석이 어디에서 오는지 거의 아는 바가 없었다. 게다가 그린란드가 실제로 섬인지 아닌지도 알지 못했다. 당시에는 북극점 반경 800킬로미터 안으로 들어가본 사람도 없었다. 그들이 아는 건 북극점에는 1607년에 그곳을 향해 배를 몬 헨리 허드슨이 북극점이라고 믿은 것이 있다는 것뿐이었다. 헨리 허드슨은 따뜻하고 고요한 바다 한가운데 자리 잡은 거대하고 검은 현무암 덩어리를 보았다고 했다. 그들은 고래잡이를 하러 북극으로 오는 길에 북대서양에서 들었던 혹등고래의 노래처럼 그린란드고래도 실제로 '노래'한다는 사실을 알지 못했다. 그들은 덴마크인들이 간에서 비타민A와 비타민D가 풍부한 지방유를 얻기 위해 그린란드에서 처음으로 상업적으로 포획한 '불건전하고 무기력한 짐승'인 그린란드상어의 생활상도 몰랐다. 그들은 무심코 공예품을 교역하면서도 북극에 에스키모 이전의 문화가 존재했으리라고는 상상조차 하지 못했다.

1823년, 북아메리카 대륙의 북극은 지구 위에 마지막으로 남은 탐험되지 않은 복잡한 생태계로, 신기한 동물들과 알 수 없는 사람들이 사는, 여전히 전설만큼이나 먼 존재였다. 신비한 일들이 벌어지고 넉넉한 빛의 축복과 광기를 일으키는 끈질긴 어둠이 있는 땅. 식초를 얼리고, 돌덩이를 포함하여 닿은 것은 무엇이든 균열을 일으키는 추위의 땅. 그 땅은 기록되지 않은 주인 없는 땅이었다. 고대 노르드인들의 시대 이래 유럽인들은 그 땅에서 동상으로 신체 조직이 괴사하고, 북극곰 간에 중독되고,[2] 괴혈병으로 썩어 들어가는 몸으로 마지막 한 조각의 온기를 위해 배의 흘수선까지 몽땅 태워버린 뒤 얼음 위에서 비참하게 죽어갔다.

폰즈만 고래잡이 선원들의 자신감과 기세는 이런 으스스한 사실을 알게 되면서 한풀 꺾였다. 그리고 자신들이 그 땅에 대해 무지한 것은 아닌지, 여러 고래의 생태나 해류에 포함된 플랑크톤의 색깔에 대해 아는 체하며 기록을 남기는 사람들 사이에도 무지가 광범위하게 퍼져 있는 게 아닌지 의심했다. 하지만 그들은 공포에도 무지에도 굴복하지 않았다. 당시에 그들의 선박은 '구명보트처럼 안전했고 술병처럼 단단했다.' 두 달만 지나면 1년 치 봉급과 일이 잘 풀리면 남들한테 자랑할 북극곰 모피 바지나 아들에게 줄 부싯돌 날이 달린 주머니칼을 가지고 가족들이 있는 집으로 돌아갈 터였다. 간발의 차로 익사를 모면했다거나 해안가 평지에서 솜털오리 알을 하루아침에 6,000개나

2 북극곰 간에는 비타민A가 치사량 이상으로 많이 들어 있어 보통의 인간은 30~90그램 정도만 먹어도 몇 시간 안에 사망할 수 있다. 에스키모들과 이누이트들은 비타민A 함량이 높은 북극곰과 허스키견 등의 간을 먹지 않았으나 북극 탐험에 나선 유럽인들의 경우 북극곰의 간을 먹고 탐사대가 전멸하다시피 한 경우가 적지 않았다—옮긴이.

주웠다거나 하는, 이웃의 혼을 쏙 빼놓을 이야기들과 함께. 아니면 에스키모 여성과 동침한 이야기라거나.

그들이 폰즈만 외곽에서 벌인 7월 어느 오후의 탐험이라는 게 어떤 것이었는지, 엄격한 기독교인 선장이 고래잡이를 금지한 어느 일요일 햇볕 드는 갑판에 늘어져 이국적인 북극 기념품을 서로 비교하는 선원들의 모습이 어떠했는지 쉽게 상상해 볼 수 있다. 멀리 북쪽과 서쪽에 사는 에스키모들이 '일종의 북극 소'라고 알려준, 거대한 뿔이 달리고 눈두덩이가 튀어나온 복잡한 모양의 사향소 두개골, 아니면 바이킹 탐험가들이 수백 년 전에 그린란드 정착지를 벗어나 훨씬 먼 곳까지 항해했던 증거라고 누군가 주장하는 사슬 갑옷 조각, 아니면 정신적 고뇌로 일그러진 인간의 얼굴이 새겨진 사라진 도싯 문화의 작은 상아 조각 공예품. 선원들은 그런 낯선 물건들이 자신들의 일상이 존재하는 익숙한 그곳, 발길에 닳은 갑판이나 복잡하지만 친숙한 머리 위의 돛대와 돛 같은 것들과 이루는 대비를 느꼈을 것이다.

아마 누군가는 폭풍 치는 검은 바다 한가운데에서 신중하게 발을 놀리며 헤엄치는 북극곰을 본 기억을 떠올렸을 테고, 그와 함께 그 땅에 내재한 또 하나의 대비인 아름다움과 위험 간의 대비를 얘기했을 것이다. 어쩌면 에스키모들에 관해 얘기했을 수도 있다. 이런 곳에서 생존할 수 있다니 얼마나 놀라운지, 얼마나 활기차고 우호적인지, 그렇지만 그 원시적인 버릇들은 얼마나 무신경한지, 아이의 대소변을 자기 머리카락으로 닦아내는 어머니와 깃털을 상하지 않게 하려고 덫으로 잡은 새의 심장을 눌러 죽이는 사내에 대해.

배의 고급선원들은 자기들만의 여유로운 전용 공간에서 윌리엄 스코어스비의 『북극지역해설』이나 1818년에 존 로스와 함께 서쪽 바다로 가는 해로를 개척한 윌리엄 패리의 신간 탐험기를 읽고 있었을지도 모른다. 그들은 패리를 숭배했다. 어쨌거나 전반적으로는 그랬다. 그들은 '불멸의 명성'을 추구하는 선장들의 지휘하에 완전히 얼음으로 뒤덮인 배와 경험 없는 선원들로 이루어진 영국의 탐사 계획들이 실질적인 가치는 거의 또는 아예 없는, 순전히 국가 정책을 과시하는 행사라고 보았다.

선원들과 선장들은 하나같이 아래층 갑판에 실린 고래기름과 수염에 더 관심을 두었다. 보다 실질적인 부였기 때문이다. 고래 한 마리에서 나온 두 가지 부산물만 헐 부두에 가져가 팔아도 근해에서 고기를 잡는 어부 한 사람이 1년에 벌 수 있는 돈의 열 배에서 열다섯 배를 받을 수 있었다.

휴일에 갑판 위에서 햇볕을 쬐며 졸던 선원들은 자기들 삶의 방식이 에스키모와 북극고래에게 얼마나 파괴적으로 느껴질지 생각해보지 않았을 것이다. 대신에 그들은 일확천금의 가능성을 생각했다. 그리고 그들은 집을 그리워했다.

캐나다 역사학자 W. 길리스 로스는 데이비스 해협 어장에서 3만 8,000마리에 이르는 그린란드고래가 주로 영국 선단에 의해 살육됐다고 조심스럽게 주장했다. 오늘날 그 지역에 남아 있는 개체는 많아 봐야 200마리다. 디프테리아나 천연두, 결핵, 척수성 소아마비 등등으로 죽은 지역 토착 인구는 추정 숫자조차 없다. 역사학자들은 북아메리카 토착 인구의 90퍼센트 정도라고 봐도 무리가 없다고 말한다. 에스키모들은 늘 그랬던 것처럼 지금도 거기서 회복하려 애쓰는 중이다.[3]

북극 고래잡이가 한창이던 시기에 폰즈만 주변에서 벌어진 일은 서구 문화의 대규모 북극 진출을 압축적으로 보여주는 축도라 할 수 있다. 석유, 천연가스, 광물 채취와 같은 현대적인 산업들도 포경 산업과 마찬가지로 비참하게 단명하는 길로 가고 있다는 사실을 상기시키는 불온한 암시가 아닐 수 없다. 그리고 150년이 지난 뒤에도 이 지역에 대한 우리의 자연사 인식이 여전히 피상적이고 파편적인 것으로 볼 때, 그 산업들이 순진한 계획들이라는 사실도 상기시켜준다. 그러나 요즘 이 생태계에서 가장 큰 위험에 처한 존재는 북극고래가 아니라 원주민들의 통합적인 세계관이다. 우리에게는 그들의 세계관을 대체할 만한 오래된 서사가 없다. 뿐만 아니라 통제하거나 소유하려는 어떤 욕망에도 지배받지 않는 저 대지와 인간의 유대를 설명해주는 이야기가 없다. 우리의 친밀감은 역사적 깊이가 부족하고, 애매모호하고 미묘한 그 표현들에 여전히 대체로 무지하다.

3 '에스키모'는 지금의 캐나다 지역에 분포하는 툴레 문화권의 후손들과 지금의 알래스카 지역에 분포하는 푸누크 문화권 그리고 비르니르크 문화권의 후손들을 포괄적으로 가리키는 단어다. 보다 자세한 내용은 미주 2번(641~642쪽)을 참고하라.

그리고 그 대지의 궁극적 가치에 관한 우리 생각들은 극명하게 다르다. 이누이트들의 토지 소유권 소송을 다루는 몬트리올의 변호사와 북극 항로를 통해 로테르담과 요코하마를 정기적으로 운항할 쇄빙선을 설계하는 스웨덴의 선박설계사가 북극의 미래를 같은 방향으로 전망하지는 않는다. 그리고 꽃을 수분시키는 뒤영벌과 도싯인들의 기원과 사상들, 울버린의 습성과 같은 북극의 생활사는 헤이스 강어귀에서 그물을 당기는 이누크족 에스키모와 알래스카 종단 원유수송관에 길이 가로막힌 카리부 떼를 지켜보는 생물학자와 북극에서 캐비어와 샴페인을 곁들인 점심식사를 찾는 현대의 관광객에게 각기 다른 의미를 지닌다.

새로 드러나는 땅에서 마주치는 이처럼 다양한 인간들의 시각과 이해관계는 새삼스럽지도 않다. 우리에게 새롭고도 걱정스러운 것은 땅 자체의 다름, 이런저런 견해들의 성질마저 바꿔버리는 그 땅의 다름이다. 우리는 양립하는 시각들도 쉽사리 수용하는 온대의 대지를 다루는 데 익숙하다. 온대의 긴 생장기와 온화한 기후, 엄청나게 다양한 생물과 적절한 강수량은 인간의 남용을 상당 부분 보완해주었다. 그러나 북극 생태계의 생물학적 특성은 다르다. '양쪽을 다 수용'하려 시도하기에는 생태적으로 너무나 취약하다. 그렇다면 북방에서 우려할 것은 당장 중재와 타협을 추구하려는 이 조급함이다.

이런 사안들, 그리고 북방의 상업적·산업적 개발과 그곳에 적용된 경제학의 타당성에 관련된 우리의 개념적 문제들은 대지 자체의 근본적인 차이, 즉 빛의 주기와 종류에 관한 우리의 온대적 선입견 같은 미묘한 어떤 것에 연관되어 있다. 온대의 시간이 만들어내는 일정한 생활 유형들, 여름밤에 실제로 해가 지고, 어스름에는 매미가 귀뚜라미에게 자리를 내주고, 사람들이 현관 앞 베란다에 나와 앉는 그런 일들이 북극에서는 일어나지 않는다.

특정한 대지를 평가하는 데는 물론이고 식별하는 데서도 느껴지는 어려움은 우리가 우리 문화적 조상의 대지로부터 얼마나 멀어졌는가에 관련되어 있다. 온대 사람들인 우리에게는 사막과 광활한 툰드라와 얼음지대를 나쁘게 생각하는 경향이 있다. 우리에게 그 땅은 황무지였다. 우리는 역사적으로 그 땅에서, 또는 그 땅에게 어떤 일이 일어나는지 신경 쓰지 않았다. 그러나 나는 언젠가 그 땅의 가치가 헤아릴 수 없을 만큼 귀중하다고 밝혀지는 날이 오리라 믿는다. 북극의 시간과 빛의 체계가 너무도 다르기에, 땅에 관한 우리의 자기만족적 사고 전반을 깜짝 놀랄 만한 방식으로 폭로해줄 수 있기 때문이다. 그 낯선 리듬은 그저 하루의 길이를 재는 기준을 바꾸는 것만으로도 서구적 시간표의 편협한 조급성을 지적해낸다. 그리고 정기적으로 얼어붙는 북극해는 정시 운송이라는 개념이 넘을 수 없는 장애물이다. 어떤 사람들에게 이 땅은 지긋지긋할 정도로 협조를 하지 않는다.

북극에서 인간의 활동을 그럴듯하게 계획하려면 대지 자체를 좀 더 면밀하게 이해해야 한다. 더욱 정제된 수학적 지식이 아니라, 그 대지 자체가 예나 지금이나 협상을 통해 상호합의에 도달해야 하는 또 하나의 문명인 것처럼, 그 성질에 대한 더 깊은 이해가 필요하다. 그러므로 나는 이 대지의 여러 구체적인 측면과 그 측면들이 만들어놓은 결과들을 다시 들여다보자고 여러분에게 요청할 것이다. 잠자코 툰드라를 걸어보자고, 키 작은 자작나무와 버드나무 잎새를 흔드는 바람을 지켜보자고, 이동하는 카리부 떼의 발굽이 땅을 구르는 소리를 들어보자고, 보퍼트해에 뜬 카약의 노 자루에 귀를 대고 턱수염물범이 내는 길고 떨리는 트레몰로 소리를 들어보자고, 수술용 메스처럼 날카로운 에스키모의 흑요석 연장을 손가락으로 툭 건드린다고 상상해보자고.

어느 겨울날 시추선 직원들과 함께 고위도 북극에 있는 멜빌섬 북쪽 해빙으로 나간 적이 있다. 나는 그날 대양 바닥으로 시추봉을 내리기 위해 얼음에 뚫어놓은 동그란 시추공으로 고개를 내민 물범을 보았다. 시간을 초월한 시간이었다. 물범과 나는 완벽한 부동자세로 서로를 살폈다. 파카를 입은 나는 일을 하다 말고 딱 얼어붙은 꼴이었고, 물범은 암갈색 눈을 반짝이며 고양이를 닮은 회색 대가리를 물 위로 내민 채 꼼짝도 하지 않았다. 물범을 붙잡고 있던 건 호기심이었다. 나를 붙잡고 있던 건 무엇이었을까? 나는 얼마나 먼 세계의 경계에 서 있었던 것일까? 파카의 모자를 고쳐 쓰려고 머리를 살짝 움직였을 뿐인데, 물범이 텀벙거리는 물소리를 남기고 사라져버렸다. 물범의 눈은 거대했다. 나는 시추공 가장자리로 다가가 어두운 바닷속을 들여다보았다. 물범이 겨울 하늘에서 우리 머리 위로, 시추 장비와 고립된 야영지를 감싼 이 불빛 속으로 뚝 떨어졌어도 그처럼 놀라지는 않았을 것이다. 그곳에서 물범의 세계를 무시하고 인간들이 하던 일을 완료하는 것이, 대지를 무시하고 인간들의 과제와 처지에만 관심을 기울이는 것이, 대지에 귀 기울이지 않는 것이 치명적이지 않을까, 나는 생각했다. 아마 당장 내일이나 내년은 아니겠지만, 우리의 길고 단호한 진화의 길을 돌아보고, 우리를 이처럼 멀리 끌고 온 사고들을 의심해본다면, 치명적일 것이다.

이 이야기의 중심에는 세 가지 주제가 있다. 북극이라는 대지가 인간의 의식 세계에 미친 영향은 무엇인가? 대지를 이용하고자 하는 욕망은 대지에 대한 우리의 사고를 어떻게 규정하는가? 그리고 부유해진다는 것은 무엇을 의미하는가? 고래잡이 선원들과 숱한 모험가들을 북쪽으로 이끈, 손에 땀을 쥐게 하는 모험과 큰돈을 버는 것이 부유해지는 걸까? 아니면, 폰즈만에서 투누니르미우트 에스키모들이 고래잡이 선원들에게 말한, 가족과 잘 지내며 고향의 대지를 넓고 깊게 이해하는 것이 부유해지는 걸까? 귀하고 값진 것을 계속 좇는 것이 우리 삶에서 경외심과 경탄할 줄 아는 능력을 유지하는 길일까? 아니면 우주와 조화로운 삶을 사는 것일까?

이런 질문에 명확한 답을 얻기란 불가능하다. 하지만 삶의 일반적인 요소들이 다르게 이해되는 한 장소를 알게 됨으로써 우리는 다른 시각을 접할 수 있다. 이런 변화와 함께 영속적인 영혼과 마음의 안정으로 가는 길을, 그리고 우리가 역사, 즉 인간의 역사와 세계의 역사라 칭하는 시간의 흐름에 적응하는 법을 새로이 상상해볼 수 있을 것이다.

앞으로 펼쳐질 이야기처럼, 그 꿈은 위대한 이와 평범한 이가 함께 꾸는 꿈이다.

1장

큰곰의 땅 아르크티코스

우아하고 세련된 이상한 움직임들

겨울날 오후, 나는 매켄지킹섬 매먼곶에서 32킬로미터 떨어진 얼어붙은 바다 위에 서 있다. 해는 떠오르지 않았고, 달은 6일째 지지 않았다. 헤이즌 해협의 해빙 표면도 완전히 편평하지는 않지만 링컨해 같은 심한 몸부림의 흔적을 보여주지는 않는다. 이곳 해류는 상대적으로 잔잔하다. 바닷물이 어는 9~10개월 동안 이 해빙 판은 거의 움직이지 않는다.

남쪽으로는 지평선 위 80도까지 뻗은 보라색과 암청색 띠가 보인다. 그러나 얼음과 눈은 이런 색깔들을 거의 반사하지 않는다. 이곳 도처에 깔린 색은 달빛이 반사된 희부연 푸른색이다. 달빛으로도 3~4킬로미터 밖까지 볼 수 있지만, 그 희미한 빛으로는 어떤 것도 명확하게 구분할 수 없다. 남쪽 지평선의 멍 자국 같은 색을 제외하면 세상은 온통 달빛을 받은 얼음과 검은 하늘뿐이다.

둥근 달 때문에 하늘이 편평하게 보이지만 별은 밝게 빛난다. 별 때문에 가던 길을 멈춘 참이었다. 북극성이 머리 바로 위에 있다. 지금까지는 북극성을 찾을 때마다 반사적으로 북쪽 하늘에서 큰곰자리를 확인하고 그중 한 별에서 가상의 선을 긋곤 했다. 오늘 오후 나는 곧장 위를 올려다보았다. 북극성이 지구의 지리적 북극점 위에 위치하게 된 것은 일종의 천체적 우연이라 할 수 있다(남극성에 해당하는 별은 없다). 이 별은 정확히 지축을 확장한 선 위에 올라앉은 것 같은 데다 우리의 시간 개념으로 보자면 불변이라고 생각될 만큼 위치 이동도 적다. 정말 그랬다. 역사가 기록된 이후 줄곧 북반구 사람들의 항로를 잡아주는 닻 노릇을 했을 만큼 이 별은 변함이 없었다. 북극 바로 위의 하늘에는 천문학자들이 천구의 북극이라고 부르는 수학적인 한 지점이 있는데, 북극성은 그 점에서 채 1도도 떨어져 있지 않다.

나는 지금 그 닻을 똑바로 올려다본다. 작은곰자리 알파별. 유일하게 절대 움직이지 않는 것 같은, 태양보다 100배쯤 큰 노르스름한 별. 그 별을 중심으로 회전하는 일곱 개의 밝은 별과 일곱 개의 희미한 별이 모여 익숙한 국자 모양 또는 큰곰자리의 엉덩이와 꼬리를 구성한다. 서구 문명의 초기 역사는 세계의 북쪽 끝에 있는 이 지역이 이 별들 바로 밑에 있다고 이해했다. 그리스인들은 이 지역 전체를 큰곰의 땅, 아르크티코스라 불렀다.

구세계는 북극을 도달할 수 없는 곳으로 여겼다. 그러나 상당히 음울하고 적대적인 변방 너머의 그곳이 살기에 나쁜 곳이라고는 생각하지 않았다. 실제로 그리스 신화를 보면 북극에서도 가장 먼 곳, 북풍의 신(보레아스)이 태어난 곳보다 더 먼 곳에는 호수가 많은 비옥한 대지와 연푸른 하늘, 부드러운 바람(제피로스), 살진 동물들, 겨울에도 열매를 맺는 나무들의 땅이 있었다. 히페르보레아라고 불리는 그곳에는 가장 오래된 인종이 살았는데, 그 땅과 닮아서인지 인정 많고 욕심 없는 명상적인 기질을 가진 사람들이었다. 히페르보레아에 관한 몇몇 전설에는 그 정토의 분위기를 알려주는 놀라운 장면들이 나온다. 이를테면 하늘에서 떨어지는 하얀 깃털들이 있다. (깃털처럼 부드럽게 내리는 눈을 이르는 것이겠지만, 그저 비유적인 표현은 아닐 수도 있다. 어느 여름날 알래스카 바닷가에서 털갈이 중인 거대한 오리 떼가 날아가는 것을 본 적이 있다. 녀석들이 지나간 길을 따라 깃털 수백 개가 조용히 땅 위로 내려앉았다. 19세기 북극 탐험 기록에서도 이에 상응하는 현상을 찾아볼 수 있는데, 배의 밧줄 위에 일종의 서리가 깃털 날개처럼 쌓여 있었다는 묘사가 있다.)

어쩌면 몇몇 여행자가 들려준 평화로운 북방의 여름 이야기가 그리스인들의 귀에 들어가 히페르보레아인들이 건재하다는 확신을 낳았는지도 모른다. 그러나 그보다 훨씬 자주 얘기된 것은 이 먼 땅의 어두운 면이었다. 남쪽의 토착 문화들은 북극을 얼어붙은 산맥과 광폭한 바람의 땅, 악이 자라나는 황무지로 여겼다. 7세기 신학자들에게 북극은 적그리스도가 도사리고 있는, 영성이 파괴된 곳이었다. 유럽 남부 문화가 고트족이나 반

달족 등 북방 부족들(훗날의 바이킹들을 포함해서)의 위협을 받던 시기에는 문명 국가들이 북방에 있다는 신화적 집단의 우두머리를 구약성서에 나오는 사악한 인물의 전형인 곡과 마곡에 비유하기도 했다. 그들은 빛의 세력에 대항하기 위해 모여든 어둠의 세력이었다. 영국 전설에 따르면 이 북방의 적들은 패배했고, 곡과 마곡은 사로잡혀 사슬에 묶인 채 런던으로 이송되었다. (그 모습을 형상화한 동상이 500년 동안 런던 시청 앞에 서 있다가 제2차 세계대전 때 공습으로 파괴됐다.)

이 얘기보다 좀 더 온화한 결말을 케임브리지 외곽에 있는 곡마곡이라는 언덕에서 찾아볼 수 있다. 그 이야기에 따르면 야만인 부대에 속한 북방의 거인 한 명이 남쪽의 젊은 여자와 사랑에 빠졌다. 여자는 잔인한 성정을 가진 거인을 거부했다. 비탄에 잠긴 거인은 앉은 채로 다시는 움직이지 않았다. 거인의 몸은 언덕이 되었다.

더 지루한 방식으로 북극을 정의할 수도 있는데, 몇 개의 극점을 중심으로 한 정의들이다.[1] 여러 극점 중에서 가장 정확하

---

1 북극의 남쪽 한계에 대해서는 일반적으로 통용되는 정의가 없다. 이를테면 멕시코 만류의 영향으로 라체르타 비비페라*Lacerta vivipera*라는 도마뱀 한 종과 비비페라 베루스*Vivipera berus*라는 유럽 살무사 한 종, 라나 템포라리아*Rana temporaria*라는 개구리 한 종이 서식할 정도로 따뜻한 스칸디나비아 일부분이 북극권에 포함되는 반면, 북극곰의 주요 서식지 중 하나인 캐나다 제임스만 지역은 제외된다. 과학자들은 지금까지 영구동토층의 남쪽 한계선과 북방 수림한계선, 특정 동물의 지리적 분포, 7월 기준 섭씨 10도 등온선 등을 북극의 남쪽 한계선의 기준으로 제시하고 논의해왔다.

다는 북극점도 편차가 작긴 하지만 위치가 변한다. 지각 운동과 달의 인력, 끊임없이 퇴적물을 실어 나르는 강의 작용으로 지구의 표면은 조금씩 변화하고, 그에 따라 축도 조금씩 달라진다. 북극점에 위치를 자동으로 기록하는 침이 달렸다면 428일을 주기로 지름이 7.5~9미터 정도 되는 불규칙한 모양의 원을 그릴 것이다. 오랫동안 관찰해보면 이 불규칙한 원들은 모두 '챈들러 원'이라 부르는 지름 20미터 이내의 영역 안에 들어온다. 이 원의 중심을 평균 낸 위치가 바로 지리북극점이다.

다른 극점들도 정확한 위치를 알아내기 힘든 것은 마찬가지다. 지구의 자기장과 (지구 대기권보다 훨씬 높은 곳의) 자기권이 수렴되는 자북극은 1985년에 퀸들레이 군도 남쪽 끝에 있는 에드먼드워커섬에서 동쪽으로 48킬로미터 지점, 북위 77도, 서경 120도 지점에 있었다. 제임스 클라크 로스가 부시아반도 서쪽에서 발견한 1831년의 자북극에서 북쪽으로 640킬로미터 이동했고, 서쪽으로도 조금 옮겨 간 지점이었다.

지구의 자기장과 자기권이 이론적으로(수학적으로) 수렴되는 지자기북극은 자북극에서 동쪽으로 800킬로미터 떨어진 그린란드 북부 잉글필드랜드 근처에 있다.

요즘은 거의 언급되는 일이 없는 다섯 번째 극점은 진작 시대에 뒤떨어진 개념이 되었다. 19세기 사람들은 북위 84도, 서경 160도 지점인 알래스카 북쪽 해빙 위 특정 장소가 지구상에서 가장 도달하기 어려운 곳이라고 믿었다. 북극해의 얼음덩어리들이 이 지점을 중심으로 천천히 회전하기 때문에 배로는 접근이 불가능하고 도보나 개썰매를 이용하는 것도 너무 위험하다고 생각했다. 눈으로 보기에는 지리북극만큼이나 두드러질 것 없는 이 도달불능북극은 이제 수도 없이 공중에서 '관찰'되고, 아마 러시아 쇄빙선들의 방문을 받기도 했을 것이다.[2]

북극 지역을 이해하기 위해 그려보는 여러 선 중에서 아마 가장 유용한 것이 북극 하늘을 가로지르는 태양의 연간 이동 경로를 그린 선일 것이다. 온대에 익숙한 눈에 이 선은 불규칙하고 불온해 보인다. 빛의 기간(낮)과 어둠의 기간(밤)을 가르는 경계는 너무 모호한 데다, 둘의 지속 기간도 보는 입장에 따라 너무 길거나 아니면 너무 짧다.

태양의 움직임에 관한 우리 사고는 인류가 북반구 온대 지역으로 이주한 이후 수만 년을 거치면서 고정되었기 때문에, 북극에서 보는 태양의 움직임은 상상하기도 힘들다. 또 우리가 공중이나 물속에 사는 생물이 아니라 땅에 붙어 사는 생물이기 때문에 삼차원적인 사고에 익숙하지 않은 것도 북극에서는 문제가 된다. 어느 겨울 알래스카 북해안 배로우로 가는 비행기 안에서 처음으로 이 문제를 자각한 때가 기억난다. 정오 무렵이었고, 우리는 북쪽을 향하고 있었다. 목을 빼서 기내 유리창에 얼굴을 바싹 갖다 대자 남쪽 지평선 위에 낮게 걸린 해가 보였다. 두 시간 동안 날아가는데 해의 위치가 전혀 변하는 것 같지 않았다.

---

2 2만 3,400톤의 배수량과 7만 5,000축마력을 지닌 소비에트의 쇄빙선 아르크티카호가 1977년 8월에 지리북극에 도달했다.

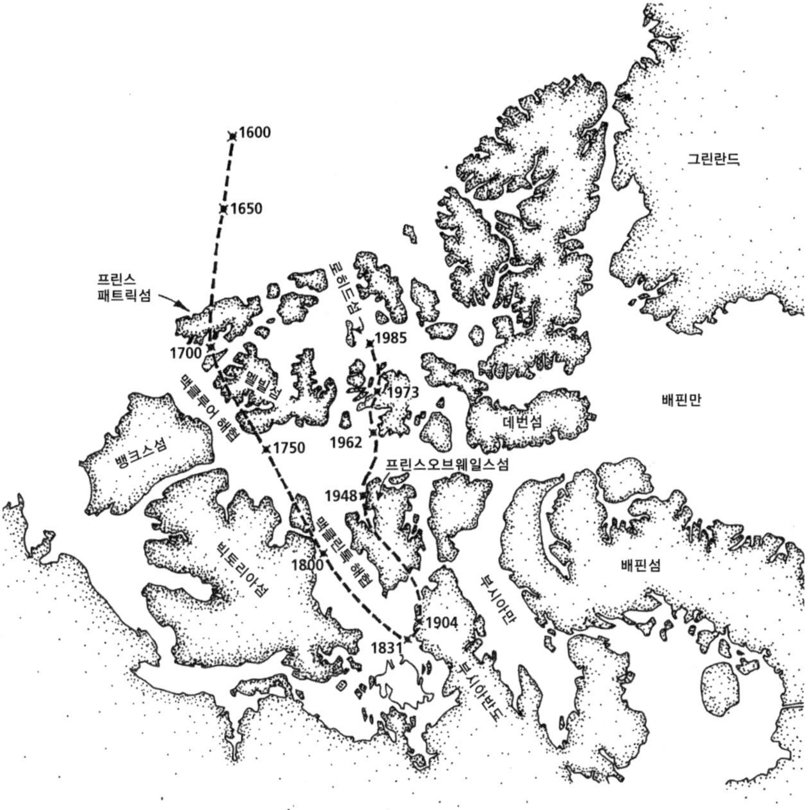

서기 1600년부터 현재까지 자북극의 이동 현황. 1831년 이전 위치들은 추정치.

배로우에 내리니 해가 있던 자리에서 바로 진 듯이 보였다. 마을로 걸어가면서 나는 그제야 이유가 궁금해졌다. 더 북쪽의 겨울을 떠올려보니, 해는 남쪽에서 천천히 고개를 내밀었다가 몸을 뒤집는 고래처럼 거의 같은 자리에서 지곤 했다. 해가 '동쪽에서 뜨고 서쪽에서 진다'라는 상식이 맞지 않는 것이다. '낮'이 아침과 오전, 오후, 저녁으로 구성된다는 사고는 우리 머릿속이나 우리의 문학, 예술에 뿌리박힌 말이 필요 없는 관습적 사고

다. 그런데 북극은 다르다.[3]

북극에서 관찰되는 해의 움직임을 이해하는 일은 간단치 않다. 하지인 6월 21일에 북극점에 서 있다고 상상해보자. 발밑에는 단단한 눈과 바람에 씻긴 얼음이 있다. 눈을 쓸어내면 회색빛이 도는 불투명한 흰색 해빙이 보일 것이다. 2미터쯤 파고 들어가면 영하 1.7도의 차갑고 어두운 4킬로미터 깊이의 북극해가 나온다. 이곳은 가장 가까운 육지인 오다크라는 그린란드 북쪽의 작은 섬으로부터 700킬로미터나 떨어진 지점이다. 이곳은 세계의 24개 시간대 모두에 속하며, 지구상에 찍은 모든 점의 북쪽이다. 이날 해는 정확히 수평선 위 23.5도 지점에서 수평으로 360도 회전한다.

이날 하루 만에 100번째 자오선을 따라 멕시코시티로 걸어간다고 치면, 처음에는 하늘을 일주하는 해의 경로에서 아주 미세한 변화만 감지할 수 있을 것이다. 그러나 곧 해의 궤도가 기울어지며 남쪽 하늘에서는 높아지고 북쪽 하늘에서는 낮아지는 것이 느껴지기 시작하고, 기울어지는 정도는 남쪽으로 갈수록 더 뚜렷해진다. 100번째 자오선이 북위 66도 33분(북극권 기준선) 위도와 만나는 캐나다 노스웨스트준주 개리 호수 인근에서 해가 그리는 호가 처음으로 북쪽 지평선에 닿을 정도로 낮

---

3 북쪽에 거주하는 모든 부족—캐나다의 에스키모족, 러시아의 야쿠트족, 사미족(라플란드족)—은 최근 몇 년 사이 낮/밤이 반복되는 남쪽 나라의 리듬에 맞추기 위해 생활을 조정했다. 갈수록 남쪽 나라에서 오는 정보에 의존하는 비중이 커지고 있기 때문이다.

아진다. 이제 이 현상이 눈에 보이는 차이를 만들 만큼 멀리 온 것이다. 해가 지평선에 닿는 순간이 '한밤중'이다. 동일한 위치에서 열두 시간이 지나면 해가 남쪽 지평선 위 47도 지점에 오는데, 이때가 현지 시각으로 '정오'다. 이제 해가 하늘을 도는 것이 아니라 하늘을 가로질러 이동한다고 얘기하는 편이 더 어울릴 것이다. 여기서부터 해가 북쪽 지평선 아래로 떨어지기 시작하기 때문에 6월 21일에 남쪽으로 걸어가는 우리는 지금부터 '밤'을 경험할 수 있다. 처음엔 밤이라 해봐야 어스름이 좀 길어지는 정도다. 천천히 저녁나절의 어스름이 깊어지다가 아침나절로 변한다. 매니토바주 평원 어디쯤에서 우리는 마침내 발을 헛디딜까 싶어 계속 걸을 수 없는 진짜 어둠, '한밤중'을 느끼게 된다.

이처럼 6월 21일을 붙잡아놓고 계속 걸어가면 세 가지를 눈치채게 된다. 밤이 티가 날 정도로 점점 길어진다는 것. 정오에 해가 남쪽 하늘에 떠오르는 위치가 점점 높아진다는 것(그리고 점점 '동쪽에서 해뜨기'와 '서쪽에서 해지기'가 분명해진다는 것). 저녁과 아침의 어스름이 짧아져 결국엔 잠깐 지나가는 현상이 된다는 것. 멕시코시티에서는 해가 반짝 뜨고 쑥 가라앉는다. 햇빛은 북방에서처럼 특정 계절에만 볼 수 있는 것이 아니라 매일 보는 현상이 된다.

6개월 후인 12월 21일 동지 무렵에 한창 극야 중인 북극점에 선다면, 우리는 지는 별을 하나도 보지 못할 것이다. 별은 하나같이 왼쪽에서 오른쪽으로 눈앞을 지나간다. 시간을 두고 별이 그리는 빛줄기를 사진에 담아보면 다양한 색의 원이 서로 겹친 채 수평선과 평행하게 그어진 것을 볼 수 있다. 별이 그리는 원은 한 점을 중심으로 차츰 지름이 줄어들다가 마지막에는 2도 이내의 원을 그리는 북극성의 흔적을 남긴다. 그 안의 검은 원은 북극점 바로 위에 있는 빈 공간이다.

12월 21일에 북극점에서 남쪽으로 걸어가면 6개월 전에 봤던 현상을 거꾸로 보게 된다. 그날 북극은 칠흑같이 캄캄하다. 매니토바주 평원에는 온대 겨울날의 짧은 낮에 익숙한 사람이라면 당연하다고 느낄 정도의 낮과 밤이 있을 것이다. 적도에서는 다시 어스름이 아주 짧아지고 낮과 밤의 길이가 같아진다.[4]

12월 21일에 해를 보려면 남쪽으로 상당히 먼 거리를 걸어 북극권까지 내려가야 한다. 장장 2,592킬로미터에 이르는 길이다. 그러나 이 겨울의 어둠이 완전하지는 않다. 한껏 길어진 어스름이 긴 북극의 밤에 스며들고, 겨울에는 보잘것없는 별빛마저 얼음과 눈 표면에 반사되어 한층 강화된다. 그리고 북극에는 땅에 그늘을 드리우는 숲이 없는 데다 몇 곳을 제외하면 어둠을 다툴 산맥의 밤그림자도 없다. 이런 식으로 보면 북극은 사막과 같다. 탁 트이고 아무것도 시선을 가로막지 않는 곳. 보름달만 가지고도 너끈히 이동할 수 있을 정도로 밤이 밝은 곳.

---

4 북극에서 볼 수 있는 이런 고르지 못한 일광 형태는 기울어진 축을 중심으로 자전하는 지구와 태양을 중심으로 한 1년 단위의 공전 때문에 일어난다. 보다 자세한 내용은 미주 3번(642~643쪽)을 참조하라.

세세하게 박명薄明을 논하는 것이 위도가 낮은 지역에서는 잘 이해가 안 되겠지만 북극에서라면 의미가 있다. 북극에서는 이 약한 빛이 상당히 오래 지속되기 때문에 천문학자들은 몇 종류로 박명을 분류한다.[5] 온대에서 어스름은 매일 아침과 저녁에 일어나는 현상이다. 해가 가을에 저물고 봄에 떠오르는 북극 지역에서 어스름은 며칠씩, 하루 종일 지속되는 계절적 현상이다. 온대에서도 겨울에는 낮이 매일 눈에 띄게 짧아지고 여름에는 매일 길어지지만, 계절에 상관없이 하나의 시작을 알리는 '새로운 빛'이 나타나는 꽤 긴 시간, 즉 분명하게 분간되는 새벽과 함께 매일의 낮이 시작된다. 북극의 낮은 매일 새로 시작되지 않는다.

1597년에 얼음에 갇혀 난파된 네덜란드 탐험가 빌렘 바렌츠는 노바야젬랴섬 북단에서 선원들과 함께 비참한 상태로 겨울을 보냈다. 그들은 심한 불안 상태에서 해가 돌아오기를 기다렸다. 그들이 추위보다 더 증오한 것이 어둠이었다. 어스름이 아무리 길게 이어져도 번득이는 태양이 주는 거칠 것 없는 시야와는 견줄 수 없었다. 그들은 서로에게 솔로몬의 말을 들려줬다. "빛은 달콤하다. 눈으로 해를 보는 기쁨이여." 마침내 예측보

---

5 상용 박명常用薄明, Civilian twilight은 일몰 후부터 해가 지평선 아래 6도에 이를 때까지의 시기를 말한다. 해가 지평선 아래 6도부터 12도 사이에 있을 때를 항해 박명航海薄明, Nautical twilight이라고 부른다. 해가 12도에서 18도 사이에 있는 시기를 천문 박명天文薄明, Astronomical twilight이라고 부르는데, 이때가 천문학자들이 일을 시작할 수 있을 정도로 어두워지는 시기이기 때문이다. 해가 지평선 아래 18도 밑으로 떨어지면 진짜 밤이 시작된다.

다 12일이나 빨리 해가 나타났다. 그들은 신의 가호를 느꼈다. 선원들은 어리둥절하면서도 기쁜 표정으로 해를 가리켰고, 그로 인해 자신들이 겪고 있는 난관에 대항할 수 있는 용기를 얻었다.

1월의 그날 그들이 본 것이 무엇인지 지금 우리는 안다. 그것은 해가 아니라 해의 신기루였다. 해는 여전히 지평선 5도 아래에 있었지만, 그 광선이 대기의 굴절 현상으로 꺾어져 보인 것이다. '노바야젬랴 현상'이라고 불리는 이 현상은 북극에서 흔히 볼 수 있다. 이 현상은 정확한 측정과 예측에 대한 맹신에 주는 경고이자 세계가 이상하게 움직인다는 사실의 한 사례다.

이제 겨울 햇빛과 여름 햇빛을 찾아 남쪽으로 향했던 상상 여행을 끝내자. 돌아오는 길에 주위를 둘러보면 식생에 많은 변화가 있었다는 사실을 알아챌 수 있다. 북극에 도착할 때쯤이면 동물과 식물 종의 수(생물 다양성)가 심하게 줄어들었을 것이다. 전반적인 생물학적 생산성(종별 연간 자손의 수) 역시 떨어졌다. 그리고 새끼를 낳는 시기와 계절 순환과의 연관도는 갈수록 높아졌다. 동물들이 생존하고 번식하고 먹이를 구하고 환경으로부터 스스로를 보호하는 데 사용하는 다양한 전략들 역시 변화했을 것이다. 생태계의 장기적인 생물학적 안정성이 감소했다. 우리는 사계절이 유명무실한 곳, 활엽수 종들이 하늘을 찌를 듯 솟아오르고 늘 어딘가에 액체 상태의 물이 흐르는 곳, 이미 방대한 동물들의 목록이 여전히 불어나고 있는 정글에서 돌아왔다. 이제 우리는 동면의 계절과 물이 얼어붙는 시기와 땅을 기듯이 낮은 나무들이 있는 곳, 몇 분 만에 그 지역에 서식하는 포유동물 목록을 모두 외울 수 있는 곳에 도착할 것이다.

남쪽에서 올라오면서 받은 전반적인 인상은 매우 복잡한 세계에서 아주 단순한 세계로 이동한다는 느낌이다. 어느 한 종의 나무가 두드러지지 않는 남쪽의 혼합림을 지나다가 어느 순간 산등성이에 보이는 유일한 녹색이 한두 종의 나무로 구성된 침엽수림으로 바뀌는 때가 있었을 것이다. 하지만 이 단순하다는 느낌은 뭔가 환상 같은 것이다. 야생의 우아함을 간직한 북극의 생태계도 열대 생태계만큼이나 세련되고 복잡하다. 그저 움직이는 부분이 적을 뿐이다. 편평하고 탁 트인 툰드라에서는 그 움직이는 부분을 훨씬 잘 포착하고 관찰하고 설명할 수 있다. 북극 생태계의 복잡성은, 말하자면 열대의 한 구역에 서식하는 100종류의 딱정벌레 사이에 형성되는 난해한 먹이 선호관계 같은 것이 아니라 극단적인 빛과 온도 구간에 대한 주기적인 적응의 복잡성 같은 것이다. 계절에 따른 이주 동물들의 대규모 이동 같은 것이고, 계절에 따라 변동하는 개체 수처럼 급격하지만 자연스러운 적응 같은 것이다.

그러나 적도에서 북방으로 온 우리 눈에 가장 분명하게 보이는 큰 변화는, 이 땅이 개발되지 않았다는 점이다. 비전문가의 눈에도 이 땅은 생명의 요소들, 즉 흐르는 물이나 빛, 온기 같은 것들이 결여된 절대적인 한계 지역으로 보인다. 인간이라는 동물의 관점에서 보면 이곳은 절대 자식을 낳아 기를 수 있는 곳이 아니다. 하지만 이곳에도 틈새들은 있다. 그리고 틈새들은 하나같이 그곳을 편안한 집으로 삼는 동물들이 차지하고 있다. (북극곰과 마주친 사람이 느끼는 경외감에는 우리가 며칠도 견디지 못할 환경에서 일상적인 삶을 이어가는 그 생존 기제에 대한 절대적인 경탄도 있을 것이다. 에스키모들과 함께 북극을 여행해본 사람이 받는 느낌도 그런 것이다. 절제된 행동과 임기응변 능력은 그들이 그 환경에 얼마나 정통해 있는지를 드러낸다. 그들은 틀림없는 북극의 사람들이다.)

북방으로 돌아가는 길에 발밑 흙에서도 상당한 변화를 느낄 수 있다. 토양은 흙(모래와 점토, 침적물 알갱이들)과 부식 중이거나 부식된 유기물들이 섞인 하나의 살아 있는 세계다. 토양은 부식과 파쇄, 유기산 분비 및 죽은 동식물 분해를 담당하는 딱정벌레(사프로파게스)와 버섯(사프로피테스) 같은 동식물과 지렁이의 배설물로 생성된다. 토양은 개미와 설치류, 벌레가 만든 미세한 땅굴을 통해 동물처럼 산소를 빨아들인다. 그리고 토양은 수백 종의 선충류와 진드기류, 톡토기류, 토양 박테리아와 균류의 서식지이기도 하다.

열대에서는 사프로파게스와 사프로피테스가 유기물을 재빨리 분해한다. 영양소(인과 나트륨, 칼륨)의 재순환이 너무 빨라서 토양이 거의 남지 않는다. 온대에서는 유기물의 순환과 영양소의 재순환이 훨씬 천천히 진행되는데, 토양에 사는 냉혈 유기체들이 무기력해지거나 활동하지 않는 겨울철에 특히 더 그렇다. 그 결과 열대에서 흔히 볼 수 있는 불그스름한 불모의 점토층 위에 영양소가 풍부한 부엽토가 두껍게 쌓인다. 북쪽으로 가면 사프로파게스와 사프로피테스의 종류와 숫자가 줄어들고, 태양에너지의 감소에 따라 공기를 유입시키고 토양을 생성하는 유기체들도 줄어들면서, 기름진 부엽토 대신 딱딱하고 영양분도 적은 갈색 토양이 나타난다. 한대의 숲과 평원을 이루는 산성 회백토는 수림한계선 북쪽 경계에서 처음으로 식물이 살기에 부적당한 툰드라 토양을 만난다.

탁 트인 툰드라를 어슬렁거리다 보면 어디에서나 완전한 모양을 갖춘 채 죽은 이파리들과 그대로 보존된 꽃잎들, 나뭇가지들, 몇 년째 그대로 쌓여 있는 유기 퇴적물들을 보게 된다. 북극에서는 아주 적은 수의 유기체가 아주 짧은 기간에만 작용할 수 있어서 부패가 아주 느리게 진행되지만, 전반적인 생물 생산량이 온대에 비할 수 없을 정도로 적기 때문에 부엽토 층은 거의 형성되지 않는다. 북극 토양은 얕고 산성이고 물이 빠지지 않는 데다 공기도 거의 통하지 않는다. 식물 성장에 필수적인 질소나 인도 풍부하지 않다. (여우 굴의 흙이나 흰올빼미와 도둑갈매기들이 먹이를 먹는 장소인 툰드라의 야트막한 언덕들은 예외다. 이 '유기물 처리장'에 집중되는 영양분 덕분에 가끔 풀이 무성하게 자라거나 여름 야생화들이 눈부시게 피어나기도 한다.)

요약하자면, 북쪽으로 가는 사이에 발밑 토양층의 깊이와 성질이 바뀐다. 그리고 토양에 따라 서식하는 동물과 식물의 종류가 달라질 테고, 점점 줄어드는 태양에너지에 적응할 수 있는 종이 줄어들면서 수가 감소할 것이다. 마지막까지 남은 녀석들은 추위와 어둠 속에서 천천히 움직이거나 아예 활동을 멈춘다. 계속 가다 보면 결국에는 지렁이도 송장벌레도 없는 지역, 흙도 부패도 거의 볼 수 없는, 생명이라곤 없는 북극의 자갈 사막에 서게 될 것이다.

적도를 떠나 북쪽으로 가다 보면 분간할 수 있을 만한 계절, 말하자면 특정 범위의 온도와 더불어 증가하거나 감소하거나 아니면 상대적으로 안정적이거나 하는 빛의 상태로 규정되는 일정 시간의 구간이 나타나는 것을 느낄 수 있다. 온대에 들어설 때쯤이면 우리는 이름을 붙이고 쉽게 구분할 수 있을 만큼 뚜렷한 한 벌의 계절을 보게 된다. 그러나 '봄'과 '가을'은 북쪽으로 갈수록 짧아지다가 나중에는 불과 몇 주 사이에 지나가는 현상이 되어버린다. 겨울이 여름보다 오래 지속되는 것이 피부로 느껴진다. 그리고 이 두 계절이 최후의 대지를 정의한다.

우리 머릿속에서 계절은 식물의 성장과 관련되어 있다. 사계절(당연하고도 자연스럽게 우리 사고를 형성하는 불변의 상식) 외에도 우리는 휴면 상태의 땅을 생각하면 저절로 작물의 생육기와 휴지기를 얘기하게 된다. 그러나 돌덩이마저 부서지는 그 혹독한 북극의 한겨울에는 휴지기는 고사하고 유기체라면 씨앗 한 톨도 살아 있으리라 상상하기 힘들다. 여름은 또 어떤가. 때로 넘쳐흐르는 7월 오후의 햇볕 속에서도 우리는 성장을, 고개를 숙이는 밀이삭과 노랗게 익어가는 복숭아를 생각하는 대신, 그저 생명이 잠시 대지의 속박에서 벗어나 일시적 유예를 얻었다고 생각해야 한다. 겨울과 여름 사이의 긴 중용의 기간, 향기로운 4월의 아침과 건조한 인디언 서머의 오후가 결여된 이곳 두 계절의 땅, 이곳에서도 다른 곳과 마찬가지로 생명은 여전히 나고 죽는다. 그저 철저하게 계절적인 현상으로 국한될 뿐.

나무들도 예외가 아니다. 수림한계선을 확인해보자. 북아메리카대륙의 수림한계선은 상당히 변칙적으로 보인다. 경계는 래브라도반도에서부터 서남쪽으로 뻗어 제임스만 아래쪽을 스치자마자 서북쪽으로 방향을 튼다. 그러고는 매켄지강 계곡과 나란히 캐나다의 선캄브리아기 순상지[6]를 가로질러 거의 북극해까지 이른 다음, 브룩스산맥 계곡들과 코북강을 따라 구불구불 서쪽으로 이동해 노턴만까지 이른다. 이런 불규칙한 수림한계선은 계절의 기후와 관련되어 있다. 이 선은 여름철에 북극의 공기가 남쪽으로 확장되는 평균적인 지점과 일치한다.

동물과 마찬가지로 북방 극지의 나무도 종류가 매우 적어서, 바람을 피할 수 있는 계곡에서 자라는 버드나무 몇 종과 왜소한 자작나무 한 종이 전부다. 수림한계선 자체만 본다면 유일하게 성공한 전략가들은 소나뭇과와 자작나뭇과에 속하는 종들이다. 나무들의 분포는 북쪽으로 가면서 몇 킬로미터에 걸쳐 점차 성글어진다. 운 좋게 안정된 대기와 수분, 기름진 토양이 만나는

---

6 선캄브리아기 결정질암으로 구성된 대륙의 핵으로서 완만하고 안정된 넓은 지역을 순상지라 한다. 캐나다 순상지는 캐나다 서부 여섯 개 주와 두 개 준주에 걸쳐 있는 광대한 산림지대로, 남쪽으로는 슈피리어호에서부터 북쪽으로는 북극에 이른다—옮긴이.

곳이 있으면 나무들은 훌쩍 북쪽으로 더 뻗어나가기도 한다. 툰드라 바다에 뜬 나무들의 섬인 셈이다.

북극 나무는 몇 가지 요인 때문에 성장하는 데 제약을 받는다. 물론 광합성에 필요한 햇볕이 부족한 것도 중요한 요인이다. 또 다른 주요 요인은 온기 부족이다. 나무도 동물과 마찬가지로 생명 활동을 이어가려면 열이 필요하다. 북극에서는 태양 광선이 제공하는 온기와 지표와의 거리 사이에 강한 상관관계가 있다. 지표면에서 30센티미터 이내의 공기와 그 위의 공기는 태양의 복사에너지를 극대화하는 검은 토양의 작용과 바람의 냉각 효과 때문에 크게는 섭씨 8도 정도 차이가 날 때도 있다. 성장과 생존에 필요한 열 균형을 맞추기 위해 나무는 지표면을 껴안아야 한다. 그래서 나무들은 키가 작다. 환경 적응력이 뛰어난 버드나뭇과 식물들은 때로 크게 자라기도 하는데, 지형이 수분과 열을 앗아가는 바람을 막아줄 때만 가능한 일이다.

물 부족도 나무의 성장을 제약하는 요인이다. 북극 툰드라의 연간 강수량 수치는 모하비 사막 정도다. 그마저도 북극 식물들이 이용할 수 있는 유일한 형태인 액체 상태의 물은 여름에만 존재한다.

툰드라 밑에 존재하는 영원히 얼어붙은 토양, 영구동토층은 북극 나무들에게 또 다른 어려움을 제공한다. 나무의 깊은 뿌리는 바위처럼 단단한 물질도 뚫어 바람 많은 곳에서도 큰 키를 지탱하고, 깊은 대수층에서 물을 끌어올릴 수도 있지만, 북극에서는 그럴 필요가 없다. 높이 자라기엔 너무 추운데다 액체 상태의 물은 지표면에서 몇 센티미터 이내의 토양에서만 찾을 수 있다. 여름에도 땅의 최상층만 간신히 녹기 때문이다. (아래의 영구동토층이 물을 통과시키지 않기 때문에, 역설적이지만 북극 나무들은 때로 물이 있는 몇 주 동안 습지와 비슷한 환경을 겪어야 한다.)

북극의 나무들은 이 모든 것을 악착같이 참고 인내하는 풍모를 보인다. 손가락 굵기만 한 리처드슨버드나무 줄기가 200개의 나이테를 드러내기도 한다. 실제로는 많은 지역이 키 작고 오래된 버드나무와 자작나무의 두터운 층으로 덮여 있으면서도 툰드라는 언제나 나무가 없는 듯이 보인다. 우리는 불현듯 나무들 우듬지 위를 거닐고 있다는 사실을 깨닫곤 한다.

지구의 모든 생태계는 실질적으로 태양 복사에너지로 움직인다. 빛이 줄어들면 동식물들은 각자의 성장과 일상 활동을 조정해야 한다. 이상하게 들리겠지만 북극은 매년 열대가 받는 양만큼의 햇빛을 받는다. 하지만 햇빛은 꼭 필요한 강도를 넘지 못하고 한꺼번에, 그것도 낮은 입사각으로 들어온다. 높은 입사각과 일일 에너지 주입량을 예측할 수 있게 해주는 규칙적인 빛-어둠의 반복 리듬은 열대 생태계의 자연적 안정성을 유지하는 근본적인 토대다. 우기를 제외하면 5월 낮의 기온과 습도가 12월 낮의 기온과 습도와 그다지 다르지 않다. 당연히 동식물들은 거의 거침없이 흘러 들어오는 빛에 의존해 번식 및 먹이 전략을 발달시켰다.

온대는 하루의 빛-어둠 길이가 연간 일정하지 않다. 동식물들은 계절에 따르는 삶의 방식에 적응해야 했다. 북극의 상황은 훨씬 극단적이다. 빛-어둠의 길이가 손쉽게 하루 단위로 나눠지지 않는다. 평균 기온은 스물네 시간 단위가 아니라 365일 단위로 오르내린다. 물은 얼어 있다. 희미한 빛은 눈을 사용해야 하는 동물들에게 특히 장애가 된다. 빛 그 자체의 리듬이 난관을 만들어낸다. 동물 대부분은 생물학적으로 지구 자전에 맞춰 스물네 시간 주기로 살아간다. 이들에게는 확실히 북극의 밤 없는 여름과 낮 없는 겨울과 같이 변화무쌍한 빛의 주기에 적응할 만한 체력도 유연성도 없다.[7]

북극 동물들이 희미한 빛과 낮은 온도에 적응하는 전략은 다양하다. 일반적으로는 추위를 막는 단열재를 발달시키거나, 아니면 생존을 위해 물질대사 과정을 늦추거나 정지시키는 전략을 취한다. 온혈동물과 현화식물(여름철에 재빨리 꽃을 피우고 열매를 맺는다)을 제외하면, 북극 유기체들이 취하는 가장 눈에 띄는 일반적인 적응 전략은 기온이 떨어질 때마다 물질대사를 최소한으로 늦추거나 동결 상태에 들어갔다가 웬만큼 따뜻해지면 다시 정상적인 물질대사 상태로 돌아오는 것이다. 지의

---

7 예컨대 바다오리류와 비非참새목 새들 같은 몇몇 북극 동물은 '그냥 버티기'에 돌입한다. 나머지는 일출이나 일몰의 도움 없이도 특정 표지 위를 지나는 태양의 위치를 정기적으로 확인하거나 햇빛의 스펙트럼 변동(북극에서는 정오와 자정의 스펙트럼 구성이 다르다)에 반응해서 스물네 시간 주기를 유지한다.

류와 양치류, 이끼류는 물론이고 북극 거미류와 곤충류의 많은 수가 동결 상태로 겨울을 난다. 회색곰과 땅다람쥐, 나무들은 매우 낮은 물질대사 수준에서 생명 활동을 이어간다. 물고기와 다양한 딱정벌레는 혹한의 날씨에도 세포 속 부동액 성분(당단백질)을 이용해 활동 기간을 연장한다. 다른 적응 전략들은 사막 식물들의 생존 전략과 유사하다. 예컨대 바위취속 식물들의 가죽처럼 질긴 이파리나 래브라도차나무(진달랫과에 속하는 키 작은 다년생 상록관목)의 털북숭이 이파리는 공히 짧은 여름 동안 귀중한 물의 증발을 최소화한다.

냉혈동물들이 사용하는 또 다른 전략은 성장을 늦추는 것이다. 여름의 빠듯한 태양에너지는 유생 단계에서 성체 단계로의 발달을 완료하기에도 부족한 경우가 태반이라, 곤충들은 변태를 앞둔 취약한 시점에 겨울을 맞지 않도록 사전 '계획'이 필요하다. 빛이 있는 짧은 기간을 이용해 성장과 먹이 섭취를 하는 다른 전략들도 있다. 돌아오는 봄에 광합성을 위해 잎을 다시 키울 필요가 없도록 겨울에도 계속해서 상록의 잎들을 유지하는 난쟁이자작나무의 전략과 돌아오는 봄에 플랑크톤이 주된 먹이인 햇빛을 먹고 폭증할 때까지 배아가 좀 더 많은 영양을 섭취할 수 있도록 난황의 크기를 키우는 북극대구의 전략이 있다. 북극대구는 이런 이점 덕분에 바다가 얼기 시작하는 가을 무렵까지 더 크고 강하게 자라나 생존 확률을 높인다.

과학자들은 열대 생태계가 지구에서 가장 오래된 생태계라고 생각한다. 남하하는 빙하에 의해 주기적으로 성장이 정지되거나 파괴된 북방 생태계와 비교하면, 열대 생태계는 수천 년이 넘도록 방해받지 않고 생물학적으로 진화해왔다. 열대 생태계는 또한 북방에서는 볼 수 없는 특별한 수준의 생물학적 안정성을 유지한다. 어떤 시점에서나 열대 생물종의 개체수는 거의 변함이 없다. 기후의 안정성과도 연관된 이런 생물학적 안정성은 고도로 복잡하게 얽힌 먹이그물과 생물학적 증식률 덕분에 영원히 계속된다. 많은 종이 다수의 자손을 낳고 매우 다양한 생물학적 서식지를 이용하며 살아간다. 이 생태계는 특정 질병이 특정 종류의 나무를 남김없이 고사시키는 경우를 포함한 대부분의 자연적 타격에도 실질적인 손상을 입지 않는다. 영향을 받기에는 너무 다양하기 때문이다.

일부 생물학자들은 모든 생태계가 안정성을 갖추는 방향으로 발달하는 경향이 있다고 믿는다. 즉, 동물의 종류는 많아지고(종 다양성) 개체수의 증감은 아주 적어지는 방향이다. 이 견해에 따르면 온대와 북극 생태계는 열대에서 볼 수 있는 종류의 종 다양성과 안정성을 향해 천천히 진화하고 있다. 하지만 우리가 생각할 수 있는 규모의 시간 안에 열대의 복잡한 먹이그물이 보여주는 그처럼 회복력이 뛰어난 다양성을 발달시킬 수 있을 것 같지는 않다. 북방 생태계는 유입되는 태양에너지의 상당한 변동에 대처해야 한다. 그러므로 생물학적 진화의 속도는 훨씬 느려진다. 게다가 북방 생태계는 주기적으로 발생하는 예사로운 기후 변화(플로리다의 감귤류 수확 손실이나 몬태나의 곰이 일찍 동면에 들어가는 원인으로 꼽히는 '계절답지 않은 날씨')

에도 심각한 생물학적 타격을 입는다. 북극의 기후 유형은 훨씬 예측하기 힘든, 급변하는 날씨를 만들어낸다.

우리가 생태계라 부르는 북극 동식물의 공생적 상호관계는 큰 생물량과 전반적으로 낮은 생산성이라는 측면에서 남쪽 생태계와 구별된다. 종이 많고 개별 종의 개체수가 상대적으로 적은 남쪽 생태계에 비해, 종은 적으면서 개별 종의 개체수가 많다. 일례로 거대한 카리부 무리나 모기떼를 들 수 있다. 그러나 일반적으로 말해서 이런 거대한 개체군에는 매년 개체수를 안정적으로 유지해줄 살아남은 새끼들의 수가 충분치 않다. 개체군의 규모는 때에 따라 극적으로 변한다. 초여름과 늦여름의 전형적으로 변덕맞은 날씨는 정기적으로 북극 개체군, 그중에서도 특히 온혈동물 개체군을 대대적으로 파괴한다. 예를 들어 시베리아 북극의 브란겔섬에서는 10년을 내리 늦여름 눈보라가 몰아쳐 흰기러기들의 산란을 방해했다. 1965년과 1975년 사이 흰기러기 개체수는 40만 마리에서 5만 마리 이하로 떨어졌다. 또 한번은 하프물범들이 부빙 위에 새끼를 낳는 그린란드해에 봄 폭풍이 불어 하프물범 새끼 수만 마리가 파도에 휩쓸려 익사한 적이 있다. 1973년 가을에는 10월 폭풍이 지표면에 빙판을 형성하는 바람에 사향소들이 먹이를 구하러 건너갈 수 없게 되었다. 캐나다 군도 사향소의 거의 75퍼센트가 그해 겨울에 사라졌다.

대체로 이런 기후 문제들 때문에 생물학자들은 북극 생태계에 '피압박성' 또는 '사고다발성' 같은 단어를 붙이며 온대 및 열대 생태계와의 차이를 강조한다. 기후가 온화하고 생육 기간이 긴 온대 및 열대 생태계는 훨씬 느긋하다. 봄이 긴 덕분에 새들은 첫배의 알을 포식자나 악천후에 잃는다 해도 두 번 또는 세 번까지도 알을 낳을 수 있다. 북극에 둥지를 트는 새들은 태양에너지를 이용할 수 있는 짧은 기간에 새끼를 기르는 한편으로 남쪽으로 이동할 것에 대비해 어미 스스로도 지방분을 축적하며 털갈이까지 완료해야 하는 등, 남쪽 친척들이 몇 달에 걸쳐 진행할 진 빠지는 과정을 재빠르고 효율적으로 마쳐야 한다. (물론 이 새들이 의존하는 태양에너지는 온기와 빛을 제공하는 것 이상의 역할을 한다. 태양에너지는 마실 물을 녹이고, 먹이식물의 광합성을 촉진하며, 단백질 공급원인 곤충들을 불러낸다.)

태양에너지를 이용할 수 있는 기간이 짧은 것도 그렇지만 예측할 수 없는 날씨에 대처해야 하는 것 때문에라도, 북극에 둥지를 트는 새들에게는 번식지에 도착하고 산란하고 이동하는 시기를 맞추는 것이 절대적으로 중요하다. 6월의 진눈깨비 폭풍이나 갑작스러운 8월의 서리로 한 세대의 새끼 새 전부나 1만여 마리에 이르는 물범 새끼와 수백 마리의 카리부 새끼가 죽는 것을 보면, 이곳이 자연재해로 악명 높은, 본질적으로 위태로운 생태계라는 사실이 적나라하게 드러난다. 그러나 우리에게 분명해 보이는 이 위협도 북극 생태계의 취약성과 허약함을 보여주는 명백한 신호는 아니다. 사실 동물들은 괄목할 만한 복원력을 보여준다. 캐나다 사향소 개체수는 1973년 겨울이 지난 뒤 극적으로 증가했다. 하프물범은 오늘도 그린란드해에서 번성하고 있다. 브란겔섬의 흰기러기 개체수는 1982년에 30만 마리 정도로 회복됐다.[8]

그러므로 마침내 여행의 끝에 툰드라를 바라보고 섰을 때 얼마 되지 않는 북극 생물들의 목록이 왜 이처럼 짧아졌을까 궁금해진다면, 푸른 여름 하늘에서 그처럼 유순하게 불타고 있는 노란 별을 쳐다볼 일이다. 가장 중요한 것은 햇빛, 언제나 쏟아지는 햇빛이다. 햇빛은 심지어 온도보다 더 심각하게 생명을 제약하는 요소다. 북극에 사는 종이 적은 주된 이유도 그처럼 적은 빛에 적응할 수 있는 물질대사나 성장 유형을 가진 종이 적기 때문이다. (둘째로, 많은 수의 온혈 생물은 극도의 추위 속에서 생존할 수 있을 만큼의 열을 보존할 수 없다.) 북쪽으로 향하는 길에서 마주쳤을 거의 3,200종에 달하는 포유동물 중에서 수림한계선 위의 이 춥고 빛도 모자라는 사막에서 발견되는 종은 고작 23종에 불과하다.[9] 8,600종의 새 중에서 6~7종(큰까마귀,

8 북극 종들의 개체수 회복에 관한 생물학적 기제는 대체로 수수께끼로 남아 있다. 그러나 진행 중인 연구는 유사한 온대 동물들과 달리, 북극 동물들이 진화 과정에서 익숙해졌을 만한 고유의 제약과 인간이 만든 새로운 제약(기름 유출이나 광물 채굴에 따른 오염, 북극 수송에 따른 소음, 쇄빙선에 의한 부자연스러운 해빙 파쇄 등) 양쪽 모두에 대해 저항성이 약하다는 점을 알려준다. 북극 동물들은 우리가 지금껏 다뤄봤던 그 어떤 동물 개체군보다 인간의 개입에 취약할 것으로 보인다.

9 회색곰, 북극곰, 북방족제비, 흰족제비, 밍크, 울버린, 코요테, 늑대, 붉은여우, 북극여우, 흰등마못, 북극땅다람쥐, 목도리나그네쥐, 갈색나그네쥐, 툰드라붉은등들쥐, 툰드라들쥐, 알래스카들쥐, 호저, 북극토끼, 툰드라토끼, 말코손바닥사슴, 카리부, 사향소.

흰올빼미, 뇌조, 쇠홍방울새, 흰매, 쇠목테갈매기, 북극흰갈매기)만이 고위도 북극에서 겨울을 나고, 70종만이 번식을 위해 북극으로 온다. 종을 셀 수조차 없는 곤충 중에서도 오직 600종만이 북극에서 발견된다.[10] 3만 종 정도로 추정되는 물고기 중 북극에서 사는 법을 발견한 종은 채 50종이 안 된다.

랭커스터 해협, 퀸모드만 해안, 매켄지강 삼각주, 북베링해, 유콘-커스커큄 삼각주처럼 야생 동식물이 밀집한 특정 지역들만 보면 북극 생태계가 심각하게 불안정하다는 말이 거짓처럼 느껴진다. 북극은 생명으로 가득 차 있는 듯 보인다.

그러나 생명들은 여름에만 모여들 뿐이다. 이런 곳들은 서로 멀찍이 떨어져 있는, 잘 알려진 북극 오아시스이다. 생명들은 대체로 철 따라 이동하는 동물들로, 기러기와 바다오리, 바다 포유동물 등이다. 9월에 강과 바다가 얼어붙으면 모두가 북극을 떠난다. 이런 곳에서 겨울철에 볼 수 있는 생물은 크고 작은 카리부와 사향소 무리와 어쩌다 북극토끼 정도인데, 그마저도 늘 볼 수는 없다.

물론 모든 생물이 날거나 헤엄치거나 걸어서 따뜻한 기후를 찾아갈 수 있는 것은 아니다. 남은 동물들은 겨울이 오면 먹이

---

10 이들 중에는 기생말벌 175종, 잎벌 25종, 나방 40종, 뿌리고자리파리 100종, 각다귀 150종이 있고, 이보다 종수는 적지만 곱추파리와 꾸정모기, 검정파리, 등에, 뒤영벌, 모기, 톡토기, 나비가 있으며, 약 60종의 딱정벌레가 있다.

를 찾을 기회가 있을 법한 지역이나 날씨로부터 어느 정도 보호를 받을 수 있는 지역으로 흩어져야 한다. 몇몇 동물은 7~8개월 동안 동면한다. 들쥐와 나그네쥐도 땅속으로 들어가기는 하지만, 겨우내 활동성을 유지한다. 늑대는 카리부와 말코손바닥사슴이 모여드는 지역으로 근거지를 옮긴다. 북극여우는 북극곰을 따라 해빙 위로 나가 북극곰이 잡은 먹이를 청소한다. 북극토끼는 눈 속 식물들이 드러나는 바람 부는 비탈을 찾는다. 상주 동물들은 저마다의 방식으로 인내하며 전혀 가능할 듯하지 않은 환경 속에서도 내년 봄을 기약한다.

한 계절씩 여행하다 보니 어쩐지 내 머릿속에서는 목도리나그네쥐가 북극의 겨울나기와 복원력을 상징하는 존재가 되었다. 여름 툰드라에서 지의류나 황새풀 뿌리를 캐고 있는 녀석과 마주치면 놈은 적대적인 경계심을 띠며 뒷다리로 일어서서 감히 함부로 대하지 못할 기개를 보여준다. 놈은 제 작은 몸집도 개의치 않는다. 텅 빈 땅에서 녀석이 보여주는 용기가 사뭇 가상하다.

나그네쥐는 보통 툰드라 지역 공동체에서 1년 내내 볼 수 있는 상주 동물이다. 이들은 약 8,000년 전 홍적세 말기에 엄청난 거리의 망망대해와 드넓은 불모의 해빙을 건너 지금 사는 북미 북극의 중앙 지역으로 왔다. 겨울이면 온통 눈에 덮이는 이 지역에서 나그네쥐들은 절연체 역할을 하는 눈 밑에 조용한 터널과 바람 없는 복도로 이루어진 어둡고 서늘하고 눅눅한 세계를 만들어 산다. 그러다 봄이 오면 훨씬 밝고 따뜻하며 무한이라고

할 만큼 넓은 세상으로 나온다. 북극에서 나그네쥐들은 배고픈 흰올빼미와 북극도둑갈매기의 표적이자 노련한 여우와 북방족제비의 사냥감이다. 언제 어디서나 단순하기 그지없는 북극 먹이사슬의 이 한 고리가 다른 고리를 당황하게 만드는 일은 거의 없다. 그러나 일부 지역에서는 3~4년에 한 번씩 나그네쥐 개체수가 폭증한다. 엄청난 숫자가 눈 밑 소굴에서 쏟아져 나와 툰드라를 가로질러 전진한다. 그저 맹목적으로 전진한다는 게 지금의 추측이다.

나그네쥐 개체수의 주기적인 폭증은 분명 먹이 기반의 붕괴와 관련되어 있다. (아직 분명하게 밝혀지지는 않았지만, 눈덧신토끼와 스라소니, 카리부, 늑대 개체수의 주기적인 증감에 영향을 미치는 유사한 순환 주기가 있다.) 먹이 공급이 정점에 올랐다가 감소하면 나그네쥐들은 봄이 돼 이동할 수 있는 여건이 되자마자 재빨리 사방으로 이동한다. 이따금 수천 마리가 해안 절벽이나 세차게 흐르는 강에 도달한다. 뒤에서 미는 힘 때문에 선두에 선 놈들은 물에 빠져 죽는다.

알래스카 해안 근처 자갈밭에서 야영을 한 적이 있는 북극 과학자 로렌스 어빙은 이렇게 썼다. “개체수가 정점에 오른 어느 해 봄, 활동적이고 호전적인 나그네쥐 한 마리가 내 천막으로 왔다. (…) 더 많은 발자취가 보였고, 해안에서 수 킬로미터 떨어진 얼음 위에서도 죽은 나그네쥐 한 마리가 보였다. 바다로 향한 이 광적인 이동은 부적절하지만, 어쨌든 멀리까지 이동할 수 있는 이들의 체력을 증명해준 셈이다.” 물론 어빙의 언급은

이 동물 자체에 관한 것이지 이들이 따르고 있을지도 모르는 어떤 집단생물학의 추상적 기제를 얘기하는 것은 아니다. 나그네쥐가 툰드라에서 영위하는 단순한 생활을 보면 녀석들을 속속들이 파악할 수 있을 것 같지만, 놈들의 광적인 이동을 보고 나면 이게 다 무슨 일인가 싶다. 결국 나그네쥐는 복잡한 행태를 보이는, 저들만의 세계에 아주 복잡하게 맞춰진 알쏭달쏭한 존재다.

나는 여름날 목도리나그네쥐를 만나 그 시선을 받을 때마다 생각하곤 했다. 불굴의 동물. 귀중한 생명. 먼 훗날 어느 순간, 난 그 영혼보다 생태를 먼저 떠올리게 될까? 녀석이 자신의 생존 의지를 말해준다면, 난 생화학을 생각할까, 아니면 인간의 욕망에 대한 비유를 생각할까? 녀석이 빙하가 물러간 이래의 시간을 들려준다면, 내겐 그 얘기를 다 들어줄 만한 인내심이 있을까?

한번은 태양과 나른한 공기의 무게 때문에 졸린 나머지 야영지에서 몇 킬로미터 떨어진 툰드라에서 잠을 잔 적이 있다. 나는 따뜻한 고치 같은 오리털 파카를 입은 채 히스 덤불 사이에 자리를 잡고 금방 잠이 들었다. 낮잠에서 깨서는 바로 일어서지 않고 고개만 들고서 주위에서 무슨 일이 벌어지고 있는지 천천히 살펴보았다. 조금 떨어진 곳에 땅다람쥐 한 마리가 땅에서 20~30센티미터쯤 솟아오른 넓적한 석회석 바위 그늘에 웅크리고 있는 것이 보였다. 그 태도를 보고 나는 녀석이 바위 반대쪽의 얕게 파인 곳에 뭔가 위험한 것이 있는지 확인하기 위해 가만히 귀를 기울이고 있다고 생각했다. 잠시 후에 놈이 앞발을 조심스럽게 바위 위에 올리더니 천천히 일어서서 반대쪽을 엿보았다. 바위 위로 놈의 대가리 위쪽이 삐죽 솟았다. 녀석이 여전히 앞발을 바위 위에 얌전히 놓은 상태로 몸을 낮추더니 이마를 바위에 기댔다. 놈이 무언가 위험한 것이 멀리 가버리기를 기다리고 있다는 느낌이 한층 강해졌다. 나는 생각했다. 음, 저쪽에 여우나 울버린이 있나 보군. 어쩌면 곰일지도. 저 녀석, 조심해야겠는걸.

나는 몸을 숨기기 좋은 따뜻한 지표면 틈새에서 녀석을 계속 지켜보았다. 만약 곰이라면 나도 조심해야겠어. 땅다람쥐가 몸에서 긴장을 풀 때까지 움직이지 말아야겠다고 생각했다. 녀석이 편안해져서 어디론가 가버릴 때까지.

나는 그곳에 누워서 우리를 동물의 세계에 함께 묶어주는 기묘한 뭔가를 느꼈다. 때로 동물들은 사람을 자기들 속으로 끌어당긴다. 우리는 혈액 속 염분과 마찬가지로 굶주림과 공포도 공유한다.

땅다람쥐가 떠났다. 바위 너머 움푹한 곳에 가봤지만 아무 발자취도 발견하지 못했다. 아무 흔적도 없었다. 나는 동물들이 힘들게 거쳐온 시간과 공간, 그들의 이동과 인내와 은신처에 대해 골똘히 생각하며 야영지로 돌아왔다. 동물들은 용기와 조심성뿐만 아니라 어떤 의도도 품고 있는 것일까?

야생동물의 존재만큼 궁금증을 일으키는 대상도 달리 없을 것이다. 그들은 의지와 윤리적 개입의 문제, 진화의 혈통에 관한 질문들을 안고 조수처럼 밀어닥친다.

어째서인지 나는 동물의 행동과 북극에서 진행되는 진화의 방향에 관해 상념에 빠질 때가 많았다. 동물들과의 만남이 그처럼 인상적인 이유가 이곳의 드넓은 공간과 생물 환경의 단순함, 짧은 생물학적 역사 때문인지, 아니면 생명을 소멸시킬 수 있는 나의 능력을 이곳에서 깨달았기 때문인지 알 수 없었다. 나는 동물들이 어디에서 왔는지, 우리는 어디에서 왔는지, 그리고 또 각자 어디로 가고 있는지 궁금했다. 생태계 자체는 위스콘신 빙하가 물러난 뒤에 시작됐으니 그저 1만 년 정도 됐을 뿐이다. 이곳이 지구에서 가장 어린 생태계라는 사실은 뭔가 신선하면서도 절박한 느낌을 준다. (우연이겠지만 역사학자들은 인간 문명이 메소포타미아 북부에서 초라하게 시작한 때부터 지금까지의 시간도 1만 년 정도라 말한다. 그러므로 북극 생태계와 문명화된 인간은 동일한 짧은 시대, 완신세에 속한다. 4만 년 전에 유럽에 등장한 크로마뇽인부터 인류의 역사가 시작됐다고 본다면, 사실 북극은 인류보다 어린 셈이다.)

인간도 다른 생명체들과 함께 같은 생물계 안에 살고 있지만, 좀 거칠게 말하자면, 같은 진화 법칙의 적용을 받는 것은 아니다. 사냥 무기, 몸을 보호하는 의복, 불을 다스리는 도구, 농업과 목축 등 다양한 기술을 발전시킴으로써 인류는 다른 동물들이 점했던 고유한 서식지를 빼앗을 수 있었을 뿐만 아니라 앞서는 인간에게 허락되지 않았던 지역으로 이주할 수도 있었다. 인간은 그 지역에 먼저 서식하고 있던 동물들을 다시 추방하거나 제거했다. 다른 생명체들에게는 선택의 여지가 없었다. 그들은 태양에너지를 저장하고 있는 먹이와 물, 은신처를 주는 특정 서식지에 매인 탓에 다른 종으로 분화하거나 도구를 개발하지 않는 한 그곳을 떠날 수 없다. 더 나아가 인간은 예의 기술 발전과 엄청난 식량 토대의 확대를 통해 인구 규모를 규제하는 자연의 통제 효과를 극복했다. 전염병이나 또 다른 빙하기 혹은 인간 스스로의 무기 기술이 아니라면, 계속되는 인구 증가와 식량 토대(현재 여기에는 석유, 진귀한 광물, 화석수,[11] 거대한 삼림지대 등등이 포함되며 지속적이고 동시다발적인 생물종의 손실을 수반한다)의 확장을 막을 수 있는 수단은 인간의 지혜뿐이다.

빤히 쳐다보는 나그네쥐와 시선을 마주치며, 또는 울버린의 자취를 쫓아 툰드라를 걷다 보면 우리의 지혜가 얼마나 허술한지, 좌절하게 된다. 우리가 북극을 착취하는 형태, 우리가 북극 천연자원의 이용을 증가시키는 형태, 우리가 '무엇이든 착취'하려는 바로 그 욕망의 형태는 분명하다. 이곳, 지저귀는 새들과 멀리 서 있는 카리부, 존경할 만한 나그네쥐들의 땅을 걷는 것이 이처럼 불편하게 느껴지는 건 우리에게 없거나, 있어도 불확실한 무언가 때문이 아닐까? 바로 자제 말이다.

진화의 법칙을 우회할 수 있기에, 식량 토대를 넘어서지 않고

---

11 화석수化石水는 퇴적암이 생성될 당시인 3만~1만 5,000년 전 홍적세에 만들어진 오래된 지하수로, 한 번 사용되면 다시 채울 수 없다. 사우디아라비아와 요르단 등 사막 국가에서는 이 물을 농업용수와 먹는 물로 사용한다—옮긴이.

살아남을 수 있는 다른 법칙을 개발할 책임이 인류에게 있다고 진화생물학자들은 말한다. 인류는 자제를 배워야 한다. 인류는 땅에 대해 뭔가 다른, 좀 더 현명한 행동 방식을 끌어내야 한다. 인간은 자신이 기반하고 있는, 태양에 의존하는 원형질로 구성된 생태계의 생물학적 요구를 좀 더 귀담아들어야 한다. 그것이 의무라서거나 인간 자신의 창의력이 모자라서도 아니다. 다만 수천 년간 인류가 열망해 온 지혜의 완성이 거기에 있기 때문이다. 스스로의 운명을 손아귀에 쥔 존재로서 인류는 이제 어디에 운명을 맡길 것인지 비판적 지성으로 생각해야 한다.

언젠가 토착 에스키모들이 가장 두려워하는 것이 땅을 바꿔버리는 우리의 막강한 힘, 그 힘의 규모, 그리고 우리가 먼 도시에 앉아서도 이런 변화들을 전자적으로 손쉽게 일으킬 수 있다는 사실이라고 세인트로렌스섬에 사는 유픽족 사냥꾼 한 명이 말해준 적이 있다. 아직도 동물 세계와 그다지 분리되지 않았다고 느끼곤 하는 에스키모들은 우리를, 뭐랄까, 너무 완벽하게 분리돼버린 사람들로 여긴다. 그들은 불신과 불안을 섞어 우리를 '자연을 바꾸는 사람들'이라고 부른다.

애드미럴티 협만에서 보낸 어느 여름밤을 기억한다. 협만의 입구 쪽 해빙에 친 텐트 안에 카리부 가죽을 깔고 누워 일각고래를 해체하다가 다친 대수롭지 않은 상처를 다스리는 중이었다. 나는 여덟 명으로 구성된 무리에 속한 두 명의 백인 중 한 명이었고, 이눅티투트어를 할 줄 모르는 유일한 사람이었다. 이 때문에 그렇지 않아도 먼 해빙 위에 나가 있으면 느끼기 마련인 고립감이 더 깊어졌다. 어쨌든 나는 누운 채로 멍하니 베두인들과 함께 여행한 윌프레드 세시저의 말을 떠올렸다. 나중에 그 말을 찾아보았다.

"나를 데리고 가주기로 선택한 이 사람들과 동행할 수 있어서 행복했다. 나는 그들에게 개인적인 친밀함을 느꼈고, 그들의 삶의 방식에 공감했다. 우리의 느긋한 관계가 만족스러웠지만, 그들의 일원이 될 수 있다고 나 자신을 속이지는 않았다. 그들은 베두인이고 나는 아니었다. 그들은 무슬림이고 나는 기독교인이었다. 그럼에도 불구하고 나는 그들의 동료였으며, 어떤 신성한 계약이 우리를 묶고 있었다."

거기 텐트 안에 누워서 나는 깨달았다. 잠깐이라도 에스키모들과 함께 사냥해본 사람이라면 누구나 알리라 생각한다. 그들은 소박한 사람들도 아니고, 신의 눈으로 볼 때 완전무결한 사람들도 아니다. 그러나 그들은, 적어도 그들 중 일부는 여전히 대지와 가까운 사람들이며, 대지에 융화할 줄 아는 고대 철학의 핵심을, 우리가 팽개쳐버린 그 고대 철학의 핵심을 여전히 간직한 사람들이다. 우리를 다른 종과 구분해준, 하나의 종으로서 우리가 깨친 첫 번째 지혜이자 독창적인 은유적 지식이 그와 같은 대지와의 친밀함 속에서 자라 나왔다. 그리고 우리가 그때로부터 아무리 멀리 걸어왔어도, 그날 저녁 나에게는 다시 돌아가 그 대지와의 친밀함을 찾아내는 것이 불가능해 보이지 않았다. 나는 이 사람들 속에서 알아보고 싶었다. 우리가 지금 북방에서

하려고 결정한 일들이 '그것'에게 다시는 되돌릴 수 없는 끔찍한 어떤 작용을 가할 것이기 때문이다.

나는 사려 깊은 북극 방문자들, 그 땅에 이끌린 사람들에게도 물어보고 싶었다. 내게는 각각의 문화가 상당히 근사한 우주관의 창고처럼 보였다. 그 점에서 우리는 서로에게 귀중한 존재다. 거기 누워서 나는 내가 속한 문화에 관해, 옛 알렉산드리아 도서관의 장서 목록과 각자의 정원에서 행해졌던 다윈과 멘델의 심사숙고와 샤르트르 대성당의 건축 개념과 바흐의 첼로 조곡과 슈바이처의 철학과 플랑크와 디랙의 통찰에 관해 생각했다. 나는 의심했다. 우리는 스스로의 기술로 해체되기 위해, 정치적 묵인이나 기업의 비인간적인 탐욕에 배신당하기 위해 이 먼 길을 달려온 것일까?

카리부 가죽을 깔고 누워 있던 그 밤, 지혜가 정확하게 어디에 있는지는 알 수 없었다. 세상이 조금, 그러나 돌이킬 수 없이 초점에서 빗나갔다는 것, 그리고 절대적으로 정확한 답은 없다는 것을 이해할 정도로는 양자역학에 대해 알고 있었다. 내가 찾을 수 있는 지혜가 무엇이든 그것은 대지에서 자라 나올 것이었다. 나는 지혜의 존재를, 또 그 지혜가 잘 고른 동행들 속에서 저절로 드러날 것임을 믿었다.

나는 텐트 바깥을 바라보았다. 새벽 한 시가 지난 시각이었다. 남풍이 불었지만 아주 약했다. 19세기 선원들이 '바람이 거의 없는 편에 가까운'이라고 부르던 그런 종류의 바람이었다. 나키타박이 자기 '콰무틱'인 커다란 썰매 위에 면 침낭과 카리부 가죽을 깔고 대자로 누운 채 거대한 두 부빙 사이의 고요하고 검은 물을 바라보고 있었다. 조만간 일각고래들이 들어올 입구였다. 그의 형제인 데이비드는 차가 든 머그컵을 두 손으로 감싸 쥐고 일각고래들이 나타나리라 예상되는 서쪽을 바라보고 있었다. 그의 입술이 김을 내뿜는 뜨거운 차로 향했다. 차가운 공기 속에서 나는 그가 차를 홀짝거리는 소리를 들었다.

160년 전에 고래잡이 선원들을 만났던 동쪽 투누니르미우트족의 친척들인 이 투누니아루시르미우트족 형제는 일말의 의심도 일말의 주저도 없이, 무엇이 자신을 행복하게 만드는지, 무엇이 자신에게 만족감을 주는지, 무엇이 부인지를 알았다. 풍부한 짐승들이었다.

그래서, 우리는 기다렸다.

2장

사향소

평온하게 강인하게

6월 중순이다. 어둡고 꽁꽁 얼어붙은 12월에는 상상도 못 할 일이지만 톰슨강은 분명 진짜 강이었다. 이 강은 뱅크스섬 중동부의 이름 없는 개울들 사이에서 발원해 여름 햇빛 아래 검게 반짝이며 북쪽으로 흘러 맥클루어 해협 카스텔만에 이른다. 이 강이 영양분을 실어 나르는 통로가 되다 보니 뱅크스섬 북서부는 동식물들을 위한 일종의 피난처, 북극 오아시스가 된다.

초목으로 뒤덮인 기름진 톰슨강 유역이 그처럼 충격적으로 느껴지는 이유는 섬의 나머지 부분이 자갈 사막이거나 기껏해야 노란 물싸리꽃 몇 송이나 연녹색 방석 같은 북극이끼장구채 정도밖에 볼 수 없는 황량한 땅이기 때문일 것이다. 내가 야영하고 있는 곳은 톰슨강 서쪽 강둑으로, 에이블 계곡과 베이커 계곡의 중간 지점이다. 풍경은 황량하다. 흐르는 물에 고원 평야가 잠식되어 서쪽으로 깊게 패 있다. 하지만 사막 빛깔을 한 이 기슭이 한 번도 홍적세 빙하에 닿은 적이 없다는 사실을 생각하면 이곳에서조차 톰슨강 유역의 피난처다운 풍모를 언뜻 느낄 수 있다. 알래스카 서부와 내륙 지역 대부분과 마찬가지로 뱅크스섬도 대체로 상처 없이 빙하기를 보냈다. 사실 2만 년 전 이곳은 얼지 않은 북극 대양의 해안이었을 것이다.

나는 사향소를 보려고 이곳에 왔다. 사향소는 아메리카들소와 함께 북아메리카 빙하기에 살아남은 몇 안 되는 대형동물 중 하나다. 사향소의 동료들(매머드, 대형 늑대, 북아메리카 낙타, 자이언트 쇼트 페이스드 곰)은 대부분 멸종됐다. 사향소는 툰드라에 홀로, 그리고 아주 여유 있게 살아남아 북극의 삶에 완벽하게 적응했다.

나는 고성능 망원경을 들고 톰슨강 위로 100여 미터나 솟아오른 깎아지른 절벽 위에 앉아 있다. 여기서 보면 강은 왼쪽으로 완전한 U자 모양으로 휘어지며 드넓은 저습지와 툰드라를 가로지른다. 오른쪽으로는 베이커 지류가 깊게 땅을 패 가파른 둑을 만들며 서쪽의 황무지로 향한다. 정면으로 보이는 남쪽 저 멀리에 검은 점들이 무리를 이루고 있다. 3킬로미터 이상 떨어져 있지만 맨눈으로도 그 이상하고도 희미한 반사광을 알아챌 수 있다. 탁 트인 황갈색 산자락 초지에서 느리게 움직이는 검은 점들을 보면 누구든 생명체가 있음을 알 수 있다. 그러나 마음 깊은 곳의 오래된 본능 또한 그 긴 옆구리 털에 반사되는 빛을 보고 기민하게 반응한다. 포식자의 시선이 단단히 고정된다.

사향소들이 풀을 뜯는 드넓은 계곡은 색이나 모양이 티베트의 계곡 같다. 나는 망원경을 들고 자세히 관찰했다. 렌즈에 맺힌 상으로 보면 녀석들의 털색은 더 검게 보이고, 황갈색 산자락은 더 농밀한 색을 띠며, 먼 계곡 끝자락의 하늘은 더 짙은 푸른색이다. 햇빛이 이 모든 것들 위에서 일렁인다. 나는 사향소를 연구한 어느 캐나다 생물학자의 기록을 더듬어본다. "사향소들은 어디서나 확실하게 구분된다. 배경이 겨울의 흰색이든 여름의 툰드라 색이든 여느 동물과 달리 두드러진다."

나는 쌍안경을 무릎에 내려놓았다. 시간을 느낄 수 없는 오후다. 티끌 하나 없는 대기 속을 똑바로 통과하는 햇빛 때문에 왼쪽의 구불구불한 강과 수십 제곱킬로미터에 걸친 갈색 툰드라와 녹색 사초 평원이 고요하고 드넓은 수반에 담긴 것처럼 눈앞의 공책을 보듯 가깝고 선명하게 보인다. 땅은 순수해 보인다. 저 아래 생물들은 몇 걸음씩 서성이며 풀을 뜯는다. 캐나다두루미 두 마리가 강가에 가만히 서 있다. 달빛 같은 가냘픈 은색 피어리카리부 세 마리가 특유의 긴장된 모습으로 가파른 강변에서 풀을 먹고 있다. 툰드라가 녹아서 곳곳에 못이 생겼다. 비스듬히 햇빛을 받아 밝게 빛나는 감청색 못들이 평원 여기저기에서 눈에 띈다. 커다란 못 한가운데에서는 연한 청록색 얼음 핵이 응축된 겨울의 정기처럼 물 밑에서 반짝인다.

톰슨강 건너편 산자락 아래에서는 여러 사향소 무리가 삼삼오오 풀을 뜯고 있다. 각기 열 마리에서 열두 마리쯤 되는 무리들이다. 나는 무리들이 분포한 모양새를 공책에 그린다. 3~4킬로미터 밖에서도 평온하게 느릿느릿 움직이는 성체들 사이를 씩씩하게 내달리며 뛰노는 새끼들이 금방 눈에 띈다. 마흔아홉 마리 중 새끼가 열두 마리다. 사람들은 흔히 생각하는 황량한 산과 침식 평원과는 다른, 생명을 보전해주는 사초 습지의 존재를 쉽게 받아들이려 하지 않는다. 까불며 뛰노는 새끼들, 저 비옥함의 증거들을 인정하기를 주저한다. 그러거나 말거나 강 건너 사향소들은 북극머위와 산수영, 송이풀, 북극습지풀, 습지사초를 뜯는다. 태양이 사방을 비춘다. 녹은 못들도. 무심한 하늘은 높이 솟았다. 이곳엔 뭔가 태곳적 창조의 기운이 남아 있다.

나는 다시 쌍안경을 들고 먼 남쪽 계곡의 사향소들을 관찰한다. 이쪽 무리에서는 오륙십 마리 중 열에서 열다섯 마리가 새끼다. 한참 녀석들을 관찰하고 있는데 캐나다두루미가 딱딱거리며 경계 신호를 보낸다. 서남쪽에서 북극토끼 한 마리가 경계하는 태세로 발딱 일어선다. 동남쪽엔 흰 털 때문에 토끼만큼이나 눈에 잘 띄는 흰올빼미 한 마리가 덤불 위에 앉아 한 번은 오른쪽, 한 번은 왼쪽으로 고개를 쓱쓱 돌린다. 누군가의 지시라도 받은 듯이 열심인 토끼가 나를 발견하고는 빤히 쳐다본다. 그 순간 땅이 활처럼 구부러지는 것 같다. 토끼와 올빼미와 내가 마른 호수 바닥에 선 것처럼, 우리 사이를 채운 공간의 부피가 감지된다. 토끼가 앞발을 내리고 마른 버드나무 이파리로 관심을 돌리자 순간의 마법은 깨진다. 올빼미는 아래쪽 계곡으로 시선을 돌린다. 캐나다두루미의 비난은 계속된다. 내가 안 보이는 곳으로 자리를 옮기고 나서야 울음소리가 멈춘다.

북쪽인 등 뒤 산자락에서는 딱 인간스러운 알록달록한 옷을 입은 동료 네 명이 일하고 있다. 'PjRa-18' 또는 비공식적으로 '쿱타나 유적'이라고 부르는 19세기 코퍼에스키모들의 야영지 지도를 꼼꼼하게 작성하고 있는 고고학자들이다. 이 지역의 여느 야영지와 마찬가지로 이곳도 사향소들이 특별히 좋아하는 목초지인 잘 발달된 사초 습지가 내려다보이는 바람받이 언덕의 정상 부근에 자리 잡고 있다. 약 1만 6,700제곱미터(약 5,000평)가 넘는 면적에 2만 7,000개의 뼛조각이 흩어져 있다. 250마리분에 해당하는 사향소 유골이다. 고고학자들은 야영지 지도 작성 작업을 '죽음의 아상블라주'[1]라고 부른다. 그곳에는 또 한때 바람과 비를 막기 위해 카리부 가죽 텐트를 고정했을 강돌들이 여러 군데 둥글게 놓여 있고, 이판암과 규토 판으로 만든 고기 저장고의 잔해와 버드나무 잔가지와 북극종꽃나무 숯으로 남은 모닥불 흔적도 있다. 100년 전에 사람들에게 먹히고 남은 북극곤들매기 아래턱이 여전히 물고기 기름으로 번들거린다. 이 원초적인 인간 허기의 증거가 시간이 사라진 듯한 느낌을 더 부추긴다. 눈부시게 반짝이는 남쪽 언덕 자락과 동쪽 사초 습지에서 한가롭게 풀을 뜯는 저 생명력에 가득 찬 사향소들은 아마 지금 뒤틀린 채 땅에 널브러져 있는 이 검은 뿔과 하

---

1 아상블라주Assemblage는 각종 물체를 한데 모아 예술작품을 제작하는 기법 또는 그런 기법으로 제작한 작품을 가리키며, 프랑스어로 집합, 집적을 의미한다—옮긴이.

얀 머리뼈 들의 후손일 것이다.

이 야영지의 이야기는 19세기에 시작된다.

1851년 9월, 로버트 맥클루어 선장이 이끄는 영국 해군 소속 인베스티게이터호가 뱅크스섬 북쪽 해안을 따라 항해하다가 육중한 얼음에 갇히는 바람에, 나중에 맥클루어 선장의 이름이 붙여지는 이 해협에서 절실하게 구조를 기다리게 되었다. 섬 동쪽 곶 부근에서 잠시 피해 있을 만한 얕은 만을 발견한 그는 '신의 자비'만이라 명명하고 부하들과 함께 그곳에서 겨울을 났다. 다음 해 여름에도 만에서 얼음이 물러가지 않아 그들은 같은 곳에서 겨울을 한 번 더 나야 했다. 1853년 봄, 멜빌섬에 위치한 겨울 숙영지에서 영국 해군의 동료 배인 레졸루트호(두 배 모두 실종된 프랭클린 탐험대를 찾는 영국군 수색대의 일원이었다)의 구조대가 도착했다. 맥클루어는 인베스티게이터호가 꼼짝없이 갇혔다는 사실을 마지못해 인정하고, 구리를 씌운 450톤짜리 배를 포기한 채 구조대를 따라 멜빌섬으로 귀환했다.

320킬로미터도 더 떨어진 빅토리아섬의 코퍼에스키모들이 용케 버려진 배에 관해 알게 되었다. (이들은 민토 협만과 프린스앨버트만 인근에 살던 칸기류아크미우트족과 칸기류아치아크미우트족 사람들로, 백인을 본 적이 없었다. 1906년에 미국 고래잡이 선원들이 등장하면서 처음으로 백인과 접촉한 그들은 얼마 후부터 구리로 만든 도구들을 쓴다는 이유로 코퍼에스키모라 불리게 되었다.) 빅토리아섬 사람들이 언제 처음으로 프린스오브웨일스 해협의 봄 해빙을 밟고 뱅크스섬으로 건너갔는지는 알 수 없지만, 그들은 톰슨강 유역을 따라 신의 자비만까지 이르는 뚜렷한 흔적을 남겼다.

이처럼 귀중한 물건들이 빅토리아섬 주민들의 손에 떨어진 건 의외의 사건이었다. 그전까지 빅토리아섬은 하나도 아닌 두 북극 교역로의 맨 끝에 있는 종착지였다. 첫 번째 교역로는 서쪽 시베리아에서부터 알래스카 북해안을 따라오는 길이었고, 두 번째 교역로는 매켄지강을 따라 남쪽 캐나다 내륙에서 올라오는 길이었다. 이제 그들은 상품 교역의 흐름을 거꾸로 뒤집을 수 있었다.[2] 그들은 신의 자비만에서 발견한 것과 같은 물건들은 본 적이 거의 없었을뿐더러, 그것도 그처럼 대량으로 있는 것은 생전 처음 보는 일이었다. 그들이 발견한 배와 해안에 숨겨진 보급품들은 마치 우주에서 온 잘 갖춰진 우주선처럼 경이로웠다.

에스키모들은 매년 가벼운 소풍처럼 개들에게 빈 바구니를 지우고 작은 썰매를 준비해 난파선의 물건들을 실으러 신의 자비만으로 향했을 것이다. 가장 값진 수확물은 강철 박판과 캔버스 천, 카리부 뿔보다 조각하기 쉬운 연질 나무판자였다. 또 구리 외장재와 직물, 밧줄, 털실, 가죽 장화도 챙겼다(가죽은 북극에 전혀 맞지 않는 신발 재료였다. 영국인들은 나중에야 이 사실을 깨달았다).

빅토리아섬에서 가져간 약간의 물범 고기와 고래 지방을 제외하면, 에스키모들은 도중에 사냥한 것들을 먹으며 북쪽으로 향했다. 가끔은 카리부와 털갈이 중인 기러기(날지 못해서 도망가지 못한다)와 물고기를 먹었지만, 대체로는 사향소였다. 그들은 강가 사초 습지에 있는 사향소를 언덕 꼭대기로 몰아, 예상컨대 방어 대형으로 모여선 녀석들을 개들을 시켜 지키게 했을 것이다. 사냥꾼들은 짐승의 힘줄로 버드나무 가지 화살대에 구리나 쇠로 만든 화살촉을 공들여 엮어 만든 화살을 사향소에게 쏘았다. (지금 보면 어깨뼈마다 작고 둥근 화살 구멍이 나 있

---

2 이 물품 교역 흐름의 역전 현상은 북쪽 극지의 교역 형태를 밝히려는 인류학자들을 혼란스럽게 만들었다. 인베스티게이터호가 빅토리아섬 에스키모들의 삶에 끼친 영향을 알지 못했던 인류학자들은 오랫동안 이 부족이 특정한 초기 원주민 문화에 속한다고 잘못 추정했다.

다. 화살 구멍의 각도는 곧장 심장을 향한다. 그들은 이 동물의 구조를 정확하게 알고 있었다.)

사향소들은 쓰러진 자리에서 해체됐고 그 자리에 야영지가 세워졌다. 아마도 사람들은 여름내 이런 야영지에서 인베스티게이터호와 보급품 은닉처를 오갔을 것이다. 그러고는 눈이 길을 덮어 썰매를 탈 수 있는 초가을이 돼서야 겨울철 물범 사냥을 위해 남쪽으로 귀환했을 것이다. 여러 해에 걸쳐 야영지를 이용했던 것이 분명해 보인다. PjRa-18과 같은 일부 야영지 유적에는 수백 마리분의 사향소 유골이 쌓여 있다. 1981년까지 과학자들은 톰슨강을 따라 150군데나 되는 이런 크고 작은 야영지들과 약 3,000마리분의 해체된 사향소 유골을 찾아냈다.

배와 은닉처가 완전히 수탈당하기도 전에 사향소 개체수가 집요한 사냥에 무너졌다고 생각하는 사람들도 있다. (은닉처 유물들은 일부가 남아 있었다. 배는 만에 가라앉았거나 떠내려간 것 같은데, 그 후로 발견된 적이 없다.) 1890년 즈음부터 빅토리아섬 사람들은 더는 이 길을 오가지 않았다.

1914년부터 1918년까지 탐험가인 빌햐울뮈르 스테파운손이 뱅크스섬을 몇 차례에 걸쳐 종주했지만, 사향소는 한 마리도 보지 못했다. 사실상 그 후 1952년 여름에 한 캐나다 생물학자가 톰슨강 배수지에서 수컷 사향소 한 마리를 발견할 때까지, 그 섬 어느 곳에서도 사향소를 볼 수 없었다. 그 수컷은 용케 발견되지 않은 소규모 잔존 무리의 일원이었을 수도 있고, 아니면 에스키모들이 북쪽으로 갈 때 이용했던 경로를 따라 빅토리아섬에서 건너온 무리에 속해 있었을 수도 있다. 1950년대와 1960년대를 거치며 뱅크스섬 북부에서 사향소가 띄엄띄엄 눈에 띄기 시작하더니, 1970년대 초에 실시된 조사에서 1,200~1,800마리 정도가 서식한다는 사실이 입증되었다. 1975년 조사에서는 수가 더 늘었고, 1980년대 초에 실시된 여러 조사에서는 개체수가 깜짝 놀랄 만한 수준인 1만 6,000~1만 8,000마리로 늘어난 것으로 확인됐다.

생물학자들도 뱅크스섬의 사향소 개체수가 이처럼 경이로울 정도로 회복된 과정을 명확하게 설명하지 못한다. 과학자들에게는 사향소의 번식 과정과 영양 관계, 기후 특성, 같은 먹이를 놓고 경쟁하는 카리부의 존재 여부와 같은 여러 요인의 작용에 관한 충분한 자료가 없다. 그러나 비공식적이긴 하지만 톰슨강 유역의 비옥한 사초 습지와 초지가 북부의 개체수를 회복시키고 남쪽으로 영역을 확장하는 데 결정적인 역할을 했다는 데는 대체로 동의한다.

요즈음 톰슨강 인근을 방문하는 사람들은 풍성하고 다양한 새들의 생활상과 북극여우의 수, 수많은 나그네쥐의 땅굴, 언덕자락에서 풀을 뜯는 북극토끼 무리와 카리부 떼를 보고 이 지역의 복원력을 바로 느낄 수 있다. 그리고 사향소 무리에 얼마나 많은 새끼가 있는지도. 계곡은 생명으로 북적거리면서도 평온하다.

사향소 무리는 원래의 모습을 되찾았고, 코퍼에스키모의 과도한 사냥은 과거의 일이 됐다는 말로 이야기를 끝맺는 것이 회복이라는 개념에 합당할 것이다. 우리는 신의 자비만에 난파한 부를 얻는 데 몰두했던 거칠고 지각없는 사람들이 사향소를 죽였다고 치부할 수 있다. 하나의 예외적인 사건일 뿐이라고 말이다. 하지만 폰즈만에서 일어난 일들과 나란히 놓고 보면, 이곳에 인간과 자연과 멸종에 관련된 훨씬 오래된 뭔가가 흐르고 있음이 드러난다.

야생동물에 대한 인간의 치명적인 개입은 생물학적으로, 또 경제학적으로 복잡한 문제다. 1940년대와 1950년대에 뱅크스섬 에스키모들은 북극여우 덫을 놓으면서 잡은 동물을 뺏기지 않으려고 섬 남단의 늑대를 모조리 쓸어버렸다. 1981년과 1982년에는 섬 남부에서 주된 식량인 카리부 떼를 보호하기 위해 대신에 사향소들을 사냥하도록 곰을 내몰았다. 그들이 보기에 카리부는 먹이 경쟁 관계에서 사향소에 밀리고 있었다. (에스키모들은 섬의 동북단에 있는 톰슨강 유역을 오아시스로 여겼다. 고기와 가죽, 뼈, 힘줄, 모피 등 다양한 인간의 필요를 충족시켜주는 동물들을 끝없이 쏟아내는 그 비옥한 땅에서는 사냥을 하지도 덫을 놓지도 않았다.)

멸종할 정도로 야생동물을 사냥하는 이야기는 매우 오래전부터 있었다. 예를 들어 2,500년 전에 알류샨 열도 암치트카섬 인근에서 해달을 없애버린 것은 알류트족 사냥꾼들이 분명하다. 뉴질랜드의 모아는 800년 전에 마오리족 사냥꾼들이 모두 죽여버렸다. 하와이 제도에서 연구하는 동물학자들은 그곳 고유종 새들의 절반 이상이 1778년 유럽인들이 첫발을 딛기도 전에 원주민들에 의해 멸종됐다는 사실을 최근에 발견했다. (이때 사냥꾼들의 동기가 무엇이었는지는 알 수 없다. 우리는 그들이 자기 행동의 결과를 예상했는지도 알 수 없다. 만약 예상했다면 다르게 행동했을지에 관해서도 마찬가지다. 북아메리카에서도 여러 '버펄로 점프'[3]에서 분명히 볼 수 있듯이 아메리카들소 살육이 있었고, 선사시대와 역사시대에 걸쳐 여러 도하 지점에서 카리부 살육이 이뤄졌지만, 전후 맥락을 고려해봤을 때, 이런 행위들은 윤리적이었으며 원주민들의 자연사 이해도와 보존 원칙에 비추어 합당한 행위였다고 일부 인류학자들이 주의를 요구하고 있기도 하다.)

그러나 야생의 한 종을 완전히 파괴할 수 있는 인간의 능력에 관한 이야기는 훨씬 전부터 있었다. 척추동물을 연구하는 고생물학자 아서 옐리네크는 북아메리카 초기 인류를 매우 혹독하게 평한 적이 있다. 그는 그들을 "(자연적으로) 방어 체계를 진화시킬 수 없었던 동물들"의 포식자이자 완신세가 시작되던 때에 북아메리카 생태계에 "상당한 변화를 일으킨 원흉"이라고 불렀다. 옐리네크는 다음과 같이 썼다. "이들은 상당한 파괴력을 지닌, 극도로 효율적이고 빠르게 세력을 확장하는 포식자 무리였다."

---

3 일부 북아메리카 원주민들은 지형을 이용해 아메리카들소를 벼랑 끝으로 몰아 떨어뜨려서 잡았는데, 이런 벼랑을 버팔로 점프Buffalo jump라고 부른다—옮긴이.

옐리네크의 이런 판단은 1만 8,000년 전 북아메리카 대륙에서 시작된 대형 포유류 괴멸이라는 특정 사건들에 기초해 있다. 그는 홍적세 대멸종으로 통칭되는 이 사건에서 인간이 결정적인 역할을 했다고 믿는다.

우리는 유럽인들이 도착하기 전 북아메리카 평원이 6,000만 마리의 아메리카들소와 수백만 마리의 가지뿔영양, 말코손바닥사슴, 사슴, 회색곰, 늑대 등 생명으로 가득했다는 생각에 익숙하다.

그러나 이상하게 들리겠지만, 당시에 있던 동물 종의 수와 총 개체수는 정말로 위태로울 정도로 줄어들고 남은 자투리 정도에 불과했다. 홍적세 후기와 비교해보면 18세기 북아메리카는 '가장 크고 가장 용맹하고 가장 기괴한 종들이 몽땅 사라져버린 직후의' 빈약하기 짝이 없는 세계였다. 자이언트 아르마딜로와 뒷발로 서면 지금의 기린만큼이나 키가 컸던 땅늘보, 북아메리카 치타, 검치호, 매머드, 야생마와 낙타 떼들, 그리고 사향소의 가까운 친척들도 종과 개체수 양쪽 모두에서 줄어들었다. 땅 자체도 극명하게 변했다. 18세기 여행자가 보았던 사막은 한때 풀을 뜯는 거대한 초식동물 무리와 그들을 노리는 육식동물과 청소동물이 서식했던 풀이 우거진 목초지였다.

홍적세 말기 즈음에 동물들이 멸종한 이유에 대해서는 극명하게 다른 설명들이 존재하지만, 두 가지 원인 중 하나일 거라는 데에는 어느 정도 전반적인 동의가 있다. 기후가 빠르고 급격하게 변해서 동물들이 적응하지 못했거나, 아니면 인간의 사냥 탓에 멸종당했다는 설명이다. 일부 과학자들은 인간 사냥설을 일찌감치 제쳐놓았다. 그들은 (현대뿐만 아니라 이전의 증거들도 엄청나게 많은데도 불구하고) 이 '지적인' 포식자가 고기를 낭비했다는 주장을 지지할 수 없다고 생각한다. 그들은 당시의 무기와 사냥 기술의 효율성에 관해서도 회의적이며, 죽은 동물의 수가 엄청난 데 비해 당시 인간의 수는 턱없이 부족했다고 믿는다. 그들은 기후변화설 하나만으로도 충분하다고 설명한다. 그 주장에 따르면, 땅이 마르면서 식물의 구성과 분포가 급격하게 달라졌다. 주로 식물에 의존했던 대형 초식 포유동물들이 죽어 나가자 그들을 먹이로 삼았던 육식동물들과 청소동물들도 사라졌다는 것이다. 그 모델로 본다면 인간의 포식 효과는 극단적인 환경 변화를 겪고 있던 생태계에 가해진 최후의 일격 정도로 볼 수 있다.

양쪽 설을 뒷받침하는, 각기 복잡하고 합당하며 강력한 근거들이 제기됐다. 설사 결정적이지는 않다고 해도, 홍적세 대멸종에서 인간이 담당한 역할이 상당했다는 점은 부인할 수 없어 보인다. 인간에게는 확실히 그럴 만한 능력이 있는 데다, 아메리카들소와 나그네비둘기, 큰바다쇠오리, 북극고래의 운명으로 봤을 때 인간은 그런 면에서 치명적이며 대단히 유능할 수도 있다. 일부는 주장한다. 우리가 여전히 그런 과정을 되풀이하고 있다고. 인간의 수가 늘어남에 따라 기하급수적으로 자연 서식지들이 파괴되기 때문에 멸종이 다시 증가할 참이라고.

우리는 에스키모쇠부리도요와 바다밍크, 까치오리, 안경가마우지, 스텔러바다소의 소멸을 슬퍼한다. 그것들의 생명은 이제 우리의 손을 벗어났다. 그러나 하나의 종으로 볼 때 우리에게 근본적인 잘못은 없다는 믿음과 모든 멸종이 우리 책임은 아니라는 믿음(예를 들어 캘리포니아콘도르는 고유한 생태적 원인 때문에 멸종한 것으로 보인다)에 기초한 사뭇 복잡한 생물학적 사고 안에는 이런 소멸에 대한 직접 책임을 인정하기 마뜩잖아 하는 거부감이 담겨 있다. 우리가 최근에 받은 생물학적 유산은 필요하거나 원할 때마다 다른 종들의 개체수를 급격하게 줄이거나 완전히 제거해서 그것들이 먹이그물 속에서 차지하고 있던 지위를 점유하는 것, 바로 그것이었다. 우리 스스로에 대한 이런 판단이 특정 견해에 근거해서 중상하거나 비난하자는 의도는 아니다. 우리 미래를 냉정하게 보자면, 우리가 화학과 물리, 생물 법칙의 비인격적인 우주 안에서 멸종을 향해 나아가고 있다고 주장하는 것이고, 보다 생산적이고 아마 분명히 더 마음에 들 시각으로 보자면, 우리에게 어떤 일이 벌어지고 있는지 파악할 수 있는 지성과 그 복잡성에 지레 겁을 집어먹지 않을 침착성과 우리 생에 결실을 얻지 못할지도 모르는 작업을 실행할 용기가 있다고 주장하는 것이다.

어느 6월 저녁, 쿱타나 유적의 파편들 위에 웅크린 채 사향소 갈비뼈로 바닥을 기는 버드나무 줄기 사이의 흙을 긁어내다 보면 이곳에서 사향소를 죽인 코퍼에스키모들을 비난할 수 없게 된다. 어쩌면 그들은 사향소가 전멸한 것 같은 상황에서도 지금의 우리로서는 회복할 수 없는 어떤 육감으로 사향소들이 돌아올 것임을 어느 정도 알고 있었는지도 모른다. 그리고 덫을 놓아 얻는 현금 수입을 위해 늑대를, 카리부 고기를 안정적으로 확보하기 위해 사향소를 제거하고자 했던 그 섬의 에스키모 사냥꾼들을 비난할 수도 없다. 그들은 자신들로서는 이단적으로밖에 보이지 않는 경제에 적응하려 애썼을 뿐이다. 하지만 우리는 서로 도울 수 있다. 그들의 전통적인 철학은 동물에 대한 윤리적 행동이라는 주제를 끈질기게 제기한다. 이런 전통의 정신 안에, 그리고 동정적 존중이라는 유럽식 개념 안에 동물들과의 현대적 재결연을 위한 실마리가 놓여 있을 것이다.

여전히 동물들이 인간에 대한 방어책을 갖추지 못한 상황에서 우리는 계몽된 존중의 태도를 지녀야 할 필요가 있다. 이런 태도를 통해 양쪽 인종 모두가 윤리적인 측면에서 훨씬 여유롭게 동물을 대할 수 있을 것이며, 장차 더 품위 있는 방향으로 나아가리라는 더 강한 확신을 가질 수 있을 것이다.

사향소 갈비뼈로 돌돌 말린 마른 버드나무와 바위취 낙엽층을 걷어내고 바람에 날려 온 카리부 털 뭉치와 북극토끼의 똥, 그보다 오래된 사향소의 겨울 배설물을 긁어내자 축축하고 귀중한 진흙이 나온다. 바닥이다. 도덕적 입장이 어쨌든 간에 칸기류아크미우트들과 칸기류아치아크미우트들은 이 버드나무 잎을 따 먹던 사향소의 살을 먹었다. 사향소 뿔로 주걱을 만들고 뼈로는 각종 도구를 만들었으며, 가을을 알리는 얼어붙는 듯한 폭풍이 불 때는 그 두꺼운 가죽을 깔고 잠을 잤다. 그리고 그들은 살아남았다. 빙하기 이전과 이후에 걸친 인간의 오랜 역사에서 이 점은 머리로 헤아리기 어려울 정도로 중요한 사실이다.

일어서서 계곡을 건너다 보니 수만 겹의 시간이 느껴진다. 에스키모들이 예나 지금이나 신성한 장소라고 말하는 계곡, 과학자들이 빙하에 닿은 적이 없다고 말하는 계곡을 바라보며 100년 된 야영지에 서 있는 나. 사향소들이 나를 바위 정도로밖에 생각하지 않는다는 듯이 저기서 풀을 뜯는다. 그들 조상의 머리뼈가 내 발밑에서 햇빛을 받으며 뒹굴고 시원한 바람이 쿱타나 자락을 타고 내려와 맨머리를 쓸어 올린다.

처음으로 사향소를 본 곳은 알래스카 페어뱅크스 외곽에 있는 어느 연구소 농장이었다. 실바람이 부는 기분 좋은 여름날이었다. 눈앞의 방목장은 텅 비었고, 주변을 둘러싼 언덕들도 고요했다. 내가 선 언덕 밑 키 큰 마른풀 사이에서 어떤 동물 한 마리가 나타났다. 녀석이 움직일 때마다 풀숲이 흔들렸다. 녀석이 탁 트인 곳으로 나와 멍하니 섰다. 풀들이 잠잠해지고 놈의 긴 옆구리 털들도 잠잠해졌다. 그 순간 그 동물의 어떤 성질이 강렬하게 느껴졌다. 그 느낌은 오래 남았다. 녀석의 움직임은 동양적인 느낌을 주었고, 자세는 마치 명상을 하는 듯했다. 동물은 주의를 기울이며 몸을 떨 듯이 거대한 머리를 낮추고, 큰 동물들이 그러하듯 신중하게 걸음을 옮기며 움직였다. 높은 어깨와 목을 두른 특유의 갈기 앞에 난 거무스름한 뿔이 눈에 들어왔다. 그때 사향소는 불교 승려, 사무라이 전사로 내 마음속에 자리 잡았다. 몇 달 후에 나의 이런 성격 묘사가 성급했다는 것이 증명되었다. 하지만 문득 갖게 된 인상들이 그렇듯, 그 이미지는 그대로 간직됐다.

나는 덴마크에서 온 알래스카대 학생이자 사육사인 포울 헨릭슨과 함께 2만 5,000제곱미터(약 7,500평)짜리 방목지로 들어섰다. 동물들이 가문비나무숲 쪽으로 이동했다. 헨릭슨은 갑자기 움직이거나 울타리에서 너무 멀리 벗어나지 말고, 여차하면 울타리를 타고 올라갈 준비를 하고 있으라고 경고했다. 우리는 한 언덕의 정상 부근에서 놈들을 향해 다가갔다. 그쪽에서는 사향소들의 등만 보였는데, 툭 튀어나온 어깨와 어깨뼈 바로 뒤쪽의 황갈색 등이 자칫하면 회색곰으로 혼동할 수도 있겠다는 생각이 문득 들었다. 우리는 가까이 다가갔다. 나는 사향소들이 얼마나 작은지 확인하고는 깜짝 놀랐다. 그리고 더 가까이 다가가면서 녀석들이 얼마나 노련하게 나무들 사이로 움직이는지, 그렇게 움직이면서도 서로 얼마나 가까이 붙어 있는지 보고 놀랐다. 빽빽한 말뚝처럼 선 가문비나무들 사이에서도 녀석들은 서로의 엉덩이와 옆구리가 닿을 듯 가까이 서 있었다.

우리는 더는 녀석들을 압박하지 않고 울타리 쪽으로 물러나 조용히 지켜보았다. 이따금 내가 낮은 목소리로 질문하면 헨릭슨이 대답했다. 동물들은 넓적한 검은 콧구멍을 벌름거리며 서늘한 나무 밑 공기를 탐색하면서 마치 불빛에 감싸여 제대로 간파하기 어려운 두 형체를 살피듯 커다란 금갈색 눈을 굴리며 신중하게 우리를 살폈다.

나중에 카리부들이 풀을 뜯는 초지를 지나오면서 나는 사향소에게서 동양적인 느낌을 받았다고 헨릭슨에게 말했다(사향소와 비교하면 카리부들은 상당히 흥분한 상태로 갈팡질팡하는 것처럼 보였다).

"놈들이 어디서 왔는지 알고 계신 것 아니었어요?"

"맞아요. 그런데 잊고 있었어요." 나는 웃으며 말했다.

사향소는 중국 북부의 고원에서 왔다. 사향소의 조상들은 그곳에서 양이나 소와 같은 방식으로 고산 지형과 툰드라 지형에 적응했다. 척추동물을 연구하는 캐나다 고생물학자 리처드 해링턴은 오비보스속 자체가 200만 년 전에 중앙 시베리아의 스텝 지역에서 등장했다고 생각한다. 그는 오비보스의 유전적 형질이 발현되는 몇 가지 종을 발견했다. 하나는 오비보스 팔란티스인데, 크로마뇽인들이 사냥했던 유라시아 사향소로 러시아 타이미르반도에서 근대까지 살아남았던 것으로 보인다. 오비보스 모스카투스는 현대의 북아메리카 동물로 12만 5,000년 전 일리노이안기 끝 또는 그전에 얼어붙은 베링해를 건너 이주해 왔다. 아마 먼저 건너온 직계 조상과 친척들이 있었을 것이다. 그들 중에는 홍적세 동안 북아메리카의 지배적인 사향소였던 키가 크고 가냘픈 심보스 카비프론스, 역시 더 크고 다리도 길고 날씬한 프라에오비부스, 삼림지대에 살았던 몸집이 작은 사향소 보오테리움, 산악지대에 적응한 사향소인 에우케라테리움 등이 있었다. 그 동물들은 모두 홍적세 말에 오비보스 유코넨시스와 오비보스 프록시무스 같은 몇몇 오비보스속 종과 함께 완전히 사라졌다. 이 속에서 유일하게 살아남은 지금의 오비보스 모스카투스는 마지막 빙하기인 위스콘신기가 한창일 때는 뉴저지주와 네브래스카주 같은, 한참 남쪽에서 살았다.

요즘 이론들은 1만 8,000년 전 위스콘신기 빙하가 물러가기 시작할 때, 지금 미국의 중앙과 동부 지역에 살고 있던 사향소들이 북쪽으로 이동하기 시작했다고 설명한다. 오늘날 퀸모드만 남쪽과 그레이트베어 호수의 북쪽, 텔론강 유역에서 발견되는 그들의 직계 후손들은 황무지사향소 또는 캐나다본토사향소라고 불린다. 빙하가 물러간 뒤 고위도 북극 피난지에서 남쪽으로 이동해 그린란드 동부 해안을 따라 엘즈미어섬과 데본섬, 멜빌섬으로 남하한 두 번째 사향소 무리는 고위도북극사향소 또는 그린란드사향소라 불린다.[4]

유일하게 현존하는 사향소의 친척은 티베트 북부에 사는 타킨으로, 큰코영양처럼 주둥이가 튀어나오고 짧고 튼튼한 다리와 뒤쪽으로 굽은 작은 뿔을 가진 육중한 몸집의 동물이다. 타킨은 구조와 움직임 면에서 현대의 사향소와 같은 산악 양/염소 조상에서 비롯됐음을 보여준다. (그리스 로마 신화의 이아손이 배를 타고 구하려 했던 두꺼운 황금 양털이 바로 타킨의 털이었다.)

초기 관찰자들은 사향소의 혈통을 식별하지 못했다. 육중한 머리와 어깨 때문에 어니스트 톰슨 시튼은 사향소가 아메리카

---

4 이 사향소 무리의 개체군들이 19세기에 사향소가 멸종한 몇몇 알래스카 지역으로 옮겨져 성공적으로 정착했다.

들소와 친척관계일 거라고 생각했다. 스테파운손은 사향소가 유럽의 하이랜드 품종의 소와 관련이 있다고 생각했고, 노르웨이인 탐험가인 오토 스베르드루프는 이 동물을 '북극소'라고 불렀다. 모두 먼 친척들이다. 타킨 다음으로 사향소와 가까운 친척으로는 일본산양과 샤모아, 흰바위산양, 바바리양 등이 있다.

결국 '사향 냄새가 나는 양처럼 생긴 소'라는 뜻의 학명 '오비보스 모스카투스'도 잘 알려진 '사향소'라는 이름만큼이나 잘못된 이름이다. 이 동물에게는 사향주머니가 없다. 사향소 수컷의 발정기 때 오줌에 섞여 분비되는 물질은 녀석이 내쉬는 숨이나 심지어 세심하게 손질된 고기에서도 분명하게 맡을 수 있다. 작고한 미국의 사향소 연구자 존 틸은 "톡 쏘면서 약간 달콤한" 냄새가 난다고 기술했다. 다른 생물학자는 "사향 냄새가 나는 달콤한 향으로 고릴라 냄새와 비슷하다"라고 말했다. 사향소 냄새가 다른 반추동물의 냄새보다 격이 떨어진다고 판정한 틸이라면 '사향소'라는 이름이 굳어진 것을 보고 어리둥절해할 것이다. 이에 대한 한 가지 설명은 유럽인 사업가들이 허드슨만 서쪽 해안에서 이 동물을 처음 봤을 때 그 이국적인 풍모와 발정기 수컷들의 냄새 때문에 동양에 있다는 사향노루와 관련이 있으리라 믿었다는 것이다. 동양의 문물과 북아메리카의 문물을 혼동하는 자못 의도적인 착각은 당시에 흔한 일이었고, 한 무역 기지의 망상은 17세기 무역업자들에게 그대로 받아들여졌다.

원래 가장 눈에 띄는 사향소의 특징은 움직일 때 특히 도드라지는 길고 반들거리는 보호털 자락이었다. (이 동물을 이르는 에스키모 단어인 '오밍마크'는 '수염 같은 피부를 가진 동물'이라는 뜻이다.) 니콜라 제레미가 『허드슨만 해협 견문기』(1720)에 묘사한 만큼 털이 엉망은 아니다. 그는 "지척에서 봐도 어느 쪽이 머리인지 알 수 없다"라고 썼다. 사향소 피모는 몇 종류의 털이 가지런하게 정돈되어 있지만, 제레미를 비롯한 유럽인들이 사향소를 본 때가 털갈이를 하는 여름철뿐이었기 때문에 털이 늘 엉망처럼 보인 것이다. 약 5센티미터 길이로 아주 빽빽하게 나는 가늘고 부드러운 사향소 속털은 보이지 않게 숨어 있는데, 발굽과 뿔, 콧구멍과 입술 사이 살갗을 제외한 몸 전체를 감싸고 있다. 엉덩이와 배, 옆구리, 목 부분은 치마처럼 길게 늘어지는 거칠고 촘촘한 보호털 층으로 한 번 더 감싸여 있다. 보호털은 어깨를 가로지르며 두껍지만 약간 매끄러운 털층과 섞이는데, 이 털이 목 아래쪽으로 갈기를 형성한다. 어깨뼈 뒤쪽에는 보호털 없이 부드러운 속털만 난 부분이 있는데, 이곳을 안장자리saddle라고 부른다.

제일 긴 보호털은 목에서 자라는 50센티미터가량 되는 털이다. 몸통을 덮은 긴 털은 끊임없이 새로 나는데, 나이가 들수록 더 풍성해진다. 수컷의 발정기 때 털이 제일 윤기가 난다. 속털은 5월 하순부터 7월 중순까지 뭉텅뭉텅 또는 줄줄이 벗어지는데, 이 질기면서도 극도로 가벼운 털이 보호털 사이로 모두 빠져나가는 8월까지 사향소는 볼품없는 몰골이 된다. 무게 단위로 따졌을 때 양모보다 8배나 따뜻한 이 탄력 없는 속털은 캐시미어산양의 속털 또는 비쿠냐 털에 버금갈 만큼 부드럽다. 사향소 한 마리가 4.5킬로그램 정도의 속털을 가지고 있는데, 마흔 가닥씩 엮어 실을 만들면 240킬로미터 길이가 된다고, 한 부지런한 연구자가 계산한 바 있다.

새끼들은 짧은 속털과 촘촘한 계피색 겉털을 두르고 태어난다. 첫 여름이 끝나갈 때쯤 이 털들은 더 두터운 속털과 더 긴 겉털로 대체된다. 거친 보호털은 다음 해부터 나기 시작한다.

안장자리 속털은 흰색에서부터 갈색이 도는 노란색을 띠고, 다른 곳의 속털은 계피색으로 이어지는 연갈색이다. 겉을 두른 보호털은 엉덩이와 옆구리는 검은색이고, 몸통 앞쪽은 적갈색이 가미된 흑갈색이다. '무릎' 밑 다리(실제로는 발)는 하얗다. 특정 무리들에서 (일부 개체들에서도) 얼굴과 주둥이, 머리 뒤쪽, 뿔의 밑동 뒤쪽, 암컷 뿔 사이에 흰색 털이 두드러지게 많이 나는 경우도 있다. 퀸모드만 지역에 사는 에스키모들은 특이한 연노랑 보호털을 가진 사향소 혈통을 알고 있었는데, 최근에야 과학자들에게 처음으로 관찰되었다. (1853년 6월 영국 선원들이 멜빌섬 스미스곶 근처에서 짙은 색 새끼를 데리고 있는 알비노 사향소 암컷을 봤다는 기록이 있다.)

사향소는 털층이 상당히 두꺼워서 원래 몸집보다 커 보인다. 짧고 끝이 뾰족한 둥근 귀는 목 앞쪽으로 쏟아지는 풍성한 털에 가려 거의 보이지 않고, 반대쪽의 짧은 꼬리도 마찬가지다. 사향소의 무게는 성별과 계절, 먹이에 따라 천차만별이다.

'평균적인' 수컷 성체는 거의 300킬로그램에 육박하고, 암컷은 180킬로그램 정도다. 다 자란 수컷은 어깨높이가 140센티미터, 코에서 엉덩이까지 길이는 230센티미터쯤 된다. 암컷은 어깨높이가 120센티미터, 코에서 엉덩이까지 190센티미터쯤이다.

수컷과 암컷 모두 느리게 성장한다. 수컷은 여섯 살이나 일곱 살이 돼야 완전한 크기로 성숙하고, 암컷은 다섯 살이나 여섯 살이 되어야 한다. 캐나다 동물학자인 벤 허버트에 따르면 사향소의 무게는 연중 편차가 아주 크다. 수컷의 경우, 1년에 딱 두 달 7월과 8월에만 '양성 영양 상태', 말하자면 몸무게가 느는 상태를 유지한다. 4개월은 '영양 균형' 상태에 있고, 발정기인 가을과 거의 겨울 전 기간에 해당하는 나머지 6개월 동안은 천천히 몸무게가 준다. 암컷들은 1년에 5개월 동안 몸무게가 늘고, 겨울과 새끼를 낳고 젖을 먹이는 기간(새끼들은 약 15개월 정도 젖을 먹는다)에는 몸무게가 준다.

독특하고 특징적인 사향소 뿔은 아프리카물소 뿔을 생각나게 하지만, 뺨에 가깝게 아래쪽으로 휘어지는 점이 다르다. 뿔은 아래쪽으로 휘어진 다음 바깥쪽으로 구부러져 끝이 위쪽을 가리킨다. 암컷 뿔은 짧고 가늘다. 또 수컷 뿔보다 끝이 더 뾰족하고, 머리뼈 위쪽에 있는 헬멧처럼 생긴 하나의 돌기에서 자라지 않는다. 뿔은 나이가 들수록 끝 쪽이 밝은 암갈색으로 변하며, 일생에 걸쳐 계속해서 천천히 자란다. 암컷 뿔은 4년이면 완전한 성체의 모양을 갖추고, 수컷 뿔은 6년이 걸린다. 뿔은 기본적으로 포식자에게 휘두르는 방어 무기이지만 식물을 뿌리째 뽑거나, 미묘하면서도 중요한 방식으로 사회적 지위를 과시하거나, 수컷의 발정기 때 서로 싸우는 데도 사용한다.

두꺼운 모피를 뚫고 더 넓은 시야각을 확보하기 위해 머리뼈에서 툭 튀어나온 커다란 눈은 훌륭한 적응 사례다. 이중 망막 덕분에 겨울의 약한 빛과 어둠 속에서도 상을 또렷하게 볼 수 있고, 가로로 열리는 동공은 설맹을 방지하도록 완전히 닫을 수 있다. (에스키모의 전통 고글이 이 구조를 모방했다.) 동공에는 흑색체가 빽빽하게 줄지어 있어서 하늘에서 내려오는 빛과 눈과 얼음에 반사되어 땅에서 올라오는 빛으로부터 망막을 보호한다.

사향소는 몸집에 비해 놀랄 만큼 날렵하고 안정적으로 움직인다. 부분적으로는 둥글고 넓적하며 가장자리가 날카롭고 바닥이 오목하게 팬 발굽의 모양과 구조 덕이다. 넓적한 발바닥은 바위나 굳은 땅, 다양한 눈 표면에서 잘 미끄러지지 않는다. 큰 앞발굽은 겨울에 제동하는 데뿐만 아니라 바람에 쓸린 눈과 흙을 덮은 얼음을 긁어내는 데도 쓰는데, 아래턱을 대신 쓰기도 한다.

사향소의 걸음걸이는 딱 두 가지뿐인 것 같다. 걷기와 질주하기. 느리고 거의 빈둥대는 듯 보이는 걷기와 달리 질주하기는 빠르고 강력하다. 이 동물은 몇 킬로미터를 쉬지 않고 질주할 수 있으며, 완벽한 균형을 유지한 채 급정거할 수도 있고, 산악지형에 적응했던 혈통을 드러내며 놀랄 만한 속도로 가파른 절벽 사면을 뛰어오를 수도 있다. 사향소들은 이따금 쉬다가 일어날 때 잠시 궁둥이를 깔고 앉은 자세를 취하는 묘한 버릇이 있다. 그럴 때는 사향소들이 생각에 푹 빠져 있는 듯한 느낌을 받는다. 또 성체들은 등을 바닥에 대고 구르거나 네 다리를 하늘로 뻗은 채 축 늘어져 있기도 한다.

사향소 성체들은 새끼들이 요란스럽게 이리저리 뛰어다니거나 북극여우들이 무리 사이로 돌아다니며 이리저리 공격하는 체할 때조차도 대체로 무신경한 태도를 유지한다. 그러나 여름이면 성체들도 곧잘 까불거리며 시냇물과 강으로 뛰어든다. 첨벙첨벙 물을 튀기고 휘젓는 것을 즐기는 듯싶다. (뱅크스섬에서 연구하던 한 미국 고고학자는 열여덟 마리쯤 되는 사향소 무리가 엉덩이를 깔고 자갈 언덕을 미끄러져 내려와 시냇물에 곤두박질친 다음 말처럼 이리저리 마구 날뛰는 광경을 보았다고 했다.) 움직이는 물은 여름 한철에만 볼 수 있는 현상이다. 스코틀랜드 생물학자인 앤 건은 새로 태어난 새끼들이 이 현상을 처음으로 접하는 장면을 기억한다. “새끼들은 넋을 잃었어요. 태어난 지 2개월쯤 되는 새끼가 여덟 마리쯤 있었지요. 녀석들은 물가에서 밀치락달치락하다가 발이 젖자 깜짝 놀라 벗어나려고 풀쩍풀쩍 뛰고 발을 구르면서 무리로 달려갔어요.” 어린 새끼들은 주기적으로 풀을 뜯는 무리 사이를 누비며 쫓기 놀이를 하고, 괴이하게도 맥tapir과 비슷하게 생긴 몸으로 산양처럼 작은 발을 모아 덤불 위에 올라서는 ‘산속의 왕’ 놀이를 한다.

양적인 신체 접촉 측면에서 사향소는 반추동물 중에서도 독보적이다. 사향소들은 도망갈 때도 어깨와 어깨, 옆구리와 옆구리를 맞댄 채 질주한다. 내가 본 광경 중에서 가장 눈부신 모습은 수어드반도에서 낮게 날아오는 비행기를 보고 당황한 사향소 무리가 언덕 위에서 제자리를 돌 때였다. 녀석들은 마치 한 몸처럼 서로 밀착한 채 방향을 바꾸며 회전했다. 거칠게 흔들리는 보호털 자락이 기세 좋게 해안 절벽을 기어올랐다가 스러지는 검은 파도처럼 보였다. 오랫동안 사향소를 연구한 과학자들은 사향소들이 한 몸처럼 움직이는 이런 경향을 자주 언급하는데, 예를 들면 한 무리는 여름이나 겨울이나 할 것 없이 대략 150분을 주기로 먹고 쉬는 행동을 반복한다.

인간과 개를 포함한 위협적인 동물이 접근하면 사향소들이 한곳으로 모여들기 시작하는데, 무리의 우두머리 수컷이 갑자기 큰 소리로 울거나 할 때는 재빨리 모일 때도 있다. (그러나 이런 상황에 제일 늦게 반응하고 제일 빨리 경계를 푸는 개체가 우두머리 수컷일 때가 더 많다.) 먼저 사향소들은 서로 딱 붙어서 옆으로 긴 줄을 만든다. 중간쯤에 있는 우두머리 수컷이 약간 앞으로 나와 서고 어린 수컷들이 양 옆구리에 늘어선다. 다가오던 동물이 중간에 방향을 바꾸거나 한 마리가 아니라 여러 마리일 때는 새끼들과 이년생 미만의 어린놈들을 어른 사향소 사이사이에 끼운 채 엉덩이와 엉덩이를 맞대고 둥그렇게 원을 그리며 선다.

방어 대형의 모양이 늘 대칭적이지는 않고, 위협이 있을 때마다 이런 대형을 취하는 것도 아니다. 때로는 그냥 도망가버리기도 한다. 그러나 진화적인 관점에서 볼 때 이 대형은 주요 포식자인 늑대에 대항하는 데 몹시 효과적이다. 사향소들은 암컷과 수컷을 망라하여 대형을 짓고 있다가 머리를 낮춰 뿔을 내밀며 뛰쳐나온다. 늑대들은 뛰어나오는 동물 뒤쪽으로 들어가 그 녀석을 무리에서 분리해내든가, 아니면 잠깐 열린 대형 틈으로 뛰어들어 새끼를 낚아챌 때만 사냥에 성공할 수 있다. 늑대들은 이런 상황에서도 참을성 있게 기회를 노린다. 그러지 않았으면 늑대들이 지금껏 주위를 얼쩡거리고 있지 못했을 것이다.

방어 대형과 같은 밀접한 신체 접촉은 다른 종에서는 발견되지 않는다. 이 행동이 어디에서 기원했을지 추측하는 작업도 흥미롭다. 일부 연구자들은 사향소들이 언덕 꼭대기로 달려가서 방어 대형을 취하는 경우가 많다는 점을 지적하며, 사향소들이 탁 트인 평원보다는 구릉지를 선호한다고 주장한다. 홀로 늑대들에게 둘러싸인 사향소는 몸의 뒤쪽을 보호하기 위해 눈 더미나 다른 지형지물을 향해 후진하려 든다. 심지어 세차게 흘러가는 강 속으로 천천히 후진해 들어가기도 한다. 물론 방어 대형에서는 각자가 동료의 후방과 측면을 막아주는 벽이 된다. 이를 통해 사향소가 진화의 역사 어디쯤에선가 나무가 없는 지역에서 오래 살았음을 알 수 있다. 그곳에서 사향소들은 스스로를 보호하기 위해 힘을 모아 안전한 공간을 구성하는 방법을 발견한 것이다.

사향소 무리의 규모와 구성은 계절에 따라 변한다. 여름철 무리는 두 마리에서 열 마리 정도로 소규모인 경향이 있고, 겨울철 무리는 예순 마리 이상인 경우가 흔하다. 또 여름에는 웬일인지 혼자 있는 사향소를 자주 볼 수 있는데, 거의 언제나 수컷이다. 또 어린 개체와 새끼를 동반한 암컷 무리나 수컷 무리처럼 하나의 성으로만 이루어진 무리를 볼 수도 있다. 수컷들이 발정기에 들어가면 무리마다 번식할 수 있는 성숙한 수컷 한 마리의 존재가 뚜렷해지는데, 그렇다고 이런 무리를 '수컷과 그 하렘'이라 부르는 것은 잘못된 방향으로 들어서는 지름길이다. (수컷들은 격렬한 발정기 대결을 통해 아비로 적당한 수컷을 스스로 가려낸다. 이럴 때 암컷들이 무얼 하는지는 그다지 알려진 바가 없지만, 이 흥미진진한 드라마에서 암컷들이 맡은 역할이 겉보기처럼 수동적이지 않을 가능성이 있다.)[5]

특정 무리의 구성은 지나치다 싶을 정도로 빈번하게 바뀔 수도 있고, 몇 달간 변화 없이 유지될 수도 있다. 면밀하게 오래 관찰하다 보니 사초 습지에서 풀을 뜯는 큰 무리가 실제로는 서로 관련이 없는 여러 무리인 경우도 있다. 두 무리가 합쳐져 하나가 됐다가 다음 날 세 개로 갈라지기도 한다. 무리 구성은 무질서한 것도 아니고, 그렇다고 엄격하게 규정되는 것도 아니다. 무리는 일정 기간 존속하는 응집력 있는 사회적 결합이다. 생물

5 사향소 무리의 행동을 일반화하려다 보면 다양하고 일관적이지 않은 행동들에 직면하게 된다. 예컨대 두 무리 안의 특정 연령 집단의 비율과 성별 분포가 다를 경우, 두 무리는 유사한 환경에서도 다르게 행동할 것이다. 동물의 행동을 빠짐없이 포착하기도 어려울뿐더러 포착한 행동이 정확하게 무엇을 뜻하는지 파악하기도 힘들다는 게 잘 알려진 현장생물학의 고충이다. 그리고 동물들이 하는 행동이 우리가 적용하는 설명이나 우리가 추측하는 기준보다 더 복잡할 수 있다는 사실도 어려운 문제이다.

학자들은 무리를 짓는 행위가 일부 동물이 먹이를 얻고 번식하고 생존하는 전략에 이득을 준다고 가정한다. 그러나 사향소 무리의 경우에는 확신하지 못한다.

사향소 무리의 구성 변화는 개별 동물과 집단 양쪽 모두에 '개성'이 있음을 암시한다. 혼합 무리라고 늘 지배적인 수컷들이 수줍은 암컷들과 어린 동물들을 이끄는 형태로 구성되지는 않는다. 무리 내 수컷들의 행동이 훨씬 눈에 잘 띄기는 하지만 암컷들도 수컷들만큼 무리의 이동과 행동에 영향을 끼친다. 포식자가 접근할 때뿐만 아니라 만만찮은 강이나 가파른 벼랑, 무너져 내리는 강둑 같은 장애물이 등장할 때도 무리를 이끄는 우두머리가 나타난다. 각자의 개성에 대한 이해와 서로에 대한 실질적인 경험이 쌓여 이런 상황들, 특히 방어 대형을 만드는 상황에서 분명하게 위력을 발휘하는 듯하다. 공황 상태에 빠져 새끼와 어미 들을 남겨놓고 도망가는 녀석들은 어떤 형태로든 서로를 잘 알지 못하는 개체들일 것이다. 서로를 잘 아는 무리는 효율적이고 정확하게 움직이며, 그런 무리에서는 종종 나이 많은 녀석들이 얼이 빠졌거나 말 안 듣는 새끼들을 방어 대형 안쪽으로 밀어넣을 것이다.

이런 일을 설명하려다 보면 우리는 가끔 할 말을 잃는다. 동물들이 본능으로 움직인다고 무심코 상상하기 때문이다. 우리는 동물들에게 동기와 창의성이 있는지 의심스러워한다. 200만 년 동안 거의 변화하지 않은 동물인 사향소의 진화에서 배울 수 있는 교훈은, 재치 있게 반응했든 둔하게 반응했든 간에 그 유장한 세월 동안 상당한 수가 계속해서 올바른 선택을 해왔다는 점이다.

발정기 수컷의 쉼 없는 힘찬 움직임은 활기에 가득 차서 보는 사람도 들뜬 기분은 물론이고 초조한 박진감마저 느끼게 된다. 서로 머리를 맞대어 밀고 뿔을 겨누며 달려드는 행동은 1년 내내 계속되지만, 발정기 동안에는 빈도와 강도가 증가한다. 평상시 수컷들이 유지하던 평온하면서도 미묘했을 관계가 서로를 용납할 수 없다는 날것의 면모를 드러낸다.

배서스트섬 폴라베어패스 지역에서 수년 동안 사향소 수컷의 행동을 면밀히 연구한 캐나다 생물학자 데이비드 그레이는 다음과 같은 분류를 이용해서 수컷들의 대결 행동을 (가장 강도가 낮은 행동부터 가장 치열한 행동까지) 처음으로 온전하게 기술했다.

첫 번째는 (보통은) 한 수컷이 다른 수컷 때문에 먹이를 먹고 있던 지점에서 수동적으로 비켜나는 경우다. 수컷은 다른 수컷이 접근하면 그냥 다른 곳으로 이동하고, 때로는 또 다른 수컷의 자리를 차지한다. 대체로 수컷은 부드러운 위협이나 주의 또는 경고의 표시로 (또는 그저 솔직하게 오줌을 누고 있다는 신호로) 고개를 들고 다른 수컷을 바라본다. 사향소가 보이는 좀 더 심각한 위협 표시는 고개를 숙이고 눈 밑에 있는 서양배처럼 생긴 분비선을 앞다리 안쪽에 문지르는 독특한 행동이다. 이 행동이 '뿔을 벼리는 것'처럼 굉장히 힘찬 경우도 잦다. 더 심하게 흥분했을 때는 뿔 끝으로 땅을 긁고 머리를 한쪽으로 기울이며 성났다는 표현을 단계적으로 확대한다. 머리를 기울이는 단계에서 수컷들은 시선을 다른 쪽으로 향한 채 한쪽 어깨와 뿔이 돋아난 돌기를 앞으로 내밀며 서로를 향해 움직인다. 한 녀석만 이런 상황일 때는 다른 수컷이 옆걸음을 치며 주위를 도는 모습을 보인다. 두 마리 수컷이 동시에 머리를 기울이고 있는 상태를 '평행 걷기'라고 부른다.

제일 심각한 대결은 실제로 돌진해서 머리를 부딪는 것인데, 강도는 다양하다. 두 마리가 격식을 차린 채 뿔이 나는 돌기 부분을 맞대고 몇 분간 부드럽게 미는 경우도 있고, 상체에 힘을 잔뜩 주고서 빠르고 사납게 박치기를 하는 경우도 있다. 여기서 밀리면 측면이 노출되기 때문에 뿔에 찔리거나 받힐 수 있다. 수컷 두 마리가 얽힐 때는 이처럼 머리 기울이기와 평행 걷기, 돌진, 박치기라는 일정한 틀을 따른다. 둘은 대결을 위해 편평한 땅을 고르는데, 이것이 의례적인 느낌을 더 강화한다. 평소의 신중한 걸음걸이가 뻣뻣하고 느리고 으스대는 걸음으로 변한다. 돌진에 앞서 둘 사이의 공기가 갑자기 팽창하기라도 하는 듯 양쪽은 고개를 좌우로 흔들며 뒷걸음질한다. 둘은 6~10미터쯤 떨어진 지점에서 돌진해 격렬하게 머리와 머리를 부딪는다. 이 충돌로 한 마리가 주저앉거나 두 마리가 다 뒷발로 서는 경우도 있다. 충돌하는 소리는 해빙이 갈라지는 소리 같다.

여러 번 돌진하는 경우도 있다. 둘이 몸에 잔뜩 힘이 들어간 상태로 물러서 있는 광경은 뭔가 근원적인 느낌을 준다. 갈기가 곤두선다. 목이 부어올라 상체의 크기를 과장한다. 둘의 눈과 긴 보호털이 햇빛에 반짝인다. 이때 한 줄기 바람이라도 불어 옆구리에 너덜너덜하게 붙어 있던 속털이 줄줄이 벗어지면 잔인한 의도를 띤 그들의 모습은 마치 종말을 알리는 것 같다. 대결은 때로 치명적이다.

그에 비하면 짝짓기는 평화로운 사건이다. 다시 한번 인간의 관점에서 보자면, 수컷들은 자신을 받아들이는 암컷들에게 지나치게 노골적으로 속내를 드러낸다. 수컷들은 잔뜩 긴장한 채 암컷들에게 접근해 계속 아부하듯이 생식기의 냄새를 맡고 암컷의 옆구리에 딱 달라붙어서 암컷의 궁둥이에 턱을 올려놓거나 목덜미에 코를 대고 킁킁거리고, 때로는 앞발로 암컷의 옆구리를 긁기도 한다. 수컷들은 또 고개를 비틀어 꼰 채 암컷을 올려다보는 일종의 짝짓기 과시 행위를 하기도 한다. 그리고 수컷들은 큰 소리로 운다. 데이비드 그레이는 이 소리를 "우리에 갇힌 아프리카 사자가 울부짖는 소리와 유사하다"라고 말한다.

이런 식으로 계속 시험을 당하던 암컷이 움직이지 않고 가만히 서면 짝짓기가 일어난다. 수컷은 뒷발로 일어서서 암컷에 올라탄다. 행위 자체는 1분 정도밖에 걸리지 않는다.

짝짓기는 8월 중순부터 9월 중순까지 이어진다. 새끼들은 240~250일 후인 4월 중순부터 5월 중순 사이에 태어난다. 육식동물의 먹이가 되는 종들이 그러하듯 사향소 새끼들도 조숙한 상태로 태어나기 때문에 거의 태어나자마자 일어서고 곧 뛰어다닌다. 4월 중순은 여전히 겨울이지만 젖은 상태만 아니라면 새끼들이 살아남을 확률이 매우 크다. 새끼들은 보온이 잘되는 데다 충분한 (갈색) 지방층을 가지고 태어나기 때문에 이를 이용해 열을 낸다. 새끼들은 태어나 며칠 동안은 대부분의 시간을 젖을 먹고 쉬면서 보낸다. 어미들은 새끼들을 부드럽게 다룬다. 추운 날씨 속에서도 새끼들은 바람을 등진 어미의 몸을 방패 삼아 그 다리 사이에 몸을 말고 잠을 잔다.

무리는 한 달 동안 지속되는 출산기에는 이동하지 않고 한곳에 머문다. 사향소들은 어느 때라도 멀리 이동하는 일이 드물다. 6월이면 물기 많은 사초와 잎이 넓은 여러 풀이 돋아나는 사향소들의 여름 서식지와 바람에 햇빛에 마른 풀들이 드러나는 겨울 서식지가 서로 몇 킬로미터 정도밖에 떨어져 있지 않은 경우가 많다. 넓은 지역을 이동하는 경우가 드문 것이 사향소 생태의 두드러진 측면이다. 이 혹독한 북극 환경에서 사향소가 살 수 있는 지역은 상대적으로 드문 데다 서로 멀리 떨어져 있다.

연구자들은 사향소들이 새로운 지역으로 이동하는 경우가 발정의 결과가 아닌지 의심한다. 수컷 한 마리가 다른 성숙한 수컷들을 그 지역에서 몰아내면 쫓겨난 수컷들이 암컷 몇 마리와 함께 다른 곳으로 이동해 새 무리를 이룬다는 것이다. 무리가 이동할 새 서식지를 어떻게 찾아내는지 설명해주는 이론이 한 가지 있는데, 여름에 먼 거리를 돌아다니는 외톨이 수컷들이 연중 먹이를 먹을 수 있는 적당한 지역을 찾아낸 다음 원래 속했던 무리 근처로 돌아온다는 설이다. 가을이 오면 그 수컷들이 드문드문 식물이 나 있는 (해빙을 포함하는) 길을 거쳐 새로운 목초지로 무리를 이끈다. 페로몬(동물이 생산하는 생화학 물질로 나중에 후각을 이용해 그 흔적을 찾아낼 수 있다) 덕에 그런 이동이 가능할 것이다. 수컷들은 특히 발정기 동안 지상으로 돌출한 지형이나 풀에 오줌을 지려서 냄새를 묻힌다. 또 눈 밑 분비선에서 나오는 분비물로 덤불에 표시를 하기도 한다. 이런 냄새 표지들은 짝짓기에서도 특정 역할을 하는 듯 보이지만, 주어진 환경 안에서 사향소들이 공간을 구분하는 데도 중요해 보인다. 시간이 지나면 이런 냄새 표지들이 개체들의 분산을 '강제'함으로써 사향소들이 번성하는 지역에서 목초가 과도하게 뜯기는 것을 방지하게 된다.

사향소들이 어떻게 어둠과 눈 속에서 자신의 원래 지형을 찾아가는지, 어떻게 주변의 공간을 기억해내는지는 알려져 있지 않다.

사향소는 어떤 기온에서도 섭씨 38.3도 정도의 일정한 체온을 유지한다. 북극곰과 북극여우마저도 은신처로 숨어들게 만드는 영하 40도 극한을 일상적으로 견뎌내는 사향소는 체온을 일정하게 유지하는 능력이 탁월하다. 사향소들이 의존하는 열은 정상적인 세포 물질대사와 비축된 지방 연소와 함께 여러 복잡한 생화학적 영양분 처리 과정에서 생성된다. 사향소의 두꺼운 털은 단열 효과가 아주 뛰어나기 때문에 빠져나가는 열이 거의 없다. 눈보라가 칠 때 사향소의 등에 쌓인 눈이 녹지 않는 이유가 이 때문이다.

생태학자들이 기온이 특정 기준치 밑으로 떨어지기 전까지는 북극 동물들이 기초대사량을 증가시키지 않는다고 확신하는 것도 당연하다. 기준치는 동물에 따라 다르지만 대략 영하 45.5도 정도다. (새들은 예외다.) 다른 말로 하자면, 북극 동물들이 기후 때문에 더 먹지는 않는다는 말이다. 열 생산을 증가시키는 것이 아니라 열을 보존하는 것이 추위에 대항하는 동물의 기본 방어 전략이다. 1847년에 카를 베르그만은 열 생산은 삼차원으로 진행되지만(열은 모든 방향으로 발산된다) 열 손실은 이차원적인 현상(피부 표면에서만 일어난다)이기 때문에, 추운 환경에서 사는 동물들이 큰 몸집을 가져 용적(열 생산) 대 표면적(열 손실)의 비율을 키우는 방향으로 진화하는 것이 합리적이라고 주장했다.

베르그만의 법칙이라고 불리는 이 법칙은 1877년에 정립된 알렌의 법칙과 마찬가지로 다소 낡은 개념으로 보인다. 알렌은 추운 환경에서는 귀와 사지, 꼬리, 주둥이 등의 말단 부위가 짧아지는 방향으로 진화하는 경향성이 있다고 생각했다. 두 법칙 다 예외 사례들이 많은 데에도 불구하고 견고한 경험적 토대를 갖고 있다. 이 이론들이 낡아 보이는 이유는 열 보존을 위한 다른 적응 방식이 상대적으로 더 효과적이기 때문이다. 북극여우와 사향소의 경우 겉털과 속털이 가진 아주 뛰어난 단열 효과 덕분에 혹독한 추위에도 체온을 유지할 수 있다. 북극곰은 두꺼운 지방층으로 보온을 하고 최악의 날씨에는 굴 안에 틀어박힌다. 다른 동물들, 특히 새들은 노출된 신체 말단에서 돌아오는 차가운 정맥혈을 따뜻한 동맥혈관 사이로 흐르게 해서 몸의 중심부에 닿기 전에 정맥혈을 덥힌다. 동물들은 또 몸의 특정 부위를 차등적으로 보온하고(예를 들어 북극여우는 발바닥 온도를 0도 가까이 낮출 수 있다), 온기를 유지하기 위해 신경계의 전기전도율을 바꾼다. 그러나 이런 적응 결과 중 어느 하나가 단독으로 효과를 발휘하는 것은 아니다. 생리학과 생화학 연구들은 북극 동물들이 혹독한 추위 속에서 어떻게 기능하는지에 대해 갈수록 복잡한 그림을 밝혀내고 있다(예를 들어 동물들이 수분 손실을 어떻게 통제하는지, 또는 손실된 수분을 어떻게 보충하는지).

사향소를 포함한 여러 동물은 또 겨울에 눈에 띄게 움직임을 줄임으로써 열을 보존한다. 어떤 행동을 하더라도 제한된 지방 비축분을 태워야 하는 몹시 추운 날씨라면 동물들은 그저 가만히 서 있기도 한다. 그 시간이 아주 길어서 어떤 사람들은 이를 두고 '기립 동면'이라는 용어를 쓰기도 한다. 사향소들이 추운 날씨에 이동할 때는 조심스럽게 앞에 가는 녀석의 발자취를 따라 눈에 잘 띄는 눈 더미들 사이로 일렬로 나아간다. 눈보라가 몰아칠 때는 심지어 며칠 동안 잠을 자기도 한다. (그린란드를 탐험하던 어떤 사람이 폭풍을 맞았는데, 바람이 잠잠한 곳에 눈 덮인 흙더미들이 있어서 잠시 몸을 피하려다가 화들짝 놀란 적이 있다. 눈 덮인 흙더미인 줄 알았던 것이 사향소였다. 놈들은 발에 밟히고서야 몸을 일으켰다.) 알빈 페테르손은 눈보라가 심하게 칠 때 사향소들이 바람이 한쪽으로 부는 탁 트인 공간을 선택해 쐐기꼴 대형을 형성한다고 주장한다. 무리의 우두머리 수컷이 정점에 자리를 잡고 새끼들과 어린 사향소들이 맨 뒤쪽에 자리한다. 데이비드 그레이는 자기로서는 그런 일이 실제로 일어나는지 의심스럽다고 한다. 그는 초속 12미터 강풍이 눈을 뿌려대고 기온이 영하 32도(체감온도는 영하 67도)까지 내려가는 폭풍 속에서 한 사향소 무리를 관찰한 적이 있다. 그 동물들은 바람을 등진 채 "평소와 다름없이 계속 먹이를 먹거나 가만히 누워 있었다."[6]

어느 겨울, 스웨덴의 사향소 생물학자 켄트 잉포르스가 알래스카 새들로치트강 배수지에서 야영을 하며 사향소들의 생태를 살핀 적이 있다. 그는 끔찍한 추위와 어둠 속에서 스스로 정한 단순한 과제를 수행하느라 거의 마지막 한 방울의 의지까지 짜내야 했던 그 '나날들'을 기억한다. 사향소들은 그를 경계하면서 천천히 버드나무 사이로 움직였고, 그는 손전등을 들고 뒤따르며 놈들이 어떤 식물을 먹는지 면밀하게 살폈다. 그는 사향소들에게 경외심을 품게 되었다. 기온이 영하 40도인 곳에서 제대로 일하려고 애쓰며 겨울의 어둠과 면도날처럼 살을 에는 눈

---

6 대부분의 북극 지역은 연간 강설량이 많지 않다. 대체로 15~20센티미터를 넘지 않으며, 제대로 된 눈보라도 드문 편이다. 그러나 정착촌 대부분이 몰려 있는 해안 지역에는 육지 눈보라가 자주 발생한다. 이미 땅에 내려 굳은 눈이 강한 바람을 맞아 맹렬하게 소용돌이치는 현상이 며칠씩 계속되기도 하는데, 북극 지역에서는 일반적으로 이 현상을 '블리저드'라고 부른다.

보라와 오래 싸워본 사람이라면 그런 환경을 몇 주씩 견뎌내는 생물이 있다는 사실 자체를 경이롭게 여길 수밖에 없을 것이다. 하물며 그런 환경에서 편안해 보이기까지 하는 생물이라니.

사향소가 북극에서 이 '한계에 가까운 생존'을 이어가는 데는 무엇을 먹느냐뿐만 아니라 언제 얼마나 자주 먹느냐도 결정적인 영향을 끼치지만, 정확히 어떻게 하고 있는지는 여전히 수수께끼로 남아 있다. 사향소의 연간 물질대사 리듬은 영양소 섭취 현황만큼이나 복잡하다. 몇 가지 실마리는 있다. 첫째, 사향소들은 위에서 비타민B 복합체를 합성한다. 겨울에는 간에 저장된 비타민A를 쓸 것이다. 햇빛이 없는 기간에는 저장해둔 비타민D(칼슘과 인을 흡수하는 데 필요)도 끌어다 쓴다. 사향소들은 하루에 4.5킬로그램의 어린잎과 풀을 먹는데, 겨울을 대비해 지방을 축적하는 7월과 8월에는 더 많은 양을 먹는다. 생물학자들이 사향소에게 이상적인 식단이 어떤 것인지(무엇을 언제 얼마나), 새끼를 낳는 해와 낳지 않는 해에는 가용한 먹이들을 어떻게 사용하는지, 송이풀과 두메자운 중 무엇을 더 좋아하는지 따위를 판단할 수 있다면, 사향소들이 새끼를 낳고 기르는 데 관여하는 변수가 무엇인지, 그리고 그 결과 더는 사향소가 살지 않는 지역에서 사향소들의 훌륭한 서식지가 될 만한 곳을 찾아낼 수 있는지 등, 사향소에 관한 가장 난처한 질문들에 대답할 준비가 됐다고 말할 수 있을지 모르겠다.

사향소 개체수가 경이적으로 회복된 경우가 뱅크스섬 사례만 있는 것은 아니다. 1973년 겨울, 고위도 북극의 많은 지역이 이른 겨울 폭풍우를 만나 땅이 단단한 얼음으로 덮였다. 사향소들은 먹이를 먹지 못했다. 멜빌섬 동부의 경우 사향소 무리의 48퍼센트가 사라졌고, 그중 던다스반도라 불리는 지역에서는 거의 전멸하다시피 했다. 몇 년 후 캐나다 야생동물청 소속 D. C. 토머스는 던다스반도의 사향소 개체수가 다시 늘어나고 있음을 확인했다. 그는 근처에 있는 북극 오아시스인 멜빌섬 베일리갑이라는 사향소 피난처에서 흘러온 개체들이 다시 그 지역을 채웠다고 주장했다.

베일리갑은 아마 고위도 북극에서 가장 훌륭한 사향소 서식지일 것이다. 총 강수량(강설량)이 적고, 지상에는 얼음이 거의 형성되지 않는다. 게다가 겨울 폭풍이 닿지 않는다. 그곳 저지대와 시냇물 주변 계곡들은 비옥하고 생산성이 높다. 고위도 북극에는 이런 곳이 적어도 세 군데 더 있다. 액슬하이버그섬 동해안에 있는 모카 피오르와 엘즈미어섬 북부 포샤임반도, 그리고 데번섬 동북부에 있는 트루러브 저지대 및 그 인접 지역이다. 톰슨강 유역이 아마 다섯 번째일 것이다. 그리고 그린란드 북해안에 있는 피어리랜드와 동해안에 있는 혹스테터반도가 또 다른 피난처가 될 가능성이 높다.

이들 지역에서 사향소들이 취할 수 있는 영양소들을 비교하는 연구(또는 이들 지역과 사향소들이 드문드문 발견되는 다른 지역을 비교하는 연구)는 아직 없지만, 미국의 식물학자 마사 로버스는 사향소가 특정 지역에서 얼마나 빨리 개체수를 회복하는지는 영양소가 결정한다고 생각한다. 그는 알래스카 동북쪽에 있는 특별한 지역인 새들로치트강 유역에서 집중적으로 연구하고 있다. 이곳은 켄트 잉포르스가 학위 연구를 진행했던 곳이기도 하다. (새들로치트강을 따라 서식하는 사향소들은 미국 어로야생동물국이 알래스카 해안에서 65킬로미터 정도 떨어진 바터섬에 쉰한 마리를 풀어놓은 뒤인 1969년 6월경에 이곳에 도착했다. 이들 중 일부 개체들은 그때 이후로 인근에 있는 재고강과 1970년에 또 다른 개체들을 옮겨 풀어 놓은 캐닝강 배수지에 서식하고 있다.)

잉포르스가 새들로치트 무리 연구를 시작하기 전에 사향소의 성적 성숙에 관해 알려진 내용은 암컷들이 생후 4년이 지난 해부터 격년으로 새끼를 낳으며, 쌍둥이를 낳는 경우는 드물다는 정도였다. 잉포르스도 새들로치트에서 쌍둥이를 낳는 경우는 보지 못했지만, 암컷들이 이년생이 되는 해부터 새끼를 낳고, 일부는 심지어 매년 새끼를 낳기도 한다는 사실을 발견했다. 개체수는 엄청난 속도로 늘어났다.

새들로치트 배수지는 누가 보더라도 풀이 우거진 곳이지만, 이곳 식물의 종류와 양을 번성하는 사향소 개체수와 연결해서 이해하려면 전문적인 식견이 필요하다. 강 서쪽 등성이부터 시작하자. 쇄석과 돌조각들이 널려 있고 어쩌다 서리에 덮인 담자리꽃나무, 줄무늬잎버드나무, 큰꿩의밥, 두메자운 같은 식물들을 볼 수 있는 이곳은 대체로 황량하다. 얼음이 녹는 5월과 6월 봄철에는 강 유역이 물에 잠기는데, 사향소들이 이 등성이를 올

라. 무성한 덤불 목초지가 된 이곳과 그 너머 마른 툰드라에서 찻잎버드나무와 난쟁이자작나무, 황새풀을 뜯기 시작한다.

등성이 기슭에 쌓인 눈 더미가 사초 습지와 툰드라 초지에 물을 공급한다. 그 너머 강 쪽으로는 히스와 비슷한 식물이 자라는 툰드라 평원이 펼쳐지며, 난쟁이자작나무와 산넌출월귤, 다이아몬드잎버드나무, 황새풀이 자란다. 작은 시냇물 주변에는 역시 사향소들이 좋아하는 버드나무 종류인 리처드슨버드나무가 자란다. 사향소들은 여름에 이곳에서 엄청난 양의 먹이를 섭취한다.

이 평원 너머에 바로 새들로치트강이 있고, 강가에는 청버들, 펠트잎버드나무, 황무지땅버드나무 덤불과 초지가 있으며, 향기싸리와 푸른꽃차례루핀, 두메자운영, 난쟁이분홍바늘꽃을 비롯해 질소가 풍부한 콩과 초본식물들이 자란다.

우리가 사향소라면 먹을 수 있는 식물들이 다양하고 풍부하게 자라는 땅을 하늘이 내려준 선물로 여길 것이다. 새들로치트 사향소들이 가장 많이 섭취하는 먹이는 여러 버드나무의 새싹이다. 로버스는 이런 식물들의 풍부한 영양가 덕분에 새들로치트 사향소들이 다른 척박한 지역의 사향소들보다 더 오랫동안 양호한 에너지 균형 상태에 있을 수 있다고 생각한다. 이 덕분에 높은 출산율을 유지할 수 있는 것이다.

그처럼 버드나무가 풍부하지 않은 다른 북극 목초지에서 사향소들은 사초와 풀 등에 더 의지한다. 사향소의 식단은 오랫동안 단순하다고 생각되었다. 지금은 사향소들이 아주 다양한 개화식물과 풀, 사초, 이끼, 새포아풀과 분홍바늘꽃, 장구채, 뚝새풀 같은 광엽 초본식물들, 월귤, 애기수영, 래브라도차 등을 섭취한다고 알려져 있다. 사향소의 식단은 계절과 사는 장소, 개체마다의 독특한 요구와 취향에 따라 다르다. 사향소들은 카리부들이 좋아하는 일부 먹이를 선호하지만, 다른 어떤 반추동물보다 거친 먹이를 먹으면서도 생존할 수 있다.

우리는 특정 지역에서 함께 살아가는 동물들 간 관계를 먹이사슬 이상으로는 생각하지 못하는 경우가 많다. 그러나 툰드라를 걸어서 사향소들을 쫓아가본 적이 있는 연구원들이나, 늘 즐거운 경험은 아니었겠지만, 불쑥 사향소들과 마주친 적이 있는 관찰자들은 가끔 사향소와 새들의 친밀한 관계를 언급하곤 한다. 흰멧새와 라플란드긴발톱멧새는 툰드라에 튼 둥지 속을 사향소 털로 채운다. 이 새들과 마찬가지로 물떼새, 도둑갈매기처럼 땅에 둥지를 트는 녀석들은 큰 동물이 둥지를 밟으려 할 때마다 안절부절못하며 요란하게 하늘로 치솟는 행동을 보인다. 겨울에 사향소들은 눈을 긁어내서 북극토끼의 먹이와 뇌조를 위한 버드나무 순을 드러낸다. 북극여우는 사향소들과 어울리며 뭔가 알 수 없는 기쁨을 느끼는 것 같다. 그리고 사향소들은 돌아다니면서 새들의 먹이가 되는 곤충을 자극한다.

사향소가 죽으면 사체는 청소동물의 먹이가 되고, 짧은 여름 햇빛 아래 사체를 분해하는 곤충들은 동시에 흰멧새들의 먹이가 된다.

사향소는 20년 가까이 사는데, 더 오래 사는 개체도 있다. 사향소들은 포식자나 환경, 특히 얼음이 깨지는 봄에 강에 빠지는 등의 사고로 죽는다. 굶주림과 저체온증으로 죽거나 산등성이에서 떨어져 목이 부러져 죽기도 하고, 발정기 때 뿔에 받혀 치명상을 입거나 부러진 뿔 때문에 감염되어 죽기도 한다. 사향소들은 놀랄 정도로 외부 기생충이 없는데, 사향소가 털을 다듬는 광경을 보기 어려운 것이 이 때문이다. 그러나 가끔은 눈과 귀를 괴롭히는 모기와 파리에 시달리기도 한다.

사향소는 평온한 동물이지만 그들의 평상심을 온순함과 혼동하지는 말아야 한다. 존 털은 낮게 날아오는 수상비행기의 플로트 부분을 뿔로 받으려고 결연히 뛰어오르는 발정기 수컷을 본 적도 있다. 마사 로버스는 사향소 한 마리가 버드나무 군락지로 잘못 들어온 회색곰을 패주시키는 장면을 봤다. 그리고 앤 건은 프린스오브웨일스섬에서 막 다른 수컷과의 대결에서 승리한 성난 수컷과 맞닥뜨린 적이 있다. 총이 있었지만 그는 총과 공책, 사진기를 머리 위로 높이 치켜들고 쫓아오는 수컷을 피해 강물로 뛰어드는 쪽을 택했다. 그러고는 차가운 물속에서 고통으로 신음하며 수컷이 물러날 때까지 기다렸다.

앤 건의 자제력을 비롯하여 사향소 연구자들이 한결같이 지닌 참을성과 신중한 태도는 어떤 식으로든 과거의 어리석음을 보완하고 있다. 사향소 수컷 뿔 돌기의 탄성彈性이 궁금했던 한 북극 여행자는 구경 9.3밀리미터짜리 철갑탄을 사향소의 머리에 쏘았다. 또 다른 호기심 많은 친구는 '옆구리에 매달린 늑대에 대한 사향소의 본능적인 방어 행동'을 연구하기 위해 생후 한 달 된 새끼 사향소를 썰매개용 목줄로 묶고(어미는 쏘아 죽였다), 거기에다 죽은 늑대를 묶은 다음 새끼가 벗어나려고 애쓰는 모습을 기록했다. 그런 분별없는 장난들이 한때는 과학으로 치부되었고, 지금도 적당한 통계적 기반만 갖춘다면 어느 정도 용인되는 실정이다.

사향소의 역사에서 가장 비참한 두 시기가 19세기에 있었다. 북미 고래잡이 선원들을 먹이고 허드슨베이사와 교역하기 위해 인디언들과 에스키모들이 동쪽 아북극에 있던 사향소들을 몰살시켰다. 그리고 20세기 초 그린란드에서는 동물원에 보낼 새끼 한두 마리를 잡거나 모피 사냥꾼들과 개들의 식량으로 쓰기 위해 사향소 무리들을 깡그리 살육했다. 앞의 경우는 북아메리카 동부에서 비버를 남획했던 일이나 아메리카들소에게 자행된 대대적인 살육과 마찬가지로 친숙한 이야기인 데 반해, 후자의 사건은 상대적으로 잘 알려지지 않았다.

19세기에서 20세기로 바뀔 무렵 그린란드 동북 해안을 따라 홀드위드호프반도와 혹스테터반도, 클레이버링섬, 스코어스비만 제임슨랜드 같은 곳에 상당히 많은 사향소가 살고 있었다(대략 2,000마리 정도). 이들 해안을 돌며 작업하던 고래잡이 선원들과 물범잡이 선원들은 신선한 고기를 얻기 위해 습관적으로 뭍에 올라 사향소를 사냥했다. 그들은 개를 이용해 손쉽게 사향소들을 만으로 몰아놓은 다음 한 마리도 남김없이 총을 쏘아 죽였다. 그런 배에 탔던 한 동물학자가 다음과 같이 기록했다. "이번처럼 식량을 마련하기 위해 닥치는 대로 동물을 도살하는 공격이 한 번 있고 나면, 그 땅에 동물이 다시 채워지기까지 상당한 세월이 걸릴 것이다."

20세기에 들어서면서 동일한 지역에서 노르웨이인 모피 덫 사냥꾼들도 사향소를 사냥했는데, 동물원에 팔려고 잡은 야생 동물들과 썰매개들을 먹이거나 덫의 미끼로 쓰기 위해서였다. 그들은 수백 마리의 사향소를 쓰러뜨렸다. 짧은 기간에 이루어진 이들의 파괴 행위는 그린란드 동북부에 서식하던 사향소의 미래에 심각한 위협을 가했다. 이 때문에 날카로운 비난을 받아 분개한 노르웨이인들은 크로스컨트리 스키에 대한 '인종적인 적응'이 덜 된 덴마크인들이 이동 속도가 느린 탓에 덫사냥 기지를 오가는 길에 살아남기 위해 더 많은 동물을 죽인다며, 수가 많지도 않았던 덴마크인들을 원색적으로 비난했다.

사향소들에게 미친 영향 면에서 더 나쁜 상황은 동물원들이 사향소에 관심을 갖기 시작하면서부터 펼쳐졌다. 사업가들이 사향소 새끼를 확보할 수 있는 현실적이고도 유일한 방법은 방어 대형을 형성한 성체들을 모두 죽이는 것이었다. 죽은 동료들 틈에 서서 마지막까지 뿔을 들이밀며 돌진하는 사향소의 모습은 문명화된 인간이 만든 광경 중에서도 가장 비통한 광경이었다. 미국인 엘리자베스 혼과 같이 일한 덴마크 역사학자 에이나르 미켈센은 1932년에 포획된 새끼 한 마리당 다섯 마리의 어른 사향소가 살해됐다고 추정했다. 혼은 1899년과 1926년 사이에 이런 방식으로 사향소 약 2,000마리가 살해됐다는 결론에 도달했다. 결국 동물원들은 이 사업에 종지부를 찍겠다는 협정서에 조인했다. 그리고 이런 일의 대부분을 도맡았던 모피 덫사냥꾼들은 덴마크가 그린란드 동해안에 보호권을 발동하자 마침내 사업에서 손을 뗐다.

이 책을 쓰고 있는 지금, 성공적인 이주 정책의 결과로 약 1,000마리의 사향소가 알래스카에 살고 있다. 캐나다에는 본토 북쪽 가장자리와 캐나다 군도에 4만 마리가량이 살고 있다. P. C. 렌트는 북부 그린란드와 동부 그린란드에 약 1,500마리가 살아 있을 것으로 추측한다. 완전히 막아낼 재간이 없는 얼음 폭풍과 인간의 서식지 간섭에 직면한 사향소들의 수는 내일이라도 극적으로 변할 수 있다.

PjRa-18이라고 불리는 코퍼에스키모 유적지가 있는 구릉지에서 나는 아무도 보지 않을 메모를 했다. 딱히 잊어버리지 않기 위해서라기보다는 그저 버릇이거나, 아니면 동료 과학자들의 꼼꼼한 기록 습관에 자극받았기 때문일 것이다. 현장에서 거칠게 그린 눈멧새와 베이커강을 따라 흩어져 있는 뼈 그림이 빼곡한 공책에 나는 '순수'라고 썼다.

이 단어는 어른 사향소 일곱 마리와 일년생 한 마리, 새끼 네 마리로 이루어진 작은 사향소 무리의 지척에서 어슬렁거리며 보낸 긴 오후의 끝에 떠오른 말이었다. 이 단어는 사향소 농장에서는 느끼지 못했던 어떤 것에 대한 반응이었다. 사향소들은 딱 지금의 그 모습이 너무도 적절해 보였다. 오래 들여다보면 볼수록 사향소들은 그들이 살고 있는 그곳, 그들이 하고 있는 그 일에 얽혀들어 떼려야 뗄 수 없는 일부가 되어 있었다. 그곳 땅의 윤곽에 대비된 그들의 털색과 덩치는 아주 절묘했다.

진화의 관점에서 말하자면, 사향소들은 인간과 인간의 계획에 무지했다.

PjRa-18로 돌아오는 긴 길에, 그리고 네 명의 동료와 함께 거기서부터 툰드라를 건너 강가에 있는 텐트 야영지까지 오는 길에, 나는 사향소들의 취약성을 생각했다. 성찰하지 않는 두 무리, 교활한 사냥꾼과 북극 포유동물 중에서 가장 두드러지면서도 가장 결연한 동물 간 대면의 증거인 PjRa-18에서 순수는 무너졌다.

저녁을 먹으면서 고참 인류학자인 클리프 히키가 코퍼에스키모들에 대해 말했다. “우리는 막무가내로 인류 문화의 다양성을 무시하고 있어요.”

저녁을 먹은 뒤에 나는 물가로 가서 머리를 감고 잠시 앉았다. 은회색 카리부 두 마리가 강 반대편에서 풀을 뜯고 있었다. 맨발인데도 따뜻했다. 저 먼 언덕 위에 검은 점이 된 사향소들이 보였다. 이파리를 따 먹는 북극토끼들은 흰 점으로 보였다. 강물 소리가 머릿속으로 흘러들었다. 강물의 차가운 물방울이 가슴 밑으로 흘러나갔다. 살타타라는 이름을 가진 치페위안족 안내인이 한 프랑스 신부에게 현생 너머에 무엇이 있느냐고 물었다. “천국이 매우 아름답다고 하셨죠? 한 가지만 더 알려주세요. 천국이 사향소들의 여름 서식지보다 더 아름다운가요? 거기선 가끔 호수 위로 안개가 밀려오기도 하고, 물이 파랄 때도 있고, 아비새들도 정말 자주 울거든요. 아름다워요. 그래도 천국이 훨씬 더 아름답다면 좋겠어요. 그러면 전 나이를 아주 많이 먹을 때까지 기꺼이 거기서 쉴 거예요."

여름 저녁의 고요함 속에서 하루의 끝이 유예되는 사이, 세계는 자신에게 씌워진 이런저런 범주와 미래에 관한 주장들을 떨쳐내고 오로지 자기 욕망의 가락에만 매달려 있다.

3장

북극곰

통찰하는 방랑자

낮은 회색 하늘 아래 펼쳐진 바다 풍경에서는 거의 색깔을 느낄 수 없었다. 여기저기 흩어진 부빙들이 큰 파도가 밀려올 때마다 물을 뒤집어썼고, 안개와 가벼운 진눈깨비가 고요한 대기를 흔들며 오락가락했다. 해수면은 검은 옻칠을 한 일본산 나무 상자처럼 보였다.

우리 셋은 알래스카 북서쪽 해안에서 160킬로미터쯤 떨어진 축치해에 있었다. 나와 해양과학자 둘은 그 추운 9월에 작은 개방형 보트를 타고 어느 부빙 남쪽 가장자리에서 고리무늬물범을 사냥하는 중이었다. 우리는 물범의 위를 조사해 녀석들이 어떤 물고기들을 먹었는지 살펴보고, 놈들이 먹은 물고기들이 어떤 물고기들을 먹었는지 주낙 낚시로 알아보고, 플랑크톤 채집으로 놈들이 먹은 물고기들이 먹은 물고기들이 어떤 생물을 먹

는지 밝혀보는 중이었다.[1]

우리는 벌써 몇 주 전부터 보트를 타고 존스섬 서쪽 끝에서 배로우갑까지 알래스카 북해안을 따라 서쪽으로 움직이면서 해양 먹이사슬에 관해 연구하고 있었다. 우리는 배로우갑에서 91미터짜리 해양연구선 오셔노그래퍼호에 올라 축치해로 향했다. 다음 2주간은 아침마다 모선 갑판에서 보트를 탄 채 바다로 내려와 저녁까지 해빙 틈에서 작업을 했다.

사흘 동안 집중적으로 물범을 사냥했지만, 성과는 없었다. 두 번 물범을 목격하고도 아슬아슬하게 놓쳤다. 우리는 입을 꾹 다문 채 일정한 속도로 천천히 부빙들 사이로 움직이며 가끔 쌍안경을 눈에 대고 물 위로 보이는 작고 검은 점을 살펴보곤 했다. 얼음 조각? 새? 수면 위로 코를 내밀고 숨 쉬는 물범? 며칠 동안 물범의 색깔과 모양, 움직임 등을 탐색하다 보니 머릿속 '이미지 찾기'로 물범과 물범 아닌 것을 분간하는 법을 배우는 건 그다지 어렵지 않았다. 더 배우기 어려운 것은 바짝 긴장한 채 침묵 속에서 기다리는 일이었다.

우리는 눈에 불을 켜고 열심히 사냥에 임했다. 허탕. 안개가 걷히고 눈 돌풍이 한차례 훑고 지나갔다. 물범이 있을 가능성이 제일 큰 얼음 구역에서 우리는 엔진을 끄고 보트를 파도에 내맡

---

1 이 연구 계획은 알래스카토지/원양대륙붕관리국에서 주관하는 알래스카 해안·해양 생물 연구의 일환으로, 결과는 가장 덜 해로운 방향으로 해양 석유 개발 사업을 이끄는 데 쓰일 예정이었다.

졌다. 가끔 불쑥 튀어나온 것들이 있긴 했지만 밋밋한 얼음 풍경은 가뜩이나 난처한 기분에 공허한 느낌만을 더해주었다. 부빙들은 제멋대로 생긴 고요한 육지 조각 같았다. 액체 반구 속에서 차분하게 몸을 흔드는 우리 나침반이 원하신다면 비스듬히 내리는 눈과 안개에 가린 수평선 위 방위들을 알려주겠노라 약속하고 있었다.

우리는 배 위에서 뜨거운 음료를 홀짝이며 회색 또는 하얀색 얼음과 새까만 물이 만든 퀼트 작품을 뚫어지게 쳐다보았다. 한 명이 문득 긴장하면 다른 사람도 반사적으로 눈에 힘을 주곤 했다. 우리는 계속 사냥했다. 이 계절, 이 지역, 물 안에 있는 수많은 대구. 모든 상황이 고리무늬물범이 이곳에 있을 거라고 말하고 있었다. 그러나 우리 눈에는 영 보이질 않았다.

늦여름의 부빙들. 갈수록 차갑고 축축한 공기가 보온부츠와 양모 옷에 스며들어 뼈마디가 시려왔다. 우리의 지각은, 얼마나 오랫동안 바깥에 있었는지 아는 우리의 의식은 모종의 위안거리를 내놓으라고 끈덕지게 졸랐다. 우리는 천천히 큰 호를 그리며 보트를 돌렸다. 그날의 일을 끝낸다는 신호였다. 여전히 주의 깊게 사방을 지켜보긴 했지만, 보트 안의 생각들은 이미 우리 자신을 향해 있었다. 이전에는 해변에 텐트를 치고 야영을 했지만, 지금은 뜨거운 물로 샤워를 하고 가벼운 옷차림으로 식탁에 앉아 저녁을 먹을 수 있다. 마른 옷이 우리를 기다린다. 일을 끝내고 돌아가는 마음의 어느 한구석은 이런 것들에 매우 기뻐하는 법이다.

친구인 밥이 먼저 곰을 발견했다. 90미터쯤 앞, 거울 같은 검은 물에 V자 물결이 일고, 그 정점에 연한 노란빛이 도는 흰색 머리가 유유히 미끄러져 가고 있었다. 우리는 보트 속력을 늦추고 조심스럽게 10미터 이내로 접근했다. 수컷이고 대단한 물범 사냥꾼이며 세 살쯤 된 것 같다고 밥이 말했다.

곰이 물속에서 고개를 돌려 성가시다는 듯이 우리를 쳐다보더니 경계를 풀지 않은 채 부빙 쪽으로 방향을 바꿨다. 곰은 우아하고 힘이 넘치는 동작으로 훌쩍 얼음 위로 올라서며 뒷발로 얼음 가장자리를 디뎠다. 그러고는 앞으로 걸어가 몸을 털었다. 회전하는 바닷물이 판판한 종이 판처럼 펼쳐지며 떨어지고 물방울이 후광처럼 빛났다. 곰은 머리를 낮추고 작고 검은 눈으로 우리를 노려보았다. 그러고는 부빙 반대쪽으로 가서 앞발을 구부리고 물보라도 없이 머리부터 물속으로 미끄러지더니 헤엄쳐 가버렸다. 우리는 얼음 사이를 헤집어 놈을 다시 찾았다. 우리는 자석에 이끌리듯 매료됐다. 본능적인 행동이었겠지만, 아마도 미숙한 대처였을 것이다. 우리의 존재는 간섭이었다. 우리는 좀 전과 마찬가지로 천천히 다가갔다. 놈은 성난 표정을 짓더니 물을 내려치고 입을 벌리며 위협했다. 회색 혀와 창백한 보라색 입, 그리고 하얀 이빨들. 놈은 황급히 앞발을 저어 커다란 부빙으로 다가가 다시 한번 물속에서 뛰어오르듯이 올라서서는 몸을 털고 반대쪽 개빙구역을 향해 얼음 위를 가로지르기 시작했다.

이번에는 따라가지 않았다. 우리는 놈이 위풍당당하고 자신

있게 걸어가는 것을 지켜보았다. '농부.' 고래잡이 선원들은 '고랑 진 얼음 밭을 여유롭게 어슬렁거리는 농부 같은 모습' 때문에 놈을 그렇게 불렀다. 1899년에 이 바다를 방문했던 존 뮤어는 곰들이 "그 지역이 언제나 자신들의 소유였다는 듯이" 행동한다고 말했다.

북극곰은 북극 가장자리의 동물이다. 북극곰은 해빙 테두리와 해수면, 대륙 해안에서 사냥한다. 말 그대로 얼음곰이다. 북극곰이 지배하는 세계는 햇빛이 점점 짧아지는 시기에 형성되었다가 봄이 되면 사라진다. 북극곰은 홍합과 켈프를 찾아 바다 밑바닥까지 잠수한 다음, 돌아올 때는 거울처럼 잔잔한 수면 위로 소리 없이 고개를 내밀고 잠자는 물범이 없나 살핀다. 해안에서 32킬로미터나 떨어진 바다에서도 북극곰은 물고기 떼와 함께 물을 젓는다. 바다곰이다. 겨울이 되면 회색곰은 동면하는 반면 북극곰은 해빙 위로 나와 사냥한다. 여름이면 북극곰은 수백 킬로미터나 떨어진 내륙 쪽으로 방향을 틀어 시로미와 블루베리로 성찬을 벌인다.

몇 년 전까지만 해도 이 재주 많은 사냥꾼은 혼자서 탈락토스속을 구성했다. 지금은 자신이 기원한 곳으로 돌아가 회색곰 및 아메리카흑곰과 함께 우르수스속에 속한다. 북극곰 유전자는 자신이 이 속에 속한다고 말하지만, 북극곰의 행동 양식은 그렇지 않다.

그날 축치해에서 본 곰이 얼마나 강건해 보이던지, 나는 강한 인상을 받았다. 북극의 이 지역에서 세 살짜리 곰이라면 처음으로 혼자 여름을 보내는 중일 터였다. 혼자 먹이를 구하려면 사냥하는 법을 배웠어야 할 텐데. 부빙이 떠 있는 얼지 않은 바다는 곰들이 사냥하기에 가장 험난한 환경 중 하나다. 그때는 대부분의 야윈 곰들이 사냥터가 되어줄 해빙이 형성되기를 기다리는 9월이었다. 해안에서 멀리 떨어진 이 황량한 회색 얼음 잔해들 속을 사흘 동안이나 부지런히 수색한 우리도 겨우 물범 두 마리만 보았을 뿐이었다. 우리는 그 어린 곰에게 사로잡혔다. 우리는 놈이 얼음을 가로질러 혼란스러운 회색과 흰색 평면 속으로 섞여 들어가는 것을 지켜보았다. 조금씩 몸이 떨렸다. 우리는 커피가 든 보온병을 열었다. 소나기성 눈이 빠르게 지나갔다. 흔들리는 보트 위에서 쌍안경으로 검은 물속에 있는 녀석을 간신히 다시 찾아냈다. 어리지만 뛰어난 그 사냥꾼은 집에 있는 듯 편안한 모습이었다.

물범을 찾아낸 건 녀석이었다.

북극곰은 최근에야 과학계에 알려졌고, 아직 제대로 알려진 것도 아니다. 특히 개체들의 지리적 분포 및 이동 현황에 관해 지금까지 알려진 바는, 연구하기가 어렵고 비용도 많이 든다는 사실이다. 그리고 북극곰이 멸종 위기에 처해 있다는 소식이 곧 뒤따랐다.

러시아인들이 제일 먼저 경종을 울렸다. 러시아는 1956년에 북극곰 사냥을 금지했다. 1961년에 사바 우스펜스키는 전 세계에 남아 있는 북극곰 개체수가 약 5,000마리에 불과하다고 추정했다. 미국 생물학자들은 그보다 많은 1만 7,000~1만 9,000마리를 생각했지만, 어느 쪽에도 믿을 만한 자료는 고사하고 개체수를 확인할 기술도 존재하지 않았다. 당시 알래스카의 미국인들과 스발바르 제도의 노르웨이인들은 캐나다 사냥꾼들과 마찬가지로 북극곰 사냥에 열을 올리고 있었다.[2] 1960년대 중반 알래스카에서는 원주민들과 비행기를 탄 스포츠 사냥꾼들이 매년 약 300마리에 달하는 북극곰을 죽였다. 캐나다 사냥꾼들은 매년 400마리 이상을 잡았다. 그린란드인들은 매년 200마리 정도를 죽였고, 스발바르 제도에서는 상업적 덫사냥꾼과 유럽인 스포츠 사냥꾼의 손에 매년 400마리가 넘는 북극곰이 희생되었다. 우스펜스키의 추측이 옳다면, 1년에 1,300마리에 달하는 (실제 건수보다 적은) 보고된 사냥 건수는 대략 전체 개체수의 25퍼센트에 달하는 수치였다.

천만다행이랄까, 우스펜스키의 추측은 틀렸다. 그러나 북극곰이 위태롭다는 정황을 나타내는 지표들은 있는 반면, 어떤 정책적인 결정을 내릴 만큼 탄탄한 과학적 근거는 없었다. 이 때문에 1965년 미국의 후원 아래 페어뱅크스에서 국제회의가 열렸다. 이 회의에서 국제자연보호연맹IUCN의 주관 아래 북극곰을 관리하자는 국제적인 합의가 도출됐다. 1968년경에는 여러

2 스발바르는 북극에 있는 한 제도를 이르는 노르웨이어로, 스발바르 제도에서 제일 큰 섬이 스피츠베르겐이다. 영어권에서는 가끔 이 제도를 스피츠베르겐이라 이르기도 한다.

국가의 영토와 공해 영역까지 돌아다니는 이 동물에 대한 정보를 공유하고 관리 프로그램을 조율하기 위해 국제자연보호연맹 북극곰 전문가 집단이 설립되었다.[3]

이 북극곰 생물학자 집단이 시작한 연구 덕분에 몇몇 깜짝 놀랄 만한 내용이 포함된 새로운 정보들이 알려졌다. 동시에 낡은 이론 몇 가지는 종말을 맞았다. 예컨대 예전에는 북극곰들이 얼음을 따라 대체로 시계 방향으로 북극을 돈다고 생각했다. 말하자면 캐나다에서 새끼를 낳고, 러시아 북극에서 성장하고, 다음 해에 그린란드 북부 스발바르 제도에서 짝짓기를 한다는 식이었다. 이 얘기는 일찌감치 폐기되었다. 북극곰들이 이리저리 돌아다니고 때로는 해빙 위로 아주 먼 거리까지 나가기도 하지만, 북극 개체군들은 상당히 분리된 채 살아간다. 북극곰들은 겨울철 물범 사냥터와 여름철 피서지는 물론이고 조상 대대로 굴을 파온 매니토바주 아울강 유역이나 스발바르 제도 콩쇠위아섬 보겐 계곡, 브란겔섬 드렘헤드산맥 등에 상당한 충성도를 보여준다.

주요 개체군 중 한 집단은 스발바르 제도와 프란츠요셉랜드, 그린란드 동해안을 오가는 것으로 보이고, 다른 집단은 알래스카 북해안과 북서해안 주변에 머무는 것으로 보인다. 세 번째

---

3 1973년에 체결된 국제자연보호연맹 북극곰 협약에는 러시아와 노르웨이, 덴마크, 캐나다, 미국이 서명했고, 1976년 5월 26일부터 적용되었다. 이 협약은 북극 5개국이 서명한 유일한 일반협정이다.

집단은 캐나다 북극에 있는데, 이들은 작은 규모의 개체군들로 나뉘어 어느 정도 서로 교류하면서 살아간다. 예를 들어 허드슨만 남쪽과 제임스만의 북극곰들은 자족적인 집단을 형성하는 것으로 보인다. (이 곰들은 독특한 여름 식습관과 굴 파기 습성을 가지고 있으며, 개체군 동태에서도 다른 북극곰들과 차이를 보인다. 녀석들은 더 많은 수의 새끼를 기르는데, 새끼들은 다른 북극곰 개체군에 비해 이른 나이에 독립한다.) 회색곰과 비교하면 북극곰은 다소 소극적이고 공격성도 덜하다. 영국인 여행가 로버트 브라운은 1868년에 쓴 글에서 당시 무성했던 소문들을 평하며 회색곰보다는 차라리 북극곰을 만나는 편이 훨씬 낫다고 말했다. "우리가 가진 흉포한 북극곰의 인상은 실제 모습보다는 북극곰은 그러해야 한다는 낡은 고정관념 탓이 아닌가 싶다."

북극곰은 개체 간 몸집 차이가 큰데, 계절에 따라서도 몸무게가 극적으로 변한다. (아주 몸집이 큰 북극곰이 뒷발로 서면 키가 3.6미터, 무게는 900킬로그램에 달한다. 그러나 키가 3.6~4미터, 무게가 1,000~1,088킬로그램에 이른다고 보고된 북극곰들도 있는데, 이 경우엔 조율 안 된 저울이나 늘어난 가죽, 의도적인 과장과 관련이 있지 않을까 싶다.) 북극곰은 봄에 엄청나게 먹고, 늦여름에는 가볍게 먹으며, 겨울에는 조금 먹거나 (굴속에 들어가 있는 암컷의 경우는) 아예 먹지 않는다. 다 자란 수컷은 250~770킬로그램 정도 무게에 코끝에서 꼬리 끝까지 길이가 1.9~2.5미터 정도 된다. 암컷은 160~340킬로그램

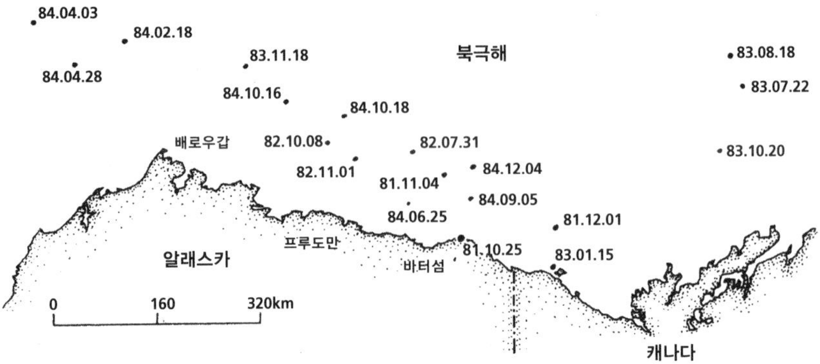

1981년 10월 25일부터 1984년 12월 4일까지 알래스카 북부 해안에서 무선위치추적기를 통해 확인한 북극곰 한 마리의 위치 정보. S. C. 암스트러프의 자료 보정. 1985, 미국 어로야생동물국, 미발표 자료, 알래스카주 앵커리지.

정도이고, 길이는 1.7~1.9미터 정도다.

암컷은 수컷에 비해 몸집이 작고 가벼운 데다 머리통이 좁고 이마가 낮다. 젊은 수컷은 젊은 암컷보다 다리가 길고 더 길쭉한 느낌을 준다. 오랫동안 북극곰을 관찰한 사람들은 수컷이 암컷보다 앞다리 뒤쪽 복슬복슬한 털이 긴 반면, 암컷은 등에 난 털이 수컷보다 길다고 한다. 나이가 많은 녀석은 털이 짧은 경향이 있어 주둥이 쪽으로 검은 피부가 비쳐 보인다. 에스키모들은 발자국만 보고도 기가 막히게 암수를 구별하는데, 단지 크기만 보는 게 아니라 수컷의 발 주변에 난 긴 털이 남긴 희미한 자국들과 약간 안쪽으로 휜 암컷의 걸음걸이를 보고 판단한다(수컷 발은 길이가 33센티미터, 폭이 23센티미터 정도다).

북극곰 특유의 걸음걸이가 있다. 다가오는 북극곰을 보면, 거대한 발바닥을 몸통 쪽으로 굽힌 채 노를 젓는 것처럼 앞다리를 바깥쪽으로 밀어낸 다음 발바닥을 앞쪽으로 튕기듯 내밀어 바닥을 짚는다. 뒷다리가 앞다리와 아주 가까이 붙기 때문에 실제로 뒷다리가 앞다리를 차기도 한다. 뒤에서 보면 다리를 구부리고 걷는 것 같은데, 성숙한 수컷의 걸음걸이에서 이 특징이 가장 분명하게 나타난다.

흉곽이 두껍지 않고 두 앞다리 사이 가슴골이 목까지 이어져서 앞다리가 길어 보이지만 사실은 뒷다리가 더 길다. 머리 위에서 보면 엉덩이가 어깨 양쪽으로 튀어나온다. 옆에서 보나 위 또는 앞에서 보나, 북극곰은 쐐기꼴로 생겨서 긴 목의 나긋나긋한 움직임이 두드러진다.

북극곰은 시속 4킬로미터 정도로 걷는다. 빠른 걸음으로 걸을 때는 같은 쪽 앞발과 뒷발을 동시에 내밀며 앞으로 나간다. 쉬고 있는 물범에게 달려들 때처럼 짧은 거리를 달릴 때는 거의 시속 40킬로미터에 육박하는 속도로 재빨리 튀듯이 움직인다. 거리가 짧든 길든 암컷과 새끼가 수컷보다 빨리 걷는 경향이 있다.

북극곰들은 유연하고 민첩하게 움직이기 때문에 해빙의 압력 봉우리[4]와 같은 가파르고 복잡한 장애물 위를 물 흐르듯이 지나간다. 북극곰들은 또한 엄청난 힘과 민첩성을 가지고 있다.

---

4 압력 봉우리pressure ridge는 바람이나 조류의 압력으로 유빙이나 해빙 위에 생기는 봉우리이다—옮긴이.

발톱 하나로 켈프 줄기에서 아주 자그만 엽상체를 떼어낼 줄 아는 곰이지만, 앞발을 휘둘러 벨루가를 한 방에 기절시킬 수도 있다. 풀숲에서 튀어나오는 나그네쥐를 낚아챌 만큼 능숙하고 재빠른 동시에 180킬로그램짜리 턱수염물범을 공중으로 쳐올릴 만큼 강력하다.

우리가 보는 연노란색과 진주색이 섞인 북극곰 털빛은 햇빛이 보호털에 반사된 결과다(같은 현상 때문에 구름이 하얗게 보인다). 털 자체는 광학적으로 투명하거나 무색이다. 제일 밝은 흰색은 봄철 털갈이 때 볼 수 있고, 제일 순수한 흰색은 어린 새끼들에게서 볼 수 있다. 햇빛에 노출되면 털은 미묘한 색을 띤다. 연한 노란색 색조가 허리와 옆구리를 따라 네 다리 밑으로 내려온다. 색은 연한 레몬색이나 살구색, 크림색, 밀짚 색 등으로 다양하다. 나이를 먹을수록 색조가 짙어진다. 햇빛이 거의 없는 가을날 오후에 나이 든 수컷을 보면 털색이 잘 익은 밀 같은 노란 황금색을 띨 것이다.

북극곰 털은 다른 어떤 포유동물과도 같지 않다. 예전에는 북극곰 털이 늑대나 카리부 털과 비교했을 때 상대적으로 보온 효과가 떨어져 보이는 점이 수수께끼였다. 또 피부와 물 사이에 공기층을 형성해주는 비버 털과 달리 북극곰 털은 물속에서 보온 능력의 90퍼센트를 잃어버린다. 밝혀진 바로는 물속(물은 정지된 공기보다 20배나 효과적으로 체온을 빼앗아간다)에서 체온을 유지할 때 북극곰은 털 대신 지방층에 의존한다. 육지에서 북극곰은 빽빽한 솜털로 이루어진 두터운 속털 층과 상대적으로 성긴 15센티미터 길이의 보호털 층으로 보호받는다. 이 보호털은 질기고 반짝여서 합성섬유처럼 보인다. 또 속이 비어 있어서 털이 젖었을 때도 뭉치지 않고 빳빳하게 선다. 그리고 보호털이 성기고 부드러운 덕분에 곰은 물이 얼기 전에 손쉽게 털어낼 수 있다. (얼음이 깨져 물에 빠진 사람들이 그러듯, 북극곰도 훌륭한 흡수지인 눈에 몸을 굴려서 수분을 빼내기도 한다.)

우연히 발견된 속이 빈 털의 두 번째 기능은 육지에서 북극곰이 어떻게 체온을 유지하는지 이해하는 데 핵심적이다. 공중에서 흰 눈과 얼음을 배경으로 흰색 곰 사진을 찍으면 분간하기가 쉽지 않다. 1960년대 말경에 한 미국인 과학자가 포유동물이 해빙보다 더 많은 열을 발산하는 데 착안해서 적외선 사진을 찍었다. 그러나 북극곰은 단열이 너무 훌륭해서 적외선 사진에 찍히지 않는다는 사실이 밝혀졌다. 사진에는 몇 개의 검은 얼룩만 찍혔는데, 지나간 뒤에도 몇 분 동안 온기가 남아 있는 북극곰의 발자국이었다. (북극곰은 여분의 열을 발톱과 발바닥을 통해 발산한다.) 그 과학자는 다음으로 자외선 촬영을 시도해 보았다. 북극곰들이 빛의 파장을 흡수해 마침내 하얀 얼음 위에 검은 형체로 모습을 드러냈다. 이것이 두 번째 기능의 발견이었다. 북극곰의 보호털은 광도파로와 같은 역할을 한다. 보호털들이 태양에서 나온 짧은 파장의 에너지를 모아 곰의 검은 피부로 보낸다. 이 에너지가 북극곰의 복잡한 체온 조절 체계에서 수행하는 역할은 아직 완전히 밝혀지지 않았다.[5]

북극곰이 북극으로 이동한 시기는 극히 최근으로 홍적세 중기나 말기쯤이 확실하다. 유력한 이론은 불곰 개체군 하나가 시베리아에 고립되면서 빠르게 북극곰으로 진화했다는 설이다. (이곳의 진화 속도는 확실히 놀랄 정도다. 북극곰은 이제 그 안에서도 몸집의 차이를 보인다. 전통적으로 그린란드 동해안에서 서쪽으로 이동할수록 아주 조금씩 몸집이 커져 베링해와 축치해 지역에서 가장 몸집이 커진다.) 그러나 북극곰과 불곰의 유전적 차이는 교배를 통해 생식력 있는 자손을 낳지 못할 정도로 대단하지는 않다(자손들끼리도 재생산을 할 수 있다). 혈액화학검사 결과에서도 유사성이 상당히 높게 나타난다. 그러나 둘은 분명 다른 동물이다.

회색곰을 포함한 큰곰(불곰)종 동물들은 육지 생물이다.[6] 대

---

5 흔히 동물원에서 보는 북극곰의 털색과 몸집은 잘못된 인상을 주기 십상이다. 속이 빈 북극곰의 보호털이 이런 전체적인 변형에서 묘한 역할을 담당하기도 한다. 동물원 우리 속 고인 물에서 자라는 녹조류가 손상된 북극곰 보호털로 옮겨 와 그 속에서 증식하는 경우가 생긴다. 최근 샌디에이고 동물원을 비롯한 여러 동물원 사례처럼 이런 증상으로 고통받는 북극곰들은 관람객들 눈에 녹색으로 보인다. 동물원이나 서커스단에서 쓰는 소독약과 세제, 북극곰 가죽을 무두질해서 깔개를 만들 때 사용하는 화학약품들은 털의 섬세한 색깔을 대부분 빼버린다. 어느 정도의 지방층이나 두꺼운 겨울털을 형성하지도 못할 정도의 기후에 방치되면 북극곰의 외양은 더 망가진다. 성긴 털 사이로 검은 피부가 보이기 때문에 북극곰들은 이발을 당하거나 병든 것처럼 보인다.

6 불곰Brown bear이라고도 불리는 큰곰*Ursus arctos*은 유라시아와 북미에 서식하는 크고 무거운 곰으로 곰과 곰속에 속하는 한 종이다. 회색곰, 알래스카불곰, 시베리아불곰, 유라시아불곰 등의 아종이 있다. 북극곰은 곰과 곰속에 속하는 별도의 종이다—옮긴이.

체로 식물성 먹이를 먹고 스스로를 보호할 수 있는 영역에 대한 공간 감각이 명확하다. 북극곰은 거의 전적으로 고기를 먹고 산다. 북극곰의 영역은 곰이 움직이는 대로 얼음 위를 이리저리 옮겨 다닌다. 이빨을 검사해보면 식단 차이가 분명하다. 북극곰 이빨은 긴 송곳니와 고기를 자르는 작은 어금니, 퇴화한 앞어금니, 섬세한 손톱깎이처럼 쓸 수 있는 앞쪽으로 기울어진 앞니로 구성된다. 불곰의 송곳니는 그보다 짧고 어금니와 앞어금니는 식물을 빻는 데 적당하도록 넓고 평평한 모양이다.

전반적인 체형에서도 진화가 만들어놓은 차이를 분명하게 볼 수 있다. 불곰이 어깨가 넓고 접시처럼 판판한 얼굴이라면, 북극곰은 어깨가 좁고 콧날이 로마인처럼 우뚝하다. 북극곰은 목이 더 길고 머리가 작다. 뒷발로 선 키로 보자면 북극곰이 불곰보다 크지만, 흉곽이 빈약한 편이라 전체적으로는 더 가냘픈 체형이다. 북극곰은 다리가 더 길고 발바닥 육구育球 사이에 털이 더 두툼하게 나 있다. 발가락 사이에는 부분적으로 물갈퀴가 있고, 흑갈색 발톱은 불곰보다 뾰족하고 작다. 북극곰에게는 불곰 어깨에 있는 혹[7]이 없는 대신 덤불에서 열매를 따는 데 적당한, 물건을 집기 좋은 입술이 있어 표정이 더 풍부하다.

다시 한번 말하지만 이처럼 짧은 기간에 그처럼 달라졌다는

---

7 큰곰(불곰)종 곰들은 특징적으로 어깨에 불거진 둥그런 모양의 혹이 있는데, 근육으로 이루어져 있으며 곰이 앞발을 휘두를 때나 땅을 파헤칠 때 힘을 실어주는 역할을 한다—옮긴이.

사실이 놀랍다. 우리는 둘을 모두 '곰'이라 부르지만 개수로[8] 수면에 조용히 고개를 내밀고 작고 검은 눈으로 잠자는 턱수염물범을 확인한 다음 소리 없이 숨을 들이쉬고는 물결 한 점 일으키지 않고 물 밑으로 잠겨 드는 북극곰을 보자면, 우리가 사물에 너무 무신경하게 이름을 붙이는 것이 아닌가 의심스러울 지경이다.

북극곰이 사는 다섯 나라가 상호협약을 통해 국제자연보호연맹이 주관하는 공동 연구 계획을 발족시킬 당시, 각국의 연구 방향은 조금씩 달랐다. 미국과 노르웨이는 북극곰의 위치를 파악하는 기술을 개발했고, 나중에는 곰을 이주시켜 개별 개체군들의 경계를 넓혔다. 미국은 또한 전자 추적 기술도 개발하기 시작했다. 캐나다는 북극곰의 일반적인 사냥 행태와 주식인 고리무늬물범과의 관계를 주의 깊게 살펴보았다. 노르웨이는 캐나다의 도움을 받아 북극곰의 생리 기능을 조사하기 시작했다. 닐스 외리츨란이 매니토바주 처칠에 있는 연구소에서 허드슨만 남부 개체군에서 생포한 북극곰들을 대상으로 이 연구를 수행했다.

외리츨란은 곧 놀라운 사실들을 밝혀냈다. 북극곰은 주기적으로 물에 들락거리기 때문에 특유의 보온 및 냉각 문제들을 안

8 개수로는 해빙에 난 물길로, 카약과 같이 수면에 떠서 움직이는 물체가 이동할 수 있는 길이다. 폭이 작은 경우는 틈이라 부른다.

고 있었다. 외리츨란은 북극곰의 기초대사량이 환경과 계절에 무관하게 적정한 체온을 유지하는 데 적당하게 맞춰져 있음을 발견했다. 그는 또 북극곰의 겨울털이 영하 40도에 초속 6.6미터 바람이 부는 환경에서도 적절한 체온을 유지할 수 있는 보호 성능을 갖추었다고 결론을 내렸다. (연구소에서 나오는 결론들은 늘 지나친 단순화의 문제를 안고 있다. 현장에서 보자면 북극곰들은 영하 28~26도에서도 초속 6.6미터 정도의 바람이 불면 눈 둔덕이나 압력 봉우리 뒤로 대피해 엎드려 있거나 임시 굴을 파고 들어앉는 경향이 있다.)

북극곰의 유일한 '문제'는 근육을 움직이면서 발생하는 열을 발산하는 문제라고 외리츨란은 말했다. 그는 북극곰들이 발바닥과 발톱, 코와 다리(몸에서 보온 기능이 가장 떨어지는 부위들)로 통하는 혈류를 증가시켜 이 문제를 해결한다는 사실을 알아냈다. 가장 놀라운 발견은 어깨뼈 뒤쪽 등가죽과 지방층 사이에 걸쳐 있는 독특한 얇은 근육층이다. 이들 부위로 보내진 더운 피는 외부로 열을 발산하거나 역류열교환계[9]에서 앞서 식은 피와 접촉해 피를 데운다. 외리츨란의 실험 결과를 보면 북극곰의 중심 체온이 38.67도를 넘으면 휴면 중일 때 분당 45회

---

9 역류열교환Countercurrent heat exchange은 동물의 체온조절을 위한 적응 기작의 하나로 많은 조류와 포유류가 이에 해당된다. 따뜻한 피와 차가운 피가 흐르는 두 혈관을 나란히 둠으로써 혈관 전체에서 열전달을 일으켜 과열을 효과적으로 해소하는 동시에 식은 피가 몸의 중심에 바로 닿지 않도록 적절하게 데운다—옮긴이.

이던 심장박동이 최대 분당 148회까지 증가하고, 규칙적이던 호흡 패턴이 차가운 공기를 폐로 끌어들이기 위해 빠르고 얕은 호흡(헐떡임)으로 바뀐다.

헤엄칠 때는 과열되지 않기 때문에 북극곰들은 몸을 식히기 위해 물속으로 뛰어들기도 하고 눈을 먹기도 한다.

북극곰들이 그처럼 쉽게 과열되는 이유는 지방층 때문이다. 지방은 뒷다리 바깥쪽과 궁둥이 위쪽, 등 아래쪽에 가장 많이 분포해 있는데, 이런 곳의 지방 두께는 11센티미터에 이르기도 한다. 상체와 앞다리, 목 부위에는 지방층이 적다. 북극곰들은 특히 물속에서 체온을 유지하고 열량을 섭취하기 위해 지방층이 꼭 필요하다. 암컷은 굴속에서 추위를 피하며 새끼를 낳고 젖을 먹이는 5개월 동안 전적으로 비축된 지방에 기대 생존한다. 임시 굴에서 폭풍을 피하는 곰이나 가을에 해변에서 해빙이 형성되기를 기다리는 곰도 마찬가지다. 식습관이 이렇다 보니 허드슨만 남쪽 굴속에서 피한避寒하는 암컷의 경우, 9월 초에 해안에서 볼 때는 340킬로그램 정도이던 개체가 4월에 굴에서 나올 때는 고작 159킬로그램 정도밖에 되지 않는다. 이와 유사하게 늦여름 해변을 어슬렁거리는 수컷도 얼음이 다시 형성되어 해빙 위에서 사냥을 할 수 있게 될 때까지 3개월 사이에 체중의 30퍼센트 정도를 잃는다.

특히 허드슨만 해안가 툰드라에 사는 북극곰들은 여름내 내리쬐는 햇빛을 피하려고 여름잠용 굴을 파는데, 때로는 몸을 식히기 위해 영구동토층까지 파고 내려가기도 한다. 날씨가 따뜻할 때는 가끔 벌러덩 누워 배와 다리를 노출한 채 잠을 잔다. 날이 추울 때는 바람을 등진 채 따뜻한 공기를 호흡할 수 있도록 뒷다리를 배 밑으로 집어넣고 앞다리로 감싼 다음 머리를 가슴에 묻고 몸을 웅크린다.

외리출란의 실험 결과들은 북극곰의 생리를 단순화해서 설명하고 숫자를 제공한다는 측면에서 상당히 매력적이다. 그러나 관찰을 통해 확인되는 야생 북극곰의 생리 작용과 그 복잡한 행동 양태야말로 정말 경탄할 만하다. 이 동물은 상황에 따라 은신처를 찾거나 몸을 드러내고, 잠을 자고 여행하며 특정 먹이들을 사냥하고, 짝을 짓고 동면한다. 북극곰들의 일생을 통해 지속되는 이 휴식과 격렬한 활동과 영양 섭취의 상호작용을 따로따로 떼어낼 수 있는 것이 아니다. 스케이트 선수가 그리는 길고 우아한 호처럼, 이것은 생명에 대한 하나의 선언이며, 전체로서 아름다운 것이다.

성공적으로 삶을 꾸려가는 북극곰은 통찰력을 가지고 새로운 환경에 대응하고, 적당한 때에 적당한 행동을 하며, 한 계절 한 계절씩 서른 살까지 살아간다. 먹이를 구하는 법을 어떻게 배우는가 하는 문제를 차치하면, 이들의 행동 중에서 가장 흥미로운 부분은 북극곰 암컷이 더 많은 북극곰을 만들기 위해 취하는 단계들이다.

암컷은 보통 굴로 들어가는 10월 하순이나 11월 초순이 되기 전에 다시 사냥에 나설 봄까지 자신과 새끼들의 생명을 유지시켜줄 두꺼운 지방층을 비축해야 한다. 눈보라가 없고 먹을거리가 풍성하면 암컷은 늦게 굴에 들어간다. 먹이가 충분하지 않은 해에는 굴에 들어가기를 포기하기도 한다. 이른 폭풍으로 먹이를 먹을 수 없게 되면 임시 굴을 파고 들어앉아 날씨가 좋아지기를 기다리며 어떻게 할지를 결정한다. 암컷은 4월과 5월 사이 3주 정도 지속되는 발정기에 임신하지만 수정란은 한참 뒤에야 자궁벽에 착상되는데, 일부 과학자들은 착상 시기가 암컷이 오랜 동면에 들어가는 때가 아닌가 추측한다. 동면은 수정란을 가진 암컷들만 한다.

북극곰들은 출산용 굴을 팔 때 에스키모들이 이글루를 지을 때만큼이나 까다롭게 눈의 종류를 가린다. 두 건축물은 많은 특징을 공유한다. 암컷은 보통 초가을에 형성된 눈 더미를 고르는데, 바람을 피할 수 있는, 산꼭대기에 가까운 곳일 경우가 많다. 굴이 한겨울 폭풍에 노출되거나 눈사태에 파묻힐 위험이 없는 곳이다. 암컷들이 만드는 굴의 구조는 무척이나 다양하지만 몇 가지 공통적인 특징이 있다. 입구 터널은 길이가 1.5~3미터 정도에 폭과 높이는 60~70센티미터 정도다. 위쪽으로 경사진 터널 끝에 작은 방이 있는데, 곰이 몸을 뒤척일 수 있는 딱 그 정도의 크기다. 그리고 환기 구멍이 하나 있다.

암컷은 공기 흐름을 계획하고 뛰어난 단열재인 눈의 두께를 조절해서 겨우내 굴 안에 신선한 공기가 흐르도록 한다. 또 바깥의 혹한에 상관없이 굴 안 온도를 0도 정도로 일정하게 유지한다. 암컷은 200와트짜리 전구 하나에 해당하는 소량의 열을 발산하는데, 이 열을 기울어진 입구 터널과 방이 만나는 지점의 공기 둑 또는 문지방 안에 가두어 온도를 유지한다. 암컷은 지붕 두께를 조절하기도 한다. (에스키모들도 같은 기법을 이용한다.)

암컷이 겨우내 실제로 동면하는 것은 아니다. 맥박과 호흡은 상당히 느려지지만, 체온은 아주 약간 떨어지는 데 그친다. 가끔 잠에서 깨 경계 태세를 취할 수도 있다. 굴 안이 너무 더우면 벽에 얼음이 형성되어 방 온도가 떨어지고, 눈 벽을 통한 산소와 이산화탄소 교환이 가로막힌다. 그러면 곰은 얼음을 긁어내 환기 통로를 조정하거나 눈을 파서 기존의 방 옆에 새로 방을 만든다. 스발바르 제도에서 몇 년 동안 동면하는 북극곰을 연구한 예른 토마센은 일부 암컷들이 다른 곰들보다 훨씬 능숙하게 굴을 설계하고 관리한다고 밝혔다. 그는 나이 많은 곰들이 여러 번 굴을 지으면서 시행착오를 통해 공기 순환과 열 보존법, 나아가 새끼들이 밖으로 나가기 전에 걸음마를 할 수 있도록 굴을 넓히는 법을 터득하기 때문에 이런 일들을 훨씬 경제적으로 수행해낸다고 추측한다.

굴속은 매우 깨끗하다. 단백질 대신에 지방을 대사하기 때문에 암컷은 신체 노폐물을 거의 생산하지 않는다. 가끔 눈을 한 입씩 먹는 것을 제외하면 암컷은 필요한 수분 역시도 비축된 지방으로 해결한다.

새끼는 보통 두 마리를 낳지만 때로는 한 마리나 세 마리를 낳기도 하고, 아주 드물게는 네 마리를 낳는 경우도 있다. 새끼는 12월이나 1월 초에 태어난다. 갓 태어난 새끼는 보지도 듣지도 못하고, 보온 능력도 형편없으며, 걷거나 냄새를 맡을 수도 없다. 태어나 몇 주 동안은 생존을 위해 세 가지에 의존한다. 굴의 보호 기능과 어미의 따뜻한 품, 영양이 풍부한 어미의 젖. (북극곰 젖은 크림처럼 걸쭉하다. 맛을 본 사람들은 대구 간유 같은 맛과 물범이나 생선 같은 냄새가 난다고 말한다. 북극곰 젖은 고래 젖보다 지방이 풍부하고 물범 젖보다 단백질 함유량이 많다.) 이때에도 암컷이 물질대사를 최소화하면서 새끼에게 필요한 열과 젖을 생산하려면 잘 만든 굴의 보호 기능이 반드시 필요하다.

새끼는 태어날 때 450그램도 채 안 나갈 정도로 작아서 암컷의 오므린 두 앞발 안에 쏙 들어간다. 새끼들은 생후 24일 만에 들을 수 있고, 그로부터 일주일 후에는 볼 수 있게 된다. 걷고 냄새를 맡으려면 몇 주가 더 필요하다. 3월 말이나 4월 초가 되면 새끼는 11.3킬로그램 정도 나가는데, 이때쯤 날씨와 새끼들의 상태가 괜찮으면 암컷이 굴 밖으로 나간다. 며칠 동안은 그저 굴 앞에 앉아 꾸벅꾸벅 졸며 햇볕을 쬐거나 눈 위를 구르며 털가죽의 기능을 재가동한다. 아니면 무작정 여기저기 킁킁대며 한입 뜯어먹을 풀이나 지의류를 찾기도 한다.

위치를 잘 잡은 굴 입구는 바람이 들이치지 않고, 오후 해의 온기를 받을 수 있도록 어떤 식으로든 남쪽과 서쪽을 향한다. 새끼들은 며칠 동안 어미를 따라 해가 비추는 이 안전한 현관을 들락거리며 탐험을 한다. 다음 몇 주 동안에도 이곳에서 그다지 멀리 나가지 않는다. 어미는 종종 이곳 눈 언덕을 등지고 햇볕을 받으며 앉은 자세로 젖을 먹인다. 새끼들은 배를 깔고 엎드린다. 어미는 젖을 먹이면서 고개를 들어 하늘을 보거나, 고개를 천천히 좌우로 흔들거나, 새끼들을 달래듯 앞발로 부드럽게 흔들기도 한다.

이 몇 주간이 어미와 새끼들에게는 결정적인 시간이다. 어미는 먹이를 구하기 위해 사냥하러 떠나고픈 욕구와 여행에 대비한 학습과 단련, 준비 등 새끼들에 대한 투자 사이에서 균형을 잡아야 한다. 대부분의 어미 북극곰들은 하루 안에 바다에 닿을 수 있는 거리에 굴을 만든다. 허드슨만 남쪽 해안에 굴을 만드는 일부는 바다까지 가는 거리가 훨씬 멀어서 가는 길에 임시 굴을 만들어야 한다.

아마 굴에서 나오는 북극곰들을 세상에서 제일 많이 관찰했을 라스무스 한손과 예른 토마센은 스발바르 제도 보겐 계곡이라는 전통적인 북극곰 동면 지역에서 몇 년간 곰들을 연구했다. 그곳 곰들 대부분이 렛시우스산 능선 바로 밑에 한 줄로 나란히 굴을 만든다. (이처럼 굴이 밀집해 있지만 두 가족이 동시에 굴 밖에 나와 있는 경우는 드물다. 암컷들이 어떻게 서로를 방해하지 않도록 운동 시간을 조정하는지는 알려져 있지 않다.)

렛시우스산 남서쪽 비탈면의 경사가 70도라 새끼들이 처음 만나는 난관은 보겐 계곡 바닥까지 내려가는 일이다. 엉덩이부터 미끄러져 내려가면서 어깨 너머로 밑을 확인하고 발톱으로 제동하는 어미를 보고 따라 하거나 아니면 네 발을 쭉 뻗은 채 옆구리로 미끄러지거나 배를 깔고 머리부터 미끄러진다. 먼저 내려가 있던 어미가 제멋대로 구르며 내려오는 새끼들을 받는다.

한손과 토마센에 따르면, 바깥에 나간 처음 며칠 동안 암컷들은 그냥 쉬는 반면에 새끼들은 격렬하게 움직이는 경향이 있다. 새끼들은 얼음 조각이나 눈덩이를 집어던지고 고양이처럼 난폭하게 서로를 물고 씹으면서 쫓거나 얼싸안고 씨름을 한다. 새끼들은 또 뒷발로 서서 서로를 철썩 때리거나 눈 속에서 함께 구르며 마구 주먹질을 하고 서로의 목을 물고 늘어진다. 두 노르웨이인 과학자는 새끼들의 행동을 분석하면서 새끼들이 세 가지 영역을 발달시킨다고 결론지었다. 첫째, 체력과 신체 제어 능력. 둘째, 다음 2년 동안 암컷과 새끼들이 효과적으로 함께 사냥하며 살 수 있게 해주는 사회적 행동과 의사소통 기술. 셋째, 싸움 기술. 수컷의 경우 마지막 기술은 앞으로 닥쳐올 번식기 대결 때 도움이 될 것이고, 암컷의 경우는 새끼들을 방어할 때 도움이 될 것이다. (몇몇 연구자에 따르면, 수컷 북극곰은 만나는 새끼마다 죽이려 하는데, 특히 어미가 제대로 방어하지 못할 때 더 심하다고 한다.)

새끼들이 일정 수준의 체력과 신체 제어 능력을 갖춰 잘 걷고 어미의 '정지' 및 '이리 와' 지시를 잘 따르게 되면, 곰들은 굴을 떠난다. 세 마리가 암컷의 몸에 비축된 지방에 전적으로 의존해 살아가는 시기는 바야흐로 끝을 바라보고 있다.

그린란드 북서부 폴라에스키모들은 북극곰을 거대한 방랑자라는 뜻으로 '피숙투우크'라고 부른다. 포획-재포획 방식 연구들과 무선 위치 추적 정보에 기초해 과학자들은 북극곰 개체들이 주로 일정한 범위 안을 돌아다닌다고 결론 내렸다. 그러나 일부는 대단한 장거리 여행자들이다. 예를 들어 스발바르 제도에서 추적 장치를 부착한 북극곰 한 마리는 1년 후에 남서쪽으로 3,220킬로미터 떨어진 그린란드 나노르탈리크 인근에 모습을 드러냈다. 또 다른 암컷 북극곰 한 마리는 직선거리로 330킬로미터를 이틀 만에 주파했다. 북극곰들은 또 아주 먼 의외의 장소, 예를 들어 해발 2,000미터 높이인 스발바르 제도 뉴턴산 정상이나 해안에서 48킬로미터나 떨어진 그린란드 만년설 한복판 같은 곳에서도 발견되곤 한다. 1957년 12월에는 한 미국인 연구원이 북위 84도에 위치한 알파라는 얼음섬에서 새끼 한 마리를 거느린 암컷 북극곰을 발견했다. (활주로 불빛에 모습을 드러낸 녀석은 비행기가 착륙을 시도하기 직전에 간신히 몸을 피했다.) 1937년 여름에는 한 러시아인 얼음섬 연구원이 북극점에서 160킬로미터도 떨어지지 않은 곳에서 새끼들을 거느린 암컷 북극곰을 목격했다.

우리는 북극곰을 북방의 동물로 여기고 '북방' 경계가 남쪽으로 많이 내려오지 않는다고 생각하기 때문에 겨우 북위 53도밖에 안 되는 허드슨만 남단 애키미스키섬에 북극곰 굴이 있다는 사실을 알면 상당히 놀란다. 세인트존스만큼이나 아래쪽인 뉴펀들랜드 동해안에도 아직 북극곰들이 가끔 모습을 드러낸다는 사실도 마찬가지다. 방랑하는 북극곰에 관한 몇몇 이야기는 이들의 고독과 이해하기 힘든 끈기를 알려준다. 예를 들어, 1938년에 나이를 제법 먹은 북극곰 암컷 한 마리가 퀘벡주 내륙 한가운데인 락생장 지역 페리봉카 근처에서 사살되었다. 녀석은 분명 세인트로렌스만에서 사게네강을 거슬러 올라 북쪽으로 580킬로미터가량 떨어진 제임스만으로 향하고 있던 것이 틀림없었다.

캐나다인 북극곰 생물학자인 레이 슈와인스버그가 언젠가 해빙 위에서 데번섬 해안 절벽을 올려다보며 나에게 이런 말을 한 적이 있다. "전 땅이 놈들을 가로막을 거라고 생각했죠. 하지만 놈들은 거의 모든 지형을 통과할 수 있는 것 같아요. 놈들을 막을 수 있는 유일한 곳은 먹이가 없는 곳이에요."

북극곰이 대단한 방랑자인 이유는 멀리 이동하기 때문만이 아니라 호기심을 가지고 지칠 줄 모르고 이동하기 때문이다. 그린란드의 에스키모 사냥꾼들이 북극곰을 피숙투우크라고 부르는 이유도 곰이 수월하고 영리하게 땅을 가로지르기 때문이다.

오랫동안 북극곰을 가까이에서 지켜본 에스키모들은 북극곰에 대해 다른 사고들, 즉 과학은 미신이라고 취급하고 어떤 이들은 냉소적으로 멸시하는 생각들을 발달시켰다. 예컨대 에스키모들은 북극곰들이 대부분 왼발잡이라서 달려드는 북극곰을 피해 필사적으로 도망쳐야 한다면 반드시 곰의 오른쪽에 서야 한다고 널리 믿고 있다.[10] 에스키모들은 또 북극곰이 몰래 물범을 쫓을 때 얼음 조각을 방패 삼아 밀고 나간다고, 상처 입은 북극곰이 눈으로 흐르는 피를 틀어막는다고, 바다코끼리 어미의 주의가 분산된 틈을 타 새끼를 낚아챌 심산으로 북극곰이 바다코끼리에게 얼음과 돌멩이를 던져 상처를 입힌다고, 북극곰 암컷들이 굴속에서 동면할 때 항문 마개를 사용한다고 생각한다.

이런 주장에 반박하기란 까다로운 일이다. 그런 이야기를 하는 인물의 정직성을 부정하는 일일 뿐만 아니라 북극곰의 임기응변 재주에 대한 부정이기도 하기 때문이다. 게다가 에스키모들이 쓰는 언어와 서구 언어들 간의 번역이 형편없는 탓에 결과적으로는 아무도 주장한 적 없는 내용을 반박하는 것으로 끝날 공산도 크다. 북극곰의 행동을 근본적으로 이해하는 가장 뛰어난 현장생물학자들은 북극곰들이 그럴 수도 있다는 태도를 견지한다. 직접 보지는 못했지만 말이다. 인류학자인 리처드 넬슨이 이 문제에 대해 간결한 조언을 주었다. 그는 다음과 같이 썼다. "에스키모들은 동물 행동에 관한 한 매우 신뢰할 수 있는 관찰자들이며, 나 자신이 그들이 말한 믿기 어려운 주장들의 많은 부분을 관찰을 통해 직접 확인하기도 했다." 북극곰이 도구를 쓴다는 언급에 일부 과학자들이 강하게 저항했지만, 1972년에 한 캐나다인 생물학자가 데번섬 북쪽 해안에서 그 증거를 발견

---

10 이 주장에 근거해서 그린란드 에스키모들은 오른발을 내민 북극곰을 묘사한 로열그린란드사 공식 문장이 정확하지 않다며 반대했다.

했다. 새끼 두 마리를 거느린 암컷이 20킬로그램 정도 되는 얼음 조각으로 고리무늬물범이 숨어 있던 굴의 지붕을 박살 낸 것이다. 과학자들은 또 곰들이 의도적으로 나그네쥐와 같은 작은 사냥감의 뒤를 몰래 쫓는다는 사실을 발견했다. 에스키모들이 오랫동안 주장해온 내용이었다. 그리고 북극곰이 물 밑으로 바다오리 떼에 접근해 범고래처럼 튀어오르며 사냥한다는 사실도 발견했다.

가장 끈질기게 이어지는 북극곰 신화 중 하나는 놈들이 물범을 쫓을 때 발바닥이나 눈덩이로 검은 코를 가린다는 설인데, 이 역시도 에스키모들로부터 시작된 것 같지만, 왠지 꾸며낸 냄새가 난다.

그 주장은 말한다. 1킬로미터 정도 떨어져서 보면 해빙 위에 있는 북극곰은 거의 분간되지 않지만, 놈의 검은 코는 똑똑히 보인다고. 물범이 그 코를 눈치채지 못할 리가 없지 않은가? 물범은 그 코를 눈치챌 수 있고, 그것이 또한 정확히 북극곰이 의도하는 바이기도 하다. 물범은 상체를 낮추고 거의 몸을 움직이지 않으면서 편평한 얼음 위를 미끄러지듯이 똑바로 접근해오는 북극곰을 거의 감지할 수 없다. 뒷발로 얼음을 지치는 동작은 엉덩이 윤곽에 변화를 일으키지 않는다. 물범이 검은색 코에 집중하면 곰의 형체는 주위의 얼음과 섞여 모호해진다. 멀리서 보면 코는 얼음 위에서 쉬고 있는 다른 물범처럼 보인다. 광학적 현상 때문에 북극곰 코의 크기는 곰이 거의 물범을 덮칠 정도로 가까이 올 때까지도 해빙 저쪽 편에 있는 물범 형체 이상으로 커지지 않는다. 코가 커 보이기 시작하는 지점에서 곰은 몸을 일으켜 물범에게 달려든다.

북극곰이 상체를 낮춰 바닥에 대는 것은 다리 사이에 걸린 지평선이 보이지 않도록 하기 위해서일 수 있다. 그러나 어쩌면 북극곰은 자신의 검은 코를 얼음에 대고 물범처럼 보이도록 의도한 것일지도 모른다. 직접 증거를 찾거나 모종의 실험을 준비하지 않고는 그저 추측할 수밖에 없다.

추측을 증명하고, 계획되지 않은 자연발생적인 사건들을 야생에서 목격하고픈 현장생물학자들의 욕구는 매우 강하다. 실험실에서 나온 연구 결과나 현장 조사에서 도출된 추론은 그 어떤 것도 '저 먼 곳'에서 일어나는, 풍부하고 복잡하고 믿을 수 없이 경이로운 그 사건들을 대체할 수 없다. 그리고 현장에서 일하는 과학자들은 현장에서 보는 것들이 그간 읽고 들었던 내용에 반할 수 있다는 가능성을 늘 염두에 두고 있다.[11] 개빙구역에서 물범을 몰래 쫓아가 잡는 북극곰을 목격하는 것과 같은 일회적인 사건(일부 생물학자들은 그런 가능성을 의심했지만,

---

11 최근에 한 연구소에서 발표한 실험 결과는 북극곰이 '걷기에 비효율적'이라고 선언했다. 러닝머신 위를 걷던 북극곰의 체온이 지나치게 높아졌기 때문이었다. 경험이 풍부한 한 북극곰 생물학자에게 이 실험에 관해서 물어보았다. 그가 웃으며 말했다. "북극곰은 러닝머신 위에서는 제대로 걸을 수 없습니다……. 바람을 맞으면서 커다란 진자처럼 다리를 움직이고 몸을 차가운 공기에 노출시켰다 차단시켰다 하면서 걸어야 하는데, 러닝머신에는 그런 게 없잖아요. 해빙에 나가보면 북극곰이 과열되지 않고 장거리를 걸을 수 있다는 걸 알게 될 겁니다."

1978년에 그들 중 한 사람인 도널드 퍼넬과 에스키모 동료인 데이비드 울루유크가 그렇게 사냥하는 곰을 목격했다)은 통계적으로 중요하지 않을 수 있다. 이런 사건을 기초로 모든 북극곰을 일반화할 수는 없다는 말이다. 그러나 이런 사건들이 북극곰 개체의 임기응변 능력과 이 종이 가진 능력의 범위를 강조하거나 특정 개체군에만 퍼져 있는 보기 드문 기술을 드러낼 수는 있다. 이런 사건들은 대형 육식동물의 생리에 결정적으로 중요한 뭔가를 강조해준다. 한 종이 가진 능력의 범위 말이다. 아무리 오랫동안 지켜본다 하더라도 북극곰이 할 수 있는 일의 전부를 보지는 못할 것이다.

레이 슈와인스버그와 함께 헬리콥터를 타고 배로우 해협을 따라 날다가 남쪽을 향해 외로이 얼음을 건너는 북극곰 한 마리를 본 적이 있다. "저놈을 따라가면 좋겠어요." 슈와인스버그가 엔진 소음 때문에 소리를 질렀다. "그냥 내려가서 저놈을 따라가고 싶어요." 그는 눈알을 굴리며 자기가 생각해도 어처구니없다는 듯 웃었다.

나는 창밖을 내다보았다. 곰 앞에는 수백 제곱킬로미터의 얼음이 펼쳐져 있었다. 설사 따라갈 수 있다 하더라도, 우리는 우리가 본 것들을 제대로 모아낼 수 있을까? 나는 생각했다. 저기서 우리가 놓치고 있는 건 무엇일까? 나는 다시금 베두인 동료들과 함께 공백지대라 불리는 룹알할리 사막을 방랑한 윌프레드 세시저가 사막에서 썼던 글을 떠올렸다. 북극을 보며 사막을 떠올리는 이유는 물이 없고 황량한 지형뿐만 아니라 인간의 삶에 야기하는 유사한 어려움 때문이다. 북극은 거칠고 현실적인 사람들을 선호한다. 익숙하지 않은 사람의 눈에는 아무것도 없이 끝없이 펼쳐진 것 같은 땅에서 가장 희미한 생명의 떨림을 알아채는 사람들. 아주 작은 흔적과 언뜻 드러난 자취에도 포식자의 기민함을 보이는 사람들. 문명화된 문화들이 '고유한 눈'을 잃었다는 사실은 데르수 우잘라라는 만주족 원주민에 관한 책을 쓴 블라디미르 아르세니예프에서부터 칼라하리 사막 원주민에 관한 책을 쓴 로렌스 반 데르 포스트에 이르기까지 여러 사람의 입에 오르내렸던 얘기다.

어떤 동물이 무엇을 하는지 분간하기 위해 지켜보는 데만 오랜 시간이 걸리는 것은 아니다. 어떻게 지켜봐야 하는가를 배우는 데도 오랜 시간이 걸린다. 에스키모를 만날 때도 정중하지만 반복적으로 이런 점이 지적된다. 이곳 북방의 땅을 분간하지 못하고 오랜 기간에 걸친 관찰에도 열의를 보이지 않는 사람들, 즉 몸으로 느끼지 않는 사람들이 내리는 번복할 수 없는 결정들에 마음이 편치 않다고, 그들은 힘겹게 말한다. 그런 지적을 들을 때면 나는 본능적으로 동의하며 고개를 끄덕인다. 그러나 이 얘기는 늘 다른 것을 돌아보게 한다. 우리는 그 동물이 거기서 무얼 하는지 서구 현장생물학자들이 완벽하고 정확하게 얘기해주리라고 얼마나 믿고 있는가. 우리는 그 과학자들이 각자의 연구에서 '고유한 눈'에 근접한 어떤 것을 회복하기를 얼마나 바라고 있는가.

보고 있던 곰이 헬리콥터 문짝에 가려 사라졌다.

곰을 따라가거나 아니면 그저 발자국만 쫓아가봐도 "지이인짜 뭔가를 배울 수 있다"라고 에스키모들은 웃으며 말한다. 곰이 어디로 가는지뿐만 아니라, 곰이 그 길에서 일어나는 사건들을 어떻게 다루는가에 대해서 말이다. 길게 이어진 발자국은 어디서 곰이 펄쩍 뛰어올랐는지, 어디서 돌아섰는지 보여준다. 그러면 우리는 곰이 무엇을 보고 놀랐는지 알아보려고 주위를 둘러볼 것이다. 추운 날 어미 곁을 따르던 새끼의 흔적은 어미 등에 기어올라 업힌 지점에서 사라진다. 해빙에 난 곰의 자취는 (물범 은신처가 있을 법한) 압력 봉우리에서 바람이 불어가는 쪽 경계를 따라 30미터쯤 거리를 두고 나 있을 것이다. 피오르로 향하는, 생긴 지 얼마 안 되는 곰 발자국은 새들의 서식지를 보고 나서야 이해가 된다. 북극곰은 절벽 밑에서 죽은 새들을 먹곤 한다. 수컷 발자국이 암컷 발자국을 가로질렀다가 다시 방향을 바꿔 따라가기도 한다. 갑자기 방향을 튼 발자국이 정확하게 일직선으로 이어지다가 얼음에 뚫어놓은 물범 숨구멍인 아글루에서 끝나는 경우도 있을 것이다. 아글루 주위에는 북극곰이 오래 기다린 흔적이 남아 있다. 높은 절벽 아래 해가 비치지 않는 곳에 난 발자국은 어느 7월 아침에 곰이 사냥한 장소를 보여주기도 한다.

6월 살진 곰이 남긴 폭이 넓은 발자국은 다른 기간의 발자국과 다르다. 곰 발자국은 한사코 두껍게 쌓인 눈을 밟지 않으려고 노력한다. 봄에 난 발자국은 눈 녹은 웅덩이를 건너지 않는다. 이런 곳에는 바늘처럼 뾰족한 얼음이 있어 발을 찌를 수 있다. 사람이 걸음을 옮기지 못할 정도로 얇은 해빙 판 위에서도 소금쟁이처럼 네 다리를 펼치고 거의 가슴으로 스케이트를 타듯이 걸어간 곰의 흔적을 볼 수 있다.

이런 흔적들은 북극곰들이 후각과 시각이 그려내는 세계 안에서 살고 있으며, 특히 여름에는 온도 차이로 그려지는 세계에 민감하다는 점을 드러낸다. 북극곰들은 시원한 장소를 찾아다닌다.

이런 발자국을 수백 개씩 쫓다 보면 북극곰을 연구하는 생물학자들은 어떤 감을 갖게 된다. 여름에 수컷들이 대체로 해안가에 머무는 반면, 새끼를 거느린 암컷들과 성장기의 북극곰들은 육로로 이곳저곳 떠돌아다니는 경향이 있다. 곰들은 산굽이나 계곡, 다른 지형지물을 이정표 삼아 지협을 가로지르는 전통적인 길을 찾을 뿐만 아니라, 험한 얼음지대나 개빙구역을 빙 돌아가는 일시적인 우회로를 택하기도 한다. (우회로를 택하기 위해서는 머릿속에 어디가 어디인지 알려주는 지도가 들어 있어야 한다. 전통적인 길에 대한 기억은 도움이 되지 않는다. 곰들이 어떻게 그런 지도를 그리고 사용하는지는 북극곰에 대한 여러 의문 중에서도 단연 흥미롭다.)

에스키모들이 변화하는 해빙의 삐죽삐죽한 지형을 안전하게 건널 때 사용하는 천문 감각과 계절별 바람과 해류에 관한 지식을 북극곰도 사용한다는 점 외에 북극곰이 어떻게 길을 찾는지는 아무도 모른다. 하지만 북극곰들은 늘 물범이 모여 있는 곳으로 곧장 이동하고, 해마다 주요 동면 장소와 짝짓기 장소로 돌아온다. 그리고 북극곰들은 수백 킬로미터나 떨어진 곳에서도 정확하게 해안으로 가는 길을 찾아낸다. 영구적인 지표들이 있는 육지에서 그렇게 해도 놀라울 텐데, 북극곰들은 매년 사방이 새로운 얼음으로 뒤덮이고 해빙이 해류에 밀리기라도 하면 하루아침에 압력 봉우리가 생기거나 새로운 틈이 생기는 바다에서 이런 일을 한다. 곰들은 얼음이 영구적으로 녹지 않는 일부 지역, 그 '끝없이 펼쳐지는 얼어붙은 평원과 한없이 이어지는 차가운 푸른 하늘, 그리고 차가운 하얀 태양'과 함께 뚜렷한 선이라곤 푸른 지평선밖에 보이지 않는 곳을 몇 주씩 돌아다니곤 한다.

북극곰들은 자기만의 방식으로 땅을 파악하고 길을 찾으면서 목적을 가지고 방랑한다.

커다란 검은 코는 끊임없이 차가운 공기를 끌어들여 냄새를 맡는 세포막에 스치게 한다. 암컷 곰 한 마리가 수년째 쌓인 오래된 얼음 더미 꼭대기에 올라가 뒷발로 서서 먼 얼음 평원을 둘러본다. 암컷은 눈이 부신지, 내리쬐는 3월 햇빛을 앞발로 가린다. 그러고는 가던 길을 간다. 녹았다 다시 얼고 있는 얼음 틈을 건너다 말고 암컷 곰이 한 발을 든 자세로 가만히 선다. 머리를 옆으로 기울이고 작은 양쪽 귀를 따로 쫑긋거린다. 암컷이 발을 내려놓는다. 높이를 달리하며 코를 몇 번 킁킁거리더니 주의를 집중한다. 넷시크를 발견한 것이다. 그리고 이 비스카운트 멜빌만의 눈과 얼음 밑 어디쯤에 있을 넷시크도 아마 나누크가

온 걸 알고 있을 것이다.

최근에 와서야 과학자들은 사냥하는 동물과 사냥되는 동물의 관계를 개별 종의 생활사만큼이나 중요한 연구 주제라고 생각하게 되었다. 캐나다인 북극곰 생물학자 이안 스털링은 곰의 물범 사냥에 관한 자신의 연구를 고리무늬물범과 얼음의 상관관계 연구와 결합해서 서구 사회의 북극곰 이해도를 상당히 높였다. 1974년 봄에 스털링은 고리무늬물범 생물학자인 톰 스미스의 도움을 받아 아문센만에서 북극곰 개체수가 갑자기 줄어든 현상을 설명해냈다. 그는 1973년 겨울 그 지역에 눈이 적게 내렸다고 말한다. 양이 너무 적어서 몇몇 외진 곳을 제외하고는 물범들이 눈을 파서 굴을 만들 수 없을 지경이었다. 또 그해엔 대개 겨울마다 물길이 나던 곳의 얼음이 깨지지 않고 그대로 남아 있었다. 아마 단단한 얼음 역시 물범의 먹이 분포에 영향을 미쳤을 것이다. 어쨌든 물범 상당수가 다른 곳으로 옮겨 가고(스미스가 추적 장치를 단 일부 물범들은 시베리아 데즈네프곶까지 이동했다) 아주 소수의 물범만 출산용 굴을 만들었다. 북극곰도 많은 수가 굶주리거나 다른 곳으로 이동했다. 핵심은 그해에 눈이 별로 오지 않았다는 사실이다.

북극곰이 일상적으로 사냥하는 고리무늬물범은 온전히 해빙에서만 생활하는 작은 해양 포유동물이다. 짧은 주둥이와 커다란 눈이 고양이처럼 생겼지만 매끈한 머리에는 귀가 없다. 짧은 목과 넓은 어깨, 둥그런 가슴과 뒤로 갈수록 가늘어지는 몸체는 친척관계에 있는 하프물범과 흰띠박이물범, 잔점박이물범과 닮왔다. 또 고리무늬물범은 친척들과 마찬가지로 뒷지느러미발이 앞쪽을 향하지 못한다. 뒷지느러미발을 쓸 수 없기 때문에 바다코끼리나 바다사자와 달리 걸을 때 몹시 서툴게 움직인다.

고리무늬물범은 북극에서 가장 흔하게 볼 수 있는 포유동물이다. 러시아인들은 최소 250만 마리가 있다고 추산한다. 하지만 녀석들은 상대적으로 사회성이 덜한 편이라 많은 수가 한곳에 모이는 일이 거의 없다. 새끼는 4월 초에 얼음 위에 쌓인 눈을 파 만든 굴에서 태어나 8~10주 후에 어미로부터 독립한다. 성체들은 여섯 살 무렵부터 4월 하순이나 5월 초순에 짝짓기를 한다. 이들은 흥미롭게도 북극 해양 먹이사슬의 두 단계에 걸쳐 있는데, 대구과 물고기도 먹지만 물고기들의 먹이인 동물성 플랑크톤도 섭취한다. 고리무늬물범의 크기가 다양한 것은 젖을 먹는 기간의 차이와도 관련이 있다. 얼음이 일찍 부서지면 새끼는 오래 젖을 먹을 수 없다. 성체는 대략 1~1.5미터 길이에 36~113킬로그램 정도가 나간다. 고리무늬물범은 짝짓기 때와 젖을 먹일 때, 털갈이할 때 많이 먹지 않기 때문에 많게는 체중의 30퍼센트 정도가 빠진다. 또 이런 시기에는 영역에 민감해서 때로는 자신의 얼음구멍 주변을 공격적으로 방어하기도 한다. 이 때문에 얼음 위로 나가려던 어린 물범들이 얼음구멍을 잘못 선택하는 바람에 구멍 주인에게 가로막혀 오도 가도 못하고 물 안에서 얼어 죽기도 한다.

고리무늬물범의 생태에 관한 의문 중에는 어두운 겨울에 얼음 아래에 있는 먹이를 어떻게 찾아내는지, 또 특히 대양 해류

속으로 깊이 잠수한 다음에 어떻게 얼음구멍의 위치를 '기억'해 내는지도 포함되어 있다.

고리무늬물범은 숨을 쉬러 수면으로 떠오를 때 북극곰의 공격에 가장 취약해진다. 얼음 위로 나오면 별스러울 정도로 경계심이 강해져서 20~30초마다 고개를 들고 6~8초씩 주위를 살피며, 졸 때도 쉽게 도망갈 수 있도록 얼음구멍에 딱 붙어 있다. 출산용 굴속에 든 암컷 물범이냐, 아니면 눈 밑에 얼음구멍을 파놓은 수컷이나 홀몸인 암컷이냐에 따라 사냥 조건이 상당히 달라지기 때문에, 어느 쪽인지 즉시 판단해야 한다.[12]

북극곰의 입장에서 볼 때는 물범이 재빠르고 조심성이 많아서 숨 쉬러 수면으로 머리를 내밀 때나 물 밖으로 나온 때처럼 취약한 틈을 타야 잡을 수 있다. 곰들은 얼음 위에서 몰래 물범의 뒤를 쫓거나 조용히 헤엄쳐서 다가간다. 이렇게 몰래 추적할 때 곰의 참을성과 순간적인 판단력은 분명 인간 관찰자의 관심을 잡아끈다.

아까 비스카운트멜빌만에서 본 북극곰은 물범이 눈 밑에 파놓은 굴 안의 얼음구멍에서 머리를 내미는 소리나 물범이 얼음 위로 기어오를 때 아글루에 떨어지는 희미한 물방울 소리를 들은 것이다. 곰이 접근할 때는 발을 내딛는 소리가 거의 들리지

---

12 물범들은 얼음구멍인 아글루 위에 덮인 눈을 파서 굴을 만들고 그 안에서 쉬고 잠을 잔다. 물범이 아글루를 통해 굴을 드나들기 때문에 해빙 위에서는 물범의 굴 흔적을 전혀 볼 수 없다. 눈이 녹는 시기에는 아글루를 덮은 눈 지붕도 녹아 얼음구멍이 그대로 드러난다—옮긴이.

않는다. 발바닥 육구 사이에 난 털이 바삭거리고 뽀드득거리는 눈 소리를 덮어준다. 곰은 머릿속으로 물범이 지금 쉬고 있을 지점을 정확히 짚어낸다. 곰은 물범의 움직임을 감지하기 위해 연신 귀를 쫑긋거리며 한 걸음 떼고 10초 멈추고, 또 한 걸음 떼고 15초 멈추는 식으로 다가간다. 목표 지점이 6미터 이내로 들어오면 곧바로 돌진해서 네 발로 정확하게 아글루를 겨냥하고 눈 지붕 위로 몸을 던진다. 물범은 즉사하고, 상황은 종료된다.

때로는 18킬로그램짜리 앞발을 잘 겨냥해 한 번 휘두르기만 해도 물범의 눈 지붕이 무너지기도 한다. 그러나 물범의 굴은 튼튼한 구조물이어서, 곰은 어쩔 수 없이 굴을 파야 할지도 모른다. 보통 다섯 번에 한 번 정도 성공을 거두는 것 같다. 그러나 곰은 굴 안 어느 지점에 아글루가 있는지 정확하게 알아서, 어떤 종류의 물범 굴에 침입하더라도 딱 그 지점을 겨냥한다.

북극곰이 고리무늬물범을 사냥할 때처럼 포식자가 한 종의 동물을 잡는 데 그처럼 다양한 사냥 전략을 취하는 경우는 없다. 곰은 소리 없이 물 밖으로 머리를 내밀어 정찰하고 다시 잠수하는 식으로 끈기 있게 30여 분에 걸쳐 부빙 가장자리에서 쉬고 있는 물범에게 접근한다. 북극곰은 마치 무해한 얼음덩어리인 양 물범을 향해 떠내려가기도 한다. 일단 부빙 가장자리에 다다르면 물에서 펄쩍 뛰어올라 한 방에 물범을 잡는다. 얼음 위에서 물범을 몰래 추적할 때는 상체를 납작하게 얼음에 대고 가슴과 앞발을 밀며 숨을 만한 데는 모두 찾아다니면서 천천히 미끄러져간다. 북극곰은 얼음구멍 주변을 긁어내 얇은 판만 남긴 다음 햇빛을 차단하기 위해 자기 몸으로 얼음을 덮는다. 아래에 있는 물범이 보기에는 여전히 두꺼운 얼음과 눈이 쌓여 있는 것처럼 보인다. 북극곰은 아글루에서 물범을 기다리면서 눈으로 벽을 쌓아 자기 몸을 숨기기도 한다. 그러고 있다가 물범이 아글루에서 쉴 때 벌떡 일어서는 것이다.

현장에서 북극곰이 사냥하는 장면을 2,000시간 넘게 관찰한 스털링은 몇 가지 요점을 강조한다. 첫째, 북극곰의 사냥 성공률은 높지 않다. 물범 굴을 덮고 있는 얼음의 종류와 사냥 가능한 물범의 수, 계절, 곰의 나이와 성별, 물범의 나이를 고려하면 특정 시점에서 일반적인 사냥 성공률은 2~25퍼센트 사이를 오르내린다. 스털링은 성공률이 가장 높은 기술이 계속 쓰인다고 주장하는데, 바로 아글루에서 물범이 나타나기를 끈기 있게 기다리는 것이다. (북극곰은 얼음 더미의 사소한 차이나 때로는 한 번 물범 냄새를 맡는 것만으로도 참고 기다릴 만한, 최근에 사용된 아글루인지 판단할 수 있다.)

북극곰 중에서도 나이 든 곰들이 특히 대단한 참을성을 보여준다. 녀석들은 아글루에서 바람이 불어가는 방향, 물범의 시선이 닿지 않을 만한 곳에 배를 깔고 엎드려 서너 시간을 기다리기도 한다. 곰은 가끔 몸을 풀기 위해 조용히 일어나 앉거나 서기도 하지만, 물범 소리가 들리면 언제라도 소리 없이 엎드릴 준비가 되어 있다.

물범은 물 위로 고개를 내밀기 직전에 숨을 토해내는데, 곰은 그 공기 방울을 보거나 소리를 듣고 경계 태세에 돌입한다. 물범은 머리부터 깔때기 모양 터널을 거쳐 떠올라 편평한 얼음 위에서 보면 얕은 둔덕처럼 보이는 얼음구멍으로 올라온다. 물범이 미는 탓에 먼저 물이 얼음 위로 약간 넘쳐 얼어붙는다. (물범은 터널과 아글루를 발톱으로 긁어서 완전히 얼어붙지 않도록 관리한다.) 곰은 재빠르게 움직여 완벽한 시점에 타격을 가해야 한다. 곰은 보통 한 발 또는 두 발로 가격한 다음 재빨리 주둥이를 갖다 대기 때문에, 곰 발에 맞고 죽지 않은 물범이라도 곧 이빨에 물려 죽는다. 프란스 반 드벨데는 다음과 같이 썼다. "발, 발톱, 주둥이, 이빨이 한꺼번에 타격을 가하기 때문에 물범이 빠져나갈 기회는 거의 없다."

일광욕 중인 물범에게 달려들 때도 북극곰은 달리기보다는 가까이 다가가서 펄쩍 덮치는 방식을 선호한다. 스발바르 제도에서 15년 넘게 북극곰을 관찰한 생물학자 토르 라르센에게 북극곰의 사냥 행태에 관해 물어보자 다음과 같이 말했다. "고양이예요. 놈들은 커다란 고양이 같아요." 속도는? "놈들이 얼마나 빠른지 정말 믿을 수 없을 정도예요. 아, 정말 빠르죠." 영리한가? "예. 놈들은 언제나 무엇을 해야 하는지 알고 있습니다. 그리고 놈들은 참을성이 많아요."

오랜 현장 경험이 있는 라르센과 스털링, 데니스 앤드리아쉐크, 슈와인스버그 및 여타 북극곰 생물학자들은 북극곰에게 낯선 상황을 분석하고 실용적인 해결 방안을 도출하는 능력과 새로운 것과 마주쳤을 때 재빨리 파악하는 능력, 평범한 상황에도 새로운 접근을 시도하는 능력이 있다고 말하곤 한다. 라르센은 말한다. "북극곰들은 영리합니다. 바로 그 때문에 북극곰들이 도구를 사용한다거나 엄폐물을 밀고 다닌다거나 별난 일을 한다거나 하는 그 모든 전설이 계속 전해지는 거죠."

북극곰은 인상적일 만큼 다양한 동물을 잡아먹는데, 동물마다 다른 사냥 기술이 필요하다. 북극곰은 캐나다 서북극에서는 잔점박이물범과 흰띠박이물범을 사냥하고, 동쪽에서는 하프물범을 사냥한다. 그린란드 해안 주변에서 잡는 거대한 턱수염물범과 두건물범은 훨씬 힘이 센 사냥감이다. 곰들은 얼음 개수로와 사브새트[13]에서 벨루가와 일각고래를 포식한다. 곰들은 턱수염물범 새끼를 집중적으로 포식하고, 가끔은 사향소나 바다코끼리, 졸고 있는 토끼, 털갈이 때문에 날지 못하는 기러기를 사냥한다. 곰들은 새알과 해초, 다양한 툰드라 열매를 먹는다. 그리고 짐승의 썩은 고기도. (북극곰은 해변에 널브러진 북극고래나 바다코끼리 사체만 먹고도 몇 달을 살 수 있다.) 곰 역시도 썩은 고기를 남긴다. 이것이 북극곰 생태의 흥미로운 측면이다. 건강 상태가 좋은 어른 곰은 보통 고리무늬물범의 지방만 먹고 나머지는 늘 곁에서 떠나지 않는 북극여우와 흰갈매기, 작은재갈매기, 몸을 사리는 편인 북극흰갈매기, 그리고 어디에나 있는

13 사브새트savssat는 피오르 지역에서 가장 흔하게 볼 수 있는데, 커다란 부빙군이 외해로 나가는 길목을 막아 육지 쪽으로 들어온 해양 포유동물들이 한 번의 호흡으로 그 밑을 통과하지 못하는 경우에 발생한다. 피오르가 계속 얼어붙으면서 때로는 수백 마리나 되는 일각고래와 벨루가가 점점 좁아지는 얼음 호수에 갇혀 숨 쉴 공간을 잃어버린다. 얼음이 깨지거나 녹지 않으면 치명적인 덫이 된다.

까마귀와 같은 수행원들에게 남겨준다. (겨울에 북극여우들은 해안에서 멀리 떨어진 해빙 위로 나가 북극곰이 사냥한 먹이를 청소하는 것만으로 연명한다.)

반면에 새끼를 데리고 있는 암컷이 사냥에 성공할 때는 보통 온 가족이 달려들어 물범 사체를 모두 먹어 치운다. 이들은 어른 수컷이 남긴 먹이의 잔해를 청소하기도 한다. 어떤 방식으로 진행되는지는 확실치 않지만, 사냥한 먹이를 나누는 일이 북극곰 개체군을 건강하게 유지하는 데 결정적으로 중요한 사안임은 분명하다.

예컨대 사회적인 동물이라 부르는 늑대나 치타를 기준으로 놓고 보면, 북극곰은 사교적이지도 사회적이지도 않다. 곰들의 몸짓과 발성은 제한적인 듯한 데다 대개 서로 마주치지 않으려는 의도를 교환할 때 사용된다. 북극곰은 암수 할 것 없이 홀로 생활하는데, 새끼가 딸린 암컷도 혼자 새끼를 기른다. 그러나 북극곰이 한데 모이는 특별한 경우들이 있는데, 그 일부가 기록에 남아 있다.

1874년에 미국인 정찰원 두 명이 베링해 세인트매튜섬에서 250~300마리 정도의 북극곰들이 평화롭게 '공유지에 모인 돼지들처럼 풀을 뜯고 풀뿌리를 캐는 광경'을 보았다. (그린란드 동해안의 우거진 계곡에서 풀을 뜯는 북극곰들을 본 어느 배의 선장은 영국 목초지에 방목하는 양 떼에 비유했다.) 9월과 10월에는 매니토바주 처칠만에 엄청난 수의 북극곰들이 모여들어 세인트매튜섬 곰들처럼 해빙이 형성되기를 기다리며 떼를 지어 이리저리 돌아다닌다. 곰들은 이들 여름 은신처에서 잠을 자거나 풀을 뜯는 생활을 끝내고 어서 해안을 벗어나고 싶어 한다.

북극곰이 먹이를 감지하는 방식은 적어도 두 가지가 넘는다. 한 마리가 좋은 물범 사냥터를 발견하면 한나절 만에 열에서 열다섯 마리 곰이 같은 곳에 모습을 드러낸다. 어떤 식으로든 놈들은 알고 있다. 사브새트와 해변에 널브러진 사체도 곰들을 끌어들인다. 1980년에 과학자들은 스발바르 해안에 놓인 한 북극고래 사체 주변에서 북극곰 쉰여섯 마리를 목격했다. 라르센은 과학자들도 곰들이 어떻게 소문을 듣고 모이는지 설명하지 못한다고 말한다. 냄새가 한몫하겠지만, 곰들은 사방에서, 그것도 일부는 정말 먼 곳에서 온다. "뭔가 일이 벌어지면 놈들이 나타나는 거예요. 재빨리 나타나죠."

이런 상황에서는 곰들이 서로를 거의 신경 쓰지 않는 듯하다. 대개 서로 접촉 없이 먹이를 먹고 각자의 길로 사라지지만, 새끼를 거느린 암컷이 외톨이 수컷을 만났을 때는 상황이 완전히 달라진다. 암컷은 즉시 도망간다. 아니면 발정기 암컷의 자취를 쫓다가 수컷 두 마리가 만나는 경우가 있다. 그다음엔 난폭한 싸움이 벌어지는데, 오래갈 때도 있다. (수컷들끼리의 싸움은 워낙 흔해서 여섯 살 넘은 수컷치고 이렇게 얻은 얼굴 흉터가 없는 경우가 드물다.) 반면에 가끔 젊은 수컷들이 동료가 돼서 함께 움직이며 사냥하는 일도 벌어지는 것이 확실하지만, 이에 대해 알려진 바는 많지 않다.

오래 지속되는 사회적 단위는 어미와 새끼 관계다. 보통 2년을 함께하는데, 그동안 암컷이 새끼들에게 사냥하는 법을 가르친다. 이들은 끊임없이 집중적으로 사회적 상호작용을 한다. 북극곰은 나이가 들수록 소리를 내는 일이 드물어진다. 화가 났을 때 크게 식식거리고 으르렁거리며 이빨을 갈고, 몹시 흥분했을 때 가볍게 떨리는 소리를 내는 정도다. 반면에 새끼들은 인상적일 만큼 다양한 소리를 낸다. 인간 관찰자가 주변에 있을 때는 큰 소리로 울부짖으며 낑낑거리거나 식식거리며 입맛을 다시거나 코르크 마개를 뽑는 것 같은 소리를 내고, 목구멍이 떨리는 소리를 내기도 한다. 과학자들은 어미가 새끼들과 목소리로 의사소통을 한다고 추측한다. 아마 몇 가지 단순한 소리를 이용할 것이다. 그중 하나는 성체가 일종의 식식거리는 소리를 낮게 반복적으로 내는 것인데, '방향을 파악하기 쉬우면서 멀리 퍼지지 않는' 이 소리는 다가오는 수컷이나 녹아내리는 얼음, 난폭한 여우 같은 위험으로부터 멀리 떨어지라고 새끼들에게 경고하는 데 쓰인다.

어쨌거나 암컷은 새끼들이 스스로 먹이를 구할 수 있을 때까지 새끼들을 통제해야 한다. 무엇보다도 새끼들이 아무 생각 없이 자신들의 목숨이 달린 사냥을 방해할 수 있기 때문이다. (한 과학자는 암컷들이 이 문제를 해결하기 위해 새끼들이 지쳐 서로 끌어안고 잠들 때까지 걷게 한다고 말한다. 새끼들이 쉬는 동안 암컷은 사냥한다.)

어린 곰들이 '몰래 추적하기'나 '조용히 다가가기' 같은 기본적인 사냥 기술을 이해하는 것은 분명해 보이는데, 연습이 필요하다. 어미가 새끼들에게 사냥 기회를 만들어주면서 몇 가지 지도를 하고, 어린 곰 스스로도 어미의 사냥을 지켜보고 모방하면서 많은 것을 배운다. 물범을 잡는 어린 곰들은 허둥지둥하면서도 성급하다. 어린 곰은 10분 만에 아글루 지켜보기를 포기하기도 한다. 아니면 물범을 쫓아 철벅철벅 부빙을 건너 개수로에 풍덩 뛰어들 수도 있다. 여느 포식자와 마찬가지로 절박한 필요가 적절한 판단을 내리는 데에 결정적인 역할을 한다. 그해 태어난 새끼들[14]과 일년생 새끼들에게는 어미가 먹이를 공급한다.

북극곰들은 상대적으로 적은 수의 새끼를 낳지만, 새끼 대부분이 생존할 정도로 기르고 보호하는 데 엄청난 시간과 에너지를 쏟는다. 대개 새끼들이 24~28개월령이 될 때 가족이 해체되고 새끼들은 제 갈 길을 간다. 보통 어미는 다시 짝짓기를 한다. 어미를 떠난 새끼들은 한동안 함께 지내겠지만 결국 갈라진다. 이 시점에서 우르수스 마리티무스의 운명은 혼자 생존하는 법을 익히느냐 마느냐에 달려 있다. 곰의 모든 연령대를 통틀어 사망률이 가장 높은 시기가 이 전환기다.

생물학자인 찰스 존클은 처음으로 혼자서 여름을 맞는 어린 곰의 상황을 이렇게 요약했다. 먼저, 어린 곰에게는 성공적인

---

14 그해에 태어난 북극곰 새끼들은 'cubs of the year'의 첫 글자를 따서 'COYs'라 부른다—옮긴이.

사냥꾼의 필수 요소인 경험이 부족하다. 둘째, 어린 곰은 몸집이 작아서 먹이(커다란 턱수염물범이나 두건물범은 도망간다)를 확보하는 능력에 상당한 제약이 있는 데다, 물범이 도망가기 전에 굴을 부수고 들어갈 만한 힘도 부족하다. 셋째, 어린 곰은 성장뿐만 아니라 먹이가 드문 기간에 쓸 지방층까지 비축해야 할 절박한 필요가 있다. 넷째, 어린 곰은 길 찾는 법을 배워야 하고, 해류들 사이의 상호작용과 우세풍, 특정 땅덩어리의 지형, 해안선의 방향 등을 이해한 다음 기억해야 한다. 마지막으로, 어린 곰은 물범을 놓고 다른 곰들과 경쟁하거나 마찰을 겪어야 한다.

암컷의 독특한 능력은 생애 중간 즈음에 굴 만들기, 새끼들에게 생존법 가르치기와 같은 뭔가 새롭고 어려운 일을 터득하는 데 있다. 수컷에게서 인상적인 점은 어느 계절에나 성공적인 사냥 실력(수컷은 겨울에 암컷보다 더 멀리 돌아다닌다)과 독보적인 호기심이다. 수컷들은 해빙 위에 보이는 건 거의 뭐든지 조사한다. 진화적인 측면에서 말하자면 단순한 임기응변 능력일지도 모른다. 호기심이 많은 곰이 결국 더 자주 먹이를 구할 테니 말이다. 이런 특성이 요즘 들어 부작용을 낳고 있다. 원유 채굴지가 여기저기 생기고 버려지는 군사시설이 많아지면서 종종 호기심 많은 북극곰들이 뭔가를 잘못 건드려서 죽는 일이 발생한다.

도싯 문화의 예술에는 고고학자들이 '떠 있는' 또는 '나는' 곰이라고 칭하는 유명한 주제가 있다. 도싯 문화는 기원전 500년부터 서기 1000년 사이에 북극 지역에서 번성했다. 가장 잘 알려진 사례는 캐나다 동북극 멜빌반도 이글루릭 근처에 있는 알레르네르크라고 불리는 유적지에서 발견되었다. 곰의 머리와 몸체를 새긴 15센티미터 정도 되는 이 유선형 상아 조각품은 기원전 500년경에 만들어졌다. 차렷 자세로 앞발을 옆구리에 딱 붙이고 뒷발을 쭉 편 곰은 활공하거나 나는 것처럼 보인다. 뒷다리 모양은 사람처럼 보이기도 하는데, 양식화된 골격과 등뼈, 갈비뼈가 새겨져 있고 경추와 사지 관절이 분명하게 표시되어 있다. 아래쪽인 가슴과 배는 세로로 오목하게 패어 몸통 부분이 비어 있음을 보여준다. 한때 붉은 안료가 칠해졌던 것으로 보이는 목에는 밀어서 여닫는 나무 뚜껑이 달린 작은 공간이 있다.

도싯 문화는 특히 후반기에 영향력 있는 주술사들의 지배를 받은 것으로 보이는데, 이런 조각품을 만든 이들이 그들이다. 도싯 주술사들은 스스로 유도한 최면 상태에서 인간의 신체를 버리고 바다 밑바닥이나 달 위에 있는 영적 세계로 '날아갔다'. 그곳에서 그들은 스스로를 위해, 또는 환자들을 위해 고민을 상담하고 마음을 달래고 얼렀다. 이런 여행은 도움을 주는 강력한 영들과 함께하는 경우가 흔했는데, 그중에서 북극곰은 독보적으로 강력한 존재였다. 곰은 '앙가코크'라고 불리는 주술사들이 자기 신체를 빠져나와 날 수 있도록 도왔다. (곰에 조각된 골격은 육체를 떠난 여행의 성격을 강조하기 위한 것으로 생각된다.)

이런 조각품들의 가장 흥미로운 특징 하나가 바로 그 사실성이다. 나는 처음에 그 조각들이 현대 에스키모들의 활석 조각들처럼 양식화되었다고 생각했다. 얼음 위에 있는 북극곰을 보고 나서야 내 선입견이야말로 양식화된 것임을 깨달았다. 도싯 조각과 현대 조각은 현실에서 볼 수 있는 북극곰들의 놀라운 자세들을 아주 조금 과장해서 표현했을 뿐이다. 조각품들은 '고유한 눈'의 기념품이며, 과장된 것처럼 보이는 고유한 사상들 안에는 사실주의의 핵심이 놓여 있다.

레이 슈와인스버그에게 바다로 내려간 북극곰, 즉 앙가코크 동료와 함께 대양의 바닥까지 헤엄쳐 내려간 그 북극곰에 관해 물어본 적이 있다. 슈와인스버그는 다음과 같이 대답했다. "한 번은 큰 얼음구멍까지 이어진 곰의 발자취를 본 적이 있는데, 거기서 자취가 사라졌어요. 나온 흔적도 없었어요. 그 부근에는 달리 곰이 숨 쉴 수 있는 곳도 없었거든요. 그런 상황이면 곰들이 바다 밑바닥을 돌아다닌다는 이야기가 왜 나왔는지 쉽게 이해가 될 겁니다."

그리고 수심이 10미터나 되는 투명한 물속을 헤엄치는 북극곰을 본 적이 있다면, 북극곰이 앞발을 저으며 활공하듯 나아가 해달처럼 몸을 뒤집고 구르는 광경을 본 적이 있다면, 곰이 날 수 있다는 얘기에 의아해하지 않을 것이다.

에스키모 문화와 그 이전의 문화가 만들어낸 북극곰에 대한 미학적이고 철학적인 해석을 보고 있자면, 그들의 통찰력이 북극곰과의 특별한 유사성에서 나온다고 믿게 된다. 북극에서의 삶에 성공적으로 적응해간 과정을 보면 에스키모와 북극곰은 어느 정도 닮았다. 일부 에스키모 집단을 제외하면, 둘의 주된 사냥감은 고리무늬물범이다. 참을성 있게 아글루에서 기다리기와 다양한 종류의 추적 기술 등 둘의 사냥 방법은 놀라울 정도로 유사하다. (북극곰이 에스키모보다 먼저 북극에 도착했는데, 에스키모들이 북극곰의 사냥 장면을 지켜보며 사냥 기술 일부를 배웠거나, 최소한 그 기술 일부를 도입해 정제했을 것으로 보인다.) 어떤 에스키모 집단은 곰들과 마찬가지로 겨울에 육지를 떠나 해빙 위로 이동한다. 물범 사냥이 잘되는 장소라면 두 종류의 사냥꾼 모두 대략 2주 사이에 사냥감의 씨를 말려버린다. 그러면 이동한다. 둘 다 해빙 가장자리와 해안가를 따라 생활을 영위한다. 그리고 둘 다 물범이 사라져 굶주릴 위험을 안고 살아간다.

인간과 곰은 똑같이 가혹한 기후의 영향을 받았으며, 이를 통해 각자에게서 분명히 느껴지는, 인내에 통달한 듯한 독특한 분위기를 갖게 되었다. 인류학자들과 생물학자들은 둘을 묘사할 때 같은 용어를 쓴다. '억척스럽고', '현실적이고', '끈질기고', '이해가 빠르다.' 그리고 과학자들은 둘의 차이점도 언급한다. 곰은 가끔 사냥하다가 평정을 잃는다. 한 여행가는 다음과 같이 썼다. "북극곰 한 마리가 한나절 내내 물범 한 마리를 지켜보고 있었다." 갖은 수를 썼지만 끝내 물범을 잡지 못하자, "곰은 눈을 공중에 던지며 무시무시하게 울부짖더니 빠른 걸음으로 사라졌다." 다른 관찰자들도 곰이 아슬아슬하게 물범을 놓치고 나서 화를 내며 돌출된 얼음을 박살 내거나 수면을 여러 번 내리치는 것을 봤다. 에스키모들이 평정을 잃는 경우는 아주 드물며, 특히 사냥하다가 그러는 경우는 없다고 봐야 한다. 이처럼 사냥에 실패했을 때 일반적으로 나오는 반응은 웃음이다.

앞서 얘기한 생태와 주거의 유사성을 보면 그들이 북극곰에게 갖는 애착을 쉽게 이해할 수 있다. 또 에스키모들이 뛰어난 사냥꾼에게 갖는 존경의 마음을 안다면, 뿐만 아니라 가죽을 벗긴 북극곰의 외양이 불안할 정도로 인간과 닮았다는 사실을 안다면 하지만 서로의 사냥감이 된다는 점에서 둘 간에는 훨씬 더 깊은 관계가 존재한다.

물속에서는 그 치명적인 힘을 제대로 쓸 수 없기에 곰은 범고래와 바다코끼리를 두려워한다. 육지에서도 바다코끼리와 인간을 경계하기는 마찬가지지만, 곰은 둘을 몰래 추적하기도 한다. 배고픈 곰은 어느 쪽이든 일단 건드려본다. 가뜩이나 해빙 위에서 취약한 자신의 처지를 절감하는 사람이라면 강하고 단호하고 영리한 동물이 자신을 몰래 쫓는 상상을 할 수밖에 없을 것이다. 그런 울퉁불퉁한 지형에서라면 곰이 아무도 모르게 지척에 와 있을 수 있다. 우리 안에는 인류가 탁 트인 남아프리카 사바나에서 삶을 시작할 때부터 각인된 '사냥당하는 공포'가 있다. 겨울 낮에 어둑한 주위를 둘러보며 혼자 아글루에서 물범을 기다리는 사람이라면, 잠재적이고 근원적인 차원에서부터 머리털이 주뼛 서는 곰의 발소리를 경계할 것이다. 그 공포는 눈앞에 그릴 수 있을 정도로 생생하다.

곰은 쉬고 있는 물범인 척하며 인간에게 접근한다. 이런 식의 만남 일부는 단 일격으로 인간이 죽으면서 끝난다. 그러나 치명적인 판단 착오로 인해 필살의 물범용 작살 투척이나 칼부림을 받은 곰이 죽으면서 끝나기도 한다. 막 성인이 되려는 소년이 일부러 후자의 대면을 준비했을 수도 있다. 그 찰나는 단순히 무섭기만 한 순간이 아니라 경이와 신성의 순간이자 살아 있는 존재에 두려운 존중을 보내는, 그 문화 안에 영원히 살아 있는 순간이었다. 토르나르수크, '힘을 주는 자.' 폴라에스키모들은 북극곰을 이렇게 불렀다.

곰을 만나는 일, 삶 전체를 걸고 곰을 만나는 일은 개인적인 무언가를 극복하는 일이다. 그런 만남은 고요하고 죽은 듯한, 숭고한 평원에서 일어난다. 성공하면 자신 안에서 뭔가 근원적인 것, 씨앗 같은 것을 발견한다. 말 그대로, 이겨야 살아남는다. 살아남으려면 통찰과 인내, 웃음이 필요한 가혹한 땅에서 자신의 삶과 동족의 삶을 확신하는 일. 그것이 곰에게 닿는 일. 곰의 선물이다.

북극 여행가인 크누드 라스무센이 어느 에스키모 남자에게 행복과 기쁨에 관해 물은 적이 있다. 그 남자는 대답했다. "금방 생긴 곰의 발자국을 우연히 발견하는 것과 다른 썰매들을 앞질러 달리는 것이다."

대지를 추상화하려고 애쓰고 부를 가져다줄 신세계의 광맥과 씨름하는 사람들에게 곰은 다른 무언가다. 해가 일찍 떠올랐던 1597년 그 겨울 동안 빌렘 바렌츠와 부하들은 북극곰 때문에 겁을 먹곤 했다. 전해에 곰 때문에 둘이 죽었는데, 그때는 곰들이 끊임없이 바렌츠의 겨울 숙영지 주위를 배회하는 것 같았다. 부하들은 어둑어둑한 빛 속에서 곰들이 거대한 고깃덩어리(해변에 올라온 고래)를 끌고 지나가는 장면을 불안하게 지켜보았다. 1597년 4월 15일, 몇 주째 곰이 한 마리도 보이지 않아서 부하 한 명이 자원해 어느 굴 안으로 기어 들어가보았다. 헤릿 더페이르는 이렇게 적었다. "그러나 깊숙이 들어가지는 않았다." 천장에 매달린 하얗게 서리 앉은 털과 발톱 자국으로 뒤덮인 얼음벽을 '보는 것이 겁이 났기 때문'이었다.

더페이르의 일지와 나중에 1634년 스발바르 제도 탐험을 기록한 야코프 판 데르 브뤼허의 일지는 북극곰을 유령 같은 약탈자로 묘사하고 있다. 이 이미지는 북극 탐험 기간 내내 바뀌지 않았는데, 어떻게 보면 북극곰이 자초한 일이기도 했다. 곰들은 여러 마리가 흰 늑대처럼 안개가 자욱한 해변에 흐릿한 모습으로 불쑥 나타났다. 놈들은 무덤을 파헤치고 시체들을 흩뜨려놨는데, 사람들이 보기에는 시체를 먹는 것보다 그편이 더 불길했다. 곰들은 그 커다랗고 소리 없는 발로 대담하게 숙영지에 들어왔고, 해빙이 갈라지고 무너지는 소리에 익숙해서인지 총을 쏴도 놀라지 않았다. 비상용 물품을 저장해놓은 은닉처에 도착한 탐험가들은 곰이 발기발기 찢어놓은 것을 발견하고 일종의 모독을 느꼈다. 밀가루 포대는 이쪽으로, 침낭은 저쪽으로, 장비가 든 나무상자는 박살이 나 있고, 통조림은 갈퀴 같은 발톱으로 예리하게 따져 있었다. 별생각 없이 곰 고기를 먹은 사람들은 기분 나쁜 무력감과 머리가 깨질 것 같은 두통, 극심한 가려움증, 탈모로 고통받으며 자신들이 곰의 술책에 걸려들어 독에 중독됐다고 생각했다. 그건 북극곰의 간을 먹은 탓이었다. 때로는 곰의 살코기를 먹고 선모충에 감염되기도 했다.[15]

익숙한 환경으로부터 수천 킬로미터나 떨어져 완전히 겁에 질린 데다 배 위의 우울한 생활 여건 때문에 피곤에 절어 있던 유럽인들은 북극곰을 보는 족족 죽였다. 그들은 옳고 그름을 따지지도 않고 무자비하게 북극곰에게 총을 쏴댔다. 당시 북극곰을 죽이는 일은 북극 여행을 떠나는 사람들이 기대하는 일종의 오락거리였다. 여행자들은 어김없이 배의 갑판에 서서 사격 연습 삼아 북극곰을 쏘았다. 1896년 어느 한가한 여름날 오후, 아문센만에서 할 일 없이 빈둥거리던 한 고래잡이배 선장은 그저 심심풀이로 혼자서 서른다섯 마리를 쏘았다. 호기심 많고 공격적이지 않은 곰은 얼음 사이를 아주 이상한 방식으로 움직이는 물체인 배에 너무도 쉽게 이끌려 계속 그 무덤에 발을 들여놓았다. 1875년, 어느 고래잡이배 선원들이 배를 대놓고 짙은 안개가 낀 해안 정착빙 위에서 축구를 하고 있었다. 경기 도중에 북극곰 한 마리가 나타나 사람들 사이를 들락거리며 공을 쫓기 시

15 북극곰 간에는 유독할 정도로 많은 비타민A가 함유돼 있어서 먹으면 비타민A 과잉증을 일으킨다. 그리고 현재 북극곰 개체의 60퍼센트가 이런저런 선모충에 감염돼 있다.

작했다. 고래잡이 선원들은 도망쳤다.

북극곰과 마주친 19세기 사례 중에서 가장 마음 아프고 비통한 일화들은 암컷과 새끼들 간 유대관계를 심술궂게 이용한 예들로, 당시로서는 고래잡이배와 물범잡이배 선원들의 일상적인 오락이었다. 윌리엄 스코어스비는 곰을 꾀려고 바다코끼리 지방을 쌓아놓고 불을 놓았던 선원들의 얘기를 들려준다. 암컷 한 마리가 가까운 곳에 새끼들을 앉혀두고 불붙은 지방 덩어리를 낚아채기 시작했다. 사람들은 암컷이 불꽃과 싸우는 광경을 안전한 갑판에서 지켜보았다. 그들은 암컷에게 작은 지방 덩어리를 던졌고, 암컷은 그것을 새끼들에게 가져갔다. 어미가 마지막 조각을 얻으려고 다가오는 순간, 사람들은 두 마리 새끼를 쏘아 죽였다. 그로부터 30분이 넘도록 암컷은 "두 발로 새끼들을 일으켜 세우려고 끊임없이 노력했다." 어미는 일어나 걸어가며 새끼들을 불렀고, 돌아와 새끼들의 상처를 핥았다. 어미는 다시 일어나 걸어가다가 "신음하며 한동안 가만히 섰다가는 다시 돌아와 한없이 다정하게 새끼들을 쓰다듬었다." 지루해진, 아니 아마도 굴욕감을 느낀 사람들은 암컷을 쏘아 죽이고 새끼들과 함께 얼음 위에 남겨놓고 떠났다.

때로는 동물원에 팔거나 다른 사람에게 선물할 용도로 새끼를 산 채로 잡기도 했다. 1876년 11월에 알렌 영 경은 증기선 갑판에 서서 어미 한 마리와 새끼 한 마리를 쏘아 죽였다. 그는 왕세자에게 줄 선물로 남은 새끼 한 마리를 올가미로 사로잡았다.[16] 거칠게 저항하던 새끼는 갑판에 박힌 쇠고리에 사슬로 단단히 고정되었다. 선원들은 암컷을 도축한 다음 새끼를 달랠 요량으로 그 가죽을 새끼에게 둘러주었다. 사나흘 뒤에 새끼가 쇠고리에서 탈출하자 이번에는 항해가 끝날 때까지 작은 우리에 가둬놓았다. 새끼는 계속 몇 시간씩 울부짖었고, 여전히 몸에 감겨 있는 사슬을 끝까지 당겨댔다. 배에 타고 있던 개가 새끼를 괴롭혔다. 개는 새끼의 먹이를 훔치고 발을 물었다. 새끼에게 먹인 고기가 어디서 나온 건지는 상상에 맡긴다. 배가 영국에 닿을 때쯤 새끼는 경련을 일으키고 헐떡거리며 우리 안에 엎드려 있었다. 새끼는 일주일 후에 죽었다. 프랭크 버클랜드는 당시의 태도를 반영하는 다음과 같은 글을 썼다. "그 북극곰 새끼가 살아남았다면 분명 녀석의 고향이나 종 입장에서는 영광스러운 일이 됐을 것이다."

물론 이런 이야기들은 다른 시대에도 있었다. 그러나 그 비겁한 비웃음과 분별이라곤 찾아볼 수 없는 무심함, 허풍스러운 모험의 분위기 같은 건 다른 시대에서는 볼 수 없는 것들이다. 이런 이야기들은 여전히 고통스럽다. 그들에게 곰은 아무런 본질적인 가치도, 마음에 호소하는 영적인 힘도, 인간의 삶을 고양하는 능력도 없는 존재였다. 곰의 죽음을 둘러싼 여러 상황은 곰과 인간 사이의 틈이 얼마나 넓은지 강조할 뿐이다. 이와는

16 유럽 왕족들은 10세기부터 탐험가들이나 모험가들로부터 살아 있는 북극곰을 선물로 받았다. 그들은 북극곰이 북아프리카와 중동에서도 '진귀하고 효과적인 외교 수단'이 된다는 사실을 알게 되었다. 왕족들은 수행원들과 함께 북극곰과 흰바다매를 챙겼다.

대조적으로 같은 시기에 있었던 에스키모들의 북극곰 사냥은 존중하는 분위기 속에서 무언의 영적 책임감과 함께 수행됐다. 죽은 곰에게 선물을 주어 달래는 행위를 예로 들 수 있다. 이런 속죄의 행동은 때로 '미신'으로 치부된다. 인간의 '인식'은 인식에 사용하는 기호와 아주 밀접하게 연결돼 있다. 즉, 한 인간이 쓰는 '말'이 무엇인가가 그 인간이 다루고 있는 것이 무엇인가를 알려주는 셈이다.

유럽인들은 북극에 있는 것이 편치 않았다. 그들에게 북극곰은 이 불친절한 땅이 보여주는 냉혹한 무관심의 상징 같은 것이었다. 북극곰에게 저지른 가혹한 짓들에 대한 그들의 참회는 어쨌거나 결국은 북극곰에 대한 찬양이 되었는데, 곰의 입장에서 보자면 그건 그야말로 기묘한 유럽인 자신들의 이미지였다. 서구 진보의 걸림돌이었던 더페이르의 약탈자 유령 곰은 오락거리와 애물단지를 거쳐, 마침내 감상적인 생각들을 짊어지고 황량한 풍경 속을 방랑하는 막연하게 고귀한 생물이 되었다. 낭만적이고, 곁을 주지 않는, 자아도취적인 생물이.

지금까지도 에스키모들의 이야기 속 북극곰은 대체로 이런저런 도움을 주는 존재이거나 동료이다. 토르나르수크처럼 말이다. 하지만 북극곰은 다리가 열 개 넘게 달린 곰인 '코코기아크'로도 알려져 있다.

> 옛날 옛적 어느 겨울에 사람들이 어떤 쪽으로만 사냥을 나갔다 하면 영 돌아오질 않는 거야. 그 사람들한테 무슨 일이 생겼냐 하

면, 거기에 다리가 열 개 달린 곰이 있었던 거지. 사람들이 살피러 오면 코코기아크는 다리를 약간 움직여. 그러면 얼음 위에 사람들이 지나간 흔적이 남는 거야. 그래서 다른 사람이 또 찾으러 와. 그게 코코기아크가 사람들을 잡는 방법이었어. 그러다 한 남자가 그 곰에게 쫓기게 됐어. 남자는 코코기아크가 빠져나올 수 없을 만큼 비좁은 얼음 틈으로 도망갔지. 얼음 틈을 빠져나온 남자는 얼음을 빙 돌아 얼음 틈에 낀 코코기아크의 등을 작살로 찔러 죽였어. 이제는 사람들이 그쪽으로 사냥을 나가도 늘 집으로 돌아온단다.

이야기들은 이런 식으로 이어진다.

코코기아크나 토르나르수크에 관한 이야기에서 종종 곰의 생물학적 특성(사람이 빠져나온 얼음 틈에 북극곰의 쐐기꼴 몸체가 끼었다거나)뿐만 아니라 그 개성적인 면모에 대한 실마리도 얻을 수 있다. 예를 들어 폴라에스키모들 사이에 전해지는 '나이 어린 기혼녀와 사랑에 빠진 곰' 이야기는 곰의 감상적인 방랑벽을 강조한다. 곰은 둘의 만남을 여자의 남편이 알면 분명 자신을 죽이려 할 테니 절대 얘기하지 말라고 여자에게 신신당부한다. 그러나 번번이 곰 사냥에 실패하는 남편이 안쓰러웠던 여자는 애인이 사는 곳을 얘기해주고 만다. 여자가 밤을 틈타 남편에게 속삭이는 소리를 아주 멀리서 들은 곰은 그 남편이 도착하기 전에 굴을 떠나 곧바로 여자의 이글루로 향했다. 곰은 여자를 향해 앞발을 치켜들지만 이내 내리고 만다. 비탄이 배신당한 분노를 이긴 것이다. 곰은 고독한 긴 방랑을 떠났다.

유럽인 시각에서 보면 감동적인 이야기다. 하지만 에스키모들의 시각으로 보면 이 이야기는 위험으로 가득 차 있다. 그런 생각으로 머리가 꽉 찬 채 방랑하는 곰은 정처 없이 걷다가 얇은 얼음장 밑으로 빠지거나, 아글루나 다른 먹잇감의 신호를 놓칠 게 뻔하다.

과학은 얼어붙은 바다를 가로지르는 곰의 길고도 고독한 여행이 그런 상상 속 방랑과는 거리가 있다고 말한다. 그리고 요즘 곰들은 가는 곳마다 너무 빈번하게 누군가와 마주친다. 1978년부터 1981년 사이에 캐나다 북극에서 북극곰 여든네 마리가 인간에게 위협이 된다는 이유로 죽임을 당했다. 위협은 현실이다. 1973년에 북극곰이 보퍼트해 켄달섬 인근에서 한 트랙터 운전자를 죽였다. 1975년에는 역시 보퍼트해에서 곰이 바지선 갑판에 있던 건설 노동자 한 명을 죽였다. 1975년 9월에는 서머싯섬 연구기지에서 한 남자가 심한 상처를 입었다. 그리고 매니토바주 처칠에서는 1966년과 1967년에 곰이 사람에게 상처를 입힌 사건이 한 건씩 있었고, 1968년에는 곰이 한 소년을, 1983년에는 한 남자를 죽였다.

앞에 얘기한 사망 사건들은 북극 지역의 산업 개발과 얽혀 있다. 처칠에서 있었던 곰의 공격 사건들은 더 특수한 환경에서 비롯됐다. 오랫동안 허드슨만 남단의 북극곰들은 남쪽으로 떠내려오는 얼음과 함께 7월 말이나 8월 초에 해안에 도착했다.

암컷들은 보통 넬슨강과 처칠강 사이에 겨울을 날 굴을 파고, 어른 수컷들과 성장기 곰들은 해안을 따라 해안가 얼음이 가장 먼저 형성되는 처칠곶 부근으로 북상한다. 녀석들은 마을에서 동쪽으로 40킬로미터 정도 떨어진 곳에서, 한 과학자의 언급에 따르면 "특화된 포식 장소로부터 일시적으로 격리된 채" 9월과 10월 내내 머문다.

그전엔 알려지지 않았던 이런 이례적인 체류는 1960년대에 곰들이 처칠 마을에 나타나기 시작하면서 알려졌다. 과학자들은 1957년에 넬슨강 어귀에 있던 허드슨베이사 시설과 미국 전략공군사령부 기지가 한꺼번에 폐쇄되고 포트처칠에서 벌어지던 군사훈련이 종료됨에 따라 북극곰을 사냥할 필요성이 감소하면서 개체수가 증가하기 시작했다는 이론을 내놨다. 1960년대 중반이 되자 북극곰들은 처칠의 쓰레기 소각장에 떼로 출몰해서 사람들을 혼비백산하게 만들었다. 이번에는 사람들이 소구경 총을 쏘거나 차를 타고 쫓아다니며 곰들을 괴롭히기 시작했다. 최근에도 곰의 개체수는 계속 늘고 있지만 여러 사전 경고 방안들과 현지 교육, 규제, 관리를 통해 사살되는 곰의 수가 줄어들었고 공격 사례도 거의 없다. 처칠 주민들은 이제 곰을 어느 정도 사랑스러운 관광 상품으로 여기고 있다. 이 지역을 방문하는 사람들은 불길하고도 기이한 모습의 곰을 보곤 한다. 몇 마리는 옆구리에 검은 페인트로 커다랗게 숫자가 적혀 있고, 몇 마리는 타고 있는 쓰레기 더미의 불꽃과 연기 속을 헤집고 있다. 그곳에서 곰 한 마리가 자동차 배터리를 먹고 죽은 적이 있다.

온갖 아마추어 및 직업 사진작가들, 영화 제작자들, 방송국 사람들이 몰려들어 곰에게 마요네즈 통을 미끼로 내밀고, 다양한 장면을 찍을 수 있도록 처칠 주민들을 꾀어 협조를 얻어내는 일이 끝도 없이 이어진다. 무엇보다 처칠은 상대적으로 높은 진화 단계에 있는 한 동물이 아주 빠른 속도로 진화한 또 다른 동물과 마주친 어느 특정한 순간을 상징한다. 지금으로서는 북극 산업 개발의 의미가 무엇인가에 대한 답이 바로 처칠이다. '애물단지'이자 위협적인 존재라는 이유로 매년 캐나다 북극에서 총에 맞아 죽는 서른 마리 남짓한 북극곰들과 함께 말이다. 얼음이 곰의 무게를 지탱할 수 있을 만큼 두꺼워지는 날 처칠의 곰들이 모두 떠난다는 사실도 꼭 언급되어야 한다.

북극곰 개체군들의 규모와 동태에 관한 최근의 연구 결과가 결과적으로 스발바르 제도에서의 사냥 금지 조치와 미국에서의 부분적인 사냥 제한 조치를 이끌어냈다.[17] 그린란드 원주민들의 사냥은 계속되고 있지만 개체수에 심각한 영향을 주지 않는 것이 확실하다. 캐나다 원주민들의 사냥은 할당제로 관리되는데, 과거에는 비교적 잘 작동했다. 그러나 어느 과학자가 지적했듯이, 할당량이 정치적 조작의 대상이 되어 한도라기보다는 최대

17 국제자연보호연맹 북극곰 협약의 엄격한 규정들을 대체한 해양포유동물 보호법에는 사냥할 수 있는 북극곰 수의 계절별 한도가 없으며, 원주민들이 잡을 수 있는 곰의 수에도 한도가 없다. 새끼나 새끼를 데리고 있는 어미, 동면 중인 암컷도 보호받지 못한다.

한 확보해야 하는 숫자로 취급되는 경우가 왕왕 있다.

1965년 알래스카대에 모여 각자가 가진 지식을 취합했던 북극곰 생물학자들은 과도한 사냥으로부터 북극곰을 보호할 필요가 있다고 판단했다. 내가 얘기를 나눠본 과학자들은 지금 북극곰들이 처한 가장 큰 위험은 사냥이 아니라 산업 개발과 그에 수반된 행위들로, 여기에는 북극곰의 생태와 생리에 관한 데이터를 취합하려는 요구들도 포함된다고 한목소리로 강조했다.[18] 과학자들은 세 가지 측면을 가장 우려한다. 첫 번째는 환경오염이다. 곰들은 폴리염화바이페닐과 중금속, 디엘드린 같은 염화탄화수소를 응축하는 해양 먹이사슬의 최상층에 자리하고 있으며, 이 모든 물질이 북극곰에게서 발견되고 있다. 유전을 파고 광산을 뚫는 과정에서 나오는 폐기물 역시 곰에게는 치명적이다. 두 번째 우려는 항공 항로를 비롯한 집중적인 도로 건설과 반복되는 지질탐사에 동면 지역에 있는 암컷들이 방해를 받는다는 점이다.[19] 세 번째 우려는 산업 개발이 물범들의 분포에 영향을 미치고, 결과적으로 북극곰들에게도 영향을 미친다는 사

---

18 이런 요구들에 직면한 북극곰들은 형편없이 설계된 연구 계획이나 허술하게 고안된 실험 때문에 상처를 입거나 죽임을 당한다. 곰 두 마리를 죽게 한 실험에 대한 설명이 다음 책에 나온다. N. A. Øritsland et al., *Effect of Crude Oil on Polar Bears*, Environmental Studies No. 24 (Ottawa: Northern Affairs Program, Northern Environmental Protection Branch, 1981).

19 지질탐사는 광물과 석유 매장지를 찾기 위해 지각의 지도를 그리는 과정에서 폭발과 진동을 이용한다. 지질탐사 기술이 개선되면 이미 조사했던 지역을 다시 조사하는 일이 벌어진다.

실이다.

가장 시급한 문제는 호기심 많은 곰들을 산업 지역으로부터 멀리 떼어놓을 방법을 찾는 것이다. 전기 철책과 폭동 진압용 고무탄처럼 곰에게 심각한 상처를 주지 않는 억제책이 어느 정도 성공을 거두기는 했지만, 북극곰들은 쉽게 그만두거나 속을 존재가 아니다.

이런 잠재적인 문제들을 고려해 국제자연보호연맹의 북극곰 생물학자들은 다양한 인간 활동의 간섭 없이 곰들을 그냥 내버려두는 '활동 금지구역', 또는 러시아 과학자들이 말하는 '평화구역' 제정을 요구해왔다.

이런 온갖 신경 쓰이는 우려를 뒤로하고 나는 어느 5월 오후에 새끼를 거느린 암컷을 찾고 있는 두 북극곰 생물학자를 따라 랭커스터 해협 해빙 위로 나갔다. 나는 둘을 잘 알고 신뢰했으며 좋아했다. 나는 또 그들이 자신의 작업에 대해 갖는 양가감정에도 공감하고 있었다. 둘 중 한 명은 언젠가 새끼들에게 젖을 먹이고 있는 암컷과 마주친 적이 있다. 암컷은 그의 존재를 눈치채지 못하고 새끼들과 함께 눈 더미에 등을 기댄 채 텅 빈 해빙을 조용히 응시하고 있었다. "그걸 보고 혼자 생각했어요. 세상에나, 나는 왜 이 동물들을 귀찮게 하고 있는 거지?" 그들은 곰을 마취할 때 사용하는 약물에 대해서도 양가감정을 품고 있다. 정신과적 부작용을 야기하고 호흡곤란을 일으킨다고 밝혀진 서닐란(펜시클리딘 염화수소산염, '엔젤더스트'라 불리며 길거리에서 매매되는 마약) 같은 초기 약물들에 비하면 그들이 사용하는 케타민(케타민 염화수소산염)과 럼푼(자일라진 염화수소산염)은 개선된 것들이다. 그러나 마취용 약물들은 여전히 문제가 있다. 한 곰 생물학자는 이렇게 말했다. "이 약물을 찔러 넣으려고 동물을 쫓을 때마다 갈등합니다. 이런 식으로 정보를 얻는 것이 정말 정당할까요?"

랭커스터 해협에 나갔던 그날 오후, 표식을 확인하고 데이터를 기록하고 위성용 위치 추적 목줄을 채우는 상당히 칙칙한 임무들을 수행하면서 우리는 많은 곰을 보았다. 한번은 헬리콥터를 착륙시키고 곰이 사냥해서 먹었는지 아니면 그냥 죽어 있는 걸 먹었는지는 모르겠지만, 곰이 먹은 흔적이 있는 바다코끼리 사체를 조사했다. 헬리콥터 소리에 놀라 빠른 걸음으로 사라지는 두 살배기 새끼들과 어미들을, 또 고개를 돌려 우리를 올려다보는 짝짓기 중인 암컷과 수컷을, 그리고 어미의 주둥이에 떠밀리며 압력 봉우리를 기어오르는 다섯 달 된 새끼들을 보았다.

마취총을 맞은 암컷 한 마리가 부서진 얼음 더미 근처에 쓰러졌다. 사람들이 이것저것 측정하는 사이에 나는 암컷의 발을 보았다. 북극곰 발톱에 매년 희미한 색의 고리가 생긴다는 얘기를 들은 적이 있어서였다. 그러나 그 녀석의 발톱에서는 고리를 볼 수 없었다. 나는 박물관에 전시된 표본을 살피듯 찬찬히 암컷의 털을 살펴보고 두툼한 귀를 만져보았다. 이 모든 일에 마음이 불편해진 나는 옆에 있는 압력 봉우리의 부서진 해빙 조각에 앉았다. 화창한 날씨였다. 아주 높이 뜬 얇은 새털구름 뒤로 맑은 하늘이 펼쳐졌다. 새털구름 때문에 하늘이 더 연한 푸른빛으로 보였다. 영하 20도였고 바람은 없었다.

거기 앉아 있는데 동료 한 사람이 의식이 없는 곰을 굴려 똑바로 눕혔다. 다리 사이 하얀 털 사이로 언뜻 분홍색이 보였다. 외음순이 부어 있었다. 암컷의 생식기는 크기나 모양이 인간의 것과 유사하다. 나는 고개를 돌렸다. 곰의 사생활을 침범한 것처럼 느껴졌다.

그날 내내 나는 그 상처받기 쉬운 연약함의 이미지를 머릿속에서 지울 수 없었다.

4장

일각고래

해석 불가능한 코드

나는 배핀섬 북쪽, 애드미럴티 협만 입구에서 5~6킬로미터 떨어진 바다 위 '빙원끝'이라 부르는 해빙 가장자리에 서 있다. 단단한 바닥이 보통 '바다 위'라는 단어가 주는 느낌을 짐짓 배신한다. 물과 얼음이 만나는 흑백의 가장자리를 따라 에스키모 야영지가 몇 군데 세워져 있다. 우리는 모두 다른 곳, 울룩산반도 끝에서 남쪽으로 48킬로미터 떨어진 누부아에서 왔다. 일각고래를 사냥하기 위해서다. 고래들은 저기 랭커스터 해협 개빙구역 어딘가에서 애드미럴티 협만 안의 여름 서식지로 들어가기 위해 이 마지막 얼음 장벽이 깨지기만 기다리고 있다.

빙원끝을 따라 걷는다. 끊임없이 내리쬐는 7월 햇빛은 찬란하다. 그러나 몇 주째 계속되는 이 햇빛이 나는 좀 지긋지긋하다. 나는 일종의 갈망을 담고 얼음 위에 드리워진 몇 안 되는 그늘을 응시한다. 날씨가 변덕스럽다 못해 때로 치명적일 수 있는 이 외진 곳에 맨몸으로 있다는 사실에서 나는 공포와 의기양양함을 동시에 느낀다. 북쪽에서 가벼운 바람이 분다. 해수면에 물결이 인다. 바람이 방향을 바꿔 남쪽에서 불어오면 우리 뒤쪽 얼음이 깨지기 시작할 것이다. 어제는 폭이 몇 센티미터밖에 안 됐던, 협만을 가로지르는 금이 점차 넓어지기 시작할 것이다. 풍향이 바뀌자마자 떠난다 해도 누부아로 돌아가는 일이 수월하지는 않을 것이다.

며칠 전에 한 명이 그런 일을 당했다. 멀리서 다이너마이트가 터지는 것 같은 폭발 소리를 듣고 그는 재빨리 나침반 방향을 보든반도 쪽으로 맞췄다. 그의 추측이 맞았다. 13제곱킬로미터(약 393만 평)에 달하는 빙원이 텐트들을 실은 채 애드미럴티 협만에서 쓸려 나와 랭커스터 해협 개빙구역으로 떠내려가고 있었다. 이곳 해류를 잘 아는 그와 동료들은 즉시 동쪽으로 탈출했다. 열두 시간 후, 그들은 거의 탈진한 상태로 거대한 빙원이 랭커스터 해협으로 빠져나가기 직전에 해류에 떠밀려 천천히 회전하다가 얕은 해안가에 걸린 지점에 당도했다. 그들은 빙원에서 뛰어내려 부서진 얼음 조각들을 헤치고 단단한 육지로 향했다.

그러나 그런 사건을 생각하고 있을 때가 아니다. 주위를 날아다니는 새들의 활기가 느껴진다. 세가락갈매기, 풀머갈매기, 유럽바다비둘기 들이 물속에 몰려다니는 동물성 플랑크톤과 북극대구 떼 위에서 정지했다 선회했다 중력을 무시하는 곡예비행을 펼치며 줄줄이 물속으로 돌진해 먹이를 구한다. 얼음 위에는 사냥한 일각고래에서 나온 부산물이 더미를 이루고 있다. 흰갈매기와 작은재갈매기들이 살점을 놓고 사납게 다투며 밀치락달치락하는 가운데 말수 적고 수도 적은 북극흰갈매기들도 눈에 띈다.

물 위를 가로지르는 거대한 새 떼들을 보노라면 공중으로 연필이라도 한번 튕겨보고 싶어진다. 일부 종들은 여기서 북상을 끝내고 둥지를 튼다. 다른 종들은 데번섬과 엘즈미어섬 또는 그린란드 북서부까지 날아간다. 지금 내가 선 자리에서는 베일라지만과 엘윈 협만을 잇는 해안 절벽에 둥지를 트는 일부 새들을 관찰할 수 있다. 절벽은 해수면과 80도 각도를 이루며 솟아올라 퇴적암과 화산암이 톱니처럼 돌출된 울퉁불퉁한 16킬로미터짜리 벽을 이룬다. 5만 마리가 넘는 풀머갈매기들이 여기에 서식한다. 랭커스터 해협 주변의 다른 서식지에는 바다비둘기와 바다오리, 세가락갈매기 수만, 수십만 마리가 둥지를 틀고 짧은 여름 동안 먹이를 구한다. 갈매기와 북극제비갈매기, 흰기러기, 솜털오리, 바다비오리, 애기바다쇠오리의 거대한 무리들은 이미 이곳을 지나갔다. 머리가 검고 배는 눈부시게 하얀 작고 땅딸막한 바닷새인 애기바다쇠오리는 그린란드 북서부에 서식하는 3000만 마리 중 3분의 1 정도가 오뉴월에 랭커스터 해협을 지나간다.

우리는 알껍데기처럼 하얀 평원에 야영지를 꾸렸다. 동쪽에는 갈색과 황토색이 얼룩덜룩한 보든반도가, 서쪽으로는 브로

저반도의 검은 절벽들이 아지랑이 사이로 희미하게 보인다. 민첩하게 수면 위를 나는 새들이 이 풍경에 직접적이고 선명한 공간 감각을 부여한다. 멀리 옅은 색 수평선에 시선을 빼앗겼다가 첨벙하는 소리에 바다비둘기 한 마리가 자맥질해 사라진 검은 수면을 돌아본다. 새 울음소리, 총알처럼 스쳐 지나가는 날개들, 첨벙거리는 물보라가 금방이라도 질 것 같은 햇빛처럼 끝날 줄 모른다. 랭커스터 해협은 북극 해양생태계에서 드물게 보이는 성역 같은 곳이다. 온갖 생물이 모여들어 세상에서 가장 영양분이 풍부한 남극 바다에서나 볼 수 있는 밀집도를 보여준다. 해양생태학자들도 왜 랭커스터 해협에 이처럼 많은 생명체가 밀집하는지 확신하지는 못하지만, 이곳의 용승[1] 해류들과 데번섬을 흐르는 빙하 녹은 물에 섞인 영양분들이 결정적인 역할을 하는 것 같다.[2]

여름에는 300만 마리에 이르는 바닷새가 군락을 이루며 둥지를 짓고 먹이를 먹는다. 주종은 풀머갈매기와 세가락갈매기, 바다비둘기다. 북극고래 1만여 마리가 출몰하는 장관은 더는 볼

---

1 용승湧昇은 심해수 등이 위로 치솟아 오르는 현상이다. 바다 아래쪽에 있던 풍부한 영양분도 함께 해수면 근처로 이동한다—옮긴이.

2 국제생물사업계획은 랭커스터 해협을 세계생물보존지역으로 지정하자고 제안했고, 유엔은 세계자연유산 지정 후보지로 선정했다. 이곳 생태의 안정성은 현재 해양 유전 개발과 해상 운송 증가로 위협받고 있다. 이곳에 상당히 익숙한 북극 조류학자인 데이비드 네틀십은 이렇게 썼다. "생명으로 가득 찬 이 독특한 고위도 북극 오아시스의 붕괴를 막기 위해서는 이런 경제 개발을 엄격하게 통제해야 한다. 이곳에 해를 주는 일은 북극의 바다를 사막으로 만드는 지름길이 될 것이다."

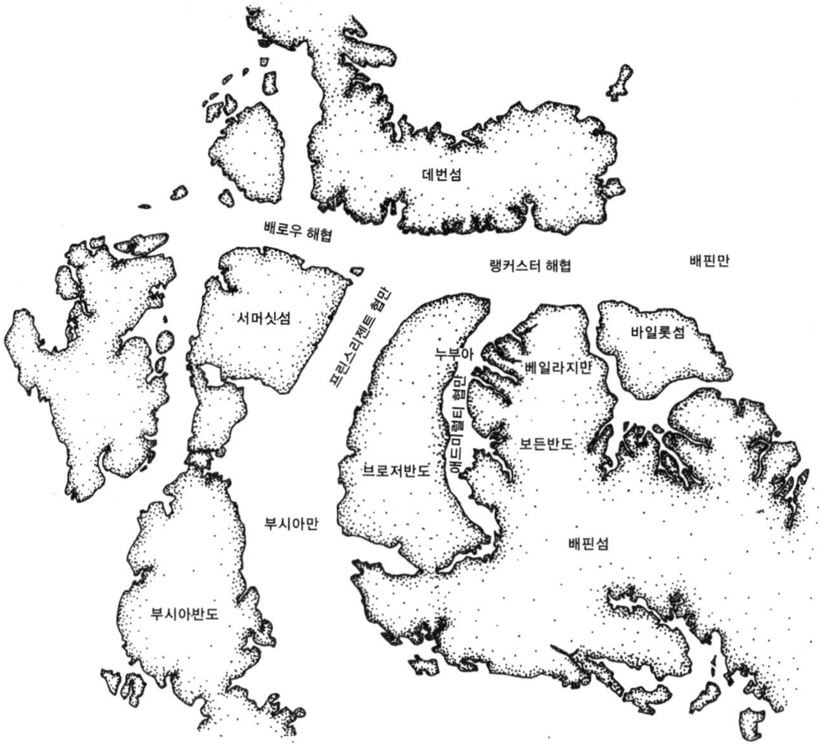

수 없어도, 북아메리카에 있는 벨루가의 30퍼센트, 전 세계 일각고래의 4분의 3 이상이 이곳에서 여름을 난다. 얼마나 많은 하프물범과 턱수염물범, 고리무늬물범이 있는지는 알 수 없지만, 아마도 25만 마리는 넘을 것으로 추산된다. 무엇보다 이곳에는 수천 마리나 되는 대서양바다코끼리가 있다. 해안 지역은 북극곰의 동면 지역이자 여름에는 북극여우 수천 마리의 서식지가 된다.

그렇지만 나는 산책하는 길에 마주치는 녀석들에게 더 마음이 간다. 수면 위에서 날쌔게 회전하며 빙빙 도는 제비갈매기 같은 새들, 닭처럼 꼬꼬댁거리는 풀머갈매기들, 그리고 바다 생물들의 생명력으로 가득한 차가운 공기. 보이지 않는 물속 생명체들까지 포함하는 이 생물 집단은 흙과 물, 공기가 중첩되는 이 지역의 독특한 생태계를 구성한다. 이곳은 숲 가장자리 공터나 민물이 바다의 짠물과 만나는 강어귀 또는 강가처럼 특별한 만남의 공간이다. 저마다 다른 생태계에서 온 동물들이 한데 어울리면서 이 경계지대는 진화적 잠재력으로 가득 찬다. 애드미럴티 협만에서는 날아다니는 생물들이 얼음 위를 걷는다. 녀석들은 먹이를 먹기 위해 수면 아래로 돌진한다. 바다 포유동물들은 숨을 쉬기 위해 수면을 깨고 나온다.

지평선이나 계곡의 입구, 성벽 같은 협곡을 돌아 나가는 강굽이 같은 특정 지형의 가장자리는 관찰자들을 기대감에 들뜨게 한다. 인간 호기심의 한 부분은 경계에, 지구의 어스름 지대에 매료되도록 생겨 먹은 것이다. 그리고 흥분을 일으키는 경계들이란 중력을 희롱하는 새들을 감각하며 지금 내가 걷고 있는 이런 곳들, 또는 결정적인 것이 우리 기하학을 무너뜨리는 시간의 가장자리를 점유하며 파장과 입자 사이, 현 상태와 다른 어떤 상태 사이에 걸쳐 있는 양자물리학의 경계들과 같다. 이행구역을 전이대轉移帶라고 부른다.

애드미럴티 협만의 빙원끝 전이대는 두 차원에 걸쳐 있다. 공기 중 산소가 필요한 동물은 개빙구역에서 얼음 밑을 통과해 들어올 수 없다. 그러므로 빙원끝은 고래의 수평 이동을 막는 장벽이다. 수직 이동을 보자면, 어떤 새도 얼음을 뚫을 수 없고,

갈매기 같은 새들은 바다오리들처럼 물 밑으로 들어가 물고기를 잡아먹을 수 없다. 햇빛 역시도 이 경계선에서는 가던 길을 멈춘다.

그러나 두께가 1.2미터나 되는 얼음판 가장자리에 서보면 이곳이 생물학적으로 비옥한 틈새라는 사실을 느낄 수 있다. 해빙 아랫면에서는 다양한 조류가 자라 생명이 가득 찬 금갈색 조각보처럼 보인다. 이 미세한 규조들이 수면 부근에서 별 무리처럼 우글거리는 요각류, 단각류, 곤쟁이류 같은 동물성 플랑크톤의 먹이가 된다. 동물성 플랑크톤은 다시 떼지어 몰려다니는 대구의 먹이가 된다. 대구는 새와 일각고래의 먹이가 된다. 또 대구는 고리무늬물범의 먹이가 되고, 고리무늬물범은 북극곰의 먹이가 됐다가 마지막엔 여우의 차지가 된다. 이 먹이그물의 밑바닥에는 '해빙미세조류'라 불리는, 해빙에 붙어 자라는 조류가 있다. (얼음에 의지해서 생명을 유지하는 고리무늬물범 그리고 북극흰갈매기를 포함한 조류 등의 포유동물을 '얼음 선호pagophylic' 동물이라 부른다.) 어쨌거나 이 생명들을 한데 묶어주는 것은 얼음이다. 육지생활에 취약한 물범에게 얼음은 사냥터 위에 떠 있는 바다 쉼터다. 얼음은 조류가 붙어서 자랄 수 있는 표면을 제공한다. 북극대구에게 얼음은 바닷새들과 일각고래 떼를 피할 수 있는 은신처이고, 일각고래에게는 범고래를 피할 수 있는 은신처다. 북극곰에게 얼음은 바다 위로 통하는 고속도로다. 그리고 내게 얼음은 바다 위에 서서 경탄할 장소다.

나는 새들에게 주의를 집중한 채 대구 떼가 은빛으로 번득이는, 깊이를 알 수 없는 고요한 물속의 생물학적 신비를 건성으로 스쳐가며 이곳을 거닌다. 짠 공기를 들이마시고 얼굴에 내리쬐는 따스한 햇볕을 느낀다. 어릴 때 캘리포니아 해변에서 보낸 여름날들이 떠오른다. 이처럼 숲이나 초원이나 해변을 정처 없이 걸을 때는 부자가 된 기분이다.

그러나 빙원끝은 친절하고 평화로운 곳과는 거리가 멀다. 나도 그렇지만, 이곳이 육지에서 얼마나 먼 곳인지를 완전히 잊어버릴 수 있는 사람은 없다. 그리고 나는 바다코끼리를 경계하고 있다. 바다코끼리 수컷의 거대한 몸집은 작은 자동차만 하다. 물속에 있는 바다코끼리를 가까이에서 보면 그 유연함과 빠르기가 무시무시하다. 바다코끼리들은 보통 조개와 바다 벌레, 게처럼 해양 밑바닥에 사는 생물들만 먹지만, 특이한 종류의 바다코끼리도 있다. 이들은 거의 늘 외톨이 수컷인데, 의도적으로 물범을 사냥해 죽인다. 이들의 상아 엄니에는 물범들이 필사적으로 저항하며 남긴 발톱 자국이 얼기설기 나 있다. (이런 특이한 습성에 익숙한 세인트로렌스섬 에스키모들은 그런 바다코끼리를 '앙게예그하크'라고 부른다.) 이 희귀한 육식동물은 빙원끝에서 작은 보트를 향해 덤벼들고, 물에 빠진 사람을 집요하게 좇아가 죽이려 한다. 친구 하나가 자기 에스키모 친구와 함께 빙원끝으로 나간 적이 있다. 에스키모 친구가 뒤로 물러서라고 경고하는 소리에 5~6미터 정도 뒤로 물러났는데, 1분도 채 지나지 않아 바다코끼리 한 마리가 물보라를 일으키며 둘이 서 있던 곳을 덮쳤다. 북극곰들이 쓰는 수법이었다.

빙원끝을 따라 거닐며 나는 그 사건을 생각한다. 내게는 친구의 동료처럼 바다코끼리가 오는지 알아차릴 정도로 예민한 귀가 없다. '고유한 귀.' 그리고 경험. 나는 미지의 것들에 쉽게 감동하는 여느 여행자처럼 이곳을 걷고 있을 뿐이다.

나는 이따금 가만히 서서 귀를 기울였다. 그때마다 새들의 객쩍은 소리만 들렸다. 그러다 뭔가 다른 소리를 들었다. 한 번도 들어본 적 없는 푸푸거리고 꾸르륵거리는 소리. 하지만 나는 본능적으로 그 소리가 무엇인지 깨닫고, 심지어 야영지에 있던 다른 사람들처럼 펄쩍펄쩍 뛰기도 했다. 나는 긴장한 채 놈들을 보았다. 잔잔한 수평선 위로 따뜻한 안개처럼 퍼지는 놈들의 입김, 수면을 깨고 올라오는 하얀 엄니, 일렁거리는 검은 물속에서도 형태를 유지하는 또 다른 검은 형체. 저기 얼음 파편들 사이 어딘가. 사라졌다. 이제 가버렸다. 다른 사람들도 그 소리를 들었다. 저기 서쪽 야영지에서 눈부시게 하얀 얼음 위에 그은 검은 선으로 보이는 사람 형체들이 두 팔을 들고 우리에게 신호를 보냈다.

내가 처음으로 본 일각고래들은 여기서 한참 먼 베링 해협에 살았다. 놈들을 보던 날 나는 지구에 존재하는 어떤 자연물도 내게 그처럼 갑자기, 그렇게 많은 생각을 가져다준 적이 없다는 사실을 깨달았다. 동물 우화집에서 튀어나온 듯한, 기린만큼이나 이상한 생물이었다. 왠지 신뢰가 가지 않는 사람의 말처럼, 눈앞에서 봐도 뭔가 가당치 않은 얘기 같았다.

나는 북극고래를 조사하는 생물학자 돈 융블라드와 함께 비행기로 베링해를 가로지르고 있었다. 5월이었고, 봄을 맞아 첫 북극고래 무리가 베링 해협을 통과해 축치해와 보퍼트해에 있는 여름 서식지를 향해 천천히 이동하고 있었다. 우리는 매일 베링해를 가로지르며 벨루가와 바다코끼리, 고리무늬물범, 잔점박이물범, 흰띠박이물범, 턱수염물범, 그리고 시베리아로 이동하는 새 떼 위를 지나갔다. 내가 아는 한 북아메리카에서 이렇게 많은 동물을 만날 수 있는 지역은 그곳이 유일했다. 베링해 자체가 북반구 바다 중에서 영양분이 가장 풍부한 곳으로, 체서피크만이나 처음 발견했을 때의 그랜드뱅크스[3]에 비견할 만하다. 지천으로 널린 게와 명태, 대구, 서대기, 청어, 조개, 연어의 수는 셈이 불가능해서 어림짐작으로나 추정할 뿐이다. 이곳에서 먹이활동을 하는 새들과 바다 포유동물들의 수는 세렝게티나 남극 서식지에 익숙한 사람들이 아니라면 믿기지 않을 정도다. 이동이 절정에 달하는 봄, 베링해가 보여주는 생명의 증거는 그 규모 면에서 모두를 압도한다.

융블라드와 함께 물속과 공중을 지나가는 수만 마리 생물들을 보며 하늘에서 보낸 2주는 들뜬 경험의 연속이었다. 벨루가 떼가 투명한 얼음판 밑 고요한 모래톱 사이를 미끄러지며 나아

---

3 북대서양에 있는 북아메리카 대륙붕의 일부로 세계 최대의 어장이다. 대표적인 어종은 대구, 넙치, 청어, 고등어 등이다. 각국 선단의 물고기 남획으로 자원 고갈에 시달리고 있으며, 20세기 중반에는 국제 분쟁의 대상이 되기도 했다—옮긴이.

갔다. 질주하는 바다오리 함대들이 선회하며 쏜살같이 우리 밑을 지나갔다. 우리는 바다코끼리의 후산後産(새끼를 낳고 난 뒤에 탯줄과 태반이 나오는 것) 때문에 수백 군데가 붉게 물든 빙원을 지났다. 그러나 종일 얼음과 수면이 반사하는 밝은 빛을 내려다보며 짧은 기간에 놀라운 사건들을 압축적으로 경험한 나는 며칠 저녁을 멍한 상태로 보냈다.

내게 두드러져 보이게 된 북극 지형의 여러 측면들이, 실질적이면서도 일시적인 그 경계들, 광활하게 뻗은 황량한 대지에 숨은 비옥한 생명의 오아시스들, 전통적인 시간 개념의 역전, 아낌없이 쏟아지는 여름 햇빛에 매달린 생물학적 취약성, 그 모든 것이 베링해에 살아 있었다.

일각고래들을 본 날은 베링 해협 위로 낮게 떠 남쪽을 향하고 있었다. 뒤쪽 축치해에 얼음이 매우 밀집돼 있어서 북극고래들이 거기까지 뚫고 들어가지는 못한 것 같았다. 하지만 녀석들은 그처럼 얼음이 즐비한 곳으로도 전진할 수 있는 데다, 얼음이 적은 러시아 쪽을 통해 들키지 않고 북쪽으로 멀리까지 왔을 수도 있어서 확인해볼 필요가 있었다. 나는 그날 아침에 본 북극고래 두 마리를 생각하고 있었다. 녀석들은 정착빙과 부빙 사이에 형성된 보기 드물게 맑고 넓은 개수로에 나란히 떠 있었다. 우리가 위로 지나가자 이 50톤짜리 거대 고래 두 마리가 연기를 시작하는 피겨스케이트 선수들처럼 동시에 똑같은 몸짓으로 천천히 방향을 틀어 우아하게 미끄러져 나갔다. 융블라드가 내 수신기에 대고 소리쳤다. "기다리고 있는 거예요." 녀석들은 해협의 얼음이 비껴나기를 기다리고 있었다. 어느 해엔가 융블라드는 거의 300마리에 가까운 북극고래들이 어떤 놈은 배를 내놓고, 어떤 놈은 얼음 위에 턱을 올려놓은 채 이처럼 조용히 기다리는 광경을 본 적도 있었다.

이런 몽상 중에 난데없이 일각고래들이 나타났다. 나선 모양을 한 상아 엄니가 앞으로 뻗어나온 수컷 두 마리였다. 역사적으로 많은 사람을 헷갈리게 했던 일각수의 형상이었다. 둘은 몸집이 거의 비슷했고, 밝은색을 띠었으며, 얼음 사이로 곧게 뻗은 수로에 미동도 없이 나란히 누워 있었다. 머리가 채 알아차리기도 전에 시선이 녀석들에게 빨려 들어갔다. 말도 나오지 않았다. 누군가가 소리를 지르는 와중에도 나는 멍하니 녀석들을 응시했다. 일각고래들을 봐서만이 아니라 그곳이 베링해 킹섬에서 북서쪽으로 몇 킬로미터 떨어진 곳이기 때문이기도 했다. 과학자들이 몇 년째 그 수역을 관찰했지만, 베링해에서 살아 있는 일각고래를 본 사람은 아무도 없었다. 주변의 얼음 두께로 판단했을 때 놈들은 이곳에서 겨울을 난 것 같았다.[4] 획기적인 판단이긴 하지만, 녀석들은 이곳에 상주하고 있거나 지난가을에 제일 가까운 밀집 서식지인 시베리아 북부 또는 캐나다 북동부에서 왔을 것이다.

---

4 일각고래는 북극고래에 비해 얼음에 취약한 편이다. 일각고래가 머리로 깰 수 있는 얼음은 겨우 15센티미터 두께 정도다. 북극고래는 주로 이마를 쓰고 때로는 더 강력한 턱을 이용하는데, 46센티미터 두께의 해빙을 깨고 나갈 수 있다.

녀석들의 출현은 상당한 사건이었다. 우리는 녀석들이 얼음 밑으로 헤엄쳐 사라질 때까지 위에서 계속 맴을 돌았다. 그러고 나서야 우리는 서로를 쳐다보았다. 이게 대체 무슨 일이지?

무언가를 봤다고 해서 그것을 설명할 수 있는 것은 아니다. 정통한 사람들 사이에서도 다양한 해석들이 넘쳐난다. 명백한 정보라 해도 우주 안에 찍힌 점 하나에 불과하고, 이 점에 선을 그려 방향성을 부여하고픈 욕망에서 여러 해석이 생겨난다. 해석이 그려내는 방향과 다양한 문화적·직업적·지리적 집단이 부여하는 해석의 용도에는 거의 한계가 없다. 이 때문에 훌륭한 과학자들은 신중하다. 풍요에 대한 갈망과 약탈에 대한 공포가 첨예한 북극 같은 곳에서 하나의 해석은 금세 과학자의 통제력을 벗어날 수 있다. 어떤 생물학적 사건의 의미를 물어보는, '저 동물이 저기서 무엇을 하고 있나요?', '저 동물이 속한 곳은 어디인가요?' 따위의 질문에 그들은 대답을 피한다. 가끔은 자신이 본 것을 알려주려 하지도 않는다. 그것이 무엇을 의미하는지 알지 못하기에, 그리고 안다고 말하는 이들을 의심스러워하기 때문이다. 어떤 과학자들은 심지어 질문의 의도 자체를 불신한다.

나도 이 경우에는 그런 식으로 생각한다. 그 동물 때문이다. 북반구의 어떤 대형 포유동물도 일각고래처럼 존재 자체를 의심받은 적은 없었다. 일각고래가 사라졌다고 여겨지던 베링해 이 수역에 실제로는 일각고래가 살고 있을지도 모른다는 가능성이 어떤 사람들에게는 불길하게 느껴질 것이다. 놈들은 파괴적인 석유탐사 시대 전야에 나타난 의미심장한 유령 같은 것이다. 나바린 해분과 노턴 해분에서 석유와 천연가스를 탐사하기 위해 임차 계약을 맺은 사람들에게 그곳에 일각고래가 살고 있을지 모른다는 가능성은 일을 복잡하게 만드는 골치 아픈 환경 문제일 것이다. 1982년 4월 16일 오후, 다섯 명의 일행이 전혀 예기치 않은 곳에서 일각고래 두 마리를 보고 기절초풍했다는 사실 자체를 경이롭게 여길 사람은 거의 없다. 그러나 우리 다섯 명은 말도 잊은 채 경이감에 사로잡혀 그 동물의 주위를 계속 맴돌았다. 그런 순간에 동물들은 어떤 의미를 지녀서도 안 된다.

우리는 토성의 고리보다 일각고래에 대해 아는 것이 적다. 어둡고 추워서 우리가 찾아볼 엄두도 못 내는 겨울에 녀석들은 어디로 가서 무엇을 먹을까? 칠레의 시인이자 수필가인 파블로 네루다는 회고록에서 이처럼 큰 동물이 어떻게 그처럼 모호하게 알려지지 않은 채 남아 있을 수 있는지 의아해했다. 그는 이 동물의 이름 나왈narwhal이 "바닷것들의 이름 중에서 가장 아름답다. 노래하는 바다 성배의 이름이며, 수정 박차의 이름이다"라고 말했다. 왜, 이 동물의 이름으로 성姓을 삼는 이나 '아름다운 일각고래 건물'을 짓는 이가 없을까, 그는 고개를 갸우뚱거렸다.

해답의 일부는 유감스럽게도 이 동물의 이름이 죽음을 뜻한다는 데 있다. 일각고래의 창백한 피부색이 익사한 인간 사체와 비슷하며, 그 이름도 고대 노르드어로 '시체'와 '고래'를 뜻하는 'nar'와 'hvalr'에서 유래됐다고 널리 알려졌다. 일각고래 살코기에 독이 들어 있다는 믿음뿐만 아니라 그 '뿔'이 중독을 방지하는 부적이라는 당시의 믿음도 이런 해석을 뒷받침하는 것으로 생각됐다. 18세기 박물학자 뷔퐁이 정리한 이 동물의 특징은 세대를 거듭하며 읽혔다. 그는 일각고래가 "떠들썩하게 살육잔치를 벌이고, 예고 없이 공격하며, 이유 없이 살생을 저지르는" 동물이라고 썼다. 이 척박한 북방 지역에서 일각고래가 인간의 대업과 마주친 사례 중에는 다음과 같은 우울한 사건이 있다. 1126년에 아이슬란드의 첫 주교였던 아르든할드가 아이슬란드 해변에서 난파를 당했다. 익사한 시체들과 배의 잔해들이 늪지대로 쓸려 들어갔다. 그때부터 시체 웅덩이라고 불린 그곳에서 인양된 물품 가운데 이채를 띤 것이 상당량의 일각고래 엄니였는데, "거기에는 항해를 마친 선원들이 각자의 것을 식별할 수 있도록 지워지지 않는 붉은 유칼립투스 수지로 쓴 룬 문자가 적혀 있었다."

게르만어 교수인 W. P. 레만은 일각고래의 이름과 죽음과의 연관성은 언어학적인 우연이라고 확신한다. 그는 고대 노르드어 'nárhvalr'(영어 'narwhal', 프랑스어 'narval', 독일어 'narwal' 등의 기원)이 'nahvalr'라는 단어의 지역적 변용이라고 말한다. 특정 지역에서 '아스파라거스' 대신에 '스패로그래스(참새풀)'라는 말을 쓰다 보니 그 식물이 참새와 관련이 있다고 생각하게 된 것과 같은 이치다. 레만에 따르면 'nahvalr'는 더 오래된 서부 노르드어로 '길고 뾰족한 돌출물(엄니)이 있는 고래'라는 뜻이다.

그래도 여전히 일각고래를 '시체고래'라고 부르는 사람들이 있고, 인간을 죽인다거나 인간의 죽음과 관련된 전조 또는 상징이라는 근거 없는 믿음이 지금까지도 일부 지역에 온전하게 남아 있다. 동물들은 가끔 자신의 진짜 삶과는 아무런 관련도 없는 이런 언급이나 억측에서 빚어진 부당한 연상을 짊어진 채 인간의 역사에 고착된다. 현대 현장생물학이 제공하는 좀 더 완전한 설명이 부분적으로는 동물에게 이렇게 부주의하게 이름을 붙이는 경향에 대한 해독제 역할을 한다. 그러나 네루다가 얘기한 것처럼, 우리가 너저분한 장식품이나 말썽 많은 시계처럼 먼지 쌓인 선반에 처박아놓은 동물들을 주기적으로 꺼내 생명을 불어넣는 일은 문학의 과제이기도 하다.

일각고래의 모호함은 과학으로도 쉽사리 전복되지 않는다. 일단 녀석들은 물 밑에 산다. 그리고 1년 내내 북극 해빙들 가운데에서 살기 때문에 녀석들에게 접근하려면 물류와 비용 문제가 발생한다. 여름이라 해도 현장 조사를 벌이기엔 만만찮은 장벽이다. 과학자들의 연구는 대체로 높은 해안 절벽에 위치한 관측소에서 근처 개빙구역에서 일어나는 일을 지켜보는 것으로 제한돼왔다. 그리고는 물속에 수중 청음기를 집어넣거나 가까운 친척이면서 훨씬 잘 알려진 벨루가와 비교하는 것 정도가 다다. 기후 변화와 집단 개체수 변동에 따른 이동과 짝짓기, 출산과 같은 일각고래의 정상적인 생애주기를 우리는 전혀 모르는

것이나 마찬가지다.[5]

과학자들이 정확하게 말할 수 있는 부분도 물리적 측면이지, 이 작은 고래의 사회적이고 사교적인 생태나 행동은 아니다. (불행히도 산업 발전이 일각고래에게 영향을 주는 부분은 전자가 아니라 후자다.) 다 자란 수컷은 5미터 조금 못 미치는 길이에 무게가 많게는 1.5톤에 이르는데, 다 자란 암컷에 비해 25퍼센트 정도 더 크다. 수컷은 왼쪽 윗입술을 뚫고 나와 길게는 3미터까지 뻗는 상아 엄니로도 암컷과 구분된다. 드물게는 엄니를 가진 암컷이 발견되고, 그보다 더 드물긴 하지만 위턱 양쪽에 엄니가 난 수컷이나 암컷이 발견된다. 옆에서 보면 일각고래는 몸통에 비해 머리가 작고 뭉툭해 보인다. 머리 대부분을 차지하는 위로 둥글게 솟은 이마에는 일각고래가 다른 고래들과 소통하고 자신과 다른 물체의 위치를 삼차원적으로 파악할 수 있게 해주는 특별한 지방, 즉 생체음향지질이 차 있다. 짧은 앞지느러미는 잠수하거나 부상할 때 심도를 조절하는 수평타 용도 말고는 다른 기능은 거의 없다. 앞지느러미 바로 뒤쪽 몸통의 둘레가 제일 큰데, 크게는 2.4미터까지 나간다. 고깔 모양 몸통은 이 지점부터 뒤로 갈수록 가늘어져서 꼬리쯤에서는 길쭉한 타

---

5 유감스럽게도 이 점에서는 에스키모들의 지식과 통찰력도 큰 도움이 되지 못한다. 에스키모들이 정통해 있는 모든 자연사 영역 중에서 이 토착 사냥꾼들이 가장 취약한 부분이 이동하는 동물들의 개체군 동태론에 관한 것이다. 이유는 명확하다. 그런 동물의 생애 중 상당 부분이 에스키모들이 공유하는 지리적·현상적 경계 너머, '생태적 공동체 바깥에서' 이뤄지기 때문이다.

원형이 된다. 등지느러미 대신 등 가운데가 살짝 융기해 불규칙한 무딘 톱니 모양을 그리며 1.5미터 정도 뻗어 있다. 끝이 갈라진 꼬리는 독특하다. 위에서 보면 중간이 깊게 갈라지고 옆으로 넓게 펼쳐진 은행잎을 닮은 심장 모양이다.

앞에서 보면 머리는 어쩐지 네모지고 비대칭인 데다 넓은 가슴에 비하면 이상할 정도로 작아 보인다. 입도 마찬가지로 그처럼 큰 동물치고는 작아 보여서, 짧은 쐐기 모양인 턱 가장자리를 윗입술이 간신히 가리고 있을 뿐이다. 바로 위에는 눈이 있는데, 위로 굽은 입 가장자리 뒤쪽에 있어 멍한 인상을 준다. (동물학자인 피터 워셜은 일각고래가 진화 과정에서 얼굴 근육을 잃어버렸기 때문에 의심스럽다는 듯이 이마를 찡그리거나, 못 믿겠다는 듯이 눈썹을 치켜올리거나, 굳게 결심한 듯이 입을 꾹 다물 수 없다고 말했다.) 정수리에는 초승달 모양을 한 숨구멍 하나가 두 눈을 잇는 선 위에 위치한다.

일각고래 새끼는 거의 몸 전체가 회색이다. 청년기가 되면 배에 군데군데 흰 점과 선이 나타나고 옆구리에는 대리석 무늬가 나타난다. 성체는 머리 위에서부터 등 뒤로 짙은 회색이 이어진다. 지느러미와 꼬리 윗면은 그보다 옅은 회색이 지배적이고, 아래쪽은 연노랑이나 흰색을 띤다. 등과 옆구리에는 짙은 회색 대리석 무늬가 있다. 나이가 들수록, 특히 수컷들은 거의 전체가 흰색이 된다. 어느 때나 암컷들 옆구리가 더 연한 색을 띤다고 말하는 이들도 있다.

피부에 난 부드럽고 매끄러운 돌 같은 대리석 무늬가 매혹적이다. 특히 구불구불한 짙은 회색 선들이 연회색 색조와 겹치는 꼬리를 보면 어떤 화가도 그런 효과는 내지 못할 것 같다. 몸체의 다른 부분에서는 점이 대세다. 윌리엄 스코어스비는 다음과 같이 썼다. "점은 둥글거나 타원형이다. 등 쪽에 제일 많이 밀집해 있고 색도 제일 짙은데, 직경이 5센티미터를 넘는 경우는 거의 없다. 점들 사이는 순백색이다. 옆쪽으로 가면 점들이 희미하고 작아지면서 드문드문해진다. 배 쪽은 점이 거의 눈에 띄지 않을 정도로 희미한 데다 드물어서 점이 보이지 않는 부위도 제법 있다." 이 무늬들은 두께가 1.2센티미터 정도 되는 피부층을 완전히 관통하고 있다.

고래잡이를 연구하는 영국의 역사학자 배절 러벅에 따르면, 햇빛과 물 색깔에 따라 물속에 있는 일각고래가 "짙은 청록색에서 심지어 짙은 호수 색깔(푸른색)에 이르기까지 다양한 색조"를 띤다.

일각고래는 수영 실력이 뛰어나서 몸의 윤곽을 아주 살짝 바꿔가며 난류 발생을 줄이는 능력을 가지고 있다. 이들은 북극대구와 그린란드검정가자미, 북대서양연어 같은 민첩한 먹이들을 사냥하고, 범고래와 그린란드상어 같은 적을 피할 수 있을 정도로 빠르고 능숙하다.

일각고래들은 빙원끝과 밀접한 관련을 맺으며 사는데, 때로는 개빙구역에서 수 킬로미터 떨어진 빽빽한 총빙 안에서 발견되기도 한다. (녀석들이 얼음에 갇히지 않고 얼기설기 얽힌 개수로를 빠져나오는 길을 어떻게 찾아내는지는 알려져 있지 않다.) 녀석들은 조류와 바람이 강한 데다 해수면에 뜬 얼음들이 급작스럽게 움직이고 개수로가 매우 빠르게 열렸다가 닫히거나 얼어버리는 곳에서 용케도 살아남았다. (바닷새들처럼 녀석들도 물길이 언제 닫힐지 감지하는 신비로운 감각이 있어서 적절할 때 물러나는 듯하다.) 그러나 녀석들이 공기와 산소를 차단하는 얼음의 이동과 형성을 늘 정확하게 예측하지는 못한다는 사실이 사브새트라고 불리는 사건으로 증명된다. 사브새트는 비교적 드물게 발생하지만, 일단 발생하면 치명적인 경우가 많다.

사브새트는 그린란드 서부 해안에서 가장 흔히 볼 수 있다. 여전히 일각고래들이 피오르 안쪽 깊숙한 곳에서 먹이를 먹을 때인 늦가을에 피오르 입구를 가로지르는 잔잔한 물에 얼음 띠가 형성된다. 다음으로 피오르의 우묵한 안쪽으로 얼음판이 확장된다. 어느 시점에 얼음판 너비는 일각고래가 숨을 쉬지 않고 단번에 넘을 수 있는 거리를 초과한다. 또 이때 피오르 안쪽에 정착빙이 형성돼 자라면서 해빙과 만난다. 그래서 일각고래들은 점점 좁아지는 개빙구역 안으로 몰려든다. 녀석들이 내는 으르렁거리고 꾸르륵거리는 소와 비슷한 신음과 숨쉴 때 나는 새된 파열음이 아주 먼 곳까지 들릴 때도 있다.

덴마크의 과학자 크리스티안 비베는 1943년 3월 16일에 중앙 그린란드 서해안에 있는 한 사브새트에 갔다. 수백 마리 일각고래와 벨루가가 36제곱미터(약 11평)밖에 안 되는 구멍에 갇혀 있었다. 비베는 다음과 같이 썼다. 검은 수면은 완전히 "고요하고 적막했다. 그때 갑자기 잔잔한 수면이 깨지면서 우아하게 굽은 검은 그림자들과 흰 동물들이 나타났다가 사라졌다. 다수의 일각고래와 흰고래[벨루가]였다. 녀석들이 얼마나 다닥다닥 붙은 채 떠올랐는지, 몇 마리는 다른 놈의 등에 올라타 멋진 꼬리를 흔들며 공중에서 제비를 넘었다. 처음 몇 줄은 일각고래였고 다음은 흰고래들, 그리고 또 일각고래, 이런 식으로 종별로 움직였다. 웅덩이가 출렁거리고 철썩거리고 텀벙거렸다. 녀석들은 긴 강철관으로 공기를 빨아들일 때처럼 휑한 휘파람 소리를 내면서 공기를 들이마셨다. 물이 심하게 출렁거렸고 (…) 물결이 얼음 위로 넓게 퍼져나갔다." 녀석들이 내뿜은 숨의 수분이 그렇듯, 퍼져나간 물도 웅덩이 가장자리에서 바로 얼어붙어 사브새트는 점점 좁아졌다. 비베는 그런 광란의 현장에서도 일각고래의 거대한 엄니에 상처를 입은 동물은 한 마리도 보지 못했다.[6]

일각고래는 향유고래처럼 이빨을 가진 고래들과 함께 이빨고래아목으로 분류되고, 상괭이[7] 및 돌고래와 함께 참돌고래상

---

6 에스키모 사냥꾼들이 이 사브새트에서 일주일 동안 일각고래와 벨루가 340마리를 잡는 사이 얼음이 녹아 나머지는 도망쳤다. 1915년 봄에는 디스코만 에스키모들이 사브새트 두 곳에서 몇 달에 걸쳐 1,000마리가 넘는 일각고래와 벨루가를 잡았다. 태평한 새들, 특히 날아오를 때 넓은 해수면이 필요한 큰부리바다오리와 애기바다쇠오리도 얼음 때문에 이륙하는 데 필요한 수면이 좁아지는 것을 모르고 있다가 갇힐 수 있다.

7 우리나라에서는 'dolphin'과 'porpoise'를 구분 없이 모두 '돌고래'로 지칭하지만, 둘은 분류학적으로 확실히 구분된다. porpoise는 dolphin에 비해 몸집이 작고 주둥이가 짧고 둥글다. 우리나라 근해에서 볼 수 있는 porpoise는 거의 대부분이 상괭이라 여기서는 'porpoise'를 '상괭이'로 옮겼다—옮긴이.

과[8]에 속하며, 유일한 동료인 벨루가와 함께 외뿔고래과에 속한다. 생물학자들은 연안 생활에 적응한 것이 분명해 보이는 벨루가에 비해 일각고래는 원양 또는 대양 생활에 적응한 종으로 본다. 이는 일각고래가 해빙 적응도가 더 높고 위도가 더 높은 곳에서 겨울을 난다는 의미다. 벨루가에 대해 알려진 내용에 기초해서 추정해보면 일각고래도 4월에 짝짓기를 하고, 14개월 정도의 임신 기간을 거쳐 6월이나 7월에 길이는 1.5미터, 몸무게는 77킬로그램 정도 나가는 새끼 한 마리를 낳는 것으로 짐작된다. 새끼들은 태어날 때부터 차가운 물에서 스스로를 보호할 수 있도록 2.5센티미터 두께의 지방층을 두르고 있다. 새끼는 약 2년 정도 젖을 먹는 것으로 보이며, 3년 또는 그 이상을 어미와 함께 지낸다. 다시 벨루가 사례로 추정해보면, 암컷들은 네 살에서 일곱 살 사이, 수컷들은 여덟 살에서 아홉 살 사이에 성적 성숙 단계에 이른다.

일각고래들은 보통 둘에서 여덟 마리 정도로 소규모 무리를 짓는데, 무리 내 개체들의 성별과 나이가 같은 경우가 많다. 새끼들이 포함된 암컷 무리는 여름에 수컷 무리에 비해 더 작고 느슨하게 무리를 짓는 경향이 있다. 봄철 이동 때는 300마리 또는 그 이상의 개체들이 모여 무리를 이룬다.

일각고래들은 주로 북극대구와 극지대구, 그린란드검정가자

8 참돌고래상과Delphinoidea는 이빨고래아목 중 가장 큰 분류군으로 6과 66속으로 이루어져 있다. 범고래, 일각고래 등이 여기에 속한다—옮긴이.

미, 북대서양연어, 둑중개 등 물고기와 오징어를 먹고 여러 종의 새우와 문어, 갑각류도 먹는다. 구조가 복잡하게 다섯 개로 나뉜 위에서 먹이를 재빨리 처리하고, 소화되지 않는 오징어와 문어의 키틴질 부리, 갑각류 껍질, 물고기 이석耳石과 수정체 등을 남기는데, 이를 통해 생물학자들은 일각고래 식습관에 대한 지식을 하나하나 맞춰나간다.

두 종류의 '고래 이'(실제로는 작은 갑각류)가 입술에 난 엄니 구멍 속과 꼬리의 움푹 팬 곳, 상처(그리고 일각고래 몸체에서 물살에 휩쓸려가지 않을 만한 곳 어디에나) 등에 매달려 있다. 때로 이 작은 생물은 갈고리처럼 생긴 날카로운 다리로 일각고래 피부에 아주 뚜렷한 자취를 남긴다. 나이가 많은 개체일수록 이런 기생충이 들끓는 경우가 많아서 관찰자들의 얼굴을 찡그리게 만든다.

배핀섬 보든반도 북쪽 해안 절벽 끝에 서 있으면, 스물네 시간 햇빛이 비치는 6월 몇 주 동안 드문드문하지만 끊이지 않고 이동하는 일각고래들을 볼 수 있다. 녀석들의 민첩하고 재빠른 움직임과 마치 한 몸인 듯이 동시에 헤엄치고 잠수하는 일사불란함, 어떤 일이 닥쳐도 능히 대처해낼 것 같은 평온하면서도 경계를 늦추지 않는 분위기가 매혹적이다. 일각고래의 매력은 바람 없는 날 활공하는 새들처럼 삼차원 공간을 누비는 그 힘차고 우아한 움직임에 있다. 녀석들의 일사불란한 행동 중에서도 인상적인 것은 단체로 깊이 잠수할 수 있는 능력이다. 녀석들은 하나의 회색 덩어리처럼 점점 작아지다가 어둠 속으로 사라진다. 300미터 또는 그보다 더 깊이 잠수하는데, 극지대구 떼를 해수면 쪽으로 몰고 오려는 의도일 때가 많다. 대구들은 빠른 속도로 부상하면 부레가 급속히 팽창해서 의식을 잃는다. 이렇게 의식을 잃은 수천 마리 물고기들이 일각고래와 하프물범, 흥분한 풀머갈매기와 세가락갈매기 떼의 먹이가 된다.

높은 곳에서 바라보면 나이와 성별의 위계질서에 따라 잘 조직된 일각고래들의 사회적 소통에서도 역시 깊은 인상을 받는다. 수컷들은 곧잘 엄니를 사용하는 사회적 행동을 한다. 녀석들은 엄니를 물 위로 내밀고 칼처럼 교차시키거나 엄니로 다른 녀석의 등을 눌러 물속으로 밀어넣기도 하고, 엄니를 비껴 나란히 놓은 채 머리를 마주하고 대치하기도 한다.

일각고래의 사회구조와 행동을 연구한 헬렌 실버먼은 랭커스터 해협에서 관찰한 전형적인 장면을 묘사했다. "한번은 어른 수컷 두 마리와 어른 암컷 한 마리, 새끼 한 마리, 성숙기의 어린 고래 한 마리로 구성된 무리가 수컷들을 앞세워 서쪽으로 이동하다가 잠시 30초 정도 제자리에 머물렀는데, 수컷 한 마리가 몸을 돌리더니 새끼 밑으로 들어가 두 번이나 물 밖으로 밀어올렸습니다. 어미는 별다른 반응을 보이지 않았고요. 그 수컷은 엄니 끝으로 어미의 옆구리를 건드렸고, 무리는 다시 서쪽으로 움직였습니다."

6월 하순, 지금처럼 햇빛과 바람이 들이치는 해안 절벽 높은 곳에 앉아 있을 때 느끼는 들뜬 기분, 이런 날씨가 주는 익숙한 탁 트인 느낌과 동물들을 볼지 모른다는 기대감이 한데 섞인 그 기분은 '지극한 행복을 느끼다'라는 뜻의 에스키모어 '쿠비아니쿠무트' 하나로 요약된다. 이럴 때면 정체가 모호한 일각고래에 대한 생각에 잠기기 쉽다. 일각고래의 입안, 아코디언같이 주름진 혀 뒤쪽에 고풍스런 자주색이 뿌려진 차분한 흰색의 그 입안을 처음 봤을 때부터 나는 일각고래와 향유고래의 친척관계에 대해 생각해왔다. 향유고래의 입안도 비슷한 색깔을 띠고 있다. 향유고래처럼 일각고래도 깊이 잠수한다. 일각고래와 향유고래 외에 물에 뜬 채로 한 번에 몇 시간씩 자는 고래도 없다. 그리고 일각고래가 수면에 떠 있을 때는 향유고래처럼 숨구멍에서부터 등의 융기한 부분까지를 물 밖에 내놓고 등의 나머지 부분과 꼬리는 물속에 늘어뜨린다. 향유고래처럼 일각고래도 이빨로 유명하고, 잠시 동안이기는 했지만 일각고래도 이마에 든 양질의 기름 때문에 사냥의 대상이 되었다.

모든 고래와 마찬가지로 일각고래의 진화적 뿌리도 곤충을 먹고 살았던 백악기 육식동물에 있다. 우리 인간도 그로부터 진화했다. 백악기를 거쳐 팔레오세로 이어지는 고래의 진화 계통은 하마와 영양 같은 우제류의 진화 계통을 따른다. 그러다가 근본적인 방향 전환이 일어난다. 3억 8000만 년 전 데본기, 바다에서 나온 이래 장장 3억 3000만 년 동안 마른 땅 위에서 이뤄지던 유전적 진화 계통의 한 갈래가 당시의 대양으로 되돌아간 것이다. 그 갈래에서 고래가 나왔다. 최초의 원시 고래들은 4500만 년 전 에오세에 등장했고, 최초의 이빨고래들은 그로부터 1800만 년 후인 올리고세에 나타났다. 그때쯤에는 공기호흡을 하는 포유동물이 바다에서 살기 위해 필요한 보기 드문 적응 과정이 대부분 완료되어 있었다.

해안 절벽에서 청록색 바다에 한가로이 떠 있는 고래를 내려다보고 있자니, 포유류 계통에 있었던 이런 진화적 변화들과 지금까지 시간의 흐름에 따라 변해왔을 이 생물의 모습이 상상된다. 한때 뒷다리였던 것이 사라졌다. 골격은 여전히 골반의 흔적을 보여주고 있지만 말이다. 바닷물이 상당한 부력을 주기 때문에 많은 골격 구조가 필요하지 않아서 이 생물은 민첩성을 잃지 않으면서도 큰 몸집을 가지게 되었다. 이 생물은 기온이 들쭉날쭉한 세상(내가 서 있는 이 북극 곶의 온도는 1년 사이에 66도 정도의 변동 폭을 보인다)을 뒤로하고 온도가 거의 변하지 않는 세계를 얻었다. 그러나 이 생물은 온혈동물의 생활 방식을 포기하지 않았다. 대신 5~10센티미터 두께의 지방층으로 추위를 막았다.

신체 구조에 일어난 가장 현격한 변화 두 가지는 산소를 비축하고 활용하는 방식과 자극 면에서 시각이나 후각이 아니라 대체로 청각이 지배하는 세계에 적합하도록 감각 체계를 조정하는 방식과 관련이 있다.

내가 북극 공기를 들이마시면 산소의 34퍼센트는 일단 폐에 공급되고, 41퍼센트는 혈액에, 13퍼센트는 근육에, 12퍼센트는 다른 장기 조직에 공급된다. 나는 숨이 차거나 감정이 격해졌을 때만 심호흡을 하지만, 일각고래는 늘 심호흡을 한다. 일각고래는 같은 공기를 단숨에 빨아들여 작은 폐를 완전히 채운다.

그러고는 산소를 다르게 배분함으로써, 15분이나 잠수하면서도 지속적으로 산소를 끌어다 쓸 수 있다. 산소의 41퍼센트가 혈액으로, 41퍼센트가 근육으로, 약 9퍼센트가 다른 장기 조직에 공급되며, 폐에 남는 산소는 전체의 9퍼센트에 불과하다. 산소는 혈액 속에서 헤모글로빈 분자와 결합하고, 근육에서는 미오글로빈 분자와 결합한다. (일각고래의 근육은 미오글로빈 함량이 높아서 모든 바다 포유동물 살코기가 그렇듯 암갈색을 띤다.)

'혈관의 괴망怪網, rete mirabile'이라고도 불리는 '소동정맥그물'의 발달과 간정맥 확장, 특정 지점에서의 혈액 역류 등으로 나타나는 순환계 변화들 덕분에 일각고래는 심해 잠수 때 받는 엄청난 압력에도 별 탈 없이 적응할 수 있었다.

일각고래 혈액에는 질소가 적어서 수면으로 부상할 때 발생하는 '잠수병'이 생기지 않는다. 호흡 부산물로 생기는 이산화탄소는 효율적으로 비축되어 있다가 폭발적으로 배출되면서 신속하게 폐를 빠져나간다.

우리가 이런 변화들을 느껴보려면 스쿠버 장비, 감압탱크, 잠수복, 웨이트벨트, 물갈퀴 같은 복잡한 기구가 필요하다. 그러고도 일각고래가 대변하는, 포유류 진화에 나타난 이 급격한 변화의 사례를 제대로 이해하기는 어렵다. 첫째, 우리는 대체로 이차원으로 세계를 파악한다. 우리는 자주 위를 쳐다보는 생물이 아니다. 우리는 대상의 '길이와 너비'를 재는 데는 익숙하지만 '높이'에는 익숙하지 않다. 일각고래의 경우는 이차원 경험이 극히 적은데, 피부 표면에서 느끼는 물의 촉감과 숨을 쉬기 위해 통과해야 하는 해수면이 이차원 경험의 거의 전부다.

우리가 일각고래의 세계를 이해하기 어려운 두 번째 이유는, 일각고래가 우리에게 익숙한 감각의 위계구조와 영 다른 체계에 따라 세계를 '이해'하기 때문이다. 우리가 아는 한, 일각고래에게 염도를 측정하는 능력은 있는 듯하지만, 맛을 보고 냄새를 맡는 화학적 감각들은 모두 사라졌다. 예민한 촉감은 남아 있다. 압력을 감지하는 능력은 향상되어, 아주 섬세하게 깊이를 분간할 수 있는 감각과 빛이 거의 들지 않는 수중에서 앞서 간 대구 떼가 일으킨 미세한 난류를 포착하는 사냥꾼의 감각이 있다. 부족한 빛 때문에 시각은 위축되었다. 사실 눈은 고압과 염분에 의한 화학적 자극, 끊임없이 몰려오는 바닷물, 물속에서 달라지는 빛의 굴절각에 순응해 변형되었다. (일각고래는 눈구멍에 고정된 눈으로 물 위의 세상을 본다. 난시인 데다 거리를 달리하며 초점을 맞추는 능력에 한계가 있다.)

시각은 그저 보조 감각일 뿐, 시각 대신에 삼차원 청각 공간을 점하는 이런 생물에게 '세계'는 얼마나 다르게 보일까? 아마 음악가들만이 그런 감각을 정의할 수 있는 감정과 자극의 형태를 어렴풋이나마 가지고 있을 것이다.

높은 곳에 서 있는 관찰자에겐 여름날 북극해가 지극히 고요해 보일 것이다. 그러나 수중청음기를 물속에 담그면 스펙트럼 분석기와 녹음기로만 풀어볼 수 있는 '소음'의 세계를 발견할 수 있다. 신음하듯이 떨리는 턱수염물범 소리, 전기가 튀듯 탁

탁거리는 새우 소리, 붕 하고 낮게 울리는 바다코끼리 소리, 컹컹거리고 깽깽거리는 새뮌 고리무늬물범 소리, 짤깍거리는 소리, 단모음 소리, 새처럼 찌르르거리는 소리, 벨루가와 일각고래의 배음倍音, 코끼리처럼 날카로운 북극고래 소리. 동물들이 내는 이런 소음들에다 바다 밑 침전물이 쓸려가는 소리, 해빙이 끽끽거리고 삐걱거리는 소리, 물속 깊숙이 뻗은 얼음이 얕은 수역의 바닥을 긁는 소리가 더해진다.

일각고래는 우리가 저녁 산책을 하면서 이웃들을 보는 것처럼 이 '불협화음'을 편안하게 느낄 뿐만 아니라 심지어 알아채지도 못하는 듯, 여름날 랭커스터 해협의 수면 위에서 용케도 '잠자는' 것처럼 보인다.

청각 구조에 일어난 변화 중에서 일각고래가 이 세계에 사는데 가장 중요했던 변화를 하나 꼽으라면, 양쪽 이도耳道가 분리된 것을 들 수 있다. 그러면 일각고래는 물속 소리를 머리 양쪽에서 따로 받아들여 소리가 들리는 방향을 결정할 수 있게 된다. (인간은 공기 중에서만 이런 판단이 가능하다. 물속에서는 소리가 고르게 울리며 머리뼈를 통과한다.) 물론 일각고래는 많은 소리를 듣는다. 일각고래가 어떤 소리에 집중하는지, 또는 수많은 소리로부터 어떤 정보를 얻는지 우리는 그저 추측만 할 뿐이다. 일각고래들 역시 일각고래와 다른 동물들에게 중요한 의미를 지닐 많은 소리를 발한다.

음향학을 다루는 과학자들은 일각고래의 소리를 두 부류로 나눈다. 호흡기관으로 내는 헐떡거리는 소리, 신음소리, 휘파람 소리, 다양한 종류의 꾸르륵거리는 소리는 우리도 들을 수 있다. 두 번째 소리 군은 반향 위치 측정[9]과 의사소통에 관련된 것으로, 과학자들은 빠르게는 초당 500회에 이르는 혀 차는 소리와 변동음, 고정음 등 세 가지로 분류한다. (이들 소리 중 어떤 것은 수면에서 거품처럼 피어올라 보트에 탄 사람이 대기 중에서도 들을 수 있다.)

일각고래는 혀 차는 소리를 이용해 자신과 동료, 먹잇감의 위치를 파악하고 빙원끝과 개수로의 방향 같은 것들을 확인한다고 알려져 있다. 변동음은 본래부터 사회적인 용도로 사용되며 개체별 변형이 이뤄지므로, 일각고래는 저마다 고유한 '인증' 음이나 신호 음을 가지고 있다고 생각된다. 『미국음향학회지』에 논문을 실은 몇몇 과학자에 따르면, "일각고래는 (벨루가에 비해) 훨씬 조용하고 소리의 다양성도 적은 것으로 보이며, 인간의 청각 한계를 벗어난 소리를 많이 발하는 것으로 나타난다." 그러나 이후에 나온 한 연구 결과는 일각고래가 '물속에서 극도로 수다스럽다'는 사실을 밝히며, "엄청나게 다양한 길이와 파장으로 구성된 음향 신호들로 (녹음기가) 거의 포화 상태에 이르렀다"라고 언급했다. 이 연구는 또한 음향과 관련된 일각고래 행동의 많은 부분이 "여전히 해독해야 할 문제로 남아 있

9 반향 위치 측정은 동물이 입이나 콧구멍에서 음파를 발사해 그 음파가 물체에 부딪쳐 돌아오는 반사음를 이용하여 물체의 형태를 파악하거나 물체와 자신과의 거리를 측정하는 것을 말한다. 반향정위, 에콜로케이션 echolocation이라고도 한다—옮긴이.

다"라고 결론지었다.

내가 이 모든 내용을 상세히 설명하는 이유는 이렇다. 소리를 보내고 받는 고래의 능력이 '지적인' 생물임을 알려주는 증거라는 상식적인 가정과 해저 시추 작업이 일으키는 끊임없는 소음 및 선박과 항공기의 부수적인 소음들이 "(일각고래들에게) 해가 될 것으로 보이지는 않으며, (…) 랭커스터 해협 주변의 (자연적인) 수중 소음 수준이 높기 때문"이라고 말하는 캐나다 정부 보고서의 가정이 서로 명백하게 모순되기 때문이다.

상상의 폭이 좁고 생명에 무감각해서 저런 말을 썼다고 믿기는 힘들다. 고래목 동물들은 우리보다 덜 '지적'일 수도 있고, 의지나 상상력, 논리적 사고 면에서 우리보다 낮게 정의될 수도 있다. 하지만 그들이 지적이라는 생각과 그런 그들이 인간이 만드는 소음에 영향을 받을 것이라는 생각은 가정이라기보다는 '일각고래'라는 이름밖에 알아내지 못한 신비에 싸인 동물을 존중할 수 있다는 가능성의 표현에 더 가깝다. 절벽 끝에 서서 기도 중인 수사처럼 고요히 바닷물에 등을 씻기고 있는 저 생물을 골똘히 내려다보고 있자니, 소통하고픈 충동이, 꿈틀거리던 그 욕망이 잠시나마 숙연해진다.

나는 랭커스터 해협으로 시선을 돌린다. 편평하고 고요한 바다에 떠서 잠자는 일각고래 네댓 마리가 저녁 하늘에 처음 나타나는 별들처럼 희미하게 보인다. 멀고 가까운 데서 새들이 공중을 미끄러지듯 난다. 노쇠해서 사라질 생명의 조각들. 저 아래, 잠자는 일각고래 밑으로 해류를 탄 물고기들이 굽이치며 밀려가고, 빛은 점차 줄어들다가 마침내 사라진다.

영국의 학자인 오델 셰퍼드에 따르면 유니콘에 대한 첫 언급은 기원전 5세기에 페르시아에 살던 그리스인 의사 크테시아스의 글에 나타난다. 그는 인도에서 전파된, 유니콘이라는 존재에 대한 소문을 들었다. 이마에 외뿔이 난 말처럼 생긴 난폭하고 용맹한 이 동물의 존재는 뒤에 아리스토텔레스와 플리니우스의 저서를 통해, 더 훗날에는 백과전서파의 한 사람인 '세비야의 이시도르'의 저서를 통해 신빙성을 얻었다. 70인역 성서를 만든 그리스 번역자들이 히브리어 '레엠re'em'(지금은 멸종한 유럽들소인 보스 프리미게니우스를 뜻하는 단어로 추정)을 '유니콘'으로 옮기면서, 얄궂게도 성서가 유니콘의 존재에 의도치 않은 권위를 실어주게 되었다.

유니콘 전설과 그 뒤에 일각고래가 연루되는 사건들은 여러 면에서 흥미로운 이야기다. 중세까지도 이 전설은 책에서 책으로, 박식한 개인에서 개인으로 전해졌을 뿐, 유럽 민속 문화의 일부는 아니었다. 르네상스기에 과학자들과 학자들, 신학자들은 유니콘의 존재에 대해 다양한 학구적인 '설명'을 내놓았다. 회의적인 사람들에게 이런 설명들이 아무리 당치 않은 소리로 들릴지라도, 손에 닿는 일각고래 엄니라는 명백한 증거는 반박할 수 없다고 여겨졌던 듯하다. 게다가 성경을 반박하면서까지 유니콘의 존재를 부정할 수 있는 기독교도는 없었다.

학자들은 페르시아에서 크테시아스가 쓴 최초 기록에 나오는 동물이 사실은 오릭스나 코뿔소의 개념을 옮겨놓은 것이라고 주장한다. 크테시아스 같은 그리스인들이 페르시아 태피스트리에서 본 '인도 종교 예술에 등장하는 기괴한 괴물들'을 진짜로 존재하는 동물로 여겼기 때문에 유니콘의 존재를 의심 없이 받아들였으리라는 추측이다. 중세 유럽에서는 희귀한 일각고래와 바다코끼리 엄니가 거래되었고, 기독교 전통에 등장하는 동물뿐만 아니라 조로아스터교에서 얘기하는 신비로운 동물과도 혼동되었으며, 양치기들이 가축화된 동물의 뿔을 기괴하게 변형시키는 관행을 이어간 것 모두가 이 전설에 신빙성을 더해주었다. 더욱이 이 위엄 있는 동물에 대한 부유층과 식자층의 관심은 단순한 매혹을 넘어 실용적이기도 했다. 14~15세기 유럽 왕족들은 정치적 동기에 의한 독살 위협에 시달렸는데, 유니콘 뿔은 독에 대한 가장 강력한 시약으로 정평이 나 있었다.

『유니콘 전설』에서 오델 셰퍼드는 르네상스 시대 인물들이 유니콘 뿔을 언급한 내용을 광범위하게 열거한다. 유니콘 뿔은 "어두운 밤과 위험한 곳에 동행하는 동료다. 사람들은 유니콘 뿔을 보물을 다룰 때처럼 조심스럽게 심장 가까이에 지녔다. 실제로 보물이었기 때문이다. 유니콘 뿔은 낮에는 날아오는 화살을, 밤에는 다가오는 역병을 막아주고, 독살하려는 자의 간계는 물론이거니와 간질이나 품위 있는 자리에서는 입에 올리지 말아야 할 그다지 떳떳하지 못한 육체의 병들도 막아준다. 간단히 말해 유니콘의 뿔은 액막이와 부적, 무기, 약상자가 하나로 합쳐진 것이었다."

중세 시대에 유니콘의 뿔이라며 거래되던 작게 자른 일각고래 엄니는 거금에 팔렸는데, 무게로 치면 금의 20배 가격이었다. 셰퍼드는 16세기 중반 유럽에서 목격된 엄니를 다 합쳐도 쉰 개를 넘지 않는다고 추정하며 각각에 상세한 유래를 덧붙였는데, 일각고래 엄니의 존재를 알았던 탐험대원들이 왕족들과 성직자들에게 선물하거나 노획물로 가져온 것들이었다. 1204년 콘스탄티노플에서 도난당한 엄니 두 개는 십자군이 베네치아에 있는 산마르코 대성당으로 가져갔고, 지금도 그곳에 있을 것이다.

이 엄니들이 유럽에 존재하는 이유는 그린란드 및 아이슬란드와의 교역 때문이었다. 기이한 점은 아이슬란드 주교와 함께 익사한 사람들 같은, 유니콘에 대한 개념도 없고 엄니의 가치도 전혀 모르는 뱃사람들이 그 엄니들을 유럽으로 옮겨 그 가치를 아는 사람들에게 전달했다는 사실이다. 그리고 엄니를 빈번하게 구매한 사람들은 일각고래 같은 동물의 존재에 대해서는 손톱만큼도 생각해보지 않은 이들이었다.

유니콘과 일각고래라는, 범주가 다른 두 가지 지식을 하나로 묶은 첫 번째 유럽인은 1621년에 유니콘 뿔의 출처로 분명하게 일각고래를 지목한 제도사 게라르두스 메르카토르인 듯하다.[10] 그 뒤 1638년에 덴마크의 교수이자 '고명한 동물학자 겸 골동

10 메르카토르는 1512년에 태어나 1594년에 사망하였으므로 1621년에 이런 언급을 했다는 설명에는 시간적 오류가 있다. 단순한 저자의 실수이거나 정확한 이해를 위해 추가되어야 할 별도의 맥락이 누락된 듯하다—옮긴이.

품 애호가'인 올레 부름이 코펜하겐 연설에서 같은 주장을 했다. 하지만 당시에는 이미 유니콘 이야기가 쉽게 떨쳐버릴 수 없을 만큼 유럽의 다양한 사회 계층에 확고하게 파고들어 있었고, 별안간 가치가 없다고 선언하기에는 뿔 자체가 워낙에 귀중한 상품이 되어 있었다. 게다가 반론도 그럴싸한 것이, 그 엄니도 바다 유니콘에게서 나온 뿔 아니었던가? 그것이 육지 유니콘의 뿔과 같은 힘을 가지지 못할 이유가 무엇이란 말인가?

시간이 지나면서 일각고래 엄니는 의료에 관련된 영향력을 잃고 거래도 시들해졌지만, 전설 자체는 성직자들과 학자들의 손을 떠나 일반 대중 사이에 퍼지면서 연인들과 예술가들, 시인들의 마음을 사로잡았다. 그러나 크테시아스의 글에서 묘사된 세속적인 전통과는 사뭇 다른 형태로 전해졌다. 세속적인 묘사에서 유니콘은 상서로운 힘을 가졌지만 고귀하고 두려운 생물이었다. 유니콘은 고고하면서도 자비로운 동시에 길들일 수 없는 난폭한 생물이었다. 그래서 유니콘은 방랑하는 기사들과 왕의 문장紋章이 되었다. 1603년에 제임스 1세가 유니콘을 영국 왕가의 문장으로 채택했고, 1671년에는 크리스티안 5세가 일각고래 엄니로만 만들어진 대관식 의자에서 왕위에 오른 첫 번째 덴마크 왕이 되었다. 기독교 영향력 아래에서 유니콘 이야기는 사로잡혀 길들여진 짐승 이야기로 바뀌었다. 짐승은 강건함과 독립적인 성질, 야생마로서의 고고함을 잃고 목가적인 정원에서 처녀의 손에 통제되는 염소처럼 생긴 작은 동물로 그려졌다. 유니콘 전설에서 중심적인 사건, 즉 모세가 마라의 샘에서 나뭇가지로 행했던 신의 기적처럼 독이 퍼진 강물을 다른 생물들이 마실 수 있도록 순수한 물로 바꾼 유니콘의 일화는 망각되었다. 한때 솔리누스의 『폴리히스토리아』에 "절대 산 채로 얻을 수 없는 동물. 죽을지언정 사로잡히지는 않는다"라고 적혔던 생물이 길들여진 순결과 복종의 상징이 되었다.

어느 겨울날 오후, 캐나다 밴쿠버에서 잠시나마 다 자란 일각고래를 전시하는 데 유일하게 성공한 사람과 얘기를 나눈 적이 있다(1970년 북부 캐나다에서 들여온 일각고래 여섯 마리는 몇 달 만에 모두 폐렴으로 죽었다). 브리티시컬럼비아 수족관 관장인 머리 뉴먼은 특히 거대한 엄니를 가진 수컷을 포획하고 관리하는 데 따르는 엄청난 어려움을 설명했다. 그는 일각고래를 성공적으로 관리할 수 있는 수족관이 과연 있을지 의심스러워했다. 수족관에 딸린 단정한 잔디밭 너머로 밴쿠버 항구를 바라보는 그 순간은 솔리누스가 『폴리히스토리아』에 적어둔 유니콘 얘기가 이상하리만치 적절한 예언처럼 느껴졌다.

일각고래 엄니를 들어보면 단단하지만 탄력이 느껴진다. 엄니는 둥글고 끝으로 가면서 일정하게 가늘어지는 상아인데, 대부분은 비어 있다. (일각고래가 살아 있을 때에는 이 공간에 치수[11]가 차 있다.) 큰 엄니는 무게가 9킬로그램에 길이는 2.4~2.7미터로, 뿌리 부분은 직경이 10센티미터이고 점차 가늘어져서 끝부분은 직경이 1.3센티미터 정도다. 길이가 5~7.6센티미터쯤 되는 매끈하고 반들반들한 끝부분은 둥글게 뭉툭하거나 때로는 쐐기꼴이다. 엄니의 나머지 부분은 쭉 곧고, 폭이 일정한 나선무늬가 오른쪽에서 왼쪽으로 대여섯 바퀴 감아나가다가 사라진다. 종종 나선형 띠와 평행한 홈 하나가 분명하게 나타나기도 한다. 많은 엄니 견본에는 끝에서 끝까지 매우 얕은 물결무늬가 섬세하게 나 있기도 하다.

줄이 있는 부분은 만지면 거친 느낌이고, 얕은 홈은 조류에 덮여 있는 경우가 많다. 이런 미생물 탓에 엄니에는 녹색 또는 갈색 줄무늬가 생기는데, 주로 머리뼈 좌측 상단에서 시작해 25~30센티미터쯤 이어지며 노르스름한 상아나 흰색 끝부분과 대비를 이룬다.

19세기가 한참 진행된 뒤에도 엄니가 나는 쪽이 어느 성별인지(또는 둘 다에서 나는지)가 의문이었다. 수컷이라고 생각하는 사람이 많았지만, 엄니가 난 암컷들에 대한 믿을 만한 보고들(실제로 1684년에 한 독일인 선장이 커다란 엄니가 두 개나 난 암컷 머리뼈를 함부르크 박물관에 기증했다)과 일부 일각고래에게 '엄니 유치幼齒'가 있다는 독일인 과학자 졸로몬 라이젤의 1700년 발표 때문에 혼란이 있었다. 엄니의 기능에 대해서도 여러 억측만 난무하고 합의를 보지 못했던 당시의 상황 또한 도움이 되지 않았다. (상황을 더 혼란스럽게 만든 소소한 오류로는 인쇄공들이 부주의하게 그림을 뒤집어 인쇄한 경우를

---

11 치수齒髓는 치아 속 빈 곳에 가득 차 있는 부드럽고 연한 조직으로서 혈관과 신경이 많이 분포되어 있어 감각이 예민하다—옮긴이.

들 수 있다. 이 경우 엄니가 머리 왼쪽이 아니라 오른쪽에서 튀어나와 왼쪽에서 오른쪽으로 나선을 그리는 것처럼 보이게 된다.)

결국 몇 가지 확실한 정보가 나타났다. 엄니는 오른쪽에서 왼쪽으로 나선을 그린다. 정상적인 발달 과정에서는 양쪽 성 모두 초기적인 엄니 두 개가 위턱 양쪽에 '이빨'로 형성된다. 암컷의 경우는 대개 양쪽 이빨이 다 굳어서 담배 파이프처럼 한쪽 끝이 돌출한 단단한 상아 막대가 된다(이것이 라이젤이 말했던 '엄니 유치'다). 수컷의 경우 오른쪽 엄니는 발달하지 않고 '담배 파이프' 같은 모양으로 남는 데 반해, 왼쪽 것은 대부분이 계속 자라는 살아 있는 조직, 즉 혈관이 통하는 이빨로 발달한다. 아주 드물긴 하지만, 양쪽 성 모두에서 양쪽 엄니가 다 발달하는 경우도 있다. 그리고 양쪽 엄니가 똑같이 오른쪽에서 왼쪽으로 나선을 그린다(즉, 이 경우에도 일각고래 엄니는 코끼리나 바다코끼리 엄니처럼 양쪽이 대칭을 이루지 않는다). 위에서 보면 쌍둥이 엄니는 약간 바깥쪽으로 벌어진다. 일부 수컷에게서는 왼쪽 엄니가 전혀 발달하지 않는다(이 경우는 오른쪽도 마찬가지다). 암컷들의 3퍼센트 정도는 왼쪽 엄니가 발달한다.

엄니의 용도를 확인하는 문제에 비하면 성별을 분간하고 그 생리를 가리는 문제는 식은 죽 먹기였다. 엄니가 바다 밑바닥을 휘저어 물고기를 떠오르게 하는 갈퀴 역할을 한다는 주장과 먹이를 찌르는 작살이라는 입장, 방어용 무기라는 의견이 제기되었다. 세 가지 추측 모두 엄니가 없는 일각고래는 어떻게 할 것인지 고려하지 않았다. 게다가 이 문제에 오랫동안 관심을 보인 캐나다의 생물학자 로빈 베스트는 갈퀴나 탐침으로 꾸준하게 쓰기엔 이 엄니가 매우 부서지기 쉬운 데다, 일각고래가 일상적으로 먹는 물고기 종류들은 엄니로 공격하기 어려울뿐더러 그럴 필요도 없고, 오히려 큰 물고기라면 엄니에서 빼내는 일이 더 문제이며, 일각고래가 엄니를 이용해 다른 동물을 공격하거나 자신을 방어한 기록이 없다고 주장했다.

일각고래들이 자주 물 밖에서 엄니를 교차시키는 데다 엄니의 뿌리가 일각고래 머리뼈에서 소리를 만들어내는 지점에 있다는 사실 때문에 엄니가 소리를 받아들이거나 전파하는 데 어떤 역할을 하는 것이 아니냐는 추측도 생겼다(여기서도 개체군을 구성하는 암컷들은 무시됐다). 구강 외과의들이 이 이빨 치수에 반향 위치 측정에 필요한 생체음향지질이 없다고 확인했지만, 그렇다고 일각고래가 어떤 방식으로든 엄니를 통해 소리를 송신하거나, 일부가 주장하듯이 다른 수컷들과 '음파 창시합'을 할 수 없다는 의미는 아니었다. (이 이빨에 혈관이 매우 발달해 있기 때문에 구강 외과의들은 또 그들대로 일각고래가 이를 통해 상당한 양의 체열을 발산할 수 있으며, 아마도 이 때문에 수컷들이 훨씬 역동적으로 사냥할 수 있을 것이라고 추측했다. 그러나 생물학자들은 아니라고 받아쳤다.)

바다로 나선 그 어느 관찰자보다 명석하고 날카로운 눈을 가졌던 윌리엄 스코어스비는 1820년에 이 엄니가 인간의 수염처럼 그저 이차 성징에 불과하다고 주장했고, 아마도 암수 모두 필요한 경우 숨을 쉬기 위해 얇은 얼음을 깨는 데 이용하지 않을까 추측했다. 과학자들은 엄니를 그런 충격에 노출하기에는 일각고래들이 너무 조심스럽다고 반박했지만, 이차 성징이라는 주장에서는 스코어스비가 맞았다.

수컷 일각고래들은 다른 종의 수컷들처럼 대체로 엄니를 과시하는 데 그치지만, 이따금 모종의 폭력적인 물리적 접촉을 하는 것으로 보인다. 성적으로 성숙한 수컷들은 머리에 갖가지 상처를 입는데, 과학자들이 일각고래의 상처 속에서 부러진 엄니 끝을 찾아내기도 했다. (일각고래의 근육 조직을 세밀히 조사한 한 과학자는 일각고래의 목에는 검투사처럼 민첩하게 서로의 엄니를 피하고 찌를 근육이 없다고 말했다. 실제로 수컷들은 사브새트에서 그랬던 것처럼 늘 신중하고 능숙하게 엄니를 움직이는 것처럼 보인다.) 어떤 상황에서 머리에 상처가 생기는지, 특히 짝짓기 철에 수컷들이 어떻게 서로를 시험하며 서열을 정하는지는 알려져 있다. 그러나 이런 상처들이 얼마나 고통스러운지, 또는 얼마나 자주 상처를 입는지는 여전히 대체로 논쟁 중이다. 그럴듯한 추론 하나는 수컷들이 머리를 마주하고 엄니를 대볼 때 짧은 엄니를 가진 놈이 찰과상을 입거나 때로는 심하게 찔린다는 설이다. 일각고래의 20~30퍼센트는 엄니가 부러져 있다. 부러진 엄니 중 일부에는 노출된 지질 구멍을 효과적으로 막아주는 신기한 충전재가 있다. 구강 외과의들은 이 막대 모양 마개가 그저 '치유용 상아질'이 정상적으로 퇴적된 것에 불과하다고 말하지만, 다른 일각고래의 엄니 끝부분이라는 주장이 오래전부터 있어왔고, 실제로도 비슷하게 생겼다는 사실을 부인할 수 없다. (일각고래들의 부러진 엄니 끝은 보통 돌과 퇴적물로 채워져 있다.)

노출된 치수는 고통은 말할 것도 없고, 감염을 일으킬 수도 있다. 동물들이 ('치유용 상아질'로도 부족한 경우) 그 구멍을 다른 것으로 채우려 한다는 말은 일리가 있다. 일각고래가 다른 일각고래를 꾀어 이런 원조를 받는다는 주장은 수컷들이 엄니 끝을 상대방 수컷의 멜론[12]에 대고 음파 창시합을 통해 '의사'를 전달한다는 언급만큼이나 흥미를 자아낸다. 일각고래들이 가끔 엄니로 바다 밑바닥에 있는 넙치를 건드리는 일 같은, 뭔가 이상한 짓을 하지 않는다고 단정하기도 이를 것이다. (허먼 멜빌은 익살스럽게 녀석들이 엄니를 편지 개봉용 칼로 쓴다고 주장했다.) 그러나 엄니의 주된 용도, 그리고 아마도 유일한 용도는 명백히 사회적이다. 로빈 베스트는 한발 더 나아가 엄니의 취약성과 그 길이, 부러진 엄니의 높은 비율로 봐서 '그 이빨 조직'은 이미 진화의 종점에 달했다고 주장한다.

남아 있는 질문 하나는 왜 엄니가 꼬여 있느냐는 것이다. 1948년에 사망한 영국의 유명한 생물학자 다시 웬트워스 톰슨이 놀랍고도 설득력 있는 해답을 제시했다. 그는 일각고래 꼬리

12 멜론melon은 돌고래와 상괭이, 이빨이 있는 고래를 포함하는 모든 이빨고래류 동물의 이마에서 발견되는 지방질 덩어리를 이른다. 음파를 집중시켜 소리를 만들고 증폭시켜 원하는 방향으로 발사하는 음향 조정기 역할을 한다—옮긴이.

의 추진력이 몸체에 아주 약간의 회전 효과를 준다고 주장했다. 위턱 구멍에 딱 붙어 있긴 하지만 완전히 고정된 상태는 아닌 엄니는 아주 미세한 각도지만 이 힘에 저항한다. 그 결과 일각고래는 일생에 걸쳐 엄니를 중심으로 천천히 회전하는 셈이 되는데, 시간이 지나면서 구멍의 불규칙한 모양이 이빨 표면에 특징적인 줄무늬를 새기게 된다는 것이다.

톰슨은 이빨 자체가 꼬인 것이 아니라 곧게 뻗은 상아에 얕은 홈이 새겨져 있다는 점을 지적했다. 1942년에 톰슨이 이런 주장을 내놓은 뒤로 누구도 그 주장을 반증하거나 입증하거나 개선하지 못했다.

상아는 마르면서 탄력이 사라지고 단단해져서 대대로 일각고래를 사냥해온 에스키모들은 엄니의 최대 장점을 나무 목재와 비슷한 용도에서 찾았다. 나무가 자라지 않거나 해안에서 떠내려온 나무를 구할 수 없는 지역에서 집중적으로 일각고래를 사냥했다. 그런 곳에서 엄니는 작살 자루나 천막 지지대, 썰매 가름대, 십자 버팀대 등 뭔가 곧고 긴 물건이 필요한 곳이면 어디든 활용되었다.

봄에는 일각고래들이 이동하는 연안에서, 여름에는 만과 피오르에서 에스키모들은 일각고래를 자주 사냥했다. 내가 알기로 에스키모들은 일각고래에게 별스럽게 대단한 영적 중요성을 부여하지 않았다. 일각고래는 카리부와 마찬가지로 사냥한 뒤에 수월하게 그 영혼(키른니크)을 달랠 수 있는 계절성 식용 동물이었다. 일각고래는 북극곰이나 늑대, 바다코끼리, 까마귀 같은 중재자의 힘 또는 타고난 권위를 가지고 있지 않았다.

그린란드인들은 일각고래의 엄니보다 가죽을 더 쳐줬다. 아주 추운 날씨에도 뻣뻣해지지 않고 젖었을 때도 늘어나지 않기 때문에 개 목줄로는 그만한 가죽이 없었다. 등의 힘줄은 내구성도 내구성이지만 그 길이 때문에 실로 쓰기 적합했다. 물범 생간만큼이나 필수 비타민이 풍부한 껍질 바깥층은 중요한 비타민C 공급원이었다. 밝고 선명한 노란 불꽃을 내며 타는 지방은 겨울 이글루 안에서 낚싯바늘을 깎거나 장갑을 꿰맬 때 유용했다. 일각고래 한 마리면 개 한 무리를 한 달 동안 먹일 수 있었다.

지금은 다르다. 요즘 사람들은 그 사냥꾼들이 이 동물에 내린 실리 중심의 평가들을 모욕적이라고 생각한다. 이 동물과 환경에 대한 정확하고도 자세한 이해에서 비롯된 상당한 기예들이 더는 사람들의 공감과 감탄을 이끌어내지 못한다.

1982년, 내가 랭커스터 해협 빙원끝에서 일각고래들을 지켜보며 지내던 동안 어느 고래도 개 먹이로 도살되지 않았다. 개들은 스노모빌로 대체되었다. 바느질을 위해 힘줄이 따로 분리되지도 않았다. 오직 마을에서 현금으로 바꿀 수 있는 엄니만이 분리됐다. 그리고 무크툭. 얇은 지방층이 붙은 껍질인 무크툭이 분리되어 누부아 사냥기지로 운반되었다. (사람들은 몹시 기다린 이 봄의 진미를 기쁘게 먹는다. 헤이즐넛과 비슷한 맛이 난다.)

랭커스터 해협 일각고래의 운명은 분명 그곳에서 유정과 가스정을 개발하려는 계획들과 연관되어 있지만, 오늘날의 사냥 열기도 개발 계획만큼이나 중요한 요소라는 사실이 증명되고 있다. 최근 몇 년 사이 배핀섬 북부의 에스키모 사냥꾼들이 봄철에 허용되는 일각고래 사냥에서 규율의 해이를 드러냈다. 먼 거리에서 허둥대며 총을 쏘거나 어설프게 겨냥한 채 총을 쏘았고, 사살에 적합하지 않은 구경의 총알을 사용함으로써 동물에게 상처만 입히는 꼴을 보였다. 게다가 가끔 캐나다 어업해양부가 정하고 국제포경위원회가 감시하는 할당량을 초과해 사냥하기도 했다.[13] 한편으로 에스키모들은 이런 사안에 대한 캐나다 정부의 고위급 의사결정 과정에서 일상적으로 배제되었고, 현대적인 무기의 위력과 사거리에 더 합당한 사냥 관행을 궁리하는 문제에서도 아무런 도움을 받지 못했다. 남쪽에서 올라오는 낯선 문화를 '따라잡기 위해' 고유한 문화를 수정하려는 에스키모들의 모든 시도를 지켜보는 감독의 눈길이 있다. 그 눈길은 가혹하고 때로는 생색내는 듯하다. 왜 이 사람들이 가끔 평소의 평정심을 잃는지 이해하기는 어렵지 않다.

---

13 다음 자료에 이런 협의가 자세히 언급되어 있다. K. J. Finley, R. A. Davis and H. B. Silverman, "Aspects of the Narwhal Hunt in the Eastern Canadian Arctic," *Report of the International Whaling Commission* 30 (1980): 459~464; K. J. Finley and G. W. Miller, "The 1979 Hunt for Narwhals (Monodon monoceros) and an Examination of Harpoon Gun Technology Near Pond Inlet, Northern Baffin Island," *Report of the International Whaling Commission* 32 (1982): 449~460.

배핀섬 일각고래 사냥에 밀접하게 관여한 해양 포유류 생물학자 케리 핀리의 견해로는 "이누이트들이 해양자원 관리에 관한 의사결정에 중요하게 참여하는 것이 (일각고래의 생존에) 결정적인 문제"다. 그는 이런 조건이 충족되기 전까지는 다른 문제들도 해결될 수 없다고 생각한다.

그런 때에 나는 빙원끝을 따라 거닐며 일각고래 소리를 듣기를, 그 놀라운 무리를 보기를 기대하면서도 한편으로는 녀석들이 나타나지 않기를 바랐다. 일각고래는 목숨이 걸린 상황에서 대단한 투지를 발휘한다. 놈들이 발버둥 치는 모습을 보는 것은 고통스럽다. 녀석들이 죽고, 나는 동행한 사람들의 손님으로서 먼 조상들, 그리고 나 자신보다 더 오래된 어떤 존재에 대한 존중의 의미로 그 살코기를 먹었다.

나는 고음으로 쉿쉿 소리를 내는 작은 새인 북극흰갈매기를 유심히 살펴보곤 했다. 이 새는 홀연히 나타나는 것처럼 갑자기 시야에 들어오는 놀라운 능력이 있다. 수십 제곱킬로미터나 되는 드넓은 푸른 하늘을 훑어보고 새가 없다는 것을 확인한 다음에 개수로에 물범 고기 조각을 던져 넣어도, 고기 조각이 떠오르자마자 어디선가 북극흰갈매기가 나타나곤 했다. 녀석이 어느 방향에서 왔는지조차 알 수 없다. 그냥 문득 거기 있는 것이다.

나는 그렇게 삼삼오오 모여드는 녀석들을 주시했다. 알맞은 환경에서 방해받지 않고 사는 여느 동물처럼 북극흰갈매기도 이곳에 완벽하게 적응한 것 같았다. 녀석의 까만 다리는 열을 보존하기 위해 다른 갈매기들의 다리보다 몸집에 비해 짧고 발가락 사이의 물갈퀴도 작다. 발톱이 더 길고 날카로워서 얼어붙은 고기를 집거나 얼음 위에서 더 단단히 버틸 수 있다. 녀석은 태양에너지를 가둬서 알의 부화를 돕도록 해초를 이용해 둥지를 짓는다. 겨울에는 발을 얼어붙게 하는 물을 피하기 위해 수면에 내리지 않고 뭔가를 낚아채는 데에 선수가 된다. 녀석은 겨울에 북극곰을 따라다닌다. 북극곰을 따라다녀도 고기 찌꺼기가 나오지 않을 때는 북극곰의 배설물을 먹는다. 녀석은 부빙 위에서 겨울을 난다. '파고필라속Pagophila' 동물이며, '파고필라'는 '얼음을 사랑하는 자'라는 뜻이다.

나는 서성이며 언젠가 읽었던 중국 전설에 나오는, 습성이 유니콘과 비슷하지만 북극흰갈매기처럼 금욕적인 동물을 생각하곤 했다. 기린麒麟이라는 동물이다. 기린은 유니콘의 자비를 지니고 있지만, 동시에 숭고한 전사 또는 수도사의 분위기도 가지고 있다. 오델 셰퍼드는 이렇게 썼다. "서구의 유니콘과 달리 기린은 상업적인 가치를 가진 적이 없다. 기린의 몸 어느 부분으로도 약이 만들어진 적이 없다. 기린은 그 자체로 존재하는 것이지 치유나 치부致富, 오락, 심지어 인간의 교화를 위해서도 존재하지 않는다." 기린은 훌륭하고 이상적인 모든 것의 화신이다.

동물을 대상으로 보는 우리의 아리스토텔레스적이고 데카르트적인 개념과 동물을 인간의 상징이 담긴 단순한 그릇으로 보는 우리의 종교적인 개념, 그리고 동물의 역할을 해명하려는 우리의 편협함으로 볼 때, 우리는 기린을 진지하게 받아들일 수 있는 그런 종류의 문화를 가지고 있지 못하다. 우리는 다른 문화, 다른 시간대에 있다. 기린 역시도 현대 중국인들 사이에서는 송나라 때처럼 높이 숭상되지 않는다. 그러나 기린이라는 개념, 그런 개념이 형성되었다는 단순한 사실만으로도, 뭐랄까, 유쾌해진다. 인간이 자연에 대한 공포와 불신을 극복한 다음, 그리고 인간이 자연을 온전히 인간의 목적에 따라 통제하고자 하는 욕망을 극복한 다음에야 기린은 나타났다.

인간 문화의 교류사는 일각고래 엄니 같은 물건들과 개념들, 그리고 위대한 서사들을 교역해온 역사다. 우리는 가능하다면 이 모든 것에서 찾아낼 수 있는 최선의 것을 전용한다. 내 생각에 기린은 대단히 적절한 개념을 형상화하고 있다. 인간이 지혜를 필요로 할 때 인간에게 도움을 주는 소유할 수 없는 존재, 인간의 행위에 위엄과 존중을 불어넣는 존재, 생명에 대한 모든 분석 시도가 결국 만나게 되는 근본적인 신비를 강조해주는 생물.

일각고래를 일종의 상징적인 기린으로 만들어야 한다는 의미는 아니다. 또는 일부 에스키모들이 가진 보다 원시적인 생명관에 몰입하는 것이 아직 역사를 제대로 알지 못하는 대지를 침범하여 다른 문화에 짐을 지우는 것이 적절한지 묻는 우리의 끝없는 의혹에 대한 '답'이라고 주장하는 것도 아니다. 그러나 저 평온한 북극이라는 세계가 우리 마음대로 정의할 수 있는 우리의 것이 아니라는 단순한 이해 속에서 우리는 한 줄기 빛처럼 우리 안에 숨겨진 기린을 발견할 수 있을 것이다. 나는 그것을 모종의 위안으로 삼을 수 있으리라고 주장하는 것이다.

5장

대이동

숨결이 길이 될 때

아직 어두웠다. 비가 살살 오나 보다 싶었다. 텐트 자락을 젖혔다. 폭풍에 떠밀린 하늘이 부푼 달의 얼굴을 가로질러 빠르게 움직이고 있었다. 동틀 때쯤이면 확실해지겠지. 툭툭거리는 소리는 비가 아니라 바람 소리였다. 어딘가 다른 곳으로 향하는 폭풍.

까무룩 잠들려는데 다시 그 울음소리가 들렸다. 귀에 거슬리는 날카로운 사냥개 짖는 소리, 아니면 새끼 돼지가 꽥꽥거리는 소리. 마치 먼 경기장에서 들리는 소리처럼 외마디 비명들이 이내 환호가 되어 와 하고 일었다가 사라졌다.

흰기러기들이 밤에 우는 소리다. 9월 어느 날엔가 일과를 마칠 때쯤 알래스카 북해안을 따라 날아가는 흰기러기들을 본 적이 있다. 서쪽을 향한 녀석들의 확고한 의지, 그 정연한 선은 마음을 들뜨게 했다. 다음 해에는 뱅크스섬에서 스무 마리 서른 마리씩 작은 무리를 지어 북쪽으로 이동하는 녀석들을 보았다. 그리고 그해 가을, 나는 캘리포니아 북부 클래머스강 유역에 있는 흰기러기들의 초겨울 서식지인 툴리 호수를 찾아가 며칠을 보냈다.

미국에는 널리 알려지지 않았지만, 매년 툴리호 보호구역에는 엄청난 수의 오리와 기러기가 몰려든다. 한눈에 보기에도 건강하고 생명이 넘치는 땅이다. 이곳에서는 언제라도 100만 마리가 넘는 새를 볼 수 있다. 고방오리, 쇠검은머리흰죽지, 북방흰뺨오리, 붉은쇠오리, 청둥오리, 넓적부리, 흰죽지, 큰흰죽지와 그레이트베이슨기러기, 온갖 종류의 캐나다기러기, 쇠기러기, 작은흰기러기, 흰기러기, 고니. 물새들이 먹이를 먹고 쉬는 여러 호수와 습지 사이 평지에는 붉은날개검은새와 초원멧새, 브루어참새, 녹색제비, 들종다리가 있다. 그리고 외로운 하늘의 사냥꾼들인 잿빛개구리매와 붉은꼬리말똥가리, 흰머리수리, 아메리카황조롱이가 있다.

툴리호 외에도 국립 야생보호구역이 네 군데나 더 있는 클래머스강 유역은 북미에서도 손꼽히는 풍요로운 철새 도래지다. 툴리호 서쪽에는 로어클래머스라고 불리는 또 다른 넓고 얕은 호수가 있다. 동쪽 툴리 습지 너머에는 원숭이올빼미들이 둥지를 트는 낮은 벼랑이 있는데, 오래전에 사라진 원주민들이 셈을 하며 바위에 새겨놓은 흔적을 지금도 볼 수 있다. 생뚱맞게 남서쪽에는 폐허가 된 제2차 세계대전 때의 일본인 수용소가 있다. 북쪽과 동쪽, 남쪽 경작지에서는 농부들이 검은 화산토에 맥아용 보리와 겨울 감자를 기른다.

비가 온다고 생각했다가 흰기러기들의 울음소리를 듣고 다시 잠든 그날 밤, 나는 머리 바로 위에서 나는, 녀석들이 야간 비행을 하며 내는, 공기를 두드리는 듯한 요란한 날갯짓 소리도 들었다. 이런 태고의 소리를 들으면 클래머스강 유역은 매년 돌아오는 동물들이 다스리는, 기이할 정도로 인적 없는 오랜 동물들의 영토 같이 느껴진다. 그러나 기러기 떼 근처에서 며칠을 보내면서도 침입자가 된 기분은 들지 않았다. 나는 새가 인간에게 가져다주는 평온함을 느꼈다. 그리고 고요해졌다. 나는 이곳에서 가장 오래된 수수께끼들의 어렴풋한 실체를 감지했다. 자연과 공간의 범위, 창공에서 내려오는 빛, 마치 물처럼 현재로 고여드는 시간을.

툴리호에는 25만 마리의 흰기러기가 있었다. 동틀 무렵 녀석들이 다닥다닥 붙어서 길이가 1.2킬로미터, 폭은 대략 457미터 정도 되는 떼를 지어 물 위에 떠 있는 것을 보았다. 새 떼가 수면에서 날아오르기 시작할 때는 폭풍에 양철판이 흔들리는 것 같은 엄청난 소리가 났다. (머릿속에서 소리를 하나씩 분리해 보면 빨랫줄에 걸린 마른 수건이 바람에 날릴 때 나는 팍팍 소리와 비슷하다.) 일단 날아올라 날개를 편 녀석들은 눈부시다. 햇빛을 가르며 나는 불투명한 흰색 몸체, 물에 씻긴 그 외피의 흰색이 반투명한 날개와 꼬리털의 회색빛 나는 흰색과 대조를 이룬다. 가까이에서 보면 녀석들은 북극여우와 같은 조밀하고 나무랄 데 없는 흰색을 보여준다. 폭풍의 기미가 드리운 청회색 하늘을 배경으로, 녀석들의 흰색은 초현실적인 선명함과 그늘 한 점 없는 광휘를 내보인다. 기러기들이 툴리호 주변 경작지에서 먹이를 먹을 때는 5,000마리 또는 1만 마리 단위의 떼로 몰려다닌다. 때로는 하늘에 4~5만 마리가 동시에 날고 있는 때도 있다. 녀석들은 거대하게 소용돌이치는 연기처럼 경작지에서 날아올라 더 높이 더 넓게 하늘로 퍼져나가며 인간의 시야를 벗어난다. 기러기 1만 마리가 뒤쪽으로 휘어진 하나의 물결이 되어 마주 날아오는 기러기 떼 속으로 세차게 흘러간다. 마치 끝없이 새로 열리는 장지문처럼 그 위에 한 층이, 그 위에 또 한 층이 지나가는 광경을 보고 있노라면, 우리는 마침내 공간 감각을 잃고 바다 밑바닥에서 거대한 물고기 떼를 올려다보는 느낌을 받는다.

녀석들의 아름다운 하얀색과 혼비백산할 만한 수 그리고 엄청나게 활기찬 생태도 그러하지만, 내가 이 새에게 제일 끌리는 건 개별 개체가 무리에 합류하고 떠날 때 보여주는 노련함이다. 그리고 무리에 합류했을 때 개체들이 더 큰 존재의 일부로서 보여주는 일사불란한 움직임도 매혹적이다. 그때의 새는 또 다른 동물이다. 나는 착륙하는 다른 기러기에게 공간을 내주기 위해 움직이는 기러기는 단 한 마리도 본 적이 없고, 물 위에 그처럼 다닥다닥 붙어 있는 듯이 보이면서도 이륙하는 다른 기러기 때문에 방해받는 기러기도 본 적이 없다. 분명 많이 있을 법한데도, 공중을 나는 새 두 마리가 날개 끝이라도 스치는 것을 본 적도 없다. 녀석들은 물 흐르는 듯한 동작으로 동시에 역풍을 일으키며 몸을 세워 수천 마리가 단 몇 초 만에 떨어지는 나뭇잎들처럼 살며시 땅에 내려앉는다. 녀석들의 움직임은 끊임없이 시선을 사로잡는다. 비행하면서 그리는 넓은 포물선과 갑작스럽고 기민한 방향 전환이 만들어내는 긴장감 때문이다. 모든 움직임은 삼차원에서 이뤄진다.

흰기러기에게는 사람을 끌어들이는 또 다른 뭔가가 있다. 녀석들은 매년 지구 끝에서 한 치의 오차도 없이 이 작은 호수를 찾아온다. 녀석들은 대륙 끝에 있는 캐나다 북단의 번식지에서, 러시아 북극에 있는 브란겔섬 강 유역에서 온다. 베링 해협을 건너고 태평양 연안을 따라 남하하다가 로키산맥 동쪽 사면으로 내려오는 녀석들의 오래된 이동 경로는 그들이 떠나온 나라들보다 더 오래됐다. 많은 동물의 삶이 인간의 계획들 때문에 제약을 받고 있지만, 이 삶들의 결연함, 그 전통적인 이동 양식은 조용히 뭔가 보다 더 근본적인 질서를 상기시킨다. 현장에서 이 새 무리는 악의 없는 동행자가 된다. 그들 속에서 야영할 때면 흔히 초월한 듯한 느낌을 받게 된다.

새들은 이상하게 우리의 머리와 심장을 잡아끈다. 흰기러기들처럼 개별 새들이 우아하게 무리를 지어 뭔가 더 큰 존재가 되는 능력과, 가없는 허공으로만 보이는 어마어마한 공간 안에서 길을 찾아가는 능력은 신비롭고도 정교한 기술이 아닐 수 없다. 비행하는 새들은, 설사 도시 광장을 포르르 가로지르는 참새들이라 할지라도 우리에게 기쁨을 준다. 북극에서는 엄청나게 많은 새를 볼 수 있어 경이롭고 흔연한 기분도 고조된다. 러시아 해안에 있는 아나디르만에 봄이 오면 수면은 청어 떼로 인해 은빛으로 번득이고, 바다오리 떼가 자갈 우박이 쏟아지듯 청어 떼를 쫓아 물속으로 수직 낙하한다. 청어를 사냥한 후 녀석들은 돌풍이 불 때마다 깨진 알껍데기들이 수천 개씩 눈송이처럼 바다로 떨어져내리는 가파른 절벽으로 돌아간다. 1973년 9월 6일, 조류학자인 데이비드 네틀십은 데번섬 북해안의 스크루이스곶을 돌아 유럽바다비둘기의 '잃어버린' 번식지를 바로 앞에서 대면했다. 눈앞의 번식지는 남동쪽으로 22.5킬로미터나 뻗어 있었다. 이 즈음 배핀섬 코크주악 대평원에 가서 강을 건너고 사람의 진을 빼놓는 호수들과 얼기설기 얽힌 시냇물을 지나, 마침내 호시탐탐 노리는 여우까지 물리친 여행자는 털갈이하는 기러기들의 깃털이 바람에 밀려와 줄줄이 널린 모습을 볼 수 있을 것이다. 걷어서 공중에 뿌리면 깃털은 왕겨처럼 흩날리며 떨어진다. 디기스섬과 인접한 허드슨 해협 월스턴홈만 절벽에서는 100만 마리에 이르는 큰부리바다오리들이 겨울 서식지인 그랜드뱅크스를 향해 바다를 헤엄쳐 건널 것이다.

이처럼 북극에 생명들이 엄청나게 밀집하는 현상은 앞서 얘기한 대로 일시적이며 오해를 낳기도 쉽다. 이런 오아시스 같은 해안 절벽과 습지, 강 유역 사이에는 물새도 바닷새도 둥지 하나도 없는 지역이 수백 킬로미터씩 뻗어 있다. 그리고 이동하는 기러기와 오리 무리는 와서 오륙 주 사이에 알을 낳고 털갈이를 하고 새끼들을 하늘로 띄운 다음 재빨리 가버린다. 거대한

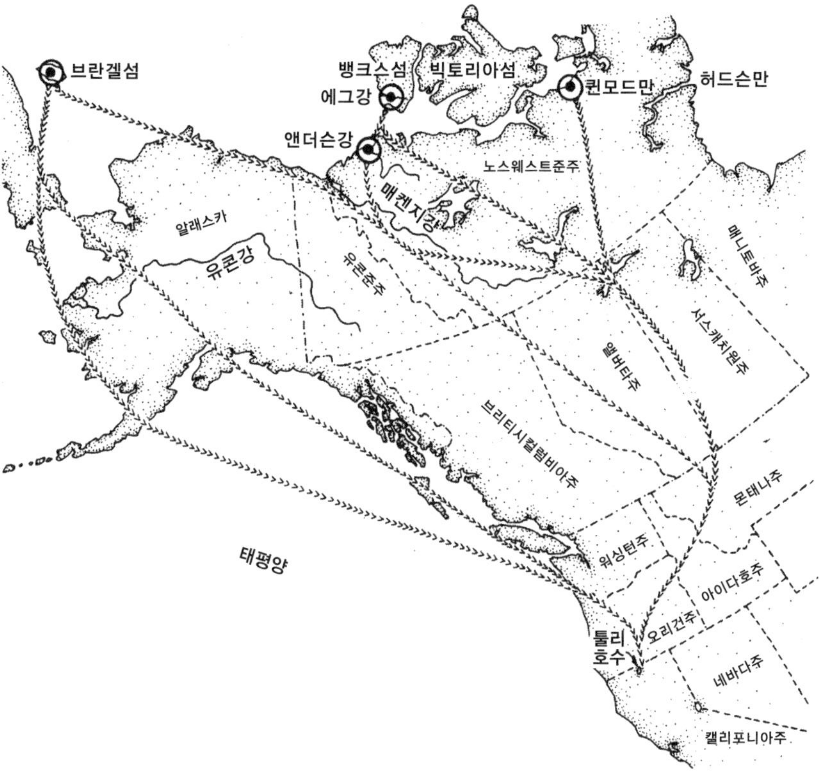

브란겔섬과 캐나다 북부 번식지에서 캘리포니아주 툴리호에 이르는 흰기러기들의 가을 이동 경로

번식지에서 목격하는 것은 일종의 역설이다. 눈과 얼음이 사라진 사이에 생명이 번성하고, 새들은 먹이를 구해 나른다. 번식지가 섬인 데다 범람원 깊숙한 곳에 둥지를 틀기 때문에, 육지 포식자로부터 안전한 새들은 몇 주 동안 날아서 도망칠 수 없다는 사실에도 아랑곳없이 비행용 깃털까지 모조리 벗어 갈아버린다. 한동안 먹이는 일상적인 수요를 충족하고도 남을 만큼 풍

부하다. 이 먹이가 깃털갈이와 남쪽으로의 여행에 대비한 지방을 비축할 수 있는 여분의 에너지를 제공한다.

새들에게는 쏜살같이 지나가는 이 몇 주를 어떻게 활용하는지가 결정적인 문제다. 날씨가 좋고 시간 계산이 정확했다면, 새들은 기묘한 근원적 성취감을 드러내며 겨울 서식지에 도착한다. 10월에 툴리호에 내리는 흰기러기들을 감상하기 위해 그들이 태어난 아주 먼 곳들, 뱅크스섬 에그강, 캐나다 노스웨스트준주 앤더슨 강어귀, 브란겔섬 툰도바야강 유역의 세세한 모습과 특징을 떠올릴 필요는 없다. 단지 한 마리 한 마리가 저 혹한의 북극 가장자리에서 첫 숨을 쉬며 생을 시작했고, 지금 이곳에 내리는 것이 처음이거나 다섯 번째 또는 열 번째라는 사실만 알면 충분하다. 이들의 성공은 네댓 주마다 이동하는, 늘 이동하면서 수천 킬로미터에 걸쳐 뻗어 있는 길 위에서 살아가는, 그런 삶들에 경외감을 느끼게 한다. 가을이면 고갈돼가는 식량과 빛을 등지고, 봄이면 어렴풋이 어른거리는 식량과 빛을 향해, 그들은 이동한다.

나는 아침마다 기러기들이 호수에서 날아올라 푸른 캘리포니아 하늘에 하얀 소용돌이를 일으키며 맥주보리 경작지로 먹이를 구하러 가는 장관을 지켜보았다. 이런 식의 떠도는 삶이 무엇을 의미하는지, 녀석들의 삶이 시간의 흐름에 어떻게 맞아 들어가는지, 땅과 하늘 사이, 이곳과 북극 사이에 뻗은 공간을 어떻게 더 선명하게 만드는지, 놀라며 감탄할 수밖에 없었다. 녀석들은 매일 아침 자신들이 의도한 방향으로 아름답게 날아갔다. 열망의 움직임, 툰도바야강 유역과 에그강에서부터 남쪽으로 길게 이어지는 아라베스크. 하루 중 그맘때면 녀석들의 삶은 동경으로 가득 찬 듯했다.

현장에 있다 보면 동물들의 시간과 거리 기준이 대체로 우리와 다르다는 사실을 이내 알아채게 된다. 동물마다 대략적인 크기와 움직이는 방식, 늘 대하는 장애물의 성격, 헤쳐가야 할 매질의 특성, 수명 등이 제각각이다. 이전에는 인간의 이동에 빗댄 편리한 비유와 인간의 기준으로만 생각하려는 경향 때문에 생물학자들도 이동을 동물의 삶에서 특별한 사건인 듯이 취급하며 엄청난 이동 거리나 놀라운 방향 감각을 강조하곤 했다. 요즘의 관행은 동물(그리고 식물)의 대이동을 다른 일반적인 이동 양식들과 그다지 극명하게 구별하지 않는다. 빙글빙글 돌며 숲 바닥으로 떨어지는 단풍나무 씨앗과 여름 들판을 이리저리 날아다니는 나비, 1만 9,000킬로미터가 넘는 거리를 날아가는 북극제비갈매기의 가을 여정은 모두 같은 목적을 좇는다. 지속적인 성장과 생존에 더 적합한 환경을 찾는 것. 나아가 아직은 낯선 용어이긴 하지만, 과학자들은 이제 전자기장을 감지하는 능력이나 소리의 반향과 기압 차를 길의 표지로 이용하는 능력과 같은 동물 행동들을 '항로 결정 감각'이라는 용어를 사용해서 이해하고 있다. 흰기러기와 같은 대규모 이동을 논의할 때, 생물학자들은 각 동물마다의 '익숙한 지역'을 설정한 다음, 그 범위 안에서 동물의 '행동권行動圈'을 얘기한다. 행동권에는 여름 서식지와 겨울 서식지, 번식지, 그리고 이동할 때 거치는 모든 경로가 포함된다. 익숙한 지역은 해당 동물이 어떤 식으로든 이해하고 인식하고 있는 지형 전체를 이르는데, 주로 그 동물이 성장기 동안 탐색하면서 정보를 얻은 행동권 주변 지역들이다. 우리가 아는 한, 모든 동물은 성장기에 집중적으로 탐험을 한다. 과학은 동물들이 그런 탐험을 통해 위급 시에 기존의 행동권을 대체할 수 있을 만한 유사 행동권을 미리 익혀놓음으로써 동물 집단의 생존을 보장한다고 추측한다.

행동권 활용에 관해서 떠오르는 질문 한 가지는, 동물들이 한 번도 본 적 없는 행동권들 사이의 길을 어떻게 찾느냐는 것이다. 그리고 언제 가는 것이 좋을지는 또 어떻게 아는 것일까? 답은 여전히 알 수 없지만, 그 답에 대한 반응이 바로 우리가 대이동이라 부르는 것이다.

동물들이 어떻게 그런 여행을 하는지는 우리도 어느 정도 실마리를 가지고 있다. 많은 동물이, 심지어 말미잘 같은 원시적인 생물들도 어떤 형태든 공간적 기억을 지니며, 그 기억을 이용해 영역 내에서 길을 찾는다. 기억 일부는 분명 유전적이고, 일부는 부모와 함께 여행하거나 혼자 탐험하면서 학습한 것이다. 우리는 동물들이 한 장소에서 다른 장소로 이르는 경로를 찾고, 공간 속에서 자신의 위치를 확인하며, 어떤 환경을 실질적으로 익히는 데 상당히 다양한 감각을 이용한다고 알고 있다. 하지만 어떠어떠한 감각들이 복합적으로 작용하는지, 정확하게 어떤 정보가 축적되는지는 현재로서는 그저 추측만 가능할 뿐이다.

사람들 대부분이 생각하는 대이동이란 겨울 서식지에 도착하는 새들이나 산란을 위해 물길을 거스르는 연어, 아프리카 동부 평원을 건너는 누와 얼룩말, 가젤과 같은 대규모 움직임이다. 얼룩말이나 누, 가젤의 대이동은 세렝게티-마라 생태계의 강우 패턴과 일치한다. 매년 비를 따라 대체로 커다란 원을 그리며 이동하는 이들은 초식동물과 풀, 육식동물 등 관련된 모든 생명체에 놀랍고도 복잡한 영향을 끼친다. 풀들이 씨를 맺고, 배설물이 떨어지고, 비가 오고, 새끼가 태어나는 사건들이 일어나는 절묘한 시각들은 전적으로 우연한 욕구와 충족의 합일인 듯 보인다. 처음 이런 현상을 관찰한 사람들이 '신성한 계획'을 언급한 것도 무리가 아니다.

잊지 않고 산후안카피스트라노 수도원을 찾는 제비, 5월이면 오리건주 앞바다에 나타나는 쇠고래, 가을에 와이오밍주 산악 지역의 낮은 지대로 움직이는 말코손바닥사슴 같은 동물들의 이동은 북아메리카 대륙에서 흔히 볼 수 있는 이동의 다른 사례다. 내가 처음 북극에 갈 때 머릿속에 있던 생각도 대이동이라는 것들이 이런 이동의 확장판이 아닐까 하는 정도였다. 그러나 이런 이동들은 북극으로 통하는 거대하고 다양한 생명의 움직임을 향해 충분히 내 머리를 깨쳐주었고, 또 단순한 자연 현상처럼 보이는 이 이동들이 얼마나 복잡한 것인지 깨닫게 해주었다. 그리고 고래와 새, 카리부의 대이동을 지켜보는 사이, 나는 내가 일부 사람들이 우주의 균형과 운율, 조화를 얘기하기 위해 수많은 비유적 이해들을 끌어냈던 그 땅을 다른 차원에서 인식했다고 생각했다.

북극에서는 몇 가지 종류의 대이동이 동시에 일어나고, 그 모두가 지구의 연 단위 순환을 따르는 것도 아니다. 동물들은 여전히 2만 년 전에 시작된 홍적세 빙하의 후퇴에 적응하는 중이다. 일부 온대 종들이 생태를 변화시키거나 목도리나그네쥐와 북극여우처럼 필요에 따라 더 빽빽하게 털을 기르며 느리지만 꾸준하게 북쪽으로 이동하고 있다.

몇백 년이라는 상대적으로 아주 짧은 기간 동안 측정된 기후변동이 몇몇 북쪽과 남쪽 동물군에게는 주기적 이동의 원인이 되었다. 예컨대 지난 50년 사이에 대구와 새 몇 종이 그린란드 서해안을 따라 북쪽으로 이동해왔고, 여우 개체군들은 북아메리카 대륙 툰드라에서 북쪽으로 서식지를 넓혔다.[1] 1973년 겨울의 사향소나 나그네쥐처럼 단기적인 생태 재앙이나 격심한 개체수 변동에 대처하며 오랫동안 북극에 상주해온 동물들과 마찬가지로, 이들도 시간이 지나면서 원래 서식지에 다시 서식하게 되고 다른 곳들은 포기한다.

해마다 반복적으로 나타나는 기온 하강, 빛의 감소, 눈과 얼

---

1 미국지빠귀는 최근에 배핀섬까지 북상했다. 폰드만과 아틱만 주변 에스키모들은 1942년 즈음 그 새를 처음 목격했지만, 백인 여행자들의 이야기를 듣고서야 그 새가 무슨 새인지 알 수 있었다. 에스키모들은 당시 '남쪽에 싸움이 너무 많았기 때문에' 미국지빠귀가 그렇게 멀리까지 북상했다고 말한다.

음 생성, 먹이 감소와 같은 순환에 대처하기 위해 북극 동물들은 몇 가지 전략을 발전시켰다. 나그네쥐는 눈 밑에서 움직이고, 뒤영벌은 동면하고, 북극여우는 해빙으로 옮겨 간다. 카리부와 바다코끼리, 고래, 새를 포함한 다른 많은 동물이 상당히 먼 거리를 이동한다. 예를 들어 북극제비갈매기는 북극의 여름이 끝날 무렵 남극해로 날아가는데, 이런 주기적인 이동 덕분에 이들은 아마 지구상 어떤 동물보다 밤의 어둠을 적게 보는 동물일 것이다. 바다로 향하는 다른 철새들은 생태적 서식지를 바꾼다. 여름 툰드라의 설치류 사냥꾼인 긴꼬리도둑갈매기가 겨울에는 먼바다의 청소동물이 된다.

이런 연 단위 순환보다 좀 작은 규모로는 사향소의 이동처럼 한 계절 동안 이뤄지는 이동이 있고, 매일 저녁 사냥을 위해 굴을 떠나는 일부 늑대 무리의 습성처럼 동물의 하루 리듬에 맞춰진 규칙적인 형태의 국지적 이동이 있다. (앞서 얘기했듯이 북극 동물들은 햇빛이 계속 비치는 여름에도 스물네 시간 단위의 생활 패턴을 유지한다.)

오고 가는 이 모든 이동에다, 사향소 같은 동물이 동시에 여러 순환적 이동에 관여한다는 점과 나그네쥐 개체수가 붕괴할 때 흰올빼미가 대체 먹이를 찾아 날아간다는 점, 그리고 봄에 빙원끝으로 향하는 동물들이나 여름 툰드라에서 깜짝 놀랄 만한 수로 솟아오르는 곤충들의 이동을 추가한다면, 북극에서 일어나는 동물 대이동의 방대하고 복잡한 형태가 모습을 드러내기 시작한다. 또 고려해야 할 사항은 호수와 지표의 얼음이 녹는 것과 동시에 풀려나는 물고기들과 원시 절지동물들이다. 그리고 곰들의 방랑도 있다. 마지막으로, 공중을 떠도는 듯한 바다의 플랑크톤들이 있고, 별도의 우주를 형성하며 여름 육지 위를 떠도는 공중 이동 거미들 같은 경이로운 광경들도 있다.

이렇게 복잡다단한 이동을 모두 머릿속에 담기는 힘들다. 시간을 두고 정리하려는 사람을 더 복잡하게 만드는 문제는, 동물들이 전통적인 이동 행태의 대략적인 유형은 지키면서도 늘 자신들의 대지를 새로 시험한다는 점이다.

동물들은 언제나 우리에게는 명확하게 보이지 않는 조짐과 경고에 반응해서 움직인다. 북극 동물들의 이동은 불과 몇 달이라는 짧은 기간 안에 압축되기 때문에 특히 주목받을 수밖에 없다. 북극고래와 흰기러기 같은 이동 동물들은 가끔 겨울의 마지막 입김이 남아 있을 때 도착하곤 한다. 녀석들은 얼음이 얼고 초가을 눈폭풍이 닥치기 전까지 빛이 있는 짧은 기간 동안 먹고 쉬고 새끼를 기르고 남쪽으로의 여행을 준비한다. 그들은 바다와 툰드라, 온화한 공기 중에 생명이 소용돌이치는 몇 주 동안 이곳에 있기 위해 깜짝 놀랄 수가 한데 모여 수백 킬로미터, 심지어 수천 킬로미터를 북상한다. 그곳에 서 있으면 누구나 땅이 차오르는 것을, 햇빛의 영향력 아래 뭔가 실질적인 것이 솟아나는 것을, 그 기꺼운 포옹과 광휘를 느낄 수 있다. 동물들이 오고 가는 광경을 지켜보면서, 그리고 땅이 그들을 만나러 부풀어오르고 또 동물들이 떠난 뒤 가라앉는 것을 느끼면서, 나는 대이동을 일종의 숨쉬기로, 땅의 호흡으로 생각하기에 이르렀다. 북극의 대지는 봄에 빛과 동물들을 크게 들이마신다. 여름에는 오래 숨을 참는다. 그러고는 가을에 숨을 내쉬며 모든 것을 남쪽으로 밀어낸다.

북극은 바다처럼 광활하고 사람이 거의 없어서, 북극 공간의 상당 부분을 동물들이 정의하게 된다. 봄의 북베링해만큼 이런 현상이 뚜렷한 곳은 없다. 세상의 특정 지역들, 그중에서도 특정 해협들은 이동하는 동물들을 한곳으로 모은다. 예컨대, 보스포루스 해협이나 지브롤터 해협이 그러하다. 육지 새들은 남북으로, 바다 생물들은 동서로, 동물들은 마치 모래시계의 허리를 지나는 모래처럼 이런 곳을 거쳐 간다. 그러나 생명을 밀집시키는 면에서는 베링 해협이 독보적이다. 지구 땅덩어리들의 배치가 이렇다 보니 땅은 북방에 와서야 서로 가까워진다. 동반구 축치반도와 그에 딸린 새들과 동물들이 베링 해협을 사이에 두고 서반구 수어드반도와 역시 그에 딸린 새들과 동물들에 거의 닿을 듯 가까워진다. 무엇보다 북태평양 해안들이 여기서 모이는데, 근해에서 이동하는 고래와 연안의 바닷새, 해안에 붙어 이동하는 물범과 바다코끼리, 해안을 따라 이동하는 솜털오리 같은 새들도 같이 데려온다.[2]

2 북아메리카 해안을 따라 이동하는 바다 포유동물들은 유니맥 수로를 통해 알류샨 보빙을 빠져나가는데, 유니맥섬 사리체프곶에서 망원경으로 관찰할 수 있다. 북아메리카 동북극에서도 데이비스 해협을 사이에 두고 그린란드와 배핀섬이 가까이 위치하고 랭커스터 해협의 드넓은 빙원끝도

베링해 자체가 해양 포유동물들에겐 생물들이 집중된, 극도로 풍요로운 먹이활동 장소다. 대이동이 최고조에 이르는 봄과 가을에 베링해 경계 안에서 움직이는 새와 물고기, 바다 포유동물의 많은 수는 토박이 개체군들이다. 두 대륙이 가까이 붙어 있고 여러 해안이 모이는 데다 토박이 조류의 수가 많고 다양하다 보니, 사실상 베링 해협 지역은 유럽과 북미 탐조인들이 꿈꾸는 먼 천국의 이미지 그 자체라 볼 수 있다.

나는 각기 다른 해 봄, 여름, 가을에 북베링해로 나가거나 해양과학자들과 함께 비행기로 그 위를 가로질렀다. 그때마다 이곳에 봄이 될 때마다 생물들이 모여든다는 사실이 왜 북미인들에게 그다지 알려지지 않았을까 궁금했다. 그처럼 경이로운데 말이다. 우선 동남쪽을 보면, 5월과 9월 사이에 무려 2400만 마리의 바닷새와 바닷가 새가 유콘-쿠스코큄강 삼각주(Y-K 삼각주)에 둥지를 틀고 먹이를 먹는다. 여기에는 흑기러기, 캐나다두루미, 솜털오리, 아비 몇 종, 미국쇠오리와 검은머리흰죽지처럼 수면에서 먹이를 먹는 오리들, 물떼새, 지느러미발도요, 꼬까도요, 북아메리카에 서식하는 흰머리기러기와 안경솜털오리 전 개체가 포함된다.[3]

있어서 바다 포유동물들과 새들의 이동이 집중되는데, 바일롯섬 해이곶에서 관찰할 수 있다.

3 가을에 시베리아에서 이동하는 길에 잠시 Y-K 삼각주에 들러 배를 채우는 흰기러기들과 더불어 이 특별한 새들의 많은 종, 예를 들면 고방오리, 쇠기러기, 고니 등이 클래머스강 유역으로 날아간다.

베링해는 세계에서 가장 규모가 큰 조개 산지인 데다 청어와 명태, 넙치, 각시가자미 보유량에서도 비할 데가 없다. 5월 말을 시작으로 수십만 마리 왕연어가 서부 알래스카 강들을 거슬러 오르기 시작하고, 바로 이어서 훨씬 많은 첨연어가, 그리고 일주일 정도 후에는 비슷한 수의 곱사연어가 출발한다. 마침내 7월이 되면 은연어가 질주하고, 실로 경이로운 홍연어의 흐름도 시작된다.

조류학자들은 봄에 Y-K 삼각주에 둥지를 트는 2400만 마리 철새 외에도 북베링해에 500만 마리의 바닷새가 산다고 본다. 대부분이 작은 바다쇠오리와 바다오리, 세가락갈매기 종이고, 수는 적지만 퍼핀과 갈기퍼핀, 쇠가마우지, 흰줄날개바다오리도 산다. 그리고 세인트로렌스섬 남쪽에서 겨울을 나는 50만 마리 정도의 바다꿩이 있다. 그러나 베링해 가장자리의 염수호와 석호에는 더 많은 새들이 있다. 얕은 물가에서 먹이를 찾는 철새인 쇠솜털오리와 긴부리도요, 민물도요, 중부리도요, 다양한 물떼새와 꼬까도요, 깝작도요, 그리고 앞서 얘기했던 만과 바다에 서식하는 다양한 종의 오리들. 해변에 면한 석호에서는 한 번에 1만 마리에서 2만 마리의 새를 볼 수 있으며, 그중 많은 수는 눈이 시리도록 다채로운 혼인색婚姻色을 띠고 있다. 늘 그렇듯이 숫자만으로는 어느 정도인지 감이 안 온다면, 러시아로 향하던 캐나다두루미 떼가 놈 마을 위를 거의 두 시간 동안 끊임없이 지나갔던 1982년 5월의 어느 날 같은 매혹적인 사건들을 생각해보자. 또는 Y-K 삼각주 달곶 위를 7만 5,000마리의 호사

북방오리가 두 시간에 걸쳐 통과했던 어느 오후를.

새만 해도 그런데 물고기들은 셀 수조차 없다. 3월에는 75만 마리가 넘는 해양 포유동물이 과학자들이 '얼음가'라고 부르는 베링 해빙 남쪽 가장자리에 모여든다. 턱수염물범 30만 마리, 흰띠박이물범 7만 5,000마리, 잔점박이물범 22만 5,000마리, 태평양바다코끼리 25만 마리, 북극고래 4,400마리, 벨루가 1만 5,000마리다. 베링해 해안정착빙과 부빙군 깊숙한 곳에는 물범 중에서도 얼음 적응도가 제일 높은 고리무늬물범이 100만 마리도 넘게 서식한다.

이 모든 동물이 봄에 얼음이 깨지고 녹기만을 기다리며 얼음 남쪽 개빙구역에 모여 북상할 채비를 갖춘다. 턱수염물범과 잔점박이물범뿐만 아니라 혼자 있기 좋아하는 흰띠박이물범의 서식지도 얼음가(북태평양의 바람과 폭풍 상태에 따라 16~64킬로미터 길이로 형성되는 지역) 끝 쪽에 집중된다. 바다코끼리는 얼음가에서 안쪽으로 더 들어가 자신들의 엄청난 무게를 지탱할 수 있을 만큼 크고 온전한 부빙들 위에서 겨울을 난다. (바다코끼리는 거대한 머리를 망치처럼 이용해 20센티미터나 되는 얼음을 깨고 숨을 쉴 수 있으며, 갑작스러운 추위로 얼음 위에 갇히면 얼음을 깨며 먹이를 먹을 만한 곳까지 걸어간다. 북극 물범들로서는 불가능한 일이다.) 고래들은 겨우내 얼음가 이곳저곳을 돌아다닌다. 세인트로렌스섬 북쪽 얼음이 아직 단단할 때인 4월 하순에 북극고래들은 벌써 러시아 쪽 베링해로 북상하기 시작하기도 한다. 얼음이 두껍지 않으면 벨루가 무리들이 북극고래들과 동행하거나 뒤따른다. 4월 말이나 5월에 얼음이 깨지기 시작하면 바다코끼리가 북쪽으로 향하고, 몇 주 후에 얼음 위에서 살던 물범 세 종이 뒤를 따른다. 얼음의 틈과 개수로는 생기자마자 이동하는 호사북방오리와 솜털오리, 바다꿩의 사냥터로 이용된다.

4월과 5월에 베링해를 덮고 있던 어마어마한 넓이의 얼음 표면은 한없이 다채로워진다. 갈라지고, 서로 부딪치며 겹쳐지고, 잠시 갈라졌다가 다시 얼면서 얼음 표면은 수십 가지 회색 그림자와 휘황찬란한 잔금무늬를 보여준다. 또 수십 제곱킬로미터에 이르는 광활한 면이 부서지지 않고 눈에 덮인 채, 부빙 두 개가 맞닿은 곳에 둥그렇게 놓인 쇄빙들 또는 얼음 언덕이라 부르는 현상이 만들어내는 약간의 불규칙한 그늘을 제외하면, 거의 균일한 흰색 세상을 보여주기도 한다. 그러다 길이 800미터에 폭이 6미터에 이르는 개수로가 갑자기 나타나 양쪽 얼음이 그대로 비치는 잉크처럼 검은 물이 드러나기도 한다. 남서-북동 방향으로 더 길고 넓은 균열이 생기는 경향이 금방 확인된다. 이들 균열은 가끔 작은 호수만 한 크기의 개빙구역을 만들기도 한다. 5월 중순쯤 되면 북극고래들이 매년 발생하는 개수로 체계를 따라 북동쪽으로 베링 해협을 통과해 더 북쪽에 있는 배로우곶까지 이동한다. 녀석들은 지나가면서 등으로 얼음 아랫면을 비비거나, 숨을 쉬기 위해 다시 얼어버린 개수로나 큰 물범의 얼음구멍을 깨기도 하면서 상당한 흔적을 남긴다. (이런 흔적들이 한 개수로 체계에서 다른 개수로 체계로 이어지는 길을 찾아 두꺼운 빙원을 지나는 북극고래들의 놀라운 능력을 보여주는 증거가 된다.) 턱과 배에 있는 하얀 무늬 덕분에 때로는 투명한 얼음 바로 밑을 지나가는 북극고래들이 눈에 띄기도 한다. 회색 새끼들을 데리고 있는 하얀 벨루가 무리도 자주 발견된다.

앞쪽 얼음이 아직 단단할 경우(북극고래들은 어떻게든 알고 있다), 북극고래들은 작은 무리를 지어 돌아다니며 물 위로 뛰어오르고, 심지어 목을 빼고 주위를 살피며 더 큰 개수로로 몰려간다. 짝짓기도 이때 일어난다. 바다코끼리와 턱수염물범, 고리무늬물범도 이들 개수로 체계 안에서 헤엄치고 있을 것이다. 이런 구역의 새로 언 얼음들에는 각기 다른 종의 동물이 숨을 쉬기 위해 뚫어놓은 저마다 특징적인 모양의 구멍들이 나 있다.

그중에도 우세한 개수로 체계가 있기 마련이라서, 해양 포유동물들은 점차 특정 방향으로 헤엄치게 된다. 게다가 앞쪽의 얼음이 너무 두꺼운 경우에는 동물들이 한곳에 모이기 때문에, 이따금 베링 해협 남쪽 해빙에서는 장관이 펼쳐진다. 1981년 4월에 한 과학자가 비행기로 너비가 1.2킬로미터에 길이가 24킬로미터 정도 되는 개수로를 따라 날면서 북극고래를 332마리까지 세다가 날짜변경선(바다에서는 러시아와의 국경)에 부딪혀 되돌아온 적이 있다. 태평양에 서식하는 개체의 거의 10분의 1에 해당하는 숫자였다.

벨루가 및 바다코끼리 개체군 대부분과 많은 수의 턱수염물범, 잔점박이물범, 고리무늬물범이 북극고래들과 함께 북쪽으로 지나가고 나면 베링해는 몇몇 다른 고래의 여름 서식지가 된다. 북아메리카와 한국 연안에서 출발한 귀신고래가 도착하고, 태평양에서 밍크고래와 범고래가 도착한다. 정어리고래와 혹등고래, 때로는 북태평양참고래가 멀게는 세인트로렌스섬까지 오기도 한다. (5월에는 북극고래들이 점잖게 짝짓기를 하는 목가적인 바다였던 해역이 7월에는 범고래들이 소름 돋는 정확도로 바다코끼리와 귀신고래를 사냥하는 험한 곳이 된다. 범고래들은 가끔 바다코끼리를 잡아서 먹지 않고 버리기도 하고, 익사시킨 귀신고래도 혀만 먹고 버리기도 한다. 그러나 매년 이곳에 그처럼 다양한 동물들이 모이는 현상은 때로 무자비하게 보일지라도 그들 사이에 어떤 공정한 관계망이 존재한다는 사실을 증명한다.)

우리가 베링해 생태계를 아직 제대로 모른다는 증거는 그곳 구성원 중에서도 제법 몸집이 큰 어떤 생물에 대해 여태 갈팡질팡하는 데서도 볼 수 있다. 몸집이 북극고래보다 작고 머리가 활처럼 휘기보다는 납작하며, 갈비뼈와 턱뼈가 더 촘촘하고, 고래수염 색이 더 밝은 편인 신원 미상의 고래가 베링해를 누비고 있다. 북극고래를 '잉기티바크'라고 부르는 에스키모들은 이 고래를 '잉구투크'라고 부른다. 고래잡이 선장이자 역사학자였던 찰스 스캐먼의 시대인 1870년대 이후로 과학자들도 그런 고래가 존재한다는 건 알지만 제대로 관찰한 적은 한 번도 없다. 그보다 더 알려지지 않은 또 다른 고래목 동물은 북극고래처럼 생긴 큰 갈색 고래로, 발라에나 뮈스티케투스(북극고래의 학명)

의 유전적 채색변이로 생각된다.

봄에 수어드반도 놈 마을에 가면 이 성대한 베링해의 계절 한정 생명 잔치 맨 끝자리에 낄 수 있다. 마을 동쪽에 있는 놈곶에서 수증기를 내뿜는 고래와 지나가는 바다코끼리와 물범, 물고기를 잡으러 잠수하는 바다쇠오릿과 새, 해안선을 따라 오르내리는 오릿과 새를 볼 수 있다. 연어가 놈강을 거슬러 오른다. 백조와 오리, 기러기 들이 먹이를 먹는 세이프티만 근처 해변에는 잔점박이물범들이 늘어져 있다. 마을 북쪽 툰드라에서는 운이 좋으면 탁 트인 곳에 사는 작은 지빠귓과 새인 북방사막딱새를 볼 수 있다. 북극제비갈매기에 필적할 만큼 엄청난 이동을 한다는 대단한 새다. 북방사막딱새는 매년 봄에 흰눈썹울새, 긴발톱할미새, 쇠솔새와 함께 러시아에서 오는데, 어떤 개체들은 사우디아라비아나 심지어 사하라 북단 같은 먼 곳에서 오기도 한다. 녀석들은 북아메리카에서도 극동 지역인 매켄지강까지 날아간다.

북방사막딱새는 모든 이동이 엄격하게 남북 방향으로만 이뤄지는 것은 아니라는 사실을 상기시킨다. 게다가 북아메리카 대륙에 들어온 지 얼마 안 되는 신참으로서, 동물들이란 환경 변화에 대응해 익숙한 지역의 경계를 넓히려고 애쓰는 실험가들이라는 사실 또한 일깨워준다. 동물들에게 영원불변이란 없다. 어느 날 오후, 놈 마을에서 어떤 사람이 베링 해협을 지나는 북극고래들의 이동이 "올해는 늦었다"라고 말했다. 물론 진짜로 '늦은' 것이 아니라 매년 조금씩 달라지는 양상이 일부 그렇다는 말이다. 그들은 우리의 일정표를 따르지 않는다. 우리와의 약속 말고도 저마다의 일정이 빽빽하기 때문이다.

물고기와 해양 포유동물들이 베링해를 지나가고, 새들이 익숙한 삼각주와 해안 절벽에 도착하고 나면, 북극에는 세 번째 대이동의 장관이 펼쳐진다. 카리부의 이동이다. 북아메리카 카리부는 세 집단으로 분류된다. 셋 중에 가장 몸집이 큰 삼림카리부는 아북극 타이가 삼림지대에 살며 상대적으로 짧은 거리만 이동한다. 가장 몸집이 작은 피어리카리부는 그린란드 해안 일부와 캐나다 군도의 북방 섬들에 서식하며 역시 매년 상대적으로 짧은 거리를 이동한다. 황무지카리부는 장거리 여행자들이다. 200만 마리나 되는 동물이 매년 수림한계선에 가까운 겨울 서식지와 툰드라에 있는 지정된 번식지 사이 수백 킬로미터를 무리를 지어 이동한다.[4]

카리부 생물학자들은 북극에서 각기 다른 영역을 점하는 서른 개가 넘는 무리를 구분한다. 매년 가장 멀리 이동하는 무리는 북부 알래스카에 있는 서북극 무리와 중앙북극 무리, 미국과 캐나다 국경에 걸쳐 있는 포큐파인 무리, 캐나다 서쪽 국경에서부터 차례로 블루노즈, 배서스트, 베벌리, 카미누리아크 무리다.

---

4 이 세 종류의 카리부는 모두 순록reindeer이 아니다. 랑기페르 타란두스의 아종 중 하나인 순록은 북유럽과 아시아가 원산이다. 가축으로 알래스카에 들여온 순록의 상당수가 카리부 무리에 합류했다.

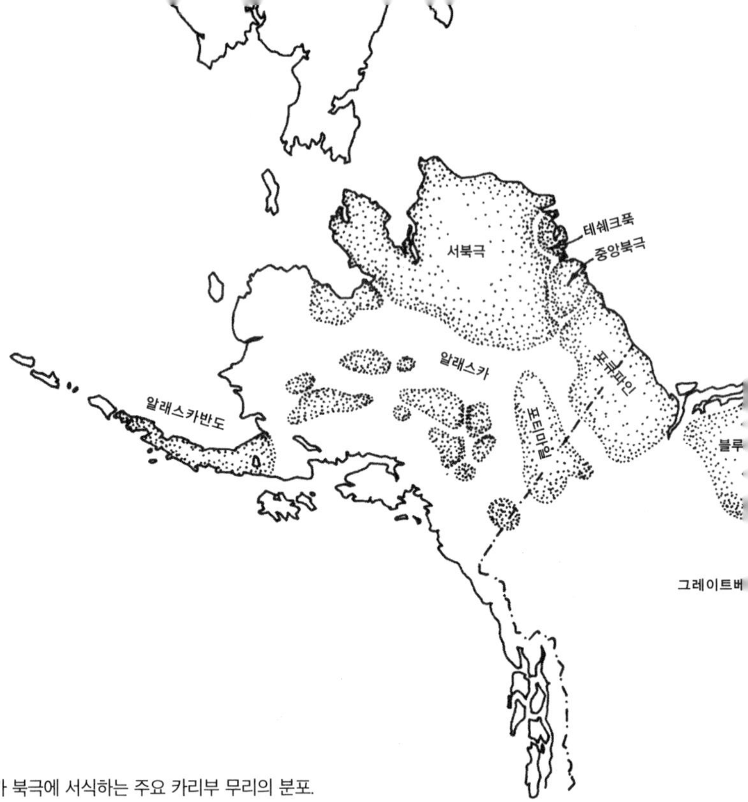

북아메리카 북극에 서식하는 주요 카리부 무리의 분포.

카리부의 북상을 촉발하는 계기가 무엇인지 과학자들도 확신하지 못한다. 어쩌면 무사히 길을 갈 수 있을 만큼 지방을 축적했다는 지식과 판단일 것이다. 녀석들은 봄철 눈폭풍을 견뎌내며 대단한 결단과 확고한 인내로 얼음이 가득한 강들을 건너 이동하지만, 한편으로는 두껍게 쌓인 눈 속에서 서로의 발자취를 따르며 가장 저항이 적은 육로를 선택하기도 한다. 보통 새끼를 밴 암컷들이 앞장을 서고, 성숙한 수컷들은 암컷보다 길게는 한 달쯤 늦게 도착하거나 아예 번식지에 나타나지 않는 때도 있다. 고난의 여행이 끝날 때쯤이면 암컷들은 야위고 수척해진다. 녀

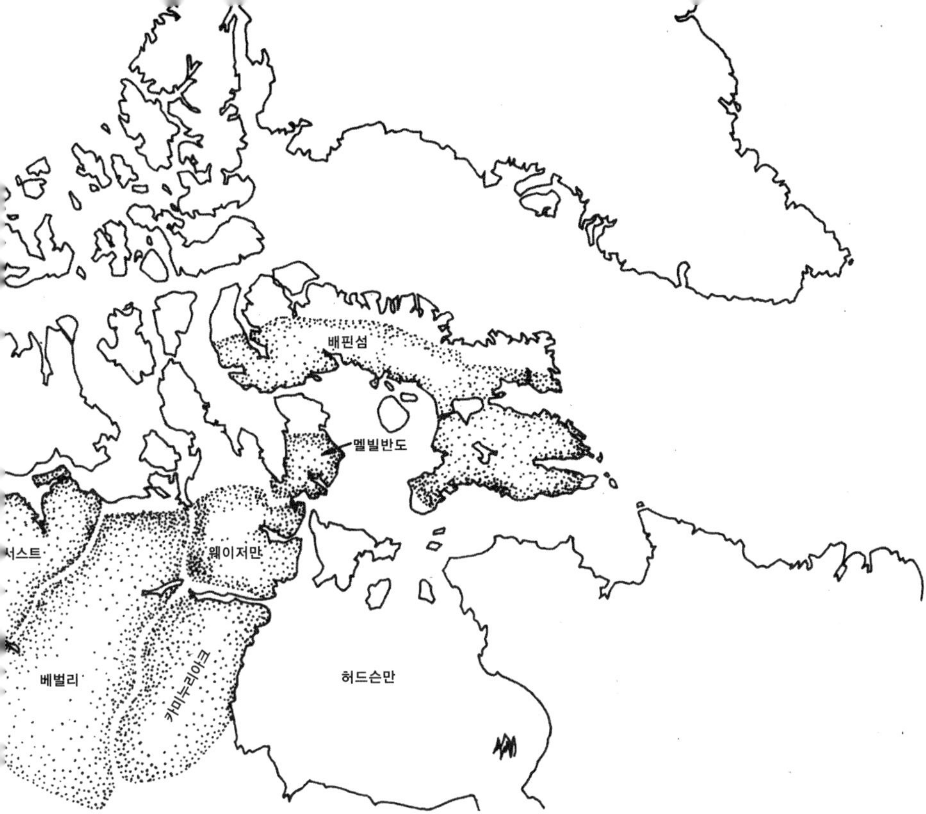

석들이 건넌 강가마다 얼음이 깨지는 시기에 물을 건너려다 익사하거나 다친 사체가 수백 구씩 놓여 있을 것이다. 생물학자 조지 칼리프는 카리부 번식지들이 "바람이 들이치는 (번식지로는) 부적절한 곳으로 보였다. 땅에는 눈 녹은 물이 고인 웅덩이가 있고 가끔 안개가 끼었으며, 제대로 자라지 못한 식물과 헐벗은 바위틈에서 바람이 끊임없이 휘파람 소리를 냈다"라고 썼다. 그러나 이런 비참해 보이는 땅에는 여러 이점이 있다. 이런 곳들은 굴을 파기에 적당하지 않아서 늑대들은 이미 남쪽 어느 적당한 지점에서 카리부 무리에게서 떨어져나갔다. 그만큼 포식자가 적다. 그리고 이런 곳들은 봄의 눈폭풍을 효과적으로 막아주거나, 아니면 주변 지역보다 대체로 눈폭풍이 적게 일어나는 곳들이다.

새끼들은 모두 며칠 사이에 태어난다. 출산은 모기와 꼽추파리, 쇠파리, 말파리 떼가 창궐해 인간 관찰자가 보기에 무자비할 만큼 카리부를 괴롭히기 시작하기 최소한 한 달 전에 이뤄진다. 북극살이를 대표하는 장면을 꼽는다면 매일 10분에서 15분씩 해가 길어지는 봄에 느끼는 충만한 에너지나 어느 날 아침 일어나 보니 얼어 있는 바다 같은 장면들과 함께 돌풍이 잘 날지 못하는 모기떼를 쓸어갔을 때 카리부 무리에 퍼지는 안도감도 포함되어야 할 것이다.

출산 후에 암컷과 새끼들은 성장기 개체들과 가임기를 넘긴 암컷, 수컷들에 합류해 7만 5,000마리 또는 그 이상 되는 '출산 후' 결집을 이룬다. 카리부들이 지평선을 가득 채운다. 그들은 천천히 남하하면서 작은 무리로 쪼개져나간다. 가을의 첫 폭풍이 나무도 없는 평원에서 녀석들을 따라잡는다. 알래스카 시인인 존 헤인즈가 노래한 이 '툰드라의 회색 양치기들'은 춥고 눈이 흩날리는 대기 속에 "수증기를 내뿜는 섬이 되어 지나간다." 녀석들은 겨우내 키 작은 타이가 삼림을 은신처로 삼는다.

무리가 떠나고 난 번식지는 세상에서 제일 황량한 곳 같다. 카리부가 내년에 다시 돌아오리라고 굳게 믿고 있어도 말이다. 이곳들은 전혀 변함없이 카리부들을 맞을 것이다. 번식지에 쌓인 카리부 배설물이 흙으로 돌아가는 데는 30년이 걸린다. 늑대에 물려 죽은 카리부 사체도 3~4년은 그대로 놓여 있다. 시간은 이곳에 고요하게 잠겨 있다가 흩어진다. 이곳에서는 모든 움직임이 비워진다.

짧은 여름 동안 오고 가는 동물들이 북극에 독특한 리듬을 형성한다. 그러나 이 리듬은 특정한 장소들에서만 느낄 수 있다. 대개는 여름 겨울 할 것 없이 온 땅이 고요하다. 북극 탐험가인 조지 드 롱은 북극을 "인내를 배우는 눈부신 땅"이라 불렀다. 빛과 마찬가지로 이곳의 시간은 지나가는 한 마리 동물과 같다. 시간은 털발말똥가리처럼 툰드라 상공을 떠돌거나, 심장 발작을 일으킨 새처럼 한순간에 주저앉으며 우리가 죽음이라 부르는 정적을 남긴다. 강력한 돋보기로 툰드라 바위 이끼를 덮은 얇은 수분 막을 살피면 발견할지도 모른다. 정지한 큰 세계 안에 숨어 있는 움직이는 세계, 그 안의 습지 평원과 비췻빛 계곡들로 이동하는, 완보동물이라 불리는 아주 작은 불사의 생물을. 그러나 여기에서조차 시간은 바야흐로 붕괴를 눈앞에 두고 있다. 수분은 겨울에 얼어버린다. 또 여름 바람은 완보동물을 맨 바위들 틈에 떨궈버릴 수 있다. 수분을 빼앗기면 천천히 쪼그라들어 분말 알갱이가 된다. 녀석은 이런 상태로 30년가량을 견디며 다시 자신의 시간이 오기를 기다린다.

북극에 있는 모든 생물에게 길고 쉼 없는 시간이 흘러간다. 짧은 여름을 특징짓는 것은 광적인 먹이 섭취가 아니다. 갑자기 돌진하는 늑대와 풀쩍 뛰어 도망가는 카리부, 까불며 노는 새끼 사향소, 허둥지둥 달려가는 북극여우, 하늘에서 내리꽂는 도둑갈매기에게 북극은 길고 온전한 시간의 인사다. 어스름이 오래 서성거린다. 여름에는 번개를 동반한 폭풍우가 없다. 부빙도 카리부도 사향소도, 모두 표류한다. 엘즈미어섬 계곡 햇빛에 푹 젖은 툰드라 어딘가에 누워 있으면 빙하기가 불과 며칠 전에 끝난 듯싶다. 현대의 일상이 내지르는 외침 소리, 그 끊임없는 소란이 없으면, 우리는 시간의 비탈을, 우리가 메소포타미아로부터 얼마나 멀리 왔는지를 느낄 수 있다. 우리는 지금 엄청나게 빠른 속도로 움직인다. 우리는 눈 깜짝할 사이에 지질 분석표를 그려 엘즈미어섬 툰드라 밑에 있는 스베르드루프 해분의 신생대 암석층 사이에 석유가 매장돼 있을 가능성을 보여준다. 우리는 땅다람쥐의 생활사를 정확히 서술한다. 우리는 노랑나비, 북극나비, 주홍부전나비, 푸른부전나비, 작은표범나비라고 나비 목록을 만든다. 순식간이다. 우리는 식물들을 하나하나 열거한다. 우리는 모든 것에 이름을 붙인다. 그리고 우리는 마치 두어 가지 빠진 것만 제외하면 솜씨 좋게 묘사를 마쳤다는 듯이 도표와 목록을 접어 넣는다. 그러나 대지는 그림이 아니다. 이런 식으로는 상을 완성할 수 없다.

인간은커녕 동물의 흔적도 없는 엘즈미어섬의 넘실거리는 툰드라에 반듯이 누워 있으면 적막이 아시아까지 뻗어가는 것을 느낄 수 있다. 시간의 폭포 너머에서 나를 응시하는 겨울 사향소의 얼굴은, 눈 덮인 털에 반사된 햇빛이 반짝이는 그 침착한 눈은 모든 얼음의 맥동을 견뎌낸 상이다.

우리는 손에 쥔 돌멩이처럼 오래도록 인간의 역사를 생각하며 앉아 있을 수 있다. 정적이, 순수한 햇빛이 그러라고 등을 다독인다.

딱히 북극만의 리듬이라고는 할 수 없지만, 북극에 다른 생명의 리듬들이 있다는 사실을 과학자들이 안 지는 꽤 됐다. 꽃가루 화석 전문가들이 조사한 툰드라 암심[5]은 북극의 식물 구성이 기후 변화에 맞춰 주기적으로 변했음을 보여준다. 그린란드 만년설 시료는 수 세기에 걸쳐 평균 기온이 주기적으로 오르내렸다는 사실을 밝혀주었다. 고고학자와 고식물학자, 고동물학자 들이 북극의 쓰레기 더미들을 꼼꼼하게 조사한 결과, 각기 다른 도구를 갖춘 초기 인류 문화들이 이어졌으며, 그 문화들이 북극에 들어온 시기 또한 기후 변화 주기와 관련되어 있음이 밝혀졌다. 그들의 야영지에서 발견된 동물 뼈들은 사냥한 동물들의 개체수도 동일한 변동을 겪었음을 알려준다.

과학자 상당수가 이 모든 정보가 서로 엮여야 한다고, 어떤 식으로든 인간의 이주와 기후 변화, 동물 개체수의 주기적 변화가 서로 연관되어야 한다고 느낀다. '스라소니-눈덧신토끼 9년 주기'와 '카리부 70년 주기'가 하나의 기본적인 양상에 상당히 엄밀한 수학적 정합성으로 깔끔하게 들어맞아야 한다고 말이다. 이런 자료를 엄밀하게 통합하려고 시도한 사람은 거의

5 시추기로 땅이나 해저, 바위 등에 구멍을 뚫을 때 나오는 둥근 기둥 모양의 암석 또는 토양으로, 지질 조사용 표본으로 사용된다—옮긴이.

없고, 아직도 일반론을 넘어서 이런 상관성이 존재한다는 걸 믿지 않는 사람도 많다. 그러나 덴마크의 과학자 크리스티안 비베는 1930년대부터 이러한 가능성을 매우 진지하게 받아들였다. 생물학자들과 역사가들, 북극 개발자들이 엄청난 관심을 보이는 그 감질나는 정보, 북극의 기본적인 순환 주기를 찾아내려는 노력에 그의 논문보다 더 분명히 관련된 논문도 달리 없을 것이다.

북반구의 빙하가 늘어나거나 줄어드는 기후 변동은 인류가 등장한 시대인 홍적세의 특징이다.[6] 이 사실을 염두에 두고 우리가 알게 된 것들을 앞으로의 유럽과 아메리카 기후를 이해하는 데 적용할 수 있겠다고 생각한 비베는 스스로 몇 가지 질문을 도출해냈다. 그는 물었다. 20세기 벽두에 그린란드 남서 해안에는 물범들이 많았는데 왜 동해안 아마살리크섬에는 물범들이 드물었는가? 18세기 말과 19세기 말에 그린란드 서부의 카리부 개체수는 왜 갑자기 급감했는가? 그리고 북대서양 청어와 대구의 주기적인 북상은 무엇 때문인가?

비베는 로열그린란드 무역회사가 매년 선적한 물범 가죽과 여우 가죽, 일각고래 엄니의 수와 다른 지표들의 자료를 샅샅이

6 빙하기는 지구 역사에서 상대적으로 드문 현상이었다. 과학자들은 지난 6억 년 동안 겨우 네 번의 빙하기를 찾아냈는데, 마지막 빙하기는 여전히 진행 중이다. 우리가 아는 한, 지금의 완신세는 위스콘신 빙하(또는 유럽에서는 뷔름 빙하)가 후퇴한 후부터 다음 빙하가 진출할 때까지의 기간으로, 빙하기가 일시적으로 완화된 간빙기일 뿐이다.

조사하고, 이를 해빙 이동 및 연간 강수·강설량 자료와 비교함으로써 일정한 유형을 찾아낼 수 있다고 생각했다. 그는 이 유형을 확증하기 위해 캐나다 허드슨베이사의 232년에 걸친 모피 거래 기록을 조사하고, 그린란드 남서부 양모업자들이 기록한 자료를 검토해서 자신이 발견한 내용들을 점검했다.

비베가 처음 발견한 유형은 대략 150년을 단위로 하는 해빙 형성과 이동 주기로, 북극 탐험선들의 기록이 이를 뒷받침하는 것으로 보인다. 비베는 이 초기 연구에서 육지와 바다 동물들을 남쪽 또는 북쪽으로 이동시킨 장기적인 북극 기후의 변동이 18.6년이라는 달의 주기(달이 태양 주위를 도는 지구의 궤도를 가로질러 다시 같은 지점에 오는 데 걸리는 시간)와 관련되어 있다는 핵심적인 통찰을 보여주었다. 18.6년이라는 달 주기의 길이가 정수가 아니라서, 그 기간 내에 달이 지구의 조수(그리고 그에 따른 얼음의 형성과 날씨)에 최대 및 최소 영향력을 미치는 시기는 매번 계절을 달리한다. 이에 근거해서 비베는 북극 날씨 변동의 1차 주기를 698년, 2차 주기를 116.3년으로 잡았으며, 11.6년을 기본적인 "진짜 생태적 주기"라고 불렀다.

읽는 사람의 입장에 따라 비베의 통찰이 독창적일뿐더러 그가 해낸 계산도 대단하다고 볼 수도 있고, 아니면 그의 체계가 극단적으로 개괄적이고 복잡하며 북극의 변화를 이해하는 데 거의 도움이 되지 않는다고 볼 수도 있다. 사실상 그의 연구는 다음 두 가지가 아니었다면 전적으로 난해하고 현실과 동떨어진 질문이 되었을 터다. 북극에서는 누구나 끊임없이 극명한 주기를 의식한다. 온대 거주자에게 사계절 유형이 익숙한 만큼이나 북극 거주자의 사고에는 동물의 이동 유형이 친숙하다. 이 주기가 여러 번 언급되었고, 극명한 주기적 순환이 토박이 동물들뿐만 아니라 이 지역에서 성장한 문화들에도 영향을 미쳤을 것이 분명하지만, 진지하게 그 리듬을 설명하려는 시도는 비베의 연구가 유일하다. 둘째, 지금까지 비베의 이론은 온대의 기후 변동 주기를 설명하거나 또 다른 빙하기의 전조를 파악하는 문제와 관련해서 우리의 무역 및 경제 발전 유형, 특히 북극에서의 개발 유형과 상당한 관련성을 가지고 있다.

온대는 봄바람이 딱 좋다는 말처럼 북극은 극명한 주기적 변동이 특징이라고 말하기는 쉽지만, 정확히 왜 그런지 설명하기는 어렵다. 북방의 기본적인 연간 리듬은 겨울/여름이다. 날은 급속히 풀리고 얼어붙는데, 이 짧은 전환기들은 동물이나 인간 사냥꾼이 식량을 확보하려고 세운 전략들이 일시적으로 방해를 받는 위험한 시기일 경우가 많다. 생명체들은 긴 겨울과 짧은 여름이라는 시간 구성을 중심으로 조심스럽게 삶을 꾸려야 한다. 이 땅에서는 겨울을 대비하는 모습을 어디서나 분명하게 볼 수 있다. 북방족제비에게는 하얀색 털이 자라고, 목도리나그네쥐에게는 눈을 파기 좋은 긴 발톱이 자란다. 툰드라의 설치류 동물들은 단 며칠간 불규칙하게 생활한 다음 여름의 야행성 생활에서 겨울의 주행성 생활로 완벽하게 전환한다. 북극여우는 겨울용 식량 저장고에 깔끔하게 줄 맞춰 나그네쥐들을 늘어놓는다.

이 주기적 변동을 구성하는 두 번째 유형은 긴 정적을 깨는 갑작스러운 움직임이다. 8개월 동안 매주 개썰매를 타고 넘나들며 단단한 땅처럼 느끼게 된 강이 어느 날 아침 온통 들뜬 얼음 구덩이가 된다. 봄의 침묵은 강에서 얼음이 갈라지는 총성 같은 소리로 깨지고, 기울어진 얼음덩어리가 강둑을 긁으며 내는 가지 부러지는 소리, 나무가 뿌리째 뽑히며 쓰러지는 애처로운 소리가 이어진다. 이와 관련이 있기는 하지만 훨씬 더 기괴한 현상이 연안의 얼음에서 일어난다. 갑자기 한겨울에 아무 경고도 없이 거대한 해빙이 살아 있는 생물처럼 육지 안쪽으로 수십 미터씩 들이닥친다. 에스키모들은 이것을 '이부'라고 부른다.[7] 비어 있던 땅에 소리 소문 없이 카리부가 도착하는 사건은 또 다른 사례다. 물범의 아글루에서 사냥감이 나타나기를 기다리는 오랜 시간. 개수로가 닫히기를 기다리는 시간. 갑작스러운 움직임이 일어나기를 기다리는 이런 종류의 긴 기다림을 이르는 에스키모 말이 있다. '퀴누이투크.' 깊은 인내.

북극을 누비면서 나는 종종 이 대지에 강제된 리듬이 아니라 이 땅의 고유한 리듬을 생각했다. 강제된 시각이란 아무리 무해해 보여도 늘 약간의 진실을 은폐한다. 이곳에 다른 삶의 리듬

---

7 에스키모들이 이 현상을 언급했지만, 1982년 알래스카주 배로 근처 선사시대 마을 유적지에서 작업하던 고고학자들이 이런 사건으로 깔려 죽은 일가족 다섯 명을 발견할 때까지는 진지하게 받아들여지지 않았다.

이 있다는 증거는 내가 마주친 동물들의 표정에 있을 수밖에 없다는 기분이 들었다. 왜 그런지 정확하게 말할 수는 없지만 말이다. 도처에 퍼져 있는 그런 리듬을 일관되게 감지하기는 쉽지 않다.

북극 생명의 고유한 리듬, 또는 리듬들을 식별하는 일이 중요한 이유는 단순히 학문적인 차원을 뛰어넘는다. 한 지역이 왜 다른 지역과 다른가를 이해하고 본질적인 차이를 보여줌으로써 그 신비를 설명하는 일은 상상계를 오염시키고 다름에 대한 포용력을 억압하는 일종의 편견으로부터 해당 지역을 지키는 일이다.

어느 리듬들이 고유하며 그것들이 어떤 것인지 놀라워하고 궁금해하는 또 다른 이유는 익숙한 것을 넘어서 상상할 줄 아는 능력의 생존과도 상당한 관련이 있다. 우리는 오랫동안 동물들을 일종의 기계로 생각해왔고, 그들이 살아가는 대지는 배경으로, 그림으로 취급해왔다. 최근에서야 이런 구식 사고가 바뀌기 시작했다. 동물들은 불가사의한 존재로 이해되었고, 세분된 서구 학문의 맥락 안에서 그런 존재들이 생화학과 유전학으로 설명되었다. 그들은 불변의 존재가 아닌, 변하기 쉬운 존재들이고 실체이며, 일정한 한계 안에서만 행동을 예측할 수 있는 존재들이다. 그들이 주의를 기울이는 변수들의 세계는 놀랄 정도로 복잡하고, 그 반응은 때로 고도로 세련돼 있다. 가까이에서 지켜볼수록, 각각의 동물들을 지켜볼수록 개개의 인간과 마찬가지로 그 생물을 설명하는 일은 양자역학이 원자를 구성하는 소립

자의 에너지를 예측하는 일과 같아지는 듯하다.

동물들의 환경, 우리가 동물을 볼 때 배경이라 생각하는 그 환경도 동물만큼이나 완전히 파악할 수 없는 중요한 무언가로 표현할 수 있다. 그리고 상상력 연습이 아닌 한, 동물을 그 배경과 분리해서 이해하려는 시도는 동물과 환경 모두의 붕괴를 초래할 위험이 있다. 있는 그대로의 존재가 되려면 둘은 서로가 필요하다.

공간의 개념과 이동의 본질, 시간 안에서 형태와 방향을 취하는 물질이라는 주제들은 베르너 하이젠베르크, 에르빈 슈뢰딩거, 폴 디랙, 데이비드 봄 같은 사람들이 아원자 현상에 대한 글을 쓰며 설득력 있게 주장했던 주제들이다. 나는 계곡을 내처 오르는 까마귀의 경로, 풀을 뜯는 카리부의 정처 없는 발걸음, 겨울 해빙 위를 돌아다니는 곰의 움직임과 같이 동물들이 대지에서 움직이는 방식을 고려할 때도 아마 그와 유사할 만큼 복잡하면서도 훌륭한 사상들이 떠오르리라 믿는다. 우리는 이 움직임들이 어떤 것에 대한 반응인지 거의 알지 못한다. 우리는 동물들을 묘사하는 데 적당하다고 생각되는 공간의 크기와 시간의 길이를 선택하지만, 그것들이 적절한지 확신하지 못한다. 같은 하늘을 마주 보며 가로지르는 흰매와 흰올빼미를 지켜보는 일은 한 생명이 어떻게 다른 생명에 영향을 주는지 경탄하는 일이다. 산비탈에 앉아 사초 습지에서 먹이를 먹는 사향소 두 무리가 천천히 섞여드는 광경을 지켜보면서 그 속의 논리를 구별해내려고 노력하는 일은 불확실성을 극복하려고 노력하는 일이다. 흰기러기 떼가 동시에 맞바람을 맞으며 몸을 뒤치는 장면을 지켜보는 일은 한 동물이 어디서 시작되고 다른 동물이 어디서 끝나는지 궁금해하는 일이다. 우리가 당황스러워하는 것은 동물들이 기만적일 정도로 단순해서가 아니라, 결국에는 그들이 생명의 복잡성으로부터 분리될 수 없기 때문이다. 우리 시대의 자연철학으로 통용되는 입자물리학을 구성하는 요소가 바로 이런 사실과 개념의 미묘함이다. 동물들은 베타입자보다 더 천천히 움직이고 전자구름에 둘러싸인 공간에 비하면 주체를 못 할 만큼 광활한 공간을 지나간다. 하지만 우리가 허락하기만 한다면 동물들은 생명의 근원적인 성격에 대해, 인식할 수 있는 유형으로 에너지의 상태를 묶어주는 그 관계에 대해 입자물리학과 똑같은 질문을 던지며 답을 다그칠 것이다.

인류가 신세계에 도착한 경로와 시기를 밝히는 작업에서 과학이 연구할 수 있는 시료는 옛 모닥불 터와 사냥터 등에서 찾은 숯 조각이나 어쩌다 나오는 부서진 도구 또는 무기가 고작이었다. 인류가 어떻게 북아메리카 대륙에 가게 되었는지에 대해서는 이견이 거의 없다. 인류는 홍적세 말기 여러 시기에 걸쳐 '베링기아'라고 불리는 넓고 마른 평원을 지나 아시아에서부터 이주했다. 그러나 '3만 5,000년 이전 이주설'은 고사하고 인류가 2만 년 전에 이주했다는 설을 확증해줄 증거조차 논란에 휩싸여 있다. 확실한 증거는 인류가 적어도 1만 4,000년 전부터 북아메리카 대륙에 살고 있었다고 말할 뿐이다.

인류가 배를 이용하는 대신 걸어서, 게다가 서서히 북아메리카 대륙으로 이주했다고 가정하면, 인류가 아시아에서 넘어간 시기는 베링기아 연륙교가 열려 있던 3만 5,000년 전이든가 아니면 한참 후인 대략 2만 5,000년 전부터 2만 3,000년 전까지의 어디쯤일 것이다. (베링기아 연륙교는 약 2만 5,000년 전부터 약 1만 1,000년 전까지 존재했지만, 인류가 아시아에서 북아메리카 대륙으로 건너오고 또 중앙 평원까지 갈 수 있었던 시기는 2만 5,000년 전부터 2만 3,000년 전까지의 기간뿐이다. 그 시기 이후에 위스콘신 빙하기가 최고조에 달했다. 북아메리카 대륙의 동쪽과 서쪽 대빙원이 만나면서 아래로 내려가는 길을 차단해 미국 대평원은 북극과 격리됐다. 그동안 서부 알래스카는 얼음에 덮이지 않았으므로 대빙원이 녹아 베링해 수위가 올라가고 연륙교가 잠겨 아시아와 북아메리카가 분리될 때까지 인류가 베링기아 동쪽 지역에 계속 거주했던 것은 분명하다.)

많은 고고학자가 인류가 두 번에 걸쳐 북아메리카로 몰려갔다고 믿는다. 첫 번째(2만 5,000년 전에서 2만 3,000년 전 또는 그 이전에 건너갔던 인류)는 네안데르탈인들의 무스티에 도구들[8]과 비슷한 얇게 조각낸 돌과 뼈로 만든 도구들을 가지고 갔다. 두 번째는 그로부터 1만 3,000년 후에 있었으며, 크로마뇽

8 프랑스 도르도뉴 지방 르 무스티에에서 유적이 발견된 데서 이름이 붙여진 무스티에 문화는 10만 년 전부터 4만 년 전까지 네안데르탈 문화가 정점에 올랐던 중기 석기시대 문화다.

인들의 오리냐크 도구들[9]과 유사한 보다 진보된 도구 문화를 가져갔다. 두 이주 집단은 모두 대형동물을 사냥하는 문화로서 긴뿔들소와 땅늘보, 매머드 등을 사냥하며 생존했다.

어떻게 북극 자체, 즉 연륙교 동쪽과 북쪽 땅에 사람이 살게 되었는지는 밝혀지지 않았다. 알래스카에 있던 초기 수렵 문화들은 5,000년 전쯤에 일부 고고학자들이 아주 정교하게 세공된 인상적인 작은 도구들 말고는 대체로 허약하고 인상적이지 못하다고 여기는 문화적 전통으로 이어졌다. 이 세형돌날 문화들이 북아메리카 북극으로 이주한 첫 번째 집단일 가능성이 매우 크다.

고고학자들은 북극 날씨가 따뜻해서 사람들이 가죽배를 타고 캐나다 군도 사이의 여름 통로를 쉽게 지나다닐 수 있었던 최근의 두 시기를 알고 있다. 두 번의 '최적기후'가 약 4,500년 전에서 3,500년 전 사이와 약 1,100년 전에서 900년 전 사이에 있었는데, 사람들은 이 두 번의 기회를 틈타 고위도 북극으로 이주했다.

중요한 선사시대 유적을 찾아내는 재능이 있었던 고고학자 루이스 기딩스는 알래스카 코북강 어니언포티지와 알래스카주 크루젠스턴곶에서 일련의 문화 유적을 발견하고 북극 문화 단계에 관한 기본 연표를 작성했다. 기딩스가 발견한 것들과 북부

---

9 오리냐크 문화는 크로마뇽인들이 네안데르탈 문화를 몰아냈던 지금으로부터 4만 년 전~1만 년 전 서유럽에 등장한 상부 구석기 문화 중 하나다.

캐나다와 그린란드에서 작업하는 고고학자들이 거둔 성과 덕분에 최근에는 북아메리카 북극에 인간이 처음 진출한 당시를 비교적 일목요연하게 그려볼 수 있게 되었다.

더 자세하게 들어가기 전에 짚어봐야 할 것이 두 가지 있다. 먼저, 인류가 이 지역으로 이주한 것은 아주 대담한 결정이었다. 이곳에서 생존하려면 그들 수렵민으로서는 알 수 없는 기술과 기능이 필요했는데, 그 어떤 것도 심리적인 문제들에 견줄 수는 없었다. 둘째, 북극으로의 이주는 아주 작은 규모의 인구 이동이었다. 지금껏 고고학자들이 서부 캐나다에서부터 북부 그린란드에 이르는 북극 지역에서 발견한 모든 세형돌날 유적지 중에 인구가 500명을 넘는 경우가 없다는 점을 생각해도 이 사실에는 의문의 여지가 없다. 북극은 인간에게 빠듯한 자원을 제공하는데, 그나마도 널리 흩어져 있어서 운반하기 힘들 때가 많다. 제일 번성했던 서기 1000년경 툴레 문화 때조차도 배로우갑에서부터 피어리랜드에 이르는 북극 지역 거주민은 채 5,000명을 넘지 않았을 것이다.

처음으로 북아메리카로 건너온 사람들은 아마 알래스카 내륙에 정착하고 남쪽으로 퍼져나간 고古인디언들이었을 것이다. 북극에 남은 사람들인 고에스키모들이 어디에서 기원했는지는 밝혀지지 않았지만, 고고학자들은 일반적으로 베링해 지역과 동부 시베리아를 꼽는다. 이들 북극 몽골 인종은 현대 에스키모들의 선조일 수도, 아닐 수도 있다. 어떤 경우든 고에스키모들은 가죽배를 타고 베링해 개빙구역을 건너와 5,000년 전 즈음엔 북극 알래스카에 거주하고 있었다. 약 2.5센티미터 길이에 0.6센티미터 폭으로 세밀하게 쪼갠 규질암과 흑요석 도구들로 대표되는 문화가 그들의 문화였다. 이 문화와 그 변형들을 통칭해서 '북극권소형도구문화전통Arctic Small Tool tradition, ASTt'이라 일컫는다.

북극권소형도구문화전통을 보여주는 야영지들이 북부 그린란드의 피어리랜드 같은 극동 지역(인디펜던스 피오르에 있는 유적지 이름을 따서 '인디펜던스 I 문화'라고 불린다)에서부터 미국과 캐나다 북극에 이르는 지역까지 거의 끊임없이 발견되었다. 이들 유적지의 많은 수가 단지 하룻밤 또는 길어도 2주 정도 사람들이 머물다 떠난 자리로 보인다. 그들은 사향소와 북극곰, 북극여우, 북극토끼, 여러 종의 바다오리를 사냥했다. 남기고 간 도구들은 그들이 가혹하고 빈약한 생활을 했음을 보여준다. 캐나다의 고고학자 로버트 맥기는 북극권소형도구문화전통 사람들이 이주한 곳이 "인간이 거주했던 곳 중에서 가장 춥고 어두우며 가장 황량한 지역"이라고 썼다. 그는 식량 압박이 심한 겨울 동안 그들이 "등불도 없고 난방도 되지 않는 집 안에서 거의 동면에 가까운 생활"을 했을 것으로 추측한다. 여우 뼈 송곳과 석영 화살촉, 가죽 텐트를 눌렀던 돌들이 둥그렇게 놓인 그들의 야영지 유적을 살펴본 요즘 사람들은 누구나 깊은 존경심을 느낄 것이다.

점차 추워지면서 북극해 얼음이 남쪽으로 진출하자 북극권소형도구문화전통 사람들도 퇴각한 듯하다. 다음에 등장한 문화는 역시 북극권소형도구문화전통의 일부인 선先도싯 문화로, 약 3,500년 전에 나타났다. 그들은 더 공동체적이고 기술적으로도 진보한 사람들이었다. 활석으로 만든 사발에 해양 포유동물의 지방에서 얻은 기름을 태워 열과 빛을 얻었으며, 작은 나무 썰매를 만들어 소유물을 싣고 끌었다. (많은 선도싯 야영지가 카리부들이 강을 건너는 지점과 물고기 덫을 놓는 장소에서 발견되었는데, 그런 곳들은 현대에 이르기까지 여러 문화권이 이용했다.)

선도싯 사람들은 육지 포유류와 바다 포유류가 풍부한 폭스해분 주변에 모여 살았던 듯하다. 기후가 좋은 시기에는 다른 지역으로 이주하기도 했다. 선도싯 유적지들에서는 서로 다른 기술을 보여주는 여러 유물이 발굴되었다. (여기서 말하는 기술이란 도구와 가정용 기구, 무기, 의복용 가죽 갈무리 또는 카리부 사냥 준비와 같은 특정 작업을 위해 고안된 여러 용구를 총체적으로 이른다.) 건축과 제작에 사용되는 재료들로는 돌, 뼈, 가죽, 상아, 뿔과 아주 드물게는 나무가 있었다. 일부 도구들은 고도로 특화되어 특정 계절이나 특정 상황에서 특정 동물을 사냥할 때 쓰는 용도로 설계되기도 했는데, 개빙구역에서 물범을 잡을 때와 겨울 아글루에서 물범을 잡을 때 쓰는 도구들이 달랐다. 약 2,800년 전 즈음해서 선도싯 유적지들은 도싯이라고 불리는 새로운 문화의 증거들에 자리를 내준다.

많은 고고학자가 도싯 문화가 선도싯 문화의 다양한 요소들로부터 성장했다고 추측한다. 아마 동시대에 존재했던 '인디펜던스 II'라고 불리는 그린란드 문화로부터 사상과 기술이 유입되기도 했을 것이다. 아니면 여러 알래스카 문화 또는 남쪽에 살고 있던 초기 인디언 문화들로부터 왔을지도 모른다. 어찌 됐든 도싯 문화가 등장했다. 도싯 사람들도 북부 캐나다 폭스 해분 지역에 먼저 나타난 것으로 보인다. 그들은 가죽배와 작은 썰매를 비롯해 선대 사람들보다 나은 바다 사냥 장비들을 갖추었고 눈으로 집을 지었다.

지금으로서는 도싯 문화의 조각이 에스키모의 선사시대에서 찾아볼 수 있는 가장 발달한 예술품이다. (동시대에 베링해 지역에 있었던 옥비크 문화와 이피우타크 문화의 공예품들이 도싯 공예품들과 견줄 만하다.) 그리고 고고학자 대부분이 이 조각에 뭔가 독특한 점이 있다는 데 동의한다. 여느 문화와는 대조적으로 도싯 사람들은 실용적인 물건에는 거의 장식을 하지 않았고, 짜 맞추지 않고 통째로 조각된 공예품도 다소 드문 편이다. 조각품들은 전반적으로 샤머니즘 주술에 관련되어 있다는 느낌을 주는데, 이 공예품들에 뭔가 확실히 어두운 구석이 있다고 생각하는 사람들이 많다. 카리부 뿔이나 뼈, 바다코끼리 상아를 깎아 만든 공예품들은 북극곰이 주가 되는 동물 형상과 인간의 형상, 인간과 동물이 함께 있는 형상, 혼란스러운 표정을 한 인간의 얼굴 형상 등을 하고 있다. 사실적 표현과 양식적 표현이 모두 사용되었으며, 조각품 대부분이 그다지 눈에 띄지 않을 만한 크기다.

도싯 사람들은 세부를 보는 눈이 날카로운 데다 조각 솜씨가 능숙해서 누구라도 아비를 새긴 조각과 검은부리아비를 새긴 조각을 쉽게 구별할 수 있다. 캐나다의 예술가이자 비평가인 조지 스윈튼은 그 양식이 "놀라운 섬세함과 우아함에도 불구하고 …… 격렬한 감정과 힘을 발산한다"라고 썼다. 사람에 따라서는 일부 얼굴 조각을 고문당하거나 정신병을 앓는 얼굴로 보기도 하는데, 스윈튼은 독일 표현주의 양식과 비교하며 이 조각들의 형식이 "(양식과 우아함, 거리두기에 반대되는 의미로서) 내용과 생동감, 몰입을 강조"한다고 말한다. 다른 말로 하자면, 조각품에 표현된 원시적인 특질은 매혹보다는 잔혹에 가깝다.

아마도 도싯의 '어두움'을 너무 예민하게 받아들이는 것이리라. 그러나 이 시기를 다루는 고고학자들 사이에서 도싯 이전과 이후에 비해 도싯 예술에는 마음을 불편하게 만드는 구석이 있다는 언급을 공통적으로 찾아볼 수 있다. 기딩스는 도싯 예술과 닮은 알래스카 이피우타크 예술을 서구에 소개하며 "기괴하고 기묘하다"라고 묘사했고, 뒤이은 초기 베링해 문화의 예술은 "작품을 만든 예술가들이 고요해 보일 정도로 안정적인 삶을 살았던 듯, 균형이 잘 잡히고 유쾌하다"라고 묘사했다. 때로는 조각들이 발견될 당시의 정황도 불안감을 가중시킨다. 알래스카주 호프갑에서 이피우타크 매장지를 발굴하던 프렐리히 레이니는 한 유골의 골반 부근에 작은 카리부 발굽 조각이 달린 막대기가 튀어나와 있는 것을 발견했다. 흙을 더 파 보니 긴 상아 막대기가 척추를 완전히 관통한 다음 앞쪽으로 구부러져 원래는 입이 있었을 머리뼈 공간으로 반대쪽 끝이 튀어나와 있었다. 막대기 끝은 애원하듯 펼쳐진 작은 인간의 손 모양이었다.

1979년 7월에는 고위도 북극의 한 도싯 유적지에서 작업하던 젊은 고고학자가 카리부 어깨뼈 하나를 발굴하고 충격에 휩싸였다. 납작한 뼈 양면에 입을 크게 벌린 작은 인간 얼굴이 수십 개씩 새겨져 있었다. 그는 그 어깨뼈를 들고 앉아 고통에 찬 표정들을 멍하니 바라보던 춥고 흐린 아침을 기억했다. "그걸 보고 정신을 못 차릴 정도로 놀랐어요." 그가 그날 일지를 건네며 말했다. "기록 앞부분이 시시한 이유도 다 그 때문이죠." 그는 그날 밤 두 번이나 일어나서 포장을 풀고 조각을 살펴보았다. 너무나 불안했다.

그런 물건들을 직접 만져봤을 때, 나는 무엇보다 조각가들의 기교에 감탄했다. 내가 보기에 그 조각품들은 어둡다기보다는 도발적이었다.

도싯 문화는 북극의 냉각기 동안 우세한 지위를 누렸다. 뒤이어 온난화 경향이 이어져 기원후 900년과 1100년 사이 최적 기후기가 도래했는데, 이 시기에 도싯 문화는 '툴레'라고 불리는 상당히 다른 문화로 대체되었다. 고고학자들도 도싯 문화가 툴레 문화에 흡수되었는지, 아니면 폭스 해분 지역에서 동쪽과 남쪽으로 밀려났는지 알지 못한다. (도싯 문화의 잔존 세력들이 퀘벡주 북부와 래브라도주의 안전한 도피처에서 기원후 1400년경까지 살아남았다.)

베링 해협 지역에서 기원한 강력하고 고도로 숙련된 고래 수렵 문화인 툴레 문화는 초기 베링해 문화에서 성장했다. 로버트 맥기는 초기 베링해 문화 사람들이 가진 사냥 기술 덕분에 "그들은 풍요롭고 안정적인 경제를 누렸고 전 세계 어느 비농경·비산업 사회 못지않은 부유한 생활 방식을 발달시켰다"라고 적었다.

초기 베링해 문화는 세인트로렌스섬을 중심으로 하는 '푸누크'라는 더 풍요로운 문화로 계승됐다. 푸누크 사람들은 기원후 900년경 온난화 기간에 고래와 다른 바다 포유동물들을 사냥하러 알래스카 북서해안을 따라 북쪽으로 이주한 것으로 보인다. 그곳에서 '비르니르크'라 불리는 문화와 섞이거나, 아니면 스쳐갔을 것이다. 이후 푸누크 또는 비르니르크를 이은 집단이 계속 동쪽으로 나아가 우미악이라는 커다란 가죽배를 타고 보퍼트해를 건너 북부 캐나다에 툴레 문화를 세웠다.

현대 에스키모들의 직접 조상인 툴레인들은 상당히 빨리 동진했다. 배로우갑에서 피어리랜드에 이르는 4,200킬로미터 거리를 사실상 단 2~3세대 만에 이동한 듯하다. 기후가 온난해지면서 북아메리카 북극 서쪽과 동쪽의 북극고래 개체군들이 패리 해협(맥클루어 해협, 비스카운트멜빌 해협, 배로우 해협, 랭커스터 해협)에서 만났을 것이다. 그리고 일각고래와 벨루가, 바다코끼리 무리들이 북상해 캐나다 군도까지 다다랐을 것이 확실하다. 서쪽에서는 잔점박이물범과 흰띠박이물범이 위도가 더 높은 지역에서 여름과 겨울을 났을 것이며, 동쪽의 회색물범과 하프물범, 두건물범도 마찬가지였을 것이다. 생태계 전체가 북쪽으로 이동했다. 한때 동서 횡단을 저해하는 요인이었던 해빙과 특정 계절의 사냥감 부족 문제가 더는 장애가 되지 못했다. (최적기후기의 연평균 온도 상승분은 섭씨 1.6도 정도밖에 되지 않았지만, 그 효과는 극적이었다. 예컨대 북아메리카 수림한계선이 97킬로미터나 북쪽으로 이동했다.)

툴레인들은 뛰어난 사냥꾼이었다. 정교한 해양 포유동물 사냥 기술을 가지고 있어서 우미악이나 카약을 타거나 해빙 위로 나가 고래와 바다코끼리를 사냥했다.[10] 그들은 개썰매를 발달시켰고, 도싯인들의 작살 기술을 세련되게 다듬었다. 겨울용 집은 따뜻한 반지하 주거 형태로, 돌로 낮은 담을 쌓고 바닥을 깐 다음 벽 위쪽과 지붕은 고래 갈비뼈와 턱뼈로 받치고 가죽을 덮고 뗏장을 이었다.

툴레인들은 분명 상당히 성공적으로 북극 생활을 영위했다. 실질적으로 비교할 수는 없지만, 전문가들은 유럽의 후기 구석기 말기의 카리부 수렵 문화였던 마들렌 문화와 곧잘 비교하곤 한다. 마들렌기는 동굴 벽화(예를 들자면, 알타미라와 라스코 동굴 벽화)로 드러나는 숭배 문화와 솜씨 좋게 장식한 사냥 무기들, 아름답고 정교하게 조각한 뼈바늘을 포함한 여러 일상용

---

10 툴레인의 발명품인 우미악은 바다코끼리(또는 턱수염물범) 가죽으로 만든 약 9미터 길이의 갑판 없는 배로, 때로는 가로돛과 발판이 있는 돛대를 갖춘 배도 있었다. 긴 거리를 항해할 때는 보통 여자들이 노를 저었고, 남자들은 항해에 더 적합하고 사냥에도 편리한, 길이가 짧고 낮으며 갑판이 있는 일인용 카약을 타고 뒤를 따랐다. 이런 이유로 우미악은 '여자들의 배'로 불리기도 한다.

품이 특징이다. 마들렌 사냥꾼들은 툴레인들보다 거의 1만 년 전에 살았다. 그러나 그들도 최적기후 기간에 번성했다. 하나의 문화로 성장한 자체 역량에 대한 인식과 함께 최적기후의 이점이 그들에게 강력한 자신감을 불어넣었던 듯하다. 카리부를 사냥하는 생활 방식은 세련된 예술 감각과 함께 그들이 깃든 땅에 완벽하게 들어맞았다.

유럽의 수렵 문화가 신석기 시대에 농경·목축 문화로 대체되고도 한참이 지난 시기에 북극에서는 그처럼 세련된 수렵 문화가 계속해서 지역의 생태적 감각을 만들어온 것이다. 인류의 자연스러운, 심지어 필연적인 발달 과정처럼 인식되는 유럽의 구석기-중석기-신석기 흐름은 영구동토층과 긴 겨울의 땅에는 제대로 들어맞지 않는 모델이다. 농부와 목동 들이 북극으로 이주하지 않은 데는 그만한 이유가 있다. (스칸디나비아 북부와 콜라반도에 거주하는 사미족 또는 라프족이 자발적으로 반유목 생활로 전환한 유일한 북극 사람들이다.)

툴레인들을 그처럼 신속하게 북부 그린란드까지 데려다놓고, 동시에 고대 노르드인들을 남부 그린란드까지 옮겨놓은 최적기후 기간은 기원후 1100년경에 끝났다. 뒤이은 냉각화 경향으로 툴레인들은 고위도 북극에서 밀려났다. (생활 일부를 농업에 의존하고 여전히 환경 적응도가 떨어졌던 고대 노르드인들에게는 재앙이나 마찬가지였다.) 툴레 문화는 뚜렷이 구별되는 몇 개의 전통으로 쪼개졌다. 그린란드 잉글필드 피오르 주변에 자리 잡은 폴라에스키모 문화와 배핀섬에 자리 잡은 중앙에스키모 문화, 사우샘프턴섬 서쪽 본토에 자리 잡은 카리부에스키모 문화가 바로 16~17세기에 (고대 노르드인들에 이어서) 두 번째 유럽 탐험가들의 물결을 만난 장본인들이다.

1650년과 1850년 사이 소빙하기로 정점에 달한 냉각화 경향은 북극에 사는 동물들의 종류와 수를 모두 바꿔놓았다. 그 결과 에스키모들은 툴레인들로부터 물려받은 사냥 전통과 도구, 방법을 각자 고립된 집단의 생존을 위해 변형하거나 폐기해야 했다. 그러므로 그들이 처음으로 유럽인 탐험가들을 만난 시기는 툴레 문화가 에스키모 문화로 전환되면서 에스키모 문화의 특징이 더 분명해지던 때였다.

고고학자들은 툴레인들을 현대 에스키모의 직접 조상이라고 보기 때문에 이 마지막 전환을 중요하게 생각한다. 거의 모든 유럽인이 자신이 만난 에스키모들을 조야하게 살아가는 잔인한 인간들이라고 여기는 경향이 있었다. 문화에서의 높은 단계와 낮은 단계 간 전환에 대한 개념 없이, 환경적 불가피성이란 개념도 없이, 심지어 여러 에스키모 문화가 서로 다르다는 개념도 없이 초기의 관찰 내용이 널리 알려졌다. 그리고 이런 초기 판단들이 유럽인의 상상 속에 에스키모들은 뒤처진 종족이라는 인상을 못 박아버렸다. 결정적이었던 두 번째 유럽 문화의 물결이 고대 노르드인처럼 에스키모인이 아니라 툴레인을 만났더라면, 그 문화에 대한 시각이 달라졌을 것이다. (아즈텍 문화에 대한 정복자 코르테스의 판단으로 보건대, 어쩌면 아닐 수도 있겠다.)

고고학자들이 북극 선사시대사의 대체적인 윤곽을 그리는 것을 살펴보면, 부분적으로는 물질문화의 원숙함을 기준으로 여러 문화 단계를 비교하면서도, 단계 간 전환이 지역마다 다른 시기에 일어났다는 점을 강조하는 경향이 있다. 그러므로 첫 번째 유럽인인 고대 노르드인들이 래브라도주와 남부 그린란드, 언게이바반도 해안에서 만난 사람들은 초기 도싯 문화의 잔존자들이지 툴레 문화 이후의 에스키모인들이 아니었을 것이다. 또 이것이 북극권소형도구문화전통의 문화들이 이후의 툴레 문화는 물론이고 그보다 앞서 북아메리카에 들어간 시베리아 수렵 문화들과 비교해서도 '빈약하다'라고 일컬어지는 이유다. 서구 사회는 또 그들대로 온대 바깥에서 번성한 인류 문화를 내내 낮게 평가해왔고, 각 대지가 그 안에 깃든 사람들에게 무엇을 요구하는가 하는 문제에는 대체로 아무 감도 없었다.

고고학자들과 현대의 많은 북극 관측자들 사이에는 집단 규모가 작고 유목 생활에 더 가까웠던 다른 유사有史시대 에스키모 문화보다 툴레 문화가 성취도가 더 높을 뿐만 아니라 더 일관적이라고 평가하며 애틋한 마음으로 툴레 문화 시기를 돌아보는 경향이 있다. 툴레 문화는 서구인들이 도착하기 전에 문을 닫은 마지막 북극 문화다. 이와 더불어 유럽 구석기 문화에 비견하는 높은 수준 때문에 툴레 문화는 분명히 매혹적이다. 그들의 도구와 주거에서는 상당한 에너지와 열정, 열의가 느껴진다. 엘즈미어섬 툴레 유적지에서 연구하던 한 학생은 자신이 발견한 작살촉에 대해 이렇게 얘기했다. "이걸로 할 일이라고는 바

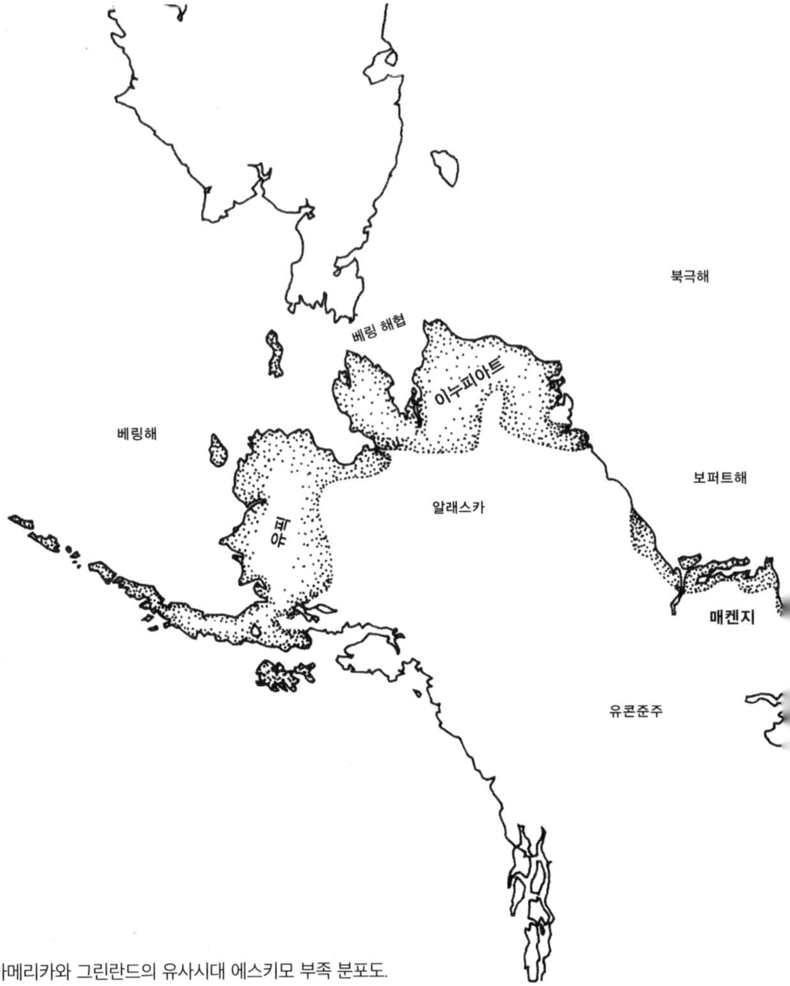

북아메리카와 그린란드의 유사시대 에스키모 부족 분포도.

다코끼리를 잡는 일뿐이었어요. 그런데도 그 사람들은 이렇게 아름답게 만들었어요."

초기 북극권소형도구문화전통에 속하는 야영지의 측은한 유물들을 굽어보며 우리는 깊이 경탄한다. 이 얼마나 대단한 끈기인가. 이 얼마나 대단한 용기인가. 툴레 유적지에서는 또 다

른 느낌이 든다. 오지에 있다는 고립감이나 소외감은 일거에 사라지고, 대신 깊은 존경심을 느낀다. 누구나 강하고 당당한 사람들을 상상한다. 그 학생이 말했던 것처럼 그 섬세하고 튼튼한 도구들은 아름답다. 캐나다 북극을 가로지르며 선사시대 유적지들을 발굴한 피터 슐리더만은 어느 날 캘거리에서 저녁을 먹다가 이런 말을 했다. "우리 존재의 모든 것은 정신에 있지요. 고고학이란 우리 존재의 긴 혈통을 조사하는 겁니다."

우리가 유사시대 에스키모 집단들 간 차이를 그나마 조금이라도 알 수 있는 것은 그들과 다양한 시기를 함께한 크누드 라스무센과 카 비르케트-스미트, 다이아몬드 제니스, 프란츠 보아스, 한스 스테엔스뷔 같은 몇몇 뛰어난 문화기술학자 덕이 크다. 서쪽에서부터 보자면, 노스슬로프에스키모 부족은 다른 어느 곳보다 툴레 문화의 유산을 많이 보유하고 있으며, 누나미우트라고 불리는 내륙에 거주하는 일부 구성원들을 포함하고 있었다. 매켄지강 삼각주 인근에 살았던 매켄지에스키모, 빅토리아섬과 코로네이션만 일대에 거주하면서 신의 자비만에 발이 묶인 인베스티게이터호와 보급품 은닉처를 오갔던, 지금까지 발견된 부족 중에서는 마지막 유사시대 집단이었던 코퍼에스키모, 배핀섬과 멜빌반도, 부시아반도의 중앙에스키모, 허드슨만 북서쪽 툰드라에 살았던 카리부에스키모, 그린란드 북서부에서 가장 고립된 집단으로 살았던 폴라에스키모가 있었다. (집단 규모가 작은 폴라에스키모들은 로버트 피어리와 프레드릭 쿡을 포함한 많은 북극 탐험가를 보조했다. 1949년에 그들의 주요 주거지인 우마나크가 북대서양조약기구NATO의 전략 공군기지 건설 때문에 덴마크 정부에 의해 97킬로미터나 북쪽으로 이전되었다.)

중앙에스키모에는 규모가 작은 서로 다른 부족 전통들이 포함되어 있었는데, 그중에는 활석 조각으로 잘 알려진 넷실릭과 영국 고래잡이 배들이 폰즈만에서 만났던 이글루릭, 1900년에 스코틀랜드 포경선인 액티브호와 접촉한 후 전염병으로 몰살당한 사우샘프턴섬 새들러미우트 부족이 있었다. 남아 있는 단편적인 정보로 미루어보면 새들러미우트 부족이 아마도 도싯 문화의 상당 부분을 전통으로 간직하고 있었던 듯하다. 지금은 카리부에스키모인들의 친척인 아이빌릭 부족이 사우샘프턴섬에 살고 있다.

물론 현대에도 여전히 세계 곳곳에서 새들러미우트 같은 부족들이 질서 정연하게 사라지고 있다. 아니면 각자의 지적·물질적 전통들을 훼손하거나 심지어 제거하는 방식으로 서구 문화에 흡수되고 있다. 이런 상실은 비극적이고 결정적이다. 이런 상실이 때로 무관심이나 탐욕 때문에 일어난다는 점이 좌절감을 준다. 이런 상실은 툴레 문화의 상실과 같지 않다. 누구나 느끼겠지만 툴레 문화는 자연스러운 이유로 소멸했다. 그 땅이 결정한 사건이었다. 그러나 새들러미우트의 몰락은 우리의 체면을 깎아먹는다. 우리와 동시대인이기 때문이고, 우리가 생명의 고유한 가치를 깨우쳐야 한다고 주장하기 때문이며, 우리가 자비심을 존중하기 때문이다. 새들러미우트 사람들은 사우샘프턴섬을 이해할 수 있는 길이었다. 그들은 그 가혹한 땅의 반영이자 그곳에서 성공적으로 살아남은 증거였다. 우리는 그들의 죽음으로 생에 대한 어떤 지혜까지 동시에 잃어버렸다는 결론을 내려야 한다.

우리는 더는 그들의 물건을 집어 들고 "왜 이걸 만들었어요?"

또는 "이건 어디에 쓰는 거죠?"라고 물어볼 수 없다. 그것이 무엇을 '의미하는지' 밝혀줄 대답을, 그렇지 않아도 천 번을 들어야 한 번이나 의미가 통할까 싶은 대답을 이제는 들을 희망도 가질 수 없다. 어쩌면 시대를 초월한 인간 내면을 밝혀줄 답, 수백 년의 시간적 거리를 무너뜨리고 손에 든 그 물건을 초월하는 그 답을 말이다.

나는 가는 곳마다 새들러미우트의 상실을 느꼈다. 그래서 한 번이라도 북극 사람들을 관찰한 기록을 남긴 사람들, 그들의 기술을 묘사한 사람들, 그들의 문화를 보여주는 물건을 보존했던 사람들에게 깊은 고마움을 느꼈다. 그 물건이 어떤 의미인지 모른다 하더라도 우리는 오늘도 여전히 그 물건의 만듦새와 그것을 만든 사람들에 대해 경탄할 수 있다. 유사시대 에스키모들은 최소한의 재료로도 엄밀한 용도와 목적에 최적화된 재료를 선택해 독창적인 설계로 유용한 도구를 풍성하게 제작해냈다.[11]

나는 먼저 의복을 생각한다. 겨울 의복은 거의 대부분 카리부 가죽으로 만들었다. 북극여우 털이나 서북극의 돌산양 모피가 더 따뜻했지만, 둘의 가죽은 너무 약했다. 카리부 털은 여러

---

11 당연하겠지만, 그들이 제작에 사용한 재료들은 거의 전적으로 사냥한 동물들에게서 나왔다. 에스키모들은 보편적으로 이런 재료들을 자신들이 동물들에게 느끼는 윤리적 책임에 상응해서 받는 선물로 여겼다. 인간과 동물이라는 나란한 두 문화는 생물적인 방식으로, 그리고 에스키모들에게는 영적인 방식으로 연결되어 있었다. 그러나 오늘날 우리들의 지식 체계에서는 모두 사라져버리고 말았다. 에스키모의 사냥관에서 두드러지는 것은 죽음보다는 선물이었다.

칸으로 나뉜 커다란 공동空洞들로 구성된 북극곰 털처럼 속이 비어 있진 않지만 효과는 거의 비슷해서 가볍고 보온에 탁월하다. 겨울털이 너무 빽빽해지기 전인 가을에 일찌감치 잡아놓은 암컷 가죽이 보온성과 무게 양쪽 측면에서 제일 좋은 소재였다. (수컷 카리부 가죽이나 사향소 가죽과 마찬가지로 늦가을에 잡은 암컷 카리부 가죽은 너무 무거워서 옷으로 쓰기에는 불편하지만, 침구로서는 탁월했다.) 새끼 카리부 가죽은 속옷이나 장화 안감으로 쓰였다. 카리부 앞발 가죽은 마찰에 강하기 때문에 장화 갑피와 장갑의 손바닥 부분에 쓰였다. 파카의 목둘레 옷깃은 오소리나 늑대 모피를 써서 입김 때문에 생기는 얼음 결정을 쉽게 떨칠 수 있게 했다. 촘촘하게 꿰맨 솔기는 감치거나 막아버렸는데, 환경이 환경인지라 바람과 눈을 막거나 수분이 빠져나가는 것을 방지하기 위해서였다. 여름 의복에는 방수 기능 때문에 카리부 가죽을 쓸 자리에 물범 가죽이 자주 쓰였다. 젖으면 약간 부풀어오르는 힘줄로 물범 가죽을 잇대 바느질한 다음, 바다코끼리 가죽만큼 질기지만 훨씬 가벼운 턱수염물범 가죽으로 안을 댔다.

가끔은 새鳥 가죽 한 장을 통째로 뒤집어 겨울 장화 안에 신는 속신을 만들기도 했다. 방수가 필요한 비옷 일습은 물범 내장으로 만들었다. 눈 위를 소리 없이 걷을 수 있도록 때로는 북극곰 모피로 장화에 창을 대기도 했다.

에스키모 의복은 다소 약한 편이라 매일 부드럽게 무두질하고 말리고 바느질하는 등 신경을 써야 했다. 그러나 에스키모

의복은 서구 탐험가들이 북극에 가져온 그 어떤 의복보다 가볍고 따뜻했다. 몇 차례의 치명적인 대가를 치르고서야 탐험대 대장들은 대원 전원에게 에스키모 의복을 입히기 시작했다. 어떻게 보면 에스키모 의복은 여전히 서구의 현대적인 기능성 탐사용 의복들보다 전반적인 활용성 면에서 뛰어나다.

에스키모들은 카리부를 남김없이 활용한다. 가죽으로는 의복과 침구와 가방을 만들고, 뼈와 뿔로는 도구와 무기를 만든다. 카리부 다리 관절에 든 지방도 예외가 아니라서, 에스키모들은 몸통 중심부에서 먼 만큼 낮은 온도에서도 잘 굳지 않는 이 지방을 뽑아내 혹한 때 활시위에 바르는 윤활유로 사용했다. (서구 문명들은 소에서 같은 성질의 물질을 발견했다. 바로 우각유牛脚油이다.) 에스키모들은 카리부 골수를 연료로, 피는 접착제로, 힘줄은 채찍과 끈, 실로 활용했다. 먹고 남은 부위는 궁핍한 봄철을 대비해 저장했다. (인류학자 리처드 넬슨은 20세기 후반에 현지 조사를 다니면서 에스키모 여인들이 그때까지도 가지고 있던 심오한 해부학 지식에 감탄을 금치 못했다. 에스키모 여인들은 거대한 동물을 "톱도 없이, 뼈 하나 부러뜨리지 않고서 점점 더 잔 조각으로" 순식간에 해체해버렸다.)

에스키모들이 동물 부위들을 이용하는 방식에서 시종일관 놀라운 건 어디에 무엇이 적합한지 꿰뚫고 있는 그 폭넓은 지식이다. 사향소 뿔이 카리부 뿔보다 유연하다는 걸 알기에 에스키모들은 낚시용 작살 곁가지를 만들 때 사향소 뿔을 선호한다. 의복을 수선할 때 쓸 힘줄을 보관하는 방수 자루로는 연어 가죽을 고른다. 눈집 창문을 만들 때는 반투명하고 튼튼한 턱수염물범 창자를 선택하는데, 이동할 때는 쉽게 접을 수 있고 추운 날씨에도 성에가 끼지 않는다. 바다오리를 잡는 작은 덫을 만들려면 소금물에도 상하지 않는 탄력 있는 물질, 바로 고래수염이 필요하다. 솜털오리의 솜털을 막대기 끝에 매달아 아글루 눈 속에 꽂아놓으면 소리 없이 머리를 내미는 물범의 날숨을 알아챌 수 있다. 북극곰 뼈는 제일 단단해서 끝이 뾰족하고 튼튼한 물건이 필요한 곳이면 어디든 사용했다.

제작품 중에는 상응하는 자연물을 교묘하게 본뜬 것들이 많다. 빙원에서 물범을 끌고 돌아올 때 사용하는 가죽끈 손잡이는 북극곰 모양으로 조각된다. 낚시용 작살촉은 물고기 사냥꾼인 아비의 부리 모양이다. 지나치게 미세한 구분이 아닌가 싶은 것도 있다. 물범 가죽을 꿰맬 때는 카리부 힘줄보다 벨루가 힘줄을 선호한다. 화살 깃으로는 다른 깃털을 제치고 흰올빼미 깃털이나 가마우지 깃털을 고른다. 그리고 재치 있는 임기응변을 볼 수 있는 흔적도 있다. 신선한 곤들매기를 머리부터 꼬리까지 젖은 물범 가죽으로 감싸 단단히 묶어서 얼도록 내버려두면 썰매 활주부가 된다.

썰매 자체도 범상치 않은 작품이다. 썰매 활주부 사이에는 카리부 뿔을 눕혀서 대고 물범 가죽으로 만든 끈으로 묶어 버팀대로 삼았다. 활주부 밑바닥에는 이끼 가루를 물에 섞어 여러 겹 입혔다. 이 이끼 편자의 맨 바깥층은 조심스럽게 깎아 매끄럽게 다듬은 얼음 광택제다. 그 결과 손목을 살짝 꺾기만 해도 눈 위를 미끄러지는, 울퉁불퉁한 해빙에서도 심한 요동 없이 나아가는 유연한 썰매가 만들어진다.

1920년대에 세인트로렌스섬에서 푸누크 유적지를 발굴한 오토 가이스트는 순전히 바다코끼리 상아만으로 만든 물품들을 목록으로 정리해보았다. 각각은 특정한 기능이나 특정한 목적에 맞게 설계되었다. 개 목줄의 쥠쇠도 있었고, 물범이 피를 흘리지 않도록 상처를 집는 핀, 여우 덫의 부품, 천막 줄을 팽팽하게 당기는 도구도 있었다. 목록에는 100가지가 넘는 물품이 올랐다.

에드먼드 카펜터는 『에스키모의 세계』에서 잘 알려진 현상 하나를 언급하는데, 에스키모들이 어떤 기계적인 문제든 재빨리 문제의 본질을 파악하고 해결한다는 점이었다. 심지어 전혀 본 적이 없는 물건이라도 에스키모들은 '쓰레기'나 '폐품' 가운데에서 적당한 인장 강도나 적당히 비틀리거나 늘어나는 성질, 또는 열과 반복적인 냉각과 부식에 필수적인 저항성을 가진 어떤 것을 골라내어 단순한 도구를 사용해 설사 영구적인 해결책은 안 되더라도 실용적으로 쓸 수는 있는 정도로 형태를 만들었다. 보트 엔진이나 손목시계가 고장 나서 곤란을 겪은 현대의 과학자들과 마찬가지로 19세기 탐험가들도 에스키모들의 이런 능력을 자주 언급하곤 했다.

호주머니도 모자도 바퀴도 없이 만면에 웃음을 띤 이 사람들은, 누가 말했듯이 매우 총명하다.

브룩스산맥 중심부에 요즘에는 아낙투북패스라고 불리는 작은 마을이 있다. 그곳 에스키모들은 누나미우트라고 불리는 부족으로, 최근까지도 주로 카리부와 돌산양, 말코손바닥사슴을 먹고 살았다. 원래는 유목민으로 브룩스산맥에서 겨울을 나고 여름에는 보퍼트 해안의 친척들과 함께 카리부 가죽을 물범 가죽과 지방 등과 교환하면서 지냈다. 그들이 경험한 현대적인 교역 물품이라 해봐야 18세기에 베링해 에스키모들과 교역하던 콜빌 강어귀 주변 에스키모들에게서 구한 러시아산 담배 같은 것들이었다. 1850년 이후 미국의 고래잡이 배들이 밀가루와 차, 커피, 설탕, 담배뿐만 아니라 총과 화약, 술을 알래스카 북서해안에 대량으로 들여왔다. 누나미우트들은 해안에 살던 친척들보다 이 무역에 직접 참여하는 경우가 적었음에도 상당한 영향을 받았다. 그들이 의존하던 카리부 무리들이 고래잡이 선원들을 먹이기 위해 도살되자 누나미우트들은 산골 생활을 포기할 수밖에 없었다. 그들은 사냥 중심 경제에서 무역 중심 경제로 옮겨 갔다. 일부는 해안 지역에서 한철 일자리를 찾았고, 대부분은 본격적으로 모피를 노리는 덫사냥을 시작했다.

미국에서 발발한 공황의 여파로 모피시장이 붕괴하고 거래점포가 문을 닫은 1930년대에 누나미우트 부족에게도 변화가 찾아왔다. 카리부 개체수가 회복되어 다시 산맥을 타고 이동하고 있다는 사실을 안 몇몇 가족이 1934년에 보다 만족스러웠던 이전의 생활로 돌아갈 방도를 찾았다. 그들은 첫해에 아낙투북강과 콜빌강이 만나는 곳에 야영지를 세웠다. 그들은 몇 년 동안 계속 정기적으로 해안으로 나가 물고기를 잡고 물범을 사냥했지만, 1939년에 이 짧은 재적응 기간을 끝내고 브룩스산맥에 있는 고향으로 돌아갔다.

10년 후, 약속했던 보급품들이 비행기에 실려 산속으로 공수되고 여름에 기간제 교사가 파견되면서 몇몇 누나미우트 무리가 툴루각 호수라는 곳에 모였다. 1951년에 예순다섯 명으로 구성된 이 집단이 몇 킬로미터 남쪽으로 이주하고, 아낙투북패스에 있던 호머 메키아나라는 사냥꾼의 가죽 텐트에 미국 정부의 우체국이 세워졌다. 많은 누나미우트가 이 마을과 주변 지역에서 1년 내내 머물게 된 즈음인 1961년에 상설 학교가 설립되었다. 지금 그곳에는 대략 180명이 살고 있다. 가게가 하나 있고, 위성으로 텔레비전과 전화를 이용할 수 있다. 그리고 알래스카에서 석유가 발견되면서 징수한 광구 사용료로 세운 사우나 시설과 수영장을 갖춘 새 학교가 있다.

이런 이야기가 지난 50년간 북극 전역에 걸쳐 같은 줄거리로 여러 차례 반복돼왔다. 유목 생활을 하던 사냥꾼들이 교역을 할 목적으로 한 장소에 묶인다. 교역 중심 또는 화폐 중심 경제에 적응하려다 보니 고유한 생활 방식에 급격한 변화가 일어난다. 일부가 이전의 생활 방식과 비슷한 삶으로 돌아가기 위해 부단한 노력을 한다. 그리고 마침내 고유 언어가 뭉텅뭉텅 소실되고, 선교사와 관료, 외지인 사업가의 집중적인 압박을 받으며 사회적·종교적·정치적·식습관적 관습에 큰 구멍이 뚫린다. 빠릿빠릿함이나 개인위생, 자기계발, 일상에서의 고도의 질서와 계획성 같은 다른 가치들을 주입하고자 하는 침입자들에게서는 전문적인 사냥 기술과 가족을 지탱해온 필부필부의 능력, 인내와 결단 등의 속성을 통해 성장한 생명과도 같은 지식이 높게 평가받지 못한다.[12]

근대에 들어 누나미우트 부족이 친구로 생각한 사람 중에는 외부 문화에 속하면서도 누나미우트 부족의 풍부한 지식, 그중에서도 특히 해당 지역의 자연사 지식을 알아보고 존중한 몇 명의 인류학자와 생물학자가 있다. 어쩔 수 없이 직면해야 한 그 모든 변화 틈에서도 균형과 위엄 있는 삶을 잃지 않은 일부 누나미우트 사람들은 방문한 과학자들에게 꾸밈없는 지혜의 상징이 되었다. 물론 이런 상황이 아낙투북패스만의 것은 아니다. 많은 과학자가 논문과 책, 개인적인 만남에서 자신이 만난 에스키모 동료들의 성격을 평했다. 그들은 에스키모 동료들의 겸손한 지적 능력과 솔직함, 유머감각에 반했다. 과학자들은 일반적이고 추상적인 말은 거의 하지 않는 대신 실질적이고 구체적이

12 이런 막연한 미덕의 가치를 비난하면서 침입자들 가운데 돈이 목적인 자기과시형 인간들을 지목하기는 쉽다. 그러나 그런 행위는 에스키모들을 이런 상황에서 무기력한 존재로 경시하는 것이다. 에스키모들 대부분은 삶의 방식을 바꾸는 것에 반대하는 것이 아니라 변화의 시기와 방향을 스스로 선택하고 싶어 한다. 한 남자가 내게 이렇게 말한 적이 있다. "최대한 어렵게 살아야 한다고 주장하는 사람은 없습니다." 말이 난 김에, 많은 사람이 에스키모들을 성실하게 지원해왔다는 사실을 언급해야 한다. 예를 들어 캐나다 북극에서는 가톨릭 선교사들에 대한 칭송을 자주 들을 수 있는데, 한 마을과 오래 관계를 맺으면서 에스키모들의 언어와 사냥법을 배우는 한편 제대로 된 학교 교육을 강조하는 그들의 관행 때문이다.

며 확실한 것에 집중하는 사람과 함께 있다는 사실이 얼마나 기분 좋은 일인지를 깨닫는다.[13]

나는 1978년에 늑대를 연구하는 생물학자 친구와 함께 아낙투북패스를 찾았다. 친구는 임시로 그곳에 거주하는 중이었는데, 눈치가 빠르고 남의 얘기를 잘 들어주는 성격에다 마을에 독감이 돌았을 때 도움을 줬던 인연으로 좋은 평판을 얻고 있었다. 우리는 근처 계곡에서 늑대와 카리부들을 지켜보고, 또 몇몇 가정을 방문하면서 며칠을 보냈다. 사람들은 사냥에 얽힌 얘기를 많이 했다. 저녁마다 사연들이 난무했다. 누군가 아주 당연한 얘기를 할 때는 잠깐 침묵이 흘렀다가도 누군가 천연덕스럽게 익살을 떨면 왁자하게 웃음이 일었다. 어느 날 오후에 우리는 우투콕강의 원류를 찾아 서쪽으로 먼 길을 떠났다.

우투콕에는 자갈투성이 가설 활주로 옆에 알래스카주 어로수렵국이 세운 소규모 현장기지가 있었다. 그곳 생물학자 중에는 카리부와 말코손바닥사슴, 툰드라 회색곰, 울버린을 연구하는 사람들이 있었고, 이제 내 친구가 합류했으니 늑대를 연구하는 사람도 생겼다. 여름에 보는 우투콕강과 코콜릭강의 원류 주변 지역은 거칠고도 평화롭다. 서북극 무리에 속하는 카리부들이 번식지에서 돌아와 언덕 위를 한가롭게 거닐었다. 태양은 늘 하

13 누나미우트 부족과의 협력 작업을 통해 나온 출판물 목록은 미주 4번(643쪽)을 참조하라.

늘 어딘가에서 빛났다. 일주일이 넘도록 매우 화창하고 맑은 날씨가 이어지고 있었다. 검독수리 여러 마리가 툰드라 상공에 높이 떠 선회하며 사냥을 했다. 흰올빼미들이 저 멀리 덤불 횃대에 올라앉아 우리를 지켜보았다. 쇠부엉이들, 흰매 한 마리. 익숙한 얼굴들이었다.

도착한 지 며칠 후 우리는 남쪽으로 10킬로미터쯤 내려가 멀리서 늑대 굴을 지켜볼 수 있는 곳에 텐트를 쳤다. 나무라곤 없이 구불구불 펼쳐진 탁 트인 곳에서 나는 때로 어떤 것도 숨어 있을 수 없다는 느낌을 받았다. 내가 일링노락 능선을 따라 걸으며 땅 위에 둥지를 트는 새들을 찾아다니기 시작하고, 그 놀랍고도 신비로운 생명에 대한 존경의 의미로 고개를 숙이며 절하는 버릇을 갖게 된 것도 그때였다.

우리가 지켜본 개개의 동물들은 자신의 주위 환경을 탐색하는 것은 물론, 이전에 하지 않은 일이나 같은 종의 동물이 이전에 절대 해보지 않았을 것 같은 일을 시도함으로써 새로운 상황에 대한 수용력을 보여주었다. 적응을 위해 이런 수용력을 보존해온 것 자체가 진화의 주요 불가사의 중 하나다.

우리는 카리부를 사냥하는 늑대들을, 나그네쥐를 사냥하는 올빼미들을, '이로크'라 불리는 나도수영을 먹는 북극땅다람쥐들을 지켜보았다. 나는 사냥이란 주제에 골몰했다. 1949년에 로버트 플래허티가 한 놀라운 이야기가 있는데, 나중에 에드먼드 카펜터가 그 얘기를 포함해 책을 출판했다. 코모크라는 남자에 관한 이야기였다. 1902년, 굶주림에 직면한 코모크는 가족을 데리고 해빙을 건너 자신이 잘 아는 섬으로 가기로 결심했다. 퀘벡주 언게이바반도 북단 월스턴홈곶에 면한 작은 섬인 그곳에서는 식량을 찾을 수 있을 것 같았다. 그들은 여행 도중에 거의 모든 소지품을 잃어버렸다. 어느 날 밤 야영지 밑의 얼음이 갑자기 갈라지면서 칼과 창, 작살, 짐승 가죽, 돌로 만든 램프를 포함한 모든 것이 사라지고, 개들도 대부분 잃어버린 것이다. 그들에겐 사냥 도구도, 얼음을 녹여 마실 물을 만들 돌 램프도, 음식이나 여벌 옷도 남지 않았다. 코모크에게 남은 것은 썰매 한 대와 개 몇 마리, 눈집을 지을 때 눈 벽돌을 자르는 눈 칼, 부싯돌뿐이었다.

그들은 개를 잡아먹었다. 남은 개들도 그들을 위해 죽은 개들을 먹었다. 코모크는 식구들을 섬으로 데려갔다. 그는 마땅치 않은 재료들로 사냥 무기들을 새로 만들고 쉴 곳과 온기도 만들어냈다. 용케 사냥에도 성공했다. 그는 임기응변으로 거의 밑바닥에서부터 물질문화 전반을 새로 구축했고, 필요한 경우에는 새로 창안했다. 그는 살아남았다. 식구들도 살아남았다. 개들도 살아남았고 점점 늘어났다.

그들은 여러 해에 걸쳐 이따금 밀려오는 표류목과 뼛조각을 꼼꼼하게 모았다. 드디어 코모크가 우미악의 뼈대를 만들 수 있을 만큼 모였다. 코모크의 아내가 저장해둔 턱수염물범 가죽으로 방수되는 선체도 만들었다. 그리고 어느 여름날, 그들은 언게이바반도로 돌아가기 위해 멀리 배를 저었다. 해안을 따라 탐험을 하던 로버트 플래허티가 바다를 건너 다가오는 코모크와 가족들과 개들을 발견했다. 그들이 가까이 오자 플래허티는 우미악의 형태와 에스키모 의복의 모양새를 알아보았지만 재료가 이상한 데다 대충 변통한 것임을 알고서는 그 에스키모에게 어떤 사람이냐고 물었다. 그는 자신이 코모크라고 대답했다. "세상에, 대체 어디서 온 거요?" 플래허티가 물었다. "아주 멀리, 저 아주 멀리 있는 큰 섬에서 왔소." 코모크가 손으로 섬 쪽을 가리키며 대답했다. 그러고는 웃으며 우미악의 몰골에 대해 농담을 했고, 가족들은 웃음을 터뜨렸다.

내가 이 이야기를 떠올린 것은 이야기의 중심에 한 인간 가족의 근면과 자신감, 결단력과 창의성이 있기 때문이다. 그리고 이 이야기가 자신이 처한 매 순간의 정수를 단호하게 살아낸 사람에 관한 이야기이기 때문이다. 그 순간이 형편없든 숭고하든 간에 말이다.

일링노락 등성이에서 보낸 그 며칠 동안에는 지금 내가 사냥에 대해 알고 있는 것들을 알지 못했다. 그러나 나는 앞으로 에스키모들과 함께할 몇 년의 시간 동안 다양한 사람들로부터 배울 것이 무엇인지, 혼자서는 쉽게 헤쳐나가지 못할 상황들로부터 배우게 될 것이 무엇인지, 대략적인 윤곽을 감지하기 시작했다. 그때 느꼈던 통찰은 사냥의 본질과 땅 위를 이동하는 인간, 공포와 관련된 것이었다. 그런 생각들이 동물들을 지켜보는 데서 자라나왔다.

사냥꾼이 사냥감인 큰 동물들과 자신이 성스러운 관계로 묶여 있다고 생각한다는 증거는 모든 북방 토착 수렵민들 사이에서 분명하게 드러난다. 이 관계는 책임으로 가득하다. 동물들에 대한 책임, 자신에 대한 책임, 가족들에 대한 책임. 이런 관점에서 볼 때 토착 수렵민에 관한 연구에서 가장 심각하고 아마도 가장 비극적인 실수 가운데 하나는 사냥에서 여성들이 맡은 역할에 대한 이해가 부족한 것이다. 내 생각에, 사냥꾼이 동물들과 자신이 서로 묶여 있다고 느끼는 것과 동일한 방식으로 자기 아내가 그 관계의 일부가 아니라면, 그 관계 자체가 불완전하고 어쩌면 부적당하게 느껴지리라고 추정해볼 수 있다. 어떤 수렵 사회에서도 남자가 혼자서 사냥에 성공할 수는 없다. 그가 아내에게 의존하는 데에는 명백한 이유들이 있다. 음식과 의복 준비, 동료 의식, 유머, 은근한 격려, 그리고 우리가 추측만 할 수 있는 일들, 종교적인 성격을 가진 일들, 그가 쫓는 동물들에게 취하는 상호 간의 책임과 관용의 관계.

내 경험상 사냥은(이때 사냥은 그저 땅 위에 나와 섬을 의미한다) 마음의 어떤 상태다. 그 땅의 완전한 일부가 되려는 노력에 한 사람의 모든 능력이 동원된다. 그것은 동물들에게 귀를 기울이거나 발굽 자국을 찾거나 비바람을 맞으며 이동하는 것 이상의 무엇이다. 그것은 감지한 것을 분석하는 것 이상의 무엇이다. 사냥을 한다는 것은 주변의 땅을 옷처럼 두른다는 것을 의미한다. 그 땅과의 말 없는 대화에 사로잡힌다는 것, 너무 몰입해서 인간 동료들과의 대화를 그만두게 되는 것이다. 사물이 '의미'하는 것에 대한 이성적인 상들로부터 자신을 해방하고 사물 그 '자체'에만 관심을 두는 것이다. 그리고 그다음엔 사물은 그저 서로가 서로에게 연결될 수 있음으로써만 존재한다는 사실을 깨닫는 것이다. 강 건너 바위 위에 떨어지는 물방울과 먼 까마귀 울음소리와 같이, 이런 관계들은 어떤 유형을 갖는다. 이런 유형들은 늘 움직인다. 갑자기 배고픔과 가족에 대한 기억과 지금 걷고 있는 계곡에 대한 기억들, 특정한 식물과 그 향기를 포함하는 한 유형이 카리부를 받아들인다. 카리부 한 마리가 눈앞에 서 있다. 화살이나 총알을 쏘는 것은 크게 내지르는 한마디 말과 같다. 그것은 집중된 정신의 외연에서 일어난다.

우리가 아는 꿈속의 의식, 시공간을 뛰어넘으며 비논리적이고 비선형적으로 사물을 이해하는 것이 당연하게 느껴지는 그 의식이 토착 사냥꾼의 마음이 지각하는 방식이라고 나는 믿는다. 그것은 인내와 기대, 견딤을 새로 정의하는 마음의 틀이다.

수렵사회 사냥꾼의 주안점은 짐승을 죽이는 것이 아니라 짐승들이 공존하는 세계에 자신을 묶어주는 수많은 관계에 복무하는 것이다. 그가 이해하는 생존이란 그 관계 속에서 지각되는 어떤 것이기에, 그는 그 책임에 몰두한다. 물론 모든 사람이 그렇게 한다거나 그 책임에 헌신적인 사람들은 굶주리지 않는다는 말은 아니다. 또는 그런 관계를 강화하는 힘들을 중재하는 역할을 맡은 주술사들이 이따금 개인적인 이득이나 속임수를 꾀하지 않았다는 말도 아니다. 내 말은 사람들 대부분이 어떻게 처신해야 하는지 알고 있었다는 의미일 뿐이다.

요즘에도 특정 상황에서 느낄 수 있는 우리 문화와 에스키모 문화 간 근본적인 차이는 우리가 동물들이 점하는 세계로부터 우리 자신을 돌이킬 수 없이 분리해왔다는 점이다. 우리는 모든 동물과 자연계의 요소를 대상으로 바꿔놓았다. 우리는 우리 운명의 복잡한 목적에 맞게 그들을 조작한다. 에스키모들은 이런 분리를 쉽게 받아들이지 않으며, 동물들의 세계로부터 완전히 분리된 자신을 잘 상상하지도 못한다. 그들 대다수는 이런 분리를 빛과 물을 끊는 것과 비슷하다고 느낀다. 어떻게 그럴 수 있는지, 상상하기도 어려운 일이다.

두 번째 차이는 우리가 동물을 대상화했기 때문에 그들을 비인격적으로 대할 수 있다는 점이다. 이 점에서는 우리 주위에 있는 동물들뿐만 아니라 먼 땅에 사는 동물들도 마찬가지다. 에스키모들의 경우 동물과의 관계 대부분은 지역적이고 개인적이다. 누군가가 마주치는 동물들은 그가 속한 공동체의 구성원들이며, 그에게는 그 동물들에 대한 책임이 있다. 에스키모들이 서구 문화에서 제일 혼란스럽게 여기는 부분은 우리가 우리 공동체에 속한 인간과 동물 구성원들의 관계를 대상화한다는 점이다. 그리고 에스키모들이 동물을 대상화하는 법을 배우려들 때, 상황은 단순해지기보다는 더 나빠진다.

에스키모들은 상당한 대가를 치르지 않고는 자연과 이런 친밀한 관계를 유지할 수 없다. 그들이 서구 문화에 길든 사람들과 어떤 점이 다른가 생각해본 나는 그들이 우리보다 더 두려워한다는 점을 깨달았다. 매일의 일상을 기준으로 봤을 때, 그들은 더 많은 두려움을 느낀다. 우미악에서 떨어져 차가운 물에 빠진다거나 몸이 쇠약해지는 상황을 두려워하는 것이 아니다.

그들은 자연 안에 존재하는 폭력적이고 비극적인 성질을 완전히 받아들였기 때문에 두려워한다. 갑작스럽고 무시무시한 사건들 또한 멈춰 서서 뭔가 아름다운 광경을 바라보는 순간만큼이나 엄연한 삶의 한 부분, 진정으로 살아가는 일의 한 부분임을 알기 때문에 그들은 두려워한다. 아우아라는 이름의 중앙에스키모 부족 주술사가 에스키모들의 믿음에 대해 묻는 크누드 라스무센의 질문에 이렇게 답했다. "우리는 믿지 않소. 우리는 두려워하오."

이런 사고를 연장해보면, 에스키모들과 같은 수렵 문화를 자연과의 완벽한 조화 또는 균형을 이루며 사는 문화라고 생각하는 것은 잘못이다. 그들이 가진 동물에 대한 존중과 그 땅의 미묘한 신호를 포착하는 주의력은 이상화된 조화에 접근할 수 있을 만큼 엄격하거나 완벽하지 않다. 그만큼 아는 사람은 아무도 없다. 누구도 그만큼 안다고 말하지는 못할 것이다. 그들은 두려움과 일리라(두려운 경외)와 카피아(불안한 공포)를 가지고 자연을 대한다. 그리고 열의도. 그들은 사냥을 삶의 방식으로 받아들였다. 사냥이 가진 폭력성도 마찬가지다. 비록 폭력을 추구하지는 않지만 말이다. 그들은 감상적이지 않다. 그래서 외부인들 대부분은 특히 그들이 개를 다루는 방식을 보고 잔인하다고 생각한다. 그리고 그들은 순수하지도 않다. 그들의 역사에도 살인과 전쟁과 오랜 부족 간 대립의 기록이 있고, 사냥을 떠나곤 했던 그 마을들에는 지금 술과 마약, 야심 탓에 해체된 가족들이 있다. 사냥을 낭만적으로 생각하는 만큼이나 이런 일들을 비난할 수도 있겠지만, 그들보다 훨씬 나은 조건에서도 존엄과 이해심, 통찰력이나 품위를 유지하며 사는 일이 얼마나 대단한 노력인지 돌이켜볼 필요가 있다. 그리고 해안 유빙이 갑자기 들이닥치는 '이부'처럼 치명적인 찰나의 위험들을 타고난 땅에 사는 사람들이 생명력을 어떻게 설명할지 상상해보는 것도 도움이 될 것이다. 분명, 매우 실질적인 방식으로 땅은 사람의 마음을 굴복시킨다.

마땅치 않은 음식을 먹어야 하고 지적인 대화는 생각하기 힘들며 매번 계획성 없이 일이 진행되지만, 지금 에스키모 사냥꾼들과 함께 여행해서 좋은 점이 있다. 성가신 자세한 얘기는 빼고 말하자면, 생존에 관해 뭔가를 아는 사람이 아직 존재한다는 사실을 느낄 수 있다는 점이다. 상황이 좋을 때 그들은 쾌활하고 현실적이며 열성적이다. 그들은 자신이 이해할 만하다고 느끼는 영역에 긴한 관심을 보인다. 그들은 '누안나르포크'의 특성을 가졌다. '살아 있음' 자체에서 느끼는 터무니없는 기쁨. 그리고 그들은 다른 사람한테서 누안나르포크를 발견하고 기뻐한다. 다양한 아마겟돈을 앞둔 우리의 처지에서, 그들은 알아두면 좋은 사람들이다.

에스키모들과 들판에 나가 있을 때 내가 느끼는 외경심의 근거가 무엇인지 생각해보았다. 다른 존재에게 베푼다는 그들의 자각을 존경했고, 피 흘린 곳 주변에서 내는 그들의 부드러운 목소리에 반했다. 나는 내가 그들의 시각에서 그 초자연적으로 고양된 인식의 순간을, 그리고 생명을 끊는다는 것에 내재된 위험을 이해할 수 있으리라고 생각해본 적은 없다. 그러나 나는 그들의 진지함을 존중하는 차원에서 그것을 받아들였다. 내가 속한 질서와는 다른 질서를 다루고 있다는 당혹감을 느낄 때마다 나는 내가 속한 문화의 지혜 일부를 찾아서 활용했다. 실재란 무엇인가? 우리는 무엇을 인식할 수 있는가? 우리는 어떻게 처신해야 하는가? 아름다움이란 무엇인가? 우리가 의존할 수 있는 틀은 무엇인가? 차례대로 이런 질문들을 제기했던 서양철학의 공식적인 부문들. 바로 형이상학, 인식론, 윤리학, 미학, 논리학이었다.

여행하면서 나는 스스로에게 말하곤 했다. 내가 죽음을 볼 때 내 동료들은 무엇을 볼까? 수면에서 반짝거리는 저 햇빛은 그들에게 아름다워 보일까? 에스키모 사냥꾼에게는 어떤 틀이 믿을 수 있는 것일까? 우리 앞에 누가 있다고 상상하는가에 따라 틀이 달라질 수 있음을, 나는 알고 있다. 우리 앞에는 다른, 그것도 놀랄 만큼 다른 통찰들이 있을 수 있다.

땅다람쥐를 찾아 땅을 파헤치는 툰드라 회색곰과 사냥하는 늑대, 그처럼 결연하게 둥지를 지키는 해변종다리, 강을 건넌 후 몸을 털면서 저녁 해에 반짝이는 다이아몬드를 뿌려대는 카리부를 지켜보며 일링노락 산등성이에서 보내는 시간 동안, 나는 그저 지켜보는 것으로 만족했다. 그것은 생명의 거대한 떠돎이자 멈춤이었다. 그런 것들이 그 땅을 진동하는 온전함으로 가득 채우는 배치들이었다. 1947년, 강 하류 어디쯤에선가 에드워드 세이블이라는 과학자가 사암 바위턱에 놓인 창끝 하나를 보고 가던 길을 멈췄다. 검은 규질암으로 만든 폴섬 문화의 유물에는 완벽하게 세로 홈이 새겨져 있었다. 사람도 이 땅 위를 이동하고 있었다.

6장

얼음과 빛

공포의 미

조금 전 저녁에 받은 무선 내용은 짧고 불길했다. '래브라도해 북쪽에 강풍 경보.' 그러나 우리 걱정은 거친 바다 정도가 아니었다. 앞에는 빙산이, 캐나다 해류를 따라 천천히 남하하는 대성당만 한 크기의 얼음들이 줄줄이 늘어서 있고, 우리는 캄캄한 그 바다를 헤쳐 가야 했다. 그린란드 서부에 회색 대리석 성채처럼 우뚝 솟은 사비시빅, 토르수카탁, 우페르나빅 조수빙하[1]에서 떨어져나온 무자비한 빙산들이다. 바다가 거칠어지면 배의 레이더가 바람에 떠밀린 성난 물마루와 배보다 50배나 큰 빙산을 분간하지 못하리라는 걸 우리는 알고 있었다.

---

1 육지에서부터 바다까지 이동해서 한쪽 면이 바다에 접하는 빙하. 해안빙하라고도 한다—옮긴이.

어느 북극 광산으로 가는 장비와 1년 치 생필품을 잔뜩 실은 '엠브이수독'호[2]는 이물에 물보라를 맞으며 어두운 바다로 결연히 나아갔다. 바람은 굵은 밧줄을 흔들어 끽끽 소리를 내고 배의 갑판 기중기들을 스치며 구슬프게 울었다. 파도가 선체 중앙부에 있는 우리한테까지 미치기 시작했다. 선원들은 배의 상갑판에 있는 현창과 승강구를 닫고, 다가오는 격렬한 뒷질과 옆질[3]에 대비했다.

우리는 데이비스 해협을 순조롭게 통과했다. 폭풍은 배를 지나쳐 항구 쪽으로 멀어졌다. 잠깐 꿈을 꾼 게 아닌가 싶게 만드는 그런 뜻밖의 평온함이었다.

아침에 나는 이물에 서서 배가 매끄럽게 수면을 갈라 2미터쯤 되는 암녹색 너울을 만들며 나아가는 것을 지켜보았다. 우리 중 몇 명을 뜬눈으로 밤을 새우게 만든 얼음산들이 어렴풋이 보이기 시작했다. 차가운 대기 중에 막 생성되기 시작한 회색 안개의 침묵에 둘러싸인 채, 얼음산들은 가차 없이 남쪽으로 움직이고 있었다. 어젯밤에 살짝 스치기라도 했다면, 배 안은 찢어지는 경보음과 경적으로 가득하고, 우리는 폭풍 대비용 복장으

2 엠브이수독MV Soodoc이라는 배의 이름은 모터Motor, 배Vessel, 수세인트마리Sault Ste. Marie(캐나다 온타리오주 중남부에 있는 도시 이름. 프랑스어로는 소생트마리Sault Sainte-Marie. 영어식 발음의 첫 음인 '수Soo'를 땄다), 캐나다 자치령Dominion of Canada의 첫 글자 또는 첫 음을 따서 지어졌다. 길이 108미터, 무게 7,000톤, 정원 스물세 명 규모의 화물선이다.

3 뒷질은 배가 앞뒤로 흔들리는 현상을, 옆질은 배가 옆으로 흔들리는 현상을 일컫는 용어다—옮긴이.

로 작은 구명보트를 향해 갑판 승강구를 뛰어올랐을 것이다. 생사의 갈림길에서, 걸치다 만 옷자락 때문에 비틀거리면서. 들개처럼 날뛰는 공포를 안고 6미터 아래의 바다와 얼음과 어둠 속으로 내려가는 기분은 어땠을까.

우리는 순조롭게 통과했다. 나는 짙은 너울을 바라보며 육지참새한테는 바다에서 보이는 배의 불빛이 얼마나 반가울까 생각했다. 그리고 그날의 첫 끼니를 위해 고물로 향했다.

몬트리올에서 한참을 왔다. 우리는 프로비셔와 데이비스, 배핀이 봤던 바로 그 빛깔들과 동물들과 맑은 해류들을 보고, 그들이 지난 바로 그 바다를 가르며 북서항로로 향하고 있었다. 내가 동행을 요청한 것도 그래서였다. 그들 모두를 침묵시킨 얼음도 보고 싶었다. 내가 북극에서 마냥 옆에 두고 싶은 것이 하나 있다면, 바로 빙산이었다. 오랫동안 그런 소망을 품고 있었는지, 아니면 이 여행의 가능성이 보이니까 그런 소망이 강렬해진 것인지는 모르겠다. 그러나 빙산들을 봤을 때, 마치 달라이라마를 대하는 청중이 그러듯이, 아주 오래 말없이 기다려왔다는 느낌이 들었다.

오후가 되자 폭풍이 지나간 게 확실해졌다. 나는 두꺼운 방호유리창을 내리고 우현 창가에 앉아 팔을 창틀에 올려둔 채 얼굴을 스치는 차가운 공기와 다리를 감싸는 함교 난방 장치의 따스함을 느꼈다. 벨아일 해협 북쪽에서 처음으로 빙산을 보았다. 파도에 팬 기울어진 빙산들은 알 수 없는 어떤 불운에 탈진한 듯이 몹시 슬퍼 보였다. 우리는 그 빙산들을 지나쳤다. 더 북쪽으로 가자 낙오병들처럼 자기 생각에 골몰한 채 쓸쓸하고 거대한 모습으로 바다 위를 표류하는 듯한 빙산들이 보이기 시작했다. 마치 추문과 재난이 난무하는 신들의 황혼, 그 신화의 세계로부터 떠밀려 내려오는 것 같았다. 떨어진 달의 조각들.

북쪽으로 갈수록 여행길에 서 있는 빙산들이 활기를 되찾는 듯 보였다. 생김새는 획일적이었다. 하늘로 치솟은 가파른 빙벽은 고행의 명상에 잠긴 거대한 건축물, 티베트 라사에 있는 포탈라궁을 연상케 했다. 우리는 채 800미터도 안 되는 거리를 두고 빙산들을 지나쳤다. 나는 배 이편저편으로 옮겨 다니며, 뭔가 살고 있을 것 같은데 이렇게 가까이 다가가도 괜찮은지, 그리고 이렇게 가까이 다가가도 왜 여전히 멀어 보이는지 궁금해했다. 비행선 안에 서서 히말라야 안나푸르나와 에베레스트를 대하는 격이었다.

뭔가 살고 있을 것 같다는 느낌은 착각이 아니었다. 고리무늬물범과 바닷새 무리가 물고기 떼를 잡으러 빙산 기슭으로 모여들었다. 빙산이 녹은 민물이 더 가벼운 염수에 들이붓듯 섞이면서 용승 작용을 일으키기 때문에 빙산 주변의 물은 영양분이 풍부하다. 나는 얼음 녹은 물이 청록색 스카프가 되어 120미터쯤 바다로 펼쳐진 광경을 쌍안경으로 훑어보았다.

나는 가끔 우현 창문에서 몸을 떼고 스케치를 하거나 쌍안경을 눈에 갖다 댔다. 엄숙하고 냉혹하게 바다 위를 전진하는 모습만큼이나 빙산을 둘러싼 빛의 작용도 감탄할 만했다. 빙산은 태양으로부터, 그리고 구름과 바다로부터 제 색깔을 취한다. 그리고 빙산은 빛으로부터 제 부피도 취한다. 빛이 강하고 직접적일수록 얼음 표면의 대비가 커지고 빙산과 바다의 대비도 커진다. 미세하게 긁힌 자국이 많을수록 빙벽 표면은 둔탁해 보이고, 하늘이 파랄수록 빙산의 윤곽은 하늘을 배경으로 더 뚜렷해진다.

나는 나중에 칠할 색들을 적어넣었다. 비둘기의 회색, 진주의 회색, 연기의 회색. 쌍안경에 담긴, 탁자처럼 생긴 빙산의 높은 성벽은 잘려나간 축축한 활석 벼랑 같았다. 또 다른 빙산은 하늘을 배경으로 인간의 이마처럼 부드러운 곡선을 그렸고, 상처 입은 향유고래 몸통처럼 얽고 주름져 있었다. 산맥 일부가 떨어져나오기라도 한 듯, 눈 덮인 능선 하며 움푹한 계곡들, 뾰족한 봉우리까지 영락없이 떠 있는 산악 풍경이었다. 가끔 표면이 비춰 원석이나 거칠고 닳은 흑요석 같은 가파른 절벽이 대리석 덩어리처럼 바다로 떨어져 내렸다.

절벽이 바다와 만나는 곳에는 파도에 팬 크고 작은 동굴과 얼음 다리가 있어서 해안 절벽 같은 인상이 더 강해졌다. 얼음이 물과 만나는 수선水線 부근의 얼음은 위로 솟은 회백색 절벽과는 대조적으로 연한 청록색으로 반짝였다. 얼음 틈에 녹은 물이 고여 연못이 된 곳을 보면, 물이 고인 곳과 수로는 얼음의 두께에 따라 연한 하늘색이나 더 선명한 파란색을 띠었다. 최근에 부서져 내린 빙산의 새 표면은 녹색 빛이 도는 푸른색으로 빛났다. 오래된 표면은 녹색을 띠었고, 비바람에 시달린 표면은 회색이 더 짙었다. 석양이 질 때 얼음은 태양의 색들을 받아들인다. 장미색, 붉은빛이 도는 갖은 노란색, 물결치는 자주색, 부드러운 분홍색. 얼음은 빛을 반사하는 동시에 수정처럼 맑은 모퉁이와 가장자리에 빛을 가두었고, 빛은 얼음 속에서 더 강렬해졌다.

빙산이 실어 나르는 바위와 자갈, 침니, 모래 짐 때문에 빙산 측면에는 줄무늬가 생긴다. 빙산이 녹으면 물 위로 더 높이 솟아오르는데, 물에 쓸린 파편들이 빙산에 일련의 수선 흔적을 새긴다. 빙산이 부서져 기울면 이 수선 자국들이 이상한 각도로 교차하거나 하늘을 향하기도 한다.

쓸데없는 짓 같기는 했지만, 삼등항해사가 육분의로 어떤 빙하의 크기를 쟀다. 높이가 64.7미터, 길이가 465.4미터였다. 다른 빙하는 높이가 70.4미터, 길이가 371미터였다. 그러나 이 숫자들은 빙하에 대해 아무것도 말해주지 않는다. 얼음은 수면 아래 깊숙이 잠겨 있는 데다 삼차원으로 뻗어 있다. 높이의 5분의 4, 부피의 70~80퍼센트가 수면 아래 있다는 것이 뱃사람들의 일반론이지만, 얼마나 많은 부분이 물 밑에 잠겨 있는지는 알 수 없다. 그리고 모든 빙산이 우리 배가 지나가는 사이에도 모습을 바꾸었다. 계곡과 바람에 밀린 눈 비탈, 성벽, 뾰족탑, 둥근 절벽이 새로 눈에 띄었다. 같은 빙산을 재더라도 결과는 매번 달라진다.

어느 날, 낮게 깔린 적운이 서서히 남쪽으로 멀어지자 서쪽과 북쪽에 수평선이 보였다. 찬란한 햇빛을 받은 빙산들은 이제 검은 바다를 배경으로 폭풍을 맞은 돛처럼 눈부시게 하얗게 빛났다. 잠시 후 수평선 가까운 곳의 빙산들이 수면에서 떠올라 연파랑 하늘에 낮게 걸렸다. 먼 신기루 속, 하늘에 걸린 네댓 개의 빙산은 그 상황이 전혀 아무렇지도 않은 듯했다. 나는 웃으며 바로 눈앞에 있는 빙산들로 시선을 옮기고 잘못된 스케치를 수정했다. 뉴멕시코주 랜초스 데 타오스에 있는 아시시의 성 프란체스코 성당이 떠올랐다. 사진작가들이 흑백의 성당을 표현하려는 열정에 휩싸여 수십 년째 그곳을 찾고 있다. 에드워드 웨스턴이나 윈 벌록, 폴 스트랜드 같은 사람들이 빙산을 본다면 무슨 생각을 할까? 나는 우현 창에 붙어 앉아 생전 처음 보는 이 생물들을 몇 시간이고 바라보았다. 날은 화창하고 아름다웠고, 빙산들은 우리를 지나쳐 흘러갔다. 어쩌면 저렇게 철저하게 고요하고 이단적이며 불가사의하단 말인가.

그린란드의 내륙에서는, 말하자면 위스콘신 빙하기가 약해지지 않고 계속되고 있는 셈이다. 그린란드 빙하는 압축된 눈과 갇힌 공기층 덕분에 속도는 들쑥날쑥하지만 끊임없이 확장해 길이 2,414킬로미터, 폭 724킬로미터, 두께 3.3킬로미터에 이른다. 빙하가 내리누르는 힘이 워낙 커서 섬 중심이 해수면보다 360미터나 낮게 움푹 꺼졌다. 뻗어나온 빙하와 만년설 가장자리가 바다와 만나는 유명한 지점이 몇 군데 있는데, 그런 곳들에서 거대한 얼음덩어리들이 떨어져나와 해류를 타고 흘러간다. 그중 가장 인상적인 것은, 120미터 높이의 절벽으로 케인해분 가장자리를 남북으로 80킬로미터나 두르고 있는 훔볼트 빙하다.

북반구에 존재하는 빙산 대부분이 그린란드 만년설의 서쪽 빙하들에서 갈라져 디스코만과 멜빌만으로 떠내려온다. 빙산들은 한동안 서그린란드 해류를 타고 북쪽으로 가다가 캐나다 해류를 만나 남쪽으로 방향을 튼 다음, 그해 또는 다음 해에 래브라도해에 이른다. 그렇게 인상적인 빙산들도 그린란드 북해안과 엘즈미어섬 북서해안에서 앞바다까지 뻗어 있는 빙붕에서 쪼개진 일종의 얼음섬인 빙도氷島에 비하면 왜소하다. (빙붕의 구조와 작용은 빙하나 해빙과 유사하지만, 엄격하게 말하면 어느 쪽도 아니다.) 빙도는 넓이가 770제곱킬로미터에 이르기도 하지만 두께는 고작 45~50미터 정도에 불과하며, 북극 부빙군의 일부로 편입되어 이상적이고 장기적인 이동 연구기지가 된다. 구조적으로 안정적인 데다 양철 지붕처럼 일정하게 골이 진 편평한 윗면은 해수면과 가까운 작업대 역할을 한다. (엘즈미어섬 디스레일리 피오르의 워드헌트 빙붕에서 갈라진 128제곱킬로미터짜리 플레처 빙도T-3는 1970년대 중반까지 25년간 여러 연구팀의 기지로 사용되었다.) 빙도들은 보통 수십 년씩 알래스카 북쪽의 얼음 소용돌이 안을 떠돌다가 동그린란드 해류에 붙잡혀 결국은 붕괴하고 녹아버린다.

거의 빙도만큼 광활하지만 훨씬 두꺼운 빙산이 조수빙하의 끝부분이 통째로 깨져나온 판상빙산板狀氷山이다. 부피가 160~200세제곱킬로미터에 이르는 이것들은 북반구 바다에 떠 있는 물체 중에서 제일 크다. 종류가 다른 북극 민물 얼음으로는 북극의 강과 툰드라 호수 및 연못(겨울에는 밑바닥까지 언

다) 등에서 형성된 얼음과 영구동토층[4] 내부의 둥글거나 모난 저빙底氷을 들 수 있다. 저빙은 툰드라 동토가 기하학적인 모양으로 갈라진 '구조토構造土'를 형성하는 데 영향을 미치고, 결빙된 부스럼처럼 생긴 '핑고'라는 반구형 둔덕을 밀어올린다. (매켄지 강어귀 동쪽에 있는 토커곶 근처에 만들어진 지 3,000년에서 5,000년 된 핑고가 150개 정도 모여 있는 유명한 지역이 있다.)

바다 표면에서 생성되는 해빙은 어떻게 형성되고 어떻게 변형되었는지 또 얼마나 오래됐는지에 따라 민물 얼음보다 더 예측하기 어려운 방식으로 작용한다. 내부의 에너지 분포와 탄력성과 유연성의 정도, 결정의 구조적 특질 등 해빙의 물리적 성질은 엄청나게 복잡하다. 어느 과학자는 "이처럼 다루기 쉬우면서도 예상외로 복잡하고 기만적이라 할 만큼 연약한 물질은 지구상에 달리 없을 것이다"라고 썼다.

민물 얼음은 대개 물의 밀도가 가장 높아지는 온도인 섭씨 4도에서 결정화되기 시작한다. 해빙은 영하 1.8도로 떨어질 때까지도 최대 밀도에 도달하지 못하거나 그제야 얼기 시작한다. 초기 단계에서는 해빙의 결정 구조가 소금물을 함유하고 있어

---

4 독특한 물질인 영구동토층은 얼음이 아니라 언 토양이다. 그러나 영구동토층이 결정 성장 과정을 통해 토양 속으로 확장되는 등 얼음과 상당히 유사하게 작용한다는 사실 때문에 어떻게 분류할지를 놓고 혼란이 야기되고 있다. 빙하에 덮인 적이 없는 북극 땅 밑에 영구동토층이 있다는 점과 타이미르반도 동쪽의 경우 영구동토층이 580미터 깊이까지 이른다는 점도 영구동토층이 발달하는 복잡한 양상을 암시한다.

서 단단하지 않다. 막 형성된 민물 얼음이 잘 부서지는 데다 훨씬 투명한 데 반해, 해빙은 하중을 받으면 창유리처럼 휘어지다가 어느 순간 갑자기 부러진다. (민물 얼음은 두께가 5센티미터만 돼도 인간의 무게를 지탱할 수 있지만, 해빙은 이런 탄력성 때문에 두께가 10센티미터가 돼도 걸어 다니기에 안전하지 않다.)

바람이나 강한 조류가 없다면 해빙은 수면에 뜬 기름 막 같은 결정체로 처음 모습을 드러낸다. 이 침상針狀 결빙이 두꺼워지면서 연빙軟氷이라고 부르는 일종의 회색 곤죽이 되고, 다시 두꺼워져서 두께가 2.5센티미터 정도 되는 신축성 있는 얼음 결정층인 '닐라스'를 형성한다. 갓 생긴 닐라스는 잔잔한 너울에 젖은 비단을 씌운 것처럼 구부러지고 거의 투명하다(즉, 바다색을 띤다). 닐라스가 10센티미터 정도로 두꺼워지면 회색으로 바뀌기 시작하는데, 이를 '유년빙' 또는 '회색얼음'이라 부른다. 회색얼음이 마침내 불투명해지면 '초년빙'이라 부른다. 그리고 후기로 갈수록 얼음이 두꺼워지는 속도가 느려진다.

봄 즈음이면 초년빙 두께가 1.2~1.8미터에 이른다. 이것이 여름 동안 완전히 녹아버리지 않는다면 가을에는 '이년빙'이 되어 푸른빛을 띠면서 훨씬 단단해진다. (여름 동안 상층의 염수가 빠져나가고 새로운 얼음 결정들이 그 틈을 메운다.) 이년빙은 계속 두꺼워지다가 몇 년 후 3~3.6미터 정도 두께에서 안정화된다. 두 번째 여름을 지나고도 녹지 않으면 그때부터는 초년빙, 이년빙과 구분하기 위해 그냥 '다년빙'이라 부르거나 '극빙'

이라 부른다.[5] 북극의 망망대해에서 형성되는 두께가 15미터에 이르는 '고노빙'[6]은 훨씬 위협적인 다년빙의 모습을 보여준다. 부빙은 한데 모여서 거대한 바다를 채우는 빙원을 만들거나, 크고 작은 길 모양의 수면(개수로)을 드러내며 갈라진다. 그 결과 다양한 형태의 총빙[7]이 만들어진다(예를 들자면, 바다 표면의 70~90퍼센트를 덮는 '밀집총빙'이 있다).[8]

바람과 조류는 거의 언제나 해빙을 형성하는 데 영향을 끼친다. 예를 들어, 반쯤 언 연빙 위로 너울이 밀어닥치면 결정들이 서로 부딪치면서 가장자리가 위로 올라간 크고 둥근 판 모양으로 응결되는데, 이를 엽빙葉氷이라 한다. 바람 때문에 닐라스가 부러지면 분리된 빙판이 서로를 타고 오르며 독특하게 맞물린 무늬를 만들곤 하는데, 이를 '손가락타기finger-rafting'라고 부른다. 분리된 더 무거운 쪽 얼음이 다른 쪽 얼음을 깔끔하게 타고 오르거나, 서로 갈린 듯이 나지막한 파편 능선이나 가루 무더기를 만들기도 한다. 바람에 날리는 눈에 시달리다 보면 이런 부

---

5 '부빙'이라는 용어는 형태나 성질에 상관없이 해안에 붙어 있는 정착빙을 제외한 모든 해빙 유형을 포함하는 광범위한 의미로 사용된다.

6 고노빙古老氷, paleocrystic ice은 일반적으로 10년 이상 된 해빙을 이르는 용어다. 한국어에는 이에 해당하는 단어가 없어 중국의 학술용어를 차용했다—옮긴이.

7 총빙pack ice은 부빙들이 밀집해서 하나의 큰 덩어리를 형성한 것을 이른다—옮긴이.

8 해빙은 배에 치명적인 위험 요소이기 때문에 정확한 보고를 위해서는 엄밀하게 정의된 용어를 사용하는 것이 관건이다. 얼음 종류와 크기를 지칭하는 표준화된 용어들이 스콧극지연구소의 『눈과 얼음 용어 그림사전』과 캐나다 수문청의 『캐나다 북극 안내서』에 실려 있다.

스러기들이 얼음 언덕을 뜻하는 '하먹'이라는 둥그런 지형을 형성한다. 어느 정도 두꺼운 얼음이 바람이나 조수, 조류에 의해 깨진 다음 역시 같은 힘으로 부딪치면, 밑으로는 얼음 저 아래쪽까지 닿고 위로는 6~12미터 높이로 솟아오른 '압력 봉우리'라고 부르는 거대한 쇄빙 제방이 생긴다.

바람과 조류가 해빙 형성에 그처럼 큰 영향을 끼치기 때문에 만 안쪽이나 얕은 해안가를 제외하면 북극 어디에서도 매끈한 얼음을 보기는 힘들다. 봄이 되면 얼음 표면에 웅덩이와 녹은 구멍(오래된 아글루인 경우가 많다)이 생겨나고, 복잡한 무늬의 표층 배수로가 생긴다. 이년빙은 녹은 물웅덩이 바닥에 날카로운 바늘 같은 서릿발이 생기기 쉬워서 사람이나 개, 곰 할 것 없이 부지런히 피해 다녀야 한다. 염수가 빠진 초년빙 상층부에 때로 고드름이 형성되는데, 돌풍이 불거나 손으로 만지면 유리 샹들리에 같은 딸랑거리는 소리를 내며 무너진다.

해빙이 바람과 조류에 반응하고, 바람과 조류는 현저한 규칙을 가지고 있으므로, 연구자들은 매년 같은 곳에서 같은 종류의 해빙이 형성되기를 기다린다. 바람과 조류가 약한 코로네이션만에서는 보기 드물게 사방 수 킬로미터에 이르는 매끈한 얼음을 볼 수 있다. 엘즈미어섬과 그린란드 사이에 있는 네어스 해협(케네디 해협, 홀 해분, 로브슨 해협)에는 북쪽에서 떠밀려온 다년빙이 25미터 높이 능선으로 쌓여 있으며, 심하게 파괴된 듯한 풍광이 북쪽과 서쪽으로 뻗어 극도로 울퉁불퉁한 링컨해 얼음에까지 이른다.

다양한 종류의 얼음과 그 깨지고 변형되는 수많은 유형은 처음 보는 사람의 얼을 빼놓는다. 흙이나 바위처럼 그저 무심코 밟던 얼음이 다른 행성의 표면만큼이나 낯설어진다. 닐라스가 발밑에서 쑥 휘어질 때 우리 다리는 어쩔 줄을 모른다. 무거운 썰매를 끌고 연이은 압력 봉우리를 넘어야 한다거나, 움직이는 총빙 사이에서 쪽배를 보호하려고 분투해야 하는 상황이라면, 그보다 더 소모적이고 낙심천만인 대지를 상상하기도 힘들 것이다.

끊임없이 변하는 북극해 표면에 대한 이해도를 높이고 큰 틀에서 구조 변동을 인식할 수 있는 손쉬운 방법은 비행기를 타는 것이다. 위에서 보면 거대하고 투명한 닐라스 판들의 손가락타기도 전문적인 솜씨로 섬세하게 짜 맞춰놓은 유리판 같다. 어린 닐라스 판들이 표류하며 높층구름 같은 모양으로 흩뿌려진 무늬를 만들어낸다. 아래에 보이는 평평한 짙은 색 얼음덩어리는 동물들 때문에 뒤집혀 해빙미세조류에 덮인 아랫면이 드러난 경우이거나 바다코끼리가 몸을 뉘고 쉬면서 배설한 곳이다. 눈 덮인 드넓은 공간을 가로지르는 긴 회백색 줄은 최근에 얼어버린 개수로 흔적을 보여준다. 낮은 압력 봉우리는 검은 구멍과 눈 위에 난 붉은 자국으로 이어진다. 북극곰이 사냥한 자리다. 여기저기 개빙구역에는 바람에 떠밀린 연빙이 띠를 이루고 있다. 겨울에는 (상대적으로) 따뜻한 바닷물이 얼어붙은 공기와 만나는 개수로에서 차가운 김이 뿜어져나온다.

번개 모양의 개수로와 긴 검은 연못, 들쭉날쭉한 실개천, 쇄빙 능선의 기하학적인 모습이 멀리 뻗은 에스커[9]처럼 시선이 닿지 않는 곳까지 구불구불 흘러간다. 폭이 넓은 개수로에서는 작은 부빙들이 바람에 떠밀려 30도쯤 기울어진 채 천천히 오른쪽으로 돈다. (지구 자전 때문에 지구 표면에 있는 모든 움직이는 물체가 옆으로 기우는 현상인 코리올리 효과로 인해 북극의 모든 얼음이 바람을 맞으면 이런 모습을 보인다.)

얼음 표면이 끊임없이 아코디언 같은 식으로 조정되기 때문에 북극해에는 가장 추울 때조차 어딘가에는 개빙구역이 있다. 안정적인 띠 모양 정착빙이 형성되는 연안에서는 특히 앞바다에 바람이 불 때 해안과 나란한 방향으로 균열이 일어나 개수로가 생기고, 이 균열이 정착빙과 움직이는 부빙의 분리로 이어진다. (이 균열 지대가 바다 포유동물들의 정기적인 이동 통로이며, 곰과 사람이 주로 사냥을 나가는 해빙구역이기도 하다.)

이런 균열 개수로와 총빙 안에서 주기적으로 열렸다 닫히는 수많은 수로 외에, 겨우내 수면이 열려 있고 상대적으로 규모가 큰 상시 개빙구역인 폴리니아, 즉 빙호氷湖가 있다. 폴리니아들은 독특한 조류와 바람의 작용으로 유지되며 매년 같은 곳에 생긴다. 크기와 위치에 따라 월동하는 바닷새들과 해양 포유동물들이 특정 폴리니아에 상당히 밀집하기도 한다. (고래잡이배들

---

9 에스커Esker는 빙하 밑을 흐르는 융빙수를 따라 퇴적물이 제방 모양으로 쌓인 지형을 이른다. 측면은 급경사를 이루지만 정상부는 평평하다—옮긴이.

이 얘기한 배핀만 서쪽 바다도 사실은 북아메리카 북극에서 가장 큰 폴리니아인 노스워터의 남단이다.)

만에 형성되는 정착빙이나 이렇다 할 조류가 없는 지역에서 생성되는 해빙은 표면이 평탄하고 단단해서 야간에도 걸어다닐 만하다. 빙원 균열로 생긴 개수로에 뜬 얼음인 유빙流氷은 끊임없는 움직임과 다양한 표면 지형, 그곳을 이용하는 특정한 동물들이라는, 종류가 다른 볼거리를 준다. 그러나 거기를 걸어서 탐험하는 일은, 간단히 말해서 목숨을 내놓는 일이다. 유빙은 바람에 따라 불규칙하게 움직이고, 각각의 얼음 조각이 어디로 방향을 틀지는 아무도 예측할 수 없다. 특히 크기가 큰 유빙일수록 그 위에서는 아무런 움직임이나 변화를 감지하지 못하는 것이 보통이다. 문득 보니 해안에서 너무 멀리 떠내려왔다거나, 아니면 자기가 지금 어디에 있는지를 모르게 된다. 잉글필드 피오르에서부터 세인트로렌스섬에 이르기까지, 모든 바닷가 마을에는 대체로 북극곰을 쫓다가 실수로 유빙에 실려 가는 바람에 다시는 볼 수 없게 된 누군가의 이야기가 전해진다.

움직이는 총빙이 짓누르는 막강한 힘은 개썰매를 타거나 걸어서 이동하는 사람들에게는 큰 위협이 아니다. 사람들은 보통 그 위를 상당히 민첩하게 이동할 수 있다. 그러나 보트나 작은 배 안에서 총빙의 처분을 기다리는 일은 진 빠지고 머리털이 주뼛거리는 경험일 것이다. 1814년 5월에 고래잡이배를 지휘하다 그린란드 동해안에서 총빙에 갇힌 윌리엄 스코어스비는 벗어날 수 있는 마지막 계책을 찾으러 걸어서 정찰을 나갔다. 그런 상황에 처했던 다른 사람들처럼 스코어스비도 공포에 질렸다. 그러면서도 그는 얼음에, 그 순전한 힘과 위협적인 크기, 그 가차 없는 움직임에 매료됐다. 끊임없이 바람을 받아 움직이며 내는 소리는 "복잡한 기계 소리나 먼 천둥소리" 같았다고 그는 적었다. 벗어날 길을 찾는 와중에도 그는 얼음이 혼을 쏙 빼놓는 방식에 경탄했다. 자신의 절박한 처지와 배의 얇은 선체가 내는 애처로운 하소연을 잠시 잊을 정도였다. 그는 순전한 '부주의한 구경꾼'이었다. 그건 거대하고 예민한 어떤 짐승의 등을 밟고 거니는 것이나 다름없는 짓이었다.

목선 시대보다야 강철로 만든 쇄빙선 함교에서 보는 오늘날의 해빙이 훨씬 안전하겠지만, 해빙 틈에서 마음을 놓을 수 있는 북극 항해자는 그때나 지금이나 존재하지 않는다. 고래잡이 선원들은 장비도 빈약한 배를 끌며 길을 재촉했고, 인간이 감당할 수 있는 극한 속에서 몇 달을 살아냈다. 사방에 널린 얼음을 통과해 개빙구역으로 나오기 위해, 또는 폭풍우로 끊임없이 밀려오는 얼음 속에서 생존하기 위해 19세기 선원들은 몇 가지 항해법을 고안해냈다. 순풍이 불고, 얼음에 대비해 이물이 강화된 배일 경우, 돛대 위의 망대에서 망꾼이 일러주는 방향에 따라 그냥 얼음길을 뚫고 가는 '보어bore' 항해법이 있었다. 그러나 돛단배에는 후진 장치도, 믿을 만한 '극미속' 장치도, 즉각적인 '전속력 좌현 방향 전환' 기능 같은 것도 없었다. 보어보다는 고래잡이 보트로 배를 끌거나 얼음 사이로 노를 저어야 할 때가 훨씬 많았다. 앞쪽 얼음에 닻을 고정시키고 권양기를 설치해 밧줄로 배를 앞으로 끄는 '워프warp', 또는 배 앞으로 돌출한 둥근 재목인 선수사장船首斜檣에서 서너 명이 탄 보트를 떨어뜨려 뱃머리 앞쪽 얼음을 깨며 나가는 '밀-돌mill-doll' 등의 항해법들이 있었다.

움직이는 총빙 사이에서는 250톤짜리 배조차 불과 2~3분 만에 산업용 프레스에 낀 그랜드 피아노처럼 참나무 늑재가 위로 휘어지다가 우두둑 큰 소리로 파열하며 꺾여 부서질 수 있다. 얼음 가장자리에서 폭풍을 맞거나 개빙구역을 찾지 못하고 밤을 맞으면 선원들은 배를 보호하기 위해 부빙을 톱으로 잘라 임시 부두를 만들었다. 자신들을 보호해주는 배를 잃을 수 없었던 만큼 얼음덩어리를 잘라내고 옮기는 피곤한 일을 매번 다시 시작해야 했다. 흐린 날에는 총빙이 퍼즐 조각들처럼 움직였고, 느슨해진 얼음들이 '배를 기절시킬 만큼 세게' 반복적으로 부딪혀왔다. 고급선원들은 폭풍이 지나가거나 배가 얼음지대를 벗어날 때까지 선원들의 체력을 안배하려고 노력했다. 그러나 상황은 변화무쌍했다. 가만히 있던 얼음이 돌아보면 움직이고 있었다. 고급선원들은 끝날 줄 모르는 책임감과 밤샘으로 지쳐갔다. 연안 개수로를 통과하느라 열일곱 시간을 끔찍하게 보낸 한 선장은 이렇게 적었다. "태어나서 담배를 제일 심하게 피운 때가 그때였다. 나는 시가 스물두 대와 엄청난 양의 파이프 담배를 피웠고, 매시간 커피를 가져오게 해서 마셨다. 담배 덕인지 커피 덕인지 모르겠지만, 우리는 아무 피해도 받지 않고 무사히 빠져나왔다."

피해는 일상이었고, 일부는 심각했다. 배에 구멍이 난 경험이 있는 한 선장은 다음과 같이 적었다. "줄지어 펌프질을 하고 나머지는 양동이로 작업해서 분당 7~8톤의 물을 퍼내는 데 성공했다. (그러나) 퍼내는 속도보다 바닷물이 들어오는 속도가 더 빨랐다." 그리고 바닷물의 온도는 얼어붙을 듯한 영하 1.1도였다. 돛을 뭉쳐 부서진 선체를 틀어막고, 금 간 곳에는 할 수 있는 데까지 밧줄과 뱃밥[10]을 채워 넣었다. 그리고 빙산이 만들어내는 상향 수류를 이용해서 필사적으로 총빙을 피했다.[11] 그러나 때로는 빙산이 밀어닥쳐서 배가 가라앉거나 부서지는 일이 있었다. 일단 폭풍이 지나가고 위협적인 얼음이 조용해지면 선원들은 더는 배의 목재들이 '찢어지고, 부서지고, 뜯기는 소리'를 들으며 침상에 드러누워 있지 않아도 됐다. 그러나 변덕스럽고 달랠 수도 없는 얼음의 성질은 얼음에서 완전히 벗어날 때까지 내내 그들의 상상력을 괴롭혔다.

고래철이 끝나갈 즈음에 자주 발생하는 일이 있는데, 날씨가 몹시 추워지면서 배 주위에 얼음이 엉겨 붙어 겨우 몇 시간 만에 천지가 '천국의 입김으로 단단하게 굳은 수정판'이 되는 사

10 뱃밥은 배의 틈으로 물이 새어 들어오지 못하도록 메우는 물건으로, 천이나 얇은 대나무 껍질, 낡은 밧줄 푼 것 등을 사용한다—옮긴이.

11 수면 아래 깊숙이 뻗은 빙산은 조류와 함께 이동하는 반면, 총빙은 바람을 맞아 이동한다. 그러므로 총빙이 접근할 때 그 사이를 가르고 나가는 빙산이 있으면 배가 피난처를 얻을 수 있다.

건이다. 그럴 때는 사위가 쥐 죽은 듯 고요해져서 갑판에 서 있으면 주머니 안에서 째깍거리는 시계 소리가 들릴 지경이었다. 펌프질로 녹초가 되거나 얼음이 배 바닥의 구리 피복을 벗겨가는 동안 식욕을 잃었던 사람들이 이제는 밥 먹듯이 얼음 위를 어슬렁거리며 연을 날리거나 공놀이를 했다.

배가 심각할 정도로 얼음에 포위되면 선원들은 각자의 소지품을 챙겨 갑판 위에 내놓고 기다렸다. 배는 천천히 수축되다가 결국은 용골이 부러지거나 선창이 뚫렸다. 그때까지 몇 주가 걸리기도 했다. 그러나 배가 부서지더라도 곧바로 가라앉는 경우는 드물어서 배에서 내려 다른 배까지 걸어갈 시간은 충분했다. 물론 운이 좋을 때 얘기지만. 1777년 가을에만 그런 식으로 난파당해 그린란드 남동쪽 앞바다 얼음 위에서 발견된 고래잡이, 물범잡이 선원들이 350명이 넘었다. 140명가량은 원주민 마을에서 음식과 의복을 얻으며 결국에는 서해안에 있는 덴마크인 마을에 도착했다. 나머지는 죽었다. 1830년에는 멜빌만에서 하도 많은 배가 파괴되는 바람에(선원들은 그곳을 '폐선장'이라 불렀다) 어떤 때는 얼음 위에서 야영하는 사람이 1,000명에 가까운 적도 있었다. 법적으로 어떤 선장의 명령도 들을 의무가 없었던 선원들은 난파선 목재로 불을 피우고 흠뻑 취해서 서로 치고받으며 몇 주씩이나 축제를 벌였다. (이 기묘한 재난으로 실종된 사람은 한 명도 없었다.)

5년 후, 고립된 채 늦게까지 조업하던 영국 선단이 배핀만에서 어찌해볼 도리 없이 얼음에 포위됐다. 그들로서는 첫 경험이었다. 선원들에겐 겨울을 날 만한 적당한 의복도, 충분한 식량도 없었다. 캐나다 해류에 실려 남쪽으로 떠내려가는 넉 달 사이에 대부분이 굶주림과 추위, 절망으로 죽었다. 그 배들의 항해일지를 읽어보면 가슴이 아프다. 1835년 11월 11일, 뷰포스호의 한 고급선원은 다음과 같이 썼다. "날이 좋아졌다. 오늘은 엄청나게 많은 물고기가 배 주위에서 놀았는데, 유니콘과 흰고래도 있었다. 우리는 이제 장엄한 시얼곶의 남쪽으로 향하고 있다. 달이 지지 않고 종일 보이는데, 이전에는 본 적이 없는 일이다." 11월 13일에는 제인호에 탄 동료가 이런 기록을 남겼다. "강한 바람과 눈. 심한 압박으로 배가 크게 고통을 받다. 배가 어떻게 견디고 있는지는 신만이 아실 일. 끔찍한 일이다. 배가 없어지면 길고 어두운 밤뿐, 우리에겐 희망이 없다. 신이여, 우리의 거처를 지켜주소서."

그러다 2월에 총빙 가장자리에 닿았는데, 부빙들은 길을 열었다가도 닫고 닫았다가도 열었다. 그들은 매일 바닥에서부터 새로 희망을 쌓아올렸다. 한 척은 가라앉았다. 나머지 배들이 마침내 풀려났을 때는 살아남은 선원이 너무 적어서 어떤 배는 돛을 올릴 수조차 없었다. 그들은 방향을 확인하거나 각자의 위치를 확인하지도 못할 정도로 궂은 날씨 속을 며칠이나 정처 없이 표류했다. 몇 척은 어장으로 향하던 고래잡이배들을 만났다. 기적처럼 결국은 모든 배가 영국에 도착했다. 다음 해에 또 열두 척의 배가 얼어붙었다. 반수가 가라앉았고 인명 손실도 엄청나서, 디호에 승선한 쉰여덟 명 중 마흔네 명이, 어드바이스호에 승선한 마흔아홉 명 중 마흔두 명이 사망했다.

때로는 상황이 매우 신속하게 끝났다. 1832년 4월 26일 새벽 세 시 반, 강한 남동풍을 맞으며 빠른 속도로 나아가던 영국 헐 선적의 고래잡이배 새넌호가 빙산과 정면충돌했다. 선장은 깜깜한 밖으로 뛰쳐나와 배의 우현을 찢고도 계속 밀고 들어오는 얼음벽을 두 손으로 밀었다. 그들은 몇 분 만에 파도에 휩쓸렸다. 성인 열여섯 명과 소년 세 명이 쓸려나갔다. 배 일부가 갇힌 공기 덕분에 물에 뜨자 생존자들은 그곳에 돛을 덮고 모여 앉았다. 식량도 마실 물도 없었다. 그러나 세 명이 더 죽었을 뿐, 그들은 서로에게 상처를 내고 그 피를 신발에 받아 마시며 살아남았다. 5월 2일, 자살하려고 갑판 대피소를 떠난 선원이 덴마크 군함 두 척을 발견했다. 선장을 제외한 모든 선원이 동상에 걸려 있었다. 북극 고래잡이를 연구한 한 역사학자는 "자칫 불행한 사건들로 이어질 수 있었던, 천우신조의 구조 사례 중 하나였다"라고 적었다.

나는 참혹한 사고의 마지막 모습을 그려보았다. 거친 바다 위에서 이리저리 요동치는 작은 부빙 위, 최악의 상황을 막아보려 쌓은 시체들의 벽 뒤에서 얼어붙은 채로 발견된 몇몇 고래잡이 선원의 흔적을.

공포와 인명 손실은 이제 먼 이야기다. 요즘의 북극해 관찰은 끊임없는 무선 교신 소음과 함께 비행기 안에서 이뤄지거나, 위성항법장치의 우주적인 침묵과 회전나침반의 가련한 움직임과 함께 따뜻한 쇄빙선 함교 안에서 이뤄진다. 이 기계들은 시간과 공간을 압축하고, 위험을 저지하는 그 능숙한 솜씨로 우리를 안심시킨다. 이런 곳들에서는 척도가 축소되고, 우리는 대지를 아주 다르게 평가한다.

그러나 요즘 북극에서 배를 타는 사람치고 앞서 그 수역을 겪었던 인간들의 역사에 경의를 표하지 않는 사람은 드물다. 그리고 북극을 운항하는 선박의 선주라면, 1.2미터 두께의 해빙을 깨면서도 5노트 항속을 유지하는, 영국 보험사 로이드가 보증하는 일급 쇄빙선의 선주조차도 전해 내려오는 이런 이야기들에 무심하지 않다. 이 땅의 완고한 저항도 기계로 진압할 수 있는 성가신 소란일 뿐이라고 생각하는 이들만이 이런 이야기들을 무시한다. 얼어붙은 바다는 한 마리 용처럼 아직 겨울잠에 빠져 있다.

선구적인 북극 해양학자인 맥스 던바는 북극해를 얘기할 때마다 상당한 우려를 표했다. 지진 연구와 자기장 연구 사례가 극히 적은 데다 해저 암심 시료도 부족하다 보니 북극 해분의 생성 과정은 아직도 수수께끼로 남아 있다. 또 해역 대부분이 얼음으로 덮여 있어 북극해는 여전히 지구상 바다 중에서 가장 낯선 바다다. 상당히 비옥한 아북극 바다들에 비하면 북극해 수역들은 상대적으로 척박하다. 그러나 부족한 생산력은 추위나 빛의 결핍보다는 물의 수직적 안정성 탓이 더 크다. 바닥에서 용승하는 무기염류(인, 질산, 규산)가 없어서 해가 비치는 상층에도 생명체가 풍부하게 유지될 수 없다. (던바의 견해로는 특정 속의 생물들이 서식하지 않는다는 사실이나 플랑크톤 종이 적고 개체수도 적다는 사실도 이 대양이 척박하고 아직 완전히 성숙하지 못했다는 신호다.)

해양학자들은 북극해를 다섯 개의 해역으로 나누는데, 기준은 각 해역에서 발견되는, 상대적으로 얼마 되지 않는 생물종이다. 제일 북쪽에는 영구적으로 얼음에 덮여 거의 알려진 바가 없는 '북극심해'가 있다. 북극심해와 해안 사이에 여름에 햇빛이 비치고 일부 용승 작용이 존재하며 연중 얼음이 떠다니는 '북극천해'가 있다. 북아메리카와 유라시아 해안을 따라 '반담수해'가 분포하는데, 이 지역은 두 대륙 북단에서 쏟아져나오는 엄청난 강물 덕분에 수온과 염도가 오르내리는 구역이다. (봄철에 레나강은 북반구의 어느 강보다 많은 민물을 랍테프해로 흘려보낸다.)

대부분의 북극 지역에는 조수웅덩이[12]가 없고, 매년 얼음이 연안 바닥을 쓸어버리기 때문에 해초나 켈프, 만각류의 존재와 결부되는 생물군도 없다. 그러나 일부 지역에는 조간대에 서식하는 소수의 생물이 존재하는데, 이들이 네 번째 해역인 '한대연안동물해'를 규정한다. 경험 면에서는 북극 해양학자 누구도 따라갈 수 없는 소련 과학자들은 연안의 반담수해와 북극천해 사이에서 다섯 번째 해역을 구분하고 '저북극천해'(기본적으

12 조수웅덩이tide pool는 만조 때에 들어온 바닷물이 고여 간조 때에 만들어지는 웅덩이를 이른다—옮긴이.

로는 넓은 대륙붕으로, 러시아 북쪽 대륙붕은 세계에서 제일 넓다)라고 불렀다.

여러 북극 바다의 생태계는 초식성 동물플랑크톤의 활발한 먹이활동을 유발하는 봄철 해빙미세조류의 폭발적인 성장을 기반으로 구성된다. 우리가 본 바로는, 다양한 갑각류인 육식성 동물플랑크톤과 극지대구와 북극대구가 대부분인 물고기 몇 종이 이 먹이그물에 포함된다.[13] 해빙이 햇빛의 99퍼센트를 막아 이들의 활동층에 도달하지 못하게 하지만, 동시에 이 먹이그물에 속한 생물들을 겨울의 혹한으로부터 보호해준다. 해빙은 생물 진화와 발달의 틀을 만든다. 사실상 해빙을 고려하지 않고는 북극해를 생태학적으로 설명할 수 없다. 이 때문에 많은 해양학자가 북극해를 특별한 시각을 가지고 접근해야 할 독특한 지형으로 인식한다.

서구 생태학의 기초는 거의 전적으로 온대 생태계를 연구한 학자들에 의해 다져졌다. 북극 생태계의 특징인 극심한 변동은 원래부터 그들의 개념에 낄 자리가 없었고, 북극 생태계를 대표하는 특정 조건들은 생명 발달을 위한 정상적인 조건이라기보다는 일종의 장벽처럼 취급되었다. 예를 들어, 초기에는 눈과

---

13 북극의 물고기들은 몇 가지 인상적인 방법으로 독특한 환경에 적응해왔다. 북극대구는 입을 앞쪽과 위쪽으로 벌릴 수 있어서 해빙 아랫면을 훑을 수 있다. 북극 종들은 빛이 적은 환경 때문에 눈이 약간 크고, 차가운 물이 따뜻한 물보다 밀도가 높기 때문에 남쪽 종과 비교하면 헤엄치는 힘이 더 센 편이다.

얼음이 생태계에 없어서는 안 될 구성 요소가 아니라 일시적인, 상대적으로 중요하지 않은 조건으로 여겨졌다. 그러나 눈은 필리핀의 비와 아라비아사막의 햇빛과 마찬가지로 북극 동물의 삶을 규정하는 기본 요소다. 특정 동물들은 눈을 안정적인 발판으로 삼아 여름에는 접근할 수 없는 새싹을 먹이로 취한다. 가을에 씨앗을 먹는 새들을 남쪽으로 내려보내는 것은 추위가 아니라 사방을 덮어버리는 눈이다. 눈은 북방족제비를 비롯해 족제비와 비슷한 다른 동물들에게 은신처를 제공한다. 이들은 포식자가 다가오면 눈 속으로 뛰어들고, 밖으로 고개를 내미는 일이 없도록 눈 속에 긴 굴을 판다. 뇌조에게 눈은 보온 수단이다. 뇌조는 저녁마다 눈 속에 파고들어 잠이 든다. 눈은 둔덕을 만들어 먹잇감이 보지 못하도록 포식자를 숨겨주고, 동시에 포식자의 발목을 잡아 다리가 길고 발이 넓은 먹잇감이 도망치도록 해준다. 눈은 보온에 충분할 만큼 긴 털을 기르고 다닐 수 없는 작은 나그네쥐 같은 생물에게도 은신처가 돼준다. 눈은 일부 식물들에게 봄에는 온실을 만들어주고 겨울에는 메마른 바람으로부터 보호해준다. 멀리 이동할 수 없는, 땅에 사는 다람쥐는 동면하게끔 하고, 땅에서 멀리 떨어진, 나무 위에 사는 다람쥐는 겨우내 활동하게끔 정하는 것도 눈이다.

진화생물학자들에게는 북극의 여름이 아닌 겨울이 기록의 계절이다. 눈을 들여다보는 북극 생태학자는 토양만큼이나 그 지형에 없어서는 안 될 필수 요소를 연구하는 셈이다. 어떤 동물에게는 먹이는 차단하고, 어떤 동물에게는 심한 에너지 소모를 일으키며, 또 어떤 동물에게는 보온재가 되는 존재가 눈이다.

생태학자에게 얼음은 눈의 한 극단적인 형태일 뿐이지만, 얼음은 지형을 바꾸는 데다 눈만큼이나 지대하고도 미묘한 방식으로 동물들의 삶에 영향을 미친다. 지면의 기복과 먹이 식물의 존재 여부가 육지 동물들의 이동을 유도하는 것처럼, 해빙의 성질과 종류는 북극 해양 포유동물들의 삶을 형성하는 데 결정적인 역할을 한다. 얼음에 실려 수동적으로 새 사냥터를 찾아다니는 물범과 바다코끼리는 쉬고 털갈이를 하고 새끼를 낳을 때도 얼음에 의존한다. 부빙들은 또한 이 동물들이 범고래나 육지에서 온 포식자를 일시적으로 피할 수 있는 섬의 기능도 한다. 얼음은 바다로 확장된 일종의 땅으로서, 이동하는 사향소와 카리부, 북극곰, 북극여우의 겨울철 이동로다. 해안 여러 만에 당도해 겨우내 조수에 떠밀리곤 하는 빙산과 커다란 압력 봉우리의 남은 조각들은 한 무리의 바다코끼리들이 새로운 서식지로 삼아 겨울을 날 만큼 충분한 바닷물을 가둘 수 있다. 강 수면이 얼어붙고 수로가 마른 뒤인(강 상류 쪽이 얼어버리면 물이 흘러들지 않는다) 11월이면 우리는 이따금 얼음 틈을 통해 아래로 내려가 북극곰이 제일 좋아하는 겨울 노숙 장소인 텅 빈 강바닥을 돌아다닐 수 있다.

아마 얼음과 북극 생물들 간에 벌어지는 가장 극적인 연합이면서도 아직 알려진 바가 거의 없는 수수께끼로는 겨울과 봄에 폴리니아에서 일어나는 사건들을 들 수 있을 것이다. 폴리니아는 연안(길고 좁은 모양의 바닷가 폴리니아)과 원양(좀 더 호수 모양에 가까운 빙간 폴리니아) 양쪽에 생긴다. 매년 같은 장소에 생기는 이 개빙구역들은 여러 동물의 겨울나기 장소이자 봄에 북쪽으로 이동하는 여러 동물의 중간 기착지다. (개빙구역의 규칙적인 움직임이 다양한 바닷새와 해양 포유동물의 이동 경로 형성에 결정적인 역할을 하는 데는 의문의 여지가 없다.)

폴리니아는 우세풍과 해류, 조류, 그리고 아마도 지역적인 용승 같은 힘들의 복잡한 상호작용에 의해 겨우내 단단한 얼음이 생기지 않는다. 폴리니아는 특히 바다코끼리와 턱수염물범의 중요한 겨울 서식지이고, 고리무늬물범과 일각고래, 벨루가에게는 그 중요도가 조금 덜한 것 같다. 쇠목테갈매기, 북극흰갈매기와 함께 흰죽지바다비둘기, 솜털오리, 바다꿩 같은 일부 바닷새도 종종 이곳에서 겨울을 나는데, 과학자들은 이렇게 어둡고 지독하게 추운 곳에서 어떻게 먹이그물이 작동할 수 있는지 설명하는 데 애를 먹고 있다.

폴리니아는 봄에야 진가를 발휘한다. 매년 얼음에 덮이는 인접 지역보다 빠르면 두 달이나 먼저 식물성 플랑크톤이 대량 발생해 먹이그물을 구성하는데, 그럼으로써 이동하는 바닷새 무리들(북방풀머갈매기, 세가락갈매기, 작은바다쇠오리, 바다오리 등)에게 상당히 빠른 출발을 안겨준다. 또 폴리니아는 일찍 도착한 일각고래와 북극고래, 벨루가에겐 생명이 달릴 만큼 중요한 먹이활동 구역이다.

물론 사브새트에 갇혀 죽음을 기다리는 일각고래와 벨루가의 모습이나, 정상적으로 해체 중이던 해빙이 느닷없이 덮치는 바

캐나다 북극에 있는 연중 얼지 않는 개빙구역들.
이안 스털링과 홀리 클리터가 쓴 『캐나다 북극의 폴리니아들』에서 수정 인용.

람에 일찍 도착했거나 털갈이 중이던 바닷새 수만 마리가 순식간에 사로잡히는 모습을 떠올리지 않고 폴리니아를 생각할 수는 없을 것이다(1964년 봄에 보퍼트해에서 호사북방오리 10만 마리가 얼어 죽었다. 그 지역 총개체수의 10분의 1에 해당하는 수였다). 그러나 대규모 참사를 직면하고 느끼는 매우 생생한 상실감은 매년 해빙이 생성될 때마다 극명하게 드러나는 이 삶과 죽음의 경계가 북극 생태계에서는 없어서는 안 될 본질이라는 점을 보지 못하게 만들 수 있다.

어느 가을날 오후, 조류학자인 친구가 알래스카 북해안 디마케이션만 근처에 있는 핑고크랄릭이라는 곳에서 철새들을 세고 있었다. 그는 툰드라 연못 몇 군데를 돌며 아비와 큰회색머리아비 서너 가족의 발달 상황도 살펴보았다. 아비들은 땅 위를 걸을 수 없어서 이륙하려면 넓은 개빙구역이 필요하다. 새끼들의 몸집이 아직 부모의 반도 안 되는 9월 초에 눈보라가 연이어 해안을 강타했다. 며칠 안에 툰드라 연못들이 완전히 얼어붙었다. 어느 날 아침, 친구가 텐트 밖으로 나와보니, 아비 한 마리와 새끼가 손바닥만큼 남은 수면이 얼어붙지 않도록 열심히 발을 젓고 있었다. 밤새 바다에 나가 있던 부모 중 한쪽이 30분마다 부리에 먹이를 물고 왔지만, 이륙이 불가능한 만큼 착륙도 불가능했다.

다음 날은 날씨가 좀 따뜻해져서 연못에 발이 묶였던 녀석이 날아가고, 새끼에게 줄 먹이를 문 다른 녀석이 착륙할 수 있었다. 그 주위에도 비슷한 곤경에 처한 다른 아비 가족들이 있었다. 아비들은 인간 관찰자가 좀 더 영구적인 피신처를 찾아 가버린 후에도 그런 식으로 버틴다. 친구는 그 새끼 아비들의 운명이 어떻게 됐는지 모른다(어른 아비들은 새끼들을 포기하기도 한다). 그가 기억하는 건 눈보라에 가려 희미한 검은 점처럼 보이는 부모 새들이 열심히 바다를 오가는 광경이었다. 좋지 않은 때를 맞고도 꿋꿋한, 대단한 동물이었다.

어느 여름에 나는 캐나다 정부가 콘월리스섬 레졸루트에 세운 북극 연구기지인 '북극대륙붕기지'에 잠시 머물렀다. 그곳에서 고고학자, 생물학자, 지질학자, 조류학자 등 여러 과학자와 얘기를 나눌 기회가 있었지만, 가장 기억에 남는 시간은 모리스 헤이콕이라는 은퇴한 지질학자와 그림 얘기를 하면서 보낸 어느 저녁이다. 그때 헤이콕은 여든 살이 넘었다. 오랫동안 캐나다 정부와 일하면서 지질학자로서 성공적인 경력을 쌓았고, 수년간 오타와심포니오케스트라에서 프렌치 호른을 연주했다. 또 이따금 캐나다의 풍경화가인 A. Y. 잭슨과 함께 여행을 다녔는데, 둘 다 노스웨스트준주의 지질학 현장 조사에 동행해 그림을 그리곤 했다.

어느 날 오후에 헤이콕과 나는 배로우 해협 가장자리까지 가서 수평선 위에 서머싯섬이 멀리 흐릿한 환영으로 나타나는 인상적인 신기루를 보았다. (에스키모들은 이런 일을 '푸이카르툭', '바람 쐬기'라고 부른다.) 함께 툴레 유적지를 관찰하기도 했다. 그는 1920년대에 개썰매를 타고 다니며 겪은 일들을 들려주었다. 한번은 화창한 봄에 매끈한 정착빙 위로 썰매를 달린 적이 있었다. 시간 감각이 사라졌다. 그는 아주 평화로운 초월 상태를 경험했다고 한다. 머릿속으로 끊임없이 과학 문제를 풀었다고 말하는 그는 마치 연애하던 때를 떠올리는 사람 같았다. 그는 풍성하고 진솔한 순간들로 가득 찬 한 생의 끝으로 다가가고 있는 매력적인 사람이었다. 앞서 말한 그날 저녁, 나는 기지 안 그의 방에 앉아 있었다. 그는 한 팔을 이마에 올린 채 침대에 누워 있었다. 다른 손에는 붓 몇 개가 들려 있어서 곧 그날의 수고가 남긴 흔적을 씻으러 갈 생각임을 알 수 있었다. 그는 그 땅에서 느낀 경외감을 말로 표현해보려고 애썼다. 그러다가 그랜드캐니언에서 그림을 그리던 때를 떠올리며 자기가 있던 남쪽 가장자리와 먼 북쪽 가장자리 사이의 대기와 그 공간감을 표현하느라 고생한 얘기를 했다.

그는 대기를 그릴 때 어떤 점이 어려운지를 설명했다. 그리고 나무 한 그루 없는 이곳 콘윌리스섬의 차가운 진흙 벌판에서 그림 그리는 걸 좋아한다고 말했다. 그 미묘함을 즐기기 때문이었다. "비슷한 색조들이 모인 곳이야." 그가 손에 든 붓들을 한꺼번에 굴리며 말했다. 붓들이 달각거렸다. 그는 조용히 생각에 잠겼다. "이 땅의 색조는 대낮의 하늘보다 연해."

얘기를 들으면서 나는 창문으로 쏟아져 들어오는 저녁 해를 머리 한쪽으로 느꼈다. 방 안은 햇빛으로 붉게 물들어 에드워드 호퍼 그림에 나오는 빈 여름 침실처럼 비현실적으로 보였다. 나는 기억의 숲을 거니는 헤이콕의 밝게 빛나는 눈동자와 크고 거칠어진 손, 조그만 자작나무 합판에 놓인 그날 아침에 그린 그림의 윤기를 보았다. 한동안 서로 말을 안 했지만, 나는 그가 말하려는 걸 정확하게 감지할 수 있었다. 그는 잭슨과 함께 그레이트슬레이브 호수 근처 툰드라에서 그림을 그리던 때를 회상했다. 잭슨은 1910년대에 캐나다 고유의 화풍으로 명성을 얻은 급진적인 풍경화가 집단인 '7인회'의 한 명이었다. 헤이콕은 사람들이 왜 그림을 그리러 그처럼 밖으로 나가는지 얘기했다.

"그건 대지와 대화를 나누는 거야."

저녁은 우리 둘을 남겨놓고 고요히 사라졌다. 잠시 후에 그는 붓을 씻으러 갔고, 나는 내 방으로 돌아왔다. 나는 누워서 생각했다. 내가 화가라면 나도 이곳의 빛이 가진 충만함과 미묘한 느낌에 사로잡혔을 것이다. 스물네 시간 언제든 골라잡을 수 있는 풍부한 색깔들과 광활한 대평원의 하늘 아래 펼쳐진 꽁꽁 언 사막 풍경의 거침없는 선들, 그리고 표현해내야 할 독특한 공기. 눈과 얼음은 누구나 그늘을 예상하는 절벽의 발치 같은 데로 빛을 밀어낸 다음 하늘로 돌려보내 대기를 가득 채운다. 어떨 때 보면 그 땅은 잘 닦인 다이아몬드처럼 빛난다.

기이하게도 이 대지를 그린 19세기 유럽 풍경화에서는 이런 분명하고 호소력 있는 아름다움이 보이지 않는다. 사실상 모든 작품의 소재는 영국의 북극 탐험이었다. 주제는 기가 막힐 만큼 일관적인데, 바로 굴복하지 않으려는 자연의 어떤 요소와 전투를 벌이는 '신의 축복을 받은 국가'였다. 그들이 그리는 북극은 문명의 테두리를 벗어난 곳, 도덕과 원대한 사명을 위협하는 한 마리 짐승이었다. 그림 가운데 가장 유명한 것으로 카스파르 다비트 프리드리히의 〈북극해The Polar Sea〉(1824)가 있는데, 거대하게 집적된 부빙들 틈에 부서진 탐험선(초기 스케치를 보면 '호프호'다) 한 척이 누워 있는 그림이다. 윌리엄 브래드퍼드의 〈북극의 여름, 멜빌만의 총빙을 뚫고An arctic Summer, Borig through the Pack Ice in Melville Bay〉(1871)를 보면, 멀리 보이는 세대박이 선박 자체는 햇빛을 받고 있지만, 배가 향하는 전경은 구름이

낀 데다 얼음 위에는 다른 선박에서 떨어져나온 듯한 십자형 잔해가 놓여 있다. 에드윈 랜시어의 〈인간은 계획하고 신은 결정한다Man Proposes, God Disposes〉에서는 얼음 사이에서 부서진 또 다른 배의 잔해를 거대한 북극곰 두 마리가 찢어발기고 있다.

19세기 미국 풍경화의 루미니즘[14] 전통은 북극 주변 지역만 다뤘지만, 유럽 전통보다는 북극이 주는 느낌에 더 잘 맞는 경향이었다. 루미니즘 화가들은 차분하고 평온한 느낌을 주는 빛을 추구했는데, 매사추세츠주 프로빈스타운과 같은 뉴잉글랜드 지역의 해안가에서 그런 빛을 찾아냈다. 예술평론가 존 러셀은 남북전쟁 후의 국가적 분위기를 넌지시 암시하며, 이를 '치유의 빛'이라 불렀다. 내가 이들 뉴잉글랜드 그림을 생각한 이유도 그 빛, 그 빛의 본질인 외광外光이 북극에서 보는 친숙한 빛이기 때문이다. 나는 레졸루트를 오가면서, 특히 자정 전후의 시간에 피츠 휴 레인 같은 루미니즘 화가의 작품을 생각나게 하는 장면들을 보았다. 데번섬 베라곶에서 보낸 어느 밤에는 존스 해협의 물이 하도 검고 윤기가 나서 마치 검게 그을린 땅 같았고, 떠 있는 빙산들이 너무 눈부셔서 그 표면을 바라보지도 못할 지경이

---

14 루미니즘Luminism은 1870년대에 일군의 미국 화가들이 보여준 독특한 화풍을 이르는 말로, 용어 자체는 1950년 중반에 등장했다. 루미니즘 화가들의 그림은 대개 풍경화이며, 특히 바다를 그린 그림이 많다. 부드럽고 매끄러운 화면에 맑은 색채가 특징이며, 빛의 표현을 통한 입체감과 세부 묘사에 능했다. 허드슨강파 화가들로부터 직접적인 영향을 받았다. 가장 유명한 루미니즘 화가로는 피츠 휴 레인과 마틴 히드를 들 수 있다—옮긴이.

었다. 또 한번은 엘레프링네스섬 서쪽 앞바다에서 태양이 아니라 대기가 내뿜는 입김 같은 빛을 보았다. 깊이감이 없는 그 빛은 길고 평온한 선들 외에는 아무것도 보여주지 않았다. 황량한 선 하나가 검은 물과 만났고, 물은 희미한 푸른 하늘과 만났다. 그리고 뱅크스섬에서는 여름비에 막 씻긴 듯이 맑은 새벽 두 시의 대기 속에서 사향소 한 무리가 강한 빛을 받으며 푸른 풀이 우거진 낮은 언덕을 건너 이동하는 장면을 지켜보았다. 전경에 핀 보라색 송이풀과 흰색 뱀무 한 송이 한 송이가 또렷하고 눈부시게 빛났다. 뉴잉글랜드 그림들처럼 '보이는 모든 것에 축복이 가득'하기라도 한 듯이.

헤이콕과 얘기를 나눈 그날 밤, 나는 빛에 관한 글을 적어놓은 공책에서 독방에 갇힌 세월을 회상하는 한 죄수의 말과 우연히 마주쳤다. 그는 자신이 경험한 유일한 빛이 눈을 꼭 감았을 때 보이는 '폭발하는 듯한 생생한 빛'이었다고 썼다. 칠흑 같은 어둠 속에서 다가오는 그 빛은 '불꽃놀이' 같았다. 그는 이렇게 썼다. "내 눈은 빛을, 색깔을 '갈망'했다." 그런 갈망을 감지하지 못하고는 루미니즘 작품은 고사하고 다른 서구 회화도 들여다볼 수 없을 것이다. 내가 보기에 서구 문명은, 내 생각에는, 축복이나 평화나 신을 갈망하는 것만큼이나 빛을 갈구한다.

온통 과학자들만(헤이콕도 연구자 경력 덕분에 들어갈 수 있었다) 잠들어 있는 건물 안에서 헤이콕과 얘기를 나누던 콘월리스섬의 밤, 나는 그의 예술가적인 열정 덕분에 인간의 탐구 영역이 얼마나 광범위한지를 느꼈다. 우리는 단순히 과학 논문들이 밝혀주는 사실뿐만 아니라, 어느 머나먼 곳의 어떤 점이 아름답고 교훈적인지도 알고 싶어 한다. 먼 곳을 탐험한 여행자들의 전통과 그들의 관심 영역들, 그리고 그 여행자들의 고향 사람들이 알고 싶어 했던 관심 영역들을 고려한다면, 콘월리스섬에 있는 정부 산하 연구기지는 힘없는 초소에 불과한 것 같다. 그곳에는 화가나 음악가, 소설가를 위한 준비가 전혀 없다. 역사학자들도 없다. 외진 곳에서 지식을 탐구하는 일이 평등주의 관점에서 모두에게 유용한 일이라고 한다면, 과학자들만 있는 연구기지는 기묘하다. 그러나 세계 곳곳의 수백여 군데 외진 곳들도 다를 바가 없다. 우리가 낯선 곳들, 소유하지도 이해하지도 못할 그곳들을 빠르고 효율적으로 완전히 파악하고자 할 때마다 우리가 동원하는 처음이자 때로는 유일한 평가 수단이 과학이다. 그래서 우리의 평가는 늘 미완이다.

그러나 한 뙈기의 땅에 최종적으로 어떤 평가를 내리더라도, 그게 아무리 철저하고 정확하더라도, 우리는 그것만으로는 충분하지 않음을 알게 될 것이다. 대지는 스스로의 정체성, 우리가 알 수 있는 수준보다 훨씬 깊고 미묘한 정체성을 보유하고 있다. 그렇다면 우리의 의무는 단순해진다. 계산속을 버리고 존중하는 태도로 다가가기. 땅의 날씨, 색깔, 동물 등 땅의 넓이와 폭을 느끼려 애쓰기. 처음부터 땅의 수수께끼를 밝히려 드는 것이 아니라 경험해야 할 일종의 지혜로 남겨두기. 그리고 땅이 열릴 때, 평범함 속에서 신성한 것이 스스로 모습을 드러내는 때에 주의를 기울이기. 그러면 우리는 땅이 우리가 이곳에 있다는 사실을 알고 있음을 깨닫게 될 것이다.

처음 북극을 보면, 짧은 가을의 몇 주를 제외하면 색깔이 없는 것 같다. 그 땅의 색은 층진 흙의 황토색과 갈색, 황량한 땅 위에 드문드문한 식물의 회녹색, 사막의 색이다. 그러나 가까이에서 살펴보면, 북극 사막의 단색 바위는 지의류의 희미한 초록색과 빨간색, 노란색, 주황색을 품고 있다. 검은 바다에서 햇빛을 받는 얼음과 고니의 흰색은 순수하고 우아하다. 가끔은 찬란한 색깔의 향연이 펼쳐지기도 한다. 여름 야생화들과 가을 언덕의 버드나무와 월귤나무, 또는 툰드라 웅덩이에 석유 같은 무지개색으로 빛나는 식물성 기름의 번들거림, 또는 호사북방오리의 강렬한 얼굴. 그러나 이 선명한 색깔들도 두드러지기보다는 한 계절을 장식하는 작은 점들일 때가 많다. 색은 그 땅이 드리우는 옅은 그림자 속으로 흡수된다.

북극에서 주의를 끄는 색은 선명한 석양과 오로라가 나타나는 하늘에 있을 때가 많다. (오로라의 주된 색은 엷은 초록색과 연한 장미색이다. 툰드라에서 풍화된 카리부 뿔을 뒤집어본 적이 있는데, 하얀 뿔 표면에 오로라와 똑같은 두 가지 색이 있었다. 물 위로 부상하는 바다오리와 카약을 탄 채 몸을 일으켜 세우는 에스키모인의 꼭 닮은 모습이 이 땅을 하나로 모아준다.)

겨울의 북극 하늘은 오래도록 새벽과 어스름의 색깔들을 지닌다. 간신히 정오 즈음에 남쪽 하늘이 잠깐 밝아지면, 얇디얇은 노란 금색 줄과 익숙한 연보라색 위로 짙은 푸른색과 멍든 것 같은 자주색, 여러 층의 짙은 보라색이 지평선 위 80도까지 펼쳐지곤 한다. 봄의 첫 일출 겸 일몰은 어느 영국 해군 군의관이 겨울 일기에 쓴 대로 "양홍색, 심홍색이 진홍색으로 변하고, 이어 노란색, 진황색"이 이글거린다. 일출과 일몰 사이가 훨씬 멀어지는 봄가을에는 다른 위도에서도 볼 수 있듯이 장미색과 담홍색, 엷은 청록색, 살구색, 진청색이 어우러지고, 그 사이로 선명한 빨간색과 주황색, 노란색이 빛난다. 여름에는 하늘이 전복 껍데기의 진주층 같은 느낌이 난다. 여름 하늘색은 파스텔 색조다. 그러나 빛의 세기가 아주 폭넓게 변해서 자정 즈음이면 땅에 가득한 노란색들이 눈에 띄게 희미해지고 푸른 색조들이 깊어진다.

북극 하늘은 뜻밖의 다채로운 햇무리와 달무리, 광환光環들 그리고 오로라 보레알리스aurora borealis와 파타 모르가나fata morgana를 포함한 바다에서 일어나는 신기루들로 처음 보는 사람들을 혼비백산하게 만든다. 이런 현상들이 유독 북극에서 잘 보이는 데는 몇 가지 이유가 있다. 북극 대기에는 햇빛과 달빛을 굴절시키는 일종의 얼음 알갱이들이 있을 때가 많다. 대기 자체도 맑다. 여름에는 신기루가 만들어지는 조건인 대기 하층의 약한 기온 역전 현상과 해수면의 급격한 온도 변화가 일상적으로 일어난다. 그리고 북극 지역은 오로라가 펼쳐지거나 북극광이 보이는 지구 대기 바로 아래쪽에 있다.

1819년 겨울을 멜빌섬 해안에서 보낸 윌리엄 패리는 햇무리와 천정호天頂弧, parahelic arc, 환일幻日, parahelia/sun dog이 한 장에 표현된, 요즘 들어 유명해진 그림을 그렸다. 보통은 각각 또는 몇 개씩 짝을 지어 나타나는 여러 현상을 한 번에 포착한 것이다. 당시 태양은 남동쪽 지평선 위 약 22도 지점에 떠 있었다. 태양을 둘러싸고 지평선 위 44도 각도로 햇무리 하나가 나타났고, 92도 각도로 두 번째 햇무리가 지표면에 일부가 가린 채 나타났다. (이들은 반경 각도에 따라 22도 햇무리, 46도 햇무리라 불린다.) 각 햇무리의 꼭대기에는 천정호가 하나씩 등을 맞대고 있고, 지표면에 평행한 천정호(환일호) 하나가 태양을 가로질러 동서로 뻗어 있다. 환일호가 22도 햇무리와 만나는 두 지점에 밝게 빛나는 환일이 하나씩 나타났다. 그리고 태양 바로 밑 지평선에 세 번째 환일(실제로는 대기 중의 얼음 알갱이들이 거울처럼 작용해서 햇빛을 반사한 것)이 번득였다.

물리학자라면 광학 용어를 이용해서 특정 형태의 얼음 알갱이를 지나는 햇빛이 정확하게 어떤 방식으로 굴절되는지 쉽게 설명할 수 있을 것이다. 실제로 로버트 그리너라는 물리학자가 관련 공식을 대입한 컴퓨터 실험으로 패리의 그림에 나오는 요소들을 거의 완벽하게 재현함으로써 패리의 그림이 얼마나 정확하고 완전한지 보여주었다.

1857년에 배핀만에서 장례식을 주관하던 또 다른 영국 탐험가 프랜시스 맥클린톡은 해빙을 지나다가 문득 12월의 보름달을 쳐다보았다. 그의 기록에 따르면 "완벽한 달무리가 달을 감싼 가운데 천국을 둘러싸고 있다는 희미한 빛의 띠가 수평으로 그 속을 통과하고, 여섯 개나 되는 가짜 달 또는 무리 달이 떠

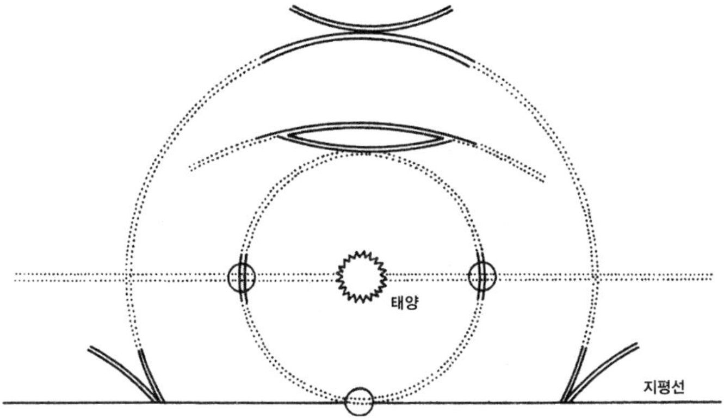

천정호와 햇무리를 그린 윌리엄 패리의 그림.

있었다. 한 시간 정도 지속된 이 보기 드문 광경은 안개 때문에 더 으스스한 느낌이었다."

얼음 알갱이와 수분 입자에 의한 빛의 굴절과 반사, 공기 중 입자들에 의한 회절에 관련된 물리 법칙들은 만만찮게 복잡하다. 천정호와 빛무리는 때로는 아주 희미하기도 하고, 생각지 못한 조합으로 발생하기도 한다. 그러나 이런 현상을 발견하고 못 하고는 대체로 볼 줄 아느냐 모르냐의 문제다. 나는 어느 봄날 랭커스터 해협에서 불투명한 부드러운 흰색 기둥 또는 깃털(모양이 꼭 참새 꼬리 깃털처럼 생겼다)이 남동쪽 수평선과 태양 사이에 서 있는 것(태양주)을 보았고, 그날 저녁에는 자정 몇 분 뒤에 긴 무지개색 방패 두 개가 태양 반대쪽 수평선 위에 나타나는 보기 드문 환일을 보았다.[15]

가볍게 물결치며 북극의 하늘을 가로지르는 엷은 빛의 장막인 오로라 보레알리스는 그 비밀스러움 때문에라도 눈을 뗄 수가 없다. 영국의 남극 탐험가 로버트 스콧은 이렇게 말했다. "그처럼 아름다운 현상을 보고 경외심을 갖지 않기란 불가능하다. 그러나 그런 감정은 광휘보다는 빛과 색의 미묘함, 투명함, 그리고 무엇보다 그 떠는 듯한 형태의 덧없음에서 온다. 흔히 얘기되는 것처럼 눈이 멀 정도의 번쩍거리는 광채는 없다. 이 온전히 영적인 존재가 호소하는 곳은 오히려 상상력이다……."

여러 탐험 기록에서 완전히 일관된 반응을 찾아내기란 흔치 않은 일인데, 오로라에 관해 적은 사람은 정말이지 누구나 자신의 언어 표현력이 부족한 데 대한 안타까움과 마음을 가라앉히는 그 충만한 영적 존재감을 언급했다. 에스키모들은 오로라가 땅 위 생명의 탄생을 전후로 나타난다거나, 태어나지 않은 아이들의 장난이라거나, 살아 있는 자들의 겨울 사냥을 도우려고 죽은 자들이 든 횃불이라고 설명하는 경우가 많다. 가끔 오로라를 볼 수 있는 북반구의 약간 남쪽 위도에서는 오로라의 의미가 사뭇 다르다. 그처럼 남쪽에서는 오로라의 주된 색깔이 대체로 암적색이라서일 것이다. 중세 유럽인들은 오로라의 출현을 대화

---

15 일단 북극에서 태양 반대쪽 '빈' 하늘과 60도 각 바깥의 하늘을 보는 습관을 들이자, 온대 하늘에서도 구름에 비친 햇무리 또는 달무리인 채운이나 밤늦게 성층권에 나타나는 야광운 같은 것들을 자주 목격하기 시작했다. 내가 지금까지 본 가장 복잡하면서도 장관이었던 천정호와 햇무리는 겨울에 로스앤젤레스에서 본 것이다. 언뜻 봤을 때는 바람에 흐트러진 제트기 흔적 같아서 자칫하면 놓칠 뻔했다.

재와 대참사의 전조로 받아들였다. 바이킹들은 불카누스의 대장간이 하늘에 반사된 것이라 생각했다. 19세기가 20세기로 전환되던 시기, 과학적 사고에 비해 상상력이 결핍됐던 알래스카 광부들은 오로라가 번개의 기체 형태이거나 라듐 광산에서 나오는 붉은 빛일 것이라 보았다.

나는 랭겔산 위에 나타난 북극의 빛을 시애틀에서 앵커리지로 가는 비행기 안에서 처음으로 보았다. 맑게 갠 밤이었다. 처음에는 가끔 산 위에 홀로 뜨곤 하는 긴 산 모양 구름에 달빛이 비치는 결로만 여겼다. 그 순간 구름이 움직였다. 나는 완전히 몰입한 채 눈 덮인 하얀 산 위에서 길게 횡으로 펄럭거리는 파리한 빛의 띠를 비행기가 방향을 틀 때까지 쳐다보았다. 그 움직임은 태극권을 연습하는 것처럼 느리고 우아하며 내향적이었다.

오로라의 아랫단이 지구로부터 160킬로미터 이내에 드는 경우는 드물다. 그러나 인간의 눈에는 이 얇은 빛의 장막이 실제로 지구를 스치는 것처럼 보일 때도 있다. 본 적이 없는 크기의 물체를 놓고 공간의 깊이를 인식하는 뇌의 기능이 혼란을 일으키기 때문이다. 그 압도적인 크기와 움직임 때문에 정확하게 묘사하기가 더 어려워진다. 빛의 장막은 수백 킬로미터 길이에 높이가 240킬로미터나 그 이상인 경우가 흔하다. 오로라 활동의 강도가 증가할수록 빛의 '장막'은 수평 방향으로 물결치기 시작하고, 거대한 S자 곡선을 그리며 접혔다가 다시 물결치기를 반복한다.

원근감과 크기에 관련된 문제는 더 있다. 오로라 바로 밑에 있는 사람에게는(장막 꼭대기는 남쪽으로 기울어 있다) 오로라가 위쪽 한 정점을 향해 수렴하는 광선들로 보인다. 오로라 밑단 가장자리 바로 아래에서 보면 오로라는 마치 지구에서 피어오르는 빛나는 연기처럼 보인다. 멀리서 보면 오로라는 밤하늘에 똑바로 걸려 하늘거리는 가벼운 비단 커튼처럼 보인다.

오로라는 '오로라 타원체'라 부르는 자기북극을 중심으로 하는 좁은 지역에서 일어난다. 오로라는 지구 전리층에서 전자가 방출되면서 만들어지는데, 방출된 에너지의 일부가 빛이라서 우리가 볼 수 있는 것이다. 가장 흔한 색은 산소 원자에서 방출되는 옅은 흰색이 도는 녹색과 분홍색이 도는 장미색이다. 오로라 활동이 활발할 때는 질소 분자가 심홍색 빛을 방출하는데, 보통은 오로라 커튼의 바닥 가장자리에서만 분명하게 볼 수 있다.

태양 쪽에서 지구를 바라본다고 상상해보자. 지구 표면의 왼쪽 끝부분에 어스름한 일출의 그림자가 져 있다. 정면에는 한낮의 밝은 빛이 보인다. 오른쪽 끝에는 저녁과 밤의 경계가 있다. 태양으로부터 전리된 또는 하전된 입자들이 쏟아져 나오는데 대부분은 헬륨과 수소 원자핵이며, 이 흐름을 태양풍이라 부른다. 이런 입자들이 바위 주변으로 흘러가는 물줄기처럼 지구를 지나간다. 태양에서 가까운(낮인 쪽) 행성 자기장(천체 자기권)에 부딪힌 입자들이 지구를 타고 반대쪽(밤인 쪽)으로 뻗어간다. 지구를 타고 흘러갈 때 태양풍은 왼쪽에서 오른쪽으로 전류를 발생시킨다. 전류를 나르는 태양 입자들이 저항을 가장 적게 받는 경로가 극지에서 (사과 꼭지 부분처럼) 지구 표면을 향해 휘어지는 자기력선을 따르는 길이다. 왼쪽의 양극 단자에서 극지방으로 쏟아져 들어오는 입자들이 오로라를 만든다. 입자들은 위로 흘러 오른쪽에 있는 음극 단자로 나가면서 극풍[16]이라는, 눈에 보이지 않는 별도의 현상을 일으킨다.

입자들이 지구의 극에서 깔때기 모양으로 생긴 자기권 표면 아래로 들어가 동쪽으로 흐르면서 산소 원자와 질소 분자에 있는 전자들이 자극되는데, 이들이 다시 안정 상태로 돌아가면서 X선과 적외선, 자외선, 전자파, 가시광선 같은 형태로 에너지를 방출한다.

우리가 볼 때 동서 방향으로 호를 그리며 조용히 서 있는 빛의 장막이 가장 고요한 종류의 오로라다. 태양 입자 흐름이 강력할수록 지구 전리층을 더 깊이 뚫고 들어와 빛의 장막은 키가 더 높아진다. 태양풍에 의해 생성되는 전기장과 태양풍 자체 자기장의 세기가 달라서 빛의 장막에는 일련의 주름이 생기고, 동서로 뻗은 자락이 수직으로 접히거나 몇몇 방향으로 크게 휘어지기도 하고 군데군데 끊어지기도 한다. 태양의 자기폭풍이 일으키는 전기장과 자기장 변화는 각각 색의 변화와 움직임의 변화를 야기한다. 심한 자기폭풍은 11년 주기로 일어나는데, 태양

16 극풍polar wind은 남극과 북극 지방에서 극고기압대에서 아한대저기압대로 부는 바람을 이른다—옮긴이.

흑점 주변과 코로나 구멍이라고 불리는 태양의 영역에서 일어나는 태양면 폭발(플레어)과 관련돼 있다. 훨씬 자주 발생하는 자기 소폭풍은 북극 관광객들이 북극의 겨울 하늘에서 보고 싶어 하는 일련의 '전형적인' 오로라를 만들어낸다. 먼저, 하늘이 갑자기 밝아지면서 투명한 오로라 장막이 나타난다. 미세한 빛(광선)이 갈수록 현저해진다. 장막 전체가 동서로 파도처럼 움직이며 깊은 주름을 만들어내기 시작한다. 오로라 전체가 점차 북쪽으로 움직인다. 새벽이 가까워지면 오로라가 군데군데 끊어져 구름 같은 빛 조각들이 된다.

이 발전기에서 생산되는 전력은 놀랍기만 하다. 100만 암페어의 전류 1조 와트. 격렬한 태양 폭풍은 자기나침반에 영향을 주고, 무선통신과 일부 항로 시스템에 혼란을 초래하며, 알래스카 종단 수송관 같은 긴 전도체에 유도 전류를 발생시킨다.

오로라가 둔한 휙휙 소리를 낸다거나, 탐험가인 새뮤얼 헌이 썼듯이 "조금 강한 바람에 커다란 깃발이 흔들릴 때 나는 휘파람 소리와 탁탁 소리"를 낸다고 주장하는 사람이 많다. 일부 에스키모들은 '그 빛'이 부드러운 휘파람 소리에 반응해 가까이 다가온다고 말한다. 오로라는 쉽사리 경외감과 유순한 감정을 불러일으킨다. 그러나 오로라의 가장 놀라운 효과는 보는 사람을 감정적으로 고양시켜 스스로를 초월하도록 만드는 것이다. 오로라는 미처 자기 연민을 느낄 새도 없이 하늘 전체를 삼차원으로, 그처럼 광대한 크기를 그처럼 아름다운 방식으로 던져준다.

나는 프루도만에서 페어뱅크스까지 날아가던 어느 겨울밤을 기억한다. 하늘은 맑았고 오로라 보레알리스가 아주 뚜렷했다. 남쪽에 뜬 달빛으로 눈 덮인 아래의 풍경이 환하게 보였고, 땅의 기복에 따라 땅 그림자가 선명했다. 눈 덮인 툰드라와 얼음을 가르는 희미한 선도 분명하게 보였다. 오로라 장막이 내가 보는 곳에서 서쪽으로, 웨인라이트 마을과 축치해 쪽으로 뻗어 있었다. 투명에 가까운 선들이 도깨비불처럼 길게 늘어서 있는, 아직 조용한 초기 상태의 오로라였다. 나는 브룩스산맥 가장자리와 노스슬로프 평원을 내려다보았다. 그 산맥 속에서 야영을 하고 툰드라를 돌아다니던 나날을 회상했고, 프루도만 서쪽 북극 해안에 텐트를 쳤던 때를 생각했다. 그런 지역들을 선명하게 볼 수 있었지만, 한낱 머릿속 지도로 남았을 기억을 금방 있었던 일처럼 생생하게 진짜 대지로 바꿔준 것은 대지 위에 솟아오른 오로라였다.

아이슬란드로 가는 길을 처음으로 발견한 유럽인들이 우연히든 계획적으로든 그곳에서 그린란드와 북아메리카로 가는 길도 발견했는지는 아무도 모른다. 그럴듯한 생각 하나는, 내가 서머싯섬에서 봤던 것처럼 페로 제도에 있던 사람들도 가끔 어슴푸레한 거대한 신기루로 나타나는 그린란드를 봤을 거라는 추측이다. 그런 신기루들은 따뜻한 공기 덩어리가 차가운 바닷물 위에 있을 때면 언제든 나타나곤 한다. 다른 조건에서라면 똑바로 나아갔을 광선이 온도가 다른 공기층을 지나며 몇 단계에 거쳐

휘거나 굴절되면서 지표면을 향하는 것이다.

신기루는 보통 두 유형으로 나뉜다. 실제 물체의 상 위에 허상이 보이는 위신기루(서머싯에서 봤던 것)와 물체 아래쪽에 허상이 생기는 아래신기루다. 위신기루는 여름 북극해에서, 특히 맑은 날 늦은 오후에 흔히 볼 수 있다. "바다 자체가 약간 오목해 보이고 수평선이 이상할 만큼 멀게 느껴진다. 그 수평선 위에 먼 섬들과 배, 해안선, 빙산들이 나타나는데, 이 허상들은 실제보다 훨씬 가까워 보인다."

위신기루는 광파가 대기 아래쪽에 있는 더 조밀한(또는 차가운) 공기층에서부터 덜 조밀한(또는 따뜻한) 공기층으로 통과해 들어갈 때 만들어진다. 위로 갈수록 따뜻한 공기가 일정한 간격으로 순차적으로 늘어서면(예컨대 공기층들이 완벽한 온도 기울기로 배치되면), 각 층이 안경 렌즈처럼 작동해서 광파가 통과할 때마다 굴절 효과가 작아진다. 여러 층을 거친 광선은 부드러운 호를 그리며 다시 땅 쪽으로 굽는다. 보는 사람은 진짜 물체의 선명한 상 하나를 보게 된다.

그러나 렌즈를 다시 정렬해서 굴절 효과가 큰 렌즈를 굴절 효과가 작은 렌즈 두 개 사이에 집어넣으면 광선은 반대 방향으로 굴절된다. 광선이 충분히 굴절되면(예를 들어, 대기 하부의 강한 온도 전도 현상 때문에) 보는 사람은 원래의 상뿐만 아니라 첫 번째 상 위에 원래 상을 거꾸로 이어 붙인 것 같은 두 번째 상을 보게 된다. 굴절 렌즈들을 연속으로 늘어놓으면(다시 말해, 대기 하부에 두 번째 온도 전도 현상이 있다면) 두 번째 상

위에 첫 번째 상을 또 이어 붙인 것 같은 세 번째 상이 나타날 것이다. 렌즈 순서를 다르게 바꾸면 원래 상 자체가 완전히 사라지고 수평선과 뒤집어진 두 번째 상 사이에 빈 공간만 나타날 수도 있다.

'스투핑'(위신기루에서 흔히 보이는, 위아래가 눌린 현상)의 정도뿐만 아니라 나타나는 상의 수, 외관상 보이는 상의 확대 여부 등은 대기 온도의 수직적 변화율과 그 변화율에 전도 현상이 존재하느냐에 달려 있다. 물론 신기루들은 늘 부정확하다. 상의 왜곡은 미광(대기의 미세한 흔들림) 때문일 수도 있고, 대기 렌즈의 기능 자체가 한쪽으로(수평 방향보다는 수직 방향으로) 더 강하게 휘는 난시이기 때문일 수도 있다. 그러므로 모든 신기루가 수직으로는 흐릿하다. 복잡한 대기 전도 현상이 어우러져 해빙처럼 균일하게 밝은 물체 위에 생기는, 북극에서 볼 수 있는 신기루 중에서 가장 인상적인 신기루인 이 파타 모르가나도 바로 이런 대기의 난시적 성질 때문에 일어난다. 이 길게 뻗은 '산등성이' 또는 '도시의 스카이라인'은 몇몇 광학 현상의 효과가 복합된 것이라서, 가장 냉철한 관찰자의 눈에도 정말 진짜같이 보인다.

아래신기루가 생기는 조건은 해빙에 반사되는 햇빛이 점차 따뜻해지는 공기층을 뚫고 가다가 아주 약한 온도 전도 현상을 만나는 것이다. 그러면 멀리에 높은 회색 성벽이 있는 것 같은 신기루가 만들어진다. 난시인 대기 렌즈가 하얀 얼음을 빛과 그늘의 영역으로 나누고 수직 경계를 흐리면서 알아볼 만한 특징들을 모두 제거해버리기 때문에, 성벽 외곽선과 세부적인 모양이 땅에서 올라오는 푸른 아지랑이 사이로 멀리 보이는 울타리와 똑같아 보인다. 그때 미풍에 공기층들이 살짝 기울어졌다가 규칙적이고 율동적인 패턴으로 (중력에 의해) 수평 상태로 돌아가면, 이미 안정적으로 만들어진 상 위에 단단한 봉우리들과 첨탑들이 생기면서 환각이 완성된다. 신기루 위쪽 가장자리는 빙하에 침식된 험준한 산등성이처럼 깔쭉깔쭉해지고, 회색 벽은 눈 덮인 산비탈로 보인다. 아래쪽에는 심지어 바람에 눈이 쓸려간 것이 확실한 검은 능선들과 가파른 산지 계곡들의 갈라진 부분도 분명히 보인다.

신기루는 많은 북극 여행자에게 기쁨과 즐거움을 주었다. 사람들은 해안을 조사하고 이동 경로를 짜는, 심각하고 때로는 지루한 일을 하다가도 신기루를 보면 한숨 돌리며 짐짓 놀라는 척을 하기도 했다. 그러나 파타 모르가나는 이런 천진한 느낌을 주는 전통적인 신기루와는 다르다. 고집스럽게 자신이 본 것을 고수하는 노련한 탐험가들은 빈 하늘밖에 없는 공간에 산맥과 섬들을 그려 넣었다. 그런 유령들이 너무나 확실하게 보였기 때문에, 다른 탐험가들(또는 같은 탐험대의 다른 구성원)의 의구심을 모욕으로 받아들였다. 그런 새 땅들을 탐색하기 위해 나중에 파견된 탐험대들도 같은 파타 모르가나를 보는 경우가 있어서 상황은 더 복잡해졌다. 그 험한 항해를 질질 끌고서야, 그래서 계속 멀어지기만 하는 상을 관찰하고서야, 그들은 새로운 땅 같은 건 없다는 사실을 인정했다.

로버트 피어리가 액슬하이버그섬 북부 토머스허바드곶 북서쪽에 있다고 보고한 '크로커랜드'의 존재를 확인하기 위해 파견된 맥밀런 탐험대(1913)가 그랬다. 존 로스가 1818년에 보고한, 존스 해협을 가로질러 데번섬에서 엘즈미어섬까지 이어진다는 '버나드산맥'은 1852년에 에드워드 잉글필드에 의해 존재하지 않는 것으로 확인되었다. 미국의 탐험가인 찰스 프랜시스 홀의 '프레지던트랜드'는 단명했다. 1884년에 프란츠요제프랜드 플리겔리곶에서 한 오스트리아 육군 장교가 묘사한 '페테르만랜드'와 '킹오스카랜드'는 두 번 다시 발견되지 않았다. 빌햐울뮈르 스테파운손은 보퍼트해에서 '키난랜드'를 찾기 위해 두 번이나 원정에 나섰다.

일부 북극 전문가들은 이들 파타 모르가나들이, 특히 스테파운손이 본 것이 실제로는 편평한 빙산이거나 얼음섬이었을 것으로 추측한다. 1715년에 코사크인 탐험가 알렉세이 마르코프가 야나강 삼각주 북단에서 발견한 건 정말로 수백 제곱킬로미터에 이르는 편평한 빙산이었을지도 모른다. 그의 길을 가로막은 그 '거대한 얼음 산맥'은 그 뒤로 다시는 보고된 적이 없다.

북극의 단조로운 외양은 특히 흐린 날에 곧잘 크기와 거리 감각에 문제를 일으킨다. 불과 2~3미터 앞에 있던 북극토끼와 사할린뇌조가 가끔 눈 속으로 사라져버리기도 한다. 얼음이나 눈 위에 카리부나 불곰처럼 뚜렷이 대비되는 동물이 있을 때도 가끔은 멀리 있는 큰 동물인지 가까이 있는 작은 동물인지 판단하기가 어렵다. 『에스키모와 함께한 나의 삶』에서 스테파운손은 툰드라에서 한 시간을 허비하며 회색곰을 쫓았는데 알고 보니 마멋이었다는 얘기를 한다. 한 스웨덴인 탐험가는 거대한 섬에서 뻗어나온 길쭉한 바위투성이 땅에 두 개의 계곡 빙하가 보기 드물게 대칭적으로 솟은 모습을 공책에다 자세하게 적었는데, 나중에 확인해보니 바다코끼리였다. 맥클루어와 함께 인베스티게이터호를 타고 항해한 요한 미어칭은 사냥꾼들이 다가가자 '하늘로 떠올라 날아간' 북극곰에 대한 글을 남겼다. 흰올빼미였다. 미어칭은 말했다. "이런 우스꽝스러운 착각이 자주 일어난다."

화이트아웃은 또 다른 익숙한 기만 현상이다. 이 현상은 잔뜩 흐린 하늘 밑이나 안개봉우리[17] 속 같은 곳에서 흔하게 일어난다. 그런 곳에서는 특정 각도, 특정 방향으로 곧게 나아가는 빛이 다른 모든 각도와 방향으로 나아가는 빛들과 동일한 광속[18]이나 세기를 갖게 된다. 그런 곳에는 그림자가 없다. 공간의 깊이가 없다. 지평선이 없다. 걷고 있다면 계단을 헛짚는 것처럼 비틀거리게 된다. 고속으로 달리는 스노모빌을 타고 있다면 일순간 세상의 바닥이 사라지는, 심장이 멎는 듯한 기분을 느끼게 된다.

17 안개봉우리霧峰, fog bank는 해상에 층운 모양으로 끼는 짙은 안개를 뜻한다—옮긴이.

18 광속光束은 빛이 진행하는 방향에 수직인 단위 면적을 단위 시간에 지나가는 빛의 양을 이른다—옮긴이.

윌리엄 스코어스비는 『북극지역해설』(1820)에서 특정한 북극 해안들을 지날 때 자주 하게 되는 거리 측정 실수를 처음으로 설명했다. 그가 얘기한 해안들은 황량한 바위 절벽과 드넓은 눈과 얼음의 대비가 극명한 것이 특징이었다. 분석할 중간 색조가 없어서 우리 눈은 이차원처럼 보이는 이런 경치를 삼차원으로 인식하는 데 어려움을 겪는다. 인간의 눈도 거리를 판단할 때 공기 중에 산란된 청색 빛의 상대적 밀도를 자주 이용한다(먼 산의 경계를 흐리게 만드는 것이 바로 이 빛이다). 하지만 북극의 맑은 대기는 빛을 거의 산란시키지 않는다. 이처럼 극도로 맑은 대기 속에서 진짜 높이에 대한 정보 없이 고高대비의 흑백 해안들을 본 초기 뱃사람들은 그 해안들이 8킬로미터 밖에 있는지 40킬로미터 밖에 있는지 분간할 수 없었다. 16세기에 잃어버린 그린란드 식민 거주지를 수색하라는 프레데릭 2세의 명을 받고 파견된 모겐스 헤인손은 수 주간 북대서양을 가로지르며 얼음과 눈보라와 싸운 뒤에야 그린란드 동남해안을 볼 수 있었다. 기분 좋은 산들바람이 불고 하늘이 쾌청한 날, 그는 높이 솟은 절벽들을 향해 항로를 잡았다. 그런데 몇 시간을 가도 해안은 조금도 가까워지지 않았다. 절벽들이 너무나 확실하게 보였기 때문에 그는 배가 바다 밑 자철광에 사로잡혀 움직이지 못하는 거라고 믿을 수밖에 없었다. 두려움에 사로잡힌 그는 계속 방향을 바꾸다가 그린란드 해안을 지나쳤고, 결국 덴마크로 배를 돌렸다.

여행을 할 때마다 유사성을 찾아보는 것, 특히 형태와 색깔에서 유사성을 찾아보는 것이 내 버릇이다. 예를 들자면, 툰드라에 나란히 놓인 나그네쥐 뼈와 사슴지의류 가닥의 유사성. 또는 바다코끼리 창자로 만드는 현지 북 소리와 물 밑에서 나는 바다코끼리 소리의 신비로운 유사성. 또는 생전 처음 본 어떤 물체와 익숙한 물체의 유사성. 북극토끼 갈비뼈의 뭉툭한 끝부분과 대성당 빗물받이 홈통에 달린 고르곤들의 유사성. 스코어스비의 관찰 기록이 인상적이다. 북극의 많은 부분이 순수한 흑백 대비를 드러낸다. 칠흑같이 검은 바다 위에서 햇빛을 받는 빙산들이 아주 흔한 예다. 하지만 나는 그늘진 언덕바지에서 풀을 뜯는 북극토끼들을 보면서도 그 글을 떠올렸다. 검은 언덕이나 땅을 배경으로 선 북극흰갈매기나 고니 같이 흰 여름새들을 볼 때도. 또는 흰 눈 위를 날아가는 검은 흰죽지바다오리. 또는 흰올빼미나 흰멧새, 작은바다쇠오리, 검은부리아비, 흰기러기처럼 흑백 무늬가 너무나 선명한 북극 새들을 볼 때도. 그리고 무수히 다른 방식으로도. 턱에 하얀 무늬가 있는 검은 북극고래. 부빙에 올라앉은 바다코끼리. 봄철 얼음 사이에 난 개수로들.

이들 풍경이 보여주는 깜짝 놀랄 만한 대비가 나에게는 그 가혹한 땅에 존재하는 것의 반만 확인한 채 나머지 반은 불안하거나 닿기 어렵다는 이유로 무시하는 경향을 일깨워주는 상징이 되었다. 수많은 동식물의 겨울나기도 그렇지만, 얼음 밑에는 지독히 닿기 어려운 어둑한 대양이 그 실체를 감추고 있다. 흰띠박이물범의 얼음 생활은 알려져 있지만 바다 생활은 알려져 있지 않다. 성대를 울려서 노래하는 에스키모들의 아름다운 '카타작'은 겨울철 여행자들이 들을 수 있지만, 조수들의 손에 의해 바다코끼리 가죽끈으로 묶인 채 신들린 상태로 '여행을 떠난' 주술사의 외침은 들을 수 없다. 눈보라를 맞으며 타는 나무 연기처럼 오길비산맥을 통과해 이동하는 카리부들은 볼 수 있지만, 새끼를 낳다가 까마귀 떼에게 죽임을 당한 암컷 카리부는 보이지 않는다.

나는 하얀 얼음 위를 낮게 스치는 새까만 바다오리 한 무리를 떠올리곤 했다.

한여름, 나는 따뜻한 툰드라에 누워서 겨울을 생각했다. 여름 자체는 그처럼 평온해서 나는 어떻게 이런 땅이 '온전하게' 하나가 되는지 이해하려고 노력했다. 겨울은 냉혹한 무관심과 그 끔찍한 무게로 여름의 환희를 반증해준다. 겨울을 생각하는 것만으로도 두려워진다. 추위는 우리를 고통에 흐느끼게 만들고, 사람들이 얘기하듯 바위도 굴복시켜 쪼개버리지만, 두려운 것은 추위가 아니다. 압박감이다. 사방에 내리는 어둠이다. 사악한 미치광이처럼 마을에서 보트를 들어다 얼어붙은 해변 저편에 내동댕이치는 겨울바람이다. 에스키모들의 구술 문학은 밤만이 계속되는 겨울날에서 비롯된 악몽 같은 이미지들, 기괴한 죽음과 잔인한 짐승들, 절단과 고통의 이미지들로 가득하다. 겨울 마을의 굳게 걸어 잠근 집들 사이 희미한 빛 속에서 심장이 얼음으로 채워진 어떤 존재가 숨 쉬는 소리를 들을 수 있다.

나는 일주일 내내 기온이 영하 42도 언저리에 머물던 페어뱅크스의 1월을 기억한다. 공기 중에 있는 수분이라는 수분은 모두 얼음 결정으로 변해 얼음 안개를 만들었다. 그런 추위 속에서 카리부들이 내뿜은 입김이 구름처럼 무리 위를 떠도는 광경이나 활공하는 흰올빼미의 입김이 흔적을 남기는 광경은 혼을 빼놓을 만큼 아름답다. 그러나 보일러와 차량, 나무 땔감이 내는 연기가 거리에 맴도는 페어뱅크스의 추위는 가혹했다. 빌딩 윤곽이 흐릿해지고, 이미 무뎌진 지나가는 차 소리마저 차단됐다. 콘크리트만큼 딱딱한 눈이 거리에 재갈을 물렸다. 활기라곤 없는 회색 불빛 속에서 거대한 까마귀들이 상가 뒷골목을 돌아다니며 쓰레기 조각을 물어뜯었다. 녀석들은 흰 수증기가 솟구치는 공중전화 기둥 꼭대기에 웅크리고 앉아서 아래를 내려다보며 귀청을 찢을 듯이 까옥거렸다. 그때만큼 선사시대 생물처럼 보인 적이 없었다.

겨울 어둠은 시야를 차단한다. 추위는 우리를 옷 속에 깊숙이 집어넣고 집 밖으로 나오지 못하도록 밀어넣는다. 마음조차 속으로 움츠러든다.

나는 겨울이면 봄을 기억하려고 애쓴다. 눈꺼풀로는 다 가리지 못할 정도로 찬란한 그 빛. 봄에는 눈에 천 조각을 올려놓고 자야 한다. (나는 위니프리드 페치 마시를 생각하곤 했다. 에스키모갑에서 툰드라 그림을 그릴 때, 그는 색을 왜곡하는 선글라스 대신 가는 눈구멍을 낸 스키용 보안경을 썼다.) 공기는 그처럼 맑고, 풍경은 그처럼 탁 트여서 누구라도 조금만 위로 올라서면 콜빌강 강둑에서 아이오와까지 볼 수 있을 것만 같다. 그러나 겨울에는 나 또한 어둠을 생각하곤 했다. 예를 들면 카미누리아크 카리부 무리를 괴롭힌, 현대에 벌어진 에스키모들의 과도한 살육에 영향을 미친, 그런 어둠 말이다. 인종차별주의자로 불릴 것이 두려워 아무도 이 건에 대해 말하지 않는다. 우리 안에 있는 그 위험한 주제에 맞서기보다는 동물들의 일로 치부해버리는 편이 쉽다. 오랫동안 정치의 어둠이 이 땅의 어둠 속으로 흘러들어왔다. 이 땅의 분노 속으로.

나는 에스키모들을 생각하곤 했다. 인간 영혼의 어두운 측면은 문명으로 정제되어 사라지지 않는다. 우리와 관련이 없는, 이미 끝난 일이 아니다. 내 경험상 에스키모들은 아직 폭력을 행사하는 자신들의 능력에 대해 분별 있는 지식을 가지고 있지만, 그것이 원시적인 사람들의 감정이고 충동이라고 배웠기 때문에 백인들에게 그에 관해 얘기하기를 꺼린다.

우리는 전구가 어떻게 작동하는지 이해하지 못하는 것을 원시적인 것으로 혼동한다. 우리는 혼란스러워하는 것을 원시적인 것으로 혼동한다. 우리와 그들에게 남아 있는 진짜 원시적인 것, 잔인한 굶주림과 도덕적 태만을 우리는 못 본 체하려 애쓴다. 아니면 그들이 알아서 변하도록 그냥 내버려둔다. 그들은 자신들이 그 정도 바보는 아니라고 말하는 표정으로 우리에게 창피를 줄 수 있다.

위성 텔레비전으로 중계되는 게임쇼나 하버드 운동복을 입은 꼬마, 침례교 교회에서 하는 공산주의의 재앙에 관한 설교, 그 뒤에 나오는 파스타와 식탁용 냅킨이 등장하는 저녁 식사 같은, 오지 마을에서 볼 수 있는 현대적 아이러니들 속에서도, 이곳에서도, 특히 이곳에서, 대개는 사냥 준비를 할 때 이전의 힘, '앙가코크'의 힘을, 그 초인적인 강인함과 단호한 긴장을 언뜻 포착할 수 있다. 앙가코크는 어둠의 중재인이다. 그는 주술사의 빛, 빛나는 불, 글자 그대로 또 상징적으로 어둠 속에서도 볼 수 있는 힘을 주는 불가해한 빛인 '콰마네크'를 가지고 있다. 그는 어둠의 숨통에 닿는다. 원시적이다. 피의 분출이 그렇듯 원시적이다. 맹렬하게 총을 쏘고 선혈 속에서 뒹구는 사냥, 그 환희와 폭력의 격렬한 혼합 속에서 때로는 외부인들도 원시의 경계를 느낄 수 있다. 억제되지 않은, 그것은 두려움이다. 그것은 또 굶주림을 물리친다. 그리고 삶의 구체적인 사건들에 대한 원시의 열정 속에서, 그것은 마음과 영혼을 저버리는 것들을 물리칠 수 있다.

겨울의 어둠은 폴라에스키모들이 '페를레로르네크'라고 부르는 극심한 계절성 우울증을 가져온다. 인류학자 장 말로리에 따르면, 이 단어는 '삶의 무게'를 느낀다는 의미다. 반드시 해내야 할 그 모든 일을 미리 내다보고 시작하기도 전에 느끼는 피로와 패배감, 응어리진 노여움, 끔찍한 슬픔. 이미나라는 이름의 남자가 말로리에게 그건 '삶에 진저리가 나는 것'이라고 말했다. 우울증의 피해자는 발작적으로 입은 옷을 찢는다. 한 여성이 이렇다 할 목적 없이 칼로 이글루 안을 난자하기 시작한다. 어떤 사람이 끔찍하게 추운 밤에 반쯤 벗은 채로 소리를 지르고 개똥을 먹으면서 마을 안을 내달린다. 그 사람은 결국 측은해하는 가족들의 도움을 받아 진정하고 잠이 든다. 페를레로르네크. 겨울.

나는 마음속으로 작은 도싯 가면을, 그 고통에 찬 얼굴을 만지작거리곤 했다. 보퍼트해 해빙에 나가 물범을 잡으면서 실수를 연발한 어느 날을 떠올렸다. 다 내 생각일 뿐이지만, 나는 그날 우리가 겪은 문제들이 모두 내 태도가 잘못됐기 때문이라고 느꼈다. 나는 다른 사람과 함께 조그만 얼음판 위에서 턱수염물범의 가죽을 벗기고 있었다. 아무 말 없이. 바다는 유리창처럼 고요했다. 아비 한 마리가 딱 한 번 울었을 뿐이다. 나는 발밑의 얼음이 '갑자기 녹으면' 어떻게 될까 생각했다. 나는 물 위에 뜬 물 위에 서 있었다. 심장이 목구멍까지 차올랐다. 나중에 우리는 식사를 했다. 나는 그 물범의 고기를 먹었다.

어떤 여름도 완전히 겨울에서 벗어날 만큼 길지 않다. 겨울은 어김없이 온다. 우리는 온전한 삶의 균형을 찾아보려 노력한다. 동물은 죽는다. 우리는 핵심적인 철학적 질문 두 가지에 직면한다. 죽음이란 무엇인가, 그리고 동물의 본질이란 무엇인가? 우리는 쏟아지는 빛을 받으며 여름 툰드라 위에서 잠에 빠진다. 우리는 물떼새와 긴발톱멧새의 울음소리에 잠이 깬다. 눈앞에 새파란 꽃 무더기가 피어 있다. 몇십 센티미터 앞에는 뒤영벌의 무게 때문에 고개를 숙인 양귀비 한 송이가 있다. 그 너머엔 여름 과일처럼 관능적인 뭉게구름이 떠 있다. 우리는 몸을 굴려 대지를 껴안는다.

검은 흰죽지바다오리 한 마리가 하얀 얼음 너머로 날아가더니 검은 바다 배경 속으로 사라진다.

엠브이수독호가 짐을 싣고 데이비스 해협을 통과해 북쪽 리틀콘월리스섬으로 향하는 동안, 나는 다른 중장비들과 함께 갑판에 쇠사슬로 고정된 폭이 넓은 불도저 조종석에서 오후를 보내는 버릇이 생겼다. 거기 앉으면 바람이나 때로는 비를 피하면서 널찍한 창을 통해 바다와 얼음을 내다볼 수 있었다. 이따금 『캐나다 북극 안내서』를 읽거나, 무릎 위에 북극 지도를 펼쳐놓고 북극 역사에 관한 책을 읽기도 했다.

빙산들 사이에서 보내는 하루하루는 천천히 흘러갔다. 나는 갑판 위에 만든 임시 권좌에 앉아 있거나, 이물에 서서 바다를 바라보거나, 아니면 쌍안경과 스케치북을 들고 함교로 올라가곤 했다.

빙산들은 둥둥 떠서 지나가는 몬태나주의 조각들 같았다. 내가 자라면서 익히 봐온 것과는 다른 지형이었지만 말이다.

빙산들은 낯선 공간 감각을 만들어낸다. 수평선이 뒤로 물러나 있고, 내리누르는 선 하나 없이 빙산 뒤에 바로 하늘이 솟아 있기 때문이다. 나무가 없는 북아메리카 대평원에 도착한 개척자 가족들이 두려워한 것이 바로 이런 전망이었다. 드문드문 가지를 펼친 참나무로 평원에 닻을 내린 너무도 넓은 공간. 당나라와 송나라의 풍경화들(7~12세기)은 이런 공간 배치로 공간 이상의 큰 존재감을 만들어내기도 했다. 실제로 이런 그림들의 주제는 바로 그 명백한 '공空'이었다.

앞서 하던 생각으로 돌아가자면, 19세기 미국 풍경화는 빛과 공간의 투쟁을 드러냄으로써 결과적으로는 동시대 유럽의 회화 전통인 나무로 둘러싸인 목초지, 즉 마차의 창을 통해 본 세계와 분리되었다. 미국 화가들은 북아메리카 대지에 존재하는 실질적인 영적 분위기를 포착하고자 했다. 당시의 예술사가들에 따르면, 그 그림들은 대평원과 산맥, 강바닥에서 '신의 얼굴을 본' 사람들의 작품이었다. 대지를 새롭게 이해하는 분명한 표현 중 하나는 거의 엄숙하다고 할 만한 루미니즘 그림들의 구성이었다. 그림의 대기는 고요하고 명상적이다. 이는 대지와의 공적인 만남보다는 사적인 대면을 암시한다. 『자연과 문화』에서 이 시기 미국 예술을 연구한 바버라 노박을 포함한 몇몇 예술비평가는 이 그림들이 특징적인 '자아 소실'을 보인다고 언급했다. 예술가가 사라지는 것이다. 그 대신 작품의 권위는 대지에 있다. 그리고 빛은 그림 속에서 살아 있는 하나의 생물처럼 완전히 풍경의 일부가 된다. 그 땅은 신비롭고, 두드러지고, 현실적이다. 대지는 유럽에서처럼 단순히 상징적인 것에 그치지 않는다.

루미니즘 화가들 중 제일 눈에 띄는 프레드릭 에드윈 처치는 비평가들과 대중들로부터 한창 찬사를 받던 1859년에 뉴펀들랜드 앞바다로 항해를 나섰다. 그곳 빙산들을 스케치하고 싶어서였다. 그에게 빙산은 자연에 존재하는 빛의 화신인 듯했다. 그는 3주간의 항해를 마치고 뉴욕에 있는 작업실로 돌아와 커다란 그림을 완성했다.

작은 현장 스케치들은 때로 손바닥만 했지만 놀랍도록 현실적이고 상세한 지식을 담고 있었다. 그는 빙산들이 보여주는 흑백의 신비와 멀리 래브라도해까지 남하하는 동안 비바람에 시달린 흔적들을 모두 잡아냈다. 1월 1일에 그린 그림을 가까이 들여다보면 처치가 밑에다 '이상한 초자연'이라고 적어놓은 글귀를 볼 수 있다.

이런 스케치를 바탕으로 그린 처치의 유화에는 '빙산들'이라는 제목이 붙었다. 가로 3미터, 세로 1.8미터짜리 이 그림은 아주 인상적이라서 관객들은 마치 그림 안으로 들어갈 수도 있을 것처럼 느꼈는데, 바로 그것이 처치가 의도한 바였다. 왼쪽으로 급격하게 솟아오르는 빙산 일부처럼 보이는 전경의 얼음 바닥이 그림의 거의 대부분을 차지한다. 오른쪽으로는 파도에 깎인 동굴이 있는 얼음덩어리 하나가 물에 잠겨 있다. 중경에 있는 잔잔한 만은 왼쪽의 어두운 바다로 열려 있는데, 바다는 폭풍이 치는 수평선과 먼 빙산들로 이어져 있다. 만 건너편 원경에는 눈과 얼음으로 이루어진 높은 절벽이 배치돼 있어 사람들의 시선을 그림의 오른쪽으로 끌어간다. 대양 위의 대기는 소용돌이치는 안개다. 빙산들의 색조와 형태가 능숙하게 묘사되어 있다. 처치는 한 사람의 열렬한 박물학자로서 성실하고 정확하게 묘사했다. 가볍게 윤색되긴 했지만, 색깔들도 사실적이다.

지금은 미국 풍경화로 아주 유명해진 이 그림에는 두 가지 특이한 사연이 있다. 1861년 4월 24일, 그림이 뉴욕 가우필 화랑에서 처음 선을 보였을 때, 이미 유명인사였던 처치의 기대와 달리 반응이 상당히 조심스러웠다. 〈빙산들〉에는 처치의 다른 작품들과 결정적으로 다른 한 가지가 있었다. 그림 안에 사람의 흔적이 전혀 없었던 것이다. 자신이 뭔가 실수를 했음이 틀림없다고 확신한 처치는 작품을 다시 작업실로 가져가 전경에 난파선을 암시하는 망대가 붙은 주 돛대 일부를 그려 넣었다. 보스턴에서 그림이 다시 전시됐지만, 반응은 뉴욕과 대동소이했다. 그림은 런던까지 가서야 비평가들과 관객들의 찬사를 받았다. 한 비평가가 『맨체스터 가디언』에서 "가장 기이하고도 아름다운 그림"이라고 썼다. 북극 탐험과 고래잡이의 긴 역사를 가졌으며, 존 프랭클린 경의 비극적인 사건에서 벗어난 지 몇 년 되지 않았던 영국이 적어도 그와 같은 주제에서는 확실히 더 예민한 감수성을 가지고 있었다.

두 번째 사연은 처치의 이 그림이 116년 동안이나 '사라진' 이야기다. 런던 전시가 끝난 뒤인 1863년에 에드워드 왓킨 경이 그림을 구입해서 맨체스터 외곽에 있는 로즈힐이라 불리는 자신의 저택에 걸어두었다. 그때부터 그림은 왓킨의 아들에게 상속됐다가 그 저택의 구매자에게로 넘어갔다. 그러고는 근처에 있는 성윌프리드 교회에 기부됐다(교회는 그림의 크기 때문에 다시 로즈힐로 돌려보냈다). 1979년경 로즈힐 저택은 로즈힐 소년원이 됐다. 액자도 없이 복도에 걸려 있던 〈빙산들〉에 어떤 아이가 낙서를 했다. 그러다 소년원을 운영할 자금이 급했던 소유자가 가치도 모른 채 그림을 팔려고 내놓았다. 그림은 다시 뉴욕으로 건너와 1979년 10월 25일에 경매를 통해 250만

달러에 팔렸다. 당시로서는 그림 한 점에 지불된 금액으로는 미국 최고가였다. 그림은 지금 텍사스주 댈러스미술관에 걸려 있다.

〈빙산들〉에 부러진 돛대를 추가하기로 한 처치의 결정은 분명 그의 상업적인 직관을 보여주는 일화지만, 나는 그 가필이 생각보다 훨씬 복잡한 결정이었다고 생각한다. 무엇보다 전자의 평가는 너무 냉소적인 동시에 너무 단순하다.

우리는 결국 그런 장치에 의존하지 않고는 아무리 노력해도 자연 그 자체를 거의 이해할 수 없다. 처치의 십자가형 돛대처럼 과감하게 인간의 존재를 추가하든, 아니면 대조와 유사, 비유 같은 무형의 상징적인 도구를 사용하든, 낯선 대지를 우리 힘으로 규명하기 위해서는 우리의 세계를 가져다 대야 한다. 우리가 달리 어떻게 할 수 있겠는가. 이때 감수해야 할 위험은, 최종적인 권위를 대지에서가 아니라 상징에서 찾는 것이다. 그렇다면 먼 대지의 복잡한 의미를 탐구하는 일은 각자의 내부에 있는 대지, 기억 속에 있는 익숙한 대지를 떠올리는 작업이다. 먼 땅은 우리 스스로에 대한 이해를 돌아보라고 등을 떠민다.

빙산의 상징을 찾으려던 많은 서구인의 머릿속에 떠오른 것이 대성당이었는데, 나는 그 이유가 선과 규모의 명백한 유사성보다 더 깊은, 빛에 대한 우리의 열정과 관련돼 있다고 생각한다.

대성당 건축은 유럽 문명의 비약적인 발전을 알리는 신호였다. 햇빛을 받아들이는 기둥 사이의 널찍한 벽과 한때 그냥 돌벽이었던 곳에 높은 창을 낼 수 있게 해준 버팀도리[19]와 조화로운 실내 공간을 가진 고딕 성당. 이 '빛의 건축'은 새로이 창조된 신학의 금자탑이었다. 이 시기를 연구한 프랑스의 문화역사학자 조르주 뒤비는 "신은 빛이다. 모든 피조물이 그 최초의, 자존自存하는, 창조적인 빛에서 기인한다"라고 말했다. 12세기에 옥스퍼드 대학을 설립한 로버트 그로스테스트는 "물리적인 빛은 존재하는 모든 실체 중에서 제일 좋고, 제일 즐겁고, 제일 아름답다"라고 썼다.

지적인 측면에서 봤을 때, 11세기와 12세기는 신중한 논리적 변증의 시대였다. 변증의 관계들이 고도로 정밀해지다가 결국은 대성당의 수학적 계산으로 표출되는 결과로 이어졌다. 신이 빛일 뿐만 아니라, 신과 인간의 '관계'도 빛이었다. 대성당이 태양의 에너지를 사로잡는 방식 자체가 신만이 아니라 신과 인간의 관계를 드러내는 표현이었다. 뒤비는 이 시대의 미학이 "빛과 논리, 명석함, 그리고 인간의 형체를 한 신에 대한 동경"에 있다고 썼다. 성서학 연구에 매진했던 학구적인 수도사들이나 이런 구조물들을 하늘 높이 쌓아올린 무학無學의 대중들 모두 "빛을 꿈꿈으로써 빈곤을 딛고 솟아오르고자 했다"라고 뒤비는 말했다. 보베에서는 48미터 높이까지 쌓아 올렸다가 결국 무너

---

19 버팀도리flying buttress는 건물 외벽에 덧댄 구조물인 부벽 중에서 벽체와 완전히 분리된 독립된 부벽을 뜻한다. 주로 고딕 양식 건축물에 쓰였는데, 고딕 대성당 등에서 외벽의 압력을 지탱하는 아치 모양의 버팀도리들을 볼 수 있다. 공중버팀벽, 비량飛梁이라고도 한다—옮긴이.

져내렸지만 말이다.[20]

때는 신비주의의 시대였다. 도미니크회 수도사였던 하인리히 주조가 밤에 성당에서 기도할 때, "몸이 공중으로 떠오르거나 설명할 수 없는 신에 대한 경이감의 도도한 흐름을 타고 시간과 영원 사이를 가르고 나아가는 것 같은 때가 종종 있었다." 그리고 당시는 어둠이 존재하지 않는 『요한계시록』의 새로운 예루살렘을 얘기하는 예언자들의 시대였다.

영적 자각의 금자탑을 세우는 일은 이런 건물의 생존에 필수불가결한 도시의 부활을 알리는 신호탄이었다. (성당을 짓는 자금은 대체로 귀족이 아니라 당시 부상하던 상인과 무역업자 계층에서 나왔다.) 그러나 시간이 지나면서 대성당들은 점점 더 지적 해석으로 점철된 난해하고 무거운 과업이 되어, 지금 보면 애초의 동력이었던 날것의 영적 열망은 사라진 듯하다. 빛을 좀 더 쉽고 영리하게 다루는 건축에 익숙한 현대의 방문객들은 이제 대성당을 어두컴컴하다고 느낀다. 대성당의 돌은 산업화된 산성 공기와 부식제에 좀먹었다. 대성당 건설을 추진했던 신비주의 시대는 다소 지나치게 허둥대며 논리적 지성의 시대, 거대한 바로크적 신학 개념의 시대에 길을 내주었다.

마지막 역설은 대성당 건축을 가능하게 한 수학이 이른바 이

---

20 1225년에 건축을 시작하여 1272년에 1차 공사를 마친 프랑스의 보베 대성당은 둥근 천장 높이가 48미터로 당시 가장 높았던 아미앵 대성당보다 5미터나 높았다. 1284년 강풍에 동근 천장과 버팀도리 일부가 붕괴했다—옮긴이.

교도라 불리던 아랍인들과 무어인들에 의해 엄중하게 보존돼 왔다는 점이다.

13세기 즈음 유럽은 아시아의 광대함과 문화적 권위를 느끼기 시작했다. 뒤비는 이렇게 말했다. "지식 보급과 문화 발전이 (유럽인들로 하여금) 눈을 뜨게 하고 진실을 마주하게 했다. 세계는 한없이 커지고, 더 다양해지고, 선조들이 생각했던 것보다 덜 고분고분해졌다. 세계는 신의 말씀을 받아들이지 않고 들으려고도 하지 않는 사람들로 가득했고, 군대로도 쉽사리 정복되지 않았다. 유럽에서 성전의 나날은 끝났다. 탐험가와 무역업자와 선교사의 나날이 시작됐다. 무엇보다 그 난공불락의 왕국들을 상대로 사업상의 거래와 평화로운 설교를 통해 이득을 얻는 동시에 교묘하게 신의 말씀을 심어줄 수도 있는데, 왜 모든 이교도, 그 숙련된 전사들과 싸우기를 고집한단 말인가?"

이것이 포르투갈인들을 인도로, 에스파냐인들을 페루로, 프랑스인들과 영국인들을 북아메리카 내륙 오지로 데려간 철학이었다. 수백 년이 지난 후, 이 정복 철학의 세련된 형태가 미국인들을, 캐나다인들을, 러시아인들을 북극으로 몰아댔다.

우리 시대의 틀에 박힌 상식은 유럽 사람들이 대성당 시대 때부터 엄청난 간격을 벌리며 앞서 나갔다고 말한다. 그들은 달에도 발을 디뎠다. 그들은 천연두를 치료했다. 그들은 원자의 힘을 길들였다. 그러나 다른 주장이 반대 방향에서 제기될 수 있다. 유럽 사람들이 900년 동안 성취한 것이라곤 물질을 더 복잡하게 조작하는 법일 뿐이며, 이미 꿰고 있던 사물의 물리 법칙들을 더 놀라운 방식으로 과시하는 법일 뿐이라고. 우리는 단순한 표현 형태에 눈멀어 있는 것이라고. 우리 시대는 신비주의자의 시대가 아니라 이례적인 숙련자, 실행자의 시대라고. 유럽 사람들이 자기 지성의 경계 안으로 다시 빠져들기 전에 만들어낸 마지막 한 걸음이 바로 대성당 건축이었다고.

오늘날의 과학 중에서 양자물리학만이 홀로 상징들과의 공정한 관계로, 그 상상력의 근본적인 도구로 돌아가는 자신만의 방법을 발견한 듯하다. 다른 과학들은 때때로 이성적인 분석에 얽매이거나 상징을 너무 경계한 나머지 인격화를 비교연구의 도구로 채택하는 대신 일종의 지적인 암으로 인식하고 비난한다. 비교연구야말로 아마도 정신이 작동하는 유일한 방법일 것이며, 그 동시적 유사성을 우리는 마침내 서사라고 부른다.

대성당 시대로부터 온 단어가 하나 있다. 아가페. 어떤 신비와의 강렬한 영적 유사성을 표현하는 단어. 그 신비는 다름 아닌 '다른 생명과 삶을 나누는 것'이다. 아가페는 사랑이고, 이는 '신으로 인한 다른 이에 대한 사랑'을 의미한다. 더 넓고 깊게 보자면, 우리가 신이라 칭하는 어떤 존재의 이름으로 겸허하고 열정적으로 자기 밖에 있는 세계, 그러나 동시에 자신을 포함하며 또 그 자체로 신인 어떤 세계를 포용하는 일이다. 우리는 분명히 하나의 생물 종으로서 우리의 지성을 활용해야 할 책임이 있다. 우리는 미래를 우리의 지성에 맡기고 있다. 그러나 우리는 지성이 이성인지, 아니면 지성이 신학자들과 물리학자들이 공히 신이라 부르는 그 유형을 포용하고 또 포용되려는 욕구인지 알지 못한다. 다른 말로 하자면, 지성이 사랑인지 알지 못한다.

엠브이수독호 화물 갑판에 자리한 내 지정석에 앉아 있던 어느 날, 이등기관사가 커피 두 잔을 들고 나타났다. 그는 가이아나 출신이다. 우리는 가이아나에 관해, 그때 우리 주변에 있던 마흔에서 쉰 개쯤 되는 빙산에 관해 얘기했다. 그가 턱짓으로 빙산을 가리키며 말했다. "저기서 사는 건 어떨 것 같아요? 사나이라면 저기에 텐트를 치고 뉴펀들랜드까지 쭈욱 타고 가는 거예요. 세인트존스에서 내리면 되겠네요. 어때요?" 그가 웃었다.

우리는 함께 웃으며 쌍안경으로 수평선을 더듬어 신기루를 찾아봤지만 실패했다. 휴식 시간이 끝나자 기관사는 아래 갑판으로 돌아갔다. 나는 이물 난간 밖으로 몸을 내밀어 멜빌만의 고요한 수역에서 그날따라 더 능숙하게 기하학적 무늬를 그리는 너울을 응시했다. 빙산들을 올려다보았다. 그들은 너무도 대지를 빼닮았다. 엄숙하고, 냉혹했다. 가혹하지만 적대적이지는 않았다. 엷은 빛의 산물. 언젠가 한번 알래스카 브룩스산맥의 중앙 지역에서 야영할 때, 연한 초록색과 밀짚 같은 갈색의 드넓은 빙하 계곡과 햇빛이 어른거리는 툴루각 호수와 멀리 아낙투북강을 굽어보며 친구가 말했다. 너무 아름다워서 울고 싶어진다고.

나는 빙산들을 쳐다보았다. 너무나 아름다웠고, 그래서 두려웠다.

7장

땅

마음을 감싸는 땅, 땅을 감싸는 마음

얼음이 없는 계절에도 매일 핑곡섬의 좁은 해변을 오르내리는 조석의 차이를 알아채기는 힘들다. 보퍼트해가 알래스카 북해안으로 밀려드는 북극해의 이쪽 지역에서는 조수간만의 차가 손가락 마디 하나 정도밖에 되지 않는다. 바람이 없는 날에는 이 대양의 가장자리에 고스란히 비치는 구름을 볼 수 있다. 참을성만 있다면 물가에 발을 대고 서서 여섯 시간 후에도 물이 겨우 발뒤꿈치까지밖에 차지 않았다는 걸 확인할 수 있다. 이 땅의 또 다른 특이점이다. 언게이바만이 있고 캐나다 군도가 둘러싸고 있는 북아메리카 동북극에서는 조수간만이 훨씬 강력해서 그 차가 12미터에 이른다.

핑곡섬은 북위 70도 35분, 서경 149도 35분에 있는데, 알래스카 북해안에서 불과 몇 킬로미터, 콜빌강 삼각주에서 동쪽으

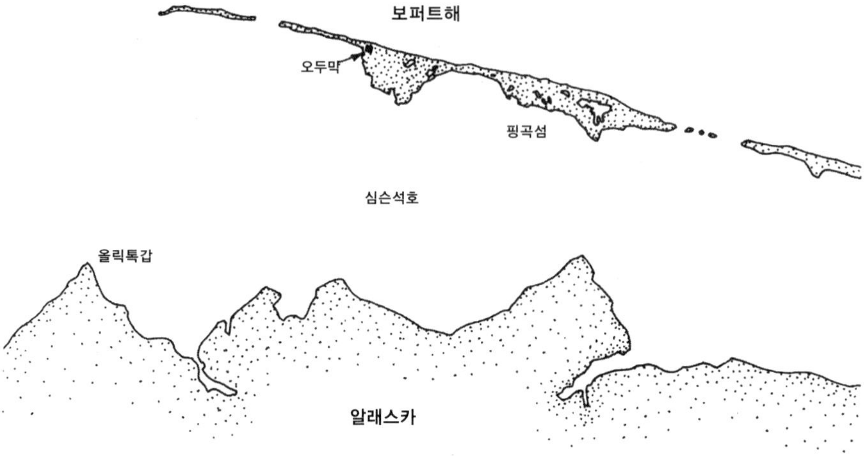

핑곡섬

로 48킬로미터 떨어진 곳이다. 길게 뻗은 존스 제도에서 제일 서쪽에 있는 섬인데, 존스 제도는 철 따라 이동하는 바다오리들이 많이 찾는 심슨 석호라는 얕은 수역을 보호하는 방파제 역할을 한다.

북극의 이쪽 해안은 최근까지도 서구인들의 발길이 거의 닿지 않았다. 1968년 2월에 석유가 발견된 프루도만이 64킬로미터 동쪽에 있다. 맑은 날에는 유전 지역에서 폐가스를 태우는 검은 연기가 수평선 위로 희미하게 보인다. 남서쪽으로 몇 킬로미터 떨어진 본토 올릭톡갑에는 원거리조기경보 레이더망 기지가 있다. 핑곡섬에도 이 지역에 대한 현대적 수요를 보여주는 흔적이 있다. 산업적 탐사와 군사 훈련 때 나온 폐기물과 최근에 사용된 에스키모 야영지와 기지에서 나온 쓰레기들인 노란색 나일론 밧줄 가닥, 빈 나무상자, 하얀색 석유 깡통, 보트 모터의 잔해들이 여기저기 널려 있다.

몇 군데 튀어나온 데가 있는 길이 7.2킬로미터, 폭 0.8킬로미터짜리 섬에서 가장 눈에 띄는 인공물은 섬 서쪽 끝에 있는 창고와 연노랑 판자 건물 두 채, 동쪽 끝에 세워진 일단의 해안 조사용 표지판이다. 나는 해양생물학자 몇 명과 서쪽 바닷가에 있는 작은 원룸 건물에서 두 번의 여름을 잠깐씩 보냈다. 대부분의 시간은 바다에서 보냈지만, 8월 눈보라나 거친 파도 때문에 작은 보트로는 제대로 일하기 힘든 '흐린 날'이면 섬의 툰드라 평원을 거닐었다.

천천히 땅 위를 거닐며 오감에 닿는 모든 것을 느끼고 그 안에 숨겨진 것들을 상상해보는 것이 내 오래된 습관이다. 풀 속에서 뭔가 반짝이는 것이 눈에 확 들어온다. 곤충의 키틴질 껍질이다. 코는 북극의 향기에 이끌려 작은 꽃송이를 찾는다. 손은 이상하게 생긴 뼛조각을 뒤집고, 마음은 이런저런 추론 끝에 해당 동물을 찾아내고, 이내 이 대지 안에서 움직이는 동물을 그려본다. 이상하게 흩어진 돌을 보고 추측을 거듭하고, 짐승 발자국과 찢어진 거미줄에서 돌이킬 수 없는 사건의 흔적을 발견한다.

나는 그 두 번의 여름 동안 털갈이를 하느라 빠진 바다오리 털이 밀려와 해변에 길게 쌓인 무더기를 보았다. 옆 석호 얕은 물에는 마치 방금 진흙을 디딘 것처럼 카리부의 발굽 자국이 고스란히 찍혀 있었다. 카리부들은 늦봄에 마지막 남은 얼음을 건너갔을 것이다. 나는 다각형으로 갈라진 툰드라 어디든 동물의 흔적이 눈에 띄게 남은 곳이면 일단 웅크리고 앉았다. 캐나다기러기가 민물 연못가에서 풀을 뜯었던 곳, 얼음 아니면 청소동물이 내륙으로 수백 미터나 옮겨놓은 고리무늬물범의 머리뼈 옆, 여우가 쉬느라 풀이 납작해진 곳.

나는 해변가에 형성된 야트막한 흙 벼랑 아래쪽에서 툰드라 밑에 놓인 얼음 수정체의 반짝이는 가장자리를 보았다. 위를 덮은 식물 층과 흙은 덥수룩한 눈썹 같았다. 끈질기게 시도했지만, 먹이를 먹고 있는 기러기 떼에 잠입하는 데는 실패했다. 거의 완벽한 뇌조의 보호색 때문에 자꾸 뇌조의 모습을 놓쳤다 다시 찾곤 했다. 나는 그 땅의 일부를 작은 오두막 돌침대 옆 선반에 가져다 놓고 한동안 바라보며 경탄했다. 벨루가의 부러진 추간판, 선사시대 것처럼 보이는 어느 해양 등각류의 외골격, 그리고 한 줌의 깃털들. 내 조용한 심문에서 얻은 물증들. 세상에 가득한 원시 신비의 한 가닥이 여전히 매달려 있는 물체들.

가끔 핑곡섬 사진을 보고 당황한다. 사진 속 핑곡섬은 황량하고 버림받은 곳 같다. 겨울이면 섬은 순백의 덮개 아래로 사라진다. 하얀 평원이 바다 쪽으로는 보퍼트 해빙으로, 육지 쪽으로는 아무 경계도 없이 해안 평원의 툰드라로 뻗어나간다. 섬은 6월에 꽃과 곤충과 새 들로 화려하게 등장하지만, 불과 몇 달 뒤 첫 눈보라와 함께 다시 사라진다. 든든하게 가지를 뻗은 나무의 흔적을, 명랑하게 노래하는 종달새의 모습을, 키 큰 풀숲이 기분 좋게 바람에 흔들리는 모습을 찾는 서구적 상상력으로 보자면, 핑곡섬은 메마른 땅이다. 처음 섬에 도착했을 때는 나도 읽거나 들은 내용 그대로라며 그 황량함을 당연하게 받아들였다. 오며 가며 낯을 익히던 몇 주 사이, 어쨌거나 황량했던 섬의 풍경이 바뀌었다. 우리가 그런 풍경이라면 원시적이고 황량하고 이교도적일 것이라는 편견을 가지고 있다는 사실이 분명해졌다. 우리가 경솔하게 독성 물질을 저장하거나 무기를 시험하는 곳이 바로 이런 곳, 한때 이단자들을 추방하거나 우리의 죄를 짐 지운 희생양을 풀어주곤 했던 이런 사막 같은 곳이다.

지구의 다양한 대지를 개인적으로 알기는 힘들다. 땅들은 야생동물들만큼이나 대화하기 힘든 존재들이다. 사람이 자신이 나고 자란 곳에서 느끼는 친근함과 안정감은 다른 어떤 땅에서도 다시 생겨나기 힘들다.

어떤 문화든 탐험에 나설 수밖에 없다고 믿는 것이 서구 사상의 관행이다. 경제가 등을 떠밀기 때문에 인간은 새로운 땅을 찾아야 한다고 말이다. 유효하지만 비인간적인 이 주장은 순수한 동경과 덜 복잡한 삶이나 땅과의 유대감 회복 같은 유의 인간 욕망에 대해서는 언급하지 않는다. 그런 욕망 또한 우리를 새로운 땅으로 이끌었다. 그리고 욕망이 유발하는 상상력은 발견한 것들을 엉뚱하게 해석하게 만든다. 부를 향한 욕망, 회춘을 향한 욕망, 승리를 향한 욕망, 이런 것들이 과학적인 측정과 조사 또는 경제적 확장의 요구만큼이나, 아니 그보다 더 새로 발견된 땅의 지리학을 설명해준다.

1893년 프레드릭 잭슨 터너는 시카고에서 전미역사학회 회원들을 앞에 두고 미국 역사학 방법론의 방향을 바꾸는 논문을 발표했다. 역사학 방법론이란 역사학자들이 역사 요소들의 인과관계를 이해하는 방법이다. '개척지 가설'이라 불리는 터너의 논점은 우리가 현재 미국의 과거에 대해 당연하다고 생각하는 내용의 많은 부분을 구성했다. 그러나 당시만 해도 그의 가설은 뜻밖이자 독창적이었다.

역사학자 대부분은 1893년 이전에 미국이 유럽의 영향력에서 벗어나고자 하는 욕구나 남북전쟁을 거치며 제기된 경제적·사회적 쟁점들을 통해 국가의 틀을 갖췄다고 생각했다. 터너는 세 번째 시각을 제시했는데, 앞의 두 가지와 함께 서부 개척이라는 현실과 이상 모두가 미국을 형성했다는 시각이었다. 터너는 진취성, 주도성, 근면이라는 매우 뚜렷한 국가적 성격이 개척지를 겪은 국민의 경험을 이해하는 데서 도출되었다고 말했다. 역사학자들은 터너의 가설을 대체로 받아들였으며, 거의 한 세기에 걸쳐 개념을 정제하고 보완해나갔다.

터너의 의견은 적어도 두 가지를 보여준다. 한 나라의 역사가 취하는 서사의 방향이 보정될 수 있다는 사실. 그리고 인류에 미치는 지대한 물리적 영향력 면에서 역사를 품는 대지는 실재이지만, 동시에 실재가 아닌, 다만 인간 인식의 투사물이자 피조물일 뿐이라는 사실. 북아메리카 역사 어디에도 19세기 서부 개척 운동만큼 이런 사실을 명확하게 드러내는 사례는 없다. 정치인과 선동가, 신문기자들, 기업가가 부의 장초長草 초원과 단초短草 초원이 농업에 적합하다고 열렬하게 떠들어댔다. 논쟁 대부분을 차지한 선동가들과 반대자들의 정치적 위선과 농업 이론가들이 내놓은 추상적인 의견들은 엄연한 대지의 진실에 입각한 증거들보다 강수량 기록이나 거주민 진술 같은 정보에 근거하고 있었다.

그래도 이것 하나는 분명하다. 요즈음 제기되는 북아메리카 정치 문제 중에서 가장 곤란하고도 가장 역설적인 문제가 워싱턴과 오타와에서 공표하는 법과 규제가 대체로 땅의 실정에 무지하다는 사실 말이다.

그러나 기껏 그 속을 돌아다니는 수고를 하는 때에조차, 우리는 다들 땅을 불완전하게 이해한다. 우리 지각은 선입견과 욕망으로 채색돼 있다. 물리적인 땅은 체계적으로 조직되지 않은 시간과 공간의 거처이며, 완벽하게 측정되지 않는다. 그렇다고 우리가 땅에 다가가는 것이 더 어려워지지는 않는다. 형태와 색깔, 토착 생명의 다양성, 토양의 구체적인 성질과 그 위에 맹렬하게 쏟아지는 빗소리, 꽃봉오리들의 향기 같은 것들이 근본적으로 불가사의하다고 믿으면, 대지가 불가사의한 조합이라고 믿으면, 땅에 다가가기가 쉬워진다. 누군가는 그런 것들을 그저 당연하다고 느끼지만, 다른 누군가는 신비롭다고 느낄 수 있다. 수수께끼와는 구별되는, 생의 신비 말이다.

나는 이 맥락에서 두 가지 생각을 떠올렸다. 새로운 장소에 가면 무얼 하느냐는 질문에 아낙투북패스에서 한 남자가 했던 대답. "듣소." 그게 다였다. 나는 땅이 하는 말에 귀를 기울이오. 그런 의미였다. 나는 그 속을 돌아다니며 온 감각을 집중해서 오래 땅을 음미한 다음에야 비로소 입을 벙긋이라도 하오. 그런 조심스러운 태도로 들어가면 땅이 저 자신을 열어 자신을 받아들여 준다고, 그는 믿었다. 다른 하나는 다시 미국 화가들의 경험으로 흘러갔다. 19세기에 유럽 화가들과 구분되는 정체성을 찾는 과정에서 그들은 땅을 본질적으로 강력한 존재, 매력적이고 두려우면서도 한없이 마음을 끌고, 이해할 수 없을 정도로 풍부하며, 그러면서도 속을 알 수 없는 거친 존재로 생각했다. "신의 얼굴"이라고 그들은 말했다.

핑곡 섬에 있는 작은 오두막을 나서면 동쪽과 남쪽으로 어딜 봐도 똑같은 것 같은 툰드라 평원이 펼쳐진다. 흰갈매기 몇 마리가 땅에서 날아올랐다가 다시 내려앉고, 냉장고를 연 것처럼 차갑고 축축한 공기가 뺨을 스친다. 문에서 몇 미터 떨어진 툰드라에 암컷 솜털오리 한 마리가 황량하고 외롭게 죽어 있다. 서쪽으로 몇 미터 떨어진 곳에는 낮은 나무 기둥들 사이에 턱수염물범 가죽 한 장이 솜씨 좋게 펼쳐져 마르고 있다. 그 뒤로 몇 미터 떨어진 민물 연못에서는 지느러미발도요 한 마리가 동물성 플랑크톤을 먹느라 뱅글뱅글 맴을 돈다.

이틀이나 남서풍이 불었다. 그게 오늘 우리가 뭍에 머물게 된 이유다. 하늘은 돌풍과 눈을 예고한다. 나는 남쪽으로 방향을 잡고 바다오리들을 볼 수 있을까 반신반의하며 툰드라를 가로질러 석호로 향했다. 머릿속에는 대략적인 계획만 있었다. 석호로 간 다음 해안선을 따라 동쪽으로 가다가 물이 잘 빠져서 걷기 편한 툰드라가 나오면 다시 섬을 가로질러 바다 쪽 해안을 따라 귀가.

이처럼 평평한 지형에서, 심지어 무겁게 내려앉은 하늘을 이고서, 나는 이 지역의 망망함을 곰곰이 생각했다. 그러나 망망함이란 믿을 수 없는 것이다. 북극 탐험가들의 일지는 틀림없이 뭔가 발견하리라는 숨은 기대감을 나타내는 문구들로 가득하다. 그처럼 특징 없는 풍경에서는 두드러진 장소들이 매우 빤하게 보이기 때문이다. 그런 곳들은 바로 사람의 눈에 띈다. 그리고 그런 장소들은 뭔가 특별히 인간의 활동을 유도하는 방식 같은 것이 있어서, 마치 사막을 횡단할 때처럼 낯선 이를 만나도 그가 어떤 사람인지 반쯤은 추측할 수 있다. 이곳에는 인간이 무척 드문 데다 이런 오지의 기묘한 정보 흐름이라는 것이 인간의 용무 따위가 주 내용이다 보니, 낯선 이를 만나도 반쯤은 누구인지 아는 게 당연할 만도 하다. 언젠가 유콘강 상류에서 야영한 적이 있는데, 멀리서 카누를 탄 사람을 봤다. 송골매가 둥지를 튼 절벽을 쌍안경으로 관찰하는 그 사람을 보면서 나는 일주일 전에 페어뱅크스 어느 식당에서 주워들은 얘기를 떠올렸다. 나는 그가 누구인지 추측해냈다(송골매 전수 조사 중인 생물학 자문가였다). 그도 아마 내가 거기서 무얼 하고 있는지 알았을 것이다. 그럴 때는 그 땅에서 낯설다는 느낌이 얼핏 사라진다.

머리가 스스로의 기준에 묶어놨던 시간을 풀어준다면, 그것도 값진 물건이라도 되는 양 안달복달하며 조금씩 놔주는 것이 아니라 이 단조로운 땅처럼 별것 아닌 것으로 여겨버린다면, 우리는 거리를 초월할 수 있다. 불안을 느끼지 않고 아주 먼 거리를 여행하고, 그 땅의 엄청난 거리에도 지치지 않을 수 있다. 제대로 갖춰 입고 약간의 먹을거리만 있다면, 그리고 식량을 구하고 거처를 만들 수단이 있다면, 머리는 그 땅을 음미하는 감각들과 훨씬 자유롭게 어울린다. 나는 매력이라곤 없는 이 툰드라 평원이 주민들에게는 식량과 즉석 도구들의 보고라는 사실을 떠올린다.

얼어서 다각형으로 갈라진 지표의 가장자리를 따라 남서쪽으로 향하는 길에 새들의 움직임을 본다. 먼 점 하나가 하늘을 가로지르는 궤적이 딱 아비다. 초원멧새 한 마리가 경쾌하게 땅 위를 날아간다. 새들은 상당히 규칙적으로 보이는 일정표대로, 먹이를 구하러 바다로, 휴식을 취하러 석호로, 오고 간다. 과학자들은 이 왕복 유형, 즉 먹이를 먹고 휴식을 취하는 유형이 스물네 시간마다 되풀이된다고 한다. 그러나 시간 속에서의 움직임을 분석할 때마다 늘 그렇듯이, 이를 설명하는 일은 보기보다 훨씬 혼란스럽고 복잡해진다.

질척한 땅에서 젖은 땅으로, 젖은 땅에서 마른 땅으로 옮겨가면서 내 발소리도 바뀐다. 미소서식장소.[1] 나는 머릿속으로 북극 식물도감의 색인을 넘기며 경계를 구별해주는 식물들이 무엇이었는지 떠올리려 애쓴다. 중습성 툰드라와 습윤 툰드라를 한눈에 구분해주는 식물이 뭐였지? 습윤 툰드라와 건조 툰드라는? 기억이 나지 않는다. 어떤 경우든 그런 일반론들은 발밑에 펼쳐진 특수론들을 이기지 못한다. 사람은 해당 지역을 정확하게 알고 그 경계들을 예민하게 구분함으로써 풍족해진다. 큰 땅과 마찬가지로 작은 서식지들도 알아채지 못하는 사이에 서로로 이어진다. 또 하나, 기억된 땅에서는 이런 구분이 쉽다. 그리고 한 지역에 있는 어떤 동물의 서식지를 알면 다른 지역에 있는 비슷한 개체의 생태에 관해서도 추측할 수 있다. 그러나 결국은 어떤 땅도 다른 곳과 똑같지 않다. 일반론은 추상이다. 그리고 우리의 정밀 지도에 그어진 선들은 우리가 얼마나 건성으로 세계를 인식하는지, 우리가 인식과 자연의 불일치에 어느 정도의 내성을 가지고 있는지 드러낼 뿐이다.

한 툰드라 식물학자가 툰드라 흙무더기에 난 높이 45센티미터, 폭 30센티미터쯤 되는 덤불을 구성하는 식물들을 참을성 있게 분류한 경험을 말해준 적이 있다. 죽은 식물 조직과 산 조직을 분리하고, 여러 식물 종의 종류와 수를 기록했으며, 곤충과 열매 껍데기까지 조사하면서, 잘 보이지 않거나 집어지지도 않는 조각까지 샅샅이 뒤졌다. 꽤 오랫동안 그의 집중력과 시

1 미소서식장소微小棲息場所, microhabitat는 미소한 생물이 생활하는 특유의 다양한 환경적 조건을 갖춘 장소로서, 한 생물에 직접적인 영향을 미치는 특수화된 환경을 이른다—옮긴이.

간 감각은 그 세계의 크기에 맞춰져 있었다. 그는 문득 고개를 들었다가 지평선까지 뻗어 있는 수만 개의 덤불을 봤다고 했다. 그는 선뜻 시선을 돌리지 못하고 한동안 그 광경을 멍하니 바라보았다.

핑곡섬을 가로지르는 길은 풍성해 보이지만, 내 감각이 정밀하지 못하고 식별력이 떨어지기 때문에, 그리고 내가 이곳을 잘 모르기 때문에, 많은 것을 놓치며 지나간다는 걸 알고 있다. 내가 토착 언어를 알았더라면 크게 도움이 됐을 것이다. 지역의 언어는 지역의 현상을 구분하고 땅을 그 익명성으로부터 들춰내는 데 유용하다.

나는 내가 얼마나 많이 놓치는지 알고 있다. 바깥의 황무지에서 끊임없이 눈을 빛내던, 같이 여행했던 에스키모들의 얼굴만 생각해봐도 알 수 있다. 그들은 집 안에서조차 창가에 앉아 얘기하기를 좋아했다. 그들은 늘 땅을 내다보거나 하늘을, 다가오는 날씨를 올려다보았다. 뇌조 한 떼가 먹고 있는 게 뭘까 궁금해하며 석호에 다가가다가 어떤 생각이 불쑥 떠오르는 바람에 절로 쓴웃음이 났다. 한때 괴혈병이 황량한 북극 해안 때문에 발생한다고 알려진 적이 있었다.

석호 근처에는 바다오리가 한 마리도 없다. 쌍안경으로 보니 석호 반대쪽, 바람 없는 해안가에 떠 있는 녀석들의 검은 윤곽이 보인다. 나는 바람을 피해 툰드라의 주름 사이에 자리를 잡고 옷이 몸에 끼지 않도록 정돈한 다음 쌍안경으로 반대쪽 해변을 관찰하기 시작한다. 10~15분 후에 카리부 두 마리를 발견했다. 스테파운손의 쌍안경을 처음 본 에스키모가 이렇게 물었다. "이것으로 내일도 볼 수 있소?" 스테파운손은 그 질문을 곧이곧대로 받아들이고 재미있어했다. 그 '이누크'[2]가 의미한 건 아마, '내일이 돼도 보이지 않을 만큼 멀리서 이동하는 카리부나 내일이 돼도 도착하지 못할 먼 야영지 같은 것을 보여줄 만큼 이 물건이 강력한가?'였을 것이다. 어떤 에스키모 사냥꾼들은 깜짝 놀랄 만한 시력을 타고난다. 그들은 5~6킬로미터 밖 언덕에서 풀을 뜯는 카리부를 정확하게 짚어낸다. 그러나 좋은 사냥꾼의 표식인 땅에 대한 주의 깊은 관찰은 쌍안경을 사용할 때 가장 명확해진다. 호기심이 왕성한 외지인이 동물의 흔적을 찾아 땅을 훑어보는 일에 싫증을 내고 난 한참 뒤에도, 사냥꾼은 여전히 그 땅의 가장자리와 틈새를 꼼꼼히 살피고 있다. 그들은 한 번에 한 구역씩, 시간을 들여 아무것도 없어 보이는 툰드라를 360도로 살펴볼 것이다.

누구나 이런 관찰법을 배울 수 있다. 그리고 이런 관찰은 늘 한 마리의 땅다람쥐나 어슬렁거리는 울버린, 둥지에 앉은 새 등, 이곳이 어디고 어떤 일이 일어나고 있는지 말해줄 무언가를 드러낸다. 그리고 이런 습관에 빠져들 때, 또 이와 유사하게 조바심을 떨쳐버리는 어떤 방법을 발견할 때, 땅과 유리된 느낌도

2 '이누크inuk'는 이누이트의 단수형이다. 캐나다와 알래스카, 그린란드의 북극·아북극 지역에 거주하는 원주민들인 '이누이트'는 이누이트 언어인 이눅티투트어로 '사람들'이라는 뜻이다—옮긴이.

덜해진다.

나는 해변을 따라 한참 걸어가다가 툰드라가 완전히 마른 곳에서 안쪽으로 방향을 튼다. 반쯤 가로질러 가다 오두막 근처 풀 위에 죽어 있던 솜털오리처럼 하릴없이 풍경 속에 누워 있는 기러기 머리뼈를 발견한다. 좀 더 사려 깊은 탐구자라면 이런 사소한 정보로도 모종의 방법을 동원해 죽음의 이유를 밝혀내겠지. 남서쪽에 눈보라가 보인다. 더 심한 것이 뒤따라올 수 있으므로, 눈보라가 닥치기 전에 섬의 바다 쪽 해변에 닿고 싶었다. 해안을 따라가면 집이 나온다. 나는 종잇장처럼 얇은 머리뼈를 땅 위로 돌려놓는다. 멀리 동쪽에 서 있는 다 낡은 표류목 꼭대기가 보인다. 1910년에 어니스트 레핑웰이 이곳 해안 지도를 만들 때 세운 것이다. 한쪽으로 살짝 기운 표류목은 폐가같이 버림받고 비바람에 시달린 흔적이 역력하다. 망망함을 통제하려는 욕구의 기념비. 적절하게 땅을 분할하고 등기하기 위한 경계와 범위의 지시물, 소유권 이전을 위한 지시물이다.

핑곡섬과 서구 역사가 함께 겪은 사건들은 많지 않다. 1826년에 매켄지 강어귀에서 육상 탐험대를 이끌고 여기서 서쪽으로 400여 킬로미터를 더 가야 하는 배로우갑을 향해 출발한 젊은 영국 해군 장교 존 프랭클린이 이 서쪽 오지 부근까지 왔었다. 그러나 그해 가을 악천후와 대원들의 누적된 피로 때문에 그는 “더 이상 버티는 것이 어리석다고 판단되는 지점에 이르러” 되돌아갔다. 1850년 8월에는 로버트 맥클루어가 한 무리의 사람들을 상륙시키며 이곳에 거주하던 몇몇 에스키모에게 도움을 간청했다. 그때 상륙한 서른세 살의 모라비아파 선교사는 에스키모들이 인베스티게이터호를 "헤엄치는 섬"으로 여겼다고 썼다. "배가 30분쯤 노를 저어 가야 하는 거리에 떨어져 있었는데, 그들은 배가 움직일 때마다 마치 자신들을 덮치기라도 할 듯이 벼락을 맞은 듯한 충격과 새삼스러운 놀라움을 드러냈다."

19세기 말에는 미국 고래잡이배들이 섬에 들러 연못에서 마실 물을 떠 갔다. 스테파운손은 1913년 9월에 이 근처에서 운이 나빴던 카를룩호를 버렸다. (얼음에 갇힌 이 두대박이 범선은 고래잡이배를 개조한 과학탐사선이었는데, 나중에 서쪽으로 떠내려가다 부서져 가라앉았다. 원래 세 척으로 구성된 탐사대는 큰 손실을 입었다.) 무역업자들이나 레핑웰 같은 탐험가들도 그때 이 지역에 있었다. 1952년에 윌리엄 어빙이라는 고고학자가 처음으로 이 섬의 선사시대 유적지를 발굴했다. 몇 년 뒤 올릭톡갑에 원거리조기경보 레이더망 기지가 세워졌다. 1960년대에는 미 해군이 배로우에 있는 미해군북극연구소의 현장조사단이 쓸 용도로 핑곡섬에 창고 두 채와 가로 5.5미터, 세로 3미터짜리 오두막 한 채를 지었다. 나중에 미연방원양대륙붕환경조사단과 다른 연구 단체도 이곳을 썼다. 이 건물들은 연안을 따라 이동하는 에스키모들의 거처로 쓰이기도 하는데, 지금 오두막 근처 툰드라에 턱수염물범 가죽이 널려 있는 이유가 그래서이다.

이 섬의 원주민 역사는 아주 깊지만, 아주 불명확하기도 하다. 섬의 위치 덕분에 꾸준하진 않지만 수 세기에 걸쳐 에스키모 사냥꾼들이 사용했던 것 같다. 지금 남아 있는 초기 거주 흔적이라곤 툰드라에 삐죽 튀어나온 표류목들과 북극고래 갈빗대로 외곽을 두른 400년 된 10여 군데 주거지 흔적이 전부다. 이 변방의 북아메리카 해안이 사람들로 북적였던 적은 한 번도 없는 것 같다. 그러나 1981년만 해도 핑곡섬의 이 주거 흔적들이 북알래스카 연안에서 발견된 가장 큰 선사시대 유적이었다.

기민한 고고학자라면 이곳에 야영지 유적들이 있을 거라고 짐작했을 것이다. 핑곡섬은 '둥근 얼음 지붕 위로 솟은 육지'라는 뜻의 이누피아트어[3] 단어에서 유래했다. 여기서 지칭하는 지형은 폭풍이 몰아칠 때 섬을 보호해주는, 바다 쪽에 길게 놓인 모래언덕이다. 이쪽 지역에서 이런 방호벽은 매우 드물다. 당연히 사람들이 이 지형을 발견하고 활용했다.

핑곡섬에 야영지를 차린 사냥꾼들은 해빙이 깨지기 전에 민물 얼음부터 깨지기 시작하는 콜빌 강어귀에 일찌감치 도착하는 턱수염물범과 고리무늬물범의 덕도 봤을 테고, 심슨 석호에서는 이동하는 기러기들과 오리들을 찾아냈을 것이다. 해변을 따라 표류목들이 산더미처럼 쌓였는데, 어떤 것은 길이가 9~12미터나 됐다. 섬에는 커다란 민물 연못들이 있고, 북극곤들메기 떼나 벨루가 떼에 접근하기도 좋았으며, 9월에는 베링해를 향해

---

3 이누피아트어는 알래스카 북부에 사는 이누이트계 부족 중 하나인 이누피아트족의 언어이다—옮긴이.

서진하는 북극고래들이 근처를 지나갔다. 석호의 대륙 쪽 해변에서 카리부도 볼 수 있었을 것이다.

핑곡섬 거주지를 발굴하면서 1550년부터 1700년 사이에 이곳에 살던 사람들이 그 외에도 바다코끼리와 북극곰을 사냥했음이 알려졌다. 발굴된 물건 중에는 북극곰 이빨(추정)로 만든 낚시용 미끼와 어린이용 장난감 활, 카리부 뿔(추정)로 만든 갑옷 조각 등 더 흥미로운 것들도 있다.

이들 주거지 유적 옆에 서면 북극에 이처럼 많은 인간의 역사가 지표 위에 있는 그대로 고스란히 남아 있다는 사실에 충격을 받는다. 우리의 역사처럼 훨씬 수월하게 회수된 역사와 대조해봐도 충격은 마찬가지다. 여기 새잡이 작살의 뾰족한 촉이 있다. 저기 바다코끼리 이빨로 만든 목걸이 장식이 있다. 하지만 이 물건들에 깃들었던 생각들은 어디로 갔을까?

핑곡섬에서는 고래뼈와 뗏장을 이용한, 좀 더 현대적인 1920년대 에스키모 거주지도 발견된다. 최근에 문화기술학자들이 한때 그런 집에서 살았던 사람들과 함께 이 섬을 방문했다. 사람들의 '기억 속 문화'를 철저히 조사하기 위해, 옛 사물들과 땅에 더 가까운 이곳에서 면담한 것이다. 더는 사용되지 않는 도구들이지만, 여전히 이누피아트어만이 그 도구들과 결부된 문화를 정확하게 묘사할 수 있다. 그리고 이누피아트어는 급속하게 어휘를 잃어가고 있다.

1981년 여름의 어느 일요일 오후, 배로우 마을에서 에스키모 몇 명이 핑곡섬으로 우리를 찾아왔다. 그들은 땅의 특정 구역에 대한 원주민들의 소유권 요구를 구체화하기 위해 원주민들이 사용하는 토지를 평가하는 복잡한 토지 소유 조사를 실시하고 있었다. 우리는 (마치 지도를 소유한 사람들이 납득할 만큼 확증적인 세부 내용이 없으면 핑곡섬이 소유권을 청구하기 애매한 곳이 되기라도 하듯이) 핑곡섬의 에스키모 '역사'에 대해 잠깐 얘기를 나눴다. 그때 그들에게는 쉽게 받아들여지고 증명할 수 있을 만한, 특정한 종류의 역사만이 중요했다. 우리는 곧 말을 돌려 훨씬 편안한 화제인 사냥 얘기로 수다를 떨었다. 정치적·인종적 긴장이 불거질 수 있는, 마을에서 멀리 떨어진 이런 곳일수록 대화는 우호적인 경향을 띤다. 아무도 불화로 치달을 만한 주제를 제기하거나 캐묻는 듯 보일 만한 질문은 하지 않는다. 사냥은 언제나 환영받는 좋은 대화 주제다. 잡담 속에서 엄청난 양의 지역 정보들이 오간다. 현존하는 이들의 머릿속에 든 세세한 동물 생태 정보를 나누다 보면, 이 땅에 대한 그들의 소유권 주장이 400년 된 집에서 발견된 물건들에 대한 소유권 주장만큼이나 정당하고 의미 있는 일이라고 느껴진다.

그들은 작은 보트를 타고 동쪽으로 떠났다. 남들이 보기엔 제대로 챙겨 입지도 않고 변변한 장비도 없이 길을 떠난 사람들이다. 에스키모들을 볼 때 공통적으로 받는 인상이다. 그들이 떠난 뒤 우리끼리 에스키모 문화와 역사에 관한 얘기를 나눴다. 방금 다녀간 사람들은 다른 문화에서 빌려온 역사기술 방식을 지니고 있었다. 그 역사기술 방식은 그들이 자신들의 전통적이고 기술되지 않은 역사에 고인 분화되지 않은 시간 영역에 내리는 그물 같은 망이었다. 그리고 핑곡 섬의 표류목 통나무에 앉아 녹음기를 앞에 두고 아주 오래전의 자기 삶을 조목조목 회상하던 에스키모 여성들에게서는 대단한 위엄과 권위가 느껴졌다. 순수한 지적 열의를 가진 사람 앞에서 기억을 더듬는 동안, 심지어 얘기하는 동안에도, 문득문득 떠오른 기억의 실들이 그들을 그 땅에 다시 연결시켰으리라는 걸 누구라도 쉽게 추측할 수 있을 것이다.

'토지 사용 및 점유 조사' 계획은 북극 전역에 거주하는 원주민들의 토지 청구권을 강화하고 사냥권을 보호하기 위해 시행되었다. 이 조사를 통해 다양한 토착민 집단과 그들이 거주하는 특정 북극 지역들 사이의 결합 관계가 놀라울 정도로 온전하게 보전되고 있음이 확인됐다. 그들의 문화는 땅과 분리될 수 없다. 땅은 시간을 타고 그들 사이를 이동하는 일종의 지식과 같다. 땅은 그들에게 가끔 건축이 우리에게 해주는 역할을 한다. 공간 감각과 크기 감각, 역사 감각을 제공하고, 사람들이 가장 두려워하는 소멸이나 쇠퇴 따위가 일어나지 않는다는 확신을 주는 역할 말이다.

한 사람이 질문자에게 이런 말을 했다. "우리 조상들이 실재하기 때문에 우리가 이곳에 있습니다(즉, 지금 이 특정한 장소에 생존하고 있습니다)." 조상들은 땅에 대한 지식과 땅을 이용하는 방식과 땅에 가진 애정의 힘으로 실재한다. 홀로 우울하게 병원에서 지내던 한 원주민 여성은 또 다른 질문자에게 가끔 자기 손을 들어 바라본다고 말했다. "손을 보면 내가 갔던 해안과 바닷가, 호수와 산, 언덕이 보여요. 내게는 물범과 새와 사냥감이 보입니다……." 자신의 문화와 땅이 맺었던 관계들이 깨지고, 오래된 수렵 경제가 종류가 다른 경제로 대체되는 것을 느낀 또 다른 에스키모는 질문자에게 무엇보다 이누이트가 '땅을 감싸는 마음'이 되는 것이 최선이라고 말했다. 그가 생각하기에, 마치 땅의 특정한 얼개인 것처럼 생겨나는 그 마음은 땅을 잘 헤아리기 때문에 무엇을 해야 하는지 안다. '토지 사용 및 점유 조사'에서 분명하게 드러났듯이, 그 또한 대부분의 다른 에스키모와 마찬가지로 대지와 분리된 삶의 의미를, 그 대지의 동물, 기후, 얼음이 내는 소리, '중요한 식량'에서 얻는 맛과 영양분과 분리된 삶의 의미를 이해하지 못했다.

프란츠 보아스는 『중앙에스키모』(1888)에서 긴 단락을 할애해 에스키모 아이의 탄생과 아이가 생후 며칠 동안 입는 북극토끼 모피로 만든 모자와 새털로 만든 각종 속옷, 귀가 그대로 붙어 있는 새끼 카리부 가죽으로 만든 두건 등을 묘사했다. 특히 앞으로 아이의 영적·정신적·육체적 안녕의 근원이 될 '땅'과의 복잡하고 미묘한 관계를 아이에게 곧바로 확인시켜주기 위해 어머니가 들이는 엄청난 정성에는 누구나 감명을 받을 정도다. 거의 한 세기가 지난 뒤, 북방 문화기술학자 리처드 넬슨이 그와 비슷하게 『까마귀에게 기도하기』(1983)에서 현대 코유콘족[4]

4 코유콘족은 알래스카 코유쿡강과 유콘강 유역에서 상대적으로 고립적인 생활을 영위해온 알래스카 원주민 부족이다—옮긴이.

사람들이 자연사를 이해하는 방식을 묘사했다. 많은 변화 속에서도 그들의 땅에 대한 친밀함, 즉 땅에 관한 실용적인 지식과 감수성, 땅에 드리는 기원 등이 여전히 계속되고 있다는 증거가 분명하게 드러났다. 여전히 많은 사람이 땅을 저버리지 않았고, 땅도 그들을 저버리지 않았다. 저 남쪽 도시 출신으로서는 이 관계가 얼마나 풍성한지 그 깊이를 감지하기는 고사하고 가치를 평가하기도 어렵다. 그러나 이런 고풍스러운 땅과의 애착 관계가 개인들 간 반목과 절망으로 연결된 우리 문화 안에서 느끼는 쓸쓸함에 대한 하나의 해독제라고, 나는 믿는다.

레핑웰의 표류목을 보고 있던 나는 쌍안경을 다른 곳으로 돌렸다. 북쪽 해변 모래언덕에서 북극여우 한 마리가 포착됐다. 북극곰이나 늑대와 쌍벽을 이루는 대단한 겨울철 방랑자다. 해안 서식지에 물이 드는 여름에는 북극여우도 한곳에 머무는데, 예를 들자면 여기 같은 섬이다. 여우는 늘 어딘가로 급하게 간다. 그러다가도 갑자기 걸음을 멈추고 앉아서 쉰다. 여우는 약간 껑충거리며 달리고 코로 연신 사방의 공기를 툭툭 건드려댄다.

여름에는 북극여우의 털이 갈색인데, 몸통 아랫부분에서 유백색과 섞인다. (겨울에는 외피가 반짝이는 흰색 또는 엷은 회청색과 옅은 갈색이 섞인 색인데, 후자를 '블루'라고 부른다.) 여느 동물과 마찬가지로 북극여우의 생태도 여러 측면에서 복잡하지만 매혹적이다. 북극여우가 마련하는 겨울용 식량 저장고의 크기와 정연함, 혹독하게 추운 기후를 견디는 능력은 놀랍다. 꼬리표처럼 늘 북극곰을 따라다니는 관계도 그렇다. 여러 탐험 기록에서 '끝도 없이 건방지다'라고 비웃음을 받고, '기생 동물'이나 청소동물이라 업신여김을 당하고, '뻔뻔스럽다'라고 표현되지만, 북극여우는 북아메리카 여우 중에서 가장 친근하고 사람을 두려워하지 않는 종이다. 북극여우는 활동적이고 끊임없이 먹이를 탐색한다. 북극곰처럼 자신들이 왕래하는 해안가를 철저하게 뒤지고, 썩은 고기가 있으면 사방 수 킬로미터 밖에서도 모여든다. 그러나 녀석들이 선택한 것이 썩은 고기가 아니라 요리사의 텐트이고, 삼사십 마리가 주변에서 날뛰며 눈에 보이는 건 뭐든 사납게 물어뜯는다면, 북극여우를 우습게 생각했던 탐험대는 금방 낭패를 보거나 두려움에 휩싸일 것이다. 북극여우들이 난파한 비투스 베링의 두 번째 캄차카 원정대를 어찌나 괴롭혔던지, 대원들은 벌레 떼에 시달려 제정신을 잃은 사람들처럼 북극여우를 잡는 족족 잔인성을 숨기지도 않고 고통스럽게 죽였다.

그러나 북극에서 현대의 인간을 만나게 되면서 여우의 효율적인 생활 방식은 때로 스스로에게 치명적인 결과를 안겨주었다. (현대 에스키모들과 북극여우의 막역한 관계 역시 치명적인 형태로 인간의 사업 계획에 완벽하게 들어맞았다. 모피 거래가 시작되고 마을 단위 거래소가 등장하면서 한때 대체로 무시되던 존재인 북극여우가 북극에서 가장 가혹하게 사냥되는 모피 동물이 되었다.)

나는 지금 짧은 발이 안 보일 정도로 발발거리며 모래 둔덕을 지나가는 여우를 본다. 해변에 난 녀석의(또는 다른 여우의) 발자국을 여러 곳에서 봤다. 여기선 나그네쥐를 잡고, 저기선 물범 고기 조각을 찾아내고, 흰갈매기 알보다 더 훔치기에 만만한 알은 없을까 탐색하며 끊임없이 섬을 돌아다니는 녀석을 생각한다. 나는 녀석이 검은 실꾸리나 되는 듯이, 멀리서 보면 무성한 풀이나 야생화 덤불 때문에 약간 뜬 채로 섬 전체를 뒤덮고 있을 발자국의 그물망을 그려본다.

여우의 체고가 땅에 훨씬 가까운 데다 인간에 비하면 전반적으로 아주 작은 편이라 녀석의 머릿속에 든 섬은 7킬로미터보다 훨씬 '길' 것이다. 그처럼 발발거리다 쉬다가 또 발발거리다 쉬다가 하면서 돌아다니면, 또 까만 코로 그처럼 많은 것을 '보면서' 돌아다니면, 핑곡섬은 어떻게 보일까? 나는 계절에 따라 동물들이 이해하는 섬의 모습이 어떻게 바뀌는지 궁금하다. 그리고 흰매와 늑대거미가 파악하는 섬의 모양, 또는 북극고래가 해안을 따라 음파로 그려내는 섬의 모양이 어떻게 다를지 궁금하다. 바다와 하늘에 살면서 뭍이라곤 둥지가 있는 연못가의 비밀스러운 장소에만 어색한 걸음을 내딛는 아비에게 섬은 무엇일까? 주변보다 4.4도나 따뜻한 세계를 만들어주는 여름꽃 화관 깊숙한 곳에서 밤을 나는 뒤영벌에게는 어떨까? 작지만 기민한 북방족제비 같은 생물에게 땅의 표면은 어떻게 보일까? 그리고 이동하는 카리부와 북극곰 같은 위대한 방랑자들은 길을 안내해주는 공간의 기억을 어떻게 되살릴까?

어느 여름 배서스트섬 폴라베어패스 근처에서 작업하고 있던 친구가 바다오리를 물고 달려가는 늑대를 보았다. 늑대가 바다오리를 묻는 것을 본 친구는 늑대가 가고 난 뒤에 그 저장고로 갔다. 아무것도 없었다. 그곳은 탁 트인, 전혀 복잡할 게 없는 땅이었다. 그는 길을 되짚어 돌아와 방향을 다시 가늠한 다음, 두 번째로 그 저장고를 찾아보았다. 세 번째도 마찬가지였다. 결국 바다오리는 찾지 못했다. 늑대가 더 능숙하거나, 아니면 적어도 우리와는 다른 방식으로 공간을 파악하고 접근 경로를 기억하는 것 같다고 그는 생각했다. 그러자 땅이 훨씬 복잡하게 보이기 시작했다.

해빙에 나가 있던 어느 날, 가건물의 안락함을 뒤로하고 한 줄의 전기선을 따라 눈보라 속으로 나간 적이 있다. 바람이 초속 20미터로 몰아쳤고 기온은 영하 28도였다. 나는 폭풍을 등지고 희미한 1월의 빛 속에서 바람이 불어가는 쪽을 응시하며 한참을 서 있었다. 행여 바닥에 뒹굴거나 한쪽 다리에 걸어놓은 생명줄을 놓칠까 싶어 두려웠다. 전기선 양 끝은 소용돌이치는 백색 암흑 속으로 사라져 보이지 않았다. 눈에 보이는 사방 10여 미터 안에는 작은 얼음산들뿐이었다. 나는 여우가 여기 있다면 어떤 '방향'을 생각할지, 먹이와 안전한 거처에 대한 요구가 인간과 여우에게 어떻게 다르게 작용할지 궁금했다.

우리는 동물들이 어떻게 땅을 의미 있는 공간으로 조직하는지 추측만 할 뿐이다. 동물들이 지각하는 세계, 그들의 '움벨트'는 모두 다르다.[5] 한 동물의 움벨트를 발견하고 설명하는 일에는 엄청난 인내와 실험적인 창의력, 여러 관찰자 사이의 자유로운 정보 교환, 오랜 직접 관찰, 그리고 함부로 동물을 넘겨짚지 않는 자세가 필요하다. 내 경험으로는 이것이야말로 에스키모 사냥꾼들이 가진 방법론이다. 이상적인 조건에서라면 서구 과학의 방법론이 될 수도 있다.[6]

많은 서구 생물학자가 자신이 관찰하는 동물들이 가진 고유한 신비를 높이 평가한다. 객관적으로는 자신들이 지켜보는 대상이 믿을 수 없을 정도로 복잡하다고 생각하고, 주관적으로는 동물 자체가 인간과는 다른 삶의 방식을 갖는다고 생각한다. 그

---

5 우리가 어떤 동물의 주변에서 지각하는 세계는 그 동물의 '환경'이고, 동물이 보는 세계는 그 동물의 '움벨트Umwelt' 또는 '자기 세계'다. 특정한 환경은 많은 움벨트를 포함하는데, 그중의 어느 것도 서로 같지 않다. 야코프 폰 윅스퀼이 1934년에 창안한 이 개념은 동물 개체마다 인지 기관의 구조와 각 기관이 받아들이는 정보의 중요도, 민감도, 식별력이 다르다고 가정한다.

6 실제로 적용될 때도 두 방법론은 대체로 다르다. 에스키모들이 채택하는 방법들이 과학자들의 방법들보다 형식이 덜 잡혀 있지만, 그렇다고 덜 엄격한 것은 아니다. 비교하자면, 서구 과학자들은 관찰 시간이 부족할 때가 많고, 대개 한 동물의 삶이 보여주는 몇 가지 측면만을 선택해서 면밀하게 연구한다. 그러나 에스키모들의 생태적 접근은 때로는 사소해 보이는 것까지 포함해 그 동물이 가진 환경의 다양한 측면과 그 동물의 상호작용을 더 광범위하게 고려하는데, 이런 접근 방식도 점점 서구적 접근법의 하나로 채택되고 있다. 서구 과학은 이동하는 동물들의 생활사, 그중에서도 특히 분포와 이동에 대해 더 많은 것을 아는 반면 에스키모들은 특정 개체에 관한 자료에 기초해서 같은 종류의 다른 동물 전부를 규정하는 것을 현저하게 꺼리는 태도를 보여준다. 최근에는 일부 과학자들이 특정 동물들에 대해 어지간한 에스키모들보다 많은 것을 알게 되었다. 고도로 축적된 지식과 폭넓은 경험을 쌓은 원주민 사냥꾼의 마지막 세대가 사라지고 있다.

들은 실험을 통해 동물의 여러 측면을 드러낼 수 있지만, 동물 자체는 늘 일련의 실험을 다 합친 것보다 큰 존재라는 점을 알고 있다. 자신이 하는 일에 매우 치밀하지만, 치밀함이 주장의 정확성을 보증하지는 않는다는 사실을 알고 있다. 그들은 개별 동물의 행동이 일반적으로 인식되는 그 종의 행동과 극명하게 다를 수 있으며, 같은 종이 장소나 시간에 따라 상당히 다르게 행동할 수 있음을 알고 있다.

한 동물의 삶을 비교적 완전하고 정확한 시각으로 보기란 매우 어렵다. 현장 상황 때문에 관찰 자체가 어려운 북극에서는 특히 더 그렇다. 북극에서 카리부와 사향소, 늑대, 북극곰을 연구하는 생물학자들은 다른 무엇보다 이런 상황 때문에 힘들어한다. 북극 연구 조사 비용의 상당 부분을 대는 산업계는 온전한 동물보다 개발을 복잡하게 만들거나 방해할 가능성이 있는 동물의 특정 측면들, 공정하게 말하면 어쩌다 보니 산업 때문에 혼란을 겪게 될 그 동물 생태의 특정한 측면들에 더 관심을 보인다. 편협한 접근 방식과 급한 일정, 그리고 갈수록 동물의 삶을 숫자로 치환하려 드는 경향이 생물학자들을 괴롭힌다. 통계의 비인격성은 어느 야생 상황에서나 마주칠 수밖에 없는 복잡성과 윤리 문제 모두를 가려버린다. 생물학자들은 '통계의 횡포'와 '(컴퓨터) 모델 설계자의 득세'를 걱정하고, 언제나 예측 가능한 방식으로 움직이는 '표준화된 동물'을 꿈꾸는 산업계의 욕망을 걱정한다.

한 캐나다 과학자가 내게 말했다. "저는 생물학자로서 동물들의 행동을 숫자로 축소하는 게 싫습니다. 정말 싫어요. 하지만 (저돌적인 개발에) 맞서서 우리의 근거를 대려면 숫자를 만들어야 해요. 사람들이 듣는 건 그게 다거든요. 저는 몇몇 질문의 답을 찾느라 인생 전부를 걸었는데, 사람들은 두 달 안에 답이 나오기를 원하죠. 그리고 동물들에 관해서 원주민이 뭐라고 하든, 글쎄요, 사람들은 신경 쓰지 않아요. 쓸모없는 얘깃거리일 뿐이죠."

통계의 권위에 대한 믿음과 에스키모들의 이야기를 고작 '일화' 정도로 폄하하는 태도는 북극 환경평가 보고서에서 흔히 마주치는 이분법이다. 물론 통계는 조작될 수 있다. 한 고래 생물학자가 이런 얘기를 했다. "데이터를 제대로 쥐어짜기만 하면 원하는 게 뭐든 다 토해놓을 거요." 분명 통계학자의 움벨트도 특정한 땅의 '통계적 그림'을 그리는 데 일정 역할을 담당할 것이다. 에스키모들의 이야기들이 정중하게 폄하되는 이유는 에스키모들이 좋은 관찰자가 아니라거나 거짓말을 해서가 아니라, 그들의 이야기가 다루기 쉽고 요약할 수 있는 형태로 축약되지 않기 때문이다. 그들의 언어는 숫자로 바꾸기가 몹시 어렵다.

신출내기 과학자에게 부족한 것은 땅이 어떻게 작동하는지에 대한 개념이나 더 큰 조각들이 어떻게 맞아 들어가는지에 대한 광범위한 이론적 지식이 아니라 현장에서 보내는 시간, 그리고 이해해야 할 특정한 대상과의 오랜 접촉이다. 인류학자인 리처드 넬슨, 해양 포유류 생물학자인 존 번스, 프랜시스 페이, 케리 핀리, 육상 포유류 생물학자인 로버트 스티븐슨 등을 포함한 일군의 서구 과학자들은 북극 생태에 대한 이해를 돕기 위해 에스키모 사냥꾼들을 현장 동료로 삼았다. 1960년대 초에 웨인라이트에 도착한 넬슨은 사냥꾼들이 설명해준 유의 동물 행동들에 대해 회의적이었지만, 누구라도 에스키모들과 1년쯤 지내고 나면 쓸 만한 글을 남겼다. "처음에는 좀처럼 믿기지 않았던 [그들의] 진술이 거의 언제나 맞는 것으로 확인됐다."

나는 여우가 사라진 모래언덕을 향해 걷는다. 발밑의 보잘것없는 식물들이 물도 잘 빠지지 않는 산성 토양에서 미네랄과 영양소, 물을 끌어와 품고 있음을 깨닫는다. 식물들이 빽빽하다. 식물들은 눈과 지나가는 카리부와 나의 무게를 분산한다. 그래서 식물들은 으스러지지 않는다. 이 버드나무들은 남쪽의 친척들보다 키가 작고 햇빛을 활용할 잎은 훨씬 많다. 식물 한 포기가 씨앗을 맺는 데는 수년이 걸린다. 이 식물들은 꿈속에서 무슨 말을 중얼거릴까? 식물들 사이엔 어떤 경고와 욕망이 전달되고 있을까?

남동쪽에서 비스듬하게 눈발이 날리기 시작했다. 나는 계속 걷는다. 시선이 땅을 향했다가 멀리 수평선을 바라봤다가 다시 땅으로 돌아온다. 중국의 거대한 항구인 천주로 향하던 콜럼버스는 대서양 서쪽에 도착한 사실을 어떻게 생각했을까? 코로나도는 퀴비라로 가는 길에 본 가장 날것의 공간, 지금의 텍사스주 스테이크트 평원을 어떻게 평가했을까?[7] 니제르강을 찾고 있던 멍고 파크는 아프리카 땅을 어떻게 봤을까?[8] 누군가 이동하면서 어떤 지역에 대해 갖는 생각은 적어도 세 가지가 합해진 결과라 할 수 있다. 아는 것, 상상하는 것, 그리고 태도.

아는 것은 직접 취합했거나, 아니면 책이나 원주민 관찰자에게서 배운 것이다. 그러나 이 정보는 문화적 경향과 성격에 따라 사람마다 다르게 조립된다. 예를 들어, 북극에 간 서구 여행자들은 인과관계 또는 포식자-먹이 관계(만)를 찾는 경향이 있고, 서구 생물분류학의 '틈'을 메울 만한 동식물들에 (특히) 유념한다. 게다가 인간은 어떤 지역을 익힐 때 다른 감각들보다 시각적인 정보를 선호하고, 자신과 비슷한 크기의 동물에 더 끌리는 경향이 있다. 우리의 시선은 땅에서부터 일정한 높이 위에 있고, 우리는 어떤 새로운 장소에 가더라도 파노라마를 원한다.

상상하는 것은, 예컨대 '저기 가까운 낮은 언덕 또는 먼 지평선 너머에 무엇이 있을까'에 관한 추측들로 이루어진다. 상상하

---

7 프란시스코 바스케스 데 코로나도Francisco Vázquez de Coronado, 1510~1554는 스페인의 신대륙 정복자인 콩키스타도르로서 소문으로 들은 황금의 도시를 찾기 위해 1540년부터 1542년까지 원정팀을 이끌고 지금의 멕시코인 당시 뉴스페인을 출발해 지금의 미국 남서부 지역을 탐험했다. 1541년 봄에 지금의 캔자스주 지역에 있는 퀴비라라는 곳에 문명이 발달한 부유한 도시가 있다는 인디언 안내자의 말을 믿고 원정을 떠났다가 아메리카들소와 퀴비라 인디언을 만났으나 부유한 도시 얘기가 헛소문이라는 사실을 알고 안내한 인디언을 죽이고 철수했다—옮긴이.

8 멍고 파크Mungo Park, 1771~1806는 스코틀랜드의 탐험가로 1796년경에 니제르강 상류를 탐험한 뒤에 『아프리카 내륙 탐험기』라는 여행기를 써서 대중적인 인기를 얻었다. 그는 그 책에서 니제르강과 콩고강이 하나로 합쳐질 것이라는 가설을 세웠지만, 나중에 별개의 강이라는 사실이 밝혀졌다. 그는 두 번째 탐험 도중에 살해됐다—옮긴이.

는 것은 종종 툰드라에 서 있는 회색곰, 또는 시냇가 충적토 침니에 박힌 매머드 엄니 같은, 여행 중에 '보고 싶은' 것들로 구성되기도 한다. 이런 기대들은 그 땅에서 겪은 다른 사람들의 경험에 기초해 있다. 그러나 깊이 들어가보면 상상은 알려지지 않은 것, 독특한 것, 또는 사향소 등에 가만히 앉아 있는 흰올빼미라든가, 마음에 쏙 드는 색의 미발견 종 꽃이라든가, 겨울 폴리니아에서 헤엄치는 고니처럼 있을 법하지 않은 것들을 발견하고자 하는 욕구의 표현이다.

상상 역시 새로운 땅에 시간의 차원을 부여하는 질문을 낳는다. 이 울버린 발자국은 이번 여름의 것일까, 아니면 작년 여름의 것일까? 이 주황색 이끼는 얼마나 오래됐을까? 여기 저습지에서 평화롭게 먹이를 먹고 있는 카리부를 저기 멀리 이동하고 있는 늑대들이 발견할까? 여기서 야영했던 사람들은 왜 이 조각된 물범 뼛조각을 버리고 갔을까?

우리가 땅에 태도를 드러내는 방식은 상당히 모호하고 정의하기 힘들다. 집안일에 골몰한 채 마지못해 여행에 나선 사람은 땅을 알아채지 못한다. 그리고 누구도 배고픈 원주민 사냥꾼만큼 기민하지는 못할 것이다. 뭔가 아름다운 것을 보고 동경이나 연민을 느낀다면, 예기치 못한 사건에 큰 흥분을 느낀다면, 그런 것들이 그 땅에 대한 긍정적인 처분에 영향을 줄 것이다. 북극에서 비행기 사고로 친구를 잃은 적이 있거나 북극 광산에 투자했다가 파산했다면, 이 땅을 적대적으로 느낄 것이고, 이 땅의 어떤 가치도 인정하지 않으려는 태도를 보일 것이다.

예민한 감각뿐만 아니라 이해하고자 하는 욕구의 차이도 저마다 남들이 눈치채지 못하는 땅의 어떤 특징들을 찾아내도록 이끌어준다.

시간이 지나면서 지역에 대한 작은 조각 지식이 지역 주민들 사이에 이야기의 형태로 축적된다. 이야기들은 공동체 안에서 기억되기 때문에 자주 확인할 수 없는 지식도 잊히거나 버려지는 일이 없다. 이런 서사들은 원주민들에게 특정 땅에 대한 복잡하고 장기적인 시각을 형성한다. 그리고 그 이야기들은 실제로 알게 된 사실과 그저 상상한 것, 그리고 생각지도 못했던 실체 사이를 오가며 확인하는 공동체 구성원들에 의해 정제되면서 매일 확증을 받는다. 복잡하지만 쉽게 공유되는 이 '현실'은 그 지역을 벗어나면 일반론이나 오해 또는 부정확한 추상으로 축소되는 운명을 피할 수 없다.

어떤 사람의 인식이든, 인식은 마치 홍수처럼 땅을 쓸고 지나간다. 여기저기서 주워 모아 판독해야 하는, 덤불에 걸린 젖은 종잇장 같은 개념들을 남기며. 누구도 이야기 전부를 들려주지 못한다.

오두막으로 돌아가려면 바람을 맞으며 서쪽으로 향해야 한다. 나는 모래 둔덕 덕분에 바람이 잠잠한 바다 쪽 해변으로 내려간다. 바다꿩과 솜털오리 들이 폭풍이 닿지 않는 해안 가까이에서 너울을 타고 있다. 모래 둔덕 사이로 바람과 눈에 쓸리는 툰드라를 슬쩍 본다. 생각이 오두막과 따뜻한 마실 것 쪽으로 훌쩍 옮겨 갔다가 되돌아온다. 바다오리들을 보며 걷는다. 동물을 보면 늘 걸음이 느려진다. 나는 이곳 얼음에 갇혀 몇 달씩 지냈던 탐험가들을 생각한다. 일부는 배 안에 갇힌 채 3~4년을 보내기도 했다. 일찍 풀려날 전망이 거의 없었는데도 그들의 일지는 주변에 출몰하는 동물들을 식량이나 위협 또는 성가신 존재 이외의 어떤 것으로 언급한 적이 거의 없다. 그들은 집에서 멀리 떨어진, 무력감에 빠진 사람들이었다. 이 대지는 장애물로서의 모습 말고는 그들에게 보여주는 것이 없었다. 우리의 주의력 결핍은 결이 다르다. 우리는 요즘 아주 짧은 시간 범위 안에서 살아간다. 우리는 동물들이 우리 일정에 불편을 끼치는 방식으로 사는 것에 분노한다. 동물들이 그냥 앉아서 아무 일도 하지 않을 때 말이다. 나는 왼쪽으로 아무 특징 없는 툰드라를, 오른쪽으로는 물에 떠 있는 갈색 바다오리들을 동시에 살피며 뭔가 이상한 것, 뭔가 두드러지는 것을 찾는다. 아무것도 없다. 몇 시간을 걷자 툰드라도 바다오리도 폭풍 속으로 희미해지고, 나는 나만의 생각 속으로 침잠한다. 일레인 자너라는 라코타족 여성이 수렵민 종교의 핵심은 물리적인 땅 안에 영적인 땅이 존재한다는 개념이라고 쓴 적이 있다. 다르게 말하면, 누구나 땅의 어떤 찰나의 순간, 선이나 색이나 움직임이 강렬해지고 뭔가 신성한 것이 드러나는 순간을 느낄 때가 있는데, 이런 경험이 물리적 현실 이면에 또 하나의 현실 차원이 있다는 믿음으로 이어진다.

더 널리 인정받는 이성적이고 과학적인 접근법을 접하면 땅에 대한 이런 난해한 통찰과 추론은 곧잘 그 그늘에 가리고 만다. 우리는 많은 것을 잃어버린다. 땅은 시와 같아서 이해할 수 없는 방식으로 논리적이고, 선험적 의미를 지니고 있으며, 삶에 대한 인간의 사고를 고양하는 힘을 가지고 있다.

폭풍이 가까워지면서 눈이 몰아치는 가운데 저 앞에 오두막이 조용히 나타난다. 오두막은 하얀 동굴이나 협곡 저편에서 쉬고 있는 것 같다. 이제 가까이에서 나는 소리만 들린다. 멀리서 들리던 새소리는 사라졌다. 나는 장화가 모래를 밟는 서걱거리는 소리를 듣는다. 해변에 파도가 치는 소리를 듣는다. 바람이 내 귓등을 타고 달린다.

노랗게 불빛이 비치는 창으로 탁자에 앉아 방수 처리된 끈으로 보트를 고정하는 밧줄 끝을 감고 있는 친구가 보인다. 나는 이제 뜨거운 차를 마시고 간이침대에 누워 아까 봤을 때는 머릿속에 들어오지 않았던 그런 것들을 찬찬히 떠올려볼 작정이다.

1930년대에 벤자민 리 워프라는 사람이 호피족 언어 구조에 대한 생각을 정리하기 시작했다. 호피어는 시제가 제한적이라 공간과 구분되는 실체로서의 시간을 언급하는 일이 없으며, 상대적으로 명사가 빈약한 데 반해 동사가 풍부하다고 워프는 말했다. 호피어는 움직임과 변화하는 관계, 연속적인 시간과 공간이 '얽힌' 세계를 투영하는 언어다. 양자역학을 설명하는 데는 영어보다 호피어가 더 적합하다. 영어는 다양한 시제를 사용해서 시간을 일차원적으로 이어지는 여러 부분으로 나눈다. 영어는 고정된 공간을 유동적인 시간과 대비시키는, 명사가 풍부하고 동사가 빈약한 언어다. 영어는 고정된 공간의 언어로, 말하자면 건축을 묘사하는 데 더 적합하다. 다른 모든 조건이 동일하다면, 호피족 아이는 자기 언어로 상대성이론을 이해하는 데 별 어려움을 겪지 않는 데 반해, 미국인 아이는 역사를 좀 더 쉽게 익힐 수 있을 것이다. 호피족 사람은 시간이 과거에서 현재로 흐른다는 개념에 당황한다.

1936년에 워프는 많은 원주민 언어가 "인과와 작용, 결과, 역동적이고 활동적인 성질, 경험의 직접성 등에 관해 뛰어나게 논리적이고 정교하게 작동하는 식별어를 풍부하게 가지고 있다"라고 썼다. 그는 원시적인 언어는 없으며, 모든 문화가 동일한 개념 저장고에서 저마다의 형이상학을 끌어내는 건 아니라는 사실을 사람들에게 일깨워주었다. 그는 이렇게 경고했다. "물리적인 증거가 동일하다고 해서 모든 관찰자가 동일한 세계를 그리는 것은 아니다."

이런 개념들은 여러 원주민 문화의 개별적인 완결성을 강조했던 인류학자 프란츠 보아스에 의해 어느 정도는 예견되었다. 보아스의 견해는 모든 문화가 세계에 관한 일련의 '진정한' 관찰들로 환원될 수 있다고 생각했던 빅토리아 시대 주류 견해에 대한 반박이었다. (그때 이후로 보아스의 '기능주의적' 접근법은 개별 문화에 의식적으로 추상적이고 주관적인 유형을 적용하는 '구조주의적' 시각으로 대체되었다.)

이 학문 전통에 속하는 워프와 보아스를 비롯한 학자들은 20세기 초에 인간 문화를 현실을 배열하는 하나의 기제로 보아야 한다고 사람들을 설득했다. 이 현실들이 일제히 같은 대지에 투사된다 하더라도, 그것들은 각자 별개였다. 그리고 궁극적인 현실은 없다. 한 문화가 다른 문화의 세계 인식을 판단할 때는, 특히 둘의 문화 전통이 다를 때는, 매우 조심스럽게 진행해야 한다.

최근에는 조셉 캠벨과 클로드 레비 스트로스의 저작들이 우리가 자신이 깃든 배경(땅)에 대해 취하는 여러 접근법과 그 접근법들이 공유하는 유사성까지 짚으며 인간의 인식적 경험이라는 거대한 파노라마를 조명해주었다. 예를 들어, 레비 스트로스는 수렵민들이 토템 신앙으로 동물을 숭배하는 것은 동물이 식량이라 먹기에 좋기 때문만이 아니라 '생각하기에도 좋기' 때문이라고 말한다. 동물은 '상상하기에도 좋다.'

북극에서는 리처드 넬슨, 에드먼드 카펜터, 휴 브로디 같은 연구자들이 앞서 나온 대지에 관한 주제들을 다시 다루면서 에스키모들의 생활상을 각자 다른 측면에서 언급했다. 그들의 작업은 북극을 보는 다른 통찰력들의 온전함과 여일함을 분명히 드러냈다. 또한 우리의 시각과 유사하게 현실을 보는 시각이 존재한다고 가정할 때 발생하는 오해나 우리가 그 땅에서 기록 중심의 태도를 더 선호하기 때문에 에스키모들이 땅을 대하는 시각이 갈수록 우리에게 커다란 윤리적·정치적·경제적 문제를 제기하게 되는 과정을 드러냈다.

자연사와 사냥에 관한 넬슨의 연구는 이미 앞서 얘기했다. 브로디는 '토지 사용 및 점유' 연구의 발전에 영향을 주었다. 카펜터는 에스키모 예술과 에스키모의 공간 인식에 관한 설득력 있는 저작을 남겼다. 어쩌면 당연하게도, 그들 모두가 언어, 즉 적절한 지역 방언에 대한 지식이 에스키모들이 땅에 관해 얘기할 때 무엇을 의미하는지 이해하는 데 결정적으로 중요하다고 강조했다. 넬슨은 특히 얼음의 움직임이 활발한 웨인라이트 앞바다의 해빙을 이해하려면 에스키모들의 전문 용어를 완전히 이해하는 것이 필수라고 말했다. 에스키모들의 땅에 대한 애착 개념을 논했던 브로디는 딱 잘라 말했다. "그 핵심 용어들은 번역 불가능하다."

카펜터는 이눅티투트어와 에스키모 조각 간 상응 관계를 알아본다. 양쪽 모두에서 역동성과 다양한 시점에서의 관찰이 강조된다. 카펜터는 영어 사용자들이 시간 개념을 사용할 때 각별히 주의한다고 말한다. 에스키모들은 공간의 다양함에 주의를 집중한다. 우리는 모든 인간이 유사한 공간 지향성을 가지며, 그래서 객체를 동일한 관점에서 바라본다고 가정한다. 위는 위고, 바닥은 바닥이며, 저쪽은 북쪽이고, 이쪽은 남쪽이라는 식이다. 그러나 카펜터는 에스키모들이 먼 곳을 묘사할 때 종종 사이에 있는 땅덩어리를 언급하지 않고(이 점이 인상적으로 다가온다. 우리는 거리의 단위를 사용해서 그 땅덩어리를 묘사하기 때문이다) 지리적 장소만 언급하는데, 그것이 꼭 말하는 사람 쪽에서 본 것일 필요도 없다고 말한다. 그러므로 에스키모가 아닌 관찰자가 보기에는 에스키모들이 '방향 개념이 없는' 것처럼 보인다. 그리고 에스키모들이 '목표'를 향해 똑바로 진지하게 질주하지 않고, 어떻게 보면 북극여우처럼 뭔가 특이한 것이 없는지 계속해서 옆을 둘러보고, 또 잘 가다가도 차를 마시기 위해 잠깐씩 멈추곤 해서, 에스키모들이 산만하다거나 부주의하다고 생각하기도 한다. 그러나 그건 에스키모들이 시간과 공간의 얽힘 속에서 스스로를 어떻게 보는지, 지속되는 흐름 속에 선 또는 점을 배치하면서 세계 안에서 '나아간다'는 것을 어떻게 인식하는지 알려줄 뿐이다.

에스키모 언어에 의지하지 않고는 우리와 다르면서 한층 더 정교한 그들의 사고에 거의 접근할 수 없다. 물론 그 사고는 다른 방식으로 작동한다. 각 사고는 다른 사고가 보기에 어느 정도 원시적이다.

에스키모 언어는 대지와 그 안에서 일어나는 인간 활동을 묘사하는 데서 빛을 발한다. 현대의 에스키모 마을, 특히 북아메리카 동북극의 젊은 사람들은 집에서 늘 이눅티투트어를 쓰면서도 부모와 함께 집 밖으로 나가면 대화하기가 훨씬 어려워진다고들 얘기한다. 어휘 부족도 문제지만, 문장 구사나 관용구 사용의 어려움, 잊힌 유창한 표현들이 젊은이들을 당황스럽게 만든다. 대지 속으로 나설 때, 수렵용 야영지나 얼음 위에서 이동할 때, 그 언어는 생동한다.[9] 에스키모의 언어는 계절성이다.

---

9 사람들도 일부는 그렇다. 마을에서는 서툴고 무책임하고 무기력해서 자기 몸도 제대로 건사하지 못할 것 같다가도 들판에만 나가면 놀라울 정도로 능숙하고 활동적이며 명민해지는 사람을 북극에서는 상대적으로 흔하게 만날 수 있다.

겨울에는 다양한 눈의 종류를 이르는 용어들이 등장하는 반면, 봄에는 고래잡이에 관한 용어들이 입에 오르내린다. 이 언어의 전 영역이 사라지기 시작했다. 개와 함께 이동할 때 사용하는 용어들처럼, 언어가 가리키는 활동들이 전처럼 자주 일어나지 않기 때문이다. 또는 바다코끼리에 해당되는 용어들처럼, 언어가 가리키는 동물의 어떤 부위도 더는 식용되거나 활용되지 않기 때문이다. 또는 주술사의 의식에 사용되는 용어들처럼, 언어가 가리키는 활동들이 더는 권장되지 않기 때문이다.

워프에게 언어란 인간이 머릿속에서 창조해 현실에 투사하는 어떤 것이자, 마치 대지가 인간의 상상력을 담는 그릇이라도 되는 양, 인간이 대지에 부여한 어떤 것이었다. 나는 이런 사고에 두 가지 잘못이 있을 수 있다고 생각한다. 첫째, 대지는 자력으로 움직이지 못하는 존재가 아니다. 대지가 자신에게 부여된, 자신으로부터 도출되지 않은 현실을 결국 부정하는 이유는 바로 대지가 살아 있기 때문이다. 둘째, 언어는 인간이 대지에 부여한 어떤 것이 아니다. 언어는 인간과 대지의 대화에서, 가죽부츠인 카미크 끝으로 해빙을 살펴보고, 야생 열매들을 먹고, 물범기름 램프를 밝히고, 썰매를 수리하는 데서 진화했다. 대지에 대한 끈질긴 물음이 변별력 있는 언어를 생산한다. 바로 그 언어의 배열이, 그 소리와 사고의 생태가 정신과 대지의 교류에서 유래한다. 그렇다면 고유의 언어를 배우는 일은 그 언어의 발화자들이 땅과 맺고 있는 관계를 알아가는 일이다.

미국의 지리학자 이-푸 투안은 공간 개념과 '장소감'[10]을 구분했다. 그는 인간이란 애착과 안정감, 그리고 소속감을 느끼는 공간에서 출발해 자유나 모험, 미지의 것으로 특징되는 무정형의 공간으로 이동한다고 보았다. 투안은 이렇게 말한다. "사람은 열린 공간에서는 강렬하게 (기억된) 장소에 눈뜨게 되지만, 혼자 안전한 장소에 있을 때는 끊임없이 공간의 광대함을 떠올린다." 우리는 우리를 들뜨게 하면서도 가끔은 두렵게 만드는 이런 새로운 장소들을 포괄하려는 노력의 하나로서 우리가 익히 아는 장소들의 경계를 확장함으로써 이런 장소들을 지리로 바꾼다. 우리는 익숙한 장소와 낯선 공간의 균형과 조화를 열망한다. 우리는 이런 작업을 통해 낯선 것을 이해할 수 있는 것으로, 또는 그저 좀 더 견딜 만한 것으로 만든다.

투안의 사상은 커다란 저택의 안 쓰는 방에 들어갈 때와 북극에 체류하는 경우를 생각할 때 둘 다에 유효하다. 후자의 경우에서 두드러지는 것은, 그리고 야생의 대지를 경험하는 일의 영원한 일부인 듯한 것은, 그 불가사의한 실체, 대지와 일치하려 몸부림쳐온 정신의 오랜 분투다.

투안의 착상을 하나 더 소개하자면, 한 문화에서 제일 중요한 장소들이 꼭 눈에 보여야 할 필요는 없다는 것이다, 즉 지시할

---

10 장소감場所感, Sense of Place이란 일정 행위 또는 사건이 일어나는, 제한된 경계를 지닌 토지 또는 공간으로서 개인의 특정 경험과 결부됨으로써 부여된 의미까지 포괄하는 개념이다—옮긴이.

수 있는 땅 위의 어떤 지점이어야 할 필요는 없다. 장소들은 극적인 사건, 서사와 노래, 행위 속에서 보인다. 어떤 사람에게는 그저 텅 빈 곳이 다른 사람에게는 하나의 장소가 되는 이유가 바로 이 '보이지 않는' 것들 때문이다. 특정한 장소가 기억으로 가득 차 있는 느낌, 신성하고 또 세속적인 서사들의 중심이라는 느낌, 땅 전체가 그런 장소들의 모임인 듯한 느낌, 이것이 바로 원주민들의 땅에 대한 감각이다. 정치적인 경계 분리나 소유권 분할, 산업 개발 등의 의미가 부여되기 전의 땅은 그저 정의定義를 필요로 하는 단순한 빈 곳일 뿐이라는 식의 접근법은 이런 공동체적 감수성을 저버린다.

예컨대, 사람들의 꿈을 채우는 대지와 마찬가지로 특정한 지점뿐만 아니라 기억과 상상 속 대지까지 포함하는 대지의 전 영역과 맺어 온 오랜 교류의 힘은 과소평가되기 쉽다. 어떤 사람들은 그 존재가 피부에서 끝나지 않고 감각의 경계와 함께 밖으로 계속 뻗어나가 대지에까지 이른다. 땅이 갑자기 손상되거나 재구성되면 그들은 심리적인 고통을 느낀다. 다시 말하자면, 그런 사람들은 빛나는 실로 연결된 것처럼 대지에 결부되어 있다. 그리고 그들은 현재가 아니라 신중하게 축적되고 일생에 걸쳐 확장되는 기억에 어울리는 그런 종류의 시간을 살아간다. 그 실을 자르면 고통뿐만 아니라 단절감이 생긴다.

국경 너머로 국토를 확장하는 국가들과 국가의 목적에 부합하도록 개념적으로 또 실질적으로 그 땅을 재편하는 행위는 우리 시대에 제기된 가장 당황스러운 정치 문제 중 하나다. 그러나 여행자 대부분은 자기 국경 바깥 땅의 어느 것도 어지럽히고 싶어 하지 않는 데다 바깥 땅을 경험함으로써 자기 땅과 바깥 땅의 선명한 대비를 통해 어떻게든 자기 땅이 가진 가치에 대한 새로운 감수성과 자신을 형성한 자기 땅을 존중하는 마음에 다다르고자 한다는 점에서 국가들과는 다른 경우가 많다.

그러나 여행자는 다른 땅으로 출발하자마자 지도의 문제, 즉 특정한 공간 개념과 중요도 판단에 따라 정리된 땅의 문제에 부딪힌다. 나는 어디든 지도를 들고 다니지만, 지도가 완벽하게 정확한 적은 한 번도 없었다. 지도는 공간도 이렇게 잘 정리되면 좋겠다는, 어떤 소망의 투사물이었다. 물론 지도를 비난할 수는 없다. 게다가 지도 없이 여행할 수도 없다. 나는 가방이나 뒷주머니에서 지도를 꺼내 들고 의문을 해소할 수 있어서 기뻤다. 나는 C-130 수송기 안에서 우리가 어디를 향하고 있으며, 지금 지나가는 곳은 어디인지 자세히 알아보려고 조종사의 어깨 너머를 기웃거렸다. 나는 누군가에게 내가 있었던 곳을 설명하고, 내가 본 것을 확인받거나 부연 설명을 들을 수 있을까 해서 공책에 지도를 그리곤 했다. 나는 지도를 통해 내가 정확하게 망망함 속에 어떻게 자리하고 있는지 알고 싶은, 열망과 만족이 뒤섞인 그 기분과 지도가 번역해서 경계를 그어놓은 그 공간을 온전하게 이해하고 싶은 열망을 안다. 그러나 나는 방심하지 않는다. 아무리 좋은 지도라도, 손으로 쓴 지리학 기호들과 선들을 덧씌워 투안의 '공간'을 '장소'로 바꿔놓은 지도라도, 그저 권위를 가장하고 있을 뿐이다. 우리가 손에 든 것은 밖에 있는 조것들의 근삿값에 불과하다. 깔끔하게 접힌 시뮬라크르다.

지도 대부분이 취하는 시점부터 먼저 살펴보면, 지도는 고정된 눈이 아니라 움직이는 눈이 개괄적으로 보는 것들을 표상하기 때문에 하나의 추상이라 할 수 있다. 지구가 삼차원이고 두 축이 굽은 데 반해, 지도는 이차원이다. 투시도도 투영도도 완전히 정확할 수 없으며, 축척이 크면 왜곡이 극심해질 수 있다. (가장 친숙한 세계지도인 메르카토르 투영도도 왜곡이 심해 오랫동안 논란이 되고 있으며, 폐기해야 한다고 주장하는 이들도 있다. 이 지도에서 북극은 러시아 연방 전체보다 크게 부각돼 보이고, 그린란드 크기는 거의 북아메리카에 맞먹는다.) 지도는 수학적으로 공간을 재편한다. 지도는 다양한 좌표에 따라 윤곽을 규정하고 (때로 아름답거나 눈부신) 실제의 것들을 추상화하기 위해 여기저기 이름들을 배치한다. 물론 결과물의 정연함, 간결함, 명료함은 때로 유혹적이다.

북극 지도는 종류도 엄청나고 제공하는 정보도 놀랍다. 조용한 방에서 집중해서 지도를 들여다보며 지도가 주는 정보들을 소화할 수 있다면, 누구라도 북극의 마르코 폴로가 될 것이다. 이제는 필수가 된, 위성과 초고도 정찰기로 촬영되고 컴퓨터로 보강된, 고해상도 사진들을 조합한 지형 지도들은 물론이고, 지난 10년 동안의 카리부 이동 경로를 투명 플라스틱 필름에 겹쳐서 보여주는 지도, 북베링해 같은 민감한 군사 요충지의 전자 감시망을 보여주는 지도, 여름철 운송 항로의 일별 얼음 현황을 전자문서로 바꿔 열감지 팩스 종이에 보여주는 지도, 등온선과 등위선, 등개화일선(같은 날 식물의 꽃이 피는 지점을 연결한 선)이 표시된, 훨씬 꼼꼼하게 따져봐야 하는 지도도 있다. 그 외에도 고고학 발굴 지점들이나 북극곰 동면 지점들, 북극 자갈 산지의 분포를 알려주는 지도도 있다.[11]

그중에서 내가 머릿속으로 가장 자주 떠올리는 지도는 북극 투영도 중 하나인데, 지도 중심에 북극해가 위치한 지리정보 지도다. 유라시아 대륙과 북아메리카 대륙의 북쪽 지역과 그린란드가 북극해 주변을 빙 두르고 있다. 북극해로 통하는 그린란드와 스발바르 사이의 좁은 통로가 눈에 확 띄는데, 그곳의 심해는 다른 대륙붕들보다 짙은 푸른색으로 표시되기 때문이다. (심해 조류가 북극 해분을 드나들 수 있는 유일한 통로다.) 그리고 뉴시베리아 제도, 카라해, 프란츠요제프섬과 이전 메르카토르 투영도에서는 왜곡 탓에 표시되지 않았던 곳 등, 애매했던 곳들이 모두 올바른 비율대로 표시되어 있다.

벽에 붙여놓은 이 지도를 볼 때마다 나는 동이든 서든 끝으로 가면 제자리로 돌아오는 이 지역의 독특한 지리적 연속성을 생각하게 된다. 베링 해협을 통하면 로테르담에서 요코하마로 가는 항로가 파나마 운하를 통하는 항로보다 얼마나 짧아지는지

---

11 여러 북극 마을에서 자갈 매장량은 탄화수소(천연가스와 석유) 매장량 다음으로 중요하다. 영구동토 위에서는 뭔가를 건축하기가 어렵기 때문에 활주로와 건물터를 준비하는 데 막대한 양의 자갈이 필요하다.

도 볼 수 있다. 그리고 왜곡되거나 일부가 잘리지 않고 온전하게 보이는 북방의 그린란드는 마음이 쓰일 만큼 멀리 고립되어 있다. 그리고 나는 어릴 때 꿈꿨던 풍경 그대로 아가시즈 만년설과 이국적인 고원들이 펼쳐진 야생의 엘즈미어섬을 손가락으로 짚을 수 있다. 배핀섬의 에스키모들은 이 섬을 '오밍만누나', 사향소의 영토라고 부른다.

초기 북극 지도들은 지도를 만든 문화권의 기술과 관념(그리고 오해도)을 반영했다. 현장 과학의 하나로 편입되기 훨씬 전, 지도 제작은 일종의 명상 같은 작업이었다. 제도사들은 각자의 추측대로 허구의 풍경과 상상의 땅을 그렸다. 그들이 묘사한 북극은 '언어도 이성도 없이 기러기들처럼 쉭쉭거리는 짐승 같은 사람들'이 사는 어둡고 산이 많은 얼음 지역이거나, 아니면 반대로 언제나 빛나는 해와 따뜻한 바다가 있는 이상적인 곳이었다.

16세기에 스발바르 제도를 발견한 네덜란드의 고래잡이 배들과 노바야젬랴섬을 향해 북쪽과 서쪽을 탐험한 윌로비와 챈슬러(1553), 바렌츠(1596), 서쪽을 탐험한 프로비셔(1576~1578)와 데이비스(1585~1587), 허드슨(1607~1610), 배핀(1616)이 보다 사실적으로 북극을 정의했다. 세기를 거듭하며 북극은 얼음과 눈 밑에서 한 조각씩 발견되었다. 지도가 그려지고 해도가 만들어졌다.

구세계가 가지고 있던 북극에 대한 상은 노르웨이 선적 프람호가 극적인 일주 항해(1893~1896)를 마치면서 최종적으로 깨졌다. 1892년에 로버트 피어리는 그린란드가 섬이라고 공표했다. 1915~1917년에 스테파운손이 북극에서 마지막으로 남아 있던 큰 땅덩어리를 발견했다. 제2차 세계대전 중과 직후에 있었던 군사 정찰 덕분에 캐나다 군도 해안선이 대폭 수정되고, 배핀섬 서쪽 폭스 해분에 마지막으로 숨어 있던 남북극의 큰 섬들이 발견되었다(면적이 약 1,280제곱킬로미터에 이르는 에어포스섬도 이때 발견됐다).

북극이 늘 우리 마음을 끌었던 이유 중에는 경계가 모호하다는 점도 있다. 평평한 지면은 겨울이면 얼어붙은 바다가 된다. 여름에도 일부 지역 저지대는 그대로 얕은 바다로 이어져 둘을 구분하기 힘들다. 작은 땅덩어리들이 아직 어딘가에 숨어 있으리라 쉽게 짐작할 수 있는데, 최근에 이 짐작이 사실이라는 것이 극적으로 드러난 사건이 있었다. 1968년에 지리학자들은 마침내 그린란드의 모리스제섭곶이 아니라 1900년에 피어리가 발견한 카페클루벤이라는 작은 섬이 지구 육지의 최북단이라는 수학적인 결정을 내렸다. 그러나 1978년에 카페클루벤섬에서 북쪽으로 약 1.4킬로미터 떨어진 얼음 속에서 조그만 섬이 새로 발견되었다. 섬은 피어리의 1909년 북극 원정에 참여했던 폴라에스키모의 이름을 따 '오다크'라고 명명됐다.[12]

---

12 오다크는 1878년 또는 1879년에 태어나 1950년대 중반까지 생존했다. 여러 탐험가와 과학자를 보조했는데, 역사 기록에 남아 있는 그의 이름은

시간이 지나면서 보다 정교해진 위성지도 제작 기술 덕분에 북극 지도의 정확도가 꾸준히 개선되면서 지도에 그려졌던 상상의 섬들이 실제로 북극에서 발견된 땅의 윤곽들로 서서히 대체되었다.

조지 베스트가 제작한 1587년 지도에서 대서양부터 서대양(가상의 대양. 지금의 태평양에 해당)까지 캐나다 북부를 가로지른다고 표시된 '프로버셔 해협'과 1607년에 헨리 허드슨이 자신 있게 탐험에 나섰던 얼지 않은 북극해, 그리고 노르웨이에서 스발바르까지 이어지는 육지 통로 같은 오해가 모두 지도에서 사라졌다.

가공의 섬들이 표시된 많은 옛 북극 지도는 뭔가 더 좋은 것, 인간의 수고를 덜어줄 무언가에 대한 바람의 표현일 뿐이었다. 서쪽에 있다는 축복받은 섬들이나 에스파냐의 선박이나 튀르키예의 중간 상인들을 거치지 않고 '향신료 섬'인 몰루카스로 가는 항로 같은 것 말이다. 그런 지도를 보면 누구나 인간의 역사와 멀리 뻗은 인간 욕망의 한계, 만족을 찾아 국경을 넘어 확장되는 탐색에 어떤 존경심 같은 것을 느끼며 고이 접어 다시 서랍에 넣어두게 된다.

오타흐(피어리), 오다르크(뮐리우스 에릭센), 오닥(라스무센), 우타크(장 말로리) 등 철자가 제각각이다. 오다크섬은 1978년 7월 26일에 그린란드 북부에서 지형 측량 작업을 하던 덴마크 측지협회의 우페 페테르센이 발견했다. 페테르센의 동료가 보내준 내용은 다음과 같다. "섬은 직경이 30미터에 제일 높은 곳도 해발 1미터가 채 안 되는 다소 작은 (자갈) 섬이며, 위치는 북위 83도 40분 32.51초, 서경 30도 40분 10.12초입니다."

이런 지도들을 치운다고 해서 지도에 기록된 식민 지배의 비극이 덜 비참해지지는 않는다. 오만한 망상에 대한 경고가 무뎌지지도 않고, 땅의 진짜 증거가 희미해지지도 않는다. 다음 시대는 분명 탐험에 나섰던 선조들만큼이나 우리도 완고하고 탐욕스러웠다고 여길 것이고, 번영을 추구했던 예전 계획만큼이나 지금 우리의 계획도 불손하고 무분별하다고 생각할 것이다. 그저 다음 시대가 너그럽기만 바랄 뿐이다.

우리는 익숙한 메르카토르 투영도에서 세계의 한쪽이 다른 쪽으로 쭉 당겨진 것을 봐온 탓에 북극이 광활하다고 생각하게 되었다. 그러나 북극이 절대 하나로 뭉치지 않는다거나, 지도의 여러 구역이 '분리된 각각의 세계'라는 식의 생각은 잘못이다. 북극 원주민들도 여느 민족과 마찬가지로 내부 결속력을 가지고 있다. 북극은 사막 같은 바다를 중심에 두고 주민 대부분이 주변부 해안에 거주하는 오스트레일리아 같은 지형이다. 말하자면 북극에는 중국 정도의 넓이에 시애틀 정도의 인구가 살고 있다.

북극의 지리적 통일성은 기후와 햇빛의 계절적인 분포와 북극곰, 북극고래, 북극여우, 고리무늬물범, 흰올빼미 같은 동쪽과 서쪽 동물군이 보여주는 유사성에서 나온다. 일각고래처럼 북극의 특정 지역에만 서식하는 종은 상대적으로 적은 편이고, 환북극 동물 중에서 아종으로 분류될 만한 차이를 보이는 경우는 아주 드물다(바다코끼리가 그중 하나다).[13]

현대의 여행자가 보기에는 북극 풍경이 멍할 정도로 단조로울 수 있겠지만, 이런 인상은 대개 지도의 빈 곳을 보거나 비행기를 타고 돌아다니는 데서 온다고 나는 생각한다. 지도와 마찬가지로 비행기도 잘못된 공간 감각을 낳는다. 넓어진 시야 때문이 아니라 시간과 공간의 관계를 변형함으로써 단순화와 압축을 초래하기 때문이다. 인공조명으로 불을 밝힌 비행기 내부는 바깥 날씨로부터 차단된 데다 석유 추출물들과 담배 냄새가 섞인 밀폐된 공기가 차 있고, 아래에 있는 땅보다 훨씬 시끄럽다. 썰매개와 화물 상자로 빼곡한 북방 항공기를 타고 가벼운 두통을 겪은 사람이 많고, 일종의 시간 감각 또는 공간 감각 이상을 경험한 사람도 많다.

북극 마을들에는 캐나다 남부 어딘가에서 제트기를 타고 날아와 남의 말은 들은 체 만 체하다가 굳이 고집을 부려 당일에 돌아간 정부 관리나 기자 얘기가 많다. 그 성급함과 냉정한 무신경함, 권력자연하는 그 행세에는 어쨌든 비행기 탓도 있어 보인다. 비행기가 주는 엄청난 시공간 압축에 대응할 만한 것이 북방 마을에는 없다. 사람들은 흔히 그 땅에 대한 잘못된 지식

---

13 이 지역이 자연적으로 동질하다는 느낌을 강화해주는 사실은 베링 해협부터 그린란드 북부에 이르는 북극의 절반에 해당하는 지역에서 원주민들이 거의 동일한 언어를 사용하고 있다는 점이다. 이와 같은 언어적 연속성은 세계 어디에서도 찾아볼 수 없다. 에스키모 방언들은 상호소통이 가능해서 정치단체인 이누이트극지협회ICC 구성이 용이했다. 이 조직은 현재 토지 청구권과 자결권을 요구하는 알래스카와 캐나다, 그린란드 에스키모들을 지원하고 있다.

을 가지고 돌아가고, 그 결과는 씁쓸한 분노를 낳는다.

비행기는 대단히 큰 유혹이지만, 그 땅에 대해 뭐라도 배우려는 사람은, 어떤 지도가 적절한지에 대해 약간의 감각이라도 갖고픈 사람은 비행기에서 멀어져야 한다. 그런 사람은 들로 나가 땅 위에서 잠을 자거나 덤불을 가르며 오후를 보내봐야 한다. 사향소의 일정에 따라 여행하고, 바다로 향한 곳에서 야영하고, 몇 날 며칠 날아 이동하는 바다오리들을 보아야 한다. 그런 사람이라면 코북강 북쪽 제이드산맥의 뱀처럼 구불구불한 초록색 절벽 앞에 서거나, 겨울 해빙 위를 걸어서 개수로에 나가 부빙들이 서로 스치고 부대끼는, 미국 탐험가 엘리샤 켄트 케인의 표현에 따르면, '강아지가 낑낑거리고 벌들이 붕붕거리는' 것 같은 소리를 들어야 한다. 봄철 해빙 위에서 해체된 바다코끼리 사체에서는 해저 퇴적물을 볼 수 있다. 베링해와 축치해에 사는 바다코끼리 25만 마리가 매일 수 톤의 모래와 잔 자갈을 옮긴다는 사실을 천천히 깨달을 수 있을 것이다.

그런 사람이라면 수천 톤씩 툰드라 흙을 파헤치고 있을 나그네쥐와 들쥐를 생각할 것이다. 그리고 툴레. 날뛰는 사냥감을 가두기 위해 거주지로 커다란 돌을 날라 사방치기 놀이를 할 때처럼 칸칸이 세워놓은 사람들을 생각할 것이다. 거대한 돌로 지은 북극곰 덫에는 옆으로 미는 돌문이 달려 있었다. 그들은 돌을 마음대로 움직인 북극 주민들이었다.

어마어마한 하늘을 이고 며칠씩 걷을 때, 뱅크스섬 톰슨강 유역에서 세상의 적막을 느낄 때, 얼어붙은 강 계곡 수 킬로미터

밖에서 들리는 썰매개들의 억제할 수 없는 활력을 느낄 때, 칼슘 섭취를 위해 나그네쥐 뼈를 먹는 긴발톱멧새처럼 아주 사소한 것들이 어떻게 그 땅을 살아 있게 만드는지 볼 때, 우리는 시간을 초월한, 더는 축약될 수 없는 더 깊은 대지의 차원들을 감지하기 시작한다.

하지만 비행기에서 멀어지려면 제때 해야 할 것이다. 비행기는 매일 총알처럼 북극을 드나든다.

크리스티안 비베가 해준 얘기가 있다. 북그린란드 하위에스 반도에 있는 움만나크라는 작은 마을(툴레 지역)에서 개썰매를 타고 다니던 때 일이다. 1940년 봄에 그는 몇 달 전에 미리 숨겨놓은 보급품으로 생활하며 캐나다 북단 엘즈미어섬의 동해안을 따라 여행하고 있었다. 비베가 덴마크인이라는 걸 알고 있던 움만나크의 한 에스키모 친구가 그해 5월에 마을에 전해진 소식을 비베에게 알리는 것이 좋겠다고 판단했다. 그 친구는 썰매로 스미스 해협을 가로질러 비베가 들를 것이 확실한 보급품 은닉처를 찾아냈다. 그는 비상식 깡통 옆면을 긁어 에스키모어 음절로 메시지를 남겼다.

독일 사람 덴마크 고기 먹음
왕 아직 살아 있음
가게에 기름 없음

비베는 곧바로 그 의미를 이해했다. 독일이 덴마크에 전쟁을 선포했다(즉, 독일이 덴마크를 먹이로 삼고 있다). 크리스티안 왕의 내각은 물러나지 않았다. 그리고 전쟁 때문에 움만나크에는 봄철 보급품이 들어오지 않을 것이다. 비베는 장갑 낀 두 손으로 깡통을 들고 환한 햇빛 속에 서서 개들과 얼마 안 되는 물품을 둘러보았다. 아주 오랫동안 집으로 돌아갈 수 없게 되었다는 걸 그는 알았다.[14]

일부 초기 탐험가는 에스키모들과 그들이 가진 땅에 대한 지식을 진지하게 받아들이며 주변 지형을 지도로 그려달라고 요구했다.[15] 에스키모들은 기꺼이 응했다. 그 지도들은 북극 여행과 탐험에 대단히 큰 도움이 되었으며, 요즘은 에스키모들이 주변 공간을 인식하는 방식에 대한 통찰을 제공해준다.

주변 지형을 이해하는 것과 상세한 지도를 작성하는 것은 매우 다른 별개의 인지 기능을 요구한다. 그러나 많은 에스키모가 성별을 막론하고 자신이 사는 해안과 내륙의 지도를 고도

---

14 기존의 지도에 익숙한 우리는 그린란드와 캐나다 최북단 섬인 앨즈미어섬이 개썰매로 넘나들 만큼 가까이 붙어 있다는 사실을 상상하기 힘들다. 이 이야기는 지도의 문제와 함께 북극 원주민들이 인식하는 땅의 범위와 그들이 가진 땅에 대한 지식이 어떤 종류의 것인지 짐작할 수 있는 실마리들을 제공한다—옮긴이.

15 유럽인들은 북극 지도를 제작하는 일에 몇 가지 어려움을 겪었다. 일단 항해할 수 있는 기간이 매우 짧았고, 여름에도 안개나 얼음 때문에 해안선이 가려지곤 했다. 게다가 기상 조건은 신기루를 만들어내는 동시에 해안선을 왜곡시켜 배가 위치를 확정하려 할 때마다 일관성 없는 결과를 내놓았다. 조사팀이 상륙한 끝없이 긴 해변과 황량한 바위투성이 육지 때문에 그렇지 않아도 만만찮은 과제가 한층 더 어려워졌다.

로 정확하게 그려낸다. 1856년에 로버트 맥클루어는 자서전에서 빅토리아섬 서부의 에스키모들이 "마치 수로학에 정통한 사람들처럼" 종이와 연필로 능숙하게 지도를 그려냈다고 말했다. 1826년에 또 다른 영국 해군 장교도 프린스오브웨일스곶 해변에서 에스키모들이 돌멩이와 막대기, 조약돌을 이용해 '아주 정교하고 이해하기 쉬운 방식으로' 축소해서 보여준 그 지역 지도에 경탄했다. 프란츠 보아스는 북미 동북극에서 에스키모들이 그린 지도가 어찌나 정밀한지 자신의 해도와 일일이 대조해 볼 수 있을 정도였다고 전한다. 보아스는 이렇게 썼다. "아주 먼 해안들을 그처럼 명확하게 구별해내는 그들의 상대적인 위치 감각과 방향 감각은 놀랍다." 포함되는 거리를 직선으로 따지면 1,600킬로미터에 이르고, 넓이로 따지면 38만 4,000제곱킬로미터에 이르는 광범위한 지역이었다. 에스키모들은 또 자신들의 활동 지역이 담긴 유럽의 지도와 해도를 뒤집어서 보든 옆에서 보든 방향에 상관없이 쉽게 읽어낸다. 그리고 지도를 그릴 때 축적을 늘리거나 줄이거나 일정하게 유지하는 데에 아무런 문제를 느끼지 않는다.

에스키모들은 유럽인들을 만나기 훨씬 전부터 방대한 지명 체계를 정리하기 위한 보조 기억장치로, 또 길을 찾는 보조 수단으로 지도를 만들어 사용했다. 후자의 일부는 나무를 조각한 것이었는데, 삼차원으로 해안선을 보여주고(북아메리카 동북극에서는 매우 유용하다), 날씨의 영향을 받지 않으며, 물에 떨어뜨려도 떠오르기 때문에 바다에서 이동할 때 딱 맞았다.

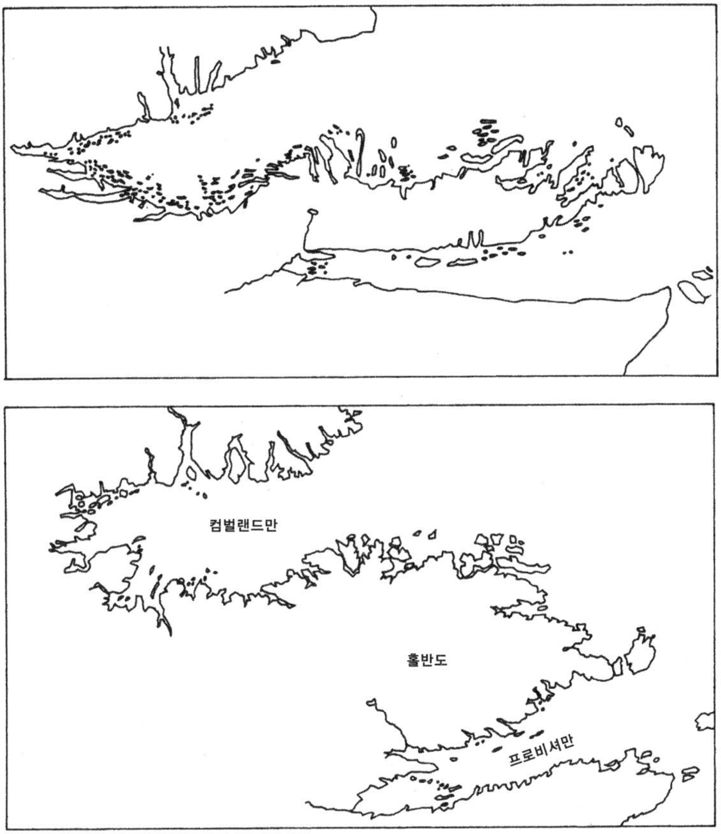

위: 수나픽난크라는 에스키모가 기억만으로 그린 컴벌랜드만과 프로비셔만 지도.
아래: 현대적인 작도법으로 만든 같은 지역의 지도.

에스키모들의 공간 감각이 남다른 데다 공간을 사고할 때 특별히 선호하는 방향이 없다는 점에 각별한 관심을 가진 에드먼드 카펜터는 아이빌릭 부족민들이 준비한 사우샘프턴섬 지도에서 왜곡되는 지점들은 예외 없이 집중적으로 사냥하는 곳이라는 점을 눈치챘다. 그 지역들은 발길이 뜸한 곳에 비해 크게 그려졌다. 요즘의 에스키모 지도들도 그와 같은 정확성과 풍부함을 드러내며, 토착적인 지리 지식이 계속 유지돼왔음을 증명한다. 이런 문화적 측면을 여전히 간직한 사람들, 기억력이 이처럼 놀라운 수준으로 발달된 사람들, 육지와 해빙을 가로지르는 긴 여행의 오랜 기벽을 가진 사람들 덕이다. 사람들이 속속 영구 정착촌으로 이주하는 와중에도 이 모든 것이 살아남았다.

땅 위에 난 인간 존재의 흔적은 지도와 마찬가지로 구분 없던 공간을 특정한 방식으로 조직하는데, 그 효과는 특히 탁 트인 지형에서 마음에 위안을 준다. 일련의 도싯 거주지들은 그 땅에 차원과 방향을 더해주고, 사람들은 당연히 그런 곳들에서 우연히 찾아내는 사물로부터 즐거움을 얻는다. 수백 년에 걸쳐 카리부들이 강을 건너거나 산맥 사이로 이동했던 곳도 마찬가지다.

다른 과제를 수행하는 과정에서 우연치 않게 지표에 생긴 흔적들과 마찬가지로, 여행자에게 도움을 주고 망망함을 억눌러주는 두드러지는 지표물들도 북극에서는 눈에 아주 잘 띈다. 가장 도드라지는 것은 북아메리카 동북극 여기저기에 놓인 이눅수이트(인간 형체로 쌓은 돌무더기)다. 이눅수이트는 한때 움푹 팬 곳이나 바위 울타리 안으로 카리부 떼를 몰아넣는 역할을 했고, 낚시가 잘되는 호숫가 지점을 표시하기도 했다. 또 툴레 시절부터 내려오는 물고기를 가두던 돌 둑과 뇌조를 가두던 돌 울타리도 발견된다. 초기 유럽인 탐험가들이 쌓은 돌무더기들이 여전히 그 땅의 언덕과 툭 튀어나온 곳, 해안 모퉁이 같은 곳에 건재해서, 지금도 정기 항공로 조종사들을 비롯한 여러 사람의 길 찾기 지표로 활용되고 있다.

최근의 인간들이 땅에 남긴 흔적은 무한에 가까울 만큼 널리 흩어져 있지만, 그다지 매력적이진 않다. 예를 들자면, 최근 캐나다에 북방 국가로서의 자각이 생기면서 현대판 돌무더기 쌓기 열풍이 불어 사그라질 줄을 모른다. 지질학 연구원, 석유 시추 작업자, 여러 공무원과 고관이 지금은 일상적으로 기념용 돌무더기를 쌓는다. 그 안에는 익살맞은 동료들을 찍은 폴라로이드 사진이 담긴 단순한 담배통이나 정부 관리의 가족을 찍은 컬러 사진이 담긴 더 그럴싸해 보이는 금속 상자가 묻힌다. (어떤 북방 사람들은 탐험 역사의 순수한 의미를 축소하는 이런 행위에 격분한다. 그들은 이런 돌무더기가 오만하거나 우스꽝스럽다고 여겨 보는 족족 해체해버린다.)

이런 불필요한 기념비들보다 더한 꼴불견은 계속되는 석유와 천연가스 탐사로 생긴 수만 킬로미터에 이르는 지질 검사 흔적들과 과학자들과 기술자들, 그리고 최근에는 에스키모 사냥꾼들이 툰드라 여기저기 수천 군데에 남긴 야영지에 나뒹구는 수만 개의 빈 항공유 드럼통이다. 지질 조사 기술이 개선될 때마다 같은 지역을 다시 조사하다 보니, 툰드라에 이리저리 그인 쐐기 박은 트랙터 자국은 늘어만 간다. 식물은 다시 자라지 않는다. 눌린 토양은 다시 부풀지 않는다. 봄의 빗물도 그 흔적들을 씻어내지 못한다. 가능한 일이라곤 이따금 더 나빠지는 일뿐이다. 노출된 토양이 더 많은 햇빛을 흡수하면서 아래의 영구동토가 녹기 시작한다. 식물의 뿌리 없이 토양으로만 유지되는 평원에 도랑이 생긴 것처럼, 트랙터 자국은 가라앉고 땅은 갈라지기 시작한다.

남태평양 캐럴라인 제도의 풀루와탄 원주민들은 망망대해에 멀리 떨어진 섬들 사이를 오갈 정도로 정밀한 항해술로 이름이 높다. 뜨고 지는 특정한 별들에 뱃머리를 맞추고 특정한 종류의 바닷새들이 바다에 나와 있는지, 바닷물의 염도는 어떤지, 조류의 흐름은 어떤지, 너울의 움직임은 어떤지 등을 살핀다. 이와 유사하게 북극의 어둠과 화이트아웃, 또 아무 특징 없이 계속 이어지는 눈과 얼음을 가로질러 길을 찾는 에스키모들은 얻을 수 있는 몇 안 되는 실마리를 철저하고 효과적으로 활용한다. 정착빙 위에서 여름 안개를 만나면 에스키모들은 육지 쪽 절벽에서 들리는 바닷새 소리와 바다 쪽 얼음 가장자리에서 들리는 파도 소리 사이로 이동한다. 탁 트인 지형으로 나갈 때는 바람의 각도를 유념하고, 파카 둘레에 달린 털이 바람에 누운 모양을 보면서 주기적으로 자신의 위치를 확인한다. 어둡거나 눈보라 때문에 사스트루기(딱딱한 눈이 우세풍과 나란한 방향으로

등성이를 이룬 것)를 볼 수 없을 때는 엎드려서 방향을 감지한다. 에스키모들은 얼음을 지나면서 발견하는 모든 균열의 방향에 주목한다. 해빙에 난 균열을 보고 보이지 않는 먼 곳 또는 돌출한 육지를 짐작하거나, 매년 같은 유형의 균열이 생기는 잘 아는 지역에 도착했음을 확인하기도 한다. 사소한 실마리에 주의를 기울이는 일은 필수적이기도 하다. 바위인 줄 알았던 얼음 위의 검은 물체가 숨겨진 해안선일 수도 있으니 말이다.

이처럼 세세한 것들에 대한 끊임없는 주의와 예전에 봤던 땅에 대한 기억, 다른 여행자나 사냥꾼이 해준 얘기들과 함께 동물들, 특히 새들의 움직임과 '하늘 지도'가 여행자의 길 찾기에 활용된다.[16] 특히 햇빛이 엄청나게 번쩍이는 봄(적당한 햇빛과 단단한 얼음이 있어 전통적으로 장거리 여행을 떠나는 시기)이나 명암 대비가 두드러지지 않는 겨울에 이런 소소하지만 결정적인 실마리들을 찾아다니는 일은 어떤 정보를 무시해도 되는지 모르는 사람에게는 피곤한 일일 수 있다.

이러한 길 찾기 기술들은 여전히 마을 생활의 일부이며, 개썰

16 해빙에 나가보면 가끔 먼 개빙구역이 위에 뜬 구름에 어두운 그림자를 던져 '수공(극지방의 개빙구역 위에 나타나는 어두운 빛깔의 하늘)'을 만드는 반면, 수평선에 뻗어 있는 얼음은 위의 하늘에 부드러운 흰색 반사광인 '얼음 반사광'을 만들곤 한다. '하늘 지도'라는 용어는 이 두 현상을 모두 가리키거나 이 둘이 함께 나타나는 하늘의 어둡고 밝은 무늬를 뜻한다. 매우 눈이 밝은 사람은 얼음 반사광을 몇 종류로 구분할 수 있다. 눈 덮인 육지는 하늘에 노란빛이 도는 흰색으로 나타난다. 평원의 얼음은 노란색이 가미된 선명한 흰색, 부빙은 순수한 흰색, 만에 형성된 해빙은 회색빛을 띠는 흰색이다.

매를 타거나 걸어서 이동하던 과거와 마찬가지로 스노모빌을 타고 먼 거리를 여행할 때 자주 이용된다. 그리고 특히 해빙을 안전하게 건너는 데는 여전히 이런 기술들이 제일 좋은 지도나 항법장치보다 훨씬 중요하다. 지형을 중심으로 작성된 지도로 길을 찾을 때 꼭 필요한 지표들을 안개와 눈폭풍이 가려버리는 데다 이곳은 나침반조차 믿을 수 없는 곳이다. 자기북극에 가까이 갈수록 수직 자기력은 강해지고 수평 자기력은 약해져 바늘이 쉴 새 없이 자기북극의 좌우로 흔들린다. 특정 경도와 위도로 나침반의 편차를 교정해봐도 무용지물이다. 자기폭풍과 '극관 흡수'라고 불리는 현상을 포함한 전리층 교란 현상이 무선 방향탐지 장치에 불리하게 작용한다. 여름에 자주 발생하는 기온 역전 현상은 수평선을 왜곡시켜 육분의를 맞추기 어렵게 만든다. 그리고 위성으로 촬영해 배에서 받아보는 해빙 분포도는 스물네 시간 전의 것이다.

북극에서는 해가 믿음직스럽게 동쪽에서 떠올라 서쪽으로 지지 않고, 북쪽으로 올라갈수록 뜨고 지는 별도 적어진다. 여름 달은 너무 어두워서 있는지 알아채기도 힘들다. 그래서 에스키모들이 가장 신뢰하는 방향 지표는 바람과 해류의 움직임, 개수로의 일관된 방향, 그리고 강물의 방향 등이다. 사냥하러, 또는 어딘가를 들르거나 돌아보러 '동쪽으로' 갈 거라는 식의 말은 거의 들어볼 수 없다.

9월의 어느 날 아침, 나는 캐나다 국경과 가까운 알래스카주 보퍼트 석호에 있는 과학기지에서 친구 몇 명과 함께 작은 보트를 타고 동쪽으로 계획한 나들이에 나섰다. 바다에서 작업하는 일주일 내내 차가운 바람과 비, 잔뜩 찌푸린 하늘이더니 모처럼 온화하고 기분 좋은 날씨였다. 우리는 낭만적인 매력을 느끼고 있던 캐나다 유콘준주와의 국경 지역으로 향했다. 해안을 따라 약 4킬로미터 정도 갔을 때 해안선과 나란한 개수로 안에서 얼음에 길이 막혔다. 다행히 국경에서 90미터 정도 떨어진 곳이었다.

우리는 파카를 벗어 들고 두 나라의 경계선을 표시해주는 풍화된 표류목 더미 부근의 툰드라를 다소 정처 없이 어슬렁거렸다. 우리는 카리부 발자국과 이동하는 바다오리와 기러기, 어디로 갔는지 보이지 않는 이민국 직원, 그리고 무엇보다 구름 한 점 없는 하늘에 밝게 빛나는 태양 탓에 별다른 주저 없이 국경을 넘었다. 우리는 툰드라의 마른 풀에 걸린 북극곰 털 뭉치를 발견했고, 바닷가 얼음으로 내려가는 해안 절벽 위의 가파른 둑에서 곰의 발자취를 찾아냈다.

그처럼 온화한 환경에서는 그날 다른 국경들을 감싸고 있었을 절체절명의 긴장 상태를 상상하기 힘들었다. 우리는 하나같이 어릴 때 꿈꿨던 이국적인 소원을 이룬 것에 감격했다. '유콘준주에 간다. 거기서 얻은 수확물을 가져온다.' 이것이 우리가 툰드라에 서서 식물학이나 동물학 또는 지리학 용어를 써가며, 이 지점이 1킬로미터 동쪽이나 1킬로미터 서쪽과 어떻게 다른지 설명하려고 고심하게 된 이유였다. 태평하고 순진한 행동이었다. 우리는 거의 한 시간 가까이 서성거렸고, 서로의 사진을 찍었다. 하필 좋은 날씨와 '유콘에 가자'라는 생각이 딱 들어맞은 것에 우리는 기뻐했다.

감동적이긴 했지만 딱 그 정도의 비현실적인 발상으로 수백 년 전에 유럽인 탐험가들이 북극으로 향했다. 그들은 존재한다고 알려져 있지만 한 번도 발견된 적 없는 땅과 해협들을 찾아 나섰다. 그래서 그들은 실패했을 때도 그 땅과 해협들이 존재하지 않는다는 사실을 믿을 수 없었다. 혼곶에 마젤란 해협이 있는 것처럼 북단의 해협인 아니안 해협도 있어야 하고 동쪽 바다와 서쪽 바다가 있는 것처럼 북쪽 바다와 남쪽 바다도 있어야 한다고 그들은 생각했다. 가장 정확하다는 해도에도 그런 항로가 표시돼 있지 않은가? 그리고 에스파냐인들이 열대에서 금을 찾아냈다면 프로비셔도 북극에서 금을 찾아내야 이치에 맞지 않은가?

초기 북극 탐험가들은 자신들이 본 것을 공식 기록으로 남길 때 당대의 정설과 신뢰받는 지도들을 비판하기를 주저했다. 사실 자기 기록의 신뢰성을 높이기 위해 윤색하는 경향도 있었다. 어떤 경우에는 꼭 있어야만 한다고 생각했기 때문에 아무것도 없는 곳에서 뭔가를 감지했다고 믿기까지 했다. 안개에 가리기 전에 희미하게 보인 게 뭔가 해안선 같은 것 아니었나? 어둠과 역풍이 몰려오기 전에 멀리서 파도 소리 같은 게 들리지 않았었나? 땅은 프톨레마이오스가 지구의 모양을 알아냈을 때처럼 인간이 가진 정보에 화답해야지 반박해서는 안 된다고 그들은 믿었다. 그런 탐험가들의 얘기가 읽히고 전해졌다. 복잡하게 얽힌 저자들의 욕망과 스스로에게도 지켜야 할 평판이 있던 제도사들의 자유분방한 해석이 관찰 내용에 얹혀 실재하지 않는 지리, '있었으면 하는 섬과 해협'의 지리, 머릿속에만 존재하는 지리가 서유럽에 영속하게 되었다.

물론 이런 이미지들의 영향력은 상당했다. 관념적인 지리에 맞춰 사회가 조정되면 진짜 지리보다 큰 영향력을 가질 수도 있다. J. 레포드 왓슨은 이전에 몰랐던 지역에 대한 대중적인 이미지가 "사람들의 기대, 사람들이 찾는 대상, 사람들이 탐색에 착수하는 방법, 찾을 대상을 기존의 사고 틀에 끼워 맞추는 법뿐만 아니라 그 발견들을 표현하는 법도 구성한다"라고 썼다. 신천지에서 '발견된' 것들이 실제로는 이런 것들이라고 왓슨은 말한다.

우리가 새로운 땅으로 출발하게 된 경로를 고민한 또 다른 지리학자 존 L. 알렌은 다음과 같이 썼다. "일련의 구별되는 사건이 아니라 하나의 과정으로서 탐험을 바라볼 때, 주요 요인들은 명백히 상상과 관련돼 있다. 탐험할 땅의 성질과 내용물에 관한 상상에 근거한 대상 없이는 어떤 탐험이나 모험도 시작할 수 없다." 그렇다면 발견의 경로는 미리 준비된 개념들의 안내를 받는 셈이다. 알렌은 현장 관찰이 "이들 이미지에 의해 왜곡된다. 지속되는 환상의 테두리 안에서 쓰이고 해석되는 보고서들과 새로운 정보를 부분적으로 틀린 지리적 이해의 틀과 체계에 끼워 맞추려는 시도로 인해 탐험의 결과가 수정된다"라고 말했다.

지난 20여 년에 걸쳐 학문적 지리학은 땅에 관한 서술에서 인간의 머릿속에 존재하는 땅으로 초점의 일부를 옮겨 갔다. 심적 지도라고 불리는 이 지리적 이미지들의 범위와 복잡도는 놀랄 정도다. 예를 들어 도시 거주민은 특정 가게들과 주차 공간, 대중교통의 정류소들을 구체적인 지표로 삼아 자신이 도시 공간에 있음을 인식한다. 친구들을 만날 가능성이 있는 특정 거리나 빌딩에 더 큰 중요도를 부여하고, 가는 길에 있는 거리 이름을 하나도 모르더라도 특정 지점들 사이를 어떤 경로로 가는 것이 안전한지, 특정 음식점에 어떻게 가면 되는지 알고 있다. 에스키모의 심적 지도는 일상적으로 사냥하는 지역, 예를 들어 봄에 카리부가 나타나는 곳이나 야생 열매들이 발견되는 곳, 늘 북극곤들매기 떼가 있는 곳, 6월에 돌아다니기에는 너무 질척거리는 곳, 좋은 활석을 얻을 수 있는 곳, 정기적으로 표류목이 나오는 곳을 망라하는 것일지도 모른다. 도시 거주민과 에스키모의 심적 지도 모두가 측량기구와 작도기로 만든 같은 지역의 지도들과는 공간적 의미에서의 일치도가 상당히 낮을지도 모른다. 그러나 양쪽 모두 땅에 대한 정확한 안내도라는 것이 증명되었다. 심적 지도는 여분의 것들을 벗겨내고 개개인에 맞게 창조된, 즉석에서 적용할 수 있는 살아 있는 개념이다. 그 유효성은 논리적인 모순에도 별 영향을 받지 않는다.

한 지역에 관한 우리의 문화적 인식 전반을 얘기하려면 또 다른 용어가 필요하다. 심적 지도는 매우 개인적이고, 원주민 집단들이 적어도 지역의 자연지리학 요소들만큼 고려하는 지역 이미지의 요소인 보이지 않는 땅의 풍부함을 충분히 전달하지 않는다. 자너의 용어인 '영적靈的 대지'는 우리의 종교적인 사고를 자아내는 힘과 관계의 존재를 깨닫게 하는 물리적인 대지에 내재된 연관성을 더 명확하게 언급한다. 만약 '마음의 대지'라는 문구를 인간의 기억에 간직된 것, 사람들의 구전 전통에서 생겨난 것, 신화적인 역사와 '실시간적'인 역사 모두를 담는 것으로 명확하게 인지할 수 있는 땅을 의미하는 용어로 받아들일 수 있다면, 어쩌면 이 문구로 충분할지도 모른다.

투안이나 카펜터와 마찬가지로 '장소'의 의미를 궁금해했던 오스트레일리아의 건축가 에이머스 래퍼포트는 쿠르나, 아룬다, 왈비리, 그 외 여러 오스트레일리아 원주민 부족의 표지물을 연구해 원주민들이 인식하는 신화적 땅의 지도를 만들었다. 그는 한 부족의 신화적 배경과 기원, 그들이 이 우주에서 갖는 의미와 존재 이유를 구성하는 이야기들이 '관찰할 수 있는 현상들'로 표현되는 '관찰할 수 없는 사실들'이라는 점을 이해했다. 다른 말로 하자면, 땅은 신화를 실재로 만든다. 그리고 그것이 사람들을 실재로 만든다.

지역의 지형을 배경으로 펼치지는 이야기들, 그리고 생명의 영속적인 관계를 표명하는 이야기들은 인간에게 음식과 물만큼이나 중요하다고 래퍼포트는 말한다. 그의 결론에 따르면, 신화적 땅은 자연의 땅은 아니지만 어떤 가시적인 지점에서 자연의 땅과 겹쳐진다. 지역 땅의 경계는 정치적으로 협상할 수 있는 성질의 것이 아니라고 그는 강조한다. 그 땅의 경계는 신화에 묶여 있다. 조정되기 쉽지 않다. 래퍼포트의 연구는 그의 주장대로 유럽인들이 "자신들의 관점 때문에 땅의 성질을 완벽하게 오해"했을 수 있다는 점을 극히 명쾌하게 드러냈다.

한 원주민 문화를 기초로 다른 문화를 추정하는 일은 언제나 상당한 위험을 안고 있다. 그러나 나는 북극에 대해 래퍼포트의 연구에 비할 만한 것을 알지 못하고, 또 그의 관찰들이 내가 아는 한 여느 인류학자의 관찰 결과들만큼이나 진화적으로 안정된 것에 가깝다고 생각한다. 듣고자 하는 열의와 일말의 섣부른 판단 없이 상징적인 표현을 기록할 줄 아는 능력을 두루 갖춘, 주의 깊은 북극 탐험가들의 일지는 특정 장소에서 일어난 신화적인 사건들에 대한 언급으로 가득 차 있다. 에스키모들은 오스트레일리아 원주민들만큼 육지에 민감하지는 않았다. 그들은 바다에 더 민감했는데, 바다의 표면은 영속적이지 않고 매년 새로워졌다. 그래도 과학이 보고한 내용보다 더 방대하고 미국 지질조사소의 여러 지형도폭quadrangle map에 기록된 것보다 더 포괄적인 북극 대지를 증명하는 그 증거는 부인할 수 없다. 그곳은 주술사들이 자신들의 '콰마네크', 즉 주술사의 빛을 비추던 땅이다.

세계 어디서든 원주민들의 강렬한 소망은 땅과 조화로운 관계를 맺는 것이었고, 그 관계 속에 잘 녹아 들어가는 것이었다. 이따금 지극히 조화로운 상태 또는 반향을 느끼는 상태에 드는 것. 이런 초월적인 조화에 대한 소망은 대지와 맺는 수렵 및 채취 관계의 진화를 포함하는데, 그 속에서 상호 존중의 태도가 널리 공유되었다. 이는 또한 인간과 땅을 묶어주는 서사들의 대화를 의미하기도 했다.

나는 빈둥거리며 서 있는 한 무리의 장교들 앞에서 에스키모 서너 명이 모래에 지도를 그려 보여주는 영국 북극 탐험사의 한 장면을 떠올린다. 젊은 장교들은 그림이 독특하고 매혹적이라는 건 알았지만, 지나칠 정도로 너무 자세한 데다 과장됐다고 생각했다. 나는 에스키모들이 엄밀한 항해 보조 수단으로서의 지도가 아니라 자신들이 아는 우주 안에 있는 장소들을 요약해서 보여준 것이지 않았을까 추측한다. 그들은 돌멩이를 한 줄로 늘어놓아 산등성이와 해안의 방향을 그리면서 기러기 사냥이 특히 잘 되는 눈에 띄지 않는 작은 만을 포함하거나 송어가 산란하기에 적합한 강의 특정 위치를 표시했다. 이것은 보조 기억장치로서의 지도, 장소의 이름과 그에 관련된 이야기들을 정리하는 지도였다. 그 에스키모 서너 명이 젊은 장교들 앞에 펼쳐놓은 것은 인간으로서의 의미와 존재 이유였다. 그들은 이 성마른 사람들을 위해 무엇을 제외해야 하는지 알지 못했다. 그들이 이야기들을, 그 고유한 철학을 땅으로부터 분리할 길은 전혀 없었다. 젊은 장교들은 지도들이 매혹적이었다고만 기억했다. 에스키모들이 구약성서의 모세오경이 그저 매혹적이었다고 얘기했다면, 장교들은 에스키모들이 미쳤다고 생각하지 않았을까?

땅에서 솟아나는 장소에 얽힌 이야기들은 두 종류다. 첫 번째는 신화시대로부터 내려오는 신화적인 땅을 배경으로 하는 이야기들로, 대부분이 세세하게 보존된다. (오랫동안 전승되며 가치를 인정받아온 이야기들에 내재된 지혜를 화자가 완벽하게 이해하지 못할 가능성이 늘 있다.)

두 번째 종류에는 지난 몇 년간 모두에게 일어난 일 중에 기억할 만한 이야기와 여행에 관한 이야기가 포함된다. 이곳이 딸이 태어난 자리라거나, 저곳이 개들이 모조리 곰에게 당했던 그 겨울에 매제가 카리부 두 마리를 죽인 장소라거나, 그곳 티티랄릭에서 스노모빌이 고장 나는 바람에 걸어왔다거나, 저곳 세나살룩이 내가 태어나기 전까지 가족들이 살던 곳이라거나 하는 이야기들이 이 범주에 속한다.

있는 그대로의 땅은 두 종류의 이야기 모두가 사실임을 입증한다. 그리고 사람을 살아 있게 하고, 땅을 사람 속에 살아 있게 하는 것은 끊임없이 반복되는 이 모든 이야기에 담긴 성스럽고 또 세속적인 맥락들이다. 언어, 그 이야기들은 상상력을 한데 모은다.

사냥꾼도 아니고 별다른 후회 없이 도시에 살면서 에스키모들이라면 별로 거론하고 싶어 하지 않을 발상들을 즐기는 우리에게 그런 감수성은 거의 신비로워 보일 정도다. 그리고 우리는 그 감수성에 어떤 가치도 부여하지 않는다. 그러나 나는 우리가 지혜의 원천으로부터 스스로를 차단한다고 생각한다. 우리는 때로 거친 삶을 거친 마음으로 오해하고, 날고기를 야만으로 오해하고, 대화의 부족을 상상력의 부족으로 오해한다. 무사히 비행기에서 멀어진, 또 마을에서 발작적인 폭음과 방어적인 퉁명스러움과 남의 시선을 의식하는 행동이 끝나기를 기다린 북극 방문자는 사람들에게 지혜가 있다는 결정적인 인상을 받는다. 그리고 아주 가끔 지혜가 스스로 모습을 드러내는 환경을 만들어낼 수 있는 사람, '이수마탁'이 눈에 띈다.

시대를 초월한 이 지혜는 실패한 인간의 경제를 이겨낸다. 이것은 전쟁을 극복한다. 이것은 정의定議도 극복한다. 이것은 모든 사람이 숭앙하는 이름 없는 지혜다. 어떻게 제대로 된 삶을 살 수 있는지, 타인과 땅에 대해 어떻게 제대로 행동할 수 있는지 이해하는 것이다.

더 나아가 이것은 누구의 소유도 아니며, 특정 문화가 더 통달하거나 더 밀접한 그런 지혜가 아니다. 우리 시대의 유명인들보다는 존경할 만한 토머스 머튼 같은 사람이 에스키모 한두 명과 바닷가 마을에 앉아 아직 세계의 어떤 곳에는 이런 인간의 지혜가 존재한다는 걸 확인하고, 그것을 어떻게 말로 옮길 수 있을까 고민하며 산과 얼음, 새들을 둘러보는 장면을 쉽게 상상할 수 있다.

어느 7월 저녁, 나는 고생물학자 두 명과 엘러프링네스섬에서 출발해 남서쪽으로 640킬로미터쯤 떨어진 뱅크스섬 카스텔만 근처에 있는 새로운 야영지로 날아갔다. 둘은 수년 전에 북극 역사의 놀라운 한 조각을 밝혀냈다. 엘즈미어섬의 유레카 지층이라 불리는 석탄과 무른 암석 사이에 낀 두꺼운 지층에서 긁어모은 화석 수집물은 4000만 년에서 5000만 년 전, 그러니까 에오세의 북극이 세쿼이아와 은행나무가 우거진 지역이었음을 밝혀주었다. 습도와 기온도 적당해서 거의 따뜻한 기후라 할 만했고, 유럽의 에오세 퇴적물에서 발견되는 동물들과 유사성을 보여주는 동물 무리가 있었다. 당시 유라시아 지각판과 북아메리카 지각판은 막 대서양 북단에서 갈라지기 시작한 참이었고, 동물들은 그 얼마 전에야 왕래를 중단했다. 로버트 웨스트, 메리 도슨과 나는 야영 장비들과 화석 수집품들이 가득 찬 '쌍수달'이라고 불리는 기종의 비행기 보조 좌석에 몇 시간을 앉아 있었다. 둘이 자신들이 하는 일을 설명해주었다. 나는 현장 작업에서 달성한 목표나 낙담한 꿈 얘기를 듣고, 그들이 알려준 발가락이 세 개인 말과 날다람쥐원숭이의 조상과 선사시대 악어가 살던, 우리 발밑에 있는 땅의 에오세 때 모습을 상상하며 즐거운 시간을 보냈다. 그 광경들은 명확하게 볼 수 있는 것이 아니라 그저 상상만 할 수 있는 것이었다. 그들은 결빙으로 부서진 북극의 거친 돌 틈을 헤치며 지형을 알려줄 갈가리 찢긴 증거들, 이를테면 석화된 뼛조각과 이빨, 껍데기, 화석화된 나무, 낙인처럼 찍힌 이파리들을 참을성 있게 찾아내는 자신들의 연구를 자세히 설명했다.

긴 비행이었다. 엔진 소리를 누르고 얘기를 하려면 소리를 좀 지르거나 종이에다 적어야 했다. 멜빌섬 상공 어디쯤에선가 조종사인 던컨 그랜트가 우리 얘기를 들으려고 몸을 돌렸다. 부조종사가 조종을 맡았다. 그랜트는 자신이 꿰고 있는 주제인 북극 탐험사 얘기를 하기 시작했다. 우리는 딜리섬에 접근하고 있었는데, 1852년에 켈렛과 대원들이 그 섬 남쪽 해변에서 영국 해군 소속인 레졸루트호를 타고 겨울을 났다. 그랜트는 우리더러 그곳을 보라고 하더니, 이내 지금은 윈터하버라고 불리는 만에 있었던 패리의 겨울 숙영지 얘기를 시작했다.

우리는 멜빌섬에서 뱅크스섬으로 건너가면서 아래에 펼쳐진 맥클루어 해협에서 어마어마한 얼음들이 마구 뒤엉켜 만들어낸 거대한 압력 봉우리들을 보았다. 해안이 가까워지자 그랜트가 소리를 지르며 1853년 봄에 인베스티게이터호를 발견한 레졸루트호의 베드포드 핌 대위가 맥클루어와 선원들을 구조하러 딜리섬에서 달려와 뱅크스섬으로 갈 때 봤던 광경을 보라고 재촉했다. 그때는 봄이고 지금은 빛이 완전히 다른 7월이지만, 우리는 가까이 다가갈수록 그랜트가 무얼 의미했는지, 어떤 상황을 예상했는지 알 수 있었다. 우리는 모두 하던 말을 멈췄다. 다음 30분 동안 우리는 그저 창문에 매달려 있을 뿐이었다.

우리는 여러 사향소 무리 위를 날았다. 산허리에 기울어진 햇빛이 사뭇 목가적이어서 사향소들은 영국 목초지에서 풀을 뜯는 검은 육우 떼처럼 보였다. 비행기가 톰슨 강어귀를 지나 선회하는 사이에 웨스트와 도슨은 지형을 살피며 어디에서 야영할지를 결정했다. 그랜트는 달랑 식물 몇 포기만 자라는 자갈투성이 산등성이에 착륙했다. 유레카 지층이 잘 드러난 곳이었다. 우리는 장비들을 내린 다음 그곳에 서서 주위를 둘러보았다. 아름다운 저녁이었다. 우리는 그들의 작업이 성공하길 바라는 마음으로 미소를 지었다.

가족들에게 쓴 두 사람의 편지 다발을 도슨이 내 손에 쥐여주며 레졸루트로 돌아가면 부쳐달라고 부탁했다. 우리는 아쉬운 마음으로 행운을 빌며 손을 흔들고 헤어졌다. 나는 편지 다발을 옆 좌석에 놓고 몇 시간을 날아왔다. 길에서 만난 친구와 동료, 여행자 사이에 존재하는, 자신이 아는 것과 자신이 본 것과 상상한 것을 공유하려는 거대한 욕망에 관해 생각했다. 자기 생각을 주입하려는 게 아니라 자신이 마침내 이해한 것을 나누려는 욕망이다. 이 같은 상호존중의 분위기, 누구나 반박이나 의심, 도둑질당할 공포 없이 자기 지도를 꺼내놓는 분위기 속에서 우리는 인간의 역사가 성큼 내딛는 우아한 큰 걸음을 상상할 수 있다.

서쪽에서 몰려오는 폭풍우에 멜빌섬과 배서스트섬이 구름 속으로 사라지는 광경을 바라보면서 나는 레졸루트로 돌아오는 길 내내 그 생각에 잠겼다.

8장

향로

열정과 탐욕이 얽힌 순수한 욕망

그날 아침 남서쪽에서 폭풍이 다가오고 있다는 걸 알면서도 우리는 핑곡섬 기지를 떠났다. 걱정은 하지 않았다. 갑판 없는 6미터짜리 보트를 타고 겨우 몇 킬로미터 앞바다에 뜬 총빙 가장자리와 해변 사이 개빙구역에서 저인망으로 바다 밑을 훑는 작업을 할 계획이었다. 우리 넷은 여느 때처럼 두껍게 챙겨 입었고, 궂은날을 대비해 장비들도 갖췄다.

그런 환경에서는 죽을 수 있다는 사실을 받아들이고 만반의 준비를 한 다음, 잊어버려야 한다. 우리는 연구 장비 외에 신호탄과 구명복, 텐트 같은 비상용 장비를 챙기고, 각자 여벌의 옷과 침낭, 일주일 치 식량을 챙겼다. 매일 아침 우리는 점검표를 확인해가며 보트를 점검하고, 무선으로 먼 본부에 그날의 일정을 알렸다. 출발할 때도 출발 시각과 가는 곳의 나침반 방향, 예상 귀가 시간을 적은 쪽지를 탁자 위에 두고 나왔다.

과학자 동료들은 이런 일에 진지하지만, 무게를 잡거나 지루한 사람들은 아니다. 다만 미리 준비해서 이 일에 수반되는 위험에 실제로 직면하는 사태가 생기지 않도록 할 뿐이다. 이런 사람들과 함께 여행한다는 것도 하나의 즐거움이다. 다른 삶의 길에서도 마찬가지겠지만, 은근히 위험을 과장하고 싶어 한다거나 자신의 생존 능력을 과시하는 데서 자부심을 느끼며 뿌듯해하는 사람은 만나지 않기를 바라야 한다.

우리의 동료 의식은 일에 대한 열정, 그리고 이 땅과 바닷새, 물범, 물고기와 함께하는 매일의 환희에서 나온다. 이런 말을 입 밖에 내는 일은 거의 없다. 서로를 격려하는 한마디나 끝없는 습기와 추위 속에서 진행되는 거친 일에 대한 서로의 이해에서 저절로 드러나는 법이다. 우리의 상호 존중은 각자의 임무를 완수하는 데 기초해 있으며, 이 점은 조종간 앞 파란 상자 안에 챙겨 넣은 응급 장비들만큼이나 우리가 생존하는 데 중요하다.

우리는 바닥의 저인망과 물속에 내린 플랑크톤 채집기 속 내용물을 분류하며 오전 나절을 보냈다. 정오 무렵에 보트 엔진을 끄고 무겁게 내려앉은 하늘 밑에서 떠다니며 점심을 먹었다. 파도가 선체를 때리기 시작했지만, 파도 높이가 1~1.2미터로 높아질 때까지 두 시간 정도는 너끈히 대적할 수 있었다. 그때 우리는 얼음 가장자리에 있는 물범들을 한 번 살펴보고 돌아가기로 했다. 한 시간이 지났다. 우리는 미세하게 움직이는 얼음 때문에 알아차리지 못한 사이에 부빙에 둘러싸였다. 바람이 얼음을 밀집시켜 우리가 항해하던 잔잔한 수역의 물길을 막아놓았다. 갑자기 바람에 갈라지며 서쪽에서부터 천천히 스러지는 거대한 부빙이 개빙구역에서 200미터 정도 밀려난 우리를 총빙 사이로 더 깊숙이 밀어넣을 참이었다. 이미 보트는 키가 듣는 최저 진항 속도를 잃었다. 순식간에 보트는 사방으로 꽉 막혀버렸다.

초반 몇 시간 동안 우리는 말없이 부지런히 움직였다. 모두가 어떤 상황에 처했는지 알고 있었다. 누가 무선으로 우리의 구조 신호를 듣는다 하더라도, 우리는 우리가 어디에 있는지 정확하게 말할 수 없는 상태였다. 우리는 동쪽으로 움직이는 총빙 속에 있었다. 사흘로 예고된 폭풍이 오고 있었다. 부빙들이 보트를 부숴 물속으로 밀어넣을지도 모른다. 반대로 물 밖으로 밀어내는 경우도 있는데, 그때는 보트를 피난처로 삼을 수 있다.

우리 넷은 고물과 뱃전을 잡아끌고, 얼음끌로 수로를 넓히고, 90마력짜리 엔진 두 대의 힘으로 밀면서 얼음 사이가 잠깐씩 벌어지는 틈을 타 개빙구역 쪽으로 나아갔다. 총빙 안에 생긴 작은 개수면이 목표였다. 재빨리 걸어가서 앞을 살펴보니 거기서부터는 개빙구역으로 나갈 수도 있을 것 같았다. 9미터쯤 모자라는 지점에서 까다롭고 오래된 단단한 얼음덩어리가 우리를 가로막았다. 얼음끌로 맞서는 게 과연 현명한 일인지 의심이 들었다. 얼음덩어리가 잘못 부서지면 무게중심이 바뀌어 회전하는 와중에 보트를 물속으로 끌고 들어갈 수도 있었다. 돌아서 가는 유일한 방법은 1.3톤이 넘는 보트를 완전히 물 밖으로 끌어내서 끄는 것이었다. 붙잡았다가 옆으로 비켜났다가 가로막았다가 걸고 넘어지는, 시시각각 변하는 얼음 상태와 한시바삐 벗어나고 싶은 간절한 욕망 때문에 우리는 그 일에 착수했다. 우리는 보트를 부빙 위로 끌어올려 건넌 다음, 다시 물에 띄웠다.

그게 개빙구역이었더라면 환호했을 것이다. 하지만 우리는 재빨리 적절한 정도의 의기양양한 시선을 교환했을 뿐, 바보 같은 희망을 품진 않았다. 얼음 위로 보트를 이동시키는 사이, 이 조그만 수역도 좁아지고 있었다. 그리고 거대한 부빙 하나가 여전히 우리와 바다 사이를 막고 있었다. 파도가 부딪히는 쪽은 수면 위로 1.2미터나 솟은 벼랑이었다. 보트를 나르더라도 그런 벼랑에서 배를 띄울 수 있을 것 같지 않았다.

둘은 보트에 남고 나와 다른 한 명이 부빙 반대쪽으로 갔다. 동쪽으로 몇백 미터 떨어진 지점에서 다른 개수로를 발견했다. 나는 재빨리 살펴보고 얼음끌을 높이 들어서 다른 사람들에게 신호를 보냈다. 처음에는 간신히 보트가 통과할 정도로 벌어졌던 개수로가 보트를 가져다놓은 지 몇 분 만에 닫혀버렸다. 우리는 바람에 맞서 개수로를 확보하기 위해 보트 뱃머리를 바다 쪽 부빙에 대고 양쪽 엔진의 출력을 최대치로 올렸다. 개수로 측면 얼음이 계속 동쪽으로 움직였다. 수로가 열리기 시작했다. 엔진이 으르렁거리는 사이, 간격이 1.8미터 정도로 벌어졌다. 암묵적인 이해 속에서 우리는 각자 단호하게 행동했다. 키를 잡고 있던 친구가 엔진을 역전시켜 보트를 이리저리 기울이며 개수로의 얼음을 깨고 앞으로 나갔다. 금방 20미터를 나간 보트가 좌현으로 기울며 120도 정도 방향을 틀었다. 한 친구가 조여오는 얼음을 끌로 강하게 내리치며 앞서 달렸다. 둘은 일어나 보트 안팎으로 뛰어다니며 프로펠러에 달라붙는 얼음덩어리들을 찔러댔다. 조종간에 남은 친구는 성큼 발을 뻗어 우현 엔진에 붙은 얼음 조각들을 쓸어냈다. 앞서 달려갔던 친구가 얼음끌을 보트 안에 던져넣고는 한달음에 달려와 좌현 뱃전을 들어올리는 일을 도왔다. 우리는 일체감을 느꼈다. 우리 다리가 그만큼의 무게를 지탱한 적이 달리 있는지 모르겠다. 우리는 풀린 다리로 간신히 뱃전을 기어올라 보트 안으로 떨어졌다. 기진맥진이었다. 우리는 벗어났다.

드디어 벗어난 것이다. 파도가 1.8미터에 달했다. 우리는 보이지도 않는 해안에서 수 킬로미터나 떨어져 있었다. 얼음 안에 갇혀 있던 사이에 폭풍이 상당히 거세져서, 알 수 없는 속도로 빠르게 동쪽으로 실려갔을 터였다. 파도는 보트가 견딜 수 있는 정도였지만, 편안하게 쉬는 건 무리였다. 우리는 거의 정면으로 파도에 맞서야 했다. 물마루 사이로 언뜻 앞이 보였는데 아무것도 없었다. 휘몰아치는 진눈깨비와 물보라 때문에 제대로 볼 수가 없었는데, 그러지 않아도 이곳 북극 해안들은 어쨌든 너무 낮았다. 우리가 한 줄로 늘어선 섬 중 제일 서쪽 섬인 핑곡의 서쪽이 아니라 동쪽에 있기만을, 그래서 바람이 더 멀리 불고 해안선이 더 길게 뻗은 해리슨만으로 향하고 있기를 바라는 수밖에 없었다.

우리는 정면으로 물을 뒤집어쓰면서 프로펠러가 물 밖으로 나올 때마다 날카롭게 울부짖는 엔진 소리와 바람 소리에 맞서 서로 소리치며 전략을 논의했다. 파도의 힘을 분산하고 보트로 들어오는 물의 양을 줄이기 위해 앞쪽에 캔버스 천으로 대피소를 만들었다. 우리는 이물 쪽에서 줄일 수 있는 무게를 최대한 줄였다. 굳건한 안정감이 밀려왔다. 우리는 나아가고 있었다. 우리는 안전했다. 갑자기 보트 방향이 바뀌어 측면에서 파도를 맞는 일만 없다면, 그리고 우리가 상당히 동쪽으로 온 거라면, 결국 바람 불어가는 방향에 있는 어느 해안에 닿아 거기서 폭풍이 지나가기를 기다리게 될 것이었다.

우리는 파도를 가르며 전진했다. 세 명은 폭풍우를 등지고 웅크린 채 섰다. 묵묵히 버티던 중에 나는 종류가 다른 고요 또는 평온함을 느끼기 시작했다. 육체와 정신 사이의 거리가 천천히 늘어나더니 이윽고 양탄자 깔린 어두운 복도처럼 먹먹해졌다. 나는 춥다는 것을, 떨고 있다는 것을 깨달았다. 겨드랑이 쪽의 마른 온기와 달리 가슴 쪽을 채웠다 빠졌다 하는 차가운 입김 같은 것이 옷 밑으로 느껴졌다. 나는 꿈결 같은 고요함 속에서 상체 오른쪽이 몽땅 젖은 것을 깨달았다. 악천후용 방수복의 어깨솔기가 뜯어져 있었다.

나는 마른 옷을 가져와 갈아입어야 한다는 사실을 알았다. 그러나 욕구는 팔다리 한 짝 움직이지 못했다. 너무 멀었다. 그때 누군가가 움직이는 것이 보였다. 젖은 옷들이 벗겨졌다. 입속에 있는 말을 한마디도 할 수 없었다. 땅속 수직갱 속을 부유하는 느낌이었고, 이내 내가 내 안 어딘가에 있는 맨 흙바닥에 앉아 있는 상상이 들었다. 보트 바닥에서 나무상자처럼 이리저리 구르고 있는 것이 나라는 걸 알면서도, 그것은 뭔가 내가 도망쳐 나온 어떤 것 같았다.

마른 스웨터와 파도를 막아주는 선원용 외투를 입은 내가 무사하다는 건 알았지만, 시간이 얼마나 흘렀는지는 알 수 없었다. 외부의 어떤 것도 시각적으로 지각할 수 없었다. 나는 보트에 대한 감각을 되찾는 데 집중했고, 다음으로는 근육의 율동적인 긴장과 이완에 집중했다. 다시 시간이 흐르기 시작했다. 외침 소리가 들렸다. 나도 소리를 지르려고 애썼다. 그에 대한 대답을 들었을 때, 나는 내가 다시 시간의 가장자리에 섰음을, 시간 안으로 바로 들어갈 수 있음을 알았다. 그제야 나는 내가 앉아 있다는 사실을, 거친 파도에 맞서 용케 버티고 있다는 사실을 깨달았다.

외침은 해안 때문이었다. 핑곡섬을 발견한 것이다.

우리는 바람이 불어가는 쪽 해안에 보트를 정박시키고, 오두막으로 돌아가 옷을 갈아입고 저녁을 준비했다. 안도감은 몸을 사리지 않는 농담이 되어 튀어나왔다. 우리는 평온하게 먹고 침대로 가 겨울잠 자는 곰처럼 잠들었다.

폭풍이 이틀 동안 불었다. 닻을 맨 줄이 풀려 자칫 보트를 잃을 뻔했다. 보트를 건사하느라 다시 젖고 추위에 떨었지만, 그 정도는 여기로 오겠다고 결정할 때 이미 각오한 바였다. 이틀째

되는 날 오후, 폭풍이 성마른 돌풍으로 쪼그라들고 햇빛이 먹구름을 흩으며 고개를 내밀자 나는 긴 산책에 나섰다.

멀쩡하다가도 정신이 오락가락하는 나무토막 같은 상태에 빠졌던 일로 나는 여전히 발작적인 창피함을 느꼈다. 그러나 오래 마음에 두지는 않을 것이다. 그리고 파도가 가라앉으면 우리는 다시 밖으로 나갈 것이다. 다시 해빙에도 갈 것이다. 좀 더 조심하기야 하겠지만, 바뀌는 것은 정말이지 아무것도 없었다.

머릿속에 그 일이 생생하다 보니 나는 해변을 따라 걸으며 동그린란드 해류에 실려 줄줄이 남하하는 부빙을 뚫고 대서양을 가로지르며 사람들을 날랐던 아일랜드의 쿠라흐[1]와 노르웨이의 크나르[2] 같은 갑판 없는 허술한 배들을 생각하기 시작했다. 세상에나, 대체 왜 그랬을까? 초기 역사학자들의 기록을 가지고 추정해볼 뿐이다. 고대 선구자들인 프톨레마이오스와 솔리누스, 이시도르와 달리, 초기 역사학자들의 글은 각자의 애국심과 종교적 확신, 허영심, 당대 사상의 지형으로부터 영향을 받았다. 그리고 그 글이 번역되거나 해석될 때, 삽입과 각색이 일어날 때, 또 평범한 오류들이 발생할 때, 그 역사적 기록에 색깔이 덧입혀졌다. 그래서 북극 탐험의 초기 기록은 해석의 여지가

---

1 쿠라흐carraugh/currach는 아일랜드 서부 해안과 스코틀랜드에서 사용했던, 나무 뼈대에 동물 가죽을 씌워 만든 보트다. 지역에 따라 크기 차이가 있었으며, 바다와 강에서 모두 사용되었다—옮긴이.

2 크나르knarr는 바이킹들이 사용해서 유명해진 노르웨이 상선으로 짐을 실을 수 있도록 용골이 넓고 깊은 일종의 요트다—옮긴이.

많다. 그리고 이런 정리된 역사는 우리가 보트에서 겪었던 일보다 비현실적으로 느껴지고 비참함도 잘 느껴지지 않는다. 심사숙고 끝에 이미 판결이 내려진 사건들이기 때문이다.

폭풍이 물러가고 있어서 핑곡섬 해변을 따라 죽 걷기로 했다. 나는 지금 같은 폭풍과 얼음을 뚫고 글도 그림도 남아 있지 않은 배를 타고 온 이름 없는 초기 이주자들의 운명에 대해 골똘히 생각했다. 그들이 어떤 의도와 바람을 가지고 그처럼 육지에서 멀리 떠나왔는지는 그저 상상만 해볼 뿐이다.

가장 빠른 북극 항해 기록은 아이슬란드 사가[3]와 아일랜드 임람[4]에 나온다. 그러나 그 기록들은 막상 항해에는 참여하지 못하고 듣기만 했던 사람들이, 그것도 몇백 년 후에 기록한 것들이다. 북극 탐험가이자 역사학자인 프리쇼프 난센은 노르웨이 에다[5]와 아이슬란드 사가가 "전설과 그 외 다소 뿌리가 불확실한 전통들을 기초로 한, 역사소설로 볼 수 있는 서사들이다"라고 썼다. 분위기나 다루는 사건들이 사가와 다르긴 하지만,

---

3 사가saga는 중세 아이슬란드 문학의 한 장르로서, 전설과 역사적 사실을 특정 형식에 따라 재구성한 영웅담이나 모험담이 그 주요한 축을 형성한다—옮긴이.

4 임람imram, 복수형은 imramha은 모험적인 항해를 다룬 설화 형식의 초기 아일랜드 문학으로서, 다른 세계를 찾아 모험을 떠나는 영웅이나 아이슬랜드 또는 그린란드로 여행하는 아일랜드 성자들의 모험담이 포함된다—옮긴이.

5 에다edda는 북유럽 신화의 근간이 되는 시와 노래, 서사시를 엮은 책으로, 주로 운문이 실린 『고古에다』와 산문이 실린 『신新에다』로 구분된다. 13세기에 처음 엮은 것으로 추정되며, 필사본이 전한다—옮긴이.

임람과 성 브렌던의 항해 기록에 대해서도 같은 말을 할 수 있을 것이다.

앞으로 사가가 나타나기 전 시간부터 시작해 중국으로 가는 항로와 북서항로에 관한 언급이 등장할 것이다. 모험의 땅으로 이어지는 항로, 부를 향한 항로 탐색은 여러 시대에 걸친 동경의 대상이었다. 이런 탐색에 깊숙이 뿌리를 내리고 있는 욕망은 인간의 모든 욕망 중에서도 가장 오래된 것, 즉 전인미답의 물질적 부를 얻고자 하는 욕망이고 희망의 다른 얼굴인 평화를 얻고자 하는 욕망이었다.

두 가지를 강조하고 싶다. 이 극적인 사건에 참여한 사람들의 꾸밈없는 성격과 가식 없는 감수성을 역설한 일차 자료는 거의 없다. 그리고 곧잘 비유로 드는 우주비행사들의 위업은 이들 항해에 비할 바가 못 된다. 우주비행사들은 임무에 적절한 복장을 갖추고, 전문적인 훈련을 받으며, 모든 과정에서 지극한 보살핌을 받는 데다, 국민적 존경을 받는다. 게다가 막강한 항법장치와 관측 장비를 보유하고 있다. 북극에 처음으로 온 사람들은 멀리서 찍은 해안선 사진 한 장 보지 못하고 출발했다. 그들은 허술한 배에 그보다 더 허술한 장비와 항해술을 가졌고, 게다가 근본도 지리학적 근거도 없는 지도들을 지참하고 있었다. 하도 사고가 잦다 보니 난파나 죽음이 대수롭지 않았던 시대였던지라 사망 기록을 찾기도 어렵다. 무엇보다 그들은 대중적으로든 금전적으로든 아무 지원도 받지 못했다. 그들은 폭풍과 괴혈병, 굶주림, 적대적인 에스키모, 목마름으로 잔인하고도 치명적인 고통을 겪었다. 어떤 경우에는 그 용기와 결심이 워낙 극단적이어서 영웅적이라기보다는 으스스하고 기묘해 보인다. 성취에 대한 환상이 그들을 몰아붙였다. 최악의 순간에 그들은 서로에 대한 존중이나 불굴의 인내, 엄격한 해군 규율로 서로를 다잡았다. 쿠라호를 타고 영적 항해에 나섰던 젊은 수도사 무리나 16세기에 존 데이비스와 함께 배를 탔던 세속적인 선원들, 또는 1819년 겨울 멜빌섬에 있었던 윌리엄 패리의 잘 정비된 겨울 숙영지에서 볼 수 있는 그처럼 창의적인 대담함이야말로 인간의 놀라운 특징이라 하겠다.

이런 항해일지와 역사책을 읽으면서 나는 인간 정신의 한 뚜렷한 성향, 인간의 열정과 탐욕이 복잡하게 한데 얽힌 '순수한 욕망'이라 불리는 것에 이끌렸다. 예컨대, 누군가는 이 항해에 돈을 댔다. 그리고 누구였든 돈을 받은 사람은 갚을 방안을 찾았다. 인류의 지리적 지식을 확장한다는 따위의 사심 없는 목표는 드물었다. 전대미문의 부, 또는 전대미문의 부로 가는 새로운 항로를 찾고자 했던 북극 항해는 투자자에게는 명확한 부를, 선장이나 항법사에겐 명성과 사회적 지위를 의미했다. 일반선원들이 받는 보상이란 고작 잠깐의 이국적인 경험이거나, 아니면 스스로 한몫 챙길 수 있는 기회였는데, 밑져야 본전이고 잘되면 좋은 일이니 분명 고용 계약을 맺기 충분한 조건처럼 보였다.

읽으면서 그런 것들에 대한 집요한 갈망을, 욕망 하나만으로 그 무시무시한 바다로 나섰던 사람들을 상상해보려고 애썼다.

욕망을 충족시키는 방식을 보면 그 사람의 도덕성을 알 수 있다. 그러나 한편으로는 개인적인 동경과 삶의 방침, 그리고 한 시대의 대의 역시 드러난다. 우리는 이런 관점에서 1728년에 축치해로 파견된 베링의 사례 같은, 북극에서 겪는 신경쇠약을 제대로 이해할 수 있다. 베링에게는 그저 러시아의 동쪽 경계를 정하고자 했던 표트르 대제의 불타는 욕망이 없었다. 그리고 자기 성과에만 사로잡혀 이름 없는 에스키모 동료들과 지칠 줄 모르는 개들의 도움을 받았다는 사실조차 인정하기 싫어한 북극 탐험사의 등장인물들도 더 잘 이해할 수 있을 것이다.

그때부터 나에게 북극의 역사는 각자의 목적을 달성하려는 개개인의 욕망이 담긴 유산이 되었다. 그러나 한편으로 북극의 역사는 영웅적인 행위들 이면에 놓인, 많은 사람이 내밀히 알고 있던 종류의 욕망, 즉 안전하고 명예로운 출셋길에 대한 욕망의 유산이기도 하다.

나는 해변을 걷다 이따금 멈춰 서서 폭풍에 단련된 해안에서 고래 척추 조각이나 물에 젖은 깃털, 감상적인 기분을 확 깨게 만드는, 기이할 만큼 어디에나 있는 플라스틱 조각 따위를 집어 들었다.

나는 그날 오후 머릿속을 채웠던 이야기들에 매료됐다. 지리학적 업적이나, 아니면 프레드릭 쿡과 로버트 피어리 중에 누가 먼저 북극에 도달했느냐를 놓고 벌어지는 것 같은 여러 논쟁에 이런저런 증거로 사용될 수 있기 때문은 아니었다. 그 이야기들이 마음을 사로잡는 건 그것들이 인간의 노력을 말하기 때문이다. 영국 해군 장교들의 정중하면서도 금욕적인 일지 뒤에는, 위풍당당한 탐험가의 자의식 충만한 산문 뒤에는 용감하면서도 갈팡질팡하며 꿈꾸는 사람들의 삶이 있다. 어떤 자료는 드러나지 않는 곳에서 영웅적인 논쟁이 있었음을 시사한다. 이 자료들은 저마다 북극에서 하고 있는 일의 의미를 찾으려고 부단히 고민했다는 점을 명확하게 보여준다. 그때는 탐험이라는 행위 자체가 스스로에게도 완전히 미친 짓처럼 보였기 때문이다. 그들은 자신들이 꼭 필요한 일을 하고 있다고 느끼고 싶어 했다. 설사 자신을 위해서가 아니라도 국가를, 인류를 위해.

북극 탐험에 관한 문헌들은 곧잘 위협적인 성채 같은 땅에 맞선 굳건한 의지의 기록이라고 불린다. 나는 땅을 인간에게 굴복하는 인간의 적이라고 말하거나 북극을 오고 간 인간들을 영웅 또는 패배자라고 말하는 언급들은 무시하려고 한다. 뭔가 중요한 목적을 달성하고자, 가차 없는 삶의 무게를 조금이라도 덜고자 갈망했던 인간의 기록을 응시하는 편이 훨씬 낫다. 삶의 무게란 무지와 영혼의 빈곤, 나태, 무명과 가난의 위협이다. 이 가혹한 땅은 삶의 무게를 덜고 극복하고자 하는 열망의 초점이었다. 그렇다면 이들 북극 서사들이 가진 꿈의 맥락은 우리 모두에 해당되는 게 아닐까.

로버트 스콧의 동료인 앱슬리 체리 개러드는 탐험이란 지적 열정의 물리적 표현이라고 했다. 그때는 빅토리아 시대다운 의무감과 호기심, 정통파의 신념에 따라 귀족 사회와 정부가 대부분의 원정을 후원하던 시기였다. 재계와 군, 종교계 인사들이 저마다 상업적인 이득이나 국가적 또는 종교적 정복을 추구하면서 탐험을 후원했고, 탐험이 권장될수록 더 많은 지리 지식이 모여들었다. 그렇지만 체리 개러드의 간결하고 이상주의적인 비평은 여전히 기억해둘 만하다. 그의 말은 고생과 믿음의 관계를 역설하며, 미지의 세계로 들어가겠다는 결심의 주요 요인이 보상에 대한 바람이었음을 넌지시 암시한다. 언뜻 들으면 엘리자베스 여왕 시절 선견지명을 갖춘 상인이라 평가받았던 사람의 말 같지도 않고, 발만 딛어도 신을 더럽힌 자와 성스러운 자를 가려준다는 어두운 심연이 있는 축복받은 땅, 테라 레프로미시오니스 상토룸을 찾아 떠난 아일랜드 수도사들의 항해를 설명해주지도 못할 것 같다. 그러나 어떻게 보면, 체리 개러드의 요약은 모든 북극 여행을 설명해준다. 각자의 지적 열정이란 각자가 북극에 있을 거라고 상상한 무엇이기 때문이다.

물질적 부, 영적 또는 감정적 황홀경, 명성. 이 세 가지 목표로 거의 모든 북극 탐험을 설명할 수 있다. 그러나 처음부터 가장 변함없는 목표는 경제적 보상에 대한 바람임이 확실했다. 1911년 기록에서 난센은 모든 북극 탐험은 인간 마음을 지배하는 알 수 없는 힘이 존재한다는 증거에 불과하다고 말했다. 그는 이렇게 썼다. "어디서도 나아갈 길을 이처럼 느리게 얻었던 적이 없고, 어디서도 이처럼 한 걸음 딛을 때마다 수많은 문제와 궁핍, 고통이 일어난 적이 없으며, 결단코 어디서도 발견의 결과가 이처럼 보잘것없는 물질적 이득을 준 적이 없었다."

잠시 아일랜드인 '여행자들'과 노르드인들을 제쳐놓고 보자면, 초기 유럽인 탐험가들은 아북극의 모피와 북극해 주변 어장들 외에 그 땅에 별다른 실질적인 부가 없다는 사실을 금방 알아챘다. 래브라도반도 남부에 대한 카르티에[6]의 유명한 말이 북극 전반에 대한 보편적인 저주로 쓰였다. 그 땅은 "신이 카인에게 준 땅"이었다. 어느 초기 탐험가는 "프라이테르 솔리투디넴 니힐 비데오(나는 고독밖에 보지 못했다)"라고 썼다. 그러나 치명적인 난파에 난파, 파산에 파산을 거듭한 뒤에도 더없이 낙천적인 기대와 가느다란 희망에 매달려 탐험은 계속됐다. 청렴한 사람들이 탐욕스러운 사람들을 위해 죽음을 향한 항해를 계속했다. 그리고 비양심적인 모사꾼들과 온갖 권세를 쫓는 개인들은 뭐든 새로 알게 된 지식이 있으면 조작하고 이용했다.

이 헌신적인 행동을 이성적으로 설명해보려 해도 헛수고다. 북극 탐험은 엘도라도를 찾으려던 피사로의 행군이나 북미 남서부의 인적 없는 대초원을 떠돌던 비현실적인 코로나도의 방랑만큼이나 말이 안 되는 일이었다. 그래도 에스파냐의 아메리카 정복에서는 기록적으로 짧은 시간에 얻어낸 금은보화라도 있었다. 핑곡섬의 텅 빈 해변을 따라 걷는 동안 머릿속에는 해클루트의 책과 새뮤얼 엘리엇 모리슨의 학자적인 해석, 존 데이

---

6 자크 카르티에Jacques Cartier, 1491~1557는 프랑스의 해양 탐험가로, 세인트로렌스만과 세인트로렌스강 해안을 처음으로 탐험하고 지도를 만든 첫 유럽인이었다. 자신이 본 이로쿼이 인디언 주거지의 이름을 따서 그 지역에 '캐나다 지역'이라는 이름을 붙이기도 했다—옮긴이.

비스와 윌리엄 패리의 개인적인 사연들이 가득했지만, 생각은 늘 똑같은 불편한 지점으로 돌아왔다. 신세계 곳곳에서 이뤄진 서구 탐험의 역사는 먼 곳에 재물이 있을 거라는 환상에 대한 화답이었다. 금과 모피, 목재, 고래, 이상향 엘리시움, 동방 무역로의 통제권, 이 모두가 실증하고 확보하고 처리하고 배분하고 지켜야 할 것들이었다. 그리고 이 장거리 과업은 수익을 남기거나, 수익성이 있는 것처럼 꾸미거나, 아니면 수익성이 생길 때까지 자금을 수혈받아야 했다. 종잡을 수 없는, 상궤를 벗어난 임무였다. 그리고 도착해보니, 북아메리카에 사람이 살고 있다는 사실 때문에 상황은 더 복잡해졌다. 재물에 대한 그들의 권리를 소멸시켜야 했기 때문이다.

나는 서구의 신세계 습격에서 철학적으로 제일 문제가 되는 부분이 부에 대한 우리의 정의, 부를 확보하는 방법과 어떤 종류의 재물을 실제로 소유하고 양도할 수 있는지에 관한 우리의 관념에서 발생한다고 생각한다. 날것의 땅은 우리에게 경외감과 열망, 그리고 불안을 불러일으킨다. 그러나 북아메리카와 같이 미개발된 땅은 무엇을 하느냐에 따라 삶을 살찌우거나, 아니면 낭비할 수 있다는 막연한 느낌을 조장하기도 한다. 물론 원주민들과의 협의는 아직 끝나지 않았다. 그리고 우리는 여전히 스스로에게 묻고 있다. 여기서 얻을 만한 것은 무엇인가?

다음 이야기들을 보면 종류가 다른 부를 원하는 사람들의 욕망뿐만 아니라 북아메리카가 물질적인 부 이상의 것을 줄 수 있는가 하는 의심도 명확해진다. 북아메리카는 맑은 공기와 휜기러기 30만 마리가 평화롭게 먹이를 먹는 쿠주악 대평원의 풍경 같은, 소유할 수 없는 부를 제공했다. 그러나 일부 지역의 공기는 더는 깨끗하지 않고, 쿠주악 평원에서 먹이를 먹는 흰기러기들도 이제 그렇게 많지 않은 반면, 절망과 빈곤에 찌든 도시를 굽어보는 볼리비아의 위대한 산 포토시의 은광들이 채굴 500주년을 넘겼다는 역사적 사실은 누구도 바꿀 수 없다. 그리고 원주민들이 학대받아 왔다는 사실도.

이런 일들에 대해 우리는 솔직하고도 깊고 복잡한 불안을 느낀다. 나는 우리가 느끼는 어려움 일부가 새로 발견된 부와 우리의 부대낌을 모든 측면에서 완벽하게 정의하려는 고집 때문이 아닌가 생각한다. 우리는 뭔가가 스스로를 정의하며 우리의 분류 기준을 깨뜨리는 것을 좋아하지 않는다. 우리는 배핀섬 위로 눈보라처럼 날아오르는 흰기러기 떼가 인간에게 볼리비아 포토시의 안데스산맥에서 파내는 은이나 주석, 구리만큼, 또는 그것들보다 더 중요하다는 언급에도 막연히 불편함을 느낀다. 물론 최근에 생긴 불안은 아니다. 북아메리카에서 느끼는 이런 불안들은 콜럼버스와 존 캐벗의 시대까지 소급된다.

모든 문화가 활발하게 논쟁하고 종국에 결정해야 할 사안은 해당 문화를 둘러싼 모든 유무형의 세계에서 어떤 것을 해체해 물질적인 부로 바꿀 것인가다. 그리고 평화로운 산등성이를 보며 평화를 느끼는 전통에서부터 기업 합병을 위한 자금 조달법에 관한 지식에 이르기까지, 그 문화적인 부 중에서 어떤 것을 보존하기 위해 싸울 것인가다.

그날 핑곡섬 긴 해변을 따라 걸으며 나는 서구와 북아메리카의 조우에 대해 이전엔 말로 표현하지 못했던 뭔가를 이해하게 되었다. 그것은 인내와 관련돼 있다. 섬에 있는 동물들의 대조적인 움벨트가 암시하는, 결이 다른 인식을 존중하려면 우리 삶에는 분명 인내가 필요하다. 그리고 또 하나, 종류가 다른 부와 인내의 관계를 이해해야 한다는 것, 즉 세상의 변하지 않는 것들에 대한 인내가 어떻게 진정으로 풍요로운 삶의 본질과 서로 얽혀드는지 이해할 필요가 있다는 점이다.

주석과 호박을 찾아 마르세유에서 출발해 헤라클레스 관문(지브롤터 해협)을 거쳐 북쪽으로 방향을 튼 사람이 피테아스[7]가 처음은 아니었다. 앞서 카르타고인들이 있었을 것이다. 피테아스의 일지와 지도는 소실됐다. 영국을 한 바퀴 돌고 오크니 제도를 발견했다고 추정되는 그의 업적을 질투한 로마 역사학자들이 나중에 그를 평가 절하했다. 피테아스는 멀리 노르웨이 북쪽 해안, 또는 아이슬란드까지 항해했던 듯하다. 두 곳 다 그가 말한 '툴리,[8] 북단의 땅'으로 얘기돼왔다. 피테아스의 항해(기원전 330~기원전 325년)가 북극 탐험사의 출발점으로 널리

---

7 피테아스는 고대 그리스의 지리학자이자 탐험가로 당시 그리스 식민지였던 마살리아, 지금은 프랑스의 항구도시인 마르세유 출신이다. 기원전 325년경에 북서부 유럽을 탐험하며 영국 브리튼섬과 북극 지방을 탐험하였고, 지구가 둥글다는 사실을 발견하기도 했다—옮긴이.

8 피테아스의 글에서 '툴리'라는 용어는 영국 북단에서 출발해 엿새간 항해해서 닿은 한 지점을 지칭한다.

인정되고 있긴 하지만, 이는 지중해 중심 시각에서 본 역사일 뿐이다. 피테아스가 항해하던 당시, 노르웨이인들의 조상인 노르드인들과 북유럽 켈트족이 그 바다를 부지런히 왕래하고 있었던 것에는 의심의 여지가 없다.

엘리자베스 여왕 시대 뱃사람들에게까지 이어지는 북극에 대한 지중해 중심적 시각은 사뭇 모순돼 보이는 두 가지 사고로부터 형성되었다. 고전적 사고(중세 유럽의 식자층 대부분이 가진 사고를 의미)로 보자면, 어렴풋하게 알고 있는 기원전 800년경의 키메리오스인들부터 로마인들과 싸웠던 튜턴족과 그 후의 노르드인들 및 색슨족에 이르기까지, 북방의 유랑하는 전사 부족들의 손에는 침략과 파괴가 들려 있었다. 북방은 여전사인 아마존과 개의 머리를 가진 키노케팔루스처럼 전설 속에 나오는 사나운 인간들의 땅이었으며, 북해의 황량한 풍경과 국경을 맞댔던 야만적인 스키타이인들의 땅이었다. 주석이나 호박, 말, 모피 때문에 그곳에 가는 사람도 있겠지만, '별들의 축 아래' 있는 그 땅들은 '곰의 성질'을 가진 '성급하고 사악한 족속'이 차지하고 있었다. 날고기와 지방, 그리고 '늪지 새들(물떼새, 갈매기, 기러기)'의 알을 먹는 그들은 악몽처럼 기괴하고 위험했다.

북방 바다 자체가 소용돌이와 격랑으로 가득한 곳이었다. (지중해 뱃사람들은 육지로 둘러싸인 바다를 떠나기 전까진 조류를 몰랐다.) 6세기의 한 수도사는 "히페르보레아의 바다는 그것을 창조하신 분만이 안다"라고 썼다. 지도에는 '오체아누스 인

나비가빌리스' 또는 '오체아누스 칼리간스'라고 적혔다. 지나갈 수 없는 바다, 어둠에 쌓인 냉혹한 바다라는 뜻이다. 그러나 그 너머, 보레아스와 카이키아스, 아르제스테스, 트라스키스를 포함한 다양한 북풍들 너머, "눈으로 뒤덮인 끔찍한" 르히파이안 산맥의 저쪽 너머에는 세상에 존재했던 그 어느 곳보다 우아하고 감미로우며 평온하고 비옥한 땅이 있었다. 목초지가 어찌나 훌륭한지, "풀 뜯는 시간을 조금만 늘려도 소들은 터질 듯 살이 올랐다." 흐르는 물소리는 현악 4중주를 듣는 것 같았고, 포도나무는 1년에 열두 번이나 열매를 맺었다. 밀에는 알곡이 아니라 빵이 달렸다. 사람들은 "폭정이나 전쟁 같은 악과는 거리가 먼" 완벽한 평화를 누리며 살았다. 구름 같은 백조들이 신전 주위를 빙빙 돌았다.

야만인들로 상징되는 온갖 사악함 너머에 존재하는 히페르보레아인들의 땅은 서구 상상력의 가장 강력한 투영이었던 서쪽 바다의 여러 축복받은 섬과 노르드인들의 '포도주의 땅'을 포함하는 여러 변주를 거쳤다. '외침을 받지 않는' 땅이라는 개념들(엘리시움, 헤스페리데스, 아발론, 엘도라도, 아일랜드인들의 브라실)은 초기 북극 탐험의 떼려야 뗄 수 없는 한 부분이었다.[9]

---

9 대부분의 지도가 이 멋진 섬들을 유럽 서쪽에 배치했지만, 북방에 대한 환상도 암시되곤 했다. 15세기에 포르투갈인들이 아조레스 제도와 마데이라 제도를 발견하면서(이 섬들은 페니키아 상인들에게는 일찌감치 알려져 있었을 것이다) 서쪽으로 더 가면 다른 섬들도 있을 거라는 언급에 무게를 실어주었다.

아일랜드의 임람 또는 항해 사가들은 '축복받은 섬'을 찾아나섰다가 어쩌다 보니 묵상에나 적합한 '죽음의 바다'에 뜬 황량한 변경의 섬에 도착하게 된 수도사들의 항해를 자세하게 묘사하고 있다. 그중에서 가장 잘 알려진 것은 9세기 또는 10세기쯤에 쓰인 『수도사 성 브렌던의 항해』라는 작품으로, 수도사 열일곱 명과 함께 쿠라흐를 타고 7년간의 항해에 나선 성 브렌던 수도원장 이야기다. 브렌던은 489년경에 케리에서 태어났고, 이스트골웨이에 있는 클론퍼트 대성당의 대수도원장으로 있다가 항해(또는 일련의 항해)를 떠났다.

그들이 탄 쿠라흐는 갑판이 없는 길고 폭이 좁은 배로, 바다를 항해하는 데 적합했다. 고리버들 바구니 같은 뼈대에 떡갈나무 껍질을 이용해 무두질한 쇠가죽을 씌우고 수지로 틈을 막은 보트였다. 브렌던과 수도사들은 포도주와 찬 음식을 먹고, 노와 하나뿐인 고정형 돛대로 항해하고, 히스 더미를 깔고 자고, 만을 탐험할 때는 돌로 만든 닻을 내렸다. 이 항해는 황홀한 광경들과 놀라운 사건들로 가득한 대단한 한 편의 서사시였다. 그들은 예의 바른 태도로 낯선 이들을 만나 치유 의술을 베풀었다. 자신들이 겪은 위험은 거의 언급하지 않는다. 이 임람의 주제는 자비와 경이, 그리고 존중이었다(이 점에서 재산 다툼과 혈통, 살육, 추방을 주제로 하는 아이슬란드 사가와 구별된다.)

『수도사 성 브렌던의 항해』를 조금만 읽어봐도 브렌던 일행이 파로에 군도와 아이슬란드에 도착해 얀마웬섬 동쪽 끝에 있는 비렌베흐로 추정되는 하늘로 치솟은 화산 봉우리를 보는 장면을 상상할 수 있다. 수도사들이 빙산을 발견하고 사흘이나 힘들게 노를 저어 다가가는 장면도 있다. 그 아름다움에 사로잡힌 브렌던은 저녁 햇빛을 받아 "신의 눈처럼" 보이는 빙산 구멍 안으로 노를 저어 들어가보자고 말한다.

이 나무랄 데 없이 관대하고 순수하고 친절한 사람들은 완벽한 여행자들이 아닐 수 없다.

5~6세기의 아일랜드는 유럽 고급 문화의 중심지였다. 아일랜드 부족 수도원들은 지적 사고와 영적 수행의 레퓨지아[10]였다. 기독교 정통파의 기준에 맞추라는 로마와 야만적인 바이킹 양쪽으로부터 압박을 받던 수도사들은 신실한 에세네파[11] 교인들처럼 북쪽과 서쪽으로 이동해 '서쪽 바다'에 면한 파로에 군도와 아이슬란드 절벽과 평원에 암자와 수도원을 지었다. 신뢰할 만한 기록은 아니지만, 전승에 의하면 그들은 노르드인들에 앞서 그린란드로 이주했으며, 거기서 북아메리카의 래브라도와 뉴펀들랜드, 세인트로렌스강 유역으로 이동했다.

켈트인들의 뒤를 바짝 쫓아 북극에 두 번째로 입장한 유럽 문

---

10 레퓨지아refugia는 빙하기 등 기후 격변 시기에 비교적 변화가 적어 다른 곳에서는 멸종한 종들이 살아남은 지역을 이르는 생태학 용어다—옮긴이.

11 에세네파essenes는 유대교의 한 분파로, 종말 신앙에 따라 쿰란 동굴에서 사회와 격리된 채 금욕적인 생활을 했기 때문에 쿰란 공동체라고도 불린다. 로마군에게 궤멸된 것으로 보이며, 현존하는 구약성서 사본들 중 가장 오래된 사해死海 사본이 1947년에 공동체 유적에서 발견되었다—옮긴이.

화인 노르드인들은 종종 약탈자나 부랑자로 그려지는데, 정확한 묘사는 아니다. 사가에 의하면 860년에 스웨덴 출신 덴마크인 가르다르 스바바르손이 아이슬란드를 발견했다. 이곳으로 이주한 노르드인들 대부분은 하랄 1세의 폭정을 피해, 또는 노르드인들이 정복한 아일랜드와 스코틀랜드, 노르망디에서 원주민 반란이 일어나는 바람에 떠나온 사람들이었다. 그들은 농부였고 어부였지 해상 약탈자는 아니었다. 그들은 870년 이후부터 아이슬란드로 이주하기 시작했다. 그린란드를 발견한 사람은 군비요른 울프손이라는 노르웨이인인지 모르겠지만, 그린란드가 유명해진 것은 982년에 이유 없이 사람의 목숨을 뺏은 죄로 아이슬란드에서 재차 추방당한 에이리크 뢰이디, 그 유명한 '붉은 에릭' 덕분이다. 3년간의 유형 기간 동안 붉은 에릭은 지금의 그린란드 율리아네호브 지역 에릭스 피오르에 머물렀다.[12]

986년에 에릭은 아이슬란드에서 500명을 태운 배 14척을 포함해 총 25척의 배를 끌고 그린란드 에릭스 피오르로 다시 건너갔다. 정착민들은 돌과 뗏장으로 집을 짓고, 표류목 골조 위에 뗏장을 얹어 지붕으로 삼았다. 그들은 소규모로 소와 양, 염소를 치고, 물범과 바다코끼리를 사냥하고, 물고기를 잡았다. 동부 정착지로 불린 이 에릭스 피오르 공동체와 해안을 따라

12 그린란드에 있었던 노르드어와 덴마크어 지명은 거의 그린란드 에스키모어 지명으로 바뀌었다. 여기서는 혼란을 피하기 위해 보다 친숙한 옛 지명을 사용했다. 현재의 지명은 지명 사전을 참조하길 바란다.

280킬로미터 더 올라간 곳에 위치한 서부 정착지는 11세기와 12세기에 북유럽 지역과 소규모로 정기 무역을 하면서 번성하는 듯했다. 이들은 바다코끼리 상아와 흰매, 북극곰 가죽, 물범 가죽을 철과 곡식, 여러 도구와 간단한 기구들과 교환했다. 자치 체제를 갖춘 자유국이었지만 열악한 경제 때문에 정치적으로 안정될 수는 없었다. 그러다 1261년에 노르웨이의 통치를 받게 되었다. 이들이 의존하던 무역은 노르웨이의 통제하에 엄격하게 제한되다가 한자동맹의 등장과 1397년 노르웨이의 코펜하겐 천도, 그린란드 무역선들이 출발하던 노르웨이 도시 베르겐의 재정 붕괴 등 여러 원인으로 시들어버렸다. 그린란드의 두 식민지는 곧 잊혔다. 무역 지원 없이는 생계를 위한 경제도 어려웠으므로, 남아 있던 노르드 인구는 사멸하거나 이웃의 에스키모들과 통혼했다. 남아 있던 소수가 16세기에 영국의 노예 무역상에게 사로잡혔던 것으로 보인다.[13]

관련된 두 사가인 『붉은 에이리크』(또는 『소르핀 카를세브니의 사가』)와 『그린란드인 이야기』에 대한 공신력 있는 해석에 따르면, 986년에 비아르니 헤리올프손이라는 사람이 그린란드로 가다가 폭풍을 만나 서쪽으로 밀려가는 바람에 북아메리카 래브라도 해안에 당도했다. 그는 배핀섬에 들렀다가 에릭스 피

13 17세기 아이슬란드의 주교였던 기슬리 오드손의 『연보』에는 통렬한 문장이 나온다. 그는 1000년경에 기독교를 받아들인 노르드인들이 결국에는 자신들의 도덕과 신앙, 우월한 문화를 저버리고 "아메리카 사람들의 방식을 따랐다"라고 썼다.

오르로 돌아왔다고 한다. 에이리크의 아들인 레이브는 1001년에 귀중한 필수품인 목재를 찾아 비아르니가 봤던 섬으로 항해에 나섰다. 그는 먼저 배핀섬(헬뤼란드, '편평한 돌투성이 땅')에 상륙했다가 길쭉한 해안 삼림지대가 있는 북위 54도 부근의 래브라도(마르크란드, '숲의 땅') 해안에, 그리고 마침내 벨아일 해협에서 가까운 뉴펀들랜드 (빈란드[14]) 동북쪽 해안에 상륙했다.

1960년대에 헬게 잉스타드가 발굴한 뉴펀들랜드주 랑세오미두즈의 노르드 정착지는 레이브와 형제들, 그리고 소르핀 카를세브니가 계속 사용하다가 1014년에 방치된 것으로 보인다. 분명 인디언들이나 에스키모들과의 소소한 충돌에 시달리느라 손해가 많았을 것이다. 레이브의 형제인 소르스테인의 미망인 구드리드와 카를세브니가 1009년 가을에 랑세오미두즈에서 스노리라는 아이를 낳았다.

그린란드 정착지들이 사라지자 북극에 대한 유럽인의 인식도 정기적으로 무역을 하던 아이슬란드만을 포함하는 것으로 축소되었다. 사실상 16세기까지도 서유럽은 그린란드 정착지들과 레이브 에릭손의 존재보다 성 브렌던의 항해를 더 잘 알고 있었다.

---

14 사가가 쓰인 것은 그로부터 200년이 지나서였다. 밀이 저절로 자라고 술 담그기 좋은 야생 포도들이 자라는 땅을 의미하는 이 마지막 이름은 사가의 저자들이 들은 얘기와 자신이 아는 얘기(즉, 읽었던 이야기)를 끼워 맞추기 위해 지어낸 것일지도 모른다.

13~15세기 유럽인의 세계 지리 지식은 바퀴지도와 그보다 더 오래된 TO지도에 머물렀다. 바퀴지도는 원형으로 구성된 세계를 보여주는데, 커다란 대륙 중심에 지중해가 있고, 대륙 주변은 바다가 둘러싸고 있다. 대륙 바깥쪽 해안은 세 개의 들쭉날쭉한 만을 형성하는데, 각각 대양, 즉 홍해와 페르시아만, 카스피해를 향하고 있다. TO지도는 지중해를 세로선으로 표시하고, 나일강과 돈강이 수평으로 흑해에 연결되는 형태로 구성돼 있다. 바퀴지도의 섬들은 '어느 정도 취향에 따라 배치되었고, 어쩌다 빼먹기도 했다.' 세계의 제일 위쪽에서 하늘과 바다와 지하 왕국이 만나는데, 그저 지도 제작상의 추상적인 개념에 불과했다. 세계가 동그랗다는 생각이 널리 통용되었다. (사람들이 지구가 편평한 듯이 얘기하도록 이끈 것은 구를 투영한다는 개념의 부재였다. 근대적인 구 개념은 1492년에야 유럽에 소개되었다.)

프톨레마이오스의 관점에서 보던 세계지도 표현법이 14세기부터 바뀌기 시작했다. 나침반의 발달, 또는 중세의 해도인 포르톨라노의 발달과 함께 해안선들이 좀 더 명확하게 규정되었다. 여러 이름으로 불리는 상상의 '인술라이 포르투나타이', 즉 축복받은 섬들은 북쪽과 서쪽의 잘 알려지지 않은 바다 쪽으로 이동했다. (1873년 영국 해군성 해도들에도 이리저리 옮겨지기는 했지만 여전히 브라실이 표시돼 있었다.) 15세기 유럽인들에게는 전형적인 먼 북극 땅이었던 그린란드가 스칸디나비아에서 북쪽과 남쪽으로 뻗어나간 반도(1459년 프라 마우로의 지도)나 중앙아시아에서 북쪽으로 확장된 육지(1427년 클라부스의 난쉬 지도) 또는 아시아 극동에 위치한 육지(1506년 콘타리니 지도)로 지도와 초기 지구의에 표시되었다. 북극 지역은 그냥 바다로 그려지거나 별도의 육지 덩어리(북쪽 땅이라는 뜻의 테라 셉템트리오날리스, 또는 북극 땅의 일부라는 뜻의 테라이 폴라리스 파르스)로 그려지다가 15세기에 유럽에서 자석 나침반을 쓰게 된 뒤에는 검은 자석 산으로 그려졌다.

15세기 유럽은 지리학에 관해 경험적이지도 분석적이지도 않았다. 꾸며낸 지리적 유희인 존 맨더빌 경의 『여행기』(1356)가 마르코 폴로의 『목격담』(1298)과 마찬가지로 열심히 읽혔고, 양쪽이 같은 대접을 받았다. 나침반이나 해도를 통해 정확하고 새로운 지리 지식이 유럽에 소개된다 해도 사람들이 환영하며 따라주리라고 장담할 수는 없었다. 존 캐벗은 헨리 7세가 내준 독점거래 허가증을 들고 뉴펀들랜드를 찾아 브리스틀에서 출항했다. 그러나 영국인들은 그의 발견에 별 관심을 보이지 않다가 이내 잊고 말았다. 새뮤얼 엘리엇 모리슨은 영국에서의 그의 모습이 "거친 땅에서 피어난 이국적인 한 송이 꽃 같았다"라고 썼다.

미국의 지리학자 칼 사우어가 보기에 브리스틀 어부들은 캐벗이 도착하기 몇 년 전부터 땅의 소유자나 관할 국가 따위에 개의치 않고 뉴펀들랜드 모래톱에서 고기를 잡고 있었다. 그들의 관심사는 대구였다. 그러나 캐벗이 도착하면서 북극이 유럽인들의 머릿속에 한층 선명하게 인식되었다. 북극의 근대가 시작됐다. 그의 항해(1497)는 처음으로 북아메리카와 마르코 폴로가 말한 중국의 아니아 지방을 잇는 북서항로의 가능성에 대해 유럽인들의 진지한 관심을 이끌어냈다. 북서항로를 통한다면 캐세이(중국)의 항구들과 몰루카 제도, 그리고 인도의 여러 항구로 막힘없이 항해할 수 있었다.

영국인들이 캐벗이 처음 발견한 뉴펀들랜드의 북쪽으로 가는 길을 찾아 나서기 전에, 뉴펀들랜드의 남쪽으로 가는 길은 이미 프랑스를 대표한 베라차노와 카르티에에 의해 탐험이 이루어졌다. 베라차노는 토스카나 출신 이탈리아인이었다. 이탈리아 제노바 출신이면서 에스파냐를 위해 항해했던 콜럼버스와 마찬가지로 베라차노도 구세계 세습 군주들과 상인들이 기대만큼 신세계에 열정을 보이지 않던 시대의 자유계약 탐험가였다. 그들의 최우선 과제는 안전하고 방해받지 않는 중국 교역로를 찾는 것이었다. 카리브해는 에스파냐의 바다였고, 아프리카를 도는 항로는 포르투갈의 것이었다. 중동을 가로지르는 육로는 가는 곳마다 튀르키예의 중간 상인들에게 돈을 지불해야 했다. (영국 쪽에서 보면 유럽 대륙에 수출하는 데에도 에스파냐가 걸림돌이었다.)

그렇다면 영국과 프랑스가 찾을 수 있는 항로는 캐벗이 발견한 새로운 해안(캐벗의 '새로 발견된 섬'이 바라는 대로 아시아의 돌출된 곳이라면)을 따라 남쪽으로 가거나, 북아메리카가 대륙이라면 캐벗이 발견한 해안 북쪽으로 가거나, 아니면 뉴펀들랜드를 '서쪽 땅들'을 구성하는 여러 섬 중 하나일 뿐으로 보고 어딘가 더 서쪽으로 가는 길뿐이었다. 영국인들 또한 노르웨이 노르곶을 돌아가는 북동항로의 가능성 또한 알고 있었다. 알프레드 대왕은 880년경에 백해白海까지 항해한 자신과 동료들의 여러 탐험을 객관적이고 정확하게 기술한 오타르[15]의 보고서 필사본을 가지고 있었다. 영국은 서부 지방의 모직물을 팔 시장을 찾고 있었기에 북동항로가 특히 매력적이었다. 그러나 탐험 시도는 1553년이 돼서야 시작됐다.

음식을 보존하는(또는 상한 음식의 맛을 돋우는) 양념일 뿐만 아니라 약재와 염료, 기름, 화장품, 향수로도 쓰이는 동양의 '향신료'에 대한 수요가 높은 데다, 영국 못지않게 남양南洋을 지배하던 에스파냐와 포르투갈 그리고 레반트 지역의 중간 상인들로부터도 괴롭힘을 당하고 있던 프랑스는 1524년에 베라차노를 서쪽으로 보냈다. 그는 북아메리카 동해안을 끼고 돌며 플로리다와 노바스코샤 사이에는 항로의 존재 가능성이 전혀 없음을 확인했다(팜리코만을 태평양으로 착각했던 그는 지금의 노스캐롤라이나주 동쪽의 섬 지역인 아우터뱅크스에는 항로의 가능성이 있다고 생각했다). 10년 뒤 카르티에가 처음으로 세인트로렌스만 안으로 배를 몰았다. 카르티에보다 늦었던 이스

---

15 할로갈란의 오타르Ottar fra Hålogaland는 바이킹 시대 노르웨이의 뱃사람으로, 890년에 잉글랜드 남부 웨식스 왕국의 알프레드 대왕에게 바친 탐험기 속 언급들로만 알려져 있다. 북으로는 백해, 남으로는 덴마크까지 항해했고 자세한 기록을 남겼으며, 핀란드에 거주하는 사미족 에스키모들에 관한 언급도 있다. 모피 무역에도 관여했다—옮긴이.

테방 고메스(에스파냐의 후원을 받아 항해에 나선 포르투갈인)와 식민 지배 의도를 가졌던 포르투갈인 선주 주앙 알바레스 파군데스의 경우는 말할 필요도 없이, 이번에도 역시 에스파냐와 프랑스, 포르투갈, 영국의 대구잡이 어부들이 먼저 와 있었다.

카르티에는 두 번째 항해(1535)에서 '사게네'(북아메리카 원주민 부족인 휴런족 족장 도나코나가 프랑스인들을 골탕 먹이려고 지어낸 땅)를 찾아다녔고 또 세인트로렌스강을 탐험했다. 그는 빈정대듯이 서북단 지점 급류에 '라 신(중국) 급류'라는 이름을 붙였다. (프랑스는 북아메리카 중위도 지역의 강을 통해 서쪽으로 가는 항로를 찾으려 했는데, 이것이 이후 300년 동안 프랑스의 북아메리카 탐사 목표가 되었다.)

포르투갈인들은 캐벗의 뉴펀들랜드가 토르데시야스 조약[16]에 의해 설정된 분계선(대략 서경 45도)의 동쪽에 있다고 생각했기 때문에 자기들 것이라고 판단하고, 리스본과 아조레스 제도를 출발해 탐험에 나섰다. 에스파냐의 '이달고'[17]와 마찬가

16 토르데시야스 조약Tratado de Tordesillas/Tordesilhas은 에스파냐와 포르투갈의 영토 분쟁을 해결하기 위해 로마 교황의 중재로 1494년 6월 7일 에스파냐의 토르데시야스에서 맺은 조약을 이른다. 대서양에 분계선을 설정하는 것으로 영토 분쟁을 마무리 지었는데, 대서양의 경우 서경 43도 37분 지점을 기준으로 동쪽은 포르투갈이, 서쪽은 에스파냐가 차지하기로 했다. 1529년에 태평양 분계선을 추가로 정했다. 이 조약으로 남아메리카에서는 이 선의 동쪽에 있는 브라질만이 포르투갈어를 사용하게 되었다—옮긴이.

17 이달고Hidalgo는 에스파냐의 귀족 신분 중 하나로 주로 작위가 없는 귀족을 이른다. 대체로 물려받은 유산이 없는 몰락한 귀족을 뜻하는 의미로 사용되었다—옮긴이.

지로 영세 지주를 뜻하는 '라브라도르'였던 주앙 페르난데스는 1500년에 멀리 그린란드 페어웰곶까지 항해했다. (이때 발견한 육지에 그의 이름이 붙었는데, 영어화된 그 지명이 래브라도다. 후대의 지도 제작자들이 그보다 더 서쪽에 있는 지역에 그 이름을 옮겨 붙였다.) 그리고 같은 해에 가스파르 코르트 헤알이 뉴펀들랜드에 상륙해 (실종된) 캐벗의 두 번째 탐험 흔적을 찾아내고, 베오투크족 원주민 쉰일곱 명을 납치해서 리스본으로 데려갔다. 그는 1501년에 다시 그 지역으로 돌아왔다가 실종되고 만다. 형 미겔이 1502년에 그를 찾으러 비슷한 항로로 왔지만, 미겔의 범선 역시 실종되었다.

영국 상인인 로버트 손은 오직 두 가지 길로만 캐세이에 갈 수 있다는 입장이었다. 곧바로 북극을 넘어가거나, 아니면 뉴펀들랜드 북쪽 어딘가에 있는, '삼형제 해협'이라는 뜻의 '프레툼 트리움 프라트룸'(코르트 헤알 삼형제를 이르는지, 존 캐벗의 아들 삼형제를 이르는지 불명확하다)이라 불리게 될 해협을 통해 서쪽으로 가는 방안이었다. 헨리 8세는 손에게 감사하며 1527년에 존 럿을 선장으로 임명해 배 두 척을 파견했다. 메리오브길포드호와 실종된 도미누스보비스쿰호였다. 럿은 래브라도를 향해 3분의 1쯤 가다가 겁을 먹고 서인도 제도로 방향을 돌렸다.

헨리 8세는 분명 북서항로를 찾는 일에 무관심했다. 그러나 북서항로라는 발상이 확신할 수는 없어도 희망적이라는 판단이 북유럽 사업가들의 머릿속에서 증식하고 있었다. 베라차노와 카르티에의 탐험을 전후로 영국인들은 아메리카 대륙을 우연히 발견된 땅, 또는 탐험하러 가볼 만한 땅이라 보고 있었다. 북방 항로는 얼음 때문에 엄두가 나지 않았다. 여전히 프톨레마이오스의 지리 구분 이론을 신뢰하던 이들은 한랭 지역은 항해가 불가능하거나, 아니면 교역로로 쓰기에는 너무 위험하다고 생각했다. 로버트 손 같은 이들은 최악의 얼음은 북극 주변에만 있을 뿐, 그 선만 넘으면 넓은 대양과 좋은 날씨, 삼형제 해협의 서쪽 판본이라 할 수 있는 '아니안 해협'까지의 거침없는 항해가 기다리고 있다고 생각했다.

안정적이고 관세가 없는 동방 무역로가 제일 급했던 두 나라, 영국과 네덜란드의 투자자들은 신중한 태도를 유지했다. 아버지의 명성을 등에 업은 매력적이고 정력적인 인물이자 가지도 않은 북방 탐험 얘기를 꾸며내곤 했던 서배스천 캐벗은 북방 항해에 투기 자본을 끌어들이는 데는 수평선 너머에서 북아메리카대륙이 모양을 갖춰가는 것을 알고 있던 지리학자들만큼이나 설득력과 표현력이 뛰어났다. 그는 1553년에 머스코비사라는 회사의 관리자로서 휴 윌로비 경의 지휘 아래 세 척의 배를 북동쪽으로 보냈다. (요행히 따뜻한 남쪽 바다에 도착할 경우를 대비하여 배좀벌레조개가 달라붙지 않도록 배에 납을 씌웠다.) 윌로비를 포함한 두 배의 고급선원들과 일반선원들은 콜라반도 북해안에서 얼어 죽었다. 리처드 챈슬러가 지휘했던 세 번째 배는 백해에 닿았다. 챈슬러는 겨우내 965킬로미터를 이동해 모스크바에 도착했고, 나중에 러시아산 모피의 육상 교역로가 되는 경로를 확립했다.

1556년에 머스코비사의 배 한 척이 카르스키예보로타 해협을 통과했다. 배의 선장인 스티븐 버로가 노바야젬랴섬 너머에 있는 광대하고 위협적인 얼음 세상인 카라해를 처음으로 본 유럽인이 되었다. 버로는 기가 죽어서 영국으로 돌아갔다. 갑자기 모스크바를 경유해서 캐세이로 가는 방안이 더 그럴듯해 보였던 것이다.

네덜란드도 이 방향을 시도했다. 1596년에 야코프 반 헤임스케르커의 항법사였던 빌렘 바렌츠는 얀 코르넬리스 리프가 지휘하는 두 번째 배와 함께 일군의 섬(아마도 500년 전에 노르드인 뱃사람들이 먼저 '추운 해안'이라는 뜻으로 '스발바르'라 부르던 제도)을 발견하고 스피츠베르겐이라 명명했다. 나중에 두 배는 헤어져서 리프는 암스테르담으로 돌아가고 바렌츠는 카라해를 건널 길을 찾아 노바야젬랴섬의 북쪽으로 향했다. 섬의 북쪽 곶을 돌았지만 이내 두꺼운 얼음에 막혀 그는 겨울 숙영지에 틀어박혀야 했다. 사람들은 아이스헤이븐에 표류목으로 오두막을 짓고, 북극곰 지방을 태워 불을 밝혔으며, 호기심 많은 여우들과 전투를 벌였다. 그들은 괴혈병으로 무기력해진 상태에서 북극곰에 대한 공포에 떨며 무자비하고 매서운 추위를 견뎠다. 오두막을 밝히는 불의 온기도 바닥 얼음을 겨우 몇 센티미터 정도밖에 녹이지 못했다. 봄이 되자 그들은 보트 하나를 수선해서(배는 겨울을 보내는 사이에 부서졌다. 그 광경을 보고 '모두가 공포로 머리털이 주뼛 섰다') 얼음과 개빙구역을 헤치며 장장 2,570킬로미터를 이동해 콜라반도에 도착했다. 바렌츠는 그 와중에 괴혈병으로 죽었다. 이 모험을 기술한 헤릿 더 페이르의 『누구도 들어보지 못한 기이하고도 놀라운 세 차례 탐험에 관한 진실하고 완벽한 기록……』은 그들이 견뎌낸 끔찍한 상황들의 연대기로, 특히 그들이 동물에게서 느꼈던 공포 때문에 한 편의 악몽 같은 느낌을 준다.

네덜란드를 비롯한 어느 나라도 더는 북동항로에 관심을 두지 않았다. 그러다 러시아가 스트로가노프 가문의 모피 왕국과 표트르 대제의 탐험을 확대하기 위해 코사크족을 동원해서 극동의 국경을 넘는 일이 벌어졌다.[18]

앤 불린과 헨리 8세의 딸인 엘리자베스 1세 치하에서 영국은 만만찮은 해양 대국으로 성장했을 뿐만 아니라 국가 정체성과 목적의식을 고취했으며, 엘리자베스 자신이 그 구체적 상징이 되었다. 셰익스피어가 글을 쓰고, 프랜시스 베이컨이 과학적 방법론을 구축하고, 리처드 해클루트가 『항해학 원론』을 쓰고, 여왕의 '서부 지역 뱃사람들'[19])이 영국의 정치적 영향권을 엄청나

---

18 아시아를 가로질러 '제조 해협'을 통해 남쪽으로 내려가는 북동항로를 계획하게 된 일부 동기는 남쪽에서 올라온 배들이 캄차카 지역에서 벌이던 해상무역을 금지한 일본 천황의 규제였다. 일본은 캄차카에서 상당한 공물을 받았는데, 은광에서 나온 것들로 여겨진다. 네덜란드인들은 그런 북방 항로가 존재한다고 확신했다. 왜냐하면 그즈음 조선 연안에 난파한 네덜란드 상인들이 스피츠베르겐 어장에서 쓰는 작살이 박힌 채 해안에 떠밀려 온 고래를 보았기 때문이었다. 그 고래가 거기 있는 것은 아시아와 북아메리카 사이의 해협을 통해서만 가능했다.

19 유능한 선장이자 탐험가이며 동시에 해적이었던 드레이크와 롤리, 데이

게 확장한 때가 바로 그때(1558~1603)였다. 프랜시스 드레이크가 배를 타고 세계를 일주했다. 월터 롤리는 버지니아에 영국 식민지를 건설했다. 드레이크나 세계 일주를 한 토머스 캐번디시와 마찬가지로 해적이었던 존 호킨스는 선박 설계에 엄청난 진보를 가져왔고, 에스파냐 무적함대를 격파(1588)하는 데서도 마틴 프로비셔를 포함한 다른 이들 사이에서 두각을 나타냈다. 그들 중 가장 온화하고 해적질에 소극적이었던 존 데이비스는 1587년에 그린란드 서해안으로 배를 몰아 조용히 북아메리카 배핀만에 입성했다.

엘리자베스 1세 때는 배가 통과할 수 있는 북서항로가 있을 것이라는 믿음이 팽배했다. 상당한 재력을 갖춘 상인 마이클 록이 열정적으로 부추기기도 했고, 해클루트와 철학자 존 디 같은 존경받는 지성들이 이를 지지하기도 했다. 여왕의 총애를 받던 험프리 길버트 경(바다에서는 상대가 안 됐지만, 드레이크와 롤리, 데이비스와 마찬가지로 데번주 사람이었다)이 『캐세이로 가는 새 항로 발견에 관한 담론』에서 열렬하게 옹호하기도 했다. 마지막으로, 당시 영국에는 아니안 해협의 존재를 뒷받침하는, 적어도 두 가지의 잘 먹히는 이야기가 떠돌고 있었다. 안토니오 우르다네타라는 수도사가 1550년대에 그곳을 통과했다는 주장과 포르투갈 선원인 마르팅 샤크가 1556년에 우르다네

비스, 호킨스 등은 모두 영국 잉글랜드 사우스웨스트반도의 일부인 데번주를 주 무대로 했기 때문에 '서부 지역 뱃사람들'이라 불렸다—옮긴이.

타와 마찬가지로 서쪽에서 동쪽으로 아니안 해협을 통과했다는 주장이었다. (양쪽 다 근거는 없었다.)

마이클 록은 이런 열광에 사로잡혀 캐세이사를 설립하고, 1575년에 마틴 프로비셔에게 탐험을 위한 항해 채비를 하라고 지시했다. 프로비셔는 작은 바크선[20]인 가브리엘호에 선원 열여덟 명을 태우고, 역시 작은 바크선인 미카엘호와 그보다도 훨씬 작은, 선원 네 명을 태운 이름 없는 피니스선[21] 한 척을 대동하고 런던을 출발했다. 강풍을 만나는 바람에 피니스선은 가라앉고, 가브리엘호는 주 돛대가 부러지고 앞쪽 돛대의 상부가 뜯겨나갔다. 그린란드에 가까워지자 여러 여건이 미덥지 못했던 미카엘호의 선장과 선원들은 프로비셔에게서 도망쳐 고향으로 돌아가는 길을 택했고, 가브리엘호가 폭풍을 만나 실종됐다고 보고했다.

프로비셔는 8월 11일에 해협이라고 생각되는 어떤 곳에 들어섰다(실제로는 배핀섬 프로비셔만이었다). 그는 서쪽 해안이 북아메리카 대륙, 동쪽 해안이 아시아 대륙이라고 여기며 보름 동안 양쪽을 탐사한 후, 그 지역이 항로의 동쪽 입구가 틀림없다고 확신하며 고향으로 향했다. 한 선원이 '그들이 갔던 곳을 기념하기 위해' 동쪽 해안에서 무심코 주워 온 돌멩이 하나

20 바크bark선은 돛대가 세 개 이상 달린 범선으로, 세로돛을 다는 맨 뒤의 돛대를 제외한 나머지는 가로돛대다—옮긴이.

21 피니스pinnace선은 보통 큰 배에 싣고 다니는 함재정으로 크기가 작고 빠른 범선이다—옮긴이.

가 마이클 록의 손에 쥐어졌다. 그는 그 돌이 금을 함유한 광석이라는 판정을 받아낸 뒤 여기저기서 자금을 지원받아 1577년에 두 번째 탐험대를 파견했다. 항로의 존재에 대한 믿음과 그 항로를 찾으려는 노련한 선장으로서의 열의를 지닌 프로비셔는 이런 계획들을 거의 거들떠보지 않았을 것이다. 그러나 그는 지시받은 대로 채굴을 하러 떠났고, 탐사는 프로비셔만으로 제한했다.

가브리엘호와 미카엘호, 그리고 그보다 10배나 큰 기함인 에이드호가 9월 23일에 청동색으로 번득이는 쓸모없는 운모(각섬암과 휘석암) 200톤을 싣고 영국으로 돌아왔다. 록은 새로운 투자자를 찾기 위해 그 돌들의 가치가 높이 평가되도록 손을 썼다. 눈치 빠른 사람들은 거리를 뒀지만, 록은 투자자들을 유인하는 데 일부 성공했다. 그러나 세 번째 항해는 비극으로 끝났다. 1578년 5월에 열다섯 척의 배가 항해에 나섰다. 가는 도중에 데니스호가 폭풍에 실종됐고, 가짜 금광석 1,350톤을 싣고 돌아오는 길에는 더 잦은 폭풍을 만나 마흔 명이 물에 빠져 죽었다. 대부분이 콘월 출신 광부들이었다.

엘리자베스 여왕은 마지막 순간까지도 록의 사업에 대한 믿음을 거두지 않았다. 첫 번째 항해를 떠나는 배들이 템스강을 지날 때, 여왕은 그리니치궁 창가에서 손을 흔들었다. 두 번째 항해 전날, 여왕은 프로비셔에게 손에 입을 맞추도록 허락했다. 세 번째 항해를 떠나기 전에는 금 사슬을 프로비셔의 목에 걸어주고, 두 선장에게 손을 내밀어 입을 맞추도록 허락했다. 두 번째 항해에서 프로비셔의 선원들은 엘리자베스 여왕이 친히 '메타 인코그니타'라고 명명한 반도에서 심하게 해체된 일각고래 한 마리를 발견하고 그 엄니를 챙겼다. 디오니즈 세틀은 이 항해를 떠올리며 선원들이 거미 여러 마리를 엄니 뿌리의 구멍에 넣었는데 모두 죽었다고 썼다. "나는 그 실험을 보지는 못했으나 사실이라고 들었다. 그 때문에 우리는 그 동물이 바다 유니콘일 것이라 추측했다." 프로비셔는 그 엄니를 엘리자베스 여왕에게 진상했다.

이 사업으로 록은 빚더미에 올랐고, 캐세이사는 파산했다. 일부 투자자들의 노골적인 탐욕과 사업을 유지하기 위해 꾸며냈던 구실들, 그리고 노동자들의 인명 손실이 많은 사람에게 쓴맛을 남겼다. 에스파냐와의 전투에서 명예를 되찾은 프로비셔는 기사 작위를 받았고, 1594년에 에스파냐와 싸우다 전사했다.

8년 뒤, 존 데이비스가 종류가 아주 다른 항해를 감행했다. 그는 아마도 엘리자베스 여왕 시대의 항해가 중에서 가장 능숙한 사람이었을 것이다. 그는 변덕스러운 프로비셔에 비해 훨씬 침착했고, 부하들을 가혹하게 몰아붙이지 않았으며, 성과에 탐욕을 부리거나 과시하려는 성향도 덜했다. 아마도 그래서 '서부 지역 뱃사람들' 중 유일하게 기사 작위를 받지 못했을 것이다.

데번셔 지방의 유망한 의사인 에이드리언 길버트와 런던의 상인이자 모험가인 윌리엄 샌더슨의 지원과 월싱엄 공작의 후원 아래, 데이비스는 선샤인호와 문샤인호라는 작은 배 두 척을 준비하고, 선샤인호에는 현악 4중주단을 태운 채, 1585년 6월

7일 데번주 다트머스에서 항해를 시작했다.

첫 상륙지는 지금의 그린란드 남동해안 발뢰곶 근처였는데, 동그린란드 해류에 밀려오는 얼음과 안개가 그들을 밀어냈다. "귀를 괴롭히는 소음이 워낙 심해서인지 우리는 이상한 상상을 했다. 우리는 이곳이 어떤 동식물도 없는 광활하고 텅 빈 곳이라고 여겼고, 나는 그곳을 '황량한 곳'이라고 불렀다." 두 배는 페어웰곶(데이비스가 두 번째 항해에서 그렇게 명명했다)을 떠나 마침내 7월 29일에 고트호브에 있는 옛 노르드인들의 정착지 근처 해안에 상륙했다. 그리고 여기서 모든 북극 문헌 중에서도 가장 인상적인 문화 간 교류가 일어난다.

데이비스와 일행 몇 명이 길버트만이라고 명명한 만의 한 섬 정상부에서 정찰을 하고 있는데, 바다 건너 해안에 있던 일군의 에스키모들이 그들을 발견하고 몇 명이 카약을 띄웠다. 존 제인은 이렇게 썼다. "그들은 엄청난 고함과 끽끽거리는 소리로 말도 못 하게 시끄러웠다. 늑대들이 울부짖는 것 같았지만, 우리는 그냥 그 소리를 듣고 있었다." 데이비스는 현악 4중주단을 불러 음악을 연주하게 하고, 고급선원들과 일반선원들에게 춤을 추라고 지시했다. 에스키모들이 조심스럽게 카약을 타고 접근했고, 그중 두 명이 해변에 아주 가까이 다가왔다. 제인은 이렇게 말했다. "그들의 발음은 목구멍을 울리는 매우 둔탁한 소리인데, 말도 그 모양이라 이해할 수가 없었다. 우리는 친절한 포옹의 표시와 예의 바른 신호만으로 그들을 유인했다. 마침내 한 사람이 손으로 태양을 가리키더니 이내 퍽 하는 소리가 들릴 정도로 세게 자기 가슴을 쳤다." 문샤인호 선장인 존 엘리스가 똑같이 손으로 태양을 가리키고 자신의 가슴을 치면서 흉내를 냈다. 에스키모 한 명이 해변으로 올라왔다. 선원들은 달리 줄 것이 없어서 옷을 몇 점 건네고는 계속 춤을 추었다. 그러는 내내 악단이 연주를 하고 있었다.

다음 날 아침 뱃사람들은 어제의 그 사람들 때문에 잠에서 깼다. 그들이 어제 선원들이 서 있던 언덕에서 북을 치고 춤을 추면서 그들에게 손짓했다.

(에스키모를 예의 바르게 대한 데이비스의 태도는 초기 북극 이야기에서는 독특한 것이다. 그는 에스키모들이 "조작이나 속임수라곤 모르는, 아주 유순한 사람들"이라고 생각했다. 그는 두 번째 항해 때도 같은 장소를 찾았다. 서로는 떠들썩하게 서로를 알아봤고, 그가 연 잔치 역시 떠들썩했다.)

에스키모들을 만난 지 이틀 만에 데이비스는 나중에 자신의 이름을 따서 명명될 해협을 건너 컴벌랜드만으로 나아갔다. 그는 얼음의 분포와 수로의 넓이, 물살의 유무, 동쪽으로 지나가는 고래들의 존재, 바닷물의 색과 성질, 특성을 고려해 그곳이 북서항로의 입구라고 판단했다. 만족한 그는 고향으로 뱃머리를 돌렸다. (이런 초기 항해에서는 북방에서 겨울을 나는 생각을 하지 못했다. 배들은 1년 치 보급품을 싣기에는 너무 작았다.) 10월 3일 월싱엄 공작에게 항로가 "의심할 바 없이 거의 1년 내내 통과할 수 있고, 바다는 항해할 수 있을 만큼 얼음이 없고, 기온도 견딜 만하며, 물도 아주 깊다"라는 편지를 썼다.

길버트와 샌더슨, 월싱엄은 데이비스가 이룬 진전에 기뻐했다. 엑서터시 상인들로부터도 지원을 받게 된 데이비스는 1586년 5월 7일 네 척의 배로 선단을 꾸려 다시 출항했다. 대형 선박인 머메이드호와 바크선인 선샤인호와 문샤인호, 그리고 조그만 피니스선인 노스스타호였다. 데이비스는 선샤인호와 노스스타호를 그린란드 동해안 쪽으로 올려보내며 할 수 있는 데까지 북극을 넘어가는 항로를 찾아보라고 지시했다. 다른 두 배는 고트호브로 향했고, 그곳 해변에서 조립식 피니스선 한 척을 조립해 에스키모 마흔 명의 도움을 받아 물에 띄웠다.

고트호브에서 에스키모들을 만난 초기에는 동지 의식이 강했지만, 일단 에스키모들이 '특히 철에 대해 기가 막힌 손버릇'을 드러내자 분위기가 나빠지기 시작했다. 데이비스는 사태를 개선해보려고 노력했다. 에스키모들과 밑지는 거래를 계속했고, 참으라며 선원들을 달랬다. 어느 날 오후, 돌을 던진 사소한 사건이 싸움으로 번져 선원 한 명이 다쳤다. 데이비스도 더는 참을 수 없었다. 순풍이 불자 그는 북쪽으로 향했다.

7월 17일에 배 두 척과 조립식 피니스선은 "모두에게 경외심을 불러일으킨" 거대한 판상빙산과 마주쳤다. 다들 그 광경에 어찌나 놀랐는지, 데이비스는 "그런 비슷한 것도 본 적이 없다"라는 말 외에는 빙산에 대한 언급을 마다했다. 그들은 13일에 걸쳐 그 빙산을 한 바퀴 돌았다. 나중에 데이비스 해협이라 명명된 그곳은 생전 처음 보는 얼음들로 가득 차 있었다. 그 광경을 보고 심하게 동요한 사람들이 데이비스에게 고향으로 돌아가자고 애원했다. 그는 그린란드 해안에 상륙해 피니스선을 분해하여 비축 물품과 함께 머메이드호에 실은 다음 귀향을 원하는 사람들을 태워 보냈다. 남은 사람들은 문샤인호를 타고 배핀섬으로 향했다. 그는 부지불식간에 컴벌랜드만 입구를 지났고, 눈폭풍을 맞으며 허드슨 해협을 지나 래브라도반도 해안을 따라 남쪽으로 향했다. 그곳에서 그들은 임시변통한 낚싯바늘로 몇 번에 걸쳐 엄청난 양의 대구를 잡아 올렸다.

그들은 생선을 말리려고 턴모어만(추정)에 닻을 내렸다가 '이 땅에 사는 잔인한 사람들'의 공격을 받았다. 선원 두 명이 숨지고 세 명이 부상했다. 그 일 직후에 폭풍이 닥쳐 닻줄이 풀리는 바람에 배가 해안으로 밀려갔다. 데이비스는 9월 11일에 고국으로 향했다. 돌아와서 보니 선샤인호와 노스스타호는 일찌감치 얼음에 막혀 뱃머리를 돌렸고, 그 와중에 노스스타호는 폭풍을 만나 선원들을 태운 채 가라앉아버린 뒤였다. 1587년에 이제 슬슬 데이비스가 항로를 내놓지 않을까 기대한, 예전만큼은 열정적이지 않은 후원자들이 데이비스가 항로가 될 만한 곳들(데이비스 해협, 컴벌랜드만, 허드슨 해협, 래브라도 해안에 있는 해밀턴 협만)을 탐험하는 동안 동행하는 배들이 대구를 잡아 탐험 비용을 충당할 수 있으리라 생각하고 세 번째 탐험에 돈을 댔다. 판자를 겹쳐 잇대서 만든 데이비스 소유의 작은 피니스선 엘렌호는 바다에 나간 첫날에 키 손잡이가 부러져 항해 내내 '황소에 끌려가는 달구지' 신세가 됐다.

고트호브 해변에서 한 배의 선원들이 네 번째 배가 될 피니스선을 조립하는 동안, 데이비스는 피오르 안쪽을 탐험했다. (데이비스는 다른 배 세 척이 남쪽으로 내려가 대구잡이를 하는 동안 그 피니스선을 타고 탐험을 할 요량이었다.) 에스키모들이 배 목수들이 쓰는 못을 훔치면서 우호적이던 관계가 또 깨졌다. 데이비스는 사태를 진정시킬 수 없었다. 포수 한 명이 대포로 공포 한 발을 발사하자 데이비스는 반쯤 조립된 피니스선을 해체해 엘리자베스호에 실으라고 명령했다. 데이비스는 심하게 물이 새는 선샤인호와 선원들, 그리고 거의 명령에 불복하듯이 출항하고 싶어 하는 엘리자베스호를 두고 떠났다. 그는 엘렌호를 타고 그린란드 해안을 따라 북상해 북위 72도 46분 지점에 이르렀고, 그 지점을 '항로를 향한 샌더슨의 희망'이라고 명명했다. '바닥을 알 수 없는 깊은' 바다는 멀리 북쪽과 서쪽으로 열려 있었지만, 그곳엔 어느 쪽으로든 그를 데려갈 바람이 없었다. 그는 남서쪽으로 향했다. 총빙에 갇혀 이틀이나 애쓴 후에 가까스로 벗어난 그는 '가즈머시곶'(이 곶이 첫 항해 때 항로라고 생각했던 곳을 가리키고 있어서 이렇게 명명했다)을 돌아 컴벌랜드만으로 향했다. 바람이 잠잠해지자 그는 럼리 협만이라고 명명한 프로비셔만 입구로 다시 돌아와 만을 통과해 남쪽으로 향했다. (믿을 만하게 경도를 잴 방안이 없는 데다, 당시 널리 보급됐던 문제의 체노지도가 프로비셔 해협을 그린란드 남단으로 표시했기 때문에 데이비스는 자신이 제일 먼저 그곳을 발견했다고 생각했다.)

그는 전에 언급했던 허드슨 해협의 조류를 또 언급했다. "급격하게 바닥이 깊어지면서 조류가 런던 브리지 밑 격랑처럼 끔찍하게 울부짖는다." 그들은 래브라도 해안을 따라가며 항해 능력이 떨어지는 엘렌호를 호위해서 고국으로 데려다줄 선샤인호와 엘리자베스호를 찾았다. 헛수고였다. 8월 15일에 데이비스는 다트머스로 항해를 시작했다. 꼬박 한 달이 걸린 항해였다.

데이비스는 이들 탐험에서 놀라운 성과를 얻었다. 그는 항해용 해도에 나와 있는 래브라도 해안 대부분과 1,120킬로미터에 이르는 그린란드 서부 해안, 배핀섬 남서부 해안 대부분을 확인했다. 얼음의 상태와 동식물, 해류, 그린란드 내륙에 대한 그의 기록은 에스키모들에 대한 문화기술학적 서술과 함께 각 연구 분야의 최초 사례였다. 그는 그 땅들을 지도의 세계로뿐만 아니라 과학의 세계로도 데려왔다. 그가 항해 중에 고안한 '항로 장부'는 표준 항해일지의 원형이 되었고, 그가 개발한 후측의는 반사식 사분원과 현대적인 육분의를 예고하는 것이었다. 그리고 주로 이 세 번의 항해에 기초해서 쓴 『선원의 비밀』(1594)은 17세기 영국 선원들의 바이블이 되었다.

그 후로도 데이비스는 포클랜드 제도를 발견했고, 항로의 서쪽 입구를 찾을 수 있을까 해서 태평양으로 항해했다. 그는 1605년에 55세의 나이로 싱가포르 연안 말라카 해협에서 일본인 해적들에게 살해됐다. 그는 타인의 다름에 관대했던 성실하고 용감한 사람이었다. 항해에 관한 그의 지식은 과학적 재능과 실질적 경험이 훌륭하게 조화된 결과였다. 그는 『수로학의 세

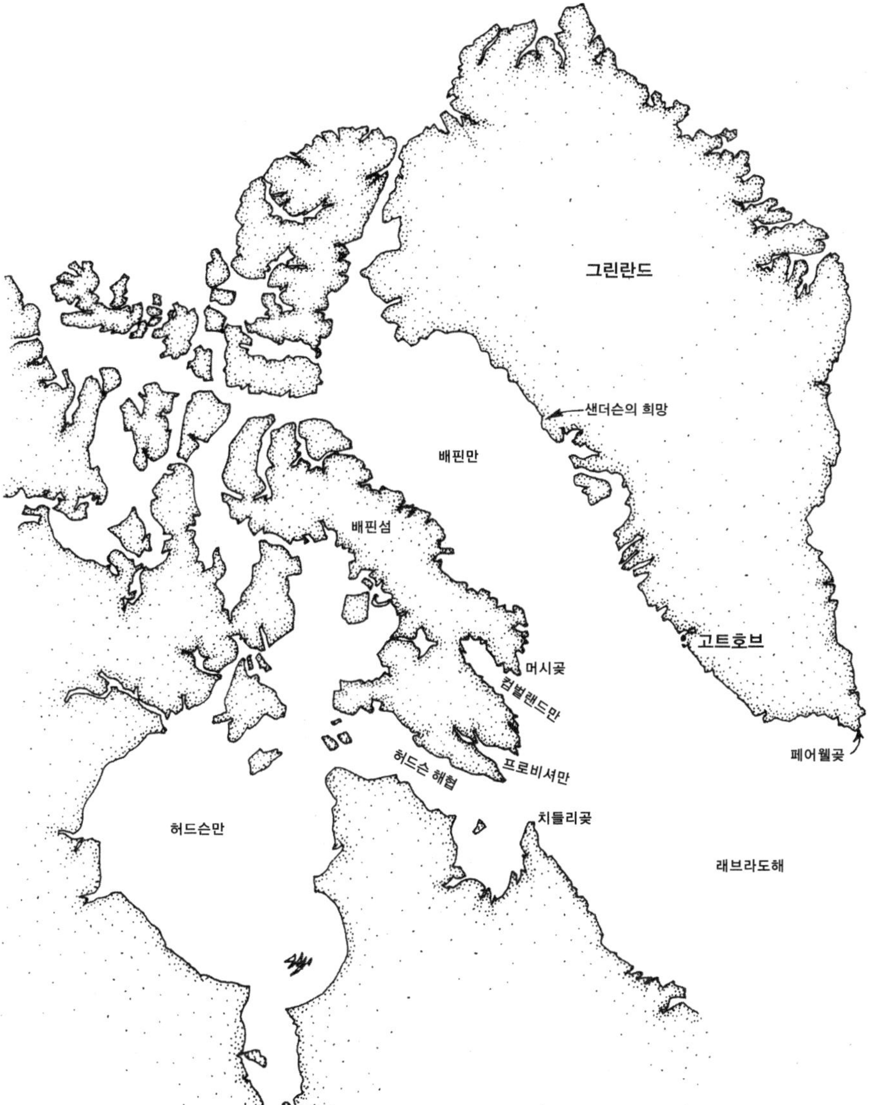
그린란드
샌더슨의 희망
배핀만
배핀섬
고트호브
머시곶
컴벌랜드만
페어웰곶
프로비셔만
허드슨 해협
치들리곶
허드슨만
래브라도해

계』(1595)에서 북방의 여름에 쏟아지는 햇빛을 떠올리며 북극성과 그 땅이 빛이 충만한, 세상에서 '가장 고결한 곳'이라고 말했다.

데이비스의 탐험들은 그 당시의 여느 탐험과 마찬가지로 무보험으로 진행됐다. 간단히 말해, 열악한 장비나 해도의 오류, 미숙한 지휘로 인한 난파 위험이 너무 컸기 때문이었다. 데이비스 정도의 노련한 선원만이 사분원이나 아스트롤라베라는 후측의로 위도를 확인할 수 있었다. 데이비스는 나침반 오류를 보정할 수 있는 편차표를 가지고 있었다. 그리고 항해가 예정된 지역에 다녀온 다른 항해장들의 일지나 잡기장을 운 좋게 입수해서 암초나 조류에 관한 유용한 정보도 얻었을 수도 있다. 그러나 1735년에 존 해리슨이 첫 경선의를 만들 때까지는 경도를 확인할 마땅한 방법이 없었다.

탐험에 들고 가는 지도와 해도도 특히 서쪽으로 향하는 뱃사람들에게는 거의 도움이 되지 못했다. 종잡을 수 없거나 근거가 없는 정보가 너무 많았다. 지도 갱신은 지리학에 대한 이론적인 개념 논쟁을 의미했는데, 현실적인 뱃사람들로서는 참기 어려운 일이었다. 경도 측정 방법이 없고 지역에 따른 나침반 편차에 대한 정보도 거의 없는 판국이니 새로 발견한 땅을 정확하게 표시하거나 옛날 지도를 개선하는 일은 어려울 수밖에 없었다. 북대서양 서쪽에 커다란 가상의 섬 여러 개를 짜깁기해 넣은 체노 지도(1558)가 막강한 권위를 휘두르는 바람에, 존 데이비스조차 "자신의 발견을 보편적으로 인정되는 오류들과 잘 조화" 시켜야 한다고 믿을 정도였다.

날씨를 관찰하며 바다의 미묘한 변화와 자기 배의 움직임, 특히 익히 잘 아는 배의 움직임에도 주의를 늦추지 않는 역량 있는 뱃사람인 그는 낯선 해안에서도 무엇을 해야 하는지 직관적으로 아는 경우가 많았다. 그가 "짐작에 따라, 그리고 신의 뜻에 따라" 항해할 때는 대체로 옳은 판단이었다. 그는 커다란 화물선보다 조작이 편한 작은 선박을 선호했는데, 이 때문에 탐험 후원자들과 자주 의견 충돌을 빚기도 했다. 그리고 또 가능하면 다른 배와 함께 항해하려 했다. (부품을 교환할 수 있도록 동일 유형의 배로 선단을 꾸리는 전략이 대중적으로 알려진 때는 1821년 패리가 헤클라호와 퓨어리호를 이끌고 두 번째 북극 탐험에 나서면서부터였다.)

뱃사람 중에서도 뛰어난 사람들은 배가 제대로 움직이도록 하는 데에 놀라운 능력을 보유하고 있으며, 한 줌의 폐품으로 뭔가를 뚝딱 임시변통해내는 에스키모들처럼 임기응변 재주가 있었다. 그들은 낯선 해변에서도 작은 배 정도는 완전히 물 밖으로 끌어낸 다음 들어서 용골을 수선하곤 했다. 자칫 얼음에 밀려갈 위험이 늘 상주하는 북극 수역에서의 삶은 지독했다. 식사는 극도로 단순했다. 소금에 절인 쇠고기와 대구, 빵과 말린 콩, 치즈와 버터, 그리고 맥주. 모두 차가웠다. 그곳에는 커피나 차 같은 뜨거운 음료가 없었다. 선원들은 보급품이나 식량 사이 어디든 빈 곳을 찾아서 잤고, 물에 젖거나 추울 때 갈아입을 옷

이 한두 벌만 있어도 다행이라고 여겼다. 괴혈병과 난파 가능성이 늘 옆에 도사리고 있었다.[22]

갑판 사정은 서서히 개선되었고, 지도도 훨씬 정확해졌으며, 더 나은 항해 기구들이 개발되었다. 데이비스의 『선원의 비밀』 같은 책들이 기술적인 항해 지식을 전파했다. 17세기에 이르자 제도사들이 마음대로 섬을 한두 개씩 끼워 넣는 일은 거의 사라졌다. 그들은 그제야 북극과 같은 드넓은 지역도 그냥 비워 놓는, 선배들이 알면 깜짝 놀랄 만한 짓을 했다. 근해 해도들 위에 미로처럼 얽혔던 항해 안내선들도 시간이 지나면서 꽃송이나 나침반 원반처럼 서른두 방향으로 동그랗게 배열되었다. 그러나 탐험은 여전히 은행가들과 몽상가들 간의 조율이었고, 단호하고 기민한 항해장들과 임기응변에 뛰어난 선원들에 의해 수행되었다. 그리고 비용을 갚아야 했기 때문에, 새로 발견하는 땅에서 무역으로 얻어내야 할 수익에 대한 생각이 탐험을 추진하는 이들의 머릿속을 떠날 날이 없었다.

데이비스가 죽은 직후에도 중요한 탐험이 몇 차례 있었다.

---

22 모세혈관에서 피가 나고 치아가 흔들리며 빈혈이 발생하고 전반적으로 쇠약해지는 괴혈병이 비타민C 결핍에서 온다는 사실은 아직 밝혀지지 않았다. 환자들은 '불안정한 걸음걸이, 비쩍 마른 몸, 근심에 찬 표정'을 보인다. 스코틀랜드 해군 군의관인 제임스 린드가 1747년에 오렌지와 레몬으로 괴혈병에 걸린 선원들을 효과적으로 치료했다. 1795년에 괴혈병 방지제로 레몬주스가 영국 해군의 공식 보급 품목이 되었지만, 장기 항해에서는 증상을 막는 데 역부족인 경우가 가끔 있었다.

1607년에 헨리 허드슨이 작은 피니스선에 선원 열 명과 소년 한 명을 태우고 북극으로 출항했다. 그들은 그린란드 동해안 북위 73도 지점까지 갔다. 허드슨은 어느 곶에 '희망 지키기'라는 이름을 붙였다. 그리고 돌아오는 길에 얀마웬섬과 스피츠베르겐의 고래잡이 어장을 발견했다. 노바야젬랴섬을 향한 항해를 마친 후, 그는 다시 그 방향으로 두 번째 항해를 시작했는데, 도중에 북아메리카 동해안으로 방향을 튼 것이 허드슨강 탐험이 되었다. 그는 1610년에 북극 수역으로 항해했다. 그해에 현재 그의 이름을 걸고 있는 해협과 만 남쪽에 있는 제임스만에서 겨울을 났다. 봄에 굶주림을 두려워한 일부 선원들이 반란을 일으켰다. 선원들은 허드슨과 그의 아들, 충성스러운 선원 세 명, 병자 네 명을 보트 한 척에 태워 바다로 띄워 보냈는데, 그 뒤로 그들을 본 사람은 아무도 없었다. 반란 주모자로 추정되는 이들은 나중에 에스키모들에게 살해됐다. 살아남은 사람들은 양초와 풀, 새 껍질 조가리까지 먹는 비참한 상태로 디스커버리호를 몰고 귀향했다.

허드슨을 고용한 사업가들은 반란 심판보다는 다음 항해를 준비하는 데 더 신경을 썼다. 1612년에 토머스 버튼을 선장으로 임명해 같은 배를 다시 출항시켰다. 그는 허드슨만의 먼 해안에 이르러 허드슨이 바다로 알았던 것이 사실은 만이라는 사실을 알아내고 그곳의 곶을 '확인된 희망'이라고 명명했다. (태평양에 들어섰다고 생각한 허드슨은 허드슨 해협 입구 남쪽에 있는 곶에 '전진하는 희망'이라는 이름을 붙였다.) 버튼은 넬슨강 어귀에서 겨울을 나며 많은 선원을 잃었다. 그는 코츠섬과 사우샘프턴섬, 맨슬섬을 발견했고, 봄에는 로즈웰컴 해협 북위 65도 지점까지 항해했다.

1615년에 윌리엄 배핀이 항해장으로, 로버트 바일롯이 선장으로 수행한 중요한 두 항해 중 첫 번째 항해가 있었다. 이때는 허드슨만 북쪽 폭스 해협과 프로즌 해협으로 갔는데, 둘은 허드슨 해협을 통해서는 북서항로를 찾을 수 없다는 결론을 내렸다. 천부적인 항해가이자 날카롭고 정확한 관찰자였던 배핀은 조류가 남동쪽에서 밀려와 북서쪽으로 빠져나가는 현상을 보았다. 그는 항로가 데이비스 해협을 통하는 것이 아닐까 추측했는데, 정확한 추측이었다. 1616년에 그와 바일롯은 데이비스 해협으로 갔다. (허드슨의 탐험과 버튼의 탐험, 배핀의 두 탐험 모두 디스커버리호로 이뤄졌다. 디스커버리호는 데이비스의 선샤인호와 크기가 비슷한 바크선이었다.)

바일롯과 배핀은 두 번째 항해에서 데이비스 해협을 넘어 북위 78도 지점까지 올라갔는데, 향후 200년 동안 그들보다 더 북쪽으로 항해한 사람은 없었다.[23] 둘은 여러 해협과 만, 곶에 일찍이 허드슨과 버튼을 파견했던 바로 그 투자자들의 이름을 따서 스미스, 존스, 랭커스터, 디기스, 월스턴홈이라는 이름을

23 노르드인 뱃사람들은 술혹수악 해협(북위 70도 12분) 근처에 있다고 추정되는 노르드르세튀르까지 갔고, 더 북쪽까지도 항해한 듯하다. 노르드 유물이 엘즈미어섬(북위 79도) 배치반도에 있는 툴레 마을 유적지에서 발견됐는데, 어떤 경로로 그곳까지 가게 됐는지는 불분명하다.

붙였다. 돌아오는 길에 배핀은 나중에 자신의 이름이 붙을 섬의 동해안을 조사했고, 존 데이비스가 해도를 그린 지역과 겹치는 지점까지 해도를 그렸다.

배핀의 일지와 해도는 출판을 앞두고 엄격한 검열을 받았다. 머지않아 그가 발견한 것들은 의심을 받고 당시 지도에서도 삭제되었다. (존 로스 경이 배핀의 발견을 모두 확증해준 것은 1818년이었다.) 배핀의 저서와 버튼의 항해일지와 지도는 아마도 경쟁자들이 배핀만 항로에 머리를 들이미는 것을 원치 않았던 투자자들이 출판을 제지했던 것 같다. 1612년에 버튼이 다녀온 뒤로 허드슨만의 초기 역사는 북서항로와 모피, 금을 찾아 일확천금을 얻으려는 무모함과 치명적인 재난으로 얼룩진 비참한 연대기가 됐다. 찰스 2세가 1670년에 사촌인 루퍼트 공과 '허드슨만에서 무역하는 신사 모험가들'[24]에게 영구 독점거래권을 부여했을 때, 왕은 사실상 허드슨만으로 통하는 모든 하천 유역의 주권을 이 집단에 양도한 셈이었다. 그러나 이런 파격적인 특혜에는 북서항로를 발견하기 위해 노력해야 한다는 조건이 걸려 있었다. 하지만 신사 모험가들은 피에르 라디손과 메다르 슈아르 데 그로세이예가 아북극 오지에서 가져온 윤기 나는

---

24 1670년에 찰스 2세가 루퍼트 공과 열일곱 명의 귀족과 신사에게 북아메리카 허드슨만 유역의 무역독점권을 부여했다. 루퍼트 공이 초대 총독이 되었고, 이들은 '총독과 허드슨만에서 무역하는 영국 모험가들의 회사'를 설립했는데, 이것이 허드슨베이사(HBC)의 시초다. 허드슨베이사는 북아메리카 대륙에서 가장 오래된 기업이며, 현재도 캐나다 최대의 소매업 기업이다—옮긴이.

모피 무더기를 한번 보자 북서항로 따위는 개나 물어가라는 태도로 돌변했다. 그들은 일확천금에 눈독을 들였다. 사업권을 보호하고 무역독점권을 얻어내기 위해 그들은 먼저 이 지역의 항로 탐사를 부지런히 가로막았다. 해당 항로를 따라 이뤄지는 탐사 사업은 어떤 것이든 그들을 배제한 채 중국으로 향할 수 있었기 때문이었다. 허드슨베이사가 탐험 기록을 위조하도록 크리스토퍼 미들턴 한 사람에게 지급했다는 뇌물의 규모가 1734년에 영국 해군성이 북서항로 발견에 대한 상금으로 2만 파운드라는 거액을 내거는 결과를 가져왔다.[25]

허드슨베이사 이야기는 수백 년 동안 거의 자치 권력에 가까운 힘을 행사하며 웬만한 국가보다 넓은 지역의 정치적·사회적·경제적·환경적 운명을 주물러온 어마어마하게 강력한 전문가 이익집단에 관한 이야기다. 신세계에서 이들의 안정적인 수입 기반이 된 모피 동물 덫사냥은 북극 탐험의 초점 자체를 완전히 바꾸어버렸다. 그 인적 없는 땅이 있었기 때문에, 해마다 쏟아지는 경이적인 수의 고급 모피들을 보면서도 그 풍요가 얼마나 오래 지속될지 의심하는 사람은 없었다.[26]

---

25 1734년에 2만 파운드의 가치가 어느 정도인지 정확하게 판단하기는 어려우나, 1840년대 초 영국을 배경으로 한 소설 『제인 에어』의 경우를 보면, 당시 5천 파운드 규모의 재산이면 시골에 작은 집을 짓고 남은 돈을 금리가 높은 국고채 등에 투자하여 검소하게나마 이자로 생활할 수 있는 금액이었다. 1734년에는 돈의 가치가 더 높았을 것으로 생각되고, 특히 적극적인 투자와 사업 자금으로 쓰였을 경우, 당시 2만 파운드의 투자가치는 2024년 현재 기준으로 수백억 원 규모에 달했으리라 짐작된다—옮긴이.

북극의 상인-탐험가들이 발견한 또 다른 부의 토대는 고래잡이였다. 처음에는 육지에 기지를 둘 수 있는 스피츠베르겐 근해가 어장이었다가, 스피츠베르겐 서쪽에서 북그린란드 해로 뻗은 '고래잡이만'이라 불리는 개빙구역으로 어장이 옮겨졌다.[27] 네덜란드와 영국 간 경쟁이 극심해지면서 멕시코 만류의 마지막 끝자락이라 겨울에도 얼지 않는, 봄에는 고래잡이만의 서쪽에 있다고 해서 '서쪽 얼음'이라고 불리는 곳에서 물범도 잡았다. (고래들이 데이비스 해협으로 옮겨 가고 북아메리카 물범잡이배들이 뉴펀들랜드 북쪽과 동쪽 해빙에서 대대적으로 물범잡이를 시작할 때까지 그린란드해와 노르웨이해의 고래 어장과 물범 어장은 100년 넘게 번성했다.)

1607년에 헨리 허드슨이 스피츠베르겐 서쪽 수역의 고래 이야기를 가지고 영국으로 돌아왔을 때, 북극은 태평양으로 나가

---

26 1769년부터 1868년까지 허드슨베이사가 런던에서 경매로 팔아치운 주요 동물의 가죽과 모피의 수를 살펴보면, 여우 89만 1,091마리, 스라소니 105만 2,051마리, 울버린 6만 8,694마리, 곰 28만 8,016마리, 늑대 46만 7,549마리, 밍크 150만 7,240마리, 백조 9만 4,326마리, 오소리 27만 5,032마리, 비버 470만 8,702마리, 담비 124만 511마리였다. 일부 기간에는 노스웨스트사와 캐나다사도 각각 이에 필적하는 물량을 거래했다.

27 정확하게 말하면 이 해류는 서스피츠베르겐 해류다. 이 해류는 해양학자들이 이론적으로 멕시코 만류가 끝나는 지점이라 보는 북대서양 해류의 지류인 노르웨이 난류에서 갈라져나온다. 따뜻한 서스피츠베르겐 해류는 스피츠베르겐의 북서쪽 곶을 도는 지점에서 일부가 북극 얼음 밑으로 흘러 들어가 약 2,400킬로미터 떨어진 뉴시베리아 제도 근처에서 다시 모습을 드러내는데, 엄청난 양의 카리브해 바닷물이 영향을 준다는 표시이기도 하다.

는 문제의 그 항로때문만이 아니라 그 자체로 가치 있는 어떤 것으로서 처음 인식되었다. 그리고 그 잠재력을 가장 극적으로 보여준 사람이 라디손과 그로세이예였다. 둘은 아북극 캐나다에서 가져온 담비와 비버, 스라소니, 울버린 모피를 한 아름 안고 찰스 2세의 궁정으로 들어섰다. 북극은 그 후로도 300년 동안 스피츠베르겐 같은 몇몇 곳에서 나온 석탄을 제외하고는 거의 아무런 성과를 내주지 않았지만, 그저 (상당한) 투자에 대한 보상을 바랐을 뿐인데 어쩔 수 없이 지리학적 탐험을 하게 됐다고 느꼈던 투자자들에게 모피와 점점 확대되는 물범과 고래, 대구 어장들은, 어떻게 보면 그처럼 황량한 지역에서 나오는 것치고는 충분한 보상처럼 보였다. 허드슨베이사라는 모피 제국이 성장하고 어장들이 개발되면서 북아메리카의 어마어마한 부가 유럽으로 이전됐고, 남대서양에서 제약을 덜 받는 무역이 시작되면서 북서항로라는 발상은 상업적인 매력을 잃고 하나의 지리학적 수수께끼로만 남게 되었다.

유럽인들이 북극 항해를 시작한 초기만 하더라도 아시아와 북아메리카 대륙의 북쪽 경계는 미지의 상태였다. 1725년에 표트르 대제가 덴마크인 비투스 베링을 파견하며 시베리아의 동쪽 변두리를 정찰하고 시베리아와 북아메리카 대륙이 연결되어 있는지 확인하라고 지시했다. 1728년에 베링은 현재 그의 이름을 딴 해협을 통과해 북서쪽 북위 67도 지점까지 이르렀다.[28] 축치반도를 돌아 콜리마강 어귀까지 서쪽으로 항해할 수 있는 길이 분명히 있었지만, 베링은 돌아왔다. 또 해협에서는 안개 때문에 북아메리카 대륙 해안도 보이지 않았다. 1732년에 그보즈데프라는 측지학자가 베링이 남겨두고 간 배로 이곳에 와서 알래스카 끝 지점인 지금의 호프곶 근처에 상륙했다. 1741년에 베링은 북아메리카 해안선을 확인하는 두 번째 시도에 나섰는데, 이번에는 박물학자인 게오르크 빌헬름 스텔러를 대동했다.[29] 베링은 돌아오는 길에 코만도르 제도에서 난파해 죽었다. 이 탐험에서 숨진 사람은 서른 명에 이른다.

1733년부터 1742년 사이에 러시아 탐험가들은 오비강 입구에서부터 베링해 데즈네프곶에 이르는 아시아 대륙 북해안 전체를 탐험하고 지도를 작성하는 엄청난 계획을 거의 성공적으로 마무리했다. 마지막 구역인 베아르곶에서 데즈네프곶까지는 1824년이 돼서야 페르디난트 페트로비치 브란겔에 의해 마무리됐다. (1867년에 미국의 포경선 선장 토머스 롱이 그의 이름을 따 한 섬을 브란겔섬이라 명명했다.)

---

28 송대宋代 연감에는 이 해역에 대한 훨씬 앞선 항해 기록이 나온다. 458년에 휘샨이라는 불교 승려가 다른 승려 네 명과 함께 쿠릴 제도와 캄차카반도 위쪽 연안을 지나 동쪽으로 항해해서 알류샨 열도를 통과해 알래스카 본토에 이르렀다.

29 이 항해에서 스텔러는 새로운 동물을 여럿 발견하고 이름을 붙였다. 여기에는 스텔러어치(이 새들이 북아메리카 대륙에 상륙한다는 사실도 확인했다)와 그 후로 과학자들이 다시는 보지 못한 스텔러바다소가 있다. 이 탐험의 생존자들이 가져간 수달 모피 때문에 러시아의 개인 덫사냥꾼들이 이 지역으로 모여들어 지속적으로 해안가에 살던 토착민들을 잔인하게 탄압했다.

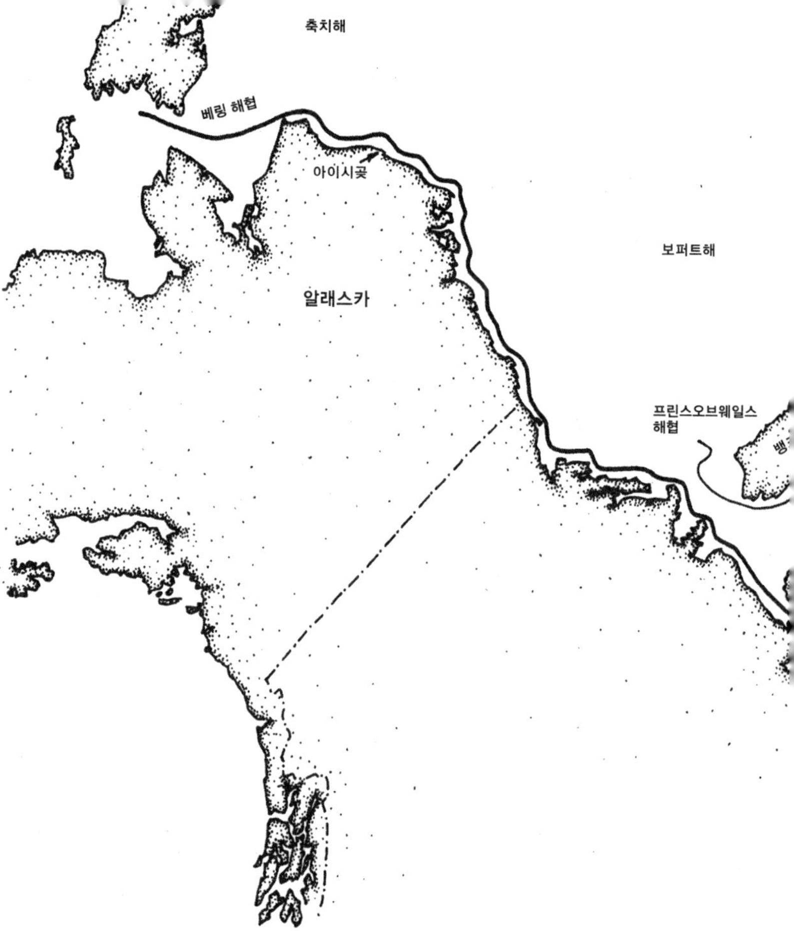

역사학자들에 따르면, 두 대륙을 분리하는 해협(북서항로로 들어가는 서쪽 입구)은 1648년에 세묜 데즈네프라는 코사크인이 처음 발견했다고 한다. 에스파냐인들도 이 방향으로 탐험가들을 보냈지만, 이렇게까지 북쪽으로 온 적은 없었다. 그리스인 항해장인 아포스톨로스 발레리아노스(후안 데 푸카)가 1595년 베네치아에서 마이클 록에게 3년 전에 북위 47도 지점에서 아니안 해협으로 진입했다고 말한 적이 있다. 많은 사람이 그가

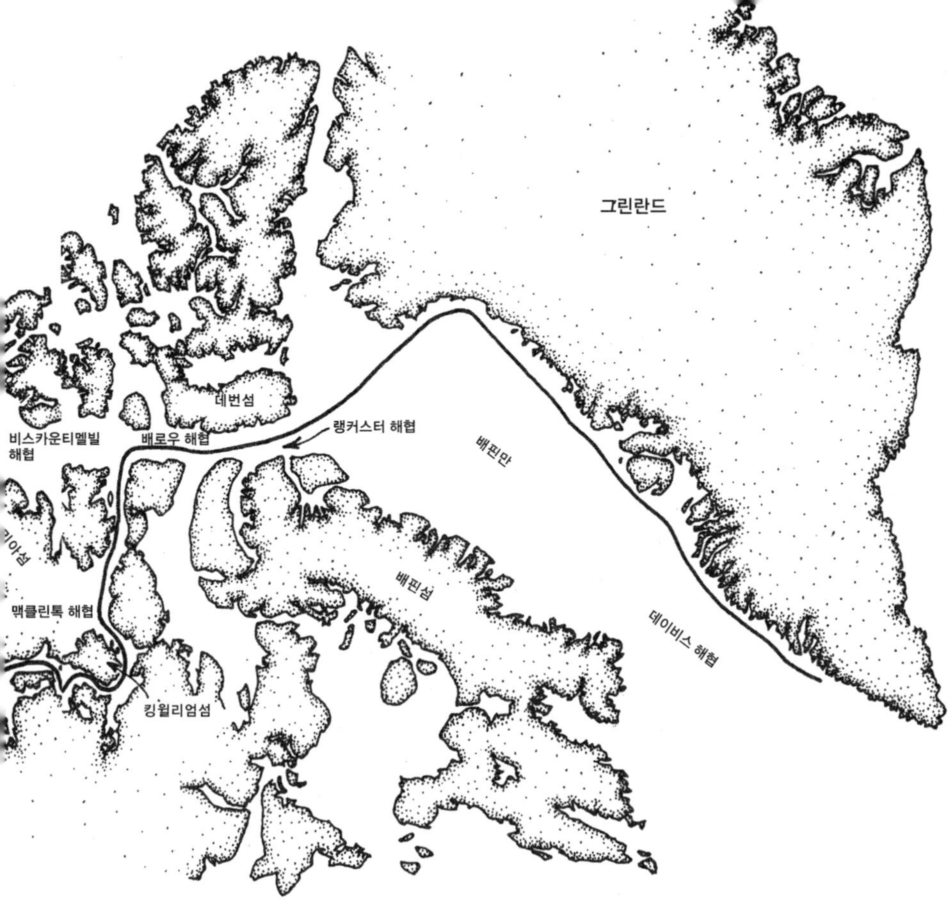

북서항로. 배핀만 중앙의 총빙을 피하려면 북동쪽에서 랭커스터 해협으로 접근해야 한다. 다른 길은 서쪽으로 배로우 해협과 비스카운트멜빌 해협을 지나고, 남쪽으로 프린스오브웨일스 해협을 지나는 경로다. 맥클린톡 해협을 통하는 출구와 마찬가지로 맥클루어 해협을 통하는 출구도 언제나 즐비한 얼음으로 막혀 있다.

그 근처에도 가지 않았을 거라며 의심했지만, 마침 그 지점에 해협이 하나 있어서 1788년에 그의 이름을 따 명명됐다. 그 밖에 말도나도(1588)와 드 폰테(1640)도 아니안 해협으로 들어갔다고 주장했지만, 근거는 발견되지 않았다. 유럽에서 출발해 처음으로 베링 해협에 닿은 배는 1778년 제임스 쿡 선장이 몬

배였다. 그는 계속 북쪽과 서쪽으로 나아가 아이시곶(북위 70도 20분)이 보이는 지점까지 이르렀다. (상황이 이렇게 전개되자 영국 해군성은 북서항로에 걸린 2만 파운드 지급 조항에 정규 선박뿐만 아니라 해적선도 포함시켰고, 꼭 허드슨만을 통하지 않더라도 성공적인 항로이면 어떤 것이든 해당된다라고 규정을 바꿨다. 이는 항로 발견이 이제 무역의 문제가 아니라 국가적 위상의 문제라는 인식이 확산되고, 허드슨만을 통하는 항로가 없다는 배핀의 관찰 결과가 마침내 주목받았음을 의미했다.[30])

쿡이 축치해로 항해하던 당시에는 북아메리카 대륙의 북쪽 구역과 캐나다 군도의 대부분이 알려지지 않았다. 1771년 7월 14일에 새뮤얼 헌이라는 끈질기고 굽힐 줄 모르는 육지 탐험가가 일군의 슬래비 원주민과 마토나비라는 치페위안족 안내인과 함께 코로네이션만에 있는 코퍼마인강 유역 한 지점에 도착했다. 세 번째 시도 만에 이 지역에 닿은 그는 북쪽 바다에 면한 미국 해안에 처음으로 지리적으로 참조할 수 있는 지점을 확정했다. 1789년에 알렉산더 매켄지가 지금은 그의 이름을 따

---

30 이때 처음으로 1도 이내로 북극점에 접근하는 배에 수여하는 5,000파운드짜리 상금이 제정됐다. 그리고 이때는 이미 경도를 정확하게 확인할 수 있었기 때문에 처음으로 서경 110도를 넘은 배에게 주는 5,000파운드 상금 지급이 승인됐다. 쿡은 그리니치 자오선 서쪽 경도를 정확하게 측정하기 위해 존 해리슨의 경도 측정용 시계를 배에 실었다. 그는 이것을 '불패의 안내인'이라고 불렀다. 오만한 해군본부위원회는 이 경도 측정용 경선의에는 승인 도장을 찍어주었지만, 기구 제작자인 해리슨에게 줘야 할 상금(별도의 2만 파운드) 지급은 37년간이나 미뤘다. 이 평민이 실제로 문제를 풀었다는 사실을 믿지 못했던 것이다.

서 불리는 강의 삼각주에 있는 한 섬에 도착해서 두 번째 지점을 확정했다. 1819년부터 1822년 사이, 1825년부터 1827년 사이에 존 프랭클린이 이끄는 영국 해군의 육상 탐사대들이 리턴제도(서경 149도)에서부터 켄트반도 턴어게인갑(서경 107도)에 이르는 북아메리카 해안 지도를 그렸다. 헌과 매켄지의 육상 이동 경로는 조지 밴쿠버의 남부 브리티시컬럼비아 해안 탐사(1792)와 컬럼비아강 남쪽에서부터 아이시곶에 이르는 쿡의 북아메리카 해안 탐사와 더불어 어림잡아 북위 68도 이남에는 북서항로의 가능성이 없음을 확증했다. 만약 항로가 있다면, 그건 이미 탐사된 북아메리카 해안이 아니라 알려지지 않은 더 북쪽 지역에 있을 터였다.

서쪽에서 항로 탐사를 하게 된 이유, 즉 유럽의 동쪽인 러시아 북쪽 얼음이 너무 두껍고 광활하다고 여겼던 생각이 시간이 지나면서 바뀌었다. 1820년경에는 그런 항로의 상업적 적합성을 주장하는 사람이 없었다. 윌리엄 스코어스비가 『북극지역해설』에서 이 문제를 간결하게 언급했다. "연중 얼음 상황이 매우 유동적이고 위도가 너무 높은 데다 항해가 가능한 기간이 너무 짧다. 그러나 새로운 지리 지식을 습득할 가능성과 과학적인 북극 탐사와 자연사 지식 확장의 기회가 북극 광산을 찾을 가느다란 희망과 순수한 호기심과 함께 이 항로에 계속 관심을 가져야 할 충분한 이유다."

1815년에 마침내 프랑스와의 전쟁이 끝나자 해군성 부대신이자 왕립지리학회 창시자인 존 배로우 경은 열정의 대상이었던 지리학, 그중에서도 특히 항로 문제에 온전히 관심을 기울일 수 있게 되었다. 자신이 준비한 탐험에 국가의 배와 해군 장교들을 보낼 수 있게 된 그는 그 과업에 고상한 목적의식을 불어넣었다. 배로우는 모든 종류의 천한 동기에 경멸을 품고 있었다. 그는 허드슨베이사의 북극 독점권을 "일이 터무니없이 돌아가는 상황"이라고 비난했다. 그는 또 실질적인 경험보다 계급이나 사회적 지위가 더 중요하다고 막연히 믿고 있었다. 물론 이런 생각은 그의 세대뿐만 아니라 이후 많은 세대 영국인들의 특징이기도 했다.

노련한 고래잡이였던 스코어스비는 아마 배로우의 거만함을 마음에 뒀던 듯하다. 실제로 그는 1820년에 배로우의 계획에 거명된 해군 장교들이 "얼음바다에서 항해해본 경험이 부족"하다고 공손하게 이의를 제기했다. 스코어스비는 이렇게 썼다. "아무리 학식이 풍부하고 똑똑하다 해도 부족한 실전 경험을 판단력과 재능만으로 대체할 수는 없다." 분명 배로우도 이 글을 읽었을 테지만 깊이 새겨듣지는 않았다. 배로우가 북극 사업을 주관해온 27년 동안 한 건을 제외하고는 큰 사고라고 할 만한 건 없었지만, 북극에서 '불멸의 명성'을 추구하는 이들에 대한 스코어스비의 전반적인 의견에는 주목할 가치가 있었다.

의심할 여지 없이, 캐벗이 뉴펀들랜드에 가기 전에 이미 그곳 해안에는 고기 잡는 어부들이 있었다. 프로비셔가 가기 전 프로비셔만에, 허드슨이 가기 전 허드슨 해협에, 로스가 가기 전 랭커스터 해협에 어부들이 있었다. 말하자면, 그 사람들은 신사들이 육지를 발견할 수 있도록 잠시 저만치 물러나 있다가 다시 고기를 잡으러 돌아오곤 했다. 어부들과 고래잡이들은 '새로운 지식'을 남에게 알리지 않는 경향이 있었다. 그리고 그들은 그런 지식을 정치적 영향력이나 사회적 보상과 바꿀 수 있을 만한 사회적·지적 계층의 사람들과 마주칠 일도 거의 없었다.

보통은 뭐랄까, 제도사들과 일반선원들 간에도 교류가 없어서, 두 집단은 북극 탐험에 관련된 상황에 대해서도 다른 생각을 가지고 있었다. 1652년에 암스테르담에 살던 영국인 제도사 조셉 목슨이 술집에서 어떤 네덜란드인 선원을 만났다. 그 선원이 다른 동료와 나누는 얘기를 엿들을 수밖에 없었던 것이다. 선원은 고래잡이철에 스피츠베르겐에서 남쪽으로 고래 지방을 나르는 왕복 운반선에서 일했다고 말했다. 배가 너무 일찍 도착해서 선적량을 채우지 못할 것 같으면, 선장이 개빙구역을 이용해서 북쪽으로 배를 몰았다고 했다. 스피츠베르겐의 고래잡이배들은 북위 80도를 넘어가는 그런 급습을 기록하곤 했는데, 그 선원은 자신들이 극점을 2도나 넘어갔다고 믿고 있었다. 그 선원이 착각한 것이 분명했지만, 얼음 상황이 좋은 해에는 고래잡이배가 북위 83도까지 올라가는 것이 가능했다. 목슨은 이런 정보가 널리 알려지지 않는 것에 몹시 놀랐고, 목슨이 관심을 갖는 것에 선원이 당황하는 듯 보이는 것에도 놀랐다.

이렇듯 다른 배경과 목적을 가진 사람들이 서로 대화하지 않을 뿐만 아니라, 상위 계급들은 어부들이나 고래잡이배, 일반선원들의 현장 관찰 내용이 자신들이 가진 과학적 목적을 달성하는 데에 그다지 적합하지 않은 건 물론이고, 정치적 또는 경제적으로 세련된 사람들을 교육하는 데에도 유용하지 않다고 생각했다. 이 보기 드문 무례한 태도는 초기에 북극을 폭넓게 이해하지 못하게 막았고, 두 번째 문제인 특수 이익집단들이 만든 편파적이고 피상적인 지식이 영속화되는 문제에 기여했다. 지도 제작자와 유능한 선원, 고래잡이배 선장, 에스키모, 영국 해군 장교의 각자 다른 지식 세계는 경멸과 자만, 교육과 인종, 사회계급, 국적을 기준으로 사람들을 분리하는 사회 정책들에 의해 격리되었다. 이런 편협한 삶의 형태가 오랫동안 인간의 삶의 형태이긴 했지만, 다른 영역도 아닌 지리 지식 분야에 나타난 이런 균열들은 통탄할 만하다. 어떤 계급이나 문화도 혼자서는 땅을 완전히 파악했다고 말할 수 없다.

일상적으로 느낄 수 있는, 산업가들과 사회 설계자들의 대망 또는 사고들과 북극 주민 대부분이 가진 인식 사이의 현실적인 간극은 이미 이 초기의 분리에 예시돼 있다. 브리스틀 어부들은 캐벗의 첫 번째 항해를 또 하나의 왕실 오락거리로 생각했다. 영국 장교들은 일반선원들이 심하게 주의가 산만한 데다 얼음을 뚫고 항해하는 것에 대해 뭐라도 제대로 된 말을 하기에는 너무 미숙하다고 생각했다. 노련한 허드슨베이사 중개인들은 북극에 막 도착한 진지한 초심자들이 스스로의 서투름과 부주의를 무능과 어리석음으로 착각하는 것을 두고 비웃었다. 그리고 아무도 에스키모들을 진지하게 고려하지 않았다.

경제적 시각을 특징으로 하는 주장이 득세하는 북극 관련 역사에서 스코어스비 같은 사람들이 두드러지는 데는 몇 가지 이유가 있다. 북극 고래잡이 선장으로서의 폭넓은 실질적인 경험과 객관적이고 과학적인 관점들, 케임브리지에서 받은 교육, 타인의 생각을 존중하는 태도 등이 그 이유다. 북극 과학계와 경제계, 정치계에 이런 개인들이 드문 건 스코어스비의 시대나 지금이나 마찬가지다. 환경 전체의 미래가 경각에 달린 지역에 인종적·사회적·지적 장벽들이 여전히 존재하고 있다. 아직도 좋은 사람들이 서로를 자주 찾지 않는다.

존 배로우는 북극에서 원한 빈틈없는 과학적 지식 축적이라는 목적에 단호하고 편협했다. 그가 열렬히 바란 건 자신의 과업이 모든 부분에서 발군의 성과를 내는 거였지, 세계에 영국의 이름을 드높이는 것 따위는 알 바가 아니었다. 1818년에 그는 해군 선박 네 척을 북쪽으로 파견했다. 배들은 모두 장비와 보급품, 감항성[31] 면에서 데이비스와 배핀이 탔던 조그만 배에 비하면 몇 광년이나 앞서 있었다. 배에 탄 고급선원 중에는 의사와 제도공, 항해사뿐만 아니라 배에 탑재된 기압계와 크로노미터, 인공수평기, 경위의, 진자, 해수 채취 용기, 몇 종류의 온도

31 감항성은 선박의 정상적인 항해가능 여부를 이른다. 선체 및 기관의 상태와 선장 및 성원의 결원 여부, 연료와 물을 포함한 항해 준비를 전체적으로 아우른다. 내항성이라고도 한다—옮긴이.

계 등 일련의 과학 장비를 운용하고 기록할 사람들도 포함돼 있었다. (또한 스코어스비의 주장에 대한 정중한 화답으로 스피츠베르겐 어장 출신 항해장과 항해사도 한 명씩 태웠는데, 항해장은 때로 얼음조타수 또는 얼음항해사라고 불렸다.)

선단은 4월에 출발해 태평양에서 만나자는 낙관적인 약속을 뒤로하고 북대서양에서 갈라졌다. 도르테아호와 트렌트호는 북쪽으로 진로를 잡아 스발바르로 향했고, 이사벨라호와 알렉산더호는 배핀만으로 향했다. 앞의 두 배는 강풍과 부빙에 무자비하게 얻어맞아 스피츠베르겐의 막달레나만과 페어헤븐만에서 수리를 한 다음 귀항했다. 존 로스 경과 윌리엄 패리 대위가 지휘한 다른 두 배는 40여 척의 고래잡이배들과 함께 데이비스 해협으로 올라가 멜빌만이라고 직접 명명한 만으로 들어갔고, 스미스 해협 남쪽 입구에서 갈 수 있는 '최북단' 한계에 도달했다. 그들은 그린란드 해안에서 한 무리의 폴라에스키모들을 만났다. 남그린란드에서 승선한 통역자를 통해 놀랍고 인상적인 대화가 오갔다. 그러던 중 에스키모 한 명이 이사벨라호를 보며 물었다. "넌 누구야? 넌 뭐지? 어디서 왔어? 해나 달에서 온 거야?"

로스는 스미스 해협이 그다지 전망이 좋지 않다고 판단하고 서쪽과 남쪽으로 방향을 틀어 존스 해협과 랭커스터 해협의 입구를 탐험했다. 그는 랭커스터 해협이 해협이 아니라 만이며, 산맥으로 막혀 있다고 보고했다. (이 관찰 기록을 확증해주는 다른 장교는 없었다. 그가 왜 그런 주장을 고집했는지 알 수 없지만, 이 건이 그의 경력에 오점을 남겼다.) 배핀섬 동쪽 해안을 따라 남하하면서 장교들은 논란이 많았던 배핀의 기록과 배척받았던 해도가 정확하고 충실하다는 사실을 확인했고, 폰즈만을 발견해 이름을 붙였다. (새로 발견한 '서쪽 바다'에 고래가 많다는 보고서 때문에 다음 해에 배핀만 해당 지역에 처음으로 고래잡이배들이 대거 몰려왔다.) 단호하지만 신중했던 패리는 일단 귀국하자 랭커스터 해협을 가로막는 산맥이 없다는 사실과 랭커스터 해협이 해군성이 찾고 있는 바로 그 길이라는 사실이 알려지도록 조치했다.

다음 해에 있었던 패리의 짧은 랭커스터 해협 탐험은 성공적이었던 것은 물론, 북극 탐험 역사상 가장 뛰어나고 흥미진진한 탐험 중 하나였다. 영국 해군 소속 헤클라호와 그라이퍼호는 2년 치 보급품을 챙겨 늦봄에 영국을 출발해서 페어웰곶으로 향했다. 대포로 무장한 쌍돛대 횡범선인 그라이퍼호는 순풍일 때 외에는 기울어지기 쉬워서 시간을 허비하지 않기 위해 내내 견인하다시피 했다. 패리는 매일 밀봉한 병을 바다에 던졌는데, 병 안에는 자신들의 위치와 과학적 관찰 기록, 그리고 발견자는 누구든 발견한 시간과 장소 정보와 함께 병을 해군성으로 보내라는, 6개국 언어로 된 지시가 적힌 흰 천 조각이 들어 있었다. 그들은 1578년에 프로비셔와 함께 집으로 향하던 브리지워터의 이매뉴얼호가 봤다고 보고한 전설의 '쌍돛배의 땅'을 조사하러 북위 57도 서경 30도 지점으로 향했지만 찾아내지 못했다. 그들은 동그린란드 해류를 타고 맑고 푸른 북대서양을 지나 얼음바다의 흙탕물로 들어섰다. 페어웰곶을 돌자 익숙한 바닷새들이 나타났다. 바다오리(큰부리바다오리), 그린란드앵무(대서양퍼핀), 마더케리닭(흰허리바다제비), 바다비둘기(유럽바다비둘기), 그린란드제비(북극제비갈매기) 등이었다. 그들은 데이비스 해협에서 말고래(바다코끼리) 한 마리를 잡았는데, 헤클라호의 보조 의사인 알렉산더 피셔가 조심스럽게 해부했다. 그들은 심장의 두 심방을 꿰뚫은 작살 끝을 부러뜨리고, 여러 보트를 상대로 쉬지 않고 10여 분을 저항한 바다코끼리의 힘에 감탄했다. 추적해서 잡은 북극곰 몇 마리도 피셔가 철저하게 검사하고 기록했다.

패리는 배핀만 중심의 총빙을 뚫고 전진할 때 아주 잠깐 얼음에 갇혔을 뿐, 무사히 랭커스터 해협에 들어섰다. 1818년 때보다 한 달이나 이른 날짜였다. 얼음도 서쪽에서 만을 가로막는 산자락도 보이지 않았다. 한 장교가 일기에 적기를, 여기서 산을 봤다는 로스의 관찰 기록에 모두가 적절한 경의를 표하기는 했지만, 이곳에서 개빙구역의 가능성을 보고는 "속에서 넘치는 기쁨"을 누를 수 없었다고 했다.

랭커스터 해협의 서쪽에서 다시 얼음이 배를 가로막았다. 패리는 이 틈을 타서 서쪽으로 항해하기 전에 남쪽에 있는 프린스리젠트 협만을 탐험했다. 8월 21일에 그들은 바다에서 부서진 보트 활대 끄트머리를 발견하고 몹시 놀랐다. 누가 먼저 이곳에 왔던 것일까?

아니었다. 한 선원이 협만을 향해 남쪽으로 방향을 틀 때 그

것이 갑판에서 떨어진 것을 기억해냈다. 패리의 서진西進은 장엄했다. 300년 전 베라차노나 베링 해협에서의 쿡 때와 마찬가지로 날씨는 쾌청했고 항해는 순조로웠다. 데번섬 펠풋갑 근처에서 한 장교가 재미있다는 듯 어깨를 으쓱하며 아이시곶까지의 방향과 거리를 측정했다. 거기서 규모가 큰 벨루가 무리와 마주쳤는데, 패리는 녀석들이 매켄지강 유역에서 온 것이 아닌지 의심했다. 그렇다면 앞쪽에 개빙구역이 있다는 의미였다. 선원들이 보트에 나눠 타고 벨루가들에게 가까이 다가가 "유리잔 테두리를 물에 젖은 손가락으로 문지르는 것" 같은 '고래의 노래'를 듣기 위해 "계속 이놈 저놈을 재빨리 밀어댔다."

9월 4일 오후 9시 15분, 배가 서경 110도 자오선을 넘었다. 해군성의 상금을 탈 수 있게 되었다. 패리는 거의 매시간 섬과 곶에다 이름을 붙여야 했다. 몇 군데 상륙한 곳에서는 잠시 쉬면서 오래된 유적지(도싯?)를 발견하기도 하고 사향소의 머리뼈를 배로 가져오기도 했다. 그들은 바이엄마틴섬 내륙에서 일각고래 엄니를 발견하기도 했다.

패리는 나침함의 나침반 바늘이 천천히 이쪽저쪽으로 오락가락하는 것을 지켜보았다. 자기북극을 향해 제대로 북상하고 있다는 표시였다. 그는 나침함을 내리라고 지시하고 천문 항법으로 배의 방향을 잡기 시작했다. 북극의 여름을 생각하면 쉬운 일은 아니었다. 9월 초에 던다스반도와 멜빌섬을 따라 항해하는 동안 날씨가 악화되고 얼음이 앞길을 막자 패리는 그해의 항해가 끝났음을 직감했다. 그는 9월 17일 정오에 서경 112도

51분 지점을 끝으로 서진을 멈추고 해안을 따라 80킬로미터를 되돌아와 윈터하버라고 명명한 곳에서 월동에 들어갔다.

겨울은 빨리 다가왔다. 사람들은 18센티미터 두께로 언 새 얼음을 3.7킬로미터 길이에 10미터 폭으로 잘라내 운하를 만들어 두 척의 배를 안전하게 항구 안으로 끌어들였다. 두 배는 해변에서 150미터 떨어진 곳에 서로 100미터 간격을 두고 9미터 물속에 닻을 내렸다. 바닷가에 오두막을 한 채 짓고 탐험대 기술 장교인 에드워드 새빈이 장비들을 설치했다. 배들과 오두막은 밧줄로 연결했다. 거의 불운에 가까운 사고를 두 번 겪고 나서(동상에 걸린 손가락과 발가락을 절단해야 했다), 패리는 누구도 배에서 보이는 구역을 벗어나 돌아다닐 수 없다고 못 박았다.

항해 중에 스물아홉 살 생일을 맞은 비범했던 패리는 꼼꼼하게 월동 준비를 해왔다. 활동하는 데 문제가 없도록 마차 덮개를 돛대 사이에 걸쳐 갑판을 완벽하게 둘러쌌다. 11월 5일에는 선미 갑판에서 〈아가씨는 이팔청춘〉이라는 촌극을 공연했다. 겨우내 이런 비슷한 소극들을 공연했는데, 〈아가씨는 이팔청춘〉은 겨울이 끝날 때쯤 앙코르 공연을 갖기도 했다. 패리의 임명을 받고 새빈이 『노스조지아 신문 및 겨울 연보』를 편집하여 11월 1일자 창간호를 시작으로 24주간 월요일마다 정기적으로 발행했다.[32] 이 소식지에는 '염탐꾼 피터', '멍청이 존' 등 철저하게 익명을 유지하는 필자들의 수필과 시, 논설이 실렸고, 특집 기사로 '상식 법정'이라는 난에 다양한 사안에 대한 판결

정보를 실었다. 자세히 읽어보면, 몇몇 장교는 제작에 관심을 갖지 않았다는 사실과 이 장교 기숙학교풍 오락에 참여하지 않는 이들을 놀리는 일상적으로 쓰이는 농담들이 있었음을 알 수 있다.

처음 몇 주가 지나자 동물들이 거의 보이지 않게 되어, 패리는 카리부나 뇌조, 그 외의 다른 동물들이 얼음을 건너 남쪽으로 내려가 북아메리카 대륙에서 겨울을 나는 게 아닐까 추측했다. 늑대와 북극여우만이 남았다. 그들은 여우 한 마리를 잡아서 애완동물로 삼았는데, '잭'은 사람들의 손에서 먹이를 받아먹을 정도로 길이 들었다. 배의 개들이 주변을 얼쩡거리는 늑대들과 때때로 어울렸다. 카를로라는 흰색 세터종 한 마리만 도망가서 돌아오지 않았다. 패리가 키우던 뉴펀들랜드종 검은 개 '갑판장'이 늑대와 싸웠는데, 결과는 개에게도 늑대에게도 좋지 않았다.

장교들과 선원들은 매일 새로 구운 빵과 (추위 때문에 발효되지 않은 때를 제외하면) 새로 담근 맥주를 먹으며 제법 편안하게 지냈다. 요리와 호흡으로 나온 습기가 벽과 출입구에 얼어붙어 정기적으로 긁어내야 했다. 옷은 영영 마르지 않을 것 같았다. 침구는 매주 화약과 식초로 훈증해도 늘 축축했다. 6일마

---

32 패리는 조지 3세를 기려 패리 해협 북쪽에 있는 섬들의 첫째 열에 이름을 붙이면서 남극에 있는 사우스조지아와 구별되도록 '노스조지아 제도'라고 명명했다. 지금은 패리 제도로 불린다.

다 1인당 한 자루씩 지급되는 15센티미터짜리 초가 주는 빛은 소중했다. 패리와 장교들은 세 가지를 걱정했다. 영원한 북극의 적인 괴혈병과 불평불만에 불을 지필 나태, 그리고 자신들의 운명이었다. 그들의 일기에는 가족들이 자신에 대해 너무 과하게 걱정하지 않을까 하는 염려도 담겨 있었다.

사람들은 정기적으로 괴혈병 징후를 검사받고 항괴혈병 약으로 매일 20밀리미터 남짓 배급되는 설탕 탄 레몬주스를 마셨다. (실험정신이 강한 패리는 최악의 경우를 대비해 난로 연통 옆에서 겨자와 다닥냉이를 키웠다. 날이 괜찮을 때는 갑판이나 해변에서 매일 운동을 하도록 권장했고, 각자에게 수행해야 할 과제를 할당했는데, 양이 많아서 한겨울쯤 되자 선원들은 할 일이 너무 많다고 불평을 늘어놓았다. 패리는 내심 흐뭇해했다.)

저녁에는 장교들이 모여 책을 읽고 음악을 들었다. 패리는 바이올린을 연주했고, 다른 장교 한 명이 플루트를 불었다. 일요일에는 종교의식을 가졌다. 규칙적인 생활과 "명랑해야 한다는 공식적인 의무"에도 불구하고, 그들은 자신들의 허약함, "가장 굳건한 사람도 때때로 표출하고 마는 우울"을 감지하고 있었다.

사람들은 바깥에서 해빙으로 포탄 통을 만들고, 여름에 잡은 바다 포유동물의 지방으로 겨울에 불을 밝힐 기름을 만들며 기분 전환을 했다. 많은 사람이 "문명화된 시골의 특징이랄 수 있는 온화한 조화와는 전혀 종류가 다른 침묵, 살아 있는 것이라곤 없는 지독하게 쓸쓸한 오지의 죽음과 같은 정적" 속에서 오래도록 산책을 했다. 패리는 눈 속의 돌멩이 하나가 주는 응시한다는 기쁨, 눈 둘 곳이 있다는 그 편안함에 대해 글을 남겼다. 그리고 1.6킬로미터 떨어진 곳에서 누군가가 혼자 노래하는 소리를 들을 수 있다고 썼다. 그리고 추위가 배들을 덮칠 때, 나무가 부러지는 것 같은 끽끽거리는 소리도.

태양의 귀환을 어찌나 간절히 기다렸던지, 굴절 때문에 태양이 일찍 모습을 보일 것으로 생각되는 기간에는 헤클라호 주돛대 꼭대기에서 계속 망을 보았다. 운명의 날인 2월 3일에는 10분씩 교대로 망대에 서서 망을 보았다. 태양은 윈터하버 시간으로 오전 11시 40분에 나타났다.

2월 13일, 선원 두 명이 과음으로 서른여섯 번의 채찍질을 당했다. 14일은 기온이 영하 48.3도였는데, 피셔가 헤클라호 돛대 12미터 위에서 여과기의 물을 부어 갑판에 닿기 전에 어는지 실험해보았다. 2월 24일 오전 10시 15분, 새빈이 쓰는 관측 오두막에서 난로 옆에 널어놓은 옷가지에 불이 붙어 건물이 불길에 휩싸였다. 불꽃은 금방 잡혔지만, 장비를 구하려던 한 사람이 양손에 동상을 입어 결국은 손가락을 잃었다. 기르던 어린 흰갈매기가 그 불로 죽었고, 다음 호 소식지에 품위 있는 추도사가 실렸다.

3월이 되고 4월이 됐지만, 추위는 가시지 않았다. 사람들은 그곳이 영국 북부쯤이라도 되는 것처럼 놀라고 고통스러워했다. 태양이 돌아오면 온기도 돌아와 봄의 징조가 나타나리라 기대했던 것이다. 4월 9일, 패리가 예의 그 유명한 햇무리와 환일

그림을 그렸다.

4월 16일, 얇고 포근한 구름이 태양 아래를 가리자 눈부신 태양의 광환이 "사람이 생각할 수 있는 가장 부드럽고 미묘한 호수의 색깔들, 테두리가 노란색을 띠는 푸른빛이 도는 초록색"을 드러냈다. 6월 16일에는 삼중 무지개가 떴다.[33] 패리도 이처럼 오래 머물 계획은 아니었기 때문에, 언제 출발해야 할지, 가을 전에 아이시곶에 도착할 수 있을지 고민하기 시작했다.

그는 6월 말 전에만 출발하면 괜찮을 거라고 판단했다. 5월이 되자 사람들은 설맹을 방지하기 위해 얇은 검은 베일을 쓰기 시작했고, 검은 페인트를 칠한 배 위에서 처음으로 얼지 않은 물을 보고 환호했다. 5월 24일에는 비가 왔지만 얼음은 전혀 약해질 기미를 보이지 않았다.

6월 1일에 패리는 장교 열한 명과 선원들을 데리고 북쪽과 서쪽을 탐험하기 위해 출발했다. 사람들은 360킬로그램의 장비와 보급품에다 젖은 땅이나 눈 덮인 땅에서 쓸 돛을 덮은 수레를 끌었다. 패리는 여러 지형에 장교들과 고급선원들의 이름을 따서 붙이고, 지리학 시료를 채취하고, 고古에스키모 거주지 유적을 조사하고, 상륙할 때마다 했던 습관대로 몇몇 기념용 돌무더기를 쌓았다. 돌무더기는 대략 3.6미터 높이에 하단의 직경이

---

33 첫 번째와 두 번째 무지개가 태양의 반대쪽에 뜨고, 세 번째와 네 번째는 태양 주위에 떠서 거의 보이지 않는다. 패리가 세 번째 무지개라고 생각한 것은 사실 굴절에 의한 다섯 번째 무지개였다.

3.6미터 정도였다. 양철통이나 구리통, 때로는 저장용 수프 깡통에 탐험대원들의 이름과 날짜, 항해에 대한 간단한 설명을 적은 종이, 장교의 호주머니에서 나왔을 1페니 동전 또는 제복의 단추를 넣어 그 밑에 묻었다.

사람들은 6월 15일에 배로 귀환했다. 얼음이 깨질 기미가 보이지 않아서, 패리는 한 번에 열흘가량씩 사냥 부대를 내보내 고기(흑기러기, 카리부, 사향소, 뇌조)를 비축하게 하고, 매일 선원들을 보내 괭이밥을 모아오게 했다.

마침내 8월 1일에 두 척의 배는 윈터하버를 떠나 다시 아이시곶으로 가는 항해에 올랐다. 지난해에 갔던 곳에서 더 서쪽으로 가지는 않았다. 맥클루어 해협의 총빙은 길을 내주지 않았고, 부빙원들이 버티고 있었다. 두께가 12미터가 넘는 부빙원이 다른 부빙원에 올라타 있었다. 8월 7일, 저 멀리 남서쪽에 해안이 보여서, 그들은 북서항로의 주창자이자 1815년에 배로우에게 과업을 물려준 조셉 뱅크스 경을 기려 뱅크스랜드라고 이름 붙였다.

패리는 이미 두 번째 겨울을 나야 할 경우를 대비해 식사 배급량을 3분의 2로 줄였다. 그는 먼저 동쪽으로 가서 가능한 한 멀리 남쪽으로 내려가려 했다. 8월 30일이 돼서야 그는 그해는 틀렸다는 결정을 내리고 귀항하는 항로를 잡았다. 랭커스터 해협을 빠져나오는 길에, 그는 지금의 서머싯섬을 그라이퍼호 선장인 리든 대위의 고향 이름을 따서 노스서머싯이라 명명하고, 지금의 데번섬에 자신의 고향 이름을 딴 노스데번이라는 이름을 붙였다. 9월 4일과 5일에 그들은 헐에서 온 고래잡이배를 만났다. 다음 날에는 클라이드 협만에서 네 명의 에스키모를 만나 영국으로 떠나기 전 며칠을 함께 보냈다.

패리는 혹독한 기후와 항해할 수 있는 기간이 짧다는 점을 고려하지 못했다고 썼다. 그러나 그의 성공은 눈부셨다. 그 후로도 80년 동안 북극에서 한 번의 탐험으로 그처럼 새로운 육지를 많이 발견한 사람은 달리 없었고, 그전에도 그처럼 많은 곳을 본 사람은 달리 없었다.

9월 14일에 헤클라호가 폭풍을 만나 고물에 있던 보트를 잃어버렸고, 앞 돛대는 상갑판 60센티미터 위에서 뜯겨나갔으며, 배 앞에 뻗은 선수사장도 부러졌다. 잔해를 치우기 위해 우현 닻을 잘라버려야 했다. 27일에 셰틀랜드 제도 파울라섬이 보였다. 29일에 패리는 영국 피터헤드에 상륙해 런던으로 향하는 역마차를 잡아 탔다. 그는 "앞으로 (해군성이) 적절하게 판단하도록 제출할" 항해일지와 그림, 스케치, 선원들과 장교들의 탐험 기록을 밀봉해서 지참하고 있었다.

다음 해 봄, 패리는 프린스리젠트 협만으로 들어가는 남쪽 입구를 조사하기 위해 다시 항해에 나섰고, 퓨어리 해협과 헤클라 해협을 발견하게 된다.

나는 이런 이야기들을 두서없이 생각하며 펑곡섬 해변을 따라 걸었다. 얼음 안에서 작은 사고가 있었던 뒤라, 그 사람들이 매일 미지의 땅에서 어떤 일들을 겪었을지 불완전하게나마 상상해볼 수 있었다. 나는 쿠라흐 바닥에 히스 더미를 깔고 잠이 든 브렌던을, 그리고 13세기 에릭스 피오르의 쓸쓸한 이주자들을 생각한다. 작은 피니스선 엘렌호를 탄 모범적인 존 데이비스를 생각한다. 자아를 초월할 만큼 맹목적이었던, 어떤 것에 대한 믿음, 그 공포를 다시 불러일으키기는 어려울 거라고 나는 생각한다. 데이비스는 조사한 야생의 해안들에 관한 글에서, 신은 순종하지 않는 땅은 만들지 않으셨으며 세상에 쓸모없는 땅은 없다고 믿는다고 썼다.

나는 해변을 따라 걸으며 브렌던의 경외심과 패리와 데이비스의 항해를 떠올리면서 그 순간들이 얼마나 강렬했을까 생각했다. 정신적 고양에 대한 욕망, 또는 어둠 속에 무엇이 있는지 알고 이해하려는 욕망은 불가피한 고난 또한 초월했다. 나는 패리와 함께 윈터하버에 있었던 사람들을 생각했다. 거기 그곳에 있었을 꿈들, 기록되지 않고, 역마차를 탄 패리와 함께 남쪽으로 가지 않고 그 가슴들 속에 남은 꿈들은 무엇이었을까? 그 해안들을 본 것은 한 생에 의미를 주는, 응당 그러해야 하리라 의도한, 그런 종류의 꿈이었다.

9장

역사

지나온 길과 나아갈 길

패리의 첫 번째 탐험이 『대서양과 태평양을 잇는 북서항로 탐사 항해일지』에 나온 것처럼 순조롭지만은 않았다. 『노스조지아 신문』에는 그라이퍼호 장교들이 따돌림을 당했다는 암시들이 있다. 알코올중독과 심한 정신병을 앓다 죽은 윌리엄 스콧에 대한 탐험대 의사의 기록을 보면, 그 경우보다 혹독했던 뱃사람들의 운명을 분명하게 알 수 있다. 그리고 헤클라호의 보조의사였던 알렉산더 피셔는 2월 28일자 일기에 "오늘 선미 갑판에서 육해군 조례 2조, 19조, 22조에 따른 조치가 있었고, 이어서 주로는 얼마 전에 일어난 두 장교 간 다툼에 관련한 지시가 길게 이어졌다"라고 썼다.

순박한 이미지로 역사에 남은 패리의 탐험에 이런 소소한 일탈의 기록들이 따라붙으며 은근한 압박을 가해도, 역사적 이미지의 대세를 뒤집을 정도가 아닌 상황에서는 트집 잡기 이상의 의미를 갖지 못했을 것이다. 시간이 갈수록 대중에게 제공되는 북극 탐험 기록들은 하나의 목적, 즉 비인간적으로 적대적인 북극과 그 속에서 인류가 해야 할 역할이라는, 미리 준비된 이상을 부각하는 데 알맞도록 조정되었다. 북극은 국가에 헌신하는 삶을 보여주는 적절한 무대였고, 각국은 저마다의 탐험 성공을 대대적으로 선전했다. 그 뒤로 북극은 로버트 피어리, 프리쇼프 난센, 빌햐울뮈르 스테파운손 같은 개인의 모험과 영웅주의의 극적인 무대가 되었다. 19세기 말에 지리적 발견을 두고 벌어진 경쟁은 상업적 이익을 위한 경쟁만큼이나 첨예해졌고, 이런 저런 탐험들을 흥행시키기 위해 언론을 이용하는 방법도 갈수록 정교해졌다.

영국 해군성이 패리의 탐험에서 작성된 모든 기록에 대한 통제권을 요구한 것도 크게는 이 대업의 이미지를 성공적이고 일관적이며 논리 정연하고 감동적으로 보존하고자 하는, 눈치챘겠지만, 존 배로우 경의 욕망에서 비롯되었다. 배로우는 이 항해들이 객관적인 과학적·지리적 발견을 위한 것이었다고 강조했다. 혹시라도 있을지 모르는 사소한 상업적 이익은 그다지 중요하지 않았다. 1818년에 그는 사뭇 노블리스 오블리제의 분위기를 풍기며 이렇게 썼다. “새로운 발견은 어떤 것이든 탐험 비용이나 위험의 분담 여부와 상관없이 모든 국가에 혜택을 줄 것이다.”

패리의 탐험이 훌륭하게 구현해낸 고귀한 이상을 지켜내는

데 급급했던 그는 즉석에서 덧붙였다. “아는 것이 힘이다.” 막 나폴레옹 전쟁을 끝낸 영국의 국제적 위신 향상과 저 멀리에서 어른거리는 경제적 헤게모니의 가능성도 일정한 역할을 했다. 영국이 북극에서 시작한 과업을 러시아가 완성하려는 낌새를 보이자, 배로우는 그것만은 막아야 한다고 주변을 설득하는 데 성공했다. 그는 “우리 배들(1616년 윌리엄 배핀과 1778년 제임스 쿡)이 항로의 양쪽 문을 열었는데, 딴 나라 군대가 북서항로를 완성하도록 내버려두는 것은 국가적 자살 행위에 버금가는 짓이다”라고 썼다.

이런 갈등의 장에서 대중의 마음을 움직이려 했던 배로우 같은 사람들의 노력이 당연하게도 북극에 대한 대중적인 지리 감각을 결정하는 데 막강한 역할을 했다. 그러나 사적 이익을 위해 사기 행각을 벌이는 일이 갈수록 많아졌다는 사실을 고려하더라도, 오늘날 과학자들에게 환경 관련 데이터를 자신들에게 유리하게 뽑아달라고 요구하는 산업체들의 조심스러운 요구와 비교한다면, 약삭빨랐다고 말할 수는 없을 것이다. 존 L. 알렌 같은 지리학자들이 주장했듯이, 여기에 관여하고 있는 건 탐험 대상의 위치를 정확하게 파악하고자 하는 욕망이고, 설사 반박에 직면하더라도 자신이 찾은 대상을 자신의 목적에 맞게 구체화하고자 하는 욕망이었다.

나는 이런 일화들 속에서 진정성을 보는 일이 중요하다고 생각한다. 알려지지 않은 어떤 것을 이해하고픈 욕망은 강렬하다. 그리고 설사 오해일지라도 새로 얻은 지식에서 인간에게 도움이 될 만한 뭔가를 얻어내려는 소망도 서구 문명이 가진 장점 중의 하나다. 공동체가 아니라 권력자들에게만 복무한 배로우나 로버트 피어리가 가진 특수한 이해관계가 어디에 있었는지, 또는 산업화 계획들이 선을 넘어 국민의 안녕보다 국가 경제에 복무하기 시작한 지점이 어디인지 정확하게 말할 수 있는 역사학자는 매우 드물다.

북극 여행은 기다림이다. 특히 겨울이나 안개가 끼는 여름 해안 지역의 교통 상황은 형편없다. 여행자는 작은 공항 주변에서 며칠씩 발이 묶이거나, 곧 온다온다 말만 하는 약속이나 얼토당토않은 항공사 일정에 매달려야 할지도 모른다. 그런 상황이면 나는 탐험 일지들을 읽곤 했는데, 가능하면 그 지역을 다루는 책을 골랐다. 그처럼 확실하게 인간의 삶이 누락된 지역에 놓인 인간의 존재를 이해하기 위해서였는지도 모른다. 그러는 사이 비행기에서 봤던 콘월리스섬 곶에 세워진 돌무더기나 퓨어리 해변에 흩어진 어떤 배의 보급품 은닉처 잔해들, 수많은 사람이 죽은 킹윌리엄섬의 황량한 해안선들이 천천히 더 깊은 의미를 자아내기 시작했다. 책을 보면서 나는 들뜬 기분과 공감, 연민을 느꼈고, 자연사를 구성하는 요소들만큼이나 우리가 발휘하는 역사적인 감각이 우리가 사는 지역의 느낌을 만드는 것이 아닐까 하는, 그랬으면 싶은 생각이 들었다.

이 모든 일지와 탐험가들의 전기, 근대 역사소설들 속에 모험과 패배, 대망과 성취라는 흔한 주제들이 등장한다. 그러나 한

발 떨어져서 보면, 거의 모든 책이 실제 대지와의 분리를 담고 있다. 세부적인 속성이 어떻든, 땅은 대체로 인간의 꿈을 혐오하는 존재나 적으로 그려지는, 특정 역할을 담당한다. 역설적이지만, 대지가 인간의 삶에 보여주는 무관심이 바로 그런 편향의 이유다. 가장 극단적인 형태의 분리는 대지가 하나의 무대에 불과한 경우다. 등장인물들은 이 무대에서 각자의 개성을 드러내거나, 과학이론 또는 경제이론을 밝히거나, 국가적 또는 개인적 경쟁을 벌인다. 어디서든 땅에 대한 난폭한 계획들을 볼 수 있어서, 존 데이비스의 항해들, 땅에 대한 그 성숙한 찬탄이 더 두드러진다. 19세기에 이 땅과 만난 사람들은 다정하기보다는 잔인했다. 빅토리아 시대의 감성으로 무장한 사람들로서 실낱같은 가능성과 고상한 명분에 목숨을 걸고, 이국적인 문물들 틈에 파묻히고, 기념품을 모으고 기념탑을 세우고자 하는 열망으로 똘똘 뭉쳐 있었다. 거기엔 소유나 활용 따위는 생각도 하지 않고, 그저 통찰과 경외심 사이를 오가며 여행하는, 그런 진심 어린 방문을 원했던 수도사들의 의도가 없었다. 그리고 거의 모두가 업적을 세우기 위한 일정표에 쫓기는 신세였다.

그러나 그 땅으로 탐험대가 들어갈 때마다 새로 희망이 싹텄다. 땅이 스스로를 드러내리라는 희망, 지도의 정확성과 세부사항들이 멋지게 증명되리라는 희망, 아름다움 또는 고독의 감정이 깊게 느껴지리라는 희망. 드물긴 했지만, 땅을 의심할 바 없는 지혜의 원천으로 본 사람도 몇 있었고, 땅의 밝은 면과 어두운 측면을 함께 인식하고자 하는 욕망도 있었다.

그래서 나는 사명감이나 목적의식으로 만들어진 역사, 아니면 당시의 시대에 맞게 재구성된 역사를 읽었다. 그리고 이전에 누설되지 않았던 땅의 어떤 가장자리, 또는 땅을 뭔가 살아 있는 것처럼 보여줄 무방비한 인간의 감정을 드러내는 뜻밖의 언급을 찾아내기를 바랐다.

패리의 뒤를 이어 북아메리카 북극으로 들어온 탐험대들은 19세기 중반에 존 프랭클린 경에게 재난이 닥치기 전까진 거의 대부분이 영국 탐험대였다고 봐도 무방하다. 각각의 월동 탐험대는 침묵만을 남긴 채 안개의 장막 뒤로 사라졌다가 1년 또는 3년이나 4년 후에 어딘가에서 나타났다. 때로는 영원히 나타나지 않았다. 해안선과 수로들이 체계적으로 지도에 표시됐지만, 이 일지들은 조사를 담당한 사람들이 끔찍하게 고생했다는 사실을 명확히 밝히고 있다. 대담하게 조사에 나섰던 많은 이들도 그런 고생까지 해야 할 이유를 찾지 못했다. 장교들은 마뜩잖아하는 부루퉁한 사람들에게 의욕을 불어넣느라 갈수록 피곤해졌다.

월동하는 배의 선원들은 추위로 인한 동상과 절단, 멍해지는 두통, 지각 마비 등에 시달렸다. 얼어붙은 금속에 살갗이 닿을 때마다 타는 듯한 고통이 밀려들어 모든 일이 훨씬 어렵고 복잡해졌다. 마실 물을 만드는 일만 해도 지난한 투쟁이었다. 그리고 겨울 숙영지의 눅눅하고 추운 배 안을 감도는 숨 막히는 지루함은 괴혈병과 굶주림에 대한 걱정으로만 오롯이 채워졌다. 패리가 그랬던 것처럼 계획을 세워 심신쇠약에 대처할 수도 있었다. 그러나 일반선원들은 여전히 밀수 위스키를 마시고 고주망태가 되어 의기소침한 인사불성 상태에 빠졌고, 일부 장교들은 실질적인 정신 이상 증세를 보였다.

돌이 호두를 쪼개듯 갑자기 배를 파괴할 수 있는 얼어붙은 바다의 위력을 아는 사람들은 기진맥진해서 굴욕적인 항복 상태에 빠졌다. 얼음은 그저 며칠씩 배를 가지고 놀거나, 천천히 몇십 센티미터 들어올리거나, 왼쪽으로 15도쯤 기울여서는 가만히 두는 것처럼 보였다. 배를 포기할 준비를 마치고 내리 몇 주씩 입은 옷 그래도 잠이 들었던 사람들은 뱃머리가 갑자기 폭발하듯 부서지고 갈라진 틈으로 짙푸른 물이 쏟아져 들어올 수 있다는 사실을, 선체를 위협하던 얼음이 유난히 조용할 때면, 또는 멀리서 찢어질 듯한 비명을 지르며 어둠 속에서 산산이 부서지며 치솟을 때면, 어느 밤이든 바로 그날이 될 수 있다는 사실을 잘 알았다.

봄이면 빛이 돌아왔다. 사람들은 '뭐라 형언할 수 없는 안도감'을 느꼈고, 순진하게 방심하는 사이에 설맹이 되었다. 눈구멍은 모래가 가득 찬 것 같았고, 눈알은 바늘로 찌르는 것 같았다. 그들은 썰매에 묶은 밧줄을 몸에 두르고 도랑과 해빙의 얼음덩어리들 위로, 폭신한 눈이 덮인 드넓은 구덩이들 위로 썰매를 끌었다. 끝없이 광막한 땅에 잡아먹힌 사람들은 넋을 놓고 터덜터덜 걷다가 쓰러져 죽었다. 기진해서. 지독한 절망 탓에. 판단 착오로. 갑자기 조수 때문에 생긴 얼음 틈 사이에서 죽고, 우스꽝스러울 정도로 단순한 사고로도 죽었다. 굶주린 사람들은 개를 먹어치웠고, 다음으로는 옷가지를 먹어치웠고, 다음으로는 서로에게 시선을 돌렸다.

어떤 고통은 피할 수 있는 고통이었다. 영국 해군 탐험대의 힘은 일말의 의심도 없이 굽힐 줄 모르고 자신의 맡은 소임을 다하는 장교들의 엄격한 규율에 있었다. 이 자민족 중심주의와 자신들이 에스키모들보다 도덕적·기술적으로 우월하다는 태도, 땅을 그저 황량한 것, 순종적이지 않은 것으로만 본 시각이 실패의 요인이었다. 19세기 영국 탐험대가 북극에 소개한 기술적 진보는 인도산 고무 깔개와 캔버스 천을 씌운 접는 보트, 휴대용 알코올 난로 정도에 불과했다. 자신들의 군복과 천 텐트, 통조림 음식보다 에스키모들의 모피 의류와 눈집, 날고기가 낫다는 걸 몰랐던 잘못에 비하면 사소했다. 가끔 목표 지점의 땅에서 얻을 수 있는 모피와 날고기가 영국 배들이 실어 온 사람들의 수를 지탱하기에 턱없이 모자랐던 것도 사실이지만, 그들 역시도 땅에 더 적합한 소규모 탐사대 대신에 불필요할 정도로 큰 대규모 파견단을 기준으로 생각했다.[1]

---

1 실종된 프랭클린 탐험대를 수색하는 동안에도 영국인들은 자신들의 형편없는 겨울 의복들을 고수했다. 그들은 인간이 할 수 있는 일을 개에게 시키는 것이 대업의 품위를 떨어뜨린다고 느꼈기 때문에 개썰매 사용도 거부했다. 다른 탐험가들, 특히 존 레이와 그보다 앞선 새뮤얼 헌 같은 허드슨베이사 사람들은 에스키모들의 더 실용적인 의복들과 영양가가 풍부한 음식들, 효과적인 이동 수단들을 채택했다. 피어리와 스테파운손은 여러 측면에서 토착민들의 정보를 옹호했는데, 이것이 그들 성공에 필수불가결한 조건이었다.

영국 탐험대가 겪은 실패 사례들은 짚어볼 만한 가치가 있다. 이 경험에 연루된 사람들의 성향과 욕망은 동일하지 않았다. 경제논리와 군사논리, 존 배로우 같은 이들의 이상이 복합적으로 작용해 다른 사람들을 무슨 일이든 사사건건 방해하는 이 땅에서 지식과 의미를 찾아 분투해야 하는 상황에 밀어넣었다. 지금 우리가 향유하는 지리 지식은 수많은 사람이 값비싼 대가를 치르며 얻어낸 것이다. 그들 모두가 더 위대한 뭔가를 위해 자기 삶을 기꺼이 바쳤다고 생각하는 건 주제넘은 일이다.

1837년 9월, 조지 백은 물이 줄줄 새는 영국 해군 소속 테러호를 아일랜드 서해안에 정박시켰다. 그는 폭스 해협의 얼음에 포위되어 강풍에 시달리며 초조하게 긴장한 채 겨울을 보냈다. 테러호는 칸막이벽이 뒤틀리고, 갑판이 일어나고, 고리볼트가 튕겨져나가고, 이물이 부서졌다. 어찌나 꽉 죄었는지, 목재에서 테레빈유가 뚝뚝 떨어졌다. 영국 채텀에서 테러호를 수선한 대목장은 다른 배였다면 압력에 부서져 가라앉았을 거라고 말했다.

백은 퓨어리앤헤클라 해협부터 켄트반도에 이르는 아메리카 대륙 북해안 지도를 작성하기 위해 파견되었다. 이 탐험은 영국에서 전혀 호응을 얻지 못했다. 튼튼한 배와 상냥하고 느긋한 선장 외에는 거의 죽을 게 확실했던 선원들과 장교들을 아무도 도와주지 않았다. 북서항로는 이제 실질적인 매력을 모두 잃었다. 패리가 피터헤드와 던디의 고래잡이배들에게 노스워터로 가는 길을 알려줬지만, 사람들이 이런 탐험에서 기대할 수 있는 이득이라곤(순수과학 및 응용과학의 발전과 국가의 명예는 예외로 하고) 그 정도가 다였다. 게다가 이제는 양조업자인 펠릭스 부스 같은 사회사업가들이 탐험 자금을 대고 허드슨베이사가 탐험가들을 파견했다. 의회는 탐험에서 얻는 이득이 얼마가 되든 알아서 계산을 치르도록 내버려두었다.

그러나 배로우는 설득했다. 교묘하게, 또 효과적으로. 다시 준비된 탐험은 만반의 채비를 갖춘 데다 목표도 아주 분명해서 절대 실패할 것 같지 않았다. 그래서 영국 해군의 테러호와 에레보스호가 존 프랭클린 경의 지휘 아래 134명의 인원을 싣고 1845년 5월 19일에 런던에서 출발했다. 그들의 목표는 랭커스터 해협과 배로우 해협을 통과하는 패리의 항로를 북아메리카 대륙 연안까지 확장한 다음 서쪽으로 베링 해협까지 항해하는 것이었다. 아이시곶(1778년에 쿡이 도달한 가장 먼 곳)에서부터 부시아반도에 이르는 해안선은 당시에도 알려져 있었다. 많이 봐줘도, 노력하는 티만 좀 내면 될 탐험처럼 보였다.

테러호와 에레보스호가 얼음에 갇히기 전에 사망한 다섯 명을 제외한 프랭클린 일행은 1845년 겨울을 비치섬에서 보냈다. 세 명이 알 수 없는 이유로 사망해 이곳에 묻혔다. 1846년에 프랭클린은 웰링턴 해협을 거슬러 북위 77도 지점까지 갔다가 콘월리스섬 서해안을 따라 남하해서 배로우 해협을 통해 필 해협으로 들어갔다. 그는 1846년 겨울을 빅토리아 해협의 즐비한 다년빙 부빙 속에 박혀서 보냈다. 프랭클린은 자신이 잘못된 경로를 택했다는 사실을 몰랐고, 알 수도 없었다. 킹윌리엄섬 동해안을 따라 남하해서 제임스로스 해협과 레이 해협, 심슨 해협을 거쳐 퀸모드만으로 가기로 했던 원래 계획을 따랐더라면, 다년빙을 만나지 않았을 것이다. 게다가 그 경로가 유일하게 지나갈 수 있는 경로이기도 했다.[2]

에레보스호와 테러호는 빅토리아 해협의 얼음 틈에서 나오지 못했다. 두 번째 겨울에 프랭클린을 포함한 스물한 명이 그곳에서 죽었다. 프랭클린의 치명적인 실수는 제임스 로스의 잘못된 탐사 결과에서 비롯된 것이었다. 제임스 로스는 1831년에 부시아반도 서해안을 탐사했다. 그는 킹윌리엄섬과 부시아반도가 연결돼 있다고 생각했고, 나중에 레이 해협으로 명명된 해협을 지협地峽이라고 기술했다.

1848년이 되어서야 구조선을 파견할 수 있을 만큼 실종된 탐험대에 관심이 모였다. 해군성은 계속 프랭클린 탐험대를 수색했다. 10년이 넘는 동안 국가적·개인적·국제적 탐사대가 무려 마흔 번이나 파견됐다. 1854년 3월에 프랭클린과 부하들의 사망이 공식적으로 선언됐다. 비치섬 겨울 숙영지 흔적을 제외하면 탐험대는 행방이 묘연했다. 1854년 봄, 허드슨베이사가 고

---

2 거대한 총빙이 북극해로부터 맥클루어 해협과 비스카운트멜빌 해협, 맥클린톡 해협을 통해 빅토리아 해협으로 들어왔다. 이 흐름은 프랭클린의 시대에는 알려져 있지 않았다. 위에 제시된 대체 경로는 1903년부터 1906년 사이에 아문센이 처음으로 항로를 통과하는 데 성공했을 때 취한 경로다.

용한 존 레이 박사가 펠리만 근처에서 한 무리의 에스키모들을 만났다. 에스키모들은 킹윌리엄섬에서 사람들이 배를 버리고 걸어가는 것을 봤고, 나중에 그들의 시신을 발견했다고 말했다. 레이는 에스키모들로부터 유품 몇 점을 사들였다. 그중에는 프랭클린의 이름이 새겨진 작은 은접시도 있었다. 영국 정부는 탐험대의 죽음을 확인한 공로로 레이에게 1만 파운드를 수여했지만, 프랭클린 경의 부인은 이 결론에 만족하지 않았다. 부인은 (자신이 보기에) 그처럼 훌륭한 탐험대가 왜, 어떻게 실패했는지 알고 싶었다. 부인은 사재를 털고 기금을 모아 여러 차례 사설 탐사대를 파견해 남편의 배를 찾게 했다. 마지막 탐사대는 프랜시스 맥클린톡의 지휘 아래 작은 중고 요트를 타고 탐사에 나섰다. 이들이 1859년 봄에 이 비극적인 사건이 남긴 유일한 기록들을 찾아냈다. 킹윌리엄섬 서쪽 해안에 쌓인 돌무더기 몇 군데에서 메모 두 장과 꽁꽁 얼어 내용을 알아볼 수 없는 편지 다발을 발견한 것이다.

배로우의 북방 항로 탐사와는 달리, 실종된 프랭클린 탐험대 수색 작업은 영국인들의 상상력을 자극했다. 필요하다면 탐사된 적이 없는 캐나다 군도 전체, 특히 그 해안선들을 모두 훑어버리겠다는 기세로 영국과 북미에서 스물 남짓한 탐사대가 출발했다. 이런 접근법이 북극 탐험에 근본적인 변화를 가져왔다. 지금까지의 목표가 어딘가로 가는 길을 찾아내는 것이었다면, 이제 탐험대는 월동에 대비하며 그 지역 자체에 집중해야 했다. 봄이면 소규모 수색조들이 사방으로 흩어졌다. 그들은 직접

썰매를 끌며 거의 가는 곳마다 새로운 섬과 해협, 만 들을 발견하며 수백 킬로미터를 주파했다. 역설적이지만 이 대업의 결과로 방대하고 자세한 고위도 북극 지도가 처음으로 나왔다. 그러나 수색이 6년을 넘어가자 영국인들은 환멸을 느꼈다. 돈만 들이고 성과는 얻지 못한 해군성이 점점 조바심을 내고 있음을 간파한 에드워드 벨처 경이라는 어느 멍청이 장교가 얼음에 갇힌 수색선 레졸루트호와 인터피드호, 어시스턴스호, 파이어니어호를 그 자리에서 버리고 1854년 9월에 북극을 떠났다.[3] 영국의 시선은 이제 크림 전쟁에 쏠려 있었고, 영국의 심장은 그곳에서 죽어가는 군인들과 아픔을 같이했다.[4]

프랭클린이 당한 재난으로 인해 북서항로에 대한 영국인들의 관심은 사실상 완전히 사라졌다. 존 리처드슨 경은 프랭클린의 부하들이 "목숨으로 북서항로의 마지막 구간"을 이었다고 말했다. 맥클린톡은 그들이 "임무 수행 중에 순직"했으며, 그들을 수색하는 일은 "영광스러운 사명"이었다고 썼다. 이런 주장들

---

3 때마침 영국 해군 소속 피닉스호와 탤버트호가 비치섬에 도착한 덕분에 이 네 척의 인원과 더불어 인베스티게이터호 인원까지 모두 벨처의 노스스타호 한 척으로 귀향하는 사태는 막을 수 있었다.

4 프랭클린 탐험대 수색은 다양한 동기를 가진 사람들이 온갖 육감과 창의성을 발휘하며 수행한 다면적인 사건이었다. 어떤 장교들은 특진을 노렸고, 어떤 사람들은 새로운 땅을 정확히 파악하는 일에 매료됐다. 어떻게 보자면 프랭클린의 행방 자체는 그 사람들의 안중에 없었다. 실행된 계획 중에서 가장 기괴했던 것은 호레이쇼 오스틴 대령의 북극여우 계획으로, 여우를 산 채로 잡아 프랭클린 일행에게 수색선과 미리 숨겨놓은 보급품 은닉처를 알려주는 금속 꼬리표를 다는 계획이었다. 미친 짓이라고 생각했던 선원들은 모피를 얻기 위해 조용히 여우들을 해치웠다.

이 널리 지지를 받았다. 약간의 불평이 있긴 했지만, 처음으로 북서항로를 통과한 배에 수여하는 해군성의 상이 인베스티게이터호의 로버트 맥클루어와 장교들 및 선원들에게 주어졌다. 그들은 1850년에 배링 해협을 통과했고, 1851년과 1852년 겨울을 얼음에 포위된 채 뱅크스섬에서 보낸 후에 해빙 위를 걸어 패리의 윈터하버 바로 서쪽에 있는 딜리섬 레졸루트에 도착했다. 그들은 다음 해 겨울을 배서스트섬 연안의 얼음 속에서 보냈고, 1854년 9월에 벨처와 함께 귀향했다. (레졸루트에서 머시만에 있던 인베스티게이터호를 찾아내고, 1853년 봄에 귀선하는 사람들을 호위한 썰매의 이름은 역설적이게도 '존 배로우'였다.)

프랭클린의 노고를 훼손하지 않기 위해, 해군성은 맥클루어에게 원래 북서항로 발견에 걸었던 상금 2만 파운드의 반인 1만 파운드만 수여했다.

프랭클린 수색대들은 패리 제도 남쪽과 서쪽에 있는 거의 모든 북극 섬의 해안선을 지도로 작성하는 성과를 올렸다. (아문센과 스테파운손이 각각 1905년과 1916년에 제일 닿기 어려운 빅토리아섬 북동 해안의 조사를 완료했다.) 제일 서쪽에 있는 섬인 프린스패트릭은 수색에 참가한 아일랜드인들을 기리기 위해 이름이 붙여졌다.[5] 몇몇 섬에는 수색 자금을 기부한 단체 이

5 극도로 우회적인 방식이었다. 이 섬은 1850년에 태어난 빅토리아 여왕과 앨버트 공의 일곱 번째 아이인 아서 윌리엄 패트릭 앨버트의 이름을 땄다. 그 패트릭이라는 이름은 1849년에 있었던 빅토리아 여왕의 아일랜드 방문을 기념해서 붙여진 것이었다.

름이 붙여졌다. 프랭클린 해협 발치에 놓인 태즈메이니아 제도는 오스트레일리아 태즈메이니아(프랭클린이 총독으로 근무했던 곳)에서 프랭클린 부인에게 자금을 대기로 약속한 데서 그런 이름을 얻었다. 뱅크스랜드와 킹윌리엄랜드는 섬이라는 사실이 밝혀졌다. 벨롯 해협이 발견되었다. 썰매를 끄는 소규모 수색조들이 거의 모든 작업을 수행했다. 1853년에 105일 만에 2,137킬로미터를 주파하는 기록을 세운 맥클린톡이 이 수색 기법을 완성했다.

프랭클린의 행방에 대한 대중의 관심이 시들해지자, 탐험의 초점은 천천히 다른 두 목표로 옮겨갔다. 얼음이 없다고 알려진 북극해 수역들을 발견하는 것과 지리적 북극점에 도달하는 것이었다. 이 두 목표를 추구한 사람들은 대체로 북미인들이었다. 실제로도 주요 접근 경로인 그린란드와 엘즈미어섬 사이 해협이 '아메리칸 루트'라 불렸고, 특히 피어리가 탐험대를 주둔시켰던 몇 년 동안에는 얼토당토않게 그 지역을 미국 영토라고 생각하는 사람들이 있었을 정도였다.

1850년경 즈음에는 북방이 그 자체로 중요한 지역이 되어 있었다. 허드슨베이사는 계속해서 캐나다 아북극에서 나오는 모피를 수출했다. 몇몇 북극 탐험대는 석탄 매장지를 찾아내기도 했다. 예의 '일단 하고 본다' 정신을 가진 미국 고래잡이배들은 축치해에서 새로운 성공을 일궜다. 아마도 투자자들은 그 지역에 계속 탐험해볼 만한 충분한 잠재력이 있다고 생각했을 것이다. 이는 또한 '해도海圖 확충'에 도움이 될 수 있는 자나 패리 제도를 넘은 지역의 지도를 그리거나 북극점에 닿을 수 있는 자는 누구라도 명성와 명예를 얻으리라는 약속을 품고 있기도 했다. 분위기가 달아오르던 1853년에 미국 운송업계 거물인 헨리 그리넬과 자선사업가 조지 피바디, 그리고 몇몇 과학 학회가 엘리샤 켄트 케인이라는 성실하고 인기 있는 미국 탐험가를 후원하기로 결정했다.

케인이 북쪽으로 항해할 때는 공식적으로 프랭클린 탐험대 수색에 합류하기로 되어 있었다. 그러나 그때까지도 비치섬 야영지 말고는 아무것도 발견되지 않았기 때문에, 케인은 의외의 방향, 즉 스미스 해협 북쪽으로 올라가 케인 해분으로 가는 방향을 탐사해도 괜찮겠다고 생각했다. 배가 얼음에 갇혀 꼼짝하지 못하는 바람에, 그는 1853년과 1854년 겨울을 그린란드 북서부 렌셀레어하버에서 났다. 썰매 수색조들이 그린란드 해안을 따라 북위 80도까지 올라갔다.[6] 1855년 봄, 케인과 부하들은 일지와 지도를 챙겨서 보트와 두 다리로 북극을 벗어났다. 그들은 고드하운까지 와서 구조대를 만났다.

그간 북극 탐험은 배로우의 지휘하에서 군사적·과학적 역할을 담당했다. 북극 탐험은 신과 국가를 위한 헌신이었다. 그러나 북극에 들어간 미국인들은 그런 환상 따위는 갖고 있지 않았

6 당시 기록은 1827년에 썰매를 끌고 스발바르 북쪽 북위 82도 45분 지점까지 갔던 윌리엄 패리가 갖고 있었다.

다. 케인에서부터 피어리에 이르기까지 미국 탐험대는 후원자들과 물주들이 심중에 뒀던 목표들만큼이나 탐험대를 누가 이끄느냐에 따라 탐사의 성격이 달라졌다.

케인은 북극 탐험에 홀린 왜소하고 병약해 보이는 사람이었다. 캐나다의 북극사학자인 L. H. 니트비는 케인을 "총명하고 다재다능했던 아마추어 탐험가 집단의 마지막 인물"이라 부른다. 케인의 극적인 생존 이야기와 용감하고 감성적인 태도, 낭만적인 꿈과 미덕은 미국의 자아 정체감을 사로잡았다. 서른일곱 살에 죽은 그의 장례식은 당시로서는 링컨의 장례식 정도나 비할 수 있을 만큼 성대했다. 그의 허약한 신체가 역으로 미국인들이 숭상하는 추진력, 근성, 기개와 같은 특질을 부각시킨 셈이었다.

배가 얼음에 갇힌 지 2년째 되던 해, 케인은 쥐를 잡아 국을 끓이고, 배를 뜯어 불을 피웠으며, 임시변통으로 거울을 설치해 괴혈병에 걸린 부하들이 누운 선실에 햇빛을 비췄다. 지역 사냥꾼들과 만났을 때는 엄격했고, 나중에는 앙심을 품었으며, 마지막에는 약삭빠르게 대처했다(에스키모들은 특징적이라 할 만큼 처음 보는 사람들의 약점을 시험하는 데 열성이었다. 그들은 배의 물건들을 훔쳤다). 그는 에스키모들에게서 식량을 확보하는 교섭을 추진했다.

케인은 영국 탐험가인 에드워드 잉글필드를 따라 스미스 해협으로 들어갔고, 케인 해분 해빙 너머에 개빙구역이 있다는 잉글필드의 옛 보고(1852) 내용을 확증해서 바깥세상에 상당한 흥분을 불러일으켰다. 극해에 얼음이 없다는 설은 지난 300년 동안 여러 차례 제기됐지만, 19세기 당시에는 지리학자인 존 커틀랜드 라이트의 말처럼 "상업적인 사고에 의해 배태되고 국가의 야심에 의해 태어난, 그랬으면 하고 바라는" 주장이라고 치부됐다. 최북극에 드넓은 개빙구역이 있을지 모른다고 추측할 만한 합당한 이유는 있었다. 일찍이 1810년에 러시아의 탐험가 헤덴시트롬이 폴리니아에 대해 얘기한 적이 있었다. 몇 년 후에 스발바르 제도 서쪽에 있는 고래잡이 수역이 북위 82도 지점까지 이어진다는 사실이 알려졌다. 그리고 그린란드해의 경우 매년 생성되는 해빙의 범위가 심하게 불규칙적이었다. 그러나 얼음이 없는 극해의 존재는 해류의 흐름과 특정 지역에서 발견된, 먼 해안에서 온 표류목들, 뒤죽박죽인 바다와 육지의 온도, 해양 포유동물들의 이동 유형 등, 대체로 단편적인 정보들에 근거한 가정일 뿐이었다. 당시 기준으로 봤을 때도 형편없는 과학적 추론이었다.

19세기 말 무렵, 더 면밀한 과학이 등장하면서 얼지 않는 극해를 찾으려는 시도들은 심각하게 받아들여지지 않게 되었다. 그러나 공개적인 비난을 받지도 않았는데, 대중이 그런 비판을 용납하지 않을 상황이었기 때문이다. 남북전쟁이 끝나고 제1차 세계대전이 일어날 때까지, 북미의 대중들은 북극에서의 모험을 보고 듣기를 갈망했다. 산업화된 북미 공장들과 멀리 떨어진 이국의 땅을 누비는 케인과 찰스 프랜시스 홀, 뒤에 등장한 스테파운손과 피어리는 매력적인 영웅들이었다.[7] 특히 결단력의 화신인 피어리는 그 탐욕스럽고 거만한 성격이 도를 넘어 대중이 등을 돌릴 때까지는 거의 숭배되다시피 했다.

1873년에 율리우스 폰 페이어와 함께 프란츠요제프랜드를 발견한 오스트리아의 육군 장교 칼 바이프레히트는 1875년 9월에 일군의 과학자를 다그쳐 오스트리아 그라츠에서 회의를 열게 했고, 좀 더 시대에 맞는, 그래서 더 유용한 방식으로 북극을 조사하게 했다. 바이프레히트는 북극점에 도달하려는 당시의 시도들이 그저 묘기에 불과하다고 생각했다. 그는 새로운 북극 섬들을 발견하려는 광적인 국제 경쟁을 비판했다. 그는 알고 싶었다. 북극 기후의 특성은 무엇인가? 북극 기후는 유럽 날씨에 어떤 영향을 미치는가? 이 질문들과 북극에 대한 여타 과학적인 질문에 답하기 위해 광신적 애국주의를 떠난 국제적인 협력은 가능한가? 그의 동료들은 가능하다고 믿었다. 바이프레히트의 제안들은 정제를 거쳐 첫 '세계 북극의 해' 계획이 되었다. 1882년에 11개국이 1년으로 예정된 관찰을 위해 열두 개의 북극기지를 세웠다.

제일 북쪽에 세워진 기지는 엘즈미어섬 캉거 요새의 미국 기지로, 육군 중위인 어달퍼스 그릴리가 지휘했다. 그릴리는 유머

---

7 중소기업 사업가이자 광적인 몽상가였던 홀은 거의 정신병으로 보일 만큼 대수롭지 않게 북극에서의 고생을 참아냈다. 1862년에 그는 지역 에스키모들을 만나 275년간 구술 전통에 따라 완벽하게 세세한 부분까지 전해 내려오던 프로비셔의 배핀섬 상륙 이야기를 받아 적었다. 그는 1871년에 북부 그린란드 탱크가드하버에 있는 자신의 겨울 숙영지에서 죽었는데, 비소 중독에 희생된 것으로 보인다.

라곤 찾아볼 수 없는 평범한 지휘관이었고, 한 역사학자의 표현에 따르면 "불안정하고 성마른 성격의 엄격한 군인"이었으며, 북극 경험이 없었다. 그는 미국의 전통에 맞게 지루한 과학 탐사보다는 호쾌한 모험을 선택했다. 그는 제임스 락우드 중위를 그린란드 해안을 따라 북상시키면서, 가능하면 영국이 가지고 있던 북위 83도 20분이라는 최북단 도달 기록을 깨라고 지시했다. 락우드는 데이비드 브레이너드 하사와 에스키모 동료 한 명과 함께 영국의 네어리즈 탐험대가 갔던 해안에서 4해리를 더 가서 1883년 5월 15일에 북위 83도 24분 지점에 도착했다. 브레이너드는 나중에 이렇게 썼다. "우리는 기쁨에 겨워 서로의 손을 잡아 흔들고, 이게 도대체 뭔 일인가 싶어 어리둥절해하는 에스키모를 껴안기도 했다." 유감스럽게도 브레이너드 하사는 귀환하기 전에 바위에 한 맥주회사의 유명한 광고 문구를 새기기도 했다.

그릴리는 캉거 요새 건설과 기상 및 자기장 관측, 엘즈미어섬과 북부 그린란드 탐험의 임무를 띠고 엘즈미어섬에 배치되었다. 1883년 여름에 일행을 데려갈 배가 오기로 되어 있었다. 구조선은 모습을 드러내지 않았고, 1884년 여름에도 나타나지 않았다. 절박해진 그릴리는 자신들을 찾으러 온 구조대가 남겨둔, 아니면 1875년 겨울에 네어리즈 탐험대가 남겨둔 보급품 은닉처를 찾을 수 있을까 해서 부하들을 이끌고 해안을 따라 남하해 새빈곶에 이르렀다. (그들은 둘 다 발견했다. 하지만 구조대가 남겨둔 보급품은 형편없이 부족했고, 네어리즈 탐험대의 보급품들은 도저히 회수해올 방안이 없다고 판명됐다.) 그해 겨울 스물다섯 명 중에서 열여섯 명이 새빈곶 핌섬에서 굶어 죽었다. 그중에는 젊고 사람 좋았던 에드워드 이스라엘도 있었다.

그릴리는 살아남았다. 탐험대 전원을 구하는 데 실패한 이 사례는 미국 역사에서 가장 부끄러운 일화 중 하나가 되었다. 1883년과 1884년의 구출 시도는 서툴게, 또 건성으로 이루어졌다. 아마도 가장 슬픈 부분은 제대로 된 구출 계획을 승인하지 않았던 바로 그 정치인들이 그릴리를 비난하고 나선 일일 것이다. 미국에서는 영웅적인 시도들이 자격 미달의 성공에 비해 인정받지 못한다. 그린란드 북단까지 간 것도 아니고 새로운 땅을 발견한 것도 아닌, 영국을 불과 4해리 앞섰다는 성과만으로는 충분하지 않았다. 그릴리는 제명됐다. 부하들을 살리기 위해 최선을 다했던 사람에게는 잔혹하고 비인간적인 처사였다. 가장 목소리를 높여 비난한 사람이 바로 자신의 방종을 내내 후회하며 살았던 로버트 피어리였다.

1900년 당시의 북극 탐험은 대체로 두 남자의 이야기로 점철됐다. 프리쇼프 난센과 로버트 피어리였다. 둘 중 나이가 많은 피어리는 철두철미한 장사꾼이었고 명성에 목말라 있었다. 상상을 초월한 결단력을 요구한 북부 그린란드 탐험들과 1909년의 북극점 도달은 그의 진정한 업적이었다. 그러나 추진력과 지도력 밑에는 보이지 않는 외로움과 불안정이 있었다. 그는 실적 추구와 유력자들의 호의와 친교를 얻는 수완을 통해 이를 보상받으려 했다. 그는 인내의 화신이었고, 어떻게 보면 가장 든든한 지지자였던 시어도어 루스벨트의 이상을 구체화한 사람이었다.

노르웨이의 과학자이자 인도주의자였던 난센은 종류가 다른 사람이었다. 피어리만큼의 추진력이 있었지만, 흥행사는 아니었고 존재감이 두드러지는 사람도 아니었다. 그는 피어리보다 세상을 넓게 보았고, 인간사에 대한 이해의 폭도 넓었으며, 여러 영역에 걸쳐 역사에 길이 남을 기여를 했다. 그는 그린란드 만년설을 건넌 첫 탐험가였고, 북극 완류[8] 이론을 추론해내고 입증했으며, 초기 북극 탐험에 관한 두 권의 학술 서적인 『북극의 안개 속에서』를 남겼다. 1923년에는 제1차 세계대전 난민들을 도운 공으로 노벨 평화상을 받았다.

피어리에게 짝사랑에 빠진 사람 같은 분위기가 있었다면, 난센의 균형 잡힌 삶은 이상적으로 보인다. 어쨌거나 난센은 피어리처럼 정신 차리기 힘든 연이은 불행에 시달리다가 결국은 누가 먼저 북극점에 갔느냐를 놓고 프레드릭 쿡과 자멸적인 논쟁을 벌이는 식의 곤란은 겪지 않았다.

1884년에 '자넷'이라는 이름의 난파선 잔해 일부가 그린란드 남서쪽 해변에 모습을 드러냈다는 글을 읽은 난센은 북극 완류의 가능성을 추측하기 시작했다.[9] 난센은 스코틀랜드의 선박 설

---

8 완류緩流, drift는 바람에 의해 생기는 느리게 움직이는 해류를 이른다 — 옮긴이.

9 미국 국적 선박인 자넷호는 1881년에 랍테프해 해빙 속에서 난파했다. 탐험대 대장인 해군 대위 조지 드 롱을 포함한 대원 대부분이 죽었다. 어쨌거나 그들은 브란겔섬이 섬임을 증명하고 드롱 제도와 뉴시베리아 제도를 발견함으로써 바다 쪽으로 멀리 뻗어나온 시베리아 대륙붕의 존재를 알려주었다. 거의 같은 시기인 1879년 6월 20일, 스웨덴 지리학자이자 탐험가인 아돌프 에릭 노르덴스셸드가 증기선으로 데즈네프곶을 돌아 북동항로를 완성했다. (1913년에 마지막까지 남아 있던 북극해 제도인 세베르나야젬랴가 한 러시아 장교에 의해 발견되면서 시베리아 고위도 북극의 전체 그림이 완성되었다.) 노르덴스셸드의 항해는 시베리아 모피와 목재, 광석을 교역할 수 있는 무역로를 여는 동시에 현대의 소련 화물선단과 핵쇄빙선 개발을 자극하는 요인이 되었다. 이에 비해 1906년에 아문센이 북서항로를 완성한 사건은 1968년에 북극에서 석유가 발견되기 전까진 캐나다나 미국에서 별 주목을 받지 못했다.

계사 콜린 아처와 함께 북극 총빙 속에서도 견딜 수 있도록 선폭이 넓게 설계된 39미터짜리 세대박이 스쿠너선 프람호를 건조했다.[10] 프람호는 5년간의 채비를 마치고 1893년 6월 24일에 난센과 열한 명의 동료를 태우고 노르웨이를 떠나 자넷호의 항로를 가로질렀다. 9월 말쯤, 프람호는 드롱 제도 북쪽에서 의도한 대로 얼음에 갇혔다. 난센은 2년 동안 수많은 관찰 기록을 남기며 안전하게 표류했다. 배는 깔끔하게 얼음 위에 올라앉아, 느리긴 했지만 난센이 기대한 대로 드롱 제도에서부터 서쪽을 향해 시계 방향으로 표류했다. 지루한 데다 뭔가 어려운 일에 도전하고 싶어 좀이 쑤신 난센은 1895년 3월 14일에 북극점에 도달해볼 요량으로 프레데릭 요한센과 개 스물여섯 마리를 데리고 배를 떠났다. 북위 86도를 넘었지만 봄이 끝나가자 더 이상 갈 엄두를 내지 못했다. 그들은 개 두 마리와 함께 간신히 프란츠요제프섬에 도달했다. 거기서 겨울을 난 그들은 천만다행으로 정말 우연히 영국 탐험가 프레드릭 잭슨을 만나 함께 배를 타고 노르웨이로 향했다.

프람호 선장인 오토 스베르드루프는 얼음 속에서 안전하게

---

10 매끈하고 둥근 프람호 밑바닥에는 해빙이 들러붙을 만한 튀어나온 곳이 없었다. 방향타와 보조 엔진의 무쇠 프로펠러는 보호벽 안에 장착되어 있어 유사시에 재빨리 갑판 위로 끌어올릴 수 있었다. 참나무 선체 자체만 해도 두께가 총 1.2미터였는데, 별도의 늑재로 보강하고 안쪽에 나무와 쇠를 덧댔다. 두꺼운 펠트와 코르크, 카리부 털을 보온재로 써서 비좁지만 쾌적한 선실을 만들었다. 배에는 풍차가 한 대 설치돼 있어 전깃불을 밝힐 동력을 생산했다.

배를 빼내어 1896년 8월에 그린란드해로 돌아왔다. 2년 후에 다시 프람호를 타고 탐험을 떠난 스베르드루프는 엘즈미어섬 동쪽 해안에서 두꺼운 얼음에 갇혀 꼼짝없이 겨울을 나게 됐다. 의심 많은 피어리가 불쑥 스베르드루프의 야영지에 나타나 의도가 뭐냐고 물었다. 피어리는 서쪽을 탐험하려는 목적이지 북극점에 가려는 게 아니라는 노르웨이인의 대답을 듣자마자 정중하게 내준 커피도 무시하고 급작스럽게 작별을 고했다. 피어리가 후회하게 될 또 다른 무례함의 사례였다.

1898년과 1902년 사이에 스베르드루프와 동료들은 엘즈미어섬 남쪽과 서쪽을 탐험하고 서쪽에 있던 액슬하이버그, 아문링네스, 엘러프링네스 섬을 발견했다.[11] 패리의 첫 탐험 이후로 그처럼 많은 육지가 발견되고 측정된 적은 없었다. 철저함과 고도의 능력을 보여주는 탐험이었지만, 그 덴마크인의 동그린란드 탐험과 마찬가지로 북미에는 대체로 알려지지 않았다.

캐나다 노스웨스트준주 옐로나이프에서 맞은 어느 겨울엔 내리 7주간 기온이 영하 40도를 넘지 않는 바람에 책 읽을 시간이 아주 많았다. 내 머릿속에서는 캘거리 북미북극연구소에서 리처드 데이비스와 나눴던 땅의 개념에 관한 대화가 내내 울리고 있었다. 나는 새뮤얼 헌과 존 프랭클린, 워버튼 파이크, 어니스

11 악셀 헤이베르그 백작과 부유한 양조업자였던 아문 링네스와 엘러프 링네스는 난센과 스베르드루프의 여러 탐험에 크게 기여했다.

트 톰슨 시튼 같은 이들이 옐로나이프 북쪽과 동쪽 툰드라에 대해 쓴 일지들이 얼마나 매력적인지 설명했다.[12] 헌은 북대양까지 가는 길(1770~1772)에 동행한 슬래비족과 치페위안족 원주민들과 같이 땅에 의존해 연명했다. 그의 일지에서 땅은 적도 아니었고 생명을 빼앗긴 죽은 존재도 아니었다. 프랭클린의 일지에는 다른 시각이 등장하는데, 이후로 영원히 감수해야 할, 이름 그대로 '불모의 땅'이 그려진다. (프랭클린의 1819~1822년 탐험은 처형과 굶주림, 살인, 식인으로 얼룩졌다.) 파이크의 일지(1890)에서 툰드라는 영리하고 철두철미하게 굳건한 사람들이 정복하고 살아남아야 할 야생의 장소로 그려졌다. 시튼(1907)에게는 똑같은 툰드라가 평온하고 경제적 전망도 아주 밝았다. 그는 심지어 '불모지'라는 툰드라의 이름을 '북극 평원'으로 바꾸려고도 했다.

누구나 쉽게 추측할 수 있겠지만, 동식물들과 작은 나무들, 날씨, 낮은 구릉과 강, 호수들로 이뤄진 동일한 대지가 다른 시대, 다른 배경을 가진 인간들에 의해 다르게 묘사되었다. 나는 20세기 아북극 여행가들의 일지들을 비교하는 논문을 썼던 데이비스와 함께 여러 일지에서 공통되는 부분과 대비되는 부분을 곰곰이 생각해보았다. 일지를 비교하면서 드러난 요점 하나는, 동일한 지형에 대한 앞선 기록의 묘사가 뒤의 기록에 나오는 묘사에 지대한 영향을 준 점이라고 그는 말했다. 다른 말로

---

12 미주 5번(643쪽)에서 출판물의 제목과 출간 일자를 확인할 수 있다.

하자면, 파이크가 북방 대지의 존재를 확인하며 말한, "지구상에 존재하는 가장 완벽한 황량함"이라는 표현은 부분적으로 그가 출발 전에 어떤 자료를 읽었냐는 선택의 결과인 셈이다.

옐로나이프에서 책을 읽으며 지내는 동안 나는 감동적인 서사 하나를 모든 경험을 대표하는 서사로 받아들이거나, 더 심하게는 그 서사로 경험을 대체하려는 경향에 유념했다. 그건 어떤 일지를 읽든 주의해야 할 점이었다. 한편으로 나는 탐험가들이 지난 곳들을 일부나마 걸어봤다는 우쭐한 기분을 느꼈다. 굳이 머릿속에 떠올려보려고 하지는 않았지만, 그들이 묘사하는 곳들이 눈앞에 그려졌다. 헌의 일지는 사실적이고 세세한 내용으로 가득 차 있고, 어떤 대목은 아주 섬세하고 신비로웠다. 나는 옐로나이프에서 지내는 내내 이렇게 먼 장소에 관한 책을 읽으며 우리에게 주어진 경이로운 세계를 확인할 수 있는 기회가 얼마나 드문지 새삼 생각했다. 그리고 한 지역에 관련된 서너 개의 일지를 읽으면, 누구나 그것들 사이의 차이를, 어떤 대상에 대한 우리의 인식 안에 존재하는 이상한 빈틈을 훨씬 잘 볼 수 있다는 점도 말이다. 그리고 다른 생각도 들었다. 누구나 대지 자체를 느끼고 알고 싶어 한다는 사실. 대지 속을 돌아다니며 땅과 스스로를 동시에 밝혀내는 사람들에겐 어쩔 수 없이 끌릴 수밖에 없다는 사실도.

19세기 북극 탐험 관련 문헌들은 기적 같은 구조와 굶주린 사람들을 먹이기 위한 절박한 한 발의 총성, 가슴 아프게 그리운 사람들에게 쓴 비밀편지 같은 우연과 극적인 사건들로 가득 차 있다. 초현실적인 고요의 순간들도 있다. 패리의 일지에 나오는, 땅에서 인간의 목소리가 들린 순간처럼 말이다. 그리고 피할 수 없는 죽음 앞에서 보여준 애정 어린 돌봄과 조용한 관용의 순간들도. 빅토리아 시대의 위대한 소설 줄거리처럼 배와 사람들은 얄궂은 상황에서 다시 등장하곤 했다. 1831년에 고래잡이배 이사벨라호가 프린스리젠트 협만에서 4년간이나 얼음에 갇혀 있던 존 로스 경을 구조했는데, 그 배는 그가 1818년에 스미스 해협으로 타고 간 배였다. 그 탐험 후에 고래잡이배로 개조된 것이다. 1837년에 조지 백이 폭스 해협에서 벌어진, 자칫하면 영국의 북극 탐험을 종료시킬 뻔한 사건에서 가까스로 빼낸 테러호는 1845년에 프랭클린 탐험대의 기선이 되었다.

1859년에 킹윌리엄섬에서 프랭클린 탐험대의 기록을 처음으로 찾아낸 프랜시스 맥클린톡은 맥클루어의 북서항로 완성에도 관여했다. 1851년 봄에 맥클린톡은 멜빌섬 윈터하버의 한 바위 밑에 자기 배의 겨울 숙영지 위치를 적은 쪽지를 남겼다. 다음 해 봄에 쪽지를 발견한 맥클루어는 이미 늦었음을 깨닫고 머시만에 있는 인베스티게이터호의 위치와 비참한 상황을 추가로 적어넣었다. 1852년 가을에 맥클린톡의 쪽지를 확인하러 간 동료가 인베스티게이터호의 처지를 처음으로 알게 되어 1853년에 구조대가 꾸려졌다. (1853년 8월 24일에 보급선인 피닉스호가 비치섬을 출발해 런던으로 향할 때 인베스티게이터호 선원 중 유일하게 새뮤얼 크레스웰이 우연히 현장에 있었다. 그래서 그가 처음으로 북서항로를 통과한 사람이 되었다. 나머지 선원들은 북극에서 한 번 더 겨울을 났다.) 1915년에 스테파운손이 프린스패트릭섬 북해안에서 발견한 맥클린톡의 또 다른 쪽지는 그때까지도 읽을 수 있는 상태였고, 1921년에 맥클린톡 부인에게 전달되었다.

수많은 극적인 사건 중에서도 몇몇 일화는 뇌리에 각인되었다.

1900년에 피어리는 그린란드 북동쪽 해안 북위 82도 37분 지점에 돌무더기를 하나 쌓았다. 지난 25년간 덴마크인들은 체계적으로 그린란드 동해안 외진 곳들을 답사했다. 그들의 지도에서 빠진 유일한 구멍이 피어리의 돌무더기와 비스마르크곶(북위 76도 45분) 사이 643킬로미터 구간이었다. 1906년 8월에 덴마크 탐험대가 해안 탐사를 완료하기 위해 비스마르크곶에 당도했다. 1907년 5월 1일, 은신처에서 편안히 겨울을 보낸 뮐리우스 에릭센과 회아이 하겐, 그리고 외르겐 브뢴룬이라는 에스키모 동료는 비스마르크곶까지 함께 온 J. P. 코크 및 일행들과 갈라졌다. 코크는 피어리의 돌무더기로 향했다. 에릭센은 서쪽으로 방향을 틀어 피어리가 그린란드 서해안으로 향하는 해협의 동쪽 관문이라고 밝힌 인디펜던스 피오르로 들어갔다. 5월 27일, 두 일행은 우연히 다시 만났다. 코크가 피어리의 돌무더기를 발견한 반면, 에릭센은 단마르크 피오르 안쪽 200킬로미터 지점에서 길이 막혔다. 에릭센은 코크에게 인디펜던스 피오르를 돌아서 아카데미 빙하의 가장자리로 가면 피어리 해협으로 들어가는 서쪽 길이 보일 것 같다고 말했다. 그는 며칠이면 갔다 올 수 있다고 생각했다.

에릭센 일행은 결국 돌아오지 않았다. 코크와 다른 사람들은 가을 내내 수색하다가 실패하자 해안선을 따라 비상 보급품을 놓아두면서 철수했다. 다음 해 봄, 보급품 저장소들을 주의 깊게 확인하던 그들은 람베르트랜드의 해안 은닉처인 작은 동굴 안에서 브뢴룬의 시체를 발견했다. 발치에는 하겐이 작성한 지도 전부와 브뢴룬의 일기가 든 병이 있었다. 일기는 마지막 장을 제외하고는 모두 에스키모 자모들로 적혀 있었다. 브뢴룬은 마지막 장에 덴마크어로 이렇게 썼다.

> 11월에 내륙 얼음 위로 귀환하려다가 79피오르에서 사망. 나는 약한 달빛에 의지해 이곳에 왔지만 얼어붙은 다리와 어둠 때문에 더 갈 수 없다. 다른 이들의 시체는 빙하에서 좀 떨어진(약 12킬로미터) 피오르 한가운데에 있다. 하겐은 11월 15일에 죽었고, 에릭센은 열흘 뒤에 죽었다.

세 사람은 돌아오는 길에 날이 따뜻해져 해빙을 건너지 못했던 것으로 밝혀졌다. 음식이 바닥나고 개들도 죽었다. 그들은 피어리의 기록이 제대로 알려주지 못한 지형을 발견했다. 브뢴룬이 끝까지 가지고 있던 하겐의 지도에는 그 오류들이 수정되어 있었다.

피어리 해협은 없었다. 피어리가 얼어붙은 그린란드해 북단이라고 기록한 곳은 두 개의 거대한 반도, 즉 크라운프린스크리스티안랜드와 현재 에릭센이라고 명명된 육지였다. (다른 탐험가들도 흔히 실수를 저질렀다고 말하는 편이 피어리에게 공정할 것이다. 그처럼 유감스러운 방식으로 실수가 발견된 적은 드물었지만 말이다.)

피어리의 탐험들도 절체절명의 순간들로 가득 차 있으며, 그 중에는 북극 문헌에서 볼 수 있는 가장 비참한 상황도 있다. 1906년, 북극점 도달에 실패한 후 해빙을 건너 남쪽으로 퇴각하던 피어리는 800미터 폭의 개수로에 길이 막혔다. 일행은 북쪽 얼음가에 야영지를 꾸리고 동서로 정찰대를 보낸 후 개수로가 닫히거나 다시 얼어붙기를 초조하게 기다렸다. 피어리가 가진 보급 물자는 위태로울 만큼 적었다. 사람들은 마침내 개를 잡아서 식량으로 쓰고 썰매를 부숴 연료로 썼다. 그때 개수로는 이미 3킬로미터 폭으로 넓어져 있었지만, 야영지에서 좀 떨어진 곳에 얇은 얼음판이 형성되고 있었다. 얼음은 눈신을 신지 않으면 한 사람도 버티지 못할 정도였다. 휘청거리거나 심지어 멈추기만 해도 물에 빠질 상황이었다. 그들은 조심스럽게 눈신의 끈을 조인 다음 옆으로 널찍하게 벌여 서서 침묵 속에 발을 내딛었다. 한 사람 한 사람 박자에 맞춰 발을 끌며 움직였다. 갓 생긴 얼음은 눈신이 닿을 때마다 마치 수면처럼 출렁였다. 뒷발이 두 번이나 연속으로 얼음 밑으로 빠지자 피어리는 이제 끝장이라고 생각했다. 뒤에서 누가 소리를 지르는 걸 들었지만 감히 멈추거나 돌아볼 수도 없었다. "신이여, 저 사람을 도와주소서." 그는 빌었다. 반대편 딱딱한 얼음가에 도착한 뒤에도 누구 하나

입을 열지 않았다. 피어리는 바로 옆에 있던 두 사람이 떨리는 한숨을 토해내는 소리를 들었다. 고함은 피어리처럼 눈신이 얼음 밑으로 빠진 누군가가 지른 것이었다. 그러나 전원이 무사했다.

그 순간 피어리가 살아낸 삶의 그 강렬한 순간은 리처드 콜린슨의 북극 탐험과 극명하게 대비된다. 뛰어난 성과를 올린 콜린슨의 탐험은 거의 알려지지 않았다. 그는 1850년에 영국 해군의 엔터프라이즈호를 타고 인베스티게이터호를 탄 맥클루어를 대동한 채 영국을 떠났다. 케이프혼을 돌고 하와이를 거쳐 베링해로 향하는 길 어디쯤에서 맥클루어는 존 프랭클린 경을 찾자마자 처음으로 북서항로를 통과하는 기록을 세워야겠다고 결심했다. 그는 이미 마흔셋이었고 진급 가능성도 그다지 크지 않았다. 그래서 함장을 따돌리고 슬그머니 도망쳤다.

맥클루어(대담하게도 아직 해도가 작성돼 있지 않은 알류샨 열도 지점을 통과했다)에게 몇 주 뒤처진 콜린슨이 도착해보니 이미 배로우갑의 얼음을 통과하기에는 늦은 시점이었다. 그는 남쪽으로 방향을 돌려 홍콩에서 겨울을 보냈다. 1851년 여름에 그는 배로우갑을 돌아 지난해에 맥클루어가 간 경로를 따라 자신도 모르는 사이에 프린스오브웨일스 해협으로 향했다. 프린세스로열 제도의 한 섬에서 콜린슨은 맥클루어가 패리의 윈터하버에 가려고 비스카운트멜빌 해협을 건너려다 빽빽한 얼음에 가로막혔음을 알려주는 쪽지를 발견했다. 콜린슨도 시도해봤지만 퇴각했다. 그는 남쪽으로 방향을 돌려 넬슨곶을 돌아 뱅크스섬 서해안으로 향했다(역시 모르는 사이에 2주 차이로 맥클루어를 따라가고 있었다). 그러나 얼음은 너무도 큰 장벽이었다. 그는 다시 남쪽으로 향해 빅토리아섬 남서쪽 해안에 겨울 숙영지를 세웠다.

1852년에 콜린슨은 놀랄 만큼 뛰어난 뱃사람의 능력을 발휘해 능숙하게 300톤급 엔터프라이즈호를 몰고 돌핀앤유니언 해협을 지나 빅토리아섬 남동쪽 해안에 있는 케임브리지만에서 겨울을 났다. 통역자가 옆에 있었더라면(통역자는 맥클루어와 함께 있었다) 프랭클린이 비극을 맞은 장소를 알아냈을 가능성이 크다. 그러나 상황이 그러해서 지역 에스키모들로부터 탐험대 유품 몇 점을 모아들이는 데 그쳤다. 1853년 봄에 그는 게이츠헤드섬까지 이르는 빅토리아섬 동해안을 탐사하다 1851년에 레이가 쌓은 돌무더기를 발견했다. (레이가 1854년에 펠리만 에스키모들로부터 모아들인 유품들은 콜린슨이 모은 유품들이 영국으로 옮겨지기 1년 전에 영국에 도착했다.) 콜린슨은 1853년 여름에 영국을 향해 항해를 시작했다. 또 한 번 빅토리아섬 남쪽의 까다로운 얕은 바다를 상처 하나 입지 않고 통과한 그는 알래스카 캠든만에 겨울 숙영지를 차리고 겨울을 났다. 그는 굿호프곶을 지나 마침내 1855년 5월에 영국에 도착했다.

5년간의 항해에서 콜린슨과 함께한 예순네 명의 부하 중 죽은 사람은 세 명에 불과했다. 한 역사학자에 따르면, 콜린슨은 부하들의 건강과 사기를 돌보는 데에 동시대 사람 누구보다도 뛰어났다고 한다. 겨울의 권태를 떨쳐버리기 위해 그가 고안한 것 중에는 케임브리지만 해빙 위에 눈덩이를 쌓아올려 만든 당구대가 있었다. 바다코끼리 가죽에 뱃밥을 채워 완충장치로 삼고, 표면은 민물을 얼려 매끄럽게 깎았다. 공은 단단한 나무를 손으로 깎아서 만들었다. 콜린슨은 이렇게 썼다. "부하 중에 당구를 쳐본 사람이 없을 것이므로, 누구도 당구대에 대해 불평하지는 않으리라 생각하지만, 그 물건은 훌륭했다."

콜린슨의 탐험은 거리로 보나, 시간으로 보나, 항해의 난이도로 보나, 명령 충실도로 보나, 귀환 당시 장교들과 승무원들의 전반적인 건강 상태로 보나, 당시로서는 보기 드문 사례였다. 그러나 고생을 별로 하지 않았다는 바로 그 점이 비할 데 없는 성과의 빛을 가리고, 상당히 미심쩍은 맥클루어의 주장이 먹혀드는 걸 도왔다. 인베스티게이터호에 무슨 일이 일어났는지 너무나도 잘 알았던 벨처가 1854년에 같은 상황에 놓인 콜린슨을 나 몰라라 했다는 점도 언급해야 할 듯하다.

1853년에 빅토리아섬 동해안을 따라 북상할 때 콜린슨은 썰매 두 대를 가지고 갔다. 그는 한 대를 빅토리아 해협 건너편에 있는 킹윌리엄섬에 보낼 생각이었는데, 그랬다면 프랭클린 일행의 운명을 확인시켜줄 유골과 돌무더기들, 버려진 비품들의 흔적을 찾았을 것이다. 그러나 해빙을 88킬로미터나 가로지르는 일이 엄두가 나지 않아 그는 계획을 단념하고 말았다. 그 흔적들은 6년이나 뒤에 맥클린톡에게 발견되었다.

1848년 4월 25일에 프랭클린의 부사령관인 에레보스호의 크로지어 선장이 킹윌리엄섬 남서쪽 해변에 돌무더기를 쌓고 쪽지를 넣어두었다. 쪽지에는 위험한 해빙을 48킬로미터 정도 건넌 끝에 104명의 부하와 함께 그 지점에 도착했다고 쓰여 있었다. 에레보스호와 테러호는 벌써 2년째 빅토리아 해협에 얼어붙어 있었다. 다른 스물세 명과 함께 프랭클린도 죽었다. 크로지어는 생존자들을 이끌고 400킬로미터 남쪽에 있는 백스피시강 어귀의 동쪽으로 갈 계획이었다. 그곳에서는 분명 사람 사는 곳으로 갈 수 있을 거라고, 그는 희망했다.

킹윌리엄섬 남쪽 존허셜만 근처에서 굶주리고 쇠약해진 크로지어와 마흔여 명의 부하가 에스키모 네 가족과 마주쳤다. 크로지어가 다가가 짐 꾸러미를 열어달라는 시늉을 하며 간청했다. 에스키모들이 물범 고기를 내밀었다. 크로지어는 고기를 받아들고 먹으면서 에스키모들에게 다른 사람들에게도 고기를 달라고 가리켰다. 에스키모들은 그대로 따랐다. 에스키모들은 그날 밤을 크로지어 일행과 함께 보냈다. 아침이 되자 크로지어는 '물범'이라고 추측되는 단어를 끊임없이 되풀이하며 머물러 달라고 간청했다. 그러나 에스키모 가족들은 멀리 걸어가버렸다. 북극의 그 지역은 먹을 것이 극히 부족해 네 가족과 마흔 명의 남자를 먹일 수 없었다. 에스키모들은 알고 있었다.

몇 년 후에 에스키모들로부터 들은 크로지어의 간청 장면은 북극사에서 가장 흥미진진한 장면 중 하나다. 크로지어는 1845년에 성공의 부푼 꿈을 안고 영국을 떠났다. 장교로서는 요행이었다. 그러나 기술과 영국 해군의 전통이 과제를 완수하는 데 불

충분하다는 사실이 드러나자 그의 자아도취도 산산이 부서졌다. 그는 사회적으로나 도덕적으로 자신들보다 열등하다고 취급했던 사람들, 어느 면으로 보나 자신들의 문명에 비하면 아무것도 아니라고 생각했던 사람들에게 구걸할 정도로 몰락해 있었다.

해변에서 에스키모들을 만난 뒤로 크로지어와 부하들은 여러 면에서 훨씬 빈곤해졌다. 안쓰러울 정도로 자신들이 있는 땅을 몰랐기 때문이겠지만, 무엇을 대면할지 알 수 없었던 사람들은 길을 가면서 계속해서 물건들을 떨어뜨렸다. 나중에 맥클린톡이 해변에서 발견한 버려진 보트 안에는 새끼 염소 가죽으로 만든 장갑 한 짝과 풀로 엮은 담배 상자, 곱게 접은 푸른 선글라스가 든 양철통 하나, 송아지 가죽으로 테를 두르고 붉은 끈으로 묶은 침실용 슬리퍼 한 켤레, 델프트 청화백자 찻잔, 1831년에 주조된 6펜스짜리 동전 하나가 남아 있었다.

마지막으로 서른 명이 함께 죽은 곳에는 일찍 남쪽에서 올라온 흰기러기 떼를 잡아먹으려 했던 흔적이 있었다.

1923년에 크누드 라스무센은 애들레이드반도 배로우 협만에서 가까운 스타베이션(굶주림)만에서 잠시 걸음을 멈추고 추모 의식을 행했다. 물에 젖고 바람에 찢겨 읽을 수 없는 누더기가 된 탐험일지가 발견된 장소도 바로 이곳이었다.

라스무센에 이어 (그전에도) 다른 이들도 이 기념비적인 실패를 설명해줄 실마리들을 찾아냈다. 에스키모들의 증언에 비춰보면, 두 척의 배 중 한 척은 빅토리아 해협에 가라앉고, 다른

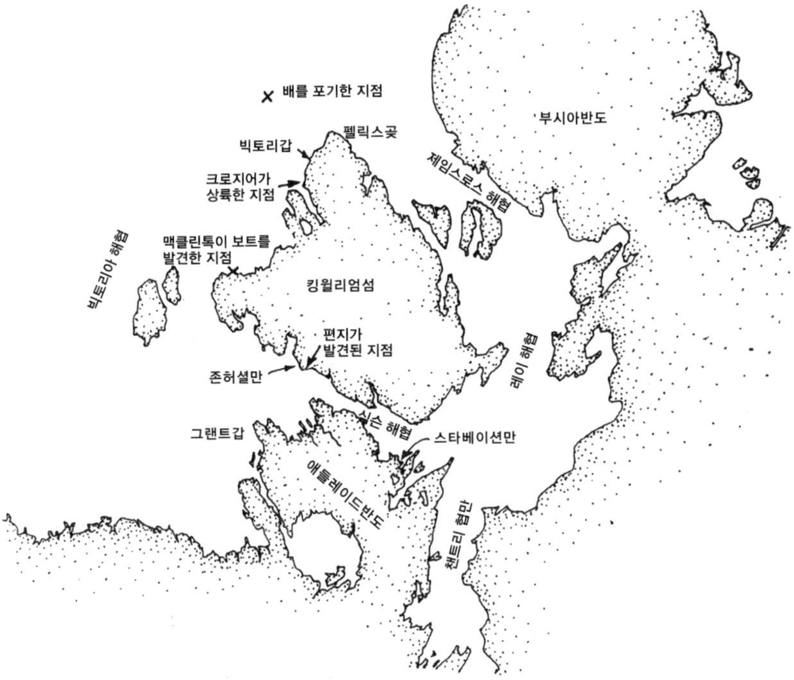

한 척은 애들레이드반도 그랜트갑 앞바다에서 가라앉은 것으로 보인다. 1967년에 캐나다 해군이 프랭클린 탐험대의 기록이나 유품, 발견되지 않은 매장지를 찾기 위해 일대를 샅샅이 뒤졌지만, 아무것도 찾아내지 못했다. 이 이야기의 마지막 묘비명을 적고자 하는 욕망은 아직도 북반구에 건재하다.

프랭클린 탐험대 수색이 공식적으로 끝난 지 2년쯤 지난 1856년경, 키학수아크라는 주술사가 먼 북쪽 어딘가에 알려지지 않은 에스키모들이 살고 있다고 단언했다. 마흔 명 정도의 에스키모가 배핀섬을 떠나 그들을 찾으러 나섰다. 그들은 서머싯섬에 갔다가 콘월리스섬으로 건너갔고, 다음으로는 데번섬 해안을 따라 동쪽으로 향했다. 반수가 넘는 사람들이 갔던 길을 되짚어 돌아왔다. 사냥이 어려웠던 데다 키학수아크의 선견을 완전히 믿을 수 없었기 때문이었다. 키학수아크의 머릿속 말고는 어디에도 없는 지도를 따라 몇 년을 돌아다닌 끝에, 그들은 1863년에 마침내 엘즈미어섬 새빈곶에서 해빙을 건너 그린란드 해안에 도착했다. 그리고 거기서 정말로 사람들을 찾아냈다. 그들은 그린란드 에타 근처에서 두 명의 남자를 만났다. 그중 한 명인 아카탁의 한쪽 다리는 영국 고래잡이 선원들이 선물해준 나무다리였다. 배핀섬 사람들은 그런 걸 본 적이 없었기 때문에 신기해했다.

그로부터 대여섯 해 동안 배핀섬 사람들은 대체로 시오라팔룩 주변의 폴라에스키모들 틈에서 살았다. 두 집단은 네오보레알 또는 소빙하기(1450~1850)라고 부르는 이상기온 기간에 갈라진 사이였다. 따뜻한 날씨가 돌아오자 동물의 종류와 개체수가 변하는 바람에, 폴라에스키모들의 사냥 성공률이 그다지 높지 않았다. 이상기온이 지속되는 동안 사냥에 필요한 기술들을 잃어버린 것이다. 배핀섬 사람들은 팔을 걸치기만 해도 한 사람이 너끈히 옮길 수 있는 바구니처럼 가벼운 카약을 만들고 다루는 법과 카리부를 잡을 때 쓰는 활과 화살 사용법과 이동하는 북극곤들매기 낚는 법 등을 다시 폴라에스키모들에게 가르쳤다.

유럽인들이 북극을 탐험하던 그때, 에스키모들도 자신의 땅을 탐험하며 새로이 적응하고 있었다는 사실을 유럽인들은 전혀 알지 못했다. 유럽인들은 북극을 특정 시간에 고정된 모습으로 생각했다. 왜소한 사람들이 사는 원시적인 풍경을 그린 그림으로 말이다. 유럽인들은 고요함과 추위를 생물학적 안정 상태로 착각했다. 그들은 북극의 어떤 것도 변하지 않는다고 생각했다. 그들에게 북극은 사막이자 황무지였다.

스테파운손을 비롯한 다른 이들은 나중에 그 지역에서 성공적으로 살아남은 한 미국 기병대 중위의 사례를 근거로 들며, '사냥감이 득실거리는' 지역에서 살아남지 못한 크로지어를 멸시했다.[13] 이런 비난은 부당하고 속 보이는 짓이었다. 설사 크로지어가 사냥을 알았더라도 그건 '스포츠'였지 그런 곳에서 심각하게 고려할 만한 것이 아니었다. 크로지어도 그의 부하들도 카리부나 사향소가 정말로 득실거리는 곳에서나 생존할 수 있었을 듯한데, 킹윌리엄섬과 애들레이반도는 확실히 그런 장소에 해당되지 않았다. 구할 수 있을 만한 동물은 물범뿐이었는데, 그들에겐 물범을 사냥할 만한 기술이 없었고, 무엇보다 그처럼 많은 인원을 먹여 살릴 만큼 물범이 많지도 않았다. 애초에 그 지역에 에스키모들이 드문 이유가 바로 그것이었다. 북극을 구석구석 풀이 우거진 땅, 또는 동물들이 넘쳐흐르는 땅이라고 광

13 1879년에 프레드릭 슈왓카와 두 동료는 50주 동안 허드슨만에서부터 킹윌리엄섬까지 왕복 5,150킬로미터를 주파했고, 그동안 거의 전적으로 땅에서 나는 것들로 연명했다.

고했던 스테파운손은 토착 동물들을 잡아 부하들을 먹이지 못한 그릴리도 공개적으로 비난했는데, 북극을 생물학적 사막이라고 본 영국인들의 잘못된 관념만큼이나 스테파운손의 관념도 형편없기는 마찬가지였다.

북극 동물들의 이동 경로는 분명하지 않다. 그러나 고고학 연구를 통해 베링해와 폭스 해분과 같이 문화적 발달이 있었던 북극의 핵심 지역들은 동물 개체수가 안정적으로 유지돼온 오랜 역사가 있음이 밝혀졌다. 그런 곳들에서조차 동물들은 계절적으로 존재한다. 카리부는 조상 대대로 내려오는 번식지가 있고, 새들은 조상 대대로 내려오는 군락지가 있다. 일각고래는 늘 애드미럴티 협만으로 온다. 그러나 때를 잘못 고르면, 그런 곳들마저 아무 일 없다는 듯 시치미를 뗀다.

어떤 땅은 정말로 비어 있다. 어떤 곳은 보기에만 비어 있다. 동물의 이동에 전혀 관심이 없는 사람들에게는 모든 곳이 비어 있다. 아주 소규모로 모여 머무르는 반유목민들의 존재가 주변에 동물이 있음을 나타낸다는 결정적인 사실을 그들은 파악하지 못한다. 한곳에 오래 머물지 않거나, 애초에 수가 그리 많지 않거나, 잡기가 몹시 어려운 동물인 경우다. 그게 아니라면, 더 영구적인 거주지에 더 많은 사람이 살고 있을 것이다. 땅은 비어 있지 않다. 다만 인간을 지탱해줄 동물들이 아주 특정하고 매우 제한적인 방식으로 득실거릴 뿐이다. 이런 사실을 알려면 그곳에 살아보거나, 아니면 그곳에 사는 사람들의 조언에 의존하는 수밖에 없다.

크로지어와 부하들은 정말로 자신들이 어떤 곳에 있는지를 몰라서 죽었다. 그들을 보호해주던 고치가 사라지자, 땅의 요소들이 한꺼번에 들이닥쳤다. 그들의 권위는 아무 소용이 없었다. 그들은 수가 너무 많았다. 그리고 무엇을 해야 할지 전혀 감을 잡지 못했다.

에스키모들은 피어리와 라스무센 같은, 종류가 다른 사람들을 기꺼이 북극으로 인도했다. 활력을 불어넣는 지도력과 개를 다루는 그들의 기술에 에스키모들은 감탄했다. 에스키모들은 사냥하는 사람들, 땅에 얽힌 사람들과 함께 여행하기를 좋아했다. 이런 여행에서 에스키모들이 의아해하는 거의 유일한 순간은 양철 상자에 쟁여 온 음식을 먹어가며 가장 황량한 지역을 지나 북극점으로 향하거나 그린란드 만년설을 건널 때뿐이었다. 에스키모들은 그런 곳에 별 관심을 두지 않았다. 사실은 그런 곳들을 두려워했다. 에스키모들이 그런 곳까지 간 이유는 그저 동행한 사람들을 존중했기 때문이었다.

이 에스키모들이 자기네 땅의 살아 있는 가장자리인 해안가로 돌아올 때 느끼는 안도감은 엄청났다. 그런 장면들은 대부분 애틋하고 불가사의한 감정을 일으킨다. 두 번째 툴레 탐험대가 우마르느나크에 도착하자 라스무센과 함께 굶주림의 여행에서 돌아온 동료 아다코는 먼저 물을 찾았다. 라스무센은 이렇게 썼다. "아다코는 웅크리고 앉아 두 손으로 피오르의 물을 움켜 얼굴에 문지르며 그 짜고 생생한 느낌을 들이킨다. 그는 물방울 속에서 바다코끼리와 일각고래와 물범 고기의 냄새를, 이제 우리의 시간을 더 멋지게 만들어줄 모든 살진 동물의 살냄새를 맡는다. 아름다운 바다! 나는 너를 안다, 마침내 집이다!"

1909년 4월 7일에 로버트 피어리는 지리적 북극점 부근에서 출발해 엘즈미어섬 컬럼비아곶과 셰리든곶 너머에 있는 자신의 배 루스벨트호로 향했다. 그는 동료 다섯 명과 썰매 다섯 대, 개 서른여덟 마리와 함께 전날 북극점에 도착했다. 나중에 엄격한 추궁을 받게 된 피어리는 태양 관측을 통해 위도 측정자료를 보증해줄 사람을 대동하지 않은 사실로 비난을 받았다. 피어리는 대답했다. 자신은 그곳에 설 자격이 없는 누군가와 영광을 나눌 생각이 없었으며, 자신이 보기에 그럴 자격이 있는 사람은 없었노라고.

그날 북극점에 있었던 사람들은 피어리가 자신의 명성에 하등의 위협이 되지 않는다고 판단한 사람들이었다. 사진을 보면 피어리가 미국 국기를 꽂아놓은 해빙 덩어리 앞 작은 얼음 언덕에는 다섯 사람이 서 있다. 오퀘아는 해군협회 깃발을 들고 있다. 오타흐는 피어리가 졸업한 대학의 남학생협회 휘장을 들고 있다. 에깅와는 '미국 혁명의 딸들'이라는 단체의 깃발을 들고 있고, 세글루는 적십자 깃발을 들고 있다. 피어리의 흑인 시종인 매튜 헨슨은 아마도 피어리가 가장 중요하게 생각했을 깃발, 지난 9년간 피어리가 간 네 군데 '최북단' 지점마다 놓아두고 온, 피어리가 만든 '북극기'를 들고 있다.

푸른 눈에 갈색 머리, 양 끝이 처진 덥수룩한 코밑수염을 기른 남자는 쉰세 살이었고, 북극점에서도 강건했다. 가까이서 보면 북방에서 보낸 23년의 세월이 사팔뜨기 눈과 비바람에 씻긴 얼굴에 드러났다. 그는 다른 사람들을 능가할 수 있는 업적, 근사하고 무너지지 않을 공적 하나를 얻으려 일생을 바쳤다. 이제 목적을 달성했다. 그러나 유력자 행세를 즐기며 사람들의 부러움을 받고 싶어 한 그 남자는 동시에 사랑받기를 원했다. 보든 대학을 졸업한 뒤에 그는 사랑하는 여성에게 편지를 썼다. "나는 주변 사람들이 원하든 원치 않든 늘 나를 좋아할 수밖에 없을 만큼 매력적인 성격을 가졌으면 싶소." 하지만 일은 그렇게 되지 않았다.

나이가 들어가고, 탐험을 나갈 때마다 나쁜 날씨를 만나는 불운이 계속되면서, 피어리는 갈수록 완고해지고 독불장군이 돼갔다. 그는 내심 자신이 실패했을지도 모른다고 생각하는 자만심 강한 사람들 특유의 신경질을 부려댔다. 생의 말엽으로 가면서 12개월 먼저 북극점에 도달했다는 프레드릭 쿡의 주장에 남들은 절대 알 수 없을 만큼 깊은 상처를 받은 피어리는 어찌해볼 도리 없는 안하무인이 됐다.

출간된 피어리의 일지 중, 아주 적긴 하지만 몇몇 부분은 명성에 매달리는 남자 이상의 사람, 거만함 뒤에 숨은 어떤 인물, 아내에 대한 애틋한 존중과 그보다 먼저 확고한 감수성과 연민을 가진 한 남자를 드러낸다. 번번이 가족을 내팽개치고 북극점에 도달하려고 했던 탓에, 모종의 인간적 의무와 책임을 저버린 탓에, 그는 스스로 말했듯이 자신이 '부당하리만큼 멍청한' 사람으로 인식되리라는 걸 알고 있었다. 그는 자기 회의에 시달렸고, 적어도 한 번은 자살을 생각했던 듯하다. 스스로 명성을 얻어낼 전망이 너무나 흐렸기 때문이었다.

위인들이 모두 그렇듯이 피어리도 괴짜들에게 괴롭힘을 당했고, 만족하지 못한 사람들에게 쫓겼다. 그는 끝없는 대중 연설과 인터뷰를 통한 자기 표절을 갈수록 혐오하게 되었다. 그의 무관심과 냉랭함, 그의 비열함과 교묘한 수완, 그의 뿌리 깊은 고독 모두가 그에게 엉겨들었기 때문이었다. 그리고 우리는 조금 누그러진 시선으로 그의 삶을 보게 된다. 부인을 제외하고는 아마 누구도 이해할 수 없는 뭔가가 그의 내부에서 일어났다. 동상으로 발가락 열 개를 모두 조금씩 잃은 1902년 이후, 그는 예의 그 미끄러지듯이 발을 끄는 걸음걸이로 수도 워싱턴의 국회의사당 상원 건물 복도를 지나고 거리를 걸었다. 그의 성공욕, 그 사람의 지닌 강박의 깊이와 강도는 그가 거쳐 간 대지에 관한 책을 읽는 사람의 상상을 완전히 뛰어넘는다.

어떻게 보자면 가장 눈에 띄는 20세기 북극 탐험가인 피어리와 스테파운손에게는 비슷한 구석이 있다. 둘 다 북극 개발과 관련해 평생에 걸친 명성을 쌓아올린 독불장군이었다. 둘 다 열정적이었고, 때로는 자신의 사업과 업적을 비양심적으로 띄우는 짓도 서슴지 않았다. 둘 다 북극 사업을 유지하는 데 필요하다면 동물들을 살육하는 일도 개의치 않았다. 둘 다에게 끈덕진 험담꾼들이 따라붙었다. 각자의 명성에 안주하게 되자, 둘은 듣기보다는 말하기를 좋아하는 사람이 되었고, 자신의 명성을 위해 생명과 노력을 바친 타인들을 망각하거나 부정하는 사람이 되었다. 그리고 많은 탐험가처럼, 사실은 운이 좋았을 뿐인 결과의 원인을 자신의 현명함과 주의 깊은 계획에 돌리며 으스댔다.

스테파운손은 북극 생태와 기후를 잘못 이해하고 있었지만 자기 생각을 끝까지 고집하고, 믿고, 지켰다. 이런 측면은 그의 저서 『친절한 북극』에 가장 명료하게 나타나는데, 여기서 그는 사람들, 특히 백인은 북극 어디에나 갈 수 있으며, 필요한 건 뭐든 땅이 내준다고 주장한다. 스테파운손은 이 개념에 너무 열중한 나머지 책이 대중적인 찬사를 받은 뒤로는 그 생각에 반하는 개념의 땅을 생각할 수조차 없었다. 의심하는 사람들에게 자기 생각이 옳다는 걸 증명하기 위해, 그는 가는 곳마다 동물을 죽이고는 옮기기 힘든 사체는 그냥 방치하곤 했다.

스테파운손은 사회진화론자이기도 했다. 그는 인종의 우열과 경제적 운명론을 믿었다. 1908년, 그는 북극으로 가는 길에 애서배스카강을 따라 늘어선, 석유를 퍼올리기 위해 불필요한 천연가스를 태우고 있는 불꽃의 모습에 매료되었다. 그는 이렇게 썼다. “이 불빛은 미지의 땅 북극의 영토에 문명과 경제 발전의 길을 밝히는 과학의 횃불이다.” 그에게 툰드라는 확장된 북미 평원이었다. 그는 소를 먹일 수 있는 ‘수십억 톤의 목초’가 매년 북방의 대초원에서 버려지는 현실을 개탄했다. 그는 카리부 같은 특정 야생동물들이 ‘땅을 망친다’라고 생각했고, 놈들이 목축과 농경 발달을 가로막기 때문에 없애야 한다고 느꼈다. 포식자 동물들을 욕하며 먹잇감이 되는 동물들만 보호하려고 싸웠던 시어도어 루스벨트처럼, 스테파운손도 인간의 운명에 대한 자기 믿음에 걸맞게 자연을 꾸미고 싶어 했다. 대단한 인기에도 불구하고 땅에 대한 그의 지식은 선택적이고 이기적이었다.

스테파운손은 비상한 결단력을 지닌 탐험가였지만 영감을 불어넣는 지도자는 아니었다. 그도 공공연히 인정했듯이, 사람에 대한 판단력이 형편없었다. 가끔은 고용한 사람들로부터 그가 하는 일에 대한 믿음을 얻어내지 못했다. 그리고 그는 계획의 중요한 세부 사항들을 무시하곤 했다. 그러나 그는 진정한 확신가였다. 그는 심각한 질병과 지독한 고독(1년 치 우편 가방에서 그에게 가는 개인적인 편지는 달랑 한 통이었다), 신체적 고통, 일부 동료들의 무례와 멸시 속에서도 1913년부터 1918년까지 스스로 세운 탐험 과제들을 완수하는 데 성공했다. (이 시기에 그는 북아메리카 고위도 북극 서쪽에서 브록섬과 보든섬을, 북쪽에서 미언섬을 발견했고, 그때까지도 모호했던 킹크리스천섬과 핀들레이 군도의 지형을 정의했으며, 보퍼트해에서 선구적인 수심 조사를 광범위하게 벌였다.)

1919년에 스테파운손은 캐나다 경제의 미래가 북방에 있으며, 북극해는 거대한 해안의 항구들과 얼음 밑을 오가는 잠수함들과 북극을 통과하는 비행기 노선들로 북적이는 '북극 지중해'가 될 운명이라는, 전에 없는 확신을 품고 북극에서 귀환했다. 회의적인 사람들을 설득하기 위해 그는 배핀섬 남부에서 순록을 기르는 계획을 추진했다. 이 어설프게 계획된 사업은 비참하게 끝나 스테파운손이 생각하는 북극이 어처구니없는 공상에 불과하다는 사실을 보여주었다.

그는 삶의 이 시기에 강연하러 돌아다니고 약속한 책과 기사를 쓰는 데 몰두하느라 스스로를 거의 소진하다시피 했고, 앞으로 북극 물류를 관리하는 기지로 쓰려면 캐나다가 러시아 소유인 브란겔섬을 요구해야 한다고 주장하는 심각한 판단 착오를 일으켰다. 이 건에 관한 캐나다의 처신은 결국 국제적인 망신을 샀다. 대실패의 끝을 맺은 이 비극적인 사건으로 사람들은 칼룩호 사건[14]을 떠올렸다. 스테파운손은 브란겔섬을 점거하기 위해 젊은 대학생 네 명과 (가죽 의복을 손질하고 수선할) 에스키모 여성 한 명으로 구성된 탐험대를 직접 꾸려 보냈다. 땅에서 나는 것으로 연명하라는 스테파운손의 지시를 따르던 네 남성은 죽었다. 여성은 살아남았다.

자신이 더는 캐나다에서 환영받지 못한다는 사실을 스테파운손이 알아채기 전에도, 수도 오타와는 수다스럽고 저돌적으로 자기 생각을 선전하는 그의 등 뒤에 '떠버리'라는 별명을 붙였다. 스테파운손의 성급한 북극 개발 주장은 땅에 대한 왜곡된

14 스테파운손이 이끄는 캐나다의 북극탐험대 기선 칼룩호가 1913년 8월에 탐험에 나섰다가 해빙에 갇혀 보퍼트해와 축치해를 표류한 끝에 부서져 가라앉았다. 선원들과 탐험대원들이 해빙을 건너 당도한 브란겔섬 해안에서 생존을 위한 사투를 벌이다 구조됐는데, 총 인원의 반수인 열한 명이 이미 사망한 뒤였다—옮긴이.

시각에 근거해 있었다. 그가 수행한 광범위한 탐험들을 생각하면 얄궂은 일이다. 그는 시대착오적인 인물이 되었다가, 마침내는 유전 개발과 광물 채굴, 사향소 목장 등 북방 경제 개발 계획을 주창하는 사람들의 영웅 비슷한 인물이 되었다.

성격이 좀 고압적이었지만, 스테파운손은 친해지기 쉬운 사려 깊은 사람이었다. 그는 지리적 발견의 순간을 선뜻 남과 나누었다. 다른 이들의 기술을 칭찬했으며, 자신의 전술과 계획의 실패를 쉽게 인정했다. 그가 썰매개들에게 보여준 동정심은 북극 탐험가 중에서도 이례적이었다. (그는 장기 탐험에서 짐을 줄이기 위해 썰매개를 잡아 동료 개들에게 먹인 난센과 피어리의 습관을 경멸했다. 『친절한 북극』에는 그의 고독을 적나라하게 보여주는 감동적이고도 통렬한 대목이 있는데, 스테파운손이 린디라는 개의 성격을 대단히 너그럽고 애틋하게 묘사하는 대목이다. 그는 "녀석이 죽으면서 나는 세상에서 가장 절친했던 친구를 잃었다. 녀석을 절대 잊지 못할 것이다"라고 글을 맺었다.)

이기적이고 오만한 사람들의 심기를 건드렸기 때문에, 또 자신의 이론을 결연히 주장했기 때문에, 스테파운손은 말년에 젊은이들의 우상이 되었다. 그는 자신이 아는 것을 젊은이들과 나누고 서재에 있는 방대한 책들을 추천하면서 즐거워했다. 한 친구가 말했듯, 그는 "당당하고 영원한 젊음의 철학을 가졌고, 반항심과 낙관주의로 충만했다." 스테파운손은 피어리와 같은 이유로 젊은이들을 좋아했다. 젊은이들은 그의 목표를 믿어주었고, 망설임 없이 열정적으로 눈앞의 일에 뛰어들었다. 그리고 그들은 충성스러웠다.

스테파운손은 오래 살았다. 그의 열정과 독립성은 많은 사람에게 감명을 주었다. 피어리의 삶은 1920년에 씁쓸하게 끝났다. 북극점에 도달했다는 그의 주장은 미국의 그릴리와 노르웨이의 스베르드루프와 난센 같은, 그가 공개적으로 비웃곤 했던 강력한 적들에 의해 반박됐다. 혼란스러운 그의 대중적 이미지는 부분적으로는 사람들이 그다지 중요하게 생각하지 않았던 목표에 그가 헌신적으로 매달렸다는 점에 기인한다. 1910년에 하원 발언자로 나선 펜실베이니아주 J. 햄튼 무어 의원이 피어리가 북극점 최초 도달자라는 주장을 지지하는 연설을 했는데, 이를 계기로 피어리가 받은 수많은 축하 전보 기록이 공개된 적이 있다. 상당히 미심쩍어하는 태프트 대통령의 격려 전보에서부터 아프리카 사파리 야영지에서 온, 미국인다운 자부심과 과장법으로 가득 찬 시어도어 루스벨트의 국제 전보까지, 다양했다.

피어리와 스테파운손 둘 다 북극에서 명성을 짜냈다. 진정한 대지와 스테파운손이 묘사한 대지 사이의 간극, 또는 소유할 수 없는 대지와 피어리가 전용한 대지 사이의 간극(두 간극 모두 기민한 홍보전을 통해 효과적으로 메워졌다)은 우리 시대에 보편적인 분쟁의 근원이다. 대지에 이름표가 붙을 수 있고, 이름표가 붙으면 조작할 수 있다는 사고. 집요하고 비인간적인 기술만 있으면 대지 안에 존재하는 어떠한 고유한 질서 또는 존엄도 부인할 수 있다는 사고 말이다.

피어리와 스테파운손은 또 특유의 행동력과 뚜렷한 목표로 추앙받는 유명인사였다. 그러나 그들을 괴롭힌, 그리고 그들이 북극에서 그처럼 피하려고 애쓴, 개인으로서의 불안정성과 고독은 몇 가지 딜레마를 생각해보게 한다. 개인의 '비참한' 고독, 사람을 성과에 대한 집착으로 밀어붙이는 그 고독, 효과적으로 사회의 안녕을 도모하기는커녕 저해하는 그 고독에는 어떤 의미가 있는가? 그리고 대지의 결말은 무엇이 될 것인가? 우리가 원하는 바가 무엇이든, 언제나 그에 맞춰 이용될 것인가, 아니면 언젠가는 그 자체의 존엄을 드러낼 것인가? 마지막으로, 대지가 위협을 받는다면, '영웅적인 것'의 성질을 어떻게 보아야 할 것인가?

1918년에 미국의 화가이자 삽화가인 락웰 켄트[15]가 아홉 살 난 아들인 꼬마 락웰을 데리고 알래스카 케나이반도 앞바다에 있는 폭스섬에 도착했다. 그는 이렇게 썼다. "남자 하나와 아이 하나, 북방의 낙원을 꿈꾸던 우리는 몽상가다운 꿈을 좇아 새로운 땅에 왔다. 우리는 그 꿈을 찾으러 왔다." 어떻게든 자신을 치유하고 또 아들과 친해질 기회를 찾아서였다. 그는 땅이 둘을

15 락웰 켄트Rockwell Kent, 1882~1971는 미국의 화가이자 삽화가, 판화가, 작가이며 허먼 멜빌의 소설 『모비딕』 삽화로 유명하다. 소로와 에머슨의 저작에서 영향을 많이 받았고, 캐나다의 풍경화가 집단인 '7인회'의 영향도 받았다. 초월주의 또는 신비주의 경향을 보였으며, 알래스카와 그린란드의 북극 풍경을 즐겨 그렸다—옮긴이.

도와 보살펴주리라 믿었다.

켄트는 20세기 미국인으로서는 범상치 않은 인물이었다. 사회주의자인 그는 시어도어 루스벨트가 말한 '부단히 노력하는 삶'을 살겠다고 공언했다. 그는 아이슬란드 사가에 나오는 극적인 사건들과 등장인물들에 자신을 투영했으며, 춥고 가혹하고 생존을 위협하는 환경에 매료됐다. 그는 신경질적이고 독선적이며 가끔은 자기보다 못하다고 느껴지는 사람들에게 무자비했지만, 한편으로는 감상적이고 이상적인 꿈을 좇는 사람이었다. 그리고 사회주의 신념과 화가와 사업가로서의 성공 간에 존재하는 명백한 모순에도 불구하고, 그는 온전함을 갖춘 사람이었다. 그는 자신의 예술과 영웅적인 산문을 통해 인간이 가진 근본적인 존엄과 인간 내면의 거룩한 성정을 역설했다. 삶에 대한 그의 열광은 순수했고 한계가 없었다. 그는 철저하게 자신의 신념을 반영하는 작품에 몰두했다.

켄트는 폭스섬에서 땅을 일궈 공원 같은 공간을 꾸미면서 몹시 기뻐했다. 그는 '당황스러울 정도로 복잡한 현대사회'로부터 멀어진 것에 흔연해했다. 야생에 대한 그의 환상은 일상이 요구하는 것들과는 늘 어느 정도 차이가 있었다. 일상은 '모험의 낭만이 가냘픈 실에 매달려 있음'을 깨닫게 했다. 켄트는 이 북방의 대지 속에서 자신의 원기를 돋우는 것이 땅 자체라기보다는 자신이 땅으로 만들어내는 것, 자신의 상상력이 색과 윤곽과 명암을 이용해 만들어내는 것이라는 점을 깨달았다. 대지에 대한 그의 애착은 열렬했다. 그는 알래스카에서는 물론, 그린란드에 여행을 갔을 때도 대지의 아름다움에 미학적으로 응답했다. 그리고 그 생활은 우편물을 챙기고 채식 식단을 꾸릴 장을 보러 오가는 수어드 마을이나 켄트의 오두막에서 불과 몇 미터 떨어진 집에 사는 이웃인 섬 주인의 지원과 같은, 켄트가 버리지 못한, 문명에 대한 모든 애착으로 지탱되었다.

6개월 후, 그와 아들이 떠날 때 이웃은 이렇게 말했다. "알래스카는 다 봤으니, 이제 뉴욕으로 돌아갔다가 다음에는 깊은 산속 같은 데서 몇 달 지내보는 것도 좋겠지." 그러나 켄트는 더 멀리 여행할 필요를 느끼지 못했다. 그는 예술혼을 자극하는 활력과 회복된 야생의 힘을 느끼고 있었다. 그것이 뉴욕으로 돌아가 결혼생활과 사회생활의 난관들을 대면할 힘을 주었다.

켄트가 겪은 상징적인 땅과의 경험, 상상력이 실제의 땅을 배경으로 하여 작동하는 방식은 스테파운손과 피어리가 겪었던 힘겨운 땅과의 만남과는 명백히 다르다. 그렇다고 그보다 비현실적이지는 않다. 그리고 대지 속에서 스스로를 발견하고, 압도적으로 명징하고 고유한 대지의 질서를 느끼고, 그 질서에 소속되는 켄트의 경험은 그런 외딴 곳을 여행하는 많은 20세기인의 목표다. 켄트의 경우처럼 극도로 상징적인 땅과의 관계는 인간 정신의 아주 고아한 성취라 할 수 있다. 그런 관계는 지도 제작이나 특정 대지에서 자라 나온 언어의 발달과 같은, 땅에 대한 하나의 섬세한 반응이다. 마음은 미를 상상하고 친밀함을 불러낼 수 있다. 융통성 없는 분석이 나무와 돌과 풀밖에 볼 수 없는 곳에서도 마음은 위안을 찾아낸다.

폭스섬에 잠시 머문 때로부터 11년 후인 1929년 7월에 켄트는 두 동료와 함께 그린란드 서해안의 산악 지형에 있는 카라약 피오르에서 난파당했다. 내륙으로 걷던 그들은 '달처럼 동그란' 어느 호수에 닿았다. 배를 난파시킨 돌풍이 여전히 불고 있었다. 켄트는 그 호수를 이렇게 기록했다.

> 자갈이 깔린 호숫가는 진초록색 물과 대조적으로 매끄럽고 깨끗하고 밝아 보였다. 우리는 호숫가로 내려가 호수를 두른 산의 장막을 바라보았다. 어두운 절벽들이 호수에서 하늘로 치솟았다. 그 높은 가장자리에서 급류가 쏟아져내렸다. 그리고 돌풍이 급류를 쳐올려 연기처럼 공중에 흩뿌렸다.
>
> 우리는 산들과 연기를 뿜는 폭포, 바람에 은색 물결이 이는 진초록 호수와 자갈투성이 물가와 둑을 장식하고 있는 꽃들을, 그 모든 것을 바라보며 서 있었다.

그중 한 명이 말했다. "우리는 지금 이곳에 있으려고 살아온 거야."

피어리가 자신의 북극 여행을 설명할 때 현저하게 드러나는 어떤 요소가 있는데, 나는 그것 때문에 격렬한 난파의 경험 뒤에 찾아온 이 고요한 아름다움의 순간을 떠올렸다. 내가 아는 한, 이 요소는 다른 북극 탐험가들의 경험과 느낌에서도 대체로 일관되게 나타난다. 처음으로 먼 북방의 땅을 가는 탐험가는 그 땅을 명성이나 돈, 사회적 특권, 유명한 상과 찬사를 얻어낼 수 있는 하나의 대상으로 지각했다. 이런 의도들이 사라지는 것은 아니지만, 탐험이 반복되면 아무래도 처음 시작할 때만큼 북극 여행이 강렬하거나 대단하게 생각되지는 않는 법이다. 그런 의도들은 점점 커지는 놀람과 경외심에 밀려 완화된다. 마치 땅이 천천히 인간에게 스며들며 그 천성의 미덕으로 처음의 동기들을 가려주듯이. 땅은 살아 있는 동물처럼 커진다. 땅은 인간이 표현할 수 없는 방식으로 인간을 겸허하게 만든다. 아름다워서만이 아니라 강력하기 때문이다. 그 힘은 명확한 아름다움과 생명을 품을 수 있는 포용력 사이의 긴장 관계에서 도출된다. 그 힘은 어둠과 빛이 어떻게 땅 안에서 함께 묶일 수 있는지에 대한 깨달음에서부터, 그리고 땅이 창조의 장이라는 느낌에서부터 마음속으로 흘러들기 시작한다.

우리 셋은 픽업트럭에 보트를 매달고 알래스카 종단 송유관 수송로를 따라 북쪽으로 이동하고 있었다. 수 킬로미터씩 차 한 대 보이지 않다가도 갑자기 호전적이고 저돌적인 거대한 트레일러가 자갈을 튕기며 차창을 스치듯 지나가곤 했다. 페어뱅크스에서 프루도만까지 가는 길은 지면에서 돋워진 번쩍거리는 송유관과 나란히 나 있었다. 여름 목초지 언덕 위로 구불구불 뻗은 흰 나무울타리처럼, 깨끗하게 손질된 간선도로에는 부자연스러운 정적이 감돌았다. 어느 저녁, 우리는 침식 방지를 위해 경사면과 도로 갓길에 풀씨와 비료를 뿌리는 외로운 작업 현장을 지나쳤다. 이곳에는 제멋대로인 툰드라가 생기는 일은 없을 것이다. 단정한 켄터키잔디 씨였으니까.

하루는 타이어에 구멍이 났다. 한 명이 장전한 총을 들고 30여 미터 밖에서 버드나무 저습지를 뒤집고 있는 암컷 회색곰과 일 년생 새끼를 감시하는 동안, 나머지 두 명이 타이어를 갈았다. 우리는 늑대를 딱 한 마리 봤다. 페어뱅크스에서 여러 생물학자가 가는 길에 늑대가 있는지 살펴봐달라는 부탁을 했다. 트럭 운전사들이 길 주변의 늑대들을 대부분 쏘아 죽였는데, 교통량이 뜸해진 요즘 늑대 몇 마리가 다시 나타나는 것 같다고 말이다. 우리가 지나가면 쇠부엉이들이 날아올랐다. 혼자 다니는 카리부 수컷들이 수줍은 물새 같은 가벼운 발걸음으로 재빨리 멀어졌다. 사가바너크툭 강가에서는 말코손바닥사슴들이 버드나무 잎을 뜯느라 연신 고개를 끄덕거리고 있었다. 긴 검은 발을 가진 붉은여우들이 뒤를 돌아보며 길을 따라 껑충거리며 앞서 뛰어갔다. 그날 밤 나는 동물들을, 그리고 그 길이 어떻게 그들 사이를 가로지르는지를 생각했다.

우리가 프루도만 유전지대에 도착한 그날 오후, 툰드라에는 햇빛이 빛나고 도로를 낸 제방들 사이에 생긴 직사각형 수면에서는 백조들이 평온하게 미끄러지고 있었다. 그러나 그 풍경은 내가 지금껏 북극에서 봐온 어떤 풍경보다 엄숙했다. 작은 건물이 한두 채씩 지평선 위에 서 있었다. 우물과 유정만이 간간이 눈에 띄는 서부 텍사스가 떠올랐다. 기름얼룩이 진 공터들에는 튼튼해 보이는 중장비가 느슨하게 풀어진 주먹처럼 가만히 앉아 있었다. 내가 신경 쓸 일이 아니었다. 그저 하룻밤을 묵으러

온 것뿐이니. 다음 날 아침이면 우리는 바다에 보트를 띄우고 존스 제도를 향해 서쪽으로 출발할 것이다.

우리가 머문 방갈로형 야영장은 값싼 부를 향한 희망과 풍파에 시달린 거친 피부에 배가 불룩한, 야구 모자를 쓴 관리자들의 불행과 비현실적인 몸매를 한 여성과 포커 끗발과 술과 들키지 않는 하룻밤을 원하는 젊은이들의 욕망으로 가득 찬 열악한 곳이었다. 바보가 아니라면 누구나 잡을 수 있는 부를 얘기하는 젊은 사람들의 얘기를 듣다 보면, 카페테리아에서 혼자 빚 얘기를 중얼거리며 자기 좌절의 흔적들을 뒤지고 있는 나이 든 남자들이 그 불행을 잘 버텨내지 못하는 것도 당연하다 싶었다.

다음 날 아침, 우리는 완전히 다른 세계로 떠났다. 과학의 세계. 그 사람들을 다른 채굴 현장으로, 새로운 속임수 속으로 보내게 될지도 모르는 계산과 자문에 쓰일 데이터를 모으러.

몇 달 후 어느 추운 3월의 아침, 나는 공적인 용무로 다시 프루도만을 찾았다. 공항에 마중 나온 젊고 깍듯한 홍보부 간부는 진지한 태도로 악수를 한 다음, 복합 산업시설을 돌아다니며 달게 될 몇 개의 배지 중 첫 번째 배지를 내 손에 쥐여주었다. 여러 도로 검문소와 건물 출입구에서 경찰이 신분증을 검사하고는 건성으로 미소를 지어 보였다. 이곳에서는 개인의 존엄이 잠시 부자연스럽게 큰 권위의 손아귀 안에 놓이게 될 때의 그 익숙한 냉기가 느껴진다. 여기서 성급하게 굴거나 당황하면, 작은 돌멩이처럼 열외가 되어 추가 조사를 받게 될 것임을 우리는 알고 있다. 미안하다는 투의 설명이 뒤따른다. 불만을 품은 전 직원이 벌인 산업스파이 짓이나 마약 거래의 가능성, 또는 환경을 빌미로 한 방해꾼들 탓이라고.

우리는 해빙 가장자리를 따라 차를 몰고 나가 멀리서 연안 굴착시설들을 살펴보았다. "걸어 다니기에는 너무 추워서요." 안내를 맡은 사람이 말했다. 마치 이렇게 멀리서 보는 것이 자신과 나의 책무에 형식적으로 합당하다는 듯이.

우리는 햇빛이 밝게 비치고 귀족적인 침묵이 감도는, 그 석유회사의 본부 건물에 있는 넓은 카페테리아에서 정장을 차려입고 향수를 뿌린 예절 바른 사람들과 정중하게 제자리를 지키고 있는 식물들 사이에서 점심을 먹었다. 음식은 완벽하게 조리되어 있었다. (나는 여기저기 얼룩이 진 올 풀린 카펫과 담뱃불 흔적이 역력한 식탁과 우울한 음식들과 달각거리는 멜라민 식기 소리가 나던 천장 낮은 어느 카페테리아를 생각했다.)

1번 집유기지로 가는 길에 우리는 생전 처음 보는 거대한 트레일러를 단 트럭에게 길을 비켜주느라 잠시 정차한다. 트레일러에 건물 한 채가 올라앉아 쿠파룩강으로 향하고 있다. 길가 도랑에는 방금 쓰러진 듯한 기중기가 햇빛을 받으며 여전히 운전석 밑 바퀴들을 굴리고 있다. 옆에 앉은 남자가 미소를 짓는다. 기온은 영하 33.3도다.

네 곳의 유전에서 퍼올린 기름이 1번 집유시설에서 냉각된다. 수분이 제거되고, 가스가 분리된다. 처음으로 땅 위로 나온 원유는 재빨리 비스듬한 각도의 관으로 이동해 번쩍거리는 간소한 글자판이 달린 탱크들에서 압축 저장된다. 페인트가 칠해진 콘크리트 바닥들에는 얼룩 하나 없다. 제멋대로 돌아다니는 공구나 걸레 쪼가리도 없다. 해가 될 만하거나 옷을 닳게 하는 것은 무엇이든 덧대고 감쌌다. 일련의 기밀식 출입구 또는 거대한 배 안에 있는 보일러실 같은 밝은 파스텔색 방들이 줄줄이 이어지며 지구 깊은 곳에서 나온 열기를 나른다. 아무도 보이지 않는다. 인간의 존재는 가로세로로 연결된 관 속에 든 야생의 액체, 그 정제되지 않은 원유를 통제하는 기계의 작동원리 속에 있다. 이곳에서 원유는 지시를 따르는 것 외에는 다른 방도가 없다.

기가 죽은 원유는 1번 펌프기지로 흘러간다.

펌프기지의 울타리 밖에 있는 안내소에는 눈이 날려 쌓여 있다. 아무도 여기에 오지 않는다. 이 계절에도. 나는 눈 더미를 딛고 올라가 지역 동식물 정보를 알리는 강화 아크릴 표지판에 들러붙은 딱딱해진 눈을 쓸어낸다. 누구에게도 폐를 끼치지 않겠다는 투의 명랑한 문장이다. 동물도 석유도 운명도, 모든 것이 제법 자연스럽게 어우러지게 되어 있는 듯이 보인다. 사람에 대해서는 말이 없다. 나는 격자 울타리와 철조망 너머에 있는 1번 펌프기지를 올려다본다. 포학한 트럭들과 온통 거칠고 투박한 공업기술만이 가득한 파이프의 땅인 이 툰드라 위, 외부와 분리된 건물 안쪽 구석진 곳에서 펌프들이 성실하게 일하고 있다. 저 바이킹의 풀무가 원유를 끌어오고 모으고 내보내서 무심한 브룩스산맥을 향해 스테인리스 실처럼 이어지며 한없이 남쪽으로 뻗은 저 직경 1.2미터짜리 파이프를 채우는 일은 불가능해 보인다.

어떤 곤란도, 어떤 야생도 보이지 않는다. 안내인이 붙은 방문자에게 이보다 더 차분하고 무해하고 예의 바를 수는 없을 것이다.

도저히 익숙해지지 않는 규모들이다. 나는 멀고 가까운 건물들을 바라보며 바람이 들이치는 안내소에 서 있다. 커내버럴곶에 있는 케네디 우주센터 발사장이 비슷한 풍경이었다는 걸 떠올린다. 이곳을 꽉 채운 특대형 장비 때문만이 아니라 위협, 숨어 있는 적들의 과장된 존재 때문이다. 얼굴이 얼어붙기 시작한다.

히터를 최대로 틀어놓은 푸른색 쉐보레 밴 안에 앉은 남자가 웃는다. 이보다 더 명랑한 안내인도 없을 것이다. 또 뭔가 먹어야 할 시간입니다, 뭐 그런 얘기인가 보다고 나는 생각한다. 나는 이 모든 공업기술의 최종적인 분출의 흔적인 반짝이는 송유관을 돌아본다. 이곳엔 사람이 너무 없어, 나는 계속 그 생각을 한다. 저 비인간적인 건물들 깊숙한 은신처에서 유일하게 살아 있는 것은 파이프 안에 든 데본기의 검은 액체뿐이다. 카페테리아로 돌아오는 길에 남자는 내게 석유산업을 어떻게 생각하냐고 묻는다. 캐묻는 것처럼 들리지 않게 하려고 노력하지만, 벌써 세 번째다. 나는 천천히 말한다. "전 석유산업에 대해서는 아무것도 모릅니다. 제 관심은 대부분 땅에 있어요. 우리가 이곳에 온 이유이자 우리가 본 것이기도 하고요. 전 사업분석가도 경제학자도 정책연구자도 아닙니다. 공업기술은 놀랍더군요.

제 생각에, 진짜 비용은 누구도 모르지 싶습니다."

저녁을 먹으면서 그가 이야기 하나를 들려준다. 몇 년 전, 그 건물 실내 중정에 자작나무가 세 그루 있었었단다. 9월이 되면 잎들이 마르면서 노랗게 변했다. 그리고는 그 상태로 제자리에 매달려 있었다. 공기가 너무 고요해서였다. 바람이랄 것이 없었다.

건물 관리부서에서 나온 남자가 나무를 흔들자 그제야 가을이 왔다.

안내인이 몇 킬로미터 떨어진 데드호스, 프루도베이 공항까지 바래다주기 전에 카페테리아가 있는 그 운영본부 건물을 구경시켜주겠다고 한다. 붉은 벨루어 천을 씌운 호사스러운 좌석이 줄줄이 놓인 영화관, 전자게임실들, 대형 텔레비전이 놓인 작은 방들, 당구대들, 체력 단련실들, 수영장, 스쿼시 코트들, 조깅 트랙, 또 텔레비전 방들, 소용돌이 욕조가 있는 치료실과 마사지실. 실내 온도는 저마다 완벽하다. 모든 것에는 쿠션이 얹히고, 카펫이 깔리고, 받침대가 달려 있다. 신경을 거스르는 소리 하나 없다. 얼룩 하나 없다. 어느 것에도 돈을 낼 필요가 없다. 그가 자기가 쓰는 방들을 보여준다.

순회를 끝내고 우리는 어느 난간에 서서 단열 유리창 너머로 툰드라에 내리는 푸른 밤을 내다본다. 나는 그에게 둘러보게 해줘서 고맙다고 인사한다. 우리는 서로가 마음에 들었다. 나는 그 모든 비용과 쾌적한 시설에 경탄한다. 그가 바깥에 쌓인 눈을 바라보며 심술궂은 미소를 짓는다. "도망 못 가도록 특별 대우하는 거죠."

북극을 여행하면서 산업 개발의 흔적과 마주치지 않기란 힘들다. 너무나 많은 물류, 교통, 통신 선로가 이곳을 지난다. 나는 몇 년 사이에 프루도만을 네댓 번 거쳐 갔고, 캐나다 군도의 납-아연 광산인 배핀섬 스트래스코나만에 있는 나니시빅 광산과 리틀콘월리스섬에 있는 폴라리스 광산을 모두 방문했다. 그리고 어느 겨울에는 멜빌섬 레이갑에 있는 팬아틱 석유회사 시설들과 매켄지킹섬과 로히드섬 앞바다에 있는 굴착기지들을 둘러봤다.

완벽하게 이유를 설명할 수는 없지만, 나는 이 모든 장소에 끌렸다. 대체로는 프루도만에서 느꼈던 혼란스러운 기분을 느꼈다. 고도로 복잡한 기술의 매혹, 붉은 벨루어와 공짜 아케이드 게임과 간식으로도 가릴 수 없는 고용인들의 음울한 상황을 보는 슬픔, 그리고 땅에 대한 무뚝뚝하고 거만한 태도와 그 폭력적인 표출 방식에 대한 걱정. 홍보 책자와 싸구려 소설들에서 얻은 정보로 북극을 안다고 말하는 가식에 대한 걱정도. 한 외딴 굴착기지 감독은 내가 사람들이 쉬는 날 건물 밖으로 산책을 나가기도 하는지 묻자 빈정대듯이 웃었다. "저 밖에 무엇이 있는지 신경 쓰는 사람은 아마 한 손으로도 셀 수 있을 거요." 그 말은 북극에 있는 대부분의 군사시설과 산업시설의 상황을 아주 잘 대변했다.

세심하게 가꾼 기업의 전시용 건물에서 멀어지면 산업 현장은 훨씬 암담해진다. 적어도 내 감수성으로 볼 때 제일 멀리 떨어진 기지들에 내가 아는 제일 슬픈 인간의 삶이 있다. 그 사회는 남성들로만 이뤄져 있다. 정해진 일정은 어떻게 구제해볼 엄두도 안 날 만큼 지루하다. 몰래 마약과 알코올이 반입된다. 도색잡지가 넘쳐난다. 그러다 문득 거기서 헤어날 수 없다는 걸, 그 잡지들이 가족에 대한 책임을 기피하는 태도를 조장한다는 걸 깨닫기 전까지는 별다른 문제를 느끼지도 못한다. 그곳에는 여성에 대한 불신과 저주가 있고, 그것이 사람을 불안하게 만든다. 여성과 기계와 땅이 모두 같은 식으로 얘기된다. 유혹, 길들이기, 지배, 통제. 물론 이런 관찰이 서구 문화에서 얘기하는 발달의 심리학에 새로운 통찰을 보태주지는 않는다. 그러나 이것은 이론의 문제가 아니다. 이것은 알래스카에서 면담한 비행기 승무원들의 얼굴에 난 상처들만큼이나 현실적인 문제다. 그들은 프루도만을 오가는 욕구불만 노동자들로부터 신체적 학대와 성적 학대를 당했다.

일부 기지의 분위기는 인종적인 파벌까지 존재하는 수준으로, 소규모 주립 교도소의 환경과 거의 다를 바가 없다. 이것이 미국 공장 생활의 일부다. 국가가 스스로를 꾸려온 추한 방식이고, 정치적·경제적 예언자들이 구출해주겠다고 호언장담하는, 우리가 빠져 있는 곤경이다. 이야기를 나눠본 노동자들 사이에는 후한 급여에도 불구하고 자신이 어떤 식으로든 사기를 당하고 있다는 의심이 팽배했다. 그 머슴 같은 상황에서 절대 벗어날 수 없을 거라는 패배감도 마찬가지였다. 그리고 그들은 누군가는, 어딘 가는 비난을 받아야 한다고 확신했다. 그들의 욕구 불만은 당연하게도 고용주와 과잉 교육을 받은 기술자들, 석유 지질학자들, 그리고 그들이 보기에 성장이나 증산에 대해 제대로 모르면서 비현실적인 비판만 하는 불특정 정치 집단이나 소수민족 단체로 향한다. 이런 남자들의 일부는 북극이 상처를 입기에는 너무 광대한, '바보 같은 새 몇 마리만 있는' 진짜 거대한 황무지라고 느낀다. 그런 곳의 악천후를 무릅쓰고 강한 인간이 성취해낸 것은 그게 무엇이든 본질적으로 옳다고 그들은 주장한다. 이런 논의는 대개 동일한 말로 끝을 맺는다. 그들은 묻듯이, 또는 냉소하듯이, 또는 믿을 수 없다는 듯이 말한다. "그 외에 이 땅이 무슨 소용이 있어요?"

북극 유전과 광산에서 일하는 노동자들은 땅속에 무엇이 있는가를 떠나 땅이 무슨 소용인지, 또는 땅의 미래가 어떻게 될 것인지, 또는 그 주민들과 동물들의 운명이 어떻게 될 것인지 설명하지 못할뿐더러 대체로는 관심조차 없다. 어느 날 한 굴착기지 감독이 단언하듯 말했다. "기술은 필연입니다. 사람들은 그저 그걸 머릿속에 집어넣는 수밖에 없지요." 많은 현장감독과 작업반장들의 감수성은, 극단적으로 말하자면 식민지배자에 가깝다. 어조는 성마르고, 말은 짧았다. 대체로 역사와 북극의 생태에 무지한 관점으로 사물을 바라보았고, 인간의 심리적 필요조건에 대해서는 무신경했으며, 무엇이든 자기 마음대로 조정하고 싶어 했다. 적어도 이런 측면에서 극단론자들의 입장이 확산된다. 수세에 몰렸다고 느끼거나 비판자들과 싸우게 된 노동자들은 제대로 뜻을 모르는 채 그런 입장을 되뇐다.

극단적인 얘기를 하는 사람들일수록 자신이 말하는 내용을 잘 이해하지 못한다는 인상을 주는 경우가 종종 있다. 그들은 그저 일자리를 유지하고 싶거나, 아니면 스스로의 의심을 없애고 싶은 건지도 모른다.

물론 광산과 유전지대에도 '돈을 보고' 저지르는 일들을 사석에서 비판하는 좀 다른 사람들이 있었다. 집단의 일원으로서 그들은 자신들이 하는 일에 일말의 책임을 느꼈다. 그들은 자기 직업을 그저 수입원으로만 보지 않았다. 학업을 계속할 만큼 충분한 돈을 벌고 나면 북극에 보답하고 싶다고 말하는 사람들이 많았다. 북극을 여행하고 북극에 관해 더 많은 책을 읽고 싶어 했다. 해를 끼치고 싶어 하지 않았고, 자신들이 끼쳤을지도 모르는 해악에 대해 불안해했다. 캐나다에서 만난 그들은 정부와 산업계가 함께 움직이는 공모의 위력을 두려워했다. 그것에 대항할 수 있는 저지력은 너무나 미약하다. 대부분 젊은 사람들이었다. 젊은 사람들 사이에서 이런 정서를 찾아보기는 어렵지 않았다.

어쨌든 좀 더 기억에 남고 궁극적으로 훨씬 유쾌했던 시간은 여러 자리를 통해 몇몇 나이 든 사람들로부터 업무 환경에 관한 생각을 들을 때였다. (감옥 생활과 비슷하다고 말했던 사람도 그런 경우였다.) 그들은 당당한 태도를 보이는 사오십 대의 노련한 남자들로서, 상황에 상관없이 사람들의 이목을 끄는 그런 종류의 사람들이다. 그들은 생각을 얘기할 때도 고집스럽거나 완고하지 않아서 입장을 헤아리기가 편하다. 그리고 속이 깊고 자기 자신을 잘 알고 있다는 인상을 준다.

그들은 산업과 관련된 잘못된 관행들과 땅과 사람을 동시에 고통스럽게 만드는 방식으로 땅과 사람을 내모는, 웃음기라곤 없는 탁상공론의 무지에 대해 고개를 절레절레 흔들었다. 그들은 생색내는 티 없이 자신들을 고용한 회사가 가끔은 분명한 잘못을 저지른다고, 때로는 불법적인 방식을 동원해 강압적으로 행동한다고 말했다. 그러나 그런 말들은 비판이라기보다는 어떤 상태에 대한 인식에 가까웠다. 그들은 가족들, 아내와 아이들에 대해서도 많은 이야기를 했다. 그들의 가족 얘기에는 너그러움과 무의식적인 찬탄이 담겨 있었다. 그런 사람들의 단정함 위에는 무엇이든 세울 수 있을 것이다.

그런 대화를 하다 보면 세상이 균형을 잡고 있거나, 아니면 최소한 그럴 의도가 있는 것처럼 보였다. 그 사람들이 매력적인 이유 하나는 땅의 건강과 인간의 운명이 분리된 문제가 아니라고 생각한다는 점이다. 나도 동의한다. 그리고 어느 날 저녁, 간이침대에 누워 있던 나는 각자의 운명이 동일한 문제, 즉 그 존엄의 근원이 무엇인지, 그 근원이 고유한 것인지 아닌지에 달려 있다는 사실을 분명하게 깨달았다.

그들 사이에서가 아니라 더 큰 사회적 맥락 안에서 볼 때, 그들 존엄의 근원은 더 우월한 자들의 승인, 자신과 동등한 지위에 있지 않은 사람들이 내리는 평가다. (그들은 대체로 현대 에스키모들의 삶에 문외한이지만, 외부인에 의해 끊임없이 비난

받고 평가받는 에스키모들의 처지에 직관적인 공감의 반응을 나타낸다.) 그들의 노동자로서의 존엄은 온전하지 않았다. 그러므로 자존감도 온전하지 않았다. 외부 관찰자들이 보기에, 그들은 땅과 마찬가지로 교묘한 조작의 대상이었다. 그들의 존엄은 외부에서 준 것이었다. 그 존엄은 지시에 따라 얼마나 잘 반응했는가에 따라 생기는 것이었다.

내 경험상, 북극에서 땅에 끼치는 해악에 아랑곳없이 고용인들의 업무를 지시하거나 자원 추출 작업을 효율화하려는 사람들 대부분은 자기 목표가 바람직하고 떳떳하며 모든 사람에게 인정받는다고 생각해서 그렇게 하고 있다. 그들 존엄의 근원은 사실상 자신들이 '공공의 선'에 복무하며 일하고 있다는 믿음에서 도출된다. 그들의 시각에서 보자면, 일하는 사람은 유쾌한 노동을 제공해야 하고, 시간을 엄수해야 하고, 위에서 지휘하는 더 큰 선의 개념에 헌신하는 모습을 보여줘야 한다. 그런 시각에서 보자면, 에스키모들이란 일단 술부터 깬 다음에 정신을 차리고 포부를 가진 중산층 임금생활자가 되거나, 아니면 '믿음직한 전통적인 에스키모', 즉 외부인들이 창조해낸 이상화된 비현실적인 사람들이 되어야 한다. 배경인 땅과 그 안의 동식물들도 뭐가 됐든 약간의 존엄이라도 획득하려면, 석유나 의약품, 식량, 영화 촬영 장소 등 뭔가를 생산해야 한다. 그러지 않으면 황무지일 뿐이다. 툰드라 황무지. 시간의 황무지.

물론 존엄이 없으면 사람들은 힘을 쓸 수 없다. 사람이나 땅에서 존엄을 벗겨내 보라, 그러면 우리는 면책특권과 가장 선한 동기들을 동원해서 사람이나 땅에 대해 어떤 계획이든 원하는 대로 집행할 수 있다. 일부에게는 유감스럽지만, 사악하지는 않은 현대적 기술은 이런 종류의 효율성을 의미한다. 다른 일부에게 현대적 기술은 사람과 땅을 점점 쇠약하게 만드는 불명예와 어떠한 경제적 안녕으로도 정당화될 수 없는, 고결함과 영혼의 소실을 의미한다.

이 해묵은 혼란 상황에 대한 해결책을 물었을 때, 내가 얘기했던 사람들 사이에서 나온 답은 이상적이었다. 그들은 선한 사람들의 의지를 믿었다. 그들은 상상력이라곤 한 톨도 없는 무신경하고 매수되기 쉬운 사람들로부터 생명이 걸린 의사결정권을 떼어낼 모종의 방법을 찾아낼 수 있으리라 생각했다. 그들은 말했다. 맞습니다. 남에게서 받은 존엄이 아니라 고유한 존엄이 개개인들로 하여금 사람과 땅을 난도질하는 기술을 어떻게 할 것인가라는 어려운 문제를 생각하고 행동하게 하는 최적의 입장에 서게 합니다. 그러나 그들은 어디서부터 시작해야 할지, 어디서 제일 먼저 확고한 변화들이 일어나야 하는지 알지 못했다.

한번은 친구와 함께 배핀섬 북부를 여행한 적이 있다. 우리는 서른 남짓한 에스키모들과 함께 해빙 가장자리에 세운 사냥용 야영지에 있었다. 습하고 바람이 부는 지독한 날씨였다. 어느 날 아침 난데없이 하늘에 헬리콥터가 나타나더니 야영지에 착륙했다. 하도 오래 거기에 있어서 그랬는지, 우리는 처음에 살짝 당황했다. 한 남자가 내려 우리가 쓰고 있던 텐트로 왔다. 어느 운송회사 사장이었다. 그는 최근에 애드미럴티 협만을 운항하게 된 광석 운반용 쇄빙선이 에스키모들의 사냥에 부정적인 영향을 주거나 해빙 위를 오가는 데 불편을 주지는 않는지 걱정했다. (배가 지나가며 압력을 주기 때문에 날이 따뜻해지면 얼음이 예측할 수 없는 형태로 부서진다. 그 길에 현혹된 일각고래들이 치명적인 사브새트에 갇히거나, 배 엔진의 소음에 놀란 일각고래들이 에스키모들이 사냥하는 빙원끝에서 도망칠 수도 있다.)

그 사람의 방문에는 몇 가지 흔치 않은 면모들이 있었다. 먼저, 에스키모들은 사실상 자신들의 삶의 방향에 결정적인 영향을 주는 의사결정자인 '수장'과 직접 얘기해본 적이 없다. 보통은 10여 명의 중개자에게 가로막혀 접근이 저지된다. 둘째, 중요한 사람들은 매우 촉박한 일정에 따라 움직이는 데다 수행원들을 대동하는 경우가 많아서 길고 진지한 대화가 거의 불가능하다. 셋째, 누구든 그처럼 정확하게 사정을 알고 관심을 보이는 경우는 흔치 않다. 그 남자는 사냥꾼 몇 명에게 헬리콥터를 타고 64킬로미터에 이르는 배의 자취를 따라가며 시찰해보자고 제안했다. 또 에스키모들이 원하는 곳이면 어디든 내려주겠다고도 했다. 사냥꾼들은 하늘에서 상황을 볼 수 있는 기회에 기뻐하며 그를 따라나섰다.

그 일이 끝난 후 남자는 자신의 배려에 대해 에스키모들이 보내는 진정한 감사의 물결을 느끼며 떠날 수도 있었다. 그러나 그는 머물렀다. 사냥용 야영지 텐트 안에 앉아 귀리빵과 차와 함께 대접받은 '지역 음식'을 먹었다. 그는 어떤 상황을 요약하거나 설명하려 하지 않았다. 자신의 관심을 과시하기 위해 여러 질문을 던져대지도 않았다. 그는 그저 조용히 앉아서 먹었다. 그는 얼이 빠져서 쳐다보는 아이에게 귀리빵 한 조각을 들려주며 날씨에 대해 몇 마디 얘기를 던졌다. 동석한 사람들에게 던지는 짧은 감사 인사와 이런 낯선 환경을 받아들이는 그의 태도 덕분에 텐트 안에 있던 모든 사람이 편안해했다. 그 특별한 순간의 존엄은 그가 혼자서도 구축해낼 수 있었던 호의의 분위기 속에서 생겨났다.

그는 한 시간 이상을 앉아 있었다. 그리고 작별 인사를 하고 떠났다. 광막함 속의 한 찰나였다. 그러나 그것은 멋진 한순간이자 누구나 취할 수 있는 하나의 몸짓이었다.

어느 화창한 7월 아침, 나는 콘월리스섬 레졸루트에서 비행기를 타고 엘즈미어섬 북부 유레카에 있는 어느 캐나다 측후소로 향했다. 무릎에는 항공지도를 펴놓았다. 나는 고도와 지도를 이용해 역사책에서 본, 걸어 다니며 본, 오랜 거주민들과 얘기하며 들은, 땅이 내놓은 먹거리를 먹으면서 느낀, 땅에 의해 정의됐다고 느끼는 사람들과 함께 여행하면서 경험한, 내가 아는 그 땅을 확증할 수 있었다. 웰링턴 해협 위쪽에는 바다코끼리들이 있었다. 우리는 오랫동안 섬으로 오인된, 헨리 그리넬의 이름을 딴 그리넬반도를 지났다. 저 멀리 서쪽으로 페니 해협 해빙 안에 언제나 변함없이 자리하고 있는 폴리니아의 검은 물이 보였고, 동쪽으로는 언젠가 기회가 있다면 겨울에 한번 서보고 싶은 사이먼스반도 남단인 존스만의 곶이 보였다.

우리는 오토 스베르드루프가 탐험했던 액슬하이버그섬의 남동쪽 모서리로 접근했다. 굿프라이데이만. 서프라이즈 피오르. 울프 피오르. 피오르들의 정상에는 조수가 닿지 않는 빙하가 거대한 머뭇거림처럼 갈색 계곡들 위에 올라앉아 있었다. 동쪽에서 비치는 햇빛 속에서 나는 애리조나의 산맥들과 콜로라도 고원의 협곡 색깔을 떠올렸다. 황토색에 가까운 갈색, 빛바랜 황갈색, 무딘 노란색. 나는 액슬하이버그섬의 풍경에 매료됐다. 맑은 대기 중에 보이는 먼 산들, 하얀 빙하 능선에 쏟아져내린 깎아지른 회색 바위 비탈들, 어두운 산과 극명한 대조를 이루며 여기저기 뿌려진 담녹색 식물들이 아침 햇빛을 받아 마치 잘 닦은 유리창을 사이에 둔 것처럼 생생하게 보였다. 나는 이 섬이 내가 상상할 수 있는 어느 곳보다 외진 곳이란 점을 깨달았다. 북방에서 수많은 나날을 보냈으면서도 나는 처음으로 선을 넘어 고위도 북극으로 들어간다는 느낌을 받았다. 산을 내려갈 때 느껴지곤 하는 그런 기압골 중 하나를 통과한 것 같은 느낌이었다.

머릿속이 명징해지면서 무릎에 놓인 지도의 근삿값들이 놀랍고도 이상해 보였다. 나는 서쪽으로 모카 피오르를, 두 개의 희끄무레한 석고 돔 사이에 일렬로 늘어선 호수를 보았다. 그 너머에는 얼룩덜룩한 무늬가 수 놓인 중습성 툰드라가 있었다. 다양한 색조의 갈색과 검은색과 흰색이 너무나 선명해서 손으로 만질 수 있을 것 같았다. 이곳의 아름다움은 피부로 느낄 수 있는 아름다움이다. 우리는 이 아름다움을 몸으로 느낀다. 때로 그 아름다움에 닿기가 두려워지는 이유가 그래서다. 다른 아름다움은 그저 심장을, 아니면 머리를 취한다.

나는 한동안 시간 가는 줄도 모르고 넋을 잃었다. 액슬하이버그의 암벽들에서 나는 어릴 때 생각했던 산의 모습을 발견했다. 그 산의 모습에서 달리 표현할 말이 없어 그저 어렴풋이 기도라고 부르는 인식이 나온다. 그 순간 나는 한 사람의 인간으로서 내가 사랑하는 존재들, 부모와 아내, 아이들과 친구들에 대한 사랑을 얼굴이 붉어질 정도로 숨이 막히게 느꼈다. 겨울 툰드라 위에서 정지된 삶의 가혹한 증거들과 배핀섬에서 저녁 산책을 하며 느낀 '이록'의 강렬한 맛, 아하알릭 아하알릭 하고 해빙 위에서 들리는 바다꿩 소리.

갑자기 모카 피오르의 갈색 흙 위에 올라앉은 눈 더미가 보이자 나는 수어드반도를 가로질러 뒷발로 뛰어가던, 키가 90센티미터쯤 되었던 그 수백 마리의 북극토끼들이 생생하게 떠올랐다. 액슬하이버그의 고요함 속에서 나는 처음으로 전인미답의 땅 가장자리에 선 것 같은 기분을 느꼈다.

그런 강렬한 환상은 빛과 맑은 대기, 그리고 아무리 없애려 해봐도 없어지지 않는, 무언가를 이해하고자 하는 욕망 때문이다. 나는 땅의 어렴풋한 윤곽 속에서, 땅과 땅이 포함하고 있는 모든 것에 대한 연상 속에서, 인간의 삶이 스스로를 가다듬고 살아남을 길을 발견한다. 땅을 들여다보는 일은 그 땅에 깃든 사람들을 절대 잊지 않는 일이다.

땅과의 관계가 지속되려면 상호적이어야 한다. '땅은 우리에게 식량을 제공한다' 정도의 수준이라면, 이해하기는 어렵지 않다. 식전 기도에서도 자주 그런 상호관계가 언급되니까. '땅은 우리에게 아름답거나 두렵게 보이고, 우리에게 영향을 준다'라는 수준이라면, 또는 '땅은 우리에게 신비를 들춰낼 은유와 상징을 제공한다'라는 수준이라면 상호관계의 본질을 정의하는 일은 어려워진다. 책임 있는 태도, 어쩌면 소유의 몸짓에 불과할지도 모르겠지만, 명확하게 설명하기는 어려운, 어떤 예의를 지키려는 태도 속에서, 우리는 존엄이 등장할 수 있는 존중의 관계를 확립한다. 그런 땅과의 당당한 관계로부터 우리 각자의 삶을 관통하는 당당한 관계들로의 확장을 상상해볼 수 있는 것이다. 각각의 관계는 동일한 온전함으로 형성되었고, 그 온전함은 먼저 마음이 말하도록 만든다. 땅 안에 있는 존재들은 늘 변화하면서도 서로 완벽하게 들어맞는다. 나는 눈앞에서 본 빛, 아주 가벼운 바람, 새의 목소리, 씨앗 꼬투리의 방향과 똑같은 방식으로 내 삶의 질서가 갖춰지기를 바란다. 이 나무랄 데 없고 부정할 수 없는 온전함에 나도 끼고 싶다.

인류의 가장 오래된 꿈 중 하나는 살아 있는 모든 존재를 아우르는 존엄을 찾는 것이다. 그리고 인간의 가장 위대한 바람 중 하나는 그런 존엄을 우리 각자의 꿈으로, 많든 적든 본보기로 삼을 수 있도록 각자의 삶으로 가져오는 것이다. 이를 위한 투쟁이 투쟁이 된 이유는, 성인의 감수성이 삶의 모든 어두운 맥락들을 포괄할 수 있는 어떤 방법을 찾아야만 하기 때문일 것이다. 하나의 방법은 인간의 계획이 닿지 않은 땅, 원초적인 질서가 충만한 땅에 어떤 일이 일어나는지 주의를 기울이는 것이다.

우리가 추구하는 존엄은 계몽철학자들이 설명한 것을 뛰어넘는다. 외부의 누군가에 의해서 주어지는 것이 아닌, 고유한 특성으로서의 존엄을 이해할 수 있도록 더 근본적인 계몽이 필요하다. 그리고 그 공통의 존엄에는 땅과 땅의 식물들과 동물들이 포함되어야 한다. 그러지 않으면 그것은 꾸며낸 이야기일 뿐, 본래 그러해야 할, 산다는 일의 본질에 대한 인식이 아니다.

잘 설계된 데다 믿음직해서 북극 어디에서나 짐마차처럼 사용되는 '쌍수달'이 고위도 북극 오아시스인 포샤임반도의 구불구불한 고지대를 벗어나 유레카 활주로에 접근하기 시작했다. 나는 북쪽에서 먹이를 먹고 있는 사향소를 보았다.

배핀섬 남단에 엘리자베스 여왕이 '메타 인코그니타'라고 명명한 반도가 있다. 보통 '알려지지 않은 가장자리' 또는 '신비의 땅'이라 번역된다. (프로비셔는 이 반도가 북아메리카 대륙의 해안이라고 생각했다.) 그러나 엘리자베스 여왕이 다른 의미를 심중에 뒀을 수도 있다. '메타'라는 단어는 엄격하게 말해서 '원뿔'을 뜻한다. 고대 로마에서는 콜로세움의 경주로 양쪽 끝에 전차들이 반환할 수 있도록 세운 탑을 메타라고 불렀다. 엘리자베스 여왕이 그와 비슷한 경주로를 염두에 뒀을지도 모른다. 메타 코그니타, 알려진 존재인 런던과 미지의 존재인, 프로비셔가 발견한 땅, 메타 인코그니타. 그렇다면 북아메리카는 이 경주로의 먼 끝에 있는 반환점이며, 영국은 그곳에 다가가고 있다고 느끼는 어떤 존재인 셈이다. 그리고 영국은 결국 미지의 의미를 돌아 집으로 향하게 될 것이다.

유럽 문화는 아직 이 방향전환을 하지 않았다고 나는 생각한다. 북아메리카에 보존된 지혜를, 야생의 땅이 가진 풍부함과 신성함 속에 존재하는 지혜를, 인간의 삶이 펼쳐지는 데에, 혼란스러운 인간의 영혼이 머무는 데에 땅이 어떤 의미를 지닐 수 있는지를 아직 이해하지 못하는 것이다.

머릿속에 떠오른 또 하나의 문구는 그보다 모호하다. 『노스 조지아 신문』의 표제에 실린 라틴어 표어인 '페르 프레타 학테누스 네가타'. 있을 수 없다고 생각했던 곤경에 처했다는 의미다. 그러나 이 말은 미지의 바다를 끊임없이 헤치고 나간다는 뜻도 품고 있다. 인간의 삶을 가장 풍부하게 표현하는 두 첨단인 공포와 성취를 동시에 말하는 셈이다.

비행기가 착륙했다. 햇빛이 슬리드 피오르의 바다 위에 어른거렸다. 측후소에서 늑대 같은 개 여섯 마리가 버펄로라도 쓰러뜨릴 것 같은 육중한 걸음으로 우리에게 다가왔다. 나는 손을 뻗어 조심스럽게 머리를 쓰다듬었다.

나오며

영원히 살아 숨 쉬는 땅

먼 산의 이름은 세부오쿡, 베링해에 있는 세인트로렌스섬 북서쪽 곶의 표지다. 우리가 있는 해빙에서는 동쪽에 보이는 저 돌출물이 하늘과 바다를 분간해주는 유일한 지표다. 깨지고 얼음에 깎이고 파도에 쓸린 세부오쿡산의 조각들인 검은 자갈 해변 위로 층층이 눈 쌓인 깎아지른 현무암 절벽이 솟아 있다. 저 산의 서쪽 비탈이다. 나는 거기 갬벨 마을에서 유픽족 사람들과 함께 바다코끼리를 잡으러 봄 해빙 위로 나온 참이다.

내가 보기에, 우리는 러시아 해역에 있다. 그리고 세상 사람들의 정의에 따르면, 우리는 날짜변경선을 넘어 제멋대로 '내일'에 가 있다. 무슨 무슨 국제법 위반입네 하는 것들을 유픽 사람들은 그다지 신경 쓰지 않는다. 특히 사냥하는 동안에는 더 그렇다. 피가 눈을 물들이고, 이어 살코기 더미와 두꺼운 지방 덩어리들과 바다코끼리 가죽이 쌓이는 곳에서, 상아 엄니가 이국적인 불쏘시개처럼 한데 쌓인 곳에서, 나는 고위도 러시아의 해안을 바라본다. 저곳에 살고 있는 사람들이 머릿속에 담고 있는 범주들과 구체적인 욕망과 역사에 대한 이해가 유픽 동료들이 나와 다른 만큼이나 내 머릿속과 다르다는 사실을 새삼 떠올린다.

이처럼 해빙에서 바다코끼리를 도살하는 일은 여전히 좀 불편하다. 가혹한 땅, 취약한 보트, 잡은 동물의 엄청난 크기와 힘이 합쳐져 불안감이 가중된다. 이곳에서 짐승을 죽이는 일은 인간이 생존하기 위한 단순한 한 요소일 뿐임을 알고 있지만, 죽이는 일은 신경을 거스른다.

우리는 보트에 짐을 실었다. 일행 한 명이 개 두 마리를 구조했다. 러시아 마을에서 도망쳐 나왔거나, 아니면 이곳 해빙 위에 버려진 녀석들이다. 보트 여러 척이 모여들어 뱃전과 뱃전을 맞댄 채 개를 살펴본다. 털이 이상할 정도로 짧고 썰매를 끌기에는 체구가 작은, 시베리안허스키보다 작은 녀석들이다. 그러나 사람들은 녀석들이 전형적인 러시아 썰매개라고 장담했다.

우리는 바다코끼리 고기와 가죽, 물범과 뿔쇠오리, 큰부리바다오리, 상아와 러시아 개들을 싣고 멀리 솟은 세부오쿡 발치에 있는 집으로 방향을 튼다. 해안에 닿자 우리 네 사람은 어깨로 보트를 밀어 멀찌감치 해변 위로 올려놓는다. 싣고 온 것들을 내가 신세지고 있는 집의 젊은이가 썰매에 옮겨 담는다. 그가 혼다 삼륜 오토바이 뒤에 썰매를 매달고 눈길을 달려 집으로 멀어진다. 우리 식사거리다. 우리는 총과 장비들, 작살과 부표와 밧줄, 여벌의 옷과 휴대용 라디오를 모두 챙겨 든다. 나는 여전히 사냥 장면들을 이리저리 생각하느라 마지막까지 해변을 뜨지 못한다.

그런 일들에 아무리 마음을 다잡아봐도, 아무리 폭넓은 인류학적 식견을 갖고 있어도, 아무리 음식에 대한 애착이나 동료들과 함께하고자 하는 열망이 강해도, 동물을 죽이는 걸 봤다는 사실은 변하지 않는다. 우리는 피가 튀고 호흡이 격해지고 물이 텀벙거리는 그 중요한 순간, 바다에서 끌려 나온 바다코끼리의 가축우리 같은 고약한 냄새와 매캐한 화약 냄새 속에서 서로 밀접하게 관련된 두 주제와 마주친다. 동물이란 무엇인가? 죽음이란 무엇인가? 그 순간은 혼비백산할 만큼 놀랍고 귀에 거슬리게 시끄럽지만, 동시에 고요하다. 감사의 말을 읊조리며 고기 조각을 진녹색 바다로 띄워 보내는 사람들의 모습은 뭔가에 놀란 듯한 거대한 동물의 문득 부릅뜬 눈만큼이나 선명하게 기억에 남아 있다.

나는 썰매 자국을 따라 해변을 지나 마을로 걸어간다. 눈에 난 활주부 자국 사이에 가느다란 선혈 자국이 보인다. 고기와 가죽을 말리는 건조용 격자 선반에서 흘러내린 자국이다. 눈 위의 핏자국은 삶이 계속된다는, 다른 생명이 이어간다는 하나의 신호다. 그 핏자국의 존재가 잔인성으로 오인될 때가 너무나 흔하다.

나는 장갑 낀 손으로 표류목으로 만든 고기 건조대를 만져본다. 누구나 유픽 사람들에게 금방 애정을 느낀다. 특히 여전히 대체로 고유의 전통을 따르는 행사들에 초대받았을 때는 더. 사냥하러 떠나고, 사냥하고, 집으로 돌아오고, 식구 수대로 음식을 나누는 행사의 전 과정이 누구나 쉽게 전염되는 행복감을 만들어낸다. 이런 측면에서 보면 유픽 사람들은 완벽하게 자신을 꾸려갈 수 있는 존재들이며, 자신의 할 일을 올바르게 해내는 존재들로 보인다. 같이 여행해보면, 그 방대하고 정확한 지식과 영적·전문가적 자신감이 대조적으로 우리 문화의 진부함과 뿌리 없음을 드러내준다.

나는 자주 사냥이란 걸 곱씹는다. 사냥은 에스키모와 땅의 관계를 가장 극적이고 간결하게 표현하는 행위지만, 아직도 외부인들이 생각하기에는 가장 난처하고 신경 쓰이는 행위다. 벗어날 수 없는 화폐 경제의 압박에 시달리고, 손쉽게 입수할 수 있는 현대적 무기들이 등장하면서, 사냥 관행도 변해왔다. 많은 에스키모 가족들이 여전히 식량의 많은 부분을 땅에서 얻고 있지만, 지금 식량을 얻는 방식은 예전과 다르다. 유픽족의 시간이 옛날 어느 시점에 멈췄어야 한다는 듯이, 사람들은 이들의 방식이 '진짜가 아니다'라며 자주 비난한다.

그러나 내가 사냥을 걱정한 이유는 다르다. 바로 야곱이 형 에서에게 끝없이 청해야만 했던 화해와 동료 엔키두의 죽음을 겪은 길가메시의 비통함 때문이었다. 우리는 문명화된 인간과 수렵사회 사이의 간극을 메울 방법을 정확하게 알지 못한다. 보어인이었던 작가 로렌스 반 데르 포스트는 우리 편견의 원형적 희생양이었던 칼라하리 사막 수렵민들과 오랜 친분을 유지했다. 그는 이 간극을 우리가 창조한 "기만과 살육의 심연"이라 불렀다. 그런 사회가 존재한다는 사실 자체가 우리에겐 하나의 경고이자 부분적으로는 우리 역사를 기입할 때 부딪히는 문제다. 우리는 주변의 존재들보다 돋보이기 위해 스스로의 역사를 조정한다. 우리는 우리를 불편하게 만드는 수렵민 조상들과의 관계도 끊는다. 그 조상들은 건방지고 난폭한 포식동물들과 너무 가까이 서 있다. 우리가 보기에 수렵 문화들은 너무 야만적이다. 그들의 유죄를 입증하면서, 우리는 그들의 삶의 방식이 사라지는 것이 '불가피'하다고 생각한다. 그러나 내가 북극에서 만난 사람들이나 반 데르 포스트처럼 예민한 방문자들의 증언을 통해, 우리는 여하한 가치가 이런 사람들과 함께있음을 알고 있다.

에스키모들을 생각하면 히바쿠샤들을 생각할 때처럼 안쓰럽다. 히바쿠샤는 '피폭자'라는 뜻의 일본어로 히로시마와 나가사키의 영향으로 계속 고통받는 사람들을 뜻한다. 에스키모들은 길고 느린 폭발 속에 갇혀 있다. 그들이 알았던 좋은 삶의 방식이 붕괴하고 있다. 문명의 세련되고 신랄한 목소리는 그들의 식견이 그저 소소할 뿐이라고 주장하지만, 그렇지 않다.

나는 그날 바다코끼리 떼를 보며 떠오른 생각을 기억한다. 바다코끼리를 더 잘 이해하고 그로부터 위안을 받으려면, 인간은 바다코끼리를 더 인간답게 만들어야 하나? 바다코끼리가 이 땅에서 낯설어지는 문제는 어떻게 할 것인가?

나는 사람들이 찾아 헤매고 또 결국은 찾아내는 아름다움이란 것이 땅에 있다고 생각한다. 그리고 이 깊고도 드문 아름다움의 한쪽 끝은 복잡한 역설과 다른 존재들의 용서를 받아들이는 것이다. 우리는 혼자가 아니다.

나는 오랫동안 눈에 스며든 핏자국을 바라보다가 몸을 돌려 마을을 나왔다. 집들이 늘어선 자갈 해변이 해빙에 가려 사라지는 지점을 향해 북쪽으로 걸었다. 북극을 돌아다닐 때는 동물이나 빛과 어둠의 범위나, 시간과 공간, 역사, 지도, 예술을 인식하는 방식을 재고하게 만드는 움직임 같은, 물리적인 대지에만 집중할 수 있다. 우리는 주위를 잊고, 예를 들자면 북극곰의 복잡한 생활사 같은 것에 완전히 몰두할 수 있다. 그러나 눈에 보이지 않는, 시간을 초월한 땅의 힘, 아름다운 것과 두려운 것을 하나로 묶어주는 그 힘은 집요하다. 그 힘은 고대나 현대 할 것 없이 모든 문화를 관통한다. 땅은 우리 안으로 파고든다. 그리고 우리는 땅이 무엇을 의미하는지, 그 땅을 우리가 어떻게 할 것인지를 놓고 갈 길을 정해야 한다.

우리 문화와 에스키모 문화의 유구한 차이 하나는 땅을 있는 그대로 받아들일 것이냐, 아니면 다른 어떤 것으로 변화시키려는 의지를 발휘하느냐다. 여전히 전통적인 에스키모들의 원대한 삶의 과제는 이미 주어져 있는 현실과의 일치를 얻는 것이다. 앨버트 슈바이처의 표현에 따르자면, 주어진 현실, 현실의 땅은 "장엄 속의 공포, 명징함 속의 부조리, 기쁨 속의 고통"이다. 우리는 이 역설 안에 든 교훈을 대단하게 평가하지 않는다. 우리는 고분고분하게 변화될 수 있는 땅에 더 높은 점수를 준다. 우리는 땅의 조건들이 인간의 행복을 보장하도록, 일자리를 제공하고 물질적인 부와 편의를 만들어내도록 바뀔 수 있다고 믿는다. 그렇다면 각 문화는 땅에서 다른 종류의 신성, 다른 종류의 계시, 다른 종류의 위안을 발견하는 셈이다.

드러나지 않는 지혜를 갖춘 에스키모들도 땅을 바꾸는 우리의 능력에 압도된다. 그러나 순수한 생물학적 진화의 오랜 패턴은 인간의 의지가 자연 질서의 불변하는 측면들과 격렬하게 충돌할 수밖에 없다고 강력하게 주장한다. 이 사실만으로도 시간과 공간의 본성을 비롯해 다른 (만들어진) 이분법적 사고들에 대해, 희망과 의지의 발현 간의 관계에 대해, 인간의 삶에서 꿈과 신화가 맡은 역할에 대해, 땅과의 오랜 사귐이 갖는 치유의 측면에 대해, 원주민 문화들에게 물어볼 이유는 충분한 듯싶다.

우리는 북극과 남극, 고비·사하라·모하비 사막 같은 데를 원시의 땅이라 생각하는 경향이 있지만, 사실 원시는 고사하고 고대의 땅도 없다. 게다가 불변하는 땅도 없다. 비었거나 저개발된 땅도 없다. 기술의 지원을 받아 개선될 수 있는 땅도 없다. 땅은 다른 모든 짐승을 담고 있는 한 마리의 짐승이다. 원기 왕성하고, 살아 있다. 땅이 가진 끊임없는 창조의 개념에 대해서는 우주론자의 편에 서고, 시간적이고 공간적인 역설의 개념에서는 물리학자의 편에 서서, 저마다 다른 땅들의 미묘한 아취와 유연함을 볼 수 있다면, 우리는 땅에게 말걸 수 있다. 땅은 북극

여우나 난쟁이자작나무나 파이 중간자처럼, 자기 속에 품은 더 작은 존재들과 똑같이 그 자체가 하나의 신비의 도가니다. 또 땅은 그처럼 변하지 않을 것 같은 오리온자리의 말머리성운처럼, 자기를 품은 더 큰 존재들과 똑같이 그 자체로 하나의 신비의 도가니다. 땅은 인간의 창조력을 위해서만 존재하는 무대가 아니다. 땅과 어떠한 숭고한 대화도 나누지 않는 일, 땅과의 상호 존중을 감지하지 못하는 일, 땅의 고삐를 죄거나 우리가 좋아하지 않는 땅의 조건들을 비난하는 일은 어떤 확실한 비겁함과 인간의 구상에 대한 지나치게 강한 편애를 보여준다.

세부오쿡산 밑에 있는 마을에서 멀어질수록 바람이 거세졌다. 나는 파카 모자를 더 깊게 눌러썼다. 장화 밑에서 눈이 뽀득거렸다. 바람에 쓸린 눈밭에서 검은 자갈밭으로 나가자 발을 내디딜 때마다 몸이 비틀거렸다. 습한 추위 속에서 해변의 돌멩이들이 덜걱거렸다. 보라색과 짙은 황색 무늬가 진 석양은 이미 오래전에 기울었다. 하늘은 천천히 흐르는 바다나 별과 별 사이를 흐르는 물결처럼 조용한 파스텔 색조로 흔들리고 있다. 석양의 색은 이제 해돋이의 색이 되었다. 북극의 경계에 내리는 천상의 빛.

나는 해빙 가장자리의 돌덩이들 위에 서서 북방의 진짜 '에스트레초 데 아니안(아니안 해협)'인 베링해를 마주 보았다. 동쪽에는 미국의 수어드반도가 있고, 서쪽에는 러시아 마가단 지구의 축치반도가 있다. 모두 선사시대 북극 문화 중에서 가장 풍요로웠던 초기 베링해 문화 사람들이 묻힌 곳이다. 1976년 여름에 M. A. 칠레노프가 이끄는 러시아 발굴단이 축치반도 남동쪽 세니아빈 해협 이티그란섬에서 500년 된 유적지를 발견했다. 그 유적지 해변에는 760미터 길이로 나란히 북극고래 머리뼈와 턱뼈가 늘어선 흔적이 있다. 돌과 흙으로 만든 구조물 몇 채와 고기를 저장하는 구덩이들도 딸려 있다. 여전히 많은 머리뼈가 엄격한 기하학적 모양을 그리며 수직으로 땅에 박혀 있다. 칠레노프와 동료들은 그 부근이 '신성구역'이며, 고도로 숙련된 고래잡이 수렵 문화의 선택된 집단이 제사의식을 행했을 것이라고 추측했다. 그 수렵 문화는 세인트로렌스섬을 포함해 북쪽 데즈네프곶에서부터 프로비던스만에 이르는 지역에서 번성한 푸누크 문화와 이어진 것으로 보였다.

'고래뼈 오솔길'로 알려진 이 유적지에 푸누크 사냥꾼들이 살았고, 그중 일부는 본보기가 되는 삶을 살았을 것이다. 아마 그들은 고래에게 어떤 말을 해야 갑자기 당황하거나 그 죽음의 무게를 느끼지 않게 되는지 정확하게 알았을 것이다. 나는 우리가 죽인 바다코끼리 모습을 떠올리지만, 무슨 말을 해야 할지는 알 수 없다.

아직까지 어떤 문화도 의식이 성장하면서 직면하게 된 딜레마를 해결하지 못했다. 피, 모든 생명에 내재된 그 공포를 번연히 알면서, 자신이 속한 문화는 물론, 자기 안에 있는 어둠도 목도하면서, 어떻게 도덕적이고 자비로운 존재로 살 수 있는가? 사람이 진정한 어른이 되는 단계가 있다면, 삶이 이어진다는 사실에 존재하는 역설을 파악하고 그런 모순 한가운데에서 살아가는 생명에 대한 책임을 받아들이는 때일 것이다. 사람은 모순의 한가운데를 살아내야 한다. 모든 모순이 일거에 제거되는 순간, 삶도 붕괴하기 때문이다. 우리를 짓누르는 중요한 질문 중 몇 가지는 그냥 답이 없는 질문이다. 우리는 계속해서 살아야 한다. 우리의 삶이 빛에 다가가려 한 하나의 고귀한 표현이 되도록 애쓰면서.

나는 얼음과 저 먼 개수로 검은 물을 바라보며 세인트로렌스 섬 끝자락에 한참 서 있었다. 어스름과 바람과 으슬으슬한 추위 속에서 정리되지 않은 그날의 기억들이 독특한 체취처럼 나를 둘러쌌다. 날카로운 빛줄기처럼 듬성듬성 떠오르는 다른 기억들 틈에서도 끈질긴 그 당혹감은 여전했다. 나는 그 층위들을 생각했다. 차가운 녹색 물속에서 요동치며 죽어가는 바다코끼리, 사냥꾼 개개인의 마음, 관찰자의 마음을. 바다코끼리 살코기를 먹는 나와 똑같이 먹이를 먹는 바다코끼리의 생각, 바로 그것에 대하여. 바다코끼리에 관한 책의 글귀들. 바다 위로 바다코끼리 가죽 보트들을 끌고 다니는 작살에 감긴, 바다코끼리 가죽으로 만든 끈들. 내 머릿속에 있는, 바윗덩어리만큼 묵직한 머리뼈에서 튀어나온 엄니의 곡선과 무게. 내가 이 춥고 갈수록 거세지는 바람을 맞으며 서 있는 사이, 마을에서는 벌써 뜨거운 바다코끼리 스튜가 다 끓었을 것이다. 세부오쿡산 발치에서는 깃발톱멧새들이 버려진 바다코끼리 머리뼈 속에 둥지를 튼다.

흰갈매기들이 지나간다. 빙간 수로에는 삭정이 같은 다리를 한 지느러미발도요들이 있다. 멀리 날아가는 바다쩡 떼와 가마우지 몇 마리도 보인다. 너무 멀어서 확인할 수는 없지만, 저기 검게 보이는 부분이 수천 마리의 뿔쇠오리일 수도 있다. 저기엔 고래들도 있다. 오늘 저녁 산책에서만 예닐곱 마리의 귀신고래를 봤다. 그리고 비둘기색 하늘만큼이나 파리한 얼음. 바람이 해수면을 일으킨다. 빙간 수로를 지나간 물범의 흔적은 사라졌다. 나는 고개 숙여 절했다. 주 의회나 국회를, 종교를, 서로 다투는 경제학 이론들을 모르는 저 존재들에게, 저 충실한 삶의 신비에 관한 하나의 표현을 향해, 나는 절했다.

나는 베링해 너머를 바라보았다. 그리고 두 손을 파카 가슴께에 엇갈려 대고 북쪽을 향해, 생명이 가득한 저 거대한 해협과 얼음과 바다를 향해 허리 굽혀 절했다. 나는 지구의 북쪽 가장자리에 걸린 엷은 노란색 하늘을 위해 잠시 허리를 숙인 채 가만히 있었다. 나는 등이 아파 오고 내 마음속 범주들과 구상들과 계획들과 사고들이 비워질 때까지 가만히 있었다. 나는 땅 위에, 피부로 느껴지는 아름다움의 장소에 선 내 삶의 한순간을 증명하는 단순한 증거 앞에 절했다.

그때 얼핏 내 욕망을 본 것도 같았다. 그 땅과 동물들은 꿈을 좇다가 마지막에서야 발견하는 어떤 것과 같다. 진짜 땅의 가장자리가 내가 꿈꾸던 어떤 것의 가장자리와 하나가 되었다. 그러나 내가 꿈꾸던 것은 그저 하나의 유형, 뭔가 아름다운 빛의 유형이었을 뿐이다. 꿈과 현실을 하나로 만드는 상상력의 끊임없는 작용이 인간 진화의 한 표현이라고, 나는 생각했다. 내가 인식한 그 욕망은 잠시만이라도 지혜와 창조가 마치 빛처럼 가없이 온 누리에 가득한 상태, 이전에는 영원한 패배의 신호였던 바로 그 어둠 속으로 흡수되는 상태에 도달하는 것이다.

그 세계가 어떤 세계든, 그 세계는 저 멀리 있다. 그러나 그 윤곽은, 그 전조는 이 땅에 분명하게 드러난다. 그리고 이 때문에 우리는 우리가 길을 찾아내리라는, 실질적인 희망을 품을 수 있다.

나는 다시 북방을 향해 깊이 절했다. 그리고 남쪽으로 돌아서서 어두운 자갈밭 사이로 온 길을 더듬어 마을로 향했다. 나는 내가 본 모든 것에 대한 감사의 마음으로 가득했다.

감사의 말

이 책을 쓰느라 많은 빚을 졌다. 특히 함께 북극을 여행한 이들에게 깊은 감사의 마음을 전한다. 먼저 보퍼트해와 축치해, 베링해 해안 연구 때 동행한 박식하고 순수한 동료들인 로이드 로우리와 밥 넬슨, 케이시 프로스트 그리고 브룩스산맥과 유콘강 상류의 넬치나 분지, 세인트로렌스섬까지 알래스카를 두루 함께 여행한 밥 스티븐슨에게 감사의 마음을 전한다. 배핀섬 북부에서 많은 도움을 준 케리 핀리, 베링해의 봄 해빙과 북극고래들에게 안내해준 돈 융블라드, 캐나다 제도에서 북극곰들을 소개해준 레이 슈와인스버그, 뱅크스섬 동료들인 릭 윌과 베키 콜, 셜린 스미스, 빌 애버크롬비 그리고 핑곡섬에서 함께한 브루스 딘포드에게도 감사의 마음을 전한다.

엠브이수독호 선원들에게도 많은 신세를 졌다. 특히 인내심을 가지고 내 질문에 성실히 답변해준 선장 피트 슈로터와 해빙 항해사인 닐스 요르겐슨, 삼등항해사 장 뤽 베다르, 이등기관사 앙드레 질에게 감사한다. 또 해양대기국 소속 오셔노그래퍼호 승무원들, 팩아틱사 굴착기지인 '케이프 매먼'과 '화이트피시'에서 일하는 분들과 레이갑과 멜빌섬에 있는 팬아틱사 기지 관계자들이 보여준 진정한 환대와 지원에 감사의 마음을 보낸다.

현장 조사 기간에 몇몇 기관으로부터 다양한 지원을 받았다. 알래스카에서는 주정부 어로야생동물국의 도움을 받았고, 캐나다에서는 에너지광산자원부 산하 북극대륙붕프로젝트와 재생가능자원부 산하 야생관리국, 노스웨스트준주 주정부, 환경부 산하 대기환경청의 도움을 받았다. 또 많은 도움을 준 팬아틱사와 소하이오(스탠더드오일 오하이오) 알래스카석유사, 코민코 홍보부 직원들에게 감사한다.

크로스비해운의 콜린 크로스비가 없었더라면 존 데이비스와 윌리엄 패리의 항적을 제대로 짚어내지 못했을 것이다. 북극대륙붕프로젝트 관리자 조지 홉슨의 도움과 어떻게든 자리를 마련해주곤 했던 비행사 던컨 그랜트가 없었더라면 그처럼 캐나다 제도 이곳저곳을 여행하지 못했을 것이다. 이 자리를 빌려 진심으로 감사드린다.

많은 과학자가 장황하고 지루한 인터뷰에 아낌없이 시간을 내주었다. 앞에서 이미 언급한 분들도 있지만, 특히 앤 건, 켄트 잉포르스, 토르 라르센, 데니스 앤드리아쉐크, 존 번즈, 미치 테일러, 마사 로버스, 클리프 히키, 피터 슐리더만, 밥 제인스에게 감사의 마음을 전하고 싶다. 크리스티안 비베, 프랭크 밀러, 머레이 뉴먼, 릭 데이비스, 제임스 헬머, 다이앤 라이언즈, 해리엇 크리칠리, 폴 헨릭슨, 그렉 갤릭, 샘 루치아니, 가이 팔머도 극히 중요한 인터뷰에 응해주었다.

불쑥 뛰어든 나를 이해하고 존중해준 여러 원주민 마을 분들에게는 아무리 많은 감사의 마음을 보내도 모자랄 것 같다. 아낌없이 시간을 내준 분 중에서도 특히 소중한 말씀과 경험을 들려준 조지 농오크, 버논 슬로코, 알렉스 아케야, 밥 아흐곡, 올라이욱 나카타박, 데이비드 칼룩에게 존경을 보낸다. 쿠야나믹('감사합니다'라는 뜻의 이누티투트어).

여행하면서 먹고 잠잘 곳이 마땅치 않은 적이 많았다. 그럴 때마다 나를 집 안으로 맞아준 모든 분에게 심심한 감사의 인사를 드리고 싶다.

피터 슐리더만은 관대하게도 캘거리에 있는 북미북극연구소 도서관과 작업 공간을 이용할 수 있는 특전을 베풀어주었고, 칼린 캐벗은 아주 중요한 시기에 와이오밍 켈리시에 있는 테튼과학대에 작업할 장소를 제공해주었다. 마틴 앤토니티와 케리 핀리는 각각 라틴어와 이누티투트어 번역을 도와주었다. 많은 분이 자료 요청에 흔쾌히 응해주셨다. 특히 포경선 컴브리안호의 자료를 제공해준 킹스턴어폰헐 타운독스 박물관의 아서 크레들랜드와 북극곰 관련 자료를 제공해준 스티브 암스트루프, 말콤 램제이, 고든 스턴하우스, 사향소 관련 자료를 제공해준 데이비드 그레이, 아비새 관련 자료를 제공해준 짐 레비슨, 바다코끼리 관련 자료를 제공해준 버드 페이, 오다크섬에 관한 데이터를 제공해준 앤소니 히긴스, 에드워드 이스라엘에 관한 정보를 제공해준 마티 그로스먼에게 감사의 마음을 전한다.

원고를 쓰는 동안 지원해준 『하퍼스』의 루이스 래펌, 『노스아메리칸 리뷰』의 로블리 윌슨, 『아웃사이드』의 존 래스머스, 『러닝』의 폴 페리에게도 감사를 전한다.

짤막하게만 얘기를 나눴지만 내 생각과 의도를 정리하는 데 도움을 준 몇몇 분이 있다. 그런 역할을 해준 테드 머래로, 모리스 헤이콕, 예른 토마센, 마틴 루스, 케이스 퀸랜에게 감사를 전한다.

이 책에 담긴 생각 중에는 북극에 별다른 직접적 관심을 두지 않았던 친구들과 얘기하다가 떠올린 것들이 제법 있다. 정확하게 누구에게 감사해야 하는지 가리기는 어렵지만, 그들은 함께 여행한 동료들만큼이나 현실적인 도움을 주었다. 이런 능력을 발휘해준 딕 쇼월터, 토니 비즐리, 차이나 갤런드에게 감사한다.

자료조사원과 타이피스트로 큰 도움을 준 이사벨 스털링에게는 특히 신세를 많이 졌다.

마지막으로, 오랜 작업 기간 동안 나를 믿어주고 통찰력 있는 안목으로 각 단계의 원고를 읽어준 편집자 로리 쉬펠린과 대리인 피터 슐츠에게 감사한다.

그리고 언제나처럼 따뜻한 마음과 넉넉한 품, 든든한 지지를 보내주는 안식처 같은 아내 샌드라.

한없이 깊은 감사의 마음을 보낸다.

미주

1 훨씬 심각한 우려를 자아내는 북극 관련 사안과 흐름에는 다음과 같은 것들이 있다. 정부 지원을 받는 합작회사인 캐나다 팬아틱오일사가 북극해에 산업폐기물을 투기한 혐의로 유죄판결을 받음. 에너지 개발을 위한 정부의 토지 수용 계획을 거부한 세 곳의 에스키모 마을에 대해 퀘벡 주정부가 정치적 실체로 인정하지 않겠다는 고시 게재. 미국의 기후를 개선하기 위해 베링 해협에 댐을 쌓거나, 알래스카 톰슨 곶에 수심이 깊은 항구를 만들기 위해 원자력 장비들을 이용하는 등의 어처구니없는 초대형 토목공사 추진. 촉박한 환경 데이터 마감 일자에 맞추기 위해 급하게 기획되어 동물들을 다치게 하거나 죽게 하는 결과를 내는 형편없는 야생 생물 조사 계획들. 캐나다 서북극의 활머리 이동 경로의 예와 같은 '사소한 증가에 의한 파멸' 현상들. 석유 및 광물 탐사 요원들, 정부관리들, 과학자들과 부유한 개인들이 광범위하게 저지르는 북극의 고고학 유적지들에 대한 파괴 행위. 북극 공유 수역의 오염 관리 책임에 관한 명료하지 않은 법적 이해. 천연자원 개발로부터 고위도 북극의 위태로운 야생 생물 서식지를 보호하는 문제에 대한 캐나다 정부의 미온적인 태도. 그리고 마지막으로, 순수한 과학 연구 계획들이 산업 확장과 결부된 연구 계획들로 전환되는 문제. 러시아 북부의 중앙 지역에서 배출되어 일대를 덮고 있는 매연에 대한 우려도 있다. 이런 문제들에 대한 보다 자세한 내용은 다음의 자료를 참조하라. John Livingston, *Arctic Oil*(1981); Boyce Richardson, *Strangers Devour the Land*(1976); Thomas R. Berger, Northern Frontier, *Northern Homeland*(1977); Gurston Dacks, *A Choice of Futures*(1981); Milton Freeman, @Proceedings: First International Symposium on Renewable Resources and the Economy of the North (1981); David N. Nettleship and Pauline Smith, eds., Ecological Sites in Northern Canada (1975).

2 '에스키모'라는 단어는 프랑스어 'Esquimaux'에서 왔는데, 이는 '날고기를 먹는 자'라는 뜻을 가진 알곤킨족의 단어인 '에스키포트'에서 왔을 가

능성이 있다. 일부 에스키모들은 이런 명칭이 현대인들에게 잘못된 인상을 심어준다고 느끼고 스스로를 지칭할 때 다른 용어를 사용한다. 가장 널리 사용되는 용어인 '이누이트'는 명확하게 말하자면 캐나다 동북극의 에스키모들을 지칭한다. 베링 해 지역의 에스키모들은 대신에 '유픽'이라 불리는 것을 선호하며, 알래스카 노스슬로프 지역의 에스키모들은 '이누피아트', 매켄지 강 삼각주 지역의 에스키모들은 '이누비알루이트'를 선호한다. 나는 16세기 이후로 유럽인 탐험가들이 만나왔던 북극의 원주민들을 두루 지칭하기 위해 '에스키모'라는 단어를 쓰기로 했다. ('에스키모'라는 단어의 기원과 현재의 용어 사용 현황은 다음을 참조하라. David Damas's Introduction to Arctic, volume 5 in the *Handbook of North American Indians serie*, pp. 5-7, 1984.) 이 역사 시기에 등장하는 에스키모들은 키가 작고 다부진 체격에 손과 발이 작고 사지도 상대적으로 짧은 편이다. 얼굴에 살집이 두툼하고 눈구석주름(몽고주름이라고도 한다. 내안각부에서 코 쪽으로 활 모양으로 뻗어 있는 주름으로, 특히 몽골족의 눈에 특징적으로 나타난다. 이를 제거하거나 교정하는 수술이 소위 말하는 앞트임 수술이다)이 있는 경우가 많아 상대적으로 최근(북미 인디언들보다 더 최근)에 아시아에서 기원했음을 보여준다. 이들의 얼굴 특징들과 신체 비율은 신체가 어느 정도 추위에 적응했음을 보여주는데, 기초 물질대사도 (코카서스 인종과 비교했을 때) 약간 높은 것으로 나온다. 그러나 포화지방의 함량이 높은 전통 식단과 아주 뛰어난 보온 기능을 갖춘 의복이 이들이 성공적으로 북극에서 생활하는 데 더 크게 기여했다. 다른 특징으로는 아래턱이 좀 더 크고 콧잔등이 낮은 것을 들 수 있다. 에스키모의 심리와 사상에 대한 생각들을 다음의 자료에서 접할 수 있다. Knud Rasmussen, *Intellectual Culture of the Iglulik Eskimos. Report of the 5th Thule Expedition, 1921-1924*, vol. 7, no. 1 (1929); Jean Briggs, *Never in Anger*(1970); Edmund Carpenter, *Eskimo Realities*(1973); Richard Nelson, *Hunters of the Northern Ice*(1969); Hugh Brody, *The People's Land*(1975); Franz Boas, *The Central Eskimo*(1888); *Inuit Land Use and Occupancy Project, vol. 1*, edited by Milton Freeman(1976); Jean Blodgett/The Winnipeg Art Gallery, *The Coming and Going of the Shaman: Eskimo Shamanism and Art*(1978); Edwin S. Hall, *The Eskimo Storyteller: Folktales from Noatak, Alaska*(1975).

3 지축이 기울어진 채 지구가 스물네 시간 단위로 자전(하루가 만들어진다)하고 1년 단위로 태양 주위로 공전(계절이 만들어진다)하는 두 가지 운동을 하기 때문에 균일하지 않은 조도(照度) 패턴이 생겨난다. 왼손엔 공을, 오른손엔 자를 똑바로 들고 두 팔을 쭉 편 다음 자를 공 쪽으로 기울여보자. 이제 팔을 교차해서 둘의 자리를 바꿔보라. 자를 지축이라 하고 공을 태양이라 한다면, 북반구에 서 있는 우리는 방금 하지에서 동지로 건너뛰

었다. 하지에는 지구의 북쪽 극지역이 태양을 향해 기울어진다. 6개월 뒤에는 지구의 북쪽 극지역이 태양을 등지는데, 각도는 23.5도다. (춘분과 추분에는 양 극지역의, 실상은 지구상 모든 지역의 낮과 밤의 길이가 같아진다.) 열대에서는 낮과 밤의 비율이 늘 일정하고 온대에서는 계절에 따라 바뀐다. 먼 북극에서의 다양한 낮과 밤의 비율은 기울어진 지구의 축과 매일 일어나는 자전의 결과다. 북방의 위도에서는 지구의 기울기 때문에 어느 시점을 기준으로 24시간을 끊더라도 빛과 어둠의 길이는 춘분과 추분을 제외하고는 언제나 균등하지 않다. 북극의 여름과 겨울은 계절의 극단을 보여주는데, 지구의 자전 효과를 느낄 수 없다. 온대에서는 빛의 균형 면에서 일 단위의 지구 자전과 연 단위의 지구 공전 효과를 1년을 기준으로 규칙적으로 경험할 수 있다.

4 누나미우트 부족과 협력해서 산출해낸 대표적인 과학연구 결과들을 다음에서 확인할 수 있다. Nicholas Gubser, *The Nunamiut Eskimos: Hunters of Caribou*(1965); Lewis Binford, *Nunamiut Ethnoarchaeology*(1978); Helge Ingstad, *Nunamiut: Among Alaska's Inland Eskimos*(1954); Robert Rausch, "Notes on the Nunamiut Eskimos and Mammals of the Anaktuvuk Pass Region, Brooks Range, Alaska", *Arctic*(vol. 4, no. 3 [1951]: 146-195); Laurence Irving, *Birds of Anaktuvuk Pass, Kobuk and Old Crow*, United States National Museum, Bulletin 217(1960); *Anaktuvuk Pass: Land Use Values through Time*, Grant Spearman, Occasional Paper no. 22, Cooperative Park Studies Unit, Anthropology and Historic Preservation, University of Alaska(1979).

5 일지들은 다음과 같다. Samuel Hearne, *A Journey from Prince of Wales Fort in Hudson's Bay to the Northern Ocean*(London: A. Strahan and T. Cadell, 1795); John Franklin, *Narrative of a Journey to the Shores of the Polar Sea*(London: John Murray, 1823); Warburton Pike, *The Barren Ground of Northern Canada*(London and New York: Macmillan and Co., 1892); Ernest Thompson Seton, *The Arctic Prairies*(New York: Charles Scribner's Sons, 1911).

참고문헌

본문과 미주에서 유용하다고 판단한 다양한 저서와 논문, 보고서들의 제목을 정확하게 표기하려 노력했다. 물론 북극에 관한 문헌 자료는 방대하고 다양하다. 그 땅에 대한 지분을 정리하고 배분하라는 정치적, 산업적 압박이 증가하면서 특히 기술적인 논문 출판물의 양이 크게 증가했다.

다음의 참고문헌은 일반 독자들에게 북극의 생물학과 생태학, 고고학, 문화기술학, 역사에 대해 폭넓은 이해를 제공하는 데 목적을 두었다. 이런 책들이 관심을 가진 독자들을 보다 정확한 이해로 안내할 것이라고 믿는다. 본문 내용의 출처에 관해 별도의 질문이 있을 경우 출판사로 보내주면 고맙게 받아서 답을 드리도록 하겠다.

Andrasko, Kenneth. Alaska Crude: *Visions of the Last Frontier*. Photographs by Marcus Halevi. Boston: Little, Brown and Company, 1977.

Armstrong, Terence, et al., editors. *The Circumsolar North: A Political and Economic Geography of the Arctic and Sub-Arctic*. London: Methuen and Company Ltd., 1978.

Berger, Thomas R. *Northern Frontier, Northern Homeland*. Report of the Mackenzie Valley Pipeline Inquiry. Ottawa: Department of Indian Affairs and Northern Development, 1977.

Bliss, L. C., editor. *Truelove Lowland, Devon Island, Canada: A High Arctic Ecosystem*. Edmonton, Alberta: University of Alberta Press, 1977.

Boas, Franz. *The Central Eskimo.* United States Bureau of American Ethnology, Sixth Annual Report, 1884-1885. Washington, D.C.: Government Printing Office, 1888.

Bodfish, Hartson. *Chasing the Bowhead.* Cambridge: Harvard University Press, 1936.

Brody, Hugh. *The People's Land: Eskimos and Whites in the Eastern Arctic.* Middlesex, England: Penguin Books, 1975.

Briggs, Jean. *Never in Anger: Portrait of an Eskimo Family.* Cambridge: Harvard University Press, 1970.

Carpenter, Edmund. *Eskimo Realities.* New York: Holt, Rinehart and Winston, 1973.

Dacks, Gurston. *A Choice of Futures: Politics in the Canadian North.* Toronto: Methuen, 1981.

Damas, David, editor. *Arctic.* Handbook of North American Indians, Vol. V. Washington: Smithsonian Institution, 1984.

Dunbar, Max. *Ecological Development in Polar Regions: A Study in Evolution.* Englewood Cliffs, N.J.: Prentice-Hall, 1968.

Freeman, Milton. *Inuit Land Use and Occupancy Project.* Vol. I. Ottawa: Department of Indian and Northern Affairs, 1976.

ISRREN, *Proceedings: First International Symposium on Renewable Resources and the Economy of the North.* Ottawa: Association of Canadian Universities for Northern Studies, 1981.

Giddings, Louis. *Ancient Men of the Arctic.* New York: Alfred A. Knopf, 1967.

Hall, Edwin S., Jr. *The Eskimo Storyteller: Folktales from Noatak, Alaska.* Knoxville, Tenn.: University of Tennessee Press, 1975.

Hopkins, David M., John V. Mathews, Jr., Charles E. Schweger, and Steven B. Young. *Paleoecology of Beringia.* New York: Academic Press, 1982.

Irving, Laurence. *Arctic Life of Birds and Mammals*. New York: Springer-Verlag, 1972.

Kent, Rockwell. *Salamina*. New York: Harcourt, Brace and Company, 1935.

Kersting, Rudolf, editor. *The White World*. New York: Lewis, Scribner, 1902.

Kimble, George, and Dorothy Good. *Geography of the Northlands*. Special Publication Number 32. New York: American Geographical Society, 1955.

Livingston, John. *Arctic Oil: The Destruction of the North?* Toronto: Canadian Broadcasting Corporation, 1981.

Lubbock, Basil. *The Arctic Whalers*. Glasgow: Brown, Son and Ferguson, Ltd., 1937.

Malaurie, Jean. *The Last Kings of Thüle*. New York: E. P. Dutton, 1982.

McClintock, Francis. *The Voyage of the "Fox" in the Arctic Seas: A Narrative of the Discovery of the Fate of Sir John Franklin and His Companions*. London: John Murray, 1859.

McGhee, Robert. *Canadian Arctic Prehistory*. Toronto: Van Nostrand Reinhold Ltd., 1978.

Mirsky, Jeannette. *To the Arctic!: The Story of Northern Exploration from Earliest Times to the Present*. Chicago: University of Chicago Press, 1970.

Morison, Samuel Eliot. *The European Discovery of America: The Northern Voyages, A.D. 500-1600*. New York: Oxford University Press, 1971.

Muller, Fritz. *The Living Arctic*. Toronto: Methuen, 1981.

Nansen, Fridtjof. *In Northern Mists: Arctic Exploration in Early Times*. London: W. Heinemann, 1911.

Neatby, L. H. *In Quest of the Northwest Passage*. New York: Thomas Y.

Crowell, 1958.

Nelson, Richard. *Hunters of the Northern Ice*. Chicago: University of Chicago Press, 1969.

Parry, William Edward. *Journal of a Voyage for the Discovery of the North-West Passage from the Atlantic to the Pacific*. London: John Murray, 1821.

Rasmussen, Knud. *The Intellectual Culture of the Iglulik Eskimo*. Report of the Fifth Thüle Expedition. Vol. VII. Copenhagen: Gyldendalske Boghandel, 1929.

Remmert, Hermann. *Arctic Animal Ecology*. New York: Springer-Verlag, 1980.

Scoresby, William. *An Account of the Arctic Regions, with a History and Description of the Northern Whale-Fishery*. Vol. I. London: Archibald Constable, 1820.

Stefansson, Vilhjalmur. *The Friendly Arctic*. New York: Macmil- lan, 1921.

Stefansson, Vilhjalmur. *My Life with the Eskimo*. New York: Macmillan, 1923.

Vibe, Christian. *Arctic Animals in Relation to Climatic Fluctuation*. Copenhagen: C. A. Reitzels Forlag, 1967.

Weems, John Edward. *Peary: The Explorer and the Man*. Boston: Houghton Mifflin Company, 1967.

Zaslow, Morris, editor. *A Century of Canada's Arctic Islands: 1880-1980*. Ottawa: Royal Society of Canada, 1981.

참조

Ecological Sites in Northern Canada. David N. Nettleship and Pauline A. Smith, editors. Ottawa: Canadian Committee for the International Biological Programme, 1975.

The Exploration of Northern Canada. Alan Cooke and Clive Holland, editors. Toronto: The Arctic History Press, 1978.

Illustrated Glossary of Snow and Ice. Terence Armstrong et al., editors. Cambridge, England: Scott Polar Research Institute, 1973.

Pilot of Arctic Canada. Ottawa: Department of Energy, Mines and Resources, 1970.

찾아보기

ㅅ

ㅇ

ㅈ

ㅊ

▎ㅋ

▎ㅌ

▎ㅍ

ㅎ

옮긴이 신해경
서울대 미학과를 졸업하고 KDI국제정책대학원에서 경영학과 공공정책학 석사과정을 마쳤으며 서울대 미학과 대학원에 재학 중이다. 생태와 환경, 사회, 예술, 노동 등 다방면에 관심이 있으며, 『플로트』 『투명한 힘』 『글쓰기 사다리의 세 칸』 『저는 이곳에 있지 않을 거예요』 『어떤 그림』 『미술관에 갑니다』 『풍경들』 등을 번역했다.

북극을 꿈꾸다

초판 발행 2024년 3월 8일

지은이 배리 로페즈
옮긴이 신해경
펴낸이 김정순
책임편집 최형욱
편집 허정은 허영수 조장현
마케팅 이보민 양혜림 손아영

펴낸곳 (주)북하우스 퍼블리셔스
출판등록 1997년 9월 23일 제406-2003-055호
주소 04043 서울시 마포구 양화로 12길 16-9(서교동 북앤빌딩)
전자우편 editor@bookhouse.co.kr
홈페이지 www.bookhouse.co.kr
전화번호 02-3144-3123
팩스 02-3144-3121

ISBN 979-11-6405-241-7 03470